Yasmine Chehata, Andreas Eis, Bettina Lösch,
Stefan Schäfer, Sophie Schmitt, Andreas Thimmel,
Jana Trumann, Alexander Wohnig (Hg.)

Handbuch kritische politische Bildung

W0239036

POLITIK UND BILDUNG, BD. 95

Yasmine Chehata, Andreas Eis, Bettina Lösch,
Stefan Schäfer, Sophie Schmitt, Andreas Thimmel,
Jana Trumann, Alexander Wohnig (Hg.)

Handbuch kritische politische Bildung

WOCHEN
SCHAU
WISSENSCHAFT

Bibliografische Information der Deutschen Nationalbibliothek

Die Deutsche Nationalbibliothek verzeichnet diese Publikation in der Deutschen Nationalbibliografie; detaillierte bibliografische Daten sind im Internet unter http://dnb.d-nb.de abrufbar.

© WOCHENSCHAU Verlag,
Dr. Kurt Debus GmbH
Frankfurt/M. 2024

www.wochenschau-verlag.de

Das Handbuch basiert auf dem Vorgängerband ‚Kritische politische Bildung. Ein Handbuch', hg. von Bettina Lösch und Andreas Thimmel, Schwalbach/Ts. Es handelt sich hier um eine völlig neu erarbeitete Weiterentwicklung dieses Bandes.

Alle Rechte vorbehalten. Kein Teil dieses Buches darf in irgendeiner Form (Druck, Fotokopie oder einem anderen Verfahren) ohne schriftliche Genehmigung des Verlages reproduziert oder unter Verwendung elektronischer Systeme verarbeitet werden.

Gesamtherstellung: Wochenschau Verlag

ISBN 978-3-7344-1594-4 (Buch)
E-Book ISBN 978-3-7566-1594-0 (PDF)
ISSN 1435-7526, eISSN 2749-6473
DOI https://doi.org/10.46499/1959

INHALT

5. Soziale Bewegungen und Selbstorganisation in der politischen Bildung

6. Kritischer Blick auf Strukturen und Förderprogrammatiken

DIE HERAUSGEBER*INNEN

Einleitung: Annahmen, Begründungen, Praxisfelder kritischer politischer Bildung

Die gegenwärtigen gesellschaftlichen Verhältnisse scheinen im dauerhaften Krisenmodus zu sein, der Ausnahmezustand scheint zur Regel zu werden. Die aktuellen Krisen wie die Coronapandemie, der Ukraine-Krieg, fortwährende Flucht und Vertreibung und die sich verschärfende Klimakrise zeigen an, dass es sich um existenzielle Menschheitsfragen handelt, die alle betreffen. Sie bringen eine Vielzahl an unterschiedlichen Krisendeutungen und -bewältigungsmaßnahmen hervor, die umstritten sind und öffentlich diskutiert werden. Zunehmende soziale Spaltungen sowie antidemokratische und autoritäre Entwicklungen in Deutschland, Europa und der Welt gehen damit einher.

Gesellschaftliche Krisen fordern Lern- und Bildungsprozesse heraus, da etablierte und bewährte Bewältigungsstrategien individuell und gesellschaftlich auf die Probe gestellt werden. Politische Bildung trägt zur Analyse und zum Verständnis gesellschaftlicher Probleme, Konflikte und Krisen bei. Kritische politische Bildung fragt explizit nach den dieser Vielfachkrise zugrunde liegenden Herrschafts-, Macht- und Ungleichheitsverhältnissen. Sie stellt Reflexions- und Erfahrungsräume bereit, die ermöglichen sollen, kritische Urteils- und Handlungsfähigkeit zu entwickeln, um individuelle und kollektive Formen der Artikulation eigener Bedürfnisse und Interessen finden und Konflikte demokratisch austragen zu können.

An den Krisen unserer Zeit werden die Folgen der in der *Erstauflage des Handbuches* vor über zehn Jahren beschriebenen und kritisierten Politiken sichtbar. Bereits 2010 widmete sich das Handbuch aus der Perspektive kritischer Gesellschaftstheorie und -forschung multiplen Krisenerscheinungen. Dazu wurde politische Bildung im Kontext der Globalisierung, der Wirtschafts- und Finanzkrise, der Klimakrise sowie der Krisen der politischen Repräsentation und der Demokratie betrachtet. Vor dem Hintergrund neoliberaler Regierungstechniken dominierte die Frage nach der vermeintlichen Wettbewerbsfähigkeit des Bildungswesens auf einem imaginären globalen Markt. Diese Regierungstechniken zeigten sich zum einen in der Deregulierung und Privatisierung ehemals öffentlicher Güter und der Daseinsvorsorge, z.B. in den Bereichen Energie, Verkehr, Wasser, Gesundheit, Wohnen, Sozialstaatlichkeit und dem Bildungssystem, und zum anderen in der Individualisierung und Verlagerung sozialer Risiken auf die Subjekte. Dies zog Reformen in Schulen, Hochschulen und nonformalen Bildungseinrichtungen nach sich und beförderte Tendenzen, Bildung auf messbare Kompetenzen und auf instrumentelles Lernen zu reduzieren.

Vor diesem gesellschaftlichen und bildungspolitischen Hintergrund versammelte das Handbuch aus dem Jahr 2010 Beiträge, die den Blick auf bislang in der politischen Bildung wenig oder unberücksichtigte gesellschafts- und herrschaftsanalytische Ansätze richteten. Zudem weitete sich die Perspektive politischer Bildung über die Schule hinaus auf Akteur*innen aus dem Feld der außerschulischen politischen Bildung, der Sozialen Arbeit und aus sozialen Bewegungen. Der gemeinsame Ausgangspunkt war die Kritik an neoliberal geprägten Herrschafts- und Selbstverhältnissen sowie eine Reflexion der zeitgenössischen politischen Bildungsforschung und -praxis, die nicht losgelöst von gesellschaftlichen Strukturen und Kräfteverhältnissen zu denken ist.

Die Erstauflage stieß auf ein breites fachliches und öffentliches Interesse und eröffnete eine lebendige und bis heute andauernde Debatte über das gesellschaftstheoretische und emanzipatorische Selbstverständnis politischer Bildung. In diesem Kontext formulierte 2015 eine transdisziplinäre und aus unterschiedlichen Praxisfeldern kommende Autor*innengruppe die *Frankfurter Erklärung*, in der das Selbstverständnis, die Prinzipien, Fragen und Herausforderungen einer kritisch-emanzipatorischen politischen Bildung diskutiert wurden. Im Kontext des ersten Handbuches gründete sich zudem das *Forum kritische politische Bildung*, das mittlerweile ein Arbeitskreis innerhalb der *Assoziation für kritische Gesellschaftsforschung* (https://akg-online.org) geworden ist. Im *Forum kritische politische Bildung* bzw. in dessen (Arbeits-)Tagungen, Workshops, Fachgesprächen, Publikationen und Bildungsformaten vernetzen sich unterschiedliche Akteur*innen, die zu gesellschaftlichen und politischen Themen sowie zu Fragen der politischen Bildung forschen und Bildungsarbeit betreiben. Sie bringen ihre jeweiligen Expertisen, Erfahrungen und Bedarfe aus heterogenen Praxisfeldern kritischer politischer Bildung und aus sozialen Bewegungen ein (https://akg-online.org/arbeitskreise/fkpb-forum-kritische-politische-bildung.html).

Diese Aktivitäten kritischer politischer Bildung haben verstärkt Einfluss auf die Diskurse und Praxen in den verschiedenen Bereichen der politischen Bildung gewonnen. Bestimmte Themen und Handlungsfelder wurden für die politische Bildungsarbeit sichtbarer und intensiver erschlossen (z.B. Rassismus- und Kolonialismuskritik, Geschlechter-, Klassen- und gesellschaftliche Naturverhältnisse). Es wurden weiterführende theoretische Auseinandersetzungen und empirische Forschungen angestoßen, die sich z.B. auch in wissenschaftlichen Qualifizierungsarbeiten oder aktuellen Bildungsmaterialien widerspiegeln.

Mit der völlig überarbeiteten Neuauflage des *Handbuchs kritische politische Bildung* wird nun der aktuelle Stand einer kritischen politischen Bildung im deutschsprachigen Raum vorgelegt. Damit werden Begründungen, Bedingungen, Ziele und Inhaltsfelder sowie didaktische und methodische Zugangsweisen politischer Bildung angesichts veränderter gesellschaftspolitischer Verhältnisse neu ausgelotet. Die in diesem Band heterogenen theoretischen, disziplinären und forschungsmethodischen Zugänge verbindet das reflexive Verständnis einer gesellschafts- und herrschaftskritischen politischen Bildung, die ihre Forschung und Bildungspraxis nicht unabhängig von ökonomischen, politischen, sozialen und kulturellen Rahmenbedingungen betrachtet. Bildung im Allgemeinen und politische Bildung im Besonderen sind niemals nur oder per se durch die Möglichkeit zu Aufklärung und Kritik gekennzeichnet. Vielmehr tragen sie gleichzeitig zur Aufrechterhaltung der gegebenen Verhältnisse, zu Ungleichheit, Normierung und Disziplinierung bei. Insofern sind in ihnen Herrschaftsverhältnisse eingeschrieben, die allerdings im derzeitigen akademischen Diskurs – auch der politischen Bildung – oftmals unsichtbar bleiben. Deshalb ist immer auch nach dem herrschaftsstabilisierenden Beitrag von Wissenschaft und Bildung selbst zu fragen. Angesichts gesellschaftlicher Verwerfungen des globalen Kapitalismus und den oben skizzierten Krisenphänomenen ist zudem ein Bezug auf kritische Gesellschafts-, Herrschafts- und Machtanalysen unabdingbar. Hier sind z.B. Ansätze hilfreich, die gesellschaftliche Verhältnisse in Kategorien wie *race – class – gender* erfassen, um soziale Ungleichheit, Ungerechtigkeit, Diskriminierung, Ausbeutung und Gewalt zu erkennen und zu analysieren. Oder solche, die die jeweiligen Herrschaftsverhältnisse (wie Kapitalismus, Rassismus/Kolonialismus, maskuline Herrschaft/Patriarchat) in ihrer gemeinsamen Entstehung und Verschränkung betrachten. Kritische Kapitalismusanalysen dienen in dieser Betrachtungsweise dazu, den gesamtgesellschaftlichen Zusammenhang zu verstehen, was grundsätzlich das Bemühen und Ziel kritischer politischer Bildung ist.

Die reflexive Auseinandersetzung mit eigenen und gesellschaftlichen Widersprüchen in den bestehenden Verhältnissen kennzeichnet kritische Theorieansätze ebenso wie die Öffnung des Blicks auf das gegenwärtig und zukünftig Mögliche, auf konkrete Utopien und emanzipative Alternativen. Vor diesem Hintergrund wird mit dem Machtbegriff im Unterschied zum Herrschaftsbegriff auch auf die Möglichkeit und Freiheit gemeinsamen Handelns sowie individueller wie kollektiver Selbstermächtigung verwiesen.

Die Herausgeber*innen und Autor*innen des vorliegenden Handbuchs greifen vor diesem Hintergrund auf ein breites Spektrum von gesellschafts- und bildungswissenschaftlichen Analysen zurück, die u.a. von der klassischen Kritischen Theorie der Frankfurter Schule über materialistische, feministische und poststrukturalistische bis hin zu postkolonialen und rassismuskritischen Gesellschaftsanalysen reichen. Im Band werden somit unterschiedliche Dimensionen und Begründungen von Gesellschafts-, Herrschafts-, Macht- und Bildungskritik beleuchtet und in ihrer Relevanz für Konzeptionen, Forschung, Praxisformate, Rahmenbedingungen und Aneignungsprozesse kritischer politischer Bildung vorgestellt.

Die am Handbuch beteiligten Autor*innen sehen die gesellschaftlichen Verhältnisse und die eigene Eingebundenheit darin nicht einfach als gegeben und unveränderbar an. Dies bedeutet das Offenhalten der eigenen Position und die Ermöglichung fachlicher Kontroversen, die aber keinen unversöhnlichen Widerstreit und kein Entweder-oder bedeuten, sondern als Ausdruck eines gemeinsamen Projekts des kritischen Denkens (und Handelns) verstanden werden wollen. Damit wird in den Beiträgen der Autor*innen deutlich, welche Grundannahmen, Inhaltsfelder und Erfahrungen eine kritische politische Bildung kennzeichnen.

Zum Aufbau des Handbuchs

Das Handbuch thematisiert Begründungen, Schlüsselprobleme, Akteur*innen, Strukturen und Förderlogiken in der formalen, non-formalen sowie bewegungsorientierten politischen Bildung und kritischen Sozialen Arbeit. Im ersten Kapitel werden gesellschaftstheoretische Annahmen und Begründungen politischer Bildung entfaltet. Die Aufsätze im zweiten Kapitel fokussieren zentrale gesellschaftliche Schlüsselprobleme, Krisen und Alternativen. Während im dritten Kapitel der reflexive Blick auf die schulische politische Bildung fällt, richtet sich dieser im vierten Kapitel auf non-formale politische Bildung und kritische Soziale Arbeit. Im fünften Kapitel stehen soziale Bewegungen und Selbstorganisation im Fokus. Im sechsten Kapitel werden rahmende Strukturen und Förderprogrammatiken politischer Bildung kritisch reflektiert.

Im Herausgeber*innen-Team wurden die Kapitel 1 bis 3 von Andreas Eis, Bettina Lösch, Stefan Schäfer, Sophie Schmitt und Alexander Wohnig, die Kapitel 4 bis 6 von Yasmine Chehata, Stefan Schäfer, Andreas Thimmel und Jana Trumann redaktionell betreut.

Das *erste Kapitel* widmet sich den gesellschaftstheoretischen Annahmen, wissenschaftstheoretischen Verortungen und Begründungen kritischer politischer Bildung sowie zentralen grundlagentheoretischen Konzepten wie Herrschaft, Macht, Emanzipation, Subjekt, Politik und Demokratie. Da sich gesellschaftliche Verhältnisse stets wandeln, fragt eine kritisch-reflexive politische Bildungsarbeit immer wieder danach, a) wie überlieferte, erfahrene und menschlich gemachte Geschichte erinnert werden kann, b) wie sich gegenwärtige gesellschaftliche Verhältnisse analysieren lassen, c) wie sich Herrschaft, Macht und Ungleichheit herstellen und verfestigen sowie d) wie diese Verhältnisse machtvoll in Hinblick auf Emanzipation, d.h. Selbstbefreiung und -bestimmung aller verändert werden können.

Innerhalb gesellschaftskritischer Wissenschaft wurde in den 1960er-Jahren die zentrale Frage gestellt, wie ein (eingreifendes) Denken, wie Vernunft jenseits des Instrumentellen und eine „Erziehung nach Auschwitz" (Adorno) überhaupt noch möglich sein können. Diese Frage stellt sich auch heute noch und wieder neu. Dies thematisieren vor allem die Beiträge von Astrid Messerschmidt und Katharina Rhein, die danach fragen, wie mit dem Erbe des Nationalsozialismus, kolonialer und rassistischer Gewalt und von Menschen gemachter Zerstörung umgegangen werden kann. Astrid Messerschmidt geht in ihrem Beitrag der Frage nach, wie kritische Bildungsprozesse stattfinden können, wenn es auch den Wunsch nach Nichtwissen, nach Verdrängung und Unwahrheit (‚Fake') gibt und gesellschaftliche Gruppen vehement – und wiederum gewaltvoll – einen Schlussstrich unter die Geschichte setzen wollen. Diese lehnen Verantwortungsübernahme auch in Hinblick auf die zukünftigen Verhältnisse ab. Wie kann verhindert werden, dass historisch politische Bildung zur steten Wiederholung wird, die den Subjekten auferlegt wird, als hätten sie eigentlich mit dem Geschehen und Geschehenem nichts zu tun? Kritische politische Bildung reflektiert, wie Astrid Messerschmidt, Katharina Rhein und Paul Mecheril in ihren Beiträgen betonen, die Art und Weise der Auseinandersetzung mit dem Nationalsozialismus, mit Nationalismus, autoritärer Herrschaft, Rassismus, Antiziganismus und Antisemitismus.

Kritische Gesellschaftstheorien als zentrale Referenztheorien kritischer politischer Bildung befassen sich außerdem intensiv mit der Frage nach den jeweiligen gesellschaftlichen Kräfteverhältnissen, wie sich diese in Interessen, Widersprüchen und Konflikten ausdrücken, wie Herrschafts-, Macht- und soziale Ungleichheitsverhältnisse hergestellt, aufrechterhalten, aber auch verschoben und widerständig verändert werden und damit auch Handlungsmacht emanzipatorisch erkämpft werden kann. Im Beitrag von Bettina Lösch und

Andreas Eis wird die Kritik von Herrschaft als genuine Aufgabe kritischer Gesellschaftstheorie betont. Sie fragen danach, welche Bedeutung Herrschaftskritik und Machtanalyse für eine kritische politische Bildung haben und wie es um die Perspektive der Befähigung zu politischer Handlungsmacht bestellt ist.

Warum Menschen Herrschaft immer wieder anerkennen, aber auch wie sie diese stets unterlaufen, bildete ab den 1970er-Jahren eine weitere zentrale Frage kritischer Gesellschaftsforschung. Carsten Bünger widmet sich in seinem Beitrag dem viel diskutierten Konzept der Subjektivierung, das mit dem Politischen als Raum von Machtverhältnissen, mit Bildung als Prozess der Subjektentwicklung sowie Kritik als Distanzierung von Herrschaft und der Frage nach Emanzipation verbunden ist. Jan Herbst, Frederik Metje und Sven Rößler thematisieren anschließend, wie sich theoretische Konzepte wie Mündigkeit, Emanzipation und (Selbst-)Befreiung voneinander unterscheiden. David Salomon und Sam Schneider beleuchten demokratietheoretische Grundlagen kritischer politischer Bildung – insbesondere die soziale und radikale Demokratie(-theorie) – hinsichtlich ihrer gesellschaftstheoretischen Prämissen, ihrer Bedeutung für Demokratisierung und der Konsequenzen für kritische politische Bildung. Uwe Hirschfeld fokussiert den Zusammenhang von Hegemonie(-bildung) und Zivilgesellschaft. Er stellt heraus, dass kritische Staats- und Hegemonietheorien die Gegenüberstellung von Staat und Gesellschaft in liberalistischen Denkweisen negieren und die (Zivil-)Gesellschaft als Terrain politischer Auseinandersetzungen und Kämpfe betrachten, in die auch kritische politische Bildung eingebunden ist. Herrschaftsverhältnisse sind nicht isoliert voneinander zu verstehen, sondern in einem Gesamtzusammenhang, auf den von unterschiedlichen Perspektiven aus geschaut werden kann. Margit Rodrian-Pfennig und Johannes Wilhelm fragen in ihrem Beitrag danach, was eine Analyse des gesellschaftlichen kapitalistischen Gesamtzusammenhangs mit feministischen Zugängen bedeutet. Paul Mecheril legt in seinem Beitrag auf der Basis einer Kritik an einem ‚natio-ethno-kulturell kodierten Wir' Grundfragen und Prinzipien einer entsprechend reflektierten rassismuskritischen Praxis und politischen Bildung dar und Katharina Rhein entwickelt in ihrem Beitrag Prämissen und Begründungen antisemitismuskritischer politischer Bildung.

Im *zweiten Kapitel* geht es um gesellschaftliche Schlüsselprobleme, Krisen und Alternativen. Die Frage nach der politischen Regulierung gesellschaftlicher Schlüsselprobleme ist nicht nur gesellschaftlich umstritten, sondern auch pädagogisch-didaktischer Ausgangspunkt kritischer politischer Bildung. Die Umweltfrage, die Friedensfrage, soziale Ungleichheit – hinsichtlich intersektionaler Ungleichheitskategorien und auch in globaler Dimension – sowie Technikfolgen sind zentrale Schlüsselprobleme. Sie haben eine besondere Gegenwarts- und Zukunftsbedeutung für die Lernenden und sind insofern relevant für Lern- und Bildungsprozesse. Insbesondere in der heutigen Zeit im Dauerkrisen- und Beschleunigungsmodus gilt es, ein reflexives Verhältnis zu den um Deutungshoheit ringenden Krisendeutungen und -lösungen einzunehmen, diese in ihrer Umstrittenheit zu betrachten und im öffentlichen Diskurs diskutierte, aber auch marginalisierte Alternativen für ein „gutes Leben" und „menschenwürdiges Leben" (Hilligen) jenseits von *Green Growth,* Militarisierung, exklusiver Solidarität und Technikgläubigkeit zu beleuchten.

Die Beiträge dieses Kapitels setzen sich in unterschiedlichen Perspektiven mit diesen multiplen Krisenerscheinungen und möglichen Alternativen im Rahmen einer kritischen politischen Bildung auseinander.

Dabei nimmt ein Teil der Autor*innen insbesondere Diskurse um Nachhaltigkeit und Anthropozän in den Blick (Hanna Butterer/Julia Lingenfelder/Steffen Pelzel). Ulrich Brand und Anna Preiser schlagen den Ansatz der Imperialen Produktions- und Lebensweise für eine kritische politische Bildung vor. Angesichts derzeitiger multipler gesellschaftlicher Umbrüche und Krisen plädieren Malte Suhr, Stefanie Kurth und Till Kühnhausen für einen Ansatz kritischer polit-ökonomischer Bildung im Anschluss an Karl Marx. Jannis Eicker und Nilda Inkermann weiten mit dem Konzept der solidarischen Lebensweisen als real-utopische Zukunftsperspektive den Blick von den Krisenerscheinungen hin zu realen Utopien.

Auf das Schlüsselproblem sozialer Ungleichheit fokussieren Beiträge, die sich der Relevanz der Kategorie der Klasse und der Vernachlässigung von Kapitalismuskritik in der politischen Bildung widmen (Karolin Kalmbach/Jan Niggemann). Sie erörtern den Zusammenhang von sozialer und politischer Ungleichheit, sozial fundierter Ein- und Ausschlussprozesse aus dem politischen Feld und die Möglichkeiten einer kritischen politischen Bildung als ungleichheitssensible politische Bildung (Helmut Bremer) oder thematisieren das Spannungsverhältnis von Bildung zu Verteilungs- und Machtverhältnissen und die Relevanz daraus entstehender gesellschaftlicher Legitimationsdefizite für eine transformationsorientierte kritische politische Bildung (Jörg Reitzig).

Soziale Ungleichheit in globaler Dimension rücken Franziska Müller und Miriam Friz Trzeciak in den Mittelpunkt. Sie betrachten post- und dekoloniale Perspektiven und Praxisfelder für eine kritische politische Bildung und zeigen die Notwendigkeit einer Erweiterung von Themenfeldern wie auch die Erweiterung der bislang relativ homogen gefassten Perspektive auf Lernsubjekte auf.

Claire Moulin-Doos und Bernd Overwien behandeln transnationale Perspektiven und die Genese Globalen Lernens als Teil einer Bildung für nachhaltige Entwicklung (BNE) sowie Ansätze einer kritischen politischen Europabildung. Frauke Banse widmet sich dem Schlüsselproblem des Friedens und analysiert in der aktuell von kriegerischen Konflikten und geopolitischen Spannungen geprägten Zeit am Beispiel des Konfliktes in der Sahelregion Möglichkeiten der Kriegs- und Konfliktanalysen für eine kritische politische Bildung. Den Umgang mit Technikfolgen rückt schließlich Steve Kenner mit einem Beitrag zu politischer Bildung „im Spannungsfeld zwischen digitalem Kapitalismus und Demokratisierung“ in den Mittelpunkt.

Im *dritten Kapitel* richten die Autor*innen einen machtanalytischen Blick auf die Bedingungen und Handlungsräume politischer Bildung im institutionellen Kontext von Schule. Ihrem Anspruch nach adressiert schulische politische Bildung alle jungen Menschen, unabhängig ihres Alters, ihrer Herkunft, ihrer ökonomischen und sozialen Lage oder ihres Bildungshintergrundes sowie ihrer besonderen Förderbedarfe – nicht zuletzt auf der Grundlage eines Zwangsregimes: der gesetzlichen Vollzeit- und Berufsschulpflicht (in Deutschland in der Regel zwölf Jahre) und mit der Ausnahme, dass diese Schulpflicht nicht für alle Kinder mit ungeklärtem Aufenthaltsstatus gilt. Politische Bildung im schulischen Kontext ist nicht auf Fachunterricht (Sachunterricht, Gesellschaftslehre, Sozialkunde, Politik und Wirtschaft etc.) beschränkt. Politische Sozialisation und Prozesse politischer Selbstbildung werden in besonderer Weise von informellen Interaktions- und Lernprozessen durch die Institution und den Sozialraum Schule geprägt. Schulisches Lernen bewegt sich immer im Spannungsfeld von pädagogischen Ansprüchen, politisch verfassten Curricula und den systemstabilisierenden Funktionen von Schule, die dazu beitragen, Herrschaftsverhältnisse zu reproduzieren, Schüler*innen zu selektieren, indem Bildungsabschlüsse zertifiziert, soziale Positionen zugewiesen und normative soziale Ordnungen abgesichert werden (z.B. Leistungsorientierung, Wettbewerbslogik, Wachstumsideologie, vergeschlechtlichte und rassifizierte Wertvorstellungen von Erwerbs-, Sorge- und Gemeinwohlarbeit). Schulische Bildung stellt zugleich aber auch eines der wichtigsten Handlungsfelder für eine mögliche (weitere) Demokratisierung von Gesellschaft dar, deren Ermöglichungsbedingungen für einen Zugang zu inklusiver emanzipatorischer Bildung, zum Abbau von struktureller Ungleichheit und illegitimer Herrschaft im Kapitel 3 diskutiert werden.

Einige Beiträge widmen sich bislang vielfach unterschätzten Zielgruppen und schulischen Praxisfeldern. So stellen Gesine Bade, Katharina Kalcsics und Nina Kallweit die Perspektiven kritischer politischer Bildung im Sachunterricht der Grundschule dar. Während Mai Anh Boger und Alena Plietker sich den Herausforderungen einer inklusiven politischen Bildung widmen, betrachten Karim Fereidooni, Natascha Khakpour und Lara Kierot schulische Ungleichheitspraktiken aus einer rassismuskritischen Perspektive und analysieren deren Bedeutung für die politische Bildung. Ein weiteres vielfach unterschätztes Praxisfeld beleuchten Sophie Schmitt und Bettina Zurstrassen mit einer Analyse von Ansätzen kritischer politischen Bildung an der Schnittstelle von Schule und Arbeitswelt.

Ein zweiter Schwerpunkt widmet sich den fachdidaktischen Prämissen, Prinzipien und methodischen Zugängen kritischer politischer Bildung in Schule und Unterricht (Andreas Eis, Christoph Bauer, Christian Zimmermann, Ralph Blasche und Alexander Wohnig sowie Frank Nonnenmacher und Alexander Wohnig). Diese Beiträge fragen in besonderer Weise danach, inwiefern die Gestaltung von Lernumgebungen und eine ‚Planung' von Politik- bzw. gesellschaftswissenschaftlichem Unterricht den Annahmen kritisch-emanzipatorischer Bildung gerecht werden können. Hierbei spielen sowohl die institutionellen Voraussetzungen von schulischen Bildungsprozessen eine zentrale Rolle als auch, wie im Beitrag von Juliane Hammermeister thematisiert wird, die im Alltagsverstand tief verwurzelten Herrschaftsverhältnisse. Im Mittelpunkt vieler Beiträge stehen zugleich die Möglichkeiten und Grenzen der Kritik strukturell verdichteter Machtverhältnisse sowie die Frage nach emanzipatorischen Handlungsräumen (u.a. Gesine Bade/Katharina Kalcsics/Nina Kallweit, Frank Nonnenmacher und Alexander Wohnig sowie Christoph Bauer). Schulische politische Bildung kann die institutionellen Widersprüche zwischen ihrer *gesellschaftlichen* Funktion der Reproduktion sozialer und herrschaftlicher Ordnungen einerseits und dem *pädagogischen* Anspruch der Unterstützung junger Menschen bei der Kritik dieser Strukturen von Fremdbestimmung und Einbindung in Ungleichheits- und Ausbeutungsverhältnisse nicht auflösen. Kritische politische Bildung im Kontext schulischer Institutionen – ob als Unterrichtsfach, als pädagogische Querschnittsaufgabe oder mit Blick auf Kooperationen außerschulischer Akteur*innen der Zivilgesellschaft und auf politisches Engagement von Schüler*innen – zielt darauf, die unterschiedlichen Dimensionen politischer, ökonomischer und symbolischer Herrschaft gerade auch in ihrer Stabilisierung durch Bildung sichtbar und hinterfragbar zu machen. Gleichzeitig thematisieren die Beiträge die begrenzten, aber immer auch erweiterbaren Gestaltungsspielräume emanzipatorischer Bildung und befreiender Praxen, die durch (Selbst-)Bildung auch im schulischen Kontext angestoßen, begleitet und ermöglicht werden können.

Das Kapitel beruht auf einer großen Bandbreite neuerer empirischer und konzeptioneller Forschungsarbeiten einer kritischen schulbezogenen politischen Bildung. Georg Gläser und Bettina Lösch, Juliane Hammermeister sowie Sophie Schmitt und Tim Zosel stellen ausgewählte Ansätze machtanalytischer und herrschaftskritischer Zugänge politischer Bildungsforschung vor. Sie widmen sich zum einen dem weitverbreiteten Forschungsparadigma des Konstruktivismus, das Sinnbildungsprozesse vielfach ohne ihre herrschaftsförmige Rückbindung an kollektive Deutungen und Orientierungen eher auf individuelles Lernen reduziert. Zum anderen eröffnen die Beiträge alternative machtanalytische Zugänge politischer Bildungsforschung und pädagogischer Handlungspraxis, die sich an subjekt-, hegemonie- und habitustheoretischen Ansätzen schulbezogener Bildungsforschung orientieren.

Kapitel 4 richtet einen kritisch-reflexiven Blick auf non-formale politische Bildung und kritische Soziale Arbeit. Aus der Perspektive kritischer Sozialer Arbeit kann politische Bildung als Aufgabe jeder Praxis Sozialer Arbeit bestimmt werden. Kritische Soziale Arbeit ist in diesem Sinne zu verstehen als eine Praxis der politischen Bildung, die ausgehend von den Bedürfnissen und Interessen der Adressat*innen auf eine solidarische und emanzipatorische Politik der Demokratisierung des Gemeinwesens zielt. Anknüpfend an einen Klassiker der Sozialen Arbeit, den Philosophen Paul Natorp, kann Soziale Arbeit als Wissenschaft von den sozialen Bedingungen der Bildung und den Bildungsbedingungen des Sozialen verstanden werden. Michael May und Stefan Schäfer führen diesen Ansatz unter Bezugnahme auf Ansätze kritischer Theorie und kritischer Sozialer Arbeit in ihrem Beitrag weiter. Mit dem Begriff der non-formalen Bildung wird auf Arbeits-, Diskurs- und Forschungsfelder u.a. der Sozialen Arbeit sowie der Jugend- und Erwachsenenbildung verwiesen, für die Lernen und Bildung theoriesystematische, konzeptionelle und handlungspraktische Relevanz besitzt. Damit einher geht eine Vielzahl von Lern-Handlungsräumen, die teils sehr unterschiedliche Orte und Anlässe für politische Partizipations- und Bildungsprozesse bieten. Die Beiträge des Kapitels geben Einblicke in theoretische, konzeptionelle und handlungspraktische Zugänge zur kritischen politischen Bildung aus den je spezifischen und sich durchaus unterscheidenden Arbeits- und Handlungsfeldern non-formaler Bildung.

Politische Bildung, das zeigt der Beitrag von Hanna Hoa Anh Mai und Maryam Mohseni, ist eng verflochten mit Empowerment als Perspektive und Ansatz, der auf die Selbstermächtigung und kollektive Handlungsfähigkeit gesellschaftlich diskriminierter Gruppen zielt und machtkritische und marginalisierte Perspektiven in der non-formalen politischen Bildung stärkt.

Christine Zeuner und Laura Schudoma beschreiben *kritische* politische Erwachsenenbildung in Abgrenzung zu einer auf die Vermittlung von Wissen und Fähigkeiten zum Erhalt des demokratischen Status quo bezogenen Erwachsenenbildung. Der Beitrag von Daniela Holzer schließt daran an und fragt nach dem Politischen der Erwachsenenbildung, das sich aus einem Selbstverständnis ergibt, welches „Gesellschaft als politisches Verhältnis versteht und ihre Veränderung als möglich und notwendig erachtet, politische Eingriffe daher als unbedingten Bestandteil kritischer Bildungsarbeit verstanden" wissen will.

Der Beitrag von Anna Maria Krämer und Andreas Thimmel beschreibt politische Jugendbildung in ihren Rahmenbedingungen als eigenständigen Lern- und Bildungsort, skizziert die wissenschaftliche und praxisorientierte Diskurslandschaft und zeigt die Verbindung einer kritischen politischen Jugendbildung zu kritischen Bildungs- und Gesellschaftstheorien auf, die zu einem klugen Umgang mit Prozessen der Digitalisierung und Medialisierung inspirieren kann. Weitere Beiträge widmen sich Annahmen, Ansätzen und Begründungen in verschiedenen Handlungsfeldern non-formaler Bildung und Sozialer Arbeit.

So zeigen Nils Wenzler und Maurice Kusber auf, dass Offene Kinder- und Jugendarbeit sich als kritische politische Bildung verstehen lässt, wenn sie ihre Aufgabe darin sieht, junge Menschen nicht lediglich in bestehende Ordnungen einzubinden, sondern sie dazu anregt, auf eine Veränderbarkeit von Ordnungen hinzuwirken. Stefanie Bonus und Wibke Riekmann widmen sich dem Feld der Jugendverbandsarbeit als jugendpädagogischer Praxis und jugendpolitischer Interessenvertretung. Hierbei werfen sie einen kritischen Blick auf etablierte Jugendverbände und Jugendverbandsstrukturen und gehen der Frage nach, inwiefern diese in einer postmigrantischen Gesellschaft ihren Ansprüchen auf Vertretung aller jungen Menschen genügen. Rolf Ahlrichs und Fabian Fritz widmen sich der politischen Bildung in Vereinen und sprechen diesen ein kritisches Potenzial zu. Hierzu kontrastieren sie die konzeptionellen Chancen von Vereinen zwischen politischer Bildung und Demokratiebildung mit der empirisch vorzufindenden Realität.

Wenngleich aufsuchende und gemeinwesenorientierte Ansätze in der Sozialen Arbeit eine lange Tradition haben, ist die Verbindung zum Diskurs der politischen Bildung bisher eher marginal. Gleichsam ist politische Bildung aufgerufen, an die Themen und sich im Alltag der Menschen konkretisierende gesellschaftliche Ungleichheitsverhältnisse anzuknüpfen. Andererseits lässt sich fragen, wie politische Bildung für die aufsuchende und gemeinwesenorientierte Arbeit gedacht werden kann und welche Bedeutung dem Gemeinwesen und der Lebenswelt für eine kritische politische Bildung zukommen. Jana Trumann und Nils Wenzler diskutieren jeweils Besonderheiten und Rahmenbedingungen aufsuchender politischer Jugendbildung sowie politischer Erwachsenenbildung und skizzieren vor diesem Hintergrund gemeinsame Eckpunkte einer kritischen aufsuchenden politischen Bildungsarbeit, die für politische Partizipation und gesellschaftliche Teilhabe möglichst vieler beizutragen in der Lage ist. Michael Görtler und Vera Miesen beschreiben in ihrem Beitrag Gemeinwesen, sozialräumliche Zusammenhänge und die Lebenswelt von Menschen als Orte kritischer politischer Bildung in der Sozialen Arbeit, deren Gestaltung dazu beiträgt, Lebensbewältigung mit Empowerment zu verbinden, indem die Subjekte in ihrer Urteils- und Handlungsfähigkeit gefördert werden. Tom Kehrbaum beschreibt die Ziele gewerkschaftlicher Bildungsarbeit im Sinne einer Entwicklung politischer Handlungsfähigkeit, bei der „das Mit-, Von- und Füreinanderlernen" eine entscheidende Rolle spielt. Wie auch in der gewerkschaftlichen Bildung ist die methodisch-didaktische Ausrichtung und Zielsetzung politischer Bildung in aller Regel an die räumliche Freiheit der Subjekte gebunden. Lisa Tölle wirft einen Blick über den Tellerrand und beschäftigt sich mit dem Strafvollzug. Sie diskutiert den Zwangskontext des geschlossenen (Jugend-)Vollzugs als Ort von (politischer) Jugendbildung und formuliert Ansatzpunkte einer „kritischen politischen Bildung in Gefangenschaft".

Politische Bildung ist in globale Machtverhältnisse verstrickt. Daher widmen sich zwei Beiträge den internationalen Perspektiven kritischer politischer Bildung. Internationale Freiwilligendienste bieten eine besondere Möglichkeit, die globale Dimension politischer Bildung in den Blick zu nehmen. So analysieren Christoph Gille und Benjamin Haas in ihrem Beitrag internationale Freiwilligendienste in ihren Widersprüchlichkeiten „zwischen emanzipatorischer Bildung und kolonialen Kontinuitäten" und zeigen auf, wie die Erfahrung der Verstrickung des eigenen Lebens mit dem Leben anderer über ein kritisches Potenzial verfügt. Georg Pirker und Andreas Thimmel beschreiben Youth Work als europäisches Basiskonzept mit Potenzial für eine Education for Democratic Citizenship als europäischen Bezugsrahmen für die Mitgliedstaaten der Europäischen Union und des Europarates. Sie plädieren dafür, den vorhandenen Spielraum für eine kritisch-reflexive Youth Work und den internationalen Austausch zu nutzen. Das Kapitel schließt mit dem Wiederabdruck eines Beitrags von Achim Schröder zur politischen Jugendbildung. Der Beitrag erschien 2011 und 2013 in dem von Benno Hafeneger im Wochenschau Verlag herausgegebenen *Handbuch außerschulische Jugendbildung*. Wir widmen diesen Wiederabdruck aus der zweiten Auflage von 2013 unserem 2017 verstorbenen Kollegen und Freund, der Emotionalität, die Relevanz von Beziehungen und Leiblichkeit von politischer Bildung immer mitdachte und in seiner Vorstellung „bezogener Urteilskraft“ im Anschluss an Hannah Arendt zum Ausdruck brachte und viele von uns akademisch und menschlich ‚berührt‘ hat.

Abseits institutionalisierter Logiken politischer Bildungsarbeit existieren zahlreiche Praktiken und Akteur*innen politischer Bildung, die als solche kaum im fachwissenschaftlichen Diskurs oder in der politischen Bildungsforschung wahrgenommen werden. Daher widmet sich *Kapitel 5* sozialen Bewegungen und Selbstorganisationen in der politischen Bildung. Im ersten Beitrag beschreibt Wiebke Dierkes den grundsätzlichen Zusammenhang von kritischer politischer Bildung und sozialen Bewegungen und erläutert dies an Akteur*innen, Kooperationen und Bildungsformaten, in denen dieser Zusammenhang, aber auch das Spannungsverhältnis zwischen etablierten Strukturen und Neugründungen sowie zwischen Bildung und sozialem Handeln deutlich wird. Dass dieses Kapitel zugleich das kürzeste Kapitel in diesem Handbuch darstellt, deutet auch auf eine strukturelle Leerstelle und einen besonderen Forschungsbedarf in Bezug auf politische Bildung in Selbstorganisationen hin. Hierauf verweisen auch die folgenden Beiträge. Isidora Randjelović skizziert das Konzept der transgenerationalen Erinnerung als rassismuskritische politische Bildung. Sie beschreibt, wie der Einbezug von bislang marginalisiertem theoretischem und künstlerischem Wissen sowie Erfahrungswissen von Rom*nja und Sinti*zze in allgemeinen Konzepten der historisch-politischen Bildungsarbeit als grundlegender Beitrag zur epistemischen Gerechtigkeit relevant ist. Dies gilt sowohl für die Adressat*innen kritischer politischer Bildungsarbeit als auch für die Referent*nnen und das Feld der politischen Bildungsarbeit insgesamt.

Saloua Mohammed Oulad M'Hand und Ismahan Wayah fordern in ihrem Beitrag, dass die Aktivitäten muslimischer Menschen und ihrer Organisationen als Akteur*innen der politischen Bildung zu sehen und anzuerkennen sind. Zentral ist für die Autor*innen sowohl die Sichtbarkeit der Akteur*innen als auch nachhaltige und beständige Strukturen jenseits präventiver und sicherheitspolitischer Förderlogiken. Nadine Kaufmann und Oliver Emde skizzieren selbstorganisierte Lern- und Handlungsräume im Umfeld der Klimagerechtigkeitsbewegung. Sie verdeutlichen die Verbindung von politischem Aktivismus und politischer Bildung, die in den Lern- und Bildungsräumen der Klimabewegung in besonderer Weise sichtbar wird. Damit wenden sie sich gegen die häufig vorgenommene Trennung von politischer Bildung und politischem Handeln, die dem Selbstverständnis der Initiativen nicht entspreche. Holger Oppenhäuser beschreibt in seinem Beitrag, wie Kapitalismuskritik im Kontext der Debatten um ökonomische, soziale und ökologische Krisenphänomene aktuell eine Renaissance erlebt. Er belegt dies anschaulich an verschiedenen Bildungsmaterialien, insbesondere an denen von Attac, und zeigt auf, wie diese dabei helfen können, politisch-ökonomische Prozesse zu verstehen und sich an der demokratischen Gestaltung dieser Zusammenhänge zu beteiligen. Auch Friedemann Affolderbach beschäftigt sich mit den Potenzialen kritisch-politischer Bildung im Kontext selbstorganisierter Initiativen. Dabei zeichnet er die Erfahrungshorizonte von Initiativen nach, die sich kritisch gegen rechtsextreme Entwicklungen positionieren und mit dem CIVITAS Aktionsprogramm aus dem Jahre 2001 eine wichtige Alternative zu sozialarbeiterischer Intervention oder formal ausgerichteter Bildungsarbeit darstellen.

Eine fast gegenläufige Perspektive zum vorherigen Kapitel nimmt das *Kapitel 6* ein. Hier geht es um eine Bestandsaufnahme und kritische Analyse der Strukturen und Förderprogrammatiken institutionalisierter politischer Bildung im non-formalen Bereich. Dies ist notwendig, denn nimmt man eben nicht nur die Verstrickung politischer Bildung in allgemeine Herrschafts- und Machtverhältnisse an, sondern zugleich ihre sozial-, sicherheitspolitisch und integrationsstaatliche Eingebundenheit, so zeigt sich, dass Annahmen, Zielsetzungen und Themen politischer Bildung gleichsam geprägt sind von gesellschaftspolitischen Strömungen und Entscheidungen sowie spezifischen Akteursinteressen, die sich nicht zuletzt in strukturellen Förderungen oder Formgebungen niederschlagen. Die mittlerweile breite Anerkennung der Relevanz politischer Bildung geht zugleich mit einer Ausweitung von spezifischen Förderprogrammatiken einher. Diese Programme enthalten Problembeschreibungen, formulieren Bedarfe und Lösungswege, geben nicht selten Formen der Operationalisierung vor, folgen damit spezifischen Politiken und engen den Spielraum der Professionalität ein. Sie enthalten einen Problemdiskurs, den politische Bildung dann zu bearbeiten sucht. Dies umfasst sowohl staatliche als auch nichtstaatliche Förderungen und Strukturen.

Den Anfang einer Beschreibung dieses Problemkomplexes macht Benedikt Widmaier, der sich in seinem Beitrag mit Strukturen, Trägern und der Förderpolitik in der non-formalen politischen Bildung beschäftigt. Aktuell sei eine Entwicklung zu verzeichnen, bei der bildungs- und jugendpolitisch motivierte Programme einer sicherheits- und engagementpolitisch begründeten Topdown-Steuerung weichen. Julika Bürgin argumentiert in ihrem Beitrag in eine ähnliche Richtung. Sie geht der Frage nach dem Verhältnis von politischer Bildung und Extremismusprävention nach. Um als erfolgreich anerkannt und gefördert zu werden, müsse sich politische Bildung heute als Extremismusprävention verstehen, womit alternative und der Umstrittenheit dieses Zuschnitts politischer Bildung widersprechende Ansätze ins Abseits gestellt würden.

Sindyan Qasem vertieft dies wiederum mit Blick auf Islamismusprävention. Er zeichnet nach, wie sich seit dem 11. September 2001 vorwiegend sicherheitspolitische Maßnahmen der Islamismusprävention entwickelt und in Sozialer Arbeit, Jugendarbeit und politischer Bildung niedergeschlagen haben. Stefan Kalmring und Silke Veth betrachten politische Bildung im Rahmen von gesellschaftskritischen politischen Stiftungen und formulieren eine Gegenperspektive, die politische Bildung als ein politisches Projekt begreift, das substanziell auf soziale Gleichheit, radikale Demokratie und ein stabiles ökologisches Gleichgewicht jenseits des Verwertungszwangs zielt. Anja Hirsch richtet den Blick hingegen auf unternehmensnahe Stiftungen, die aufgrund der projektbezogenen Finanzierung außerschulischer politischer Bildung als drittmittelgebende Akteure in den letzten Jahren an Bedeutung gewonnen haben. Anhand von Fachliteratur, Stiftungsmaterialien und Interviews zeichnet der Beitrag nach, wie unternehmensnahe Stiftungen trotz ihres Selbstverständnisses als unabhängige Akteure agieren, mit Unternehmen verflochten sind und dies ihre politischen Bildungsprogramme beeinflusst.

Thomas Gill arbeitet in seinem Beitrag die Widersprüche staatlicher politischer Bildung heraus. Er legt den Fokus auf staatlich geförderte politische Bildung mit Blick auf die Bundes- und Landeszentralen als nachgeordnete staatliche Behörden, die sowohl fördern als auch selbst operativ Angebote politischer Bildung erbringen, auf millionenschwere Förderprogramme wie „Demokratie leben!" oder auch die Strukturen der Kinder- und Jugendhilfe als soziale Infrastruktur. Der Autor zeichnet historische Entwicklungen und Herausforderungen nach und benennt dabei sowohl die dadurch geschaffenen Freiräume und Handlungsmöglichkeiten für die zivilgesellschaftliche Trägerszene als auch deren Abhängigkeiten von Veränderungsprozessen staatlicher Politik. Schließlich fragen Dominik Feldmann und Sascha Regier ebenso kritisch in Bezug auf das Extremismusmodell in der politischen Bildung in ihrem Beitrag nach damit beförderten Prozessen des Demokratieabbaus. Ihr Beitrag zeigt, wie die Entwicklung autoritärer Staatlichkeit durch Politiken der Versicherheitlichung demokratische und liberale Freiheitsrechte grundlegend einschränkt und wie kritische politische Bildung auf diese demokratiegefährdende Schlagseite extremismuspräventiver Ansätze reagieren kann.

Redaktionelle Hinweise

Wir haben Autor*innen-Tandems oder -Trios gebildet, um auf diese Weise deutlich zu machen, dass wissenschaftliches Arbeiten und Denken in der Regel keine individualistische, sondern eine kooperative Angelegenheit ist. Zum Teil stellte dies die beteiligten Autor*innen vor die Herausforderung unterschiedliche Denkweisen und Positionen gemeinsam zu diskutieren und damit einen Beitrag zur Weiterentwicklung unseres gemeinsamen Projekts zu leisten. Wir danken allen Autor*innen, die sich auf dieses Experiment eingelassen haben.

Die Autor*innen des Handbuchs wurden um eine diskriminierungssensible Schreibweise gebeten, die sie selbst festgelegt haben, weshalb im Handbuch unterschiedliche Schreibweisen zu finden sind.

Wir freuen uns, dass wir dieses Buchprojekt mit dem Wochenschau Verlag realisieren konnten, und danken der Verlegerin Tessa Debus sowie der Geschäftsführerin Silke Schneider für die vertrauensvolle Zusammenarbeit. Sie haben uns zu der völligen Neuauflage des Handbuchs kritische politische Bildung ermuntert. Bei Birgit Wolter vom Wochenschau Verlag bedanken wir uns für die gute redaktionelle Betreuung. Wir freuen uns auch, dass nunmehr die Beiträge des ersten Handbuchs von 2010 in *open access* digital vom Wochenschau Verlag der Öffentlichkeit zur Verfügung gestellt werden. Die Beiträge sind zwar ‚Kinder ihrer Zeit', aber keineswegs veraltet und haben nach wie vor ihre Bedeutung.

Bei Claudia Rommel, Sabrina Hengstebeck und Mona Wolf bedanken wir uns für die Durchsicht der Beiträge. Nicht zuletzt danken wir allen Autor*innen für die Unterstützung und ihre Zusammenarbeit, die auch wesentlich dazu beigetragen hat, dass das nun vorliegende Handbuch realisiert werden konnte.

1. Gesellschafts-theoretische Annahmen und Begründungen kritischer politischer Bildung

ASTRID MESSERSCHMIDT

Kritische politische Bildung nach Auschwitz

Die Auseinandersetzung mit dem Nationalsozialismus als eines der zentralen Themen politischer Bildung wird für die Generation heutiger Jugendlicher und junger Erwachsener oft nicht als gesellschaftskritisch erlebt. Kaum noch ist erkennbar, wie umkämpft der Weg zu einer öffentlich geäußerten Anerkennung der Relevanz der NS-Verbrechen gewesen ist. Nach 1990 hat sich der als „Erinnerungskultur" bezeichnete Modus des Geschichtsbezugs zu einem staatstragenden Element im Selbstverständnis und in der internationalen Repräsentation der Bundesrepublik Deutschland entwickelt. Bis weit in die 1980er-Jahre dominierte dagegen eine Reserviertheit und Abwehr gegenüber der Thematisierung der NS-Verbrechen und ihrer Akteur:innen bei gleichzeitiger Präsenz vielfältiger Initiativen des Gedenkens vor Ort, die bis heute Zugänge zu einem kritischen Geschichtsbewusstsein vermitteln. Die Situation kritischer Bildung im langen Schatten von Auschwitz kann als uneindeutig charakterisiert werden. Dabei steht der Topos Auschwitz für den gesamten Komplex der NS-Verbrechen im Kontext von Verfolgung und Vernichtungskrieg.

1. Erinnerungskultur zwischen Etablierung und Kritik

Der Prozess der Etablierung institutionalisierten Gedenkens schildert Volkhard Knigge anhand der veränderten Rolle, die die KZ-Gedenkstätten in der politischen Öffentlichkeit der Bundesrepublik Deutschland spielen. Mit dem Gedenkstättenförderkonzept des Bundes von 1999 verändert sich die Institutionalisierung dieser Orte. Sie wurden ähnlich wie Theater oder Museen zu Teilen der „kulturellen Grundausstattung der Bundesrepublik" (Knigge 2001, 136). Die Auseinandersetzung mit dem Nationalsozialismus ist zweifellos in der Mitte der Gesellschaft angekommen und der Hinweis darauf, dass sie das bis 1990 keineswegs gewesen ist, wirkt für heutige Jugendliche abstrakt und weit entfernt von ihren aktuellen Erfahrungen mit der Art und Weise, wie der Nationalsozialismus in Schule, außerschulischer Bildung und Öffentlichkeit thematisiert wird. Wie lässt sich in dieser Situation etablierten Erinnerns noch irgendetwas anderes aus der zeitgeschichtlichen Thematisierung gewinnen als Abgrenzung von einer monströsen Gewaltgeschichte und Bestätigung der gegenwärtigen Demokratie? Distanzierung lässt Geschichte erstarren und macht sie handhabbar für die Pflege eines unproblematischen gesellschaftlichen Selbstbildes. Schließlich geben die Verbrechen im NS-Herrschaftskontext immer eine Kontrastfolie für eine Gegenwart ab, die demgegenüber heil, friedlich und gerecht erscheint. Erfahrungen aus der Gedenkstättenpädagogik zeigen, dass „die Konfrontation mit der Monstrosität der nationalsozialistischen Verbrechen“ (Scheurich 2010, 41) die meisten Besucher:innen nicht dazu anregt, „die eigene (demokratisch verfasste) Gegenwartsgesellschaft auf uneingelöste Versprechen und Rechte hin kritisch zu befragen. Heutige Verletzungen von Menschen- und Grundrechten werden im Vergleich als nicht so dramatisch angesehen“ (ebd., 42). Gerade im Kontext schulischer Bildung werden die früheren Konzentrationslager häufig aufgesucht, um an ihnen das Andere der Gegenwart, den Kontrast zu Demokratie und Menschenrechten zu demonstrieren. In der Folge entsteht an den „moralisch hoch aufgeladenen Gedenkorten“ ein „Konformitätsdruck“ (ebd., 41), so als stünde am Tiefpunkt der Zivilisation die Orientierung für das richtige und angemessene Verhalten zur Verfügung.

Bildungsarbeit nach Auschwitz wird unpolitisch, wenn der Schauder über Grausamkeit und entgrenzte Gewalt den Zugang zum Thema bestimmt und der Eindruck vermittelt wird, die richtigen Lehren aus der Geschichte seien bereits gezogen und müssten von der jüngeren Generation nur noch nachvollzogen werden. Erst ein Ansatz, der ideologische Elemente und darauf bezogene politische Praktiken verdeutlicht, macht klar, was nach wie vor an dieser Geschichte nachwirkt und kritisch zu reflektieren ist: Die völkische Ideologie rassistisch und antisemitisch begründeter Überlegenheitsansprüche, die damit verbundene Autoritätsbehauptung und Unterwerfungsbereitschaft, der Zusammenhang von Gehorsam und Gleichgültigkeit, der Mangel an aktiver Menschlichkeit und die Attraktivität der Zugehörigkeit zur Volksgemeinschaft sind Elemente für eine analytische Auseinandersetzung, aus der Fragen an die Gegenwart hervorgehen. Es sind Fragen, die unsere strukturelle Einbindung in heutige Gewaltverhältnisse betreffen.

2. ‚Nie wieder!' als pädagogischer Imperativ und die Wiedergewinnung von Kritik

In den vergangenen Jahrzehnten ist in der pädagogischen Aufarbeitung der NS-Verbrechen immer wieder der erste Satz aus Adornos berühmtem Rundfunkvortrag „Erziehung nach Auschwitz“ von 1966 zitiert worden. Adorno formulierte in diesem Vortrag einen pädagogischen Imperativ: „Die Forderung, dass Auschwitz nicht noch einmal sei, ist die allererste an Erziehung. Sie geht so sehr jeglicher anderen voran, dass ich weder glaube, sie begründen zu müssen noch zu sollen" (Adorno 1971 [1966], 88). Solange Adornos Ausführungen in der Rezeption auf den allerersten Satz reduziert werden, bleibt die Selbstverunsicherung, die Adorno hier formuliert, ausgeblendet, wodurch ein Anknüpfungspunkt für eigenes Denken verloren geht. Der Imperativ der Nichtwiederholung von Auschwitz wird aber in dem Text gegen sich selbst gewendet, er bleibt nicht unbeschadet stehen. Denn Auschwitz zeigt, wie systematische Gewalt und Vernichtung im Zivilisationsprozess selbst angelegt und somit auch Teil der Bildungsgeschichte sind, denn es waren gebildete Subjekte, die den Massenmord organisiert haben. Die Auseinandersetzung mit der immanenten Widersprüchlichkeit von Bildung und Zivilisation kennzeichnet den Ansatzpunkt kritischer Theorie. Durch den Tatkomplex, der mit dem Namen Auschwitz angesprochen wird, vertieft sich der Widerspruch. Erst mit dem Bewusstsein für diese immanente Dialektik wird Adornos Appell, die Wiederkehr von Auschwitz zu verhindern, zu einem kritischen Ansatzpunkt. Ohne dieses Bewusstsein wird das „Verhindern von Auschwitz" zu einer „idealistischen Phrase" (Adorno 1971 [1966], 88).

Bildung läuft leer, wenn sie sich auf eine Formel reduziert, die leicht zu einer Selbstvergewisserung darüber werden kann, dass eine derartige Wiederholung ohnehin nicht möglich sei. Angesichts rassistisch begründeter Vertreibungen und Kriege in Europa in den 1990er-Jahren und angesichts von Kriegsstrategien, die nach 2001 im Kontext des „Krieges gegen den Terror" mit einem Gegensatz von Kulturen legitimiert worden sind, wirkt die Beschwörung einer Nichtwiederholung ignorant. Der Aufruf „Nie wieder!" ist im Lauf der Zeit zu einer Formel der Selbstvergewisserung gemacht worden, als sei das, wozu die zwei Worte auffordern, bereits umgesetzt, so als gäbe es in der deutschen Gesellschaft und Politik tatsächlich nichts mehr von dem, was den Nationalsozialismus ausmachte, keinen Rassismus, völkischen Nationalismus und schon gar keinen Antisemitismus. Doch die Demokratie schließt die Ideologien, die aus anderen Fremde und Feinde machen, nicht aus.

In den letzten Jahren ist dem Nie-wieder-Topos zudem ein neuer Gegenstand zugeordnet worden, der dessen Bedeutung komplett umkehrt. „Nie wieder" soll passieren, was 2015 passierte, nie wieder offene Grenzen, nie wieder Kontrollverlust, nie wieder Flüchtlinge und Asylsuchende, nie wieder so viele Fremde im Land. Das Thema Migration ist im Zuge dessen als Sicherheitsproblem besetzt worden und dient neonationalistischen Gruppierungen als Garant für Zustimmung in den dafür ansprechbaren Teilen der Öffentlichkeit. Migration kann als Signalwort gegen alles eingesetzt werden, was das vermeintlich Eigene bedroht, wozu Wohlstand, Kultur, Heimat, Sprache und Sicherheit gezählt werden. Migration und Flucht sind politisch gerahmt worden als Phänomene, die das Vertraute zerstören.

Innerhalb dieser Rahmung kommt ein Motiv zum Ausdruck, das wiederum in enger Verbindung mit der gesellschaftlichen Beziehung zum Nationalsozialismus steht – der Wunsch nach Nichtwissen. In der familiären Kommunikation der Deutschen, die zu keiner der verfolgten Gruppen gehörten, ist über drei Generationen der Hinweis auf das Nichtwissen ein durchgängiges Muster der Unschuldsbeteuerung gewesen. Die Abwehr von Wissen schützt vor Verantwortung. Heute zeigt sich die Kontinuität dieser Abwehr in dem Mangel an Wissensvermittlung und Bewusstseinsbildung zu den Ursachen der großen weltweiten Fluchtbewegungen, die in ganz erheblichem Maße mit politischer Gewalt und daraus resultierenden Verarmungsprozessen zusammenhängen. All das kann jede und jeder wissen, zumal die Medien, die dieses Wissen transportieren, für alle zugänglich sind.

Das Bedürfnis nach Nichtwissen enthält zudem ein antiintellektuelles Motiv, das allen rechtspopulistischen Bewegungen eigen ist und das zu den Elementen des Antisemitismus gehört. Niemand kann heute mehr glaubhaft behaupten, nichts wissen zu können. Die Zumutung des Wissens ist durch die digitalen Informationstechnologien gewachsen. Die Behauptung, nichts gewusst zu haben, hat sich erledigt, sie funktioniert nicht mehr und bietet keine Legitimation mehr. Unschuld im Sinne eines Unberührtseins von den Weltproblemen ist keine mögliche Option mehr. Die politisch bedingten Problemlagen der Welt stellen sich als ausgesprochen komplex dar, zugleich gibt es viele Möglichkeiten, diese Komplexität zu durchdringen und sich mehr Wissen und etwas Durchblick zu verschaffen.

„Aufgearbeitet wäre die Vergangenheit erst, wenn die Ursachen des Vergangenen beseitigt wären. Nur weil die Ursachen fortbestehen, ward sein Bann bis heute nicht gebrochen." (Adorno 1971 [1959], 28). Verdichtet kommt in diesem Zitat aus Adornos Vortragstext von 1959 das zentrale Problem für eine kritische politische Bildung nach Auschwitz zum Ausdruck, nämlich das „Fortbestehen" von gesellschaftlichen Bedingungen, die Internierung und Massenmord erst ermöglicht haben. Die Einsicht in die Unabgeschlossenheit von Geschichte wird hier vermittelt, ohne eine simple Kontinuität zu behaupten.

3. Geschichtsvermittlung über Täter- und Opferdichotomien hinaus

Über das *Wie* der pädagogischen Vermittlung des Holocaust nachzudenken, erfordert ein hohes Maß an Selbstreflexion, und es steht dieser Selbstreflexion gut an, sich auch die „pathologischen Züge im Erinnern dieser Geschichte" (Heyl 2005, 195) bewusst zu machen, die in pädagogischen Zusammenhängen oft darin zum Ausdruck kommen, dass Pädagog:innen das, was sie selbst nicht aufzuarbeiten in der Lage gewesen sind, von ihren Schüler:innen oder Seminarteilnehmer:innen erwarten. Dazu gehört auch eine dichotome Repräsentation des Nationalsozialismus, als hätte es einfach nur Opfer und Täter:innen gegeben, wobei implizit eine emphatische Beziehung zu den Opfern erwartet wird und die Täter:innen weitgehend aus dem Blick geraten. Matthias Heyl plädiert dafür, „die in der deutschen Gesellschaft weithin gepflegte und vereinfachende Opfer-Täter-Dichotomie zugunsten einer komplexeren und differenzierenderen Sicht der Dinge" (ebd., 201) zurücktreten zu lassen und sich mit der „Gesellschaft des Holocaust" (ebd.) auseinanderzusetzen. Die Positionierungen in dieser Gesellschaft sind vielschichtig, blickt man auf Verfolgte, Ermordete, Retter:innen, Helfer:innen, Täter:innen, Kollaborateur:innen, Widerstand Leistende, Profiteur:innen, Zuschauer:innen und Mitläufer:innen. Die Mitte dieser Gesellschaft bilden in dem Modell von Heyl die Zuschauer:innen, zu denen alle zählen können und werden können, die nicht zu den Verfolgten gehören. Und umgekehrt können aus Zuschauer:innen Täter:innen, Profiteur:innen und Kollaborateur:innen werden. Die Positionen sind uneindeutig, und es gibt Übergänge zwischen ihnen, die in einem binären Modell keinen Platz haben. Ein solches Modell macht es sehr viel schwieriger, von moralisch eindeutig zu bewertenden Positionen auszugehen, und bietet Raum für Wahrnehmungen von Ambivalenz. Sehr viel mehr als bei dem kontrastierenden Opfer-Täter-Schema kann hier deutlich werden, dass es um Entscheidungen geht und um Handlungsspielräume – bei allen Positionen, außer bei den Verfolgten, die zu Opfern gemacht worden sind, auch wenn sie in der Situation der Verfolgung kollaboriert haben mögen. Hier wäre jede Relativierung unangemessen – und zugleich weist schon diese Grenzbestimmung darauf hin, dass es zu ebensolchen Relativierungen kommt, wenn in pädagogischen Kontexten über die verschiedenen Positionierungen in der ‚Gesellschaft des Holocaust' nachgedacht wird.

Mit einem komplexeren soziologischen Modell der Gesellschaft, in der der Holocaust geplant und durchgeführt worden ist, kann simplen Identifikationen entgegengewirkt werden, die im Umgang mit dem Nationalsozialismus benutzt werden, um sich selbst in eine moralisch eindeutige und unangreifbare Position zu bringen. Das blockiert eine kritische Auseinandersetzung und ist aus meiner Sicht einer der Faktoren, der die verbreitete Reserviertheit und Abwehr gegenüber der Thematik bewirkt. Die da etwas ‚aus der Geschichte lernen' sollen, ahnen, dass man ihnen nur ein Klischee der Geschichte präsentiert, und empfinden ein Unbehagen gegenüber jenen Lehrenden, die meinen, bereits alles verstanden zu haben. In der dritten und bald vierten Generation nach 1945, in der Nachfolgegesellschaft, in der die Perspektiven der Täter:innen, Mitläufer:innen, Zuschauer:innen und Kollaborateur:innen dominieren, sollten uns besonders die Zuschauenden beschäftigen. Schließlich sind wir heute „verspätete Zuschauer" (ebd., 211) der Bilder, Filme und Videos, die insbesondere in pädagogischen Kontexten so gerne verwendet werden, um die Vergangenheit anderen ‚näher'zubringen. Doch die Nähe zur Vergangenheit kann und sollte nicht pädagogisch herzustellen versucht werden. Sie ergibt sich aus den Gegenwartsverhältnissen und den ungleichen Erfahrungen heraus, die in diesen Verhältnissen gemacht werden.

4. Politische Bildung in der postnationalsozialistischen Migrationsgesellschaft

Unter Verhältnissen unabgeschlossener Geschichte, in denen die Denkmuster des Nationalsozialismus nachwirken und die ich deshalb als „postnationalsozialistisch" bezeichne (vgl. Messerschmidt 2009), ist Rassismus ein Schreckenswort geblieben und lange unaussprechbar für die demokratische Gegenwart gewesen. Die Distanzierung von den Gewaltverhältnissen des NS hat eine Auseinandersetzung mit gegenwärtigen Formen von Rassismus lange erschwert und dazu beigetragen, Rassismuserfahrungen in der Gegenwart nicht anzuerkennen. Dies beginnt bereits direkt in der Nachkriegsgeschichte.

Ohne auf die Kategorie „race" zurückgreifen zu müssen, konnte in Deutschland die Trennung von Bürger: innen und Ausländer:innen im Kontext der Gastarbeit nach 1950 hergestellt werden. Aufgrund des Ausländer-Paradigmas im deutschen Gastarbeiter-Diskurs sind explizit rassifizierende Ausdrucksformen nicht erforderlich gewesen. Zugleich wurde im Sprechen über Ausländer:innen und ihre lediglich arbeitsbedingte Zulassung zum nationalen Innenraum eine natio-ethno-kulturelle Unterscheidung mobilisiert, die an rassistisch vermittelte Bilder des Eigenen und Fremden anknüpft (vgl. Kourabas 2021). Die Trennung wurde durch die nationale Grenzziehung gesichert, die Gastarbeiter:innen konnten keine Staatsbürger:innen werden. Sie wurden in einen ethnisierten

Arbeitsmarkt eingefügt. Das Ideal einer völkischen Reinheit der Gesellschaft ist nie ganz verschwunden und kam eben auch im Umgang mit den Subjekten der Gastarbeit zum Ausdruck. Der begehrte ökonomische Mehrwert verschaffte ihnen keine Anerkennung als Zugehörige. Das deutsche Wir blieb national.

Inzwischen zeigt sich der gegenwärtige Alltagsrassismus weitgehend kulturalisiert, bei gleichzeitigem Fortbestehen der abstammungsbezogenen, genetischen und am Aussehen festgemachten Komponenten. Die Kulturalisierung des Rassismus hat die Vorstellungen von angeblich natürlicher, genetisch bedingter Ungleichwertigkeit nicht zum Verschwinden gebracht. Die Kategorie Kultur erweitert den diskreditierten Rassebegriff und vermittelt in ähnlicher Weise wie die Bezugnahme auf das Erbgut die angenommenen Merkmale einer statisch gefassten Gemeinschaft und einer althergebrachten Zugehörigkeit. Rassismus modernisiert sich bei gleichzeitiger Kontinuität seiner Grundmuster. Ähnlich sieht es beim Nationalismus aus. Unter Bedingungen globaler Ungleichheit sind „Varianten des gewöhnlichen Nationalismus" (Scherr 2018, 52) geeignet, an die Interessenlagen der Staatsbürger:innen zu appellieren, ohne sich dafür explizit auf einen abstammungsbezogenen Rassismus beziehen zu müssen. Nationalismus kann damit akzeptabel gemacht und Rassismus ausgeübt werden, bei gleichzeitiger Behauptung, dieser sei Vergangenheit.

Paradoxerweise hat gerade der Bezug auf den Verbrechenskomplex von Auschwitz dazu beigetragen, die gegenwärtige Gesellschaft zu entlasten. Die Gegenüberstellung von Demokratie und Diktatur bewirkt nicht nur im Bildungsbereich, dass alltägliche Erfahrungen von Rassismus und Antisemitismus nicht als solche benannt werden. Um dies zu verändern, sind in den letzten Jahren in der politischen Bildungsarbeit Konzepte entwickelt worden, um Antisemitismus und Rassismus als Gegenwartsphänomene zu begreifen, genauer zu reflektieren und als Probleme innerhalb der demokratischen Gesellschaft sichtbar zu machen. Antisemitismuskritische (vgl. Grimm/Müller 2021), antiziganismuskritische (vgl. Perspektivwechsel. Nachholende Gerechtigkeit. Partizipation 2021, 451 ff.) und rassismuskritische (vgl. Fereidooni/Hößl 2021, siehe auch den Beitrag von Fereidooni, Kierot und Khakpour in diesem Band) Bildungsansätze bieten Grundlagen für eine geschichtsbewusste politische Bildung heute.

5. Ausblick

In einem Vortrag von 1967, dessen Veröffentlichung 2019 große Aufmerksamkeit auf sich gezogen hat, bescheinigte Theodor W. Adorno den Deutschen eine „Überwertigkeit des Nationalbewusstseins" (Adorno 2019 [1967], 22). Mehr als 50 Jahre später ist zu erleben, wie dieses überbewertete Nationale in der Gesellschaft weiterhin ansprechbar ist und nationalpopulistischen, autoritären Bewegungen enorme Lautstärke und Durchschlagskraft verschafft. In seinem Nachwort zu Adornos Vortrag arbeitet Volker Weiß das „Echo des Nationalsozialismus" in der Gesellschaft heraus (Weiß 2019, 65), das tradierten Ressentiments folgt und nicht einmal auf eine Partei angewiesen ist. Darin verdichtet sich die Angst vor Kontrollverlust. Wer aber diese Kontrolle bedroht, ist in einer globalisierten Welt schwer zu fassen. Dafür ist eine Auseinandersetzung mit widersprüchlichen Strukturen nötig – also mit Strukturen, die einerseits für den eigenen Wohlstand akzeptiert werden und gleichzeitig eine Zumutung sind. Stattdessen wird in der Vorstellung einer heilen Nation ein vermeintlicher Schutzraum für das Eigene und ein Ort zum Erleben unmittelbarer Autorität gesucht. Das Innere dieser Provinz – Adorno spricht von der „angedrehten Provinzialisierung" (Adorno 2019 [1967], 30) – kann abgesichert werden, indem Fremde identifiziert werden, die das Eigene bedrohen. Die Positionen dieser Fremdgemachten werden flexibel besetzt, wie die Auseinandersetzung mit Rassismus, Antisemitismus und Antiziganismus zeigen kann. Sich darin auszukennen, ist heute wesentlich für eine kritische politische Bildung.

Literatur

ADORNO, Theodor W. (1971 [1966]): Erziehung nach Auschwitz. In: Ders.: Erziehung zur Mündigkeit. Vorträge und Gespräche mit Hellmut Becker 1959–1969. Frankfurt/M., S. 88–104.

ADORNO, Theodor W. (1971 [1959]): Was bedeutet: Aufarbeitung der Vergangenheit? In: Ders.: Erziehung zur Mündigkeit. Vorträge und Gespräche mit Hellmut Becker 1959–1969. Frankfurt/M., S. 10–28.

ADORNO, Theodor W. (2019 [1967]): Aspekte des neuen Rechtsradikalismus. Frankfurt/M.

BUNDESMINISTERIUM des Innern, für Bau und Heimat (Hg.) 2021: Perspektivwechsel. Nachholende Gerechtigkeit. Partizipation. Bericht der Unabhängigen Kommission Antiziganismus, Berlin 2021. https://www.institut-fuer-menschenrechte.de/fileadmin/Redaktion/PDF/UKA/Bericht_UKA_Perspektivwechsel_Nachholende_Gerechtigkeit_Partizipation.pdf (Zugriff: 29.04.2023).

FEREIDOONI, Karim/Hößl, Stefan (Hg.) (2021): Rassismuskritische Bildungsarbeit. Reflexionen zu Theorie und Praxis. Schwalbach/Ts.

GRIMM, Marc/Müller, Stefan (Hg.): Bildung gegen Antisemitismus. Spannungsfelder der Aufklärung. Schwalbach/Ts.

HEYL, Matthias (2005): ‚Conflicting memories' – Vom Nutzen pädagogischer Erinnerungsarbeit im ‚Global Village'. In: Leiprecht, Rudolf/Kerber, Anne (Hg.): Schule in der Einwanderungsgesellschaft. Schwalbach/Ts., S. 192–217.

KNIGGE, Volkhard (2001): Abschied von der Erinnerung. In: Gedenkstättenrundbrief Nr. 100, Heft 4/2001, S. 136–142.

KOURABAS, Veronika (2021): Die Anderen ge-brauchen. Eine rassismustheoretische Analyse von ‚Gastarbeit' im migrationsgesellschaftlichen Deutschland. Bielefeld.

MESSERSCHMIDT, Astrid (2009): Rassismusanalyse in einer postnationalsozialistischen Gesellschaft. In: Melter, Claus/Mecheril, Paul (Hg.): Rassismuskritik. Band 1: Rassismustheorie und -forschung. Schwalbach/Ts., S. 59–74.

SCHERR, Albert (2018): Rassismus, Post-Rassismus und Nationalismus. Hinweise zu den Erfordernissen einer differenzierten Kritik. In: Drücker, Ansgar/Seng, Sebastian (Hg.): Made in Germany. Zur Kritik des Nationalismus. Düsseldorf, S. 49–54.

SCHEURICH, Imke (2010): NS-Gedenkstätten als Orte kritischer historisch-politischer Bildung. In: Thimm, Barbara et al. (Hg.): Verunsichernde Orte. Selbstverständnis und Weiterbildung in der Gedenkstättenpädagogik. Frankfurt/M., S. 38–44.

WEISS, Volker (2019): Nachwort. In: Adorno, Theodor W. [1967]: Aspekte des neuen Rechtsradikalismus. Frankfurt/M., S. 59–87.

BETTINA LÖSCH, ANDREAS EIS

Herrschaftskritik und Machtanalyse als Begründung und Aufgabe politischer Bildung

Gesellschaften sind nie frei von Herrschaftsverhältnissen und Macht. Selbst eine demokratische Gesellschaft ist eine Form der (Selbst-)Herrschaft oder Selbstregierung der Bürger*innen, obgleich es in radikal-demokratischer Perspektive darum geht, Herrschaft zu minimieren und abzubauen. Menschen rangen, stritten und kämpften immer wieder darum, eine von Zwang, Unterdrückung und Ausbeutung befreite Gesellschaft für alle zu schaffen. Das reicht von Sklavenaufständen, Bauernkriegen über Arbeiter-, Frauen- und antikolonialen Befreiungsbewegungen bis hin zu neuen sozialen Bewegungen.

Im vorliegenden Beitrag untersuchen wir Zugänge der *Herrschaftskritik* und der *Machtanalyse* als *zwei unterschiedliche* Aufgaben kritischer politischer Bildung (kpB). Die Analyse von Machtverhältnissen und die Kritik politischer, ökonomischer, diskursiver, kultureller und epistemischer Herrschaftsformen kann zugleich Gegenmacht und politische Gestaltungsräume eröffnen. Aufgabe einer kpB ist es, die unterschiedlichen Phänomene von Macht (als *Potential von Akteuren und als gestaltendes kollektives Handeln*) und Herrschaft (als *verfestigte Strukturen der gewaltvollen Unterordnung, der Regierung, Normierung und Unterdrückung*) zu verstehen und befreiende Praxen gesellschaftlicher Alternativen zu entwickeln und zu erproben.

Politische Bildung hat die Aufgabe, sich kritisch mit Herrschafts- und Machtverhältnissen und daraus resultierender Ungleichheit auseinanderzusetzen. KpB verfolgt mit Bezug auf eine kritische Gesellschaftsforschung explizit die Fragen, wie diese gesellschaftlichen Verhältnisse entstanden sind (Ursachen), wie die bestehenden Verhältnisse gerechtfertigt und begründet werden sowie wer welche Interessen verfolgt oder verschleiert (Ideologiekritik, Hegemonieanalyse, Legitimation), wie diese sich auf einzelne Menschen, Gruppen, Klassen auswirken (Auswirkungen) und wie sie emanzipativ verändert werden können (Transformation). Es geht nicht nur um die Beschreibung des *Status quo*, etwa von Problemen und Herausforderungen, sondern um die grundlegende Konflikt- und Krisenhaftigkeit gesellschaftlicher Verhältnisse, um soziale Kämpfe und eine damit verbundene Interessenpolitik, aber auch um eine weitergehende Demokratisierung der Verhältnisse. Emanzipation als Befreiung (von Herrschaft) umfasst zugleich Selbstermächtigung der Subjekte sowie gemeinsame Gestaltungsmacht.

Bildung kann dabei die politischen Kämpfe um einen Abbau von Herrschaft und eine Demokratisierung von Gesellschaft nicht ersetzen, aber Bildung ist immer auch eingebunden in diese sozialen Kämpfe. Dabei zielt kpB auch auf eine selbstkritische, reflexive Haltung, die die herrschaftsförmige Eingebundenheit und soziale Positionierung von Lehrenden, Lernenden, Teamer*innen, Moderierenden und Teilnehmenden sichtbar und kritisierbar macht.

1. Dimensionen und Verknotungen gesellschaftlicher und politischer Herrschaft

Herrschaft und Macht werden in den Gesellschaftswissenschaften häufig gleichgesetzt. Im alltäglichen Gebrauch scheinen viele zu wissen, was Macht ist, und machen Erfahrungen mit Macht. Dennoch bleibt eine begrifflich-theoretische Fassung schwierig. Am bekanntesten ist die Differenzierung in der politischen Theorie zwischen Max Weber und Hannah Arendt. Das, was Weber als Macht bezeichnet, seinen Willen auch gegen Widerstreben durchzusetzen (als Macht über), bezeichnet Arendt als Herrschaft. Für Macht behält sie die Möglichkeit vor, sich zusammenzuschließen und gemeinsam zu handeln (Macht mit und zu etwas) (vgl. Lösch 2015, 68). Diese Auffassung von Macht zeigt sich auch in Konzeptionen marxistischer und kritischer Theorie: Macht als Befreiung zur Gestaltung der Verhältnisse, als Solidarisierung und Selbstermächtigung der Unterdrückten. Herrschaft ist als alltäglicher Begriff, aber auch in der (gegenwärtigen) politischen Bildungsarbeit, weniger gebräuchlich. Das liegt möglicherweise daran, dass Herrschaft immer noch mit personalisierter Herrschaft, starken und starren Hierarchien, körperlicher Gewalt, gar Diktatur oder Tyrannis gleichgesetzt wird. Dabei meint Herrschaft zunächst „eine institutionalisierte, strukturell asymmetrische Machtbeziehung der Über- und Unterordnung zwischen sozialen Einheiten (Individuen, Gruppen oder Klassen etc.)“ (Goldschmidt 2020, 67). Herrschaft ist eher auf struktureller Ebene lokalisiert, quasi institutionalisierte Macht, im Sinne Webers durch Befehl und Gehorsam, im marxschen Sinne eher durch Unterdrückung, Ausbeutung, Über- und Unterordnung, auch Entfremdung gekennzeichnet. Herrschaftsverhältnisse bezeichnen verfestigte Strukturen sozialer Ungleichheit.

Konservative und liberale politische Theorien fragen insbesondere nach Formen der Legitimation von Herrschaft (z.B. Hobbes, Locke, Weber), denn seit der Aufklärung ist diese (v.a. im Kontext von Demokratie) begründungspflichtig. Politische Theorien und Herrschaftstheorien, die an die marxsche oder kritische Gesellschaftstheorie anknüpfen, thematisieren dagegen eher die Ursachen von Herrschaft, wer oder was, welche Strukturen diese mit welchen Interessen und Mitteln aufrechterhalten (vgl. Regier 2023). Sie verdeutlichen auch, dass es immer schon Widerstand gegen Herrschaft gab, benennen Akteur*innen und Gruppen, die gegen Herrschaftsverhältnisse gekämpft haben, und leisten damit Herrschafts*kritik*.

Während sich Marx' Analyse auf die Eigentums- und Produktionsverhältnisse der aufkommenden kapitalistischen Gesellschaft im Zuge der Industrialisierung im 19. Jahrhundert richtete, umfasste die Herrschaftsanalyse der Kritischen Theorie der Frankfurter Schule sowie weiterer kritischer Ansätze im 20. Jahrhundert ein breiteres Spektrum von Herrschafts*dimensionen*. Analysiert wurde beispielsweise, wie Staatlichkeit zur Aufrechterhaltung ökonomischer Herrschaft beiträgt und welche Rolle Subjekte bei der Stabilisierung und Anerkennung von Herrschaft leisten. Hier spielten auch sozialpsychologische und kulturelle Analysen eine große Rolle, nicht nur für die Frage, warum Herrschaft anerkannt, sondern auch, wie sie unterlaufen wird. Die u.a. an Marx anknüpfenden kritischen Analysen interessierte das Wie der Organisation von Zustimmung (Ideologie- und Hegemonietheorien), auch um kulturelle und politische Gegenhegemonie entfalten zu können. Da Herrschaft als institutionalisierte Macht verstanden werden kann, konzentrieren sich kritische Herrschaftsanalysen auf die Formen der Organisation und Verdichtung der sozialen Kräfteverhältnisse, also im Betrieb, im Staat, in staatlichen Behörden, in Nationalstaatlichkeit, in globalen Produktions-, Handels-, *Governance*-Strukturen oder in internationalen Regimen und Organisationen. Herrschaftsverhältnisse sind in der Regel recht dauerhaft und stabil. Sie beziehen, v.a. in demokratischen Gesellschaften, die Beherrschten mit ein, durch Konsensfindung, Zugeständnisse und kulturelle Hegemonie (Antonio Gramsci), mithilfe ideologischer Staatsapparate (Louis Althusser) oder durch symbolische Herrschaft (Pierre Bourdieu), Geschlechterordnungen (Judith Butler) und postkoloniale Denkweisen und Praktiken (Gayatri C. Spivak) sowie Techniken der Selbststeuerung (Michel Foucault). Wenn Herrschaftsstrukturen allein durch Zwang und Gewalt, Befehl und Gehorsam aufrechterhalten werden, wird dies eher als Despotie, Diktatur oder Tyrannis bezeichnet.

Strukturell bedingte Herrschaftsverhältnisse werden durch miteinander verschränkte Dimensionen von Ungleichheit, Unterdrückung und Ausbeutung hergestellt und stabilisiert. Für die europäischen Staaten zeigt sich dies unter anderem in der Form eines „Dirty Capitalism" (Buckel 2015) als Verschränkung unterschiedlicher Formen der „internationale[n] Arbeitsteilung" (ebd., 33 ff.) und damit verbundener Ausbeutungsstrukturen nicht nur zwischen Klassen, sondern ebenso entlang von Geschlechterhierarchien und neokolonialer und ethnisierender Arbeitsteilungen sowie der Ausbeutung von Naturressourcen. *Dirty* wird hier nicht als moralische, sondern als analytische Kategorie gegenüber der Vorstellung eines „reinen" Kapitalismus verstanden (ebd., 30).

Aus liberaler Perspektive wird Kapitalismus als ‚Wirtschaftsform' und häufig als eine Errungenschaft der Menschheit dargestellt, da dieser mehr Wohlstand und eine Befreiung aus feudalen Ständestrukturen und absolutistischer Herrschaft mit sich gebracht habe. Die Entstehung des Kapitalismus als *Vergesellschaftungsweise* brachte aber neue, veränderte Ausbeutungs- und Unterdrückungsverhältnisse mit sich. Seine Geschichte ist verwoben mit der des Kolonialismus und der Sklaverei sowie mit der Ausbeutung von Arbeitskraft, von unbezahlter Sorgearbeit und der Ressourcen der Erde. Seit der Industrialisierung stieg die Ausbeutung der Naturressourcen und die Ausschüttung von Emissionen u.a. Schadstoffen unermesslich an, mit dramatischen Folgen für nachfolgende Generationen. Der Kapitalismus ging teils mit etlichen schwer erkämpften Errungenschaften, etwa der Etablierung von parlamentarischen, demokratischen, rechtstaatlichen oder auch wohlfahrtstaatlichen Strukturen, einher. Diese Erfolge und Zugeständnisse (eines zunehmenden Wohlstandes im Globalen Norden) verdeckten zugleich die neuen, mitunter weiter zugespitzten (globalen) Herrschafts- und Ungleichheitsverhältnisse (siehe Brand/Preiser sowie Eicker/Inkermann in diesem Band).

Eine multidimensionale Analyse und Kritik von Herrschaft ist insofern unhintergehbar, wenn es gilt, „alle Verhältnisse umzuwerfen, in denen der Mensch ein erniedrigtes, ein geknechtetes und verlassenes, ein verächtliches Wesen ist" (Marx 1844, 385). Herrschaftsverhältnisse verknoten sich entlang der Konflikte zwischen Kapital und Arbeit, entlang von Arbeitsteilungen und Arbeitsverhältnissen, Wirtschaftsweise und Eigentumsverhältnissen, entlang der Geschlechterverhältnisse und einer heteronormativen Lebensweise, entlang von (Neo-) Kolonialismus, Nationalismus, Rassismus und Ethnizität, entlang gesellschaftlicher Naturverhältnisse. Die soziale Ungleichheit, Ausbeutung und Unterdrückung im Kapitalismus wird – trotz eines demokratischen und sozialen, rechtsstaatlichen Gleichheitsanspruches – durch ideologische, etwa rassistische und sexistische Wissensordnungen und Alltagspraktiken begründet und stabilisiert. Repression und Diffamierung von (als links markierter) emanzipativer Denkweisen und Praktiken führten geschichtlich und aktuell außerdem zur Absicherung von liberalen, (rechts-)konservativen bis hin zu autoritären Positionen und Normalitätsvorstellungen zum Zwecke der Aufrechterhaltung einer bürgerlichen Gesellschaft (siehe die Beiträge von Bürgin sowie Feldmann/Regier in diesem Band).

Intersektionalität, wie sie gegenwärtig sozialwissenschaftlich diskutiert wird, meint deshalb nicht nur die Verschränktheit von Ungleichheits- und Diskriminierungskategorien, also Erfahrungen von Diskriminierungen einzelner Personen. Vielmehr geht es darum, zu verstehen, warum und wie auf struktureller und institutioneller Ebene unterschiedliche Herrschaftsverhältnisse verknotet sind und wie sich das auf die Erfahrungen einzelner Menschen, sozialer Gruppen oder Klassen auswirkt. Veränderbar werden solche Verhältnisse erst dann, wenn die Gründe der Erfahrungen verstanden und politisch gemeinsam angegangen werden. Sonst bleibt es die (neoliberale) Last und Bürde der Einzelnen, ihre (Diskriminierungs-)Erfahrungen zu bearbeiten.

Kritische politische Bildung basiert auf unterschiedlichen Zugängen kritischer Gesellschaftsforschung, um Emanzipation von Herrschaft in ihren verschiedenen Dimensionen zu verstehen und in sozialen Kämpfen miteinander zu verbinden:

1. Marxsche-materialistische Herrschaftsanalysen;
2. deren Erweiterungen durch antiautoritäre, neomarxistische, hegemonie- und ideologietheoretische Konzeptionen;
3. Kritik von Faschismus, Imperialismus, Totalitarismus, Autoritarismus;
4. Analyse und Kritik neokolonialer, rassistischer, maskuliner, heteronormativer Herrschaft;
5. Kritik gesellschaftlicher Naturverhältnisse und sozial-ökologischer Vielfachkrisen.

Die hier vorgenommene Auflistung kann sicherlich keinen Anspruch auf Vollständigkeit erheben, zumal sich kritische Theorien in ihren erkenntnis- und wissenschaftstheoretischen Ansätzen weiterentwickelt und ausdifferenziert haben (vgl. u.a. Jaeggi 2014; Celikates 2022; Redecker 2018; Demirović 2003 und 2011; Buckel 2015). Poststrukturalistische und diskurstheoretische Ansätze richten beispielsweise ihren Blick auf epistemische Gewalt, Kritik an Verhältnissen von Sprache, Wissen(-schaft) und Deutungsmacht. Auch hier kann durchaus von strukturell verfestigten und verdichteten (symbolischen, sprachlichen, diskursiven) Herrschaftsstrukturen und Wissensregimen gesprochen werden, auch wenn diese Ansätze häufig eher in einer Machtanalytik und -kritik verortet werden.

2. Analysen von Macht und gesellschaftlichen (Kräfte-)Verhältnissen

Macht ist nicht nur ein Potenzial, ein Vermögen (*Können, potentia, power*) von Akteur*innen zur Durchsetzung von (individuellen oder kollektiven) Interessen, sondern auch eine unverzichtbare Voraussetzung von Handlungsfähigkeit zur gesellschaftlichen Selbstorganisation. Wir umreißen im Folgenden die Bedeutung von Machtanalysen für eine kpB auf zwei Ebenen. Zum einen richten sich Analysen auf ungleiche Zugänge zu Machtpositionen und Machtressourcen sowie auf die Verinnerlichung von symbolischen, kulturellen, diskursiven Mechanismen von Macht als Techniken der Führung, Überzeugung, Einbindung in Herrschaftsstrukturen (Hegemonie, Habitus, Techniken des Selbst, soziale Normierungen). Zum anderen werden Ansätze betont, die machtvolle (herrschaftsförmige) Grenzziehungen von sozialen Ordnungen und Praktiken infrage stellen. Zentral interessiert uns dabei, wie sich bislang nicht repräsentierte Menschen durch kollektives Umlernen Machtpositionen aneignen und befreiende Praxen ausüben, d.h. wie sich subalterne Gruppen befähigen und bemächtigen, kollektive *Deutungs- und Handlungsmacht* zu erlangen (vgl. hooks 1994; Spivak 2020; Sternfeld 2009).

In den 2000er-Jahren war es v.a. die globalisierungskritische Bewegung, die sich auf die indigene, zapatistische Bewegung mit dem Postulat berief: *Eine andere Welt ist möglich*. Nicht mehr die Haltung, ad hoc die Staatsgewalt (die Macht i.S. von Herrschaft) zu übernehmen, wie dies in revolutionstheoretischen Konzepten bislang gedacht wurde, sondern das Prinzip *Fragend gehen wir voran* (*preguntando caminamos*) bildete das Leitmotiv: Wir wissen nicht, wie es sein soll, wir wissen nur, dass es anders sein soll, nämlich ein gutes, befreites Leben für alle.

Wer die Welt verändern und sie nicht nur interpretieren will, muss sich allerdings auch mit Macht auseinandersetzen und wissen, wie diese erlangt oder *Gegenmacht* erzeugt werden kann – stets in reflexiver Auseinandersetzung damit, keine neuen Herrschaftsverhältnisse zu etablieren. Im Alltag erfahren Menschen Macht häufig eher als eine äußere, zwingende Kraft, der sich nur schwer entzogen werden kann oder der man sich selbst ohnmächtig gegenüber fühlt. Menschen erfahren Macht aber auch ‚positiv', gestalterisch im Sinne von (Selbst-)Ermächtigung, z.B. im Aufbegehren gegen Eltern, Lehrkräfte, Erzieher*innen, Vorgesetzte, Behörden, aber auch im organisierten Widerstand und Protest gegen empörende Arbeitsbedingungen und andere Ausbeutungs- und Ungleichheitsverhältnisse (vgl. Goldschmidt 2020, 195).

Politikwissenschaftlich wurde diese Seite der *Handlungsmacht* vielfach ausgeblendet und Macht (wie bei Weber) eher mit Herrschaft gleichgesetzt. Auch in (neo-)marxistischen Theorien oder bei Bourdieu werden die Begriffe mitunter synonym verwendet, obgleich die befreiende Seite der Gegenmacht (als ‚das Mögliche wirklich machen') mitgedacht wurden. Unterschiedliche Theorie- und Analyseansätze nehmen Macht nicht nur als ein unterdrückendes, Menschen führendes, unterordnendes (Herrschafts-)Vermögen, sondern auch als eine potenziell befreiende und gestaltende kollektive Fähigkeit zur Austragung und Bearbeitung politischer Konflikte und sozialer Kämpfe in den Blick:

1. Machtanalysen im (Neo-)Marxismus, in den *Cultural Studies* und im Operaismus;
2. hegemonie- und ideologietheoretische Machtanalysen gesellschaftlicher Kräfteverhältnisse;
3. Macht als kollektives Handeln (Arendt 1995), auch im Sinne von „Körperallianzen" und „Politik der Straße" (Butler 2016, 91);
4. symbolische und diskursive Theorien der Macht.

Diese grobe Einteilung von Ansätzen zur Analyse von Machtverhältnissen müsste weiter ergänzt und ausdifferenziert werden, z.B. durch Studien zur *Gouvernementalität* (im Anschluss an Foucault) und zu ‚Techniken des Selbst' im Sinne einer Internalisierung von Machtstrukturen sowie deren situativer Zurückweisung oder Verschiebung. Aber auch Machtanalysen radikaler oder sozialer Demokratie sowie queer-feministischer, intersektionaler oder posthumanistischer Ansätze wären zu beachten.

3. Fazit: Kritik und Befreiung von Herrschaft – Befähigung zu Handlungsmacht

Kritische politische Bildung benötigt nicht nur Herrschaftskritik, sondern Perspektiven kollektiver Selbstbefähigung und Ermächtigung von subalternen, bislang nicht sichtbaren, nicht hörbaren, nicht mächtigen Gruppen. Neben einer Analyse der Dimensionen ökonomischer, sozialer, kultureller, politischer, diskursiver Herrschaft steht im Mittelpunkt politischer Bildungspraxis die Frage, wie Menschen Handlungsmacht sowie die Fähigkeit zur Befreiung von Fremdbestimmung und Ausbeutung entwickeln und damit die Grenzziehungen des Politischen verschieben können.

In Konzeptionen kritisch-emanzipativer Bildung finden sich gegenwärtig unterschiedliche Verständnisse von Herrschafts- oder häufiger von ‚Machtkritik'. Mit machtkritischer Bildung wird dabei eher eine intersektionale Auseinandersetzung mit Formen von Diskriminierung und sozialer Ungleichheit verbunden, entlang solcher Kategorien wie *race-class-gender-dis/ability-ableism-adultism*. Machtkritik bezieht sich auf soziale Gruppen und Interaktionen und kann auch auf gesellschaftliche Institutionen und Strukturen verweisen. Zudem gibt es explizit hegemonietheoretische Herangehensweisen (siehe die Beiträge von Hammermeister; Hirschfeld; Gläser/Lösch und Hirsch in diesem Band) oder auch herrschaftskritische Bildungskonzepte (siehe u.a. Kühnhausen/Kuhn/Suhr; Rodrian-Pfennig/Wilhelm; May/Schäfer in diesem Band). Ebenso verbinden Zugänge im Rückgriff auf radikale Demokratietheorien Machtkritik mit einer Analyse von intersektionalen Herrschaftsverhältnissen und den Möglichkeiten der ‚Unterbrechung' dieser ‚polizeilichen' sozialen Ordnung durch Dissens und Selbstorganisation (z.B. de Moll u.a. 2013). In der Empowermentarbeit geht es explizit um Selbstermächtigung und Selbstbefreiung (siehe u.a. Mohseni/Mai in diesem Band). Für die emanzipative Jugendbildung ist dies immer schon ein Leitprinzip, auch wenn es weiter zu untersuchen gilt, wie sich diese Ansprüche im Zuge neoliberaler Subjektbildung verschoben haben (siehe Hirsch sowie zu didaktischen Prinzipien der Machtanalyse und Herrschaftskritik Eis in diesem Band).

Große Lücken und deutliche Defizite weisen aktuelle Konzeptionen politischer Bildung in der Frage der Herrschaftskritik auf. War lange Zeit z.B. ein ideologiekritisches Vorgehen selbst im Deutschunterricht noch Standard, brachte die ‚Ideologie der Ideologielosigkeit' sowie eine Unbestimmtheit des Ideologiebegriffs eine Verunsicherung mit sich, die scheinbar zu der Haltung führte, dass man es besser sein lassen sollte. Spätestens in der Auseinandersetzung mit dem sogenannten Rechtspopulismus (auch mit Verschwörungserzählungen und ‚Fake News') wird deutlich, dass ein aktueller Ideologiebegriff fehlt, um die veränderten Phänomene adäquat zu beschreiben. Dabei ist eine kritische Auseinandersetzung mit politischen Grundüberzeugungen und Legitimierungsweisen von Herrschaftsverhältnissen nach wie vor relevant und ein zentraler Bestandteil politischer Bildungsarbeit.

Die Beiträge in diesem Handbuch spiegeln ein ebenso breites uneinheitliches Spektrum der Analysen von ‚Macht- und Herrschaftsverhältnissen' wider, wie sie auch in Forschung und Praxis einer kpB vorzufinden sind. Für eine konzeptionelle Weiterentwicklung kritischer politischer Bildung erscheint es uns hilfreich, deutlicher zwischen einer Kritik an gesellschaftlichen Verhältnissen der Unterdrückung, Ausbeutung und struktureller Ungleichheit sowie der Analyse von Handlungsräumen und Befähigung zu befreiender Praxis und kollektiver Handlungsmacht zu unterscheiden, um damit auch einen explizit emanzipatorisch verstandenen Machtbegriff wieder besser denken zu können.

Literatur

ARENDT, Hannah (1995): Macht und Gewalt, 8. Aufl. München.

BUCKEL, Sonja (2015): Dirty Capitalism. In: Martin, Dirk u.a. (Hg.): Perspektiven und Konstellationen kritischer Theorie. Münster, S. 29–48.

BUTLER, Judith (2016): Anmerkungen zu einer performativen Theorie der Versammlung. Berlin.

CELIKATES, Robin (2022): Die Macht der Kritik: Soziale Kämpfe, widerständiges Wissen und Kritische Theorie. Berlin.

DEMIROVIĆ, Alex (Hg.) (2003): Modelle kritischer Gesellschaftstheorie. Traditionen und Perspektiven der Kritischen Theorie. Stuttgart.

DEMIROVIĆ, Alex (2011): Kritische Gesellschaftstheorie und die Vielfalt der Emanzipationsperspektiven. In: Prokla. Zeitschrift für Sozialwissenschaft, Heft 165, S. 519–542.

DE MOLL, Frederick/Kirschner, Christian/Riefling, Markus/Rodrian-Pfennig, Margit (2013): Überlegungen zu einem Modell radikaldemokratischer politischer Bildung. Eine Dezentrierung des Kompetenzbegriffs. In: Bremer, Helmut/Kleemann-Göhring, Mark/Teiwes-Kügler, Christel/Trumann, Jana (Hg.) (2013): Politische Bildung zwischen Politisierung, Partizipation und politischem Lernen. Beiträge für eine soziologische Perspektive. Weinheim, S. 293–314.

GOLDSCHMIDT, Werner (2020): Kapital – Macht – Staat. Stichworte zur marxistischen politischen Theorie, hg. von Wulf Hund und Lars Lambrecht. Hamburg.

HOOKS, bell (1994): Teaching to Transgress. Education as the Practice of Freedom. New York.

JAEGGI, Rahel (2014): Kritik von Lebensformen. Berlin.

LÖSCH, Bettina (2015): Deliberative Politik. Moderne Konzeptionen von Öffentlichkeit, Demokratie und politischer Partizipation. Münster.

MARX, Karl (1844): Zur Kritik der Hegelschen Rechtsphilosophie. In: Marx-Engels-Werke (MEW), Band 1. Berlin 1972, S. 378–391.

REDECKER, Eva von (2018): Praxis und Revolution: Eine Sozialtheorie radikalen Wandels. Frankfurt/M.

REGIER, Sascha (2023): Den Staat aus der Gesellschaft denken. Ein kritischer Ansatz der politischen Bildung. Bielefeld.

SPIVAK, Gayatri Chakravorty (2020): Can the subaltern speak? Postkolonialität und subalterne Artikulation. Wien.

STERNFELD, Nora (2009): Das pädagogische Unverhältnis: Lehren und Lernen bei Rancière, Gramsci und Foucault. Wien.

CARSTEN BÜNGER

Subjektivierung – Zur Frage der Kritik im Lichte produktiver Macht

Subjektivierung ist seit Ende der 1990er-Jahre zu einem breit diskutierten Konzept der Sozial- und Kulturwissenschaften avanciert. Die systematische Beziehung des Konzepts Subjektivierung zum Themenfeld von Kritik, Politischem und Bildung kommt dabei jedoch mitunter nur implizit zum Tragen, obwohl die Problemstellungen, die mit dem Subjektivierungsbegriff bearbeitet werden, große Überschneidungen mit einem Verständnis vom *Politischen* als Raum von Machtverhältnissen, mit *Bildung* als Prozess der Subjektentwicklung und -transformation wie auch mit *Kritik* als Distanzierung von Herrschaft und mit der Frage nach Emanzipation aufweisen. Um diese Beziehung deutlich werden zu lassen, werden die Herkünfte des Subjektivierungskonzepts im Folgenden von einer Problemstellung gesellschaftskritischer Pädagogik her in den Blick genommen: von der Frage nach einer kritisch-autonomen Positionierung des Subjekts.

1. Pädagogik und Kritik

Die Bezugnahme auf eine *kritische* politische Bildung lässt sich als Weiterführung eines Motivs verstehen, mit dem die Entstehung der modernen Pädagogik im Zuge der europäischen Aufklärung aufs Engste verbunden ist: die Überwindung gesellschaftlicher Herrschaftsformen, die mit Bevormundung, Abhängigkeit und Ausbeutung der Untertanen durch Adel und Klerus einhergingen und die eine freie Lebensführung für den Großteil der Menschen unmöglich machten. In den herrschaftskritischen Bezugspunkten wie Mündigkeit und Autonomie, Zukunftsoffenheit und freier Selbstentfaltung finden die aufklärerische Pädagogik und die das Freiheitsmotiv weiter radikalisierende neuhumanistische Bildungstheorie ihre orientierenden Größen. Diese sollen das Verhältnis zur nächsten Generation beschreiben, was zugleich bedeutete, die gesellschaftliche Determination der Einzelnen durch ‚Abstammung' und Tradition zu problematisieren und durch pädagogische Bemühungen sowie politische Umwälzungen hinter sich zu lassen. Vor diesem Hintergrund kann von einem *immanenten* Zusammenhang von moderner Pädagogik und Kritik – bzw. von Pädagogischem und Politischem (vgl. Bünger 2013) – gesprochen werden: Die Anerkennung und Bejahung einer generationalen Differenz, die in Kindern nicht mehr bloß defizitäre Erwachsene erkennt, sondern diese als Andere betrachtet, denen die Möglichkeit des Neuen und der Veränderung zuerkannt und zugesprochen wird, richtet sich gegen Bedingungen und soziale Ordnungen, die diese Möglichkeit negieren. Sie gibt dem Pädagogischen als Bemühung um die Autonomie des Anderen – mit allen daraus resultierenden Problemstellungen wie des Verhältnisses von Einwirkung und Selbsttätigkeit usw. – seine spezifische moderne Kontur.

Die aus der Emanzipation von der Feudalordnung resultierende Beziehung von Pädagogik und Kritik endet entsprechend nicht mit den bürgerlich-demokratischen Revolutionen. Auch in der bürgerlich-liberalen Gesellschaft, die sich über das Versprechen konstituiert, jedem und jeder unabhängig von deren sozialer Herkunft freie Entfaltungsmöglichkeiten zu eröffnen, ist der Einsatz pädagogischer Kritik und Selbstkritik immer wieder von dem Anspruch getragen, soziale Logiken der Benachteiligung – die durch ungleiche Voraussetzungen des Herkunftsmilieus, aber auch durch andere Markierungen von Differenz entlang von Geschlecht oder Ethnie etc. begründet sein können – zu überwinden oder zumindest zu kompensieren. Dass die Bildungsinstitutionen diesen Anspruch kaum einzulösen vermögen, sondern in einer auf Selektion und Stratifikation beruhenden ‚Leistungsgesellschaft' selbst in die ‚Naturalisierung' von Leistungsunterschieden als Ausdruck individueller Leistungsfähigkeit verstrickt sind, wird jedoch in der Begründungslogik bildungspolitischer Reformen nicht selten übergangen (vgl. Bourdieu 2018): Als Schulkritik und -reform werden die gesellschaftlichen Kontexte, in denen die Bildungsinstitutionen nicht nur trotz, sondern aufgrund ihrer Ungleichheitsseffekte funktional sind, eher dethematisiert.

Weitergehende Auseinandersetzungen, die auf eine Analyse der gesellschaftlichen Einbettung von Pädagogik und institutionalisierter Bildung zielen, können auf eine vielfältige Geschichte herrschaftskritischer Ansätze zurückgreifen, die mit verschiedenen Strömungen, Bezeichnungen und Schwerpunktsetzungen verbunden sind, wie etwa: kritische Erziehungswissenschaft, materialistische Pädagogik, kritische Bildungstheorie, feministische Pädagogik, Migrationspädagogik u.a. Quer zu den einzelnen Zugängen und Perspektiven sind für diese Analysen die Fragen leitend, inwiefern *erstens* pädagogische Konzeptionen und Institutionen in die Reproduktion einer auf Ungleichheit basierenden und in diesem Sinne herrschaftsförmigen Gesellschaft verstrickt sind, *zweitens*, welche Grenzen einer allein pädagogischen Zugangsweise zur Veränderung dieser

Bedingungen daher auferlegt sind, aber auch *drittens*, welche Widersprüche die organisierte Bildung durchziehen, sodass sich trotzdem spezifische Möglichkeiten – etwa zur Distanzierung wie auch kritischen Reflexion differenter Lebensbedingungen – innerhalb schulischer und außerschulischer Bildungsorte ergeben (vgl. Walgenbach 2019). Dabei wird insbesondere der Bildungsbegriff zum Einsatzpunkt, um die Möglichkeit der Überschreitung im Sinne einer Überwindung sozialer Fixierungen und Verortungen der Individuen zu formulieren. Wird ‚Bildung' jedoch zum Platzhalter für das Versprechen eines möglichen individuellen Aufstiegs innerhalb der gegebenen Bedingungen, in denen Bildung zugleich für den gesellschaftlichen Bedarf an Humankapital steht, lässt sich kaum von einem kritischen Gehalt eines solchen Bildungsverständnisses sprechen. Es stellt daher eine eigene Herausforderung einer kritischen politischen Bildung dar, weiterführende Perspektiven auf das Verhältnis von Bildung und Kritik im Kontext gegenwärtiger Beanspruchungen von Bildung zu entwickeln. Inwiefern dies gerade auch durch die Auseinandersetzung mit der Ambivalenz von Subjektivierung erfolgen könnte, soll gegen Ende aufgenommen werden.

2. Bindungseffekte der Herrschaft: Ideologie und Subjektivierung

Ein Aspekt, der das Nachdenken über Kritik durchzieht und historisch bis zu Schriften der Frühaufklärung zurückverfolgt werden kann, ist die Frage nach der Bindung der Einzelnen an die jeweiligen Herrschaftsformen: Wie kommt es, dass Menschen die Strukturen der Ausbeutung bzw. des Ausschlusses und die Register der Unterwerfung scheinbar akzeptieren und an deren Reproduktion mitwirken? Wie kommt es zu dem Phänomen „freiwilliger Knechtschaft" (Trautmann 2020)? Mit diesem Problem setzt auch Kant in seiner Schrift „Was ist Aufklärung?" ein, wenn er schreibt: „Aufklärung ist der Ausgang aus der *selbstverschuldeten* Unmündigkeit. […] Selbst verschuldet ist diese Unmündigkeit, wenn die Ursache derselben nicht am Mangel des Verstandes, sondern der Entschließung und des Mutes liegt, sich [seines Verstandes, C. B.] ohne Leitung eines anderen zu bedienen." (Kant 1784/2008, 635; Hervorh. C. B.) Kritik setzt demnach eine Unabhängigkeit und Vorbehaltlosigkeit im Denken voraus – und für dieses Denken wiederum braucht es nach Kant vor allem Entschlossenheit und Mut. Dass jedoch die Unabhängigkeit des Denkens nicht in einem Entschluss zum Selberdenken aufgeht, sondern insofern voraussetzungsreich ist, als wir immer schon in spezifisch situierten Weltbildern und Rationalitätsmustern denken, hat die im Anschluss an Hegel und Marx formulierte Ideologietheorie herausgestellt. Die Wirkmächtigkeit einer Ideologie im Sinne eines gesellschaftlich bedingten, ‚falschen Bewußtseins' soll etwa erklären, wie es dazu kommt, dass die Subalternen (etwa die Arbeiter*innen) gegen ihre objektiven Interessen handeln und damit ihre soziale Position bestätigen.

Im Kontrast zu simplen Gegenüberstellungen von Wahrheit und Ideologie ist in der Kritischen Theorie die Vermitteltheit von Ideologie und Vernunft herausgearbeitet und mit psychoanalytischen Perspektiven verbunden worden (vgl. Horkheimer/Adorno 1947/1988). Die von Adorno (1966/1971, 90) proklamierte „Wendung aufs Subjekt" fragt entsprechend nach den Bedingungen und „Mechanismen […], die die Menschen so machen" (ebd.), dass sie sich der autoritären Verführung unterwerfen und ihrerseits zu Tätern werden. Adorno schreibt: „Ein aufklärendes Potential dürfte allein schon in der Fragestellung liegen, wie man so wurde. Denn es gehört zu dem unheilvollen Bewußtseins- und Unbewußtseinszustand, daß man sein So-Sein – daß man so und nicht anders ist – fälschlich für Natur […] hält und nicht für ein Gewordenes" (ebd., 99). Eine verwandte Auseinandersetzung mit dem Gewordensein der Subjekte findet sich, wenngleich anders situiert, in der Ideologietheorie Louis Althussers, von der her sich das Theorieprogramm einer Erforschung von Subjektivierungsprozessen entfaltet hat.

Die besondere Pointe der Ideologietheorie Althussers, die später von Michel Foucault wie auch von Judith Butler aufgegriffen und ausgearbeitet wurde, liegt darin, dass das Subjekt etwas ‚Gemachtes' ist. Das heißt, dass ein (autonomes) Subjekt nicht einfach da ist und dann mit Bedingungen wie einer repressiven Ordnung oder normativen Erwartungen konfrontiert wird, sondern erst im Einflussbereich dieser Bedingungen hervorgebracht wird. Erst im Lichte der Übernahme ideologischer Funktionen und der mit ihnen einhergehenden sozialen Platzanweisungen und praktischen Vollzüge wird es den Einzelnen möglich, sich als jemand zu erkennen und zu verstehen. Subjektivierung bedeutet daher nicht Subjektwerdung im Sinne sich entwickelnder Autonomie und Mündigkeit, sondern ist wortwörtlich als Unterwerfung (*assujettissement*) zu verstehen. Dennoch meint Gemacht-Sein des Subjekts für Althusser nicht Determination und andauernde Fremdbestimmung: „Das Individuum wird *als (freies) Subjekt angerufen, damit es sich freiwillig den Anordnungen* […] *unterwirft, damit es also (freiwillig) seine Unterwerfung akzeptiert* und folglich die Gesten und Taten seiner Unterwerfung ‚vollzieht'. *Es gibt Subjekte nur durch und für ihre Unterwerfung*" (Althusser 1970, zit. bei Saar 2013). Diese Perspektive bricht insofern mit der klassischen Subjektphilosophie und Anthropologie der Aufklärung, als diese den Menschen über das Potenzial einer autonomen Urteils- und Handlungsfähigkeit definiert hatte. Dies hatte allerdings den Preis, den vermeintlichen Universalismus ‚des Menschen' nur über die Dethematisierung derjenigen behaupten zu können, denen – wie Frauen, Kolonisierten, Kranken etc. – der eigenständige Vernunftgebrauch gerade abgesprochen wurde. Mit Althusser rückt demgegenüber die soziale Konstitution von Subjekten in den Blick: Die Einzelnen werden in sozialen Kontexten in gesellschaftliche Positionen hineingerufen, indem sie als jemand Bestimmtes identifiziert, behandelt und angesprochen werden. Erst so und im Lichte dieser Anrufungen (*Interpellationen*) entsteht ein sozial präfigurierter und differenzierter Handlungs(spiel)raum. Mit diesem veränderten Verständnis von Ideologie als einer Dimension jeder soziosymbolischen Ordnung verschiebt sich zugleich der Einsatz der Ideologiekritik im Hinblick darauf, was es heißt, sich von den Bedingungen zu emanzipieren. Wenn Subjektivierung als Ausdruck von ambivalenten Bindungseffekten an die Normen der Unterwerfung verstanden werden kann, dann sind kritische Positionierungen nicht im Außerhalb von Subjektivierung zu finden, sondern sind – bspw. als widerständige Akte gegenüber spezifischen Zumutungen – zugleich mit diesen verschränkt.

3. Produktive Macht: Subjektivierung als ambivalentes Geschehen

Michel Foucaults Überlegungen zur Subjektivierung lassen sich als weitgehende Aus- und Umarbeitungen dessen interpretieren, was in Althussers Ideologietheorie nur angedeutet vorliegt. Foucault knüpft an den Gedanken an, dass die gesellschaftlichen Selbstverständigungen – die nicht allein die Form verbalisierter Ausführungen haben, sondern auch in sozialen Praktiken und Umgangsformen eingelagert sind – subjektivierende Machteffekte haben. Anders als Althusser geht Foucault jedoch nicht von einer zentralistisch fixierten und in staatlichen Strukturen begründeten Ideologie, sondern von einem dynamischen Zusammenhang von Macht, Wissen und Subjekt aus (vgl. Foucault 2005). Diese Verschiebung wird als „poststrukturalistisch" bezeichnet, nicht, weil die Realität gesellschaftlicher Strukturen infrage gestellt würde, sondern weil die im Strukturalismus vorherrschende Annahme eines vorgängigen, fundamentalen Charakters sozialer Strukturen zugunsten der Analyse ihrer Konstitutionsbedingungen distanziert wird. Dies ermöglicht, die Perspektive auf Subjektivierung analytisch zu weiten und auf unterschiedliche bzw. ungleiche sowie historisch differente Normen der Selbst- und Lebensführung zu beziehen.

Für das Verständnis von Subjektivierung ist dabei entscheidend, dass solche Normen nicht bloß repressiv wirken (vgl. ebd., 221 ff.), sondern als Bezugspunkte der Selbstverständigung fungieren – oder genauer: überhaupt erst spezifische Selbstverhältnisse hervorbringen. Gerade aufgrund ihrer konstitutiven Wirkung auf die Selbstverständigungen zeitigen soziale Normen – wie etwa Auffassungen über Autonomie und Individualität oder auch Identifizierungen entlang von Geschlecht, Herkunft usw. – ambivalente Machteffekte (vgl. ebd., 245): Weil die Einzelnen ein Verhältnis zu sich erst im Verhältnis zu diesen Bezugspunkten entwickeln, ist Macht „produktiv". Wenn in diesem Zuge von Unterwerfung die Rede ist, dann nicht in der schlichten Abfolge von einer fremdbestimmten Vorgabe und einer gehorsamen Ausführung, sondern als ein Prozess, in dem sich Zuschreibungen, Diskurse und Wissensformationen mit spezifischen Rationalitäten der Lebensführung verbinden und einen Raum der Selbstverständigung und Selbstproblematisierung eröffnen. Geschlechternormen beispielsweise sind nicht bloß vereindeutigende Zuschreibungen, wer jemand als Junge/Mädchen/Mann/Frau ‚ist' oder sein soll, sondern präfigurieren in Form von Körper- und Begehrenspraktiken einen Raum des *doing gender*, in dem sich die Ausarbeitung des normativen Bezugspunktes ‚Geschlechtsidentität' zugleich als Wiederholung der Wirkmächtigkeit dieser Norm wie auch als Aneignung und Neuauslegung vollzieht (vgl. Butler 2011).

Bei aller Produktivität geht Subjektivierung als „leidenschaftliche Verhaftung" (Butler 2001, 11 ff.) an vorherrschende und identitätsgenerierende Normen dennoch mit je spezifischen Beschränkungen etwa der Erfahrungs- und Handlungsmöglichkeiten einher. Indem beispielsweise bestimmte Begehrensformen aus der Anerkennbarkeit ausgeschlossen und in den sich konstituierenden Selbstverhältnissen verworfen werden, kommt es, so Butler, zu Bereichen des Unbetrauerbaren. Sofern das Leiden an dieser Formung des Selbst – bzw. an der formierten Beziehung zu Anderen – ein Aspekt der Subjektivierung ist, zeigt sich erneut, dass Subjektivierung ein ambivalentes Geschehen beschreibt, das nicht in einem Resultat wie einem mit sich identischen Subjekt zum Abschluss kommen kann. Gerade die Unabschließbarkeit von Subjektivierungsprozessen ist Einfallstor einer fortwährend zur Normerfüllung drängenden Anstrengung wie auch die Eröffnung eines unbestimmten Möglichkeitsraumes, der zu einer Quelle von alternativen Praktiken wie von Widerständigkeit werden kann.

4. Bildung – im Spannungsfeld von Subjektivierung und Kritik

Die analytische Kraft einer produktiven Dimension von Macht ist insbesondere im Kontext der Analysen des Neoliberalismus und dessen spezifisch ökonomischer Anrufung der Einzelnen als eigenverantwortliche Unternehmer*innen ihrer selbst herausgearbeitet worden (vgl. Bröckling 2007). Verbunden mit Foucaults Überlegungen zur Gouvernementalität rückt die Programmatik neoliberaler Regierungslogiken in den Vordergrund (vgl. Foucault 2010, 91 ff.), in denen die Selbstführung der Einzelnen mit Marktformen verkoppelt und als Ressource für manageriale Steuerungs- und Verwertungsmotive aufgefasst wird. Ganz im Sinne des ökonomischen Humankapitalansatzes erscheint auch Bildung in diesem Lichte als *Investment* in die individuelle Karriere – oder zumindest in die als individualisierte Eigenschaft gefasste ‚Beschäftigungsfähigkeit'. Die emanzipatorische Forderung nach Selbstverwirklichung wird in diesem Kontext zu einer gesellschaftlichen Erwartung an die Einzelnen, mehr aus sich zu machen – und damit zu einer subjektivierenden Anrufung, die auf unterschiedliche Praktiken der Selbststeigerung und Selbstoptimierung verweist (vgl. Ricken u.a. 2019). Wie lassen sich vor diesem Hintergrund Übergänge von Bildung und Kritik sowie Perspektiven einer kritischen politischen Bildung fassen?

Zwei Ebenen lassen sich für weiterführende Perspektiven unterscheiden: Zum einen kann im Sinne der Begriffsarbeit auf alternative Lesarten und theoretische Elemente des Bildungsbegriffs Bezug genommen werden, die der hegemonialen Besetzung von Bildung für die ökonomische und zugleich individualisierende Logik des ‚zukunftsfähigen', ‚kompetenten' Selbst *begrifflich* entgegenarbeiten. Auf diese Weise können unter Gesichtspunkten von Bildung andere Praktiken und Prozesse in den Blick genommen werden, an die sich im Sinne einer kritischen politischen Bildung anschließen lässt. Das Konzept der Subjektivierung erscheint hierfür insofern ein geeigneter Bezugspunkt, als es die freie Auseinandersetzung mit sich und der Welt – für die der klassische, idealistische Entwurf von Bildung steht – mit sozialen Bedingungen und Machtdynamiken konfrontiert. Die Frage nach einer Möglichkeit von Bildung stellt sich somit als eine nach einem überschüssigen Moment inmitten von Subjektivierungsprozessen (vgl. Schäfer 2011): etwa als Ausdruck eines Ringens um Anerkennung und Solidarität, um eine kritische Thematisierung vorherrschender Anrufungen oder schlicht um die Möglichkeit, „nicht dermaßen regiert zu werden" (Foucault 2010, 240).

Zum anderen kann auf einer pädagogisch-konzeptionellen Ebene die Auseinandersetzung mit Subjektivierung für eine kritische politische Bildung relevant werden – und zwar insbesondere als Bezugspunkt der *Selbstreflexion*. Allgemein zeigt die Analyse produktiver Machtformen, dass die Selbstbeschreibung pädagogischer Konzeptionen wie bildungspolitischer Reformansätze naiv bleibt, wenn sie die Überwindung von Belehrung und Unterrichtung zugunsten von Selbstständigkeit, Individualisierung und Partizipation als ‚freiheitlich' apostrophiert (vgl. Kleiner/Rose 2013). Die Abwesenheit von autoritär oder zentral agierenden Positionen ist gerade nicht gleichbedeutend mit der Nivellierung von Macht. Die je spezifischen Machteffekte pädagogischer Arrangements sowie ihre Verstrickung in gesellschaftliche Machtformen und Regierungsweisen in den Blick zu nehmen, setzt die Offenheit für die Einsicht voraus, dass Macht nicht als solche zu überwinden ist, sondern ‚nur' jeweils in ihren Ambivalenzen reflektiert und mitunter in Bewegung versetzt werden kann.

In diesem Sinne ist der pädagogische Raum einer kritischen politischen Bildung nicht sinnvoll jenseits von Subjektivierungsprozessen vorzustellen, sondern als ein Möglichkeitsraum, der in der Ambivalenz der Handlungsermächtigung selbst liegt. Um diese Möglichkeit kritischer politischer Bildung zu fokussieren, ist die Politizität des Subjektivierungsprozesses hervorzuheben: Subjektivierung steht eben nicht bloß für individuell erfahrene Zumutungen, sondern verweist auf soziale Ordnungen, um deren Veränderung in der Heterogenität von Widerständigkeiten und transsubjektiven Umdeutungen von Normen gerungen wird.

Literatur

ADORNO, Theodor W. (1966/1971): Erziehung nach Auschwitz. In: Ders.: Erziehung zur Mündigkeit. Vorträge und Gespräche mit Hellmuth Becker 1959–1969. Frankfurt/M., S. 88–104.

BOURDIEU, Pierre (2018): Bildung. Schriften zur Kultursoziologie, Teil 2. Berlin.

BRÖCKLING, Ulrich (2007): Das unternehmerische Selbst. Soziologie einer Subjektivierungsform. Frankfurt/M.

BÜNGER, Carsten (2013): Die offene Frage der Mündigkeit. Studien zur Politizität der Bildung. Paderborn.

BUTLER, Judith (2001): Psyche der Macht. Das Subjekt der Unterwerfung. Frankfurt/M.

BUTLER, Judith (2011): Die Macht der Geschlechternormen und die Grenzen des Menschlichen. Berlin.

FOUCAULT, Michel (2005): Analytik der Macht. Frankfurt/M.

FOUCAULT, Michel (2010): Kritik des Regierens. Schriften zur Politik. Ausgewählt und mit einem Nachwort von Ulrich Bröckling. Berlin.

HORKHEIMER, Max/Adorno, Theodor W. (1947/1988): Dialektik der Aufklärung. Philosophische Fragmente. Frankfurt/M.

KANT, Immanuel (1784/2008): Beantwortung der Frage: Was ist Aufklärung? In: Ders.: Die Kritiken. München, S. 635–640.

KLEINER, Bettina/Rose, Nadine (Hg.) (2013): (Re-)Produktion von Ungleichheiten im Schulalltag. Judith Butlers Konzept der Subjektivation in der erziehungswissenschaftlichen Forschung. Opladen.

RICKEN, Norbert/Casale, Rita/Thompson, Christiane (Hg.) (2019): Subjektivierung. Erziehungswissenschaftliche Theorieperspektiven. Weinheim.

SAAR, Martin (2013): Analytik der Subjektivierung. Umrisse eines Theorieprogramms. In: Gelhard, Andreas/Alkemeyer, Thomas/Ricken, Norbert (Hg.): Techniken der Subjektivierung. Paderborn, S. 17–27.

SCHÄFER, Alfred (2011): Das Versprechen der Bildung. Paderborn.

TRAUTMANN, Felix (2020): Das Imaginäre der Demokratie. Politische Befreiung und das Rätsel der freiwilligen Knechtschaft. Konstanz.

WALGENBACH, Katharina (Hg.) (2019): Bildung und Gesellschaft im 21. Jahrhundert. Frankfurt/M.

JAN-HENDRIK HERBST, FREDERIK METJE,
SVEN RÖSSLER

Emanzipation – Befreiung – Mündigkeit

Häufig wird mit Kant darauf verwiesen, dass das ‚Zeitalter der Aufklärung' nicht bereits ein *aufgeklärtes* sei. Als sich ‚*kritisch*' auch in dieser Tradition verstehende kann sich ‚*politische* Bildung' – trivial, aber nicht selbstverständlich – nicht rein *affirmativ* auf die ihr *systematisch* zweifellos zueignenden Begriffe beziehen. Der *historische* Verlust solch einer Selbstverständlichkeit zeigt dabei im doppelten Sinne sowohl die ohnehin gegebene Fragwürdigkeit didaktischer Terminologien wie eben auch die sich aus gesellschaftlichen Kräfte-, Macht- und Herrschaftsverhältnissen je ergebenden *konkreten* Schicksale der mit ihnen verbundenen Konzeptionen und Praxen. „Wir benötigen heute mehr denn je einen Begriff von der Geschichte der objektiven Verhältnisse, um allgemeines Wissen in ein praktisches Handlungswissen umzusetzen. *Aus der im Grunde unaufhebbaren Spannung von Theorie und Erfahrung kann keine wirkliche Bildung herausspringen. Erst wenn wir einen Begriff von der Vergangenheit haben, gewinnen wir die Utopiefähigkeit zurück, können wir Befreiungsphantasien entwickeln, die aus wissender Hoffnung bestehen*" (Negt 2011[2], 234, Herv. im Original). ‚Befreiung' ist nicht als Befreiung von der Geschichte vorstellbar, denn gerade die gegen den eigenen Willen der Mehrheitsgesellschaft erfolgte ‚Befreiung' vom Nationalsozialismus von der Zivilisationsbarbarei als Fanal in der globalen Gewaltgeschichte einer fortbestehenden Moderne stellt die grundlegende Voraussetzung der eben gerade darum auch spezifisch bundesdeutschen Formation ‚politische Bildung' dar. Scheitert sie, dann nicht nur an sich selbst – „Emanzipation als Überwältigung" (Geßner u.a. 2016, 33) –, sondern um nicht weniger als den Preis einer jederzeit vorstellbaren Wiederholung dessen, was als möglich sich bereits real erwiesen hat. Eine ‚politische *Bildung*', die – umso mehr, als sie ‚kritisch' zu sein beansprucht – sich zudem stets zu Bewusstsein zu bringen hat, über ihre gesellschaftlichen Voraussetzungen selbst nicht zu verfügen, muss sich Rechenschaft darüber ablegen können, dass ein Unterschied bleibt „zwischen der ambivalenten Freisetzung aus Abhängigkeit und der Befähigung zu vernünftiger Selbstbestimmung" (Ruhloff 2010, 285).

1. Emanzipation: eine kurze Begriffsgeschichte in ihren Bezügen zu ‚Befreiung' und ‚Mündigkeit'

Der moderne Begriff ‚Emanzipation' entstammt dem lateinischen Wort ‚emancipare' und bezeichnete im römischen Recht „die Freilassung des rechtlosen Sohnes oder Sklaven aus dem manicipium, der Gewalt des Hausherrn oder -vaters" (Hufer 2017, 14). Es handelte sich in diesem rechtlichen Kontext um ein asymmetrisches, passives und individuelles Geschehen paternaler Freilassung. Im Nachgang der Französischen Revolution, der deutschen Aufklärungsdebatte der 1790er-Jahre und den folgenden sozialen Befreiungsbewegungen (u.a. von Arbeiter*innen, der Jüd*innen, Frauen* und Sklav*innen) veränderte sich der Begriff semantisch und wurde zu einem politischen, aktiven und reflexiven Begriff im Sinn von *Selbst*befreiung. Diese ähnelt dem Prozess, den Kant als „Herausführung aus der selbstverschuldeten Unmündigkeit" beschrieb: die Überwindung von Faulheit und Feigheit, die den Menschen daran hindern, sich seines eigenen Verstandes zu bedienen. Die Figur der Emanzipation steht so nicht nur im engen Verhältnis zur Befreiung, sie lässt sich in ihrer modernen Variante vermeintlich auch gleichsam als ein Prozess des Mündig-Werdens beschreiben (Demirovic u.a. 2019).

Seit dem 18. Jahrhundert führten individuelle wie kollektive Emanzipationsbestrebungen in der Logik bürgerlicher Emanzipation zu politischen Kämpfen (Gleichberechtigung der Geschlechter, nationale ‚Befreiungs'-Bewegungen), deren Erfolge, wie Marx analysierte, nicht ohne Kehrseite blieben. So verband sich die durch die Industrialisierung aufgeworfene soziale Frage (elende Arbeits- und Lebensverhältnisse) mit einer Fortschrittshoffnung, die bis heute die Produktions- und Konsumtionsbedingungen vorgibt und uns aktuell zusehends vor existenzielle Fragen stellt. Mit dem 20. Jahrhundert und dem nationalsozialistischen Genozid gerieten damit die Kehrseiten jener ‚Dialektik der Aufklärung' in den Blick, in deren überwältigendem ‚Verblendungszusammenhang' die Kritische Theorie schließlich eine schier unüberwindbare Verunmöglichung jeglichen ‚Gebrauchs der eigenen Vernunft' *durch* die gesellschaftlichen Verhältnisse sah. Im Kontrast zu diesen Analysen zum Stellenwert von Emanzipation innerhalb moderner Industriegesellschaften gewann der Begriff im Kontext nationaler Dekolonisationsbewegungen an Bedeutung, insofern er das (global) Verbindende unterschiedlicher Kämpfe in den Fokus rückte. Beispielhaft dafür steht etwa Paulo Freires ‚Pädagogik der Unterdrückten' (1970), die eine Erziehung zur kollektiven Selbstbefreiung im Kontext von sozialen Bewegungen und

Basisgemeinden im Globalen Süden praktisch werden ließ – auch in feministisch-intersektionaler Perspektive (hooks 1994).

In Fortwirkung einer klassischen, optimistischen Lesart fand ‚Emanzipation' in den 1960er-Jahren Eingang in pädagogische und didaktische Diskurse. In der (politischen) Bildung wurde Emanzipation entsprechend verstanden als die „Abschaffung unnötiger Herrschaft" (Hermann Giesecke) oder „die Befreiung des Menschen aus gesellschaftlich begründeter Unmündigkeit und Abhängigkeit" (Rolf Schmiederer). Der Begriff zeigte die gesellschaftspolitische Option einer umfassenden Demokratisierung der Gesellschaft an, die als *soziale* Demokratie eben z.B. auch Betriebe oder die Schule umfassen sollte. Bezogen wurde ‚Emanzipation' dabei auf eine ihrer gesellschaftlichen Wirkungen bewusste Wissenschaft (‚emanzipatorisches Erkenntnisinteresse') und Bildungspraxis. In beiden Bereichen ging es darüber hinaus darum, im Sinne einer *reflektierten* Parteilichkeit für die Schwächeren die gesellschaftlichen Verhältnisse zum Positiven zu verändern und Strukturen, die Ungerechtigkeit hervorrufen, zu beseitigen. Im Nachgang einer gesamtgesellschaftlichen und konservativen Tendenzwende ab Mitte der 1970er-Jahre (in Fragen der Bildung etwa begleitet von Schlagworten wie ‚Mut zur Erziehung' oder ‚Zurück zur Sache!', aber auch, im Lichte der Berufsverbote, die Disziplinierungsfunktion des sogenannten ‚Beutelsbacher Konsenses') wird ‚Emanzipation' spätestens seit der Jahrtausendwende oft aufgrund einer vermeintlichen Wertneutralität abgetan, in der Kompetenzorientierung aufgelöst, als pädagogischer Fachbegriff schlichtweg vermieden oder unterschiedslos mit bürgerlich-liberaler Mündigkeit gleichgesetzt (anders dagegen: Mende/Müller 2009).

In der Perspektive kritischer politischer Bildung kommt ‚Emanzipation' neben Schlüsselbegriffen wie ‚Macht- und Herrschafts*kritik*', ‚Solidarität' und ‚Demokratie' ein zentraler Stellenwert zu, wie sich beispielsweise in der Frankfurter Erklärung (FfE 2015, Grundsatz 6) zeigt: „Politische Bildung eröffnet Wege, die Gesellschaft individuell und kollektiv handelnd zu verändern." Kritische politische Bildung schließt theoretisch an eine moderne Auffassung und an Kämpfe individueller und kollektiver Selbstbefreiung an, geht gleichsam, wohlgemerkt in fachdidaktischer Absicht, über sie hinaus. Dies soll im anschließenden Abschnitt skizziert werden.

2. Kritische politische Bildung und Emanzipation: zwischen theoretischen Einflüssen und disziplinären Perspektiven

‚Emanzipation' in der Theorie und ihre Impulse für eine kritische politische Bildung

Um das Verhältnis zwischen kritischer politischer Bildung und Emanzipation (Befreiung und Mündigkeit) umfassender einordnen zu können, hilft exemplarisch ein Blick auf einige der ideengeschichtlichen Debattenstränge, die die kritische politische Bildung informieren, insbesondere die Kritische Theorie der Frankfurter Schule sowie unterschiedliche poststrukturalistische und feministische Ansätze. Weitere wären zu nennen und entfalten in der jüngeren Vergangenheit ihren Einfluss auf die politische Bildung. Solche Zugänge unterscheiden sich jedoch nicht in einer positiven Definition von ‚Emanzipation', ‚Befreiung' und/oder ‚Mündigkeit'. Begreifen lassen sie sich nur dann, wenn gleichermaßen ein Blick auf das geworfen wird, von dem aus sich emanzipiert werden soll. Markant ist zudem, dass sich trotz unterschiedlicher Begriffsgebräuche doch häufig eine ähnliche theoretische Figur hinter der Terminologie verbirgt.

Eine Konfliktlinie besteht zwischen zwei Debattensträngen und damit solchen, die ‚Emanzipation' zu revitalisieren bemüht, und jenen, die einem modernen Emanzipationsversprechen gegenüber skeptisch sind. Letztere, oft poststrukturalistisch inspirierte Theoretiker*innen, vermuten gerade im Freiheitsversprechen von ‚Emanzipation' Regulation und Zwang. Für sie entfaltet das Emanzipationsversprechen potenziell antiemanzipatorische Wirkung, auch wenn sie damit noch nicht alle Hoffnung auf eine zumindest *punktuelle* Befreiung aufgeben. So untersucht beispielsweise Michel Foucault einen kantischen Mündigkeitsanspruch, auf dessen Grundlage er eine Haltung vorschlägt, durch die ein Subjekt jene in sich eingeschriebenen Verhältnisse zurückweist, durch die es hervorgebracht wurde. Eine solche Emanzipationsskepsis hat jüngst Geoffroy de Lagasnerie (2018) aufgenommen und in Verbindung mit der Kritischen Theorie einen Vorschlag emanzipatorischer Wissensproduktion unterbreitet.

Dem entgegen stehen Versuche, ein emanzipatorisches Erkenntnisinteresse zu revitalisieren – wie es in der Vergangenheit von Horkheimer (‚Traditionelle und Kritische Theorie', 1937) und Habermas (‚Erkenntnis und Interesse', 1968) entfaltet wurde. So hat beispielsweise Honneth (2017) an die Überlegungen von Horkheimer und Habermas angeknüpft und Kritische Theorie unter gegenwärtigen Bedingungen neu ausbuchstabiert. Eine auf Emanzipation gerichtete Kritische Theorie müsse heute an die Perspektiven unterdrückter Gruppierungen anschließen, um die Hintergrundinteressen hegemonialer Deutungsmuster aufdecken und infrage stellen zu können (ebd., 919). Dabei wird der Anschluss an die real existierenden Machtkämpfe und sozialen Bewegungen gesucht. Kritische Theoretiker*innen und soziale Bewegungen treten hier in einen Austauschprozess, in dem Theorie und Praxis jeweils ein wechselseitiges Korrektiv darstellen und sich übereinander aufklären.

Eine solche produktive Verschränkung zwischen emanzipativer Politik und Theoriebildung ist mehr als bei den anderen beiden Strömungen charakteristisch für die Genese feministischer Ansätze. Auf der Hand liegt dabei, dass es nicht um *den* ‚Feminismus' gehen kann, sondern verschiedene Spielarten heuristisch darin zusammengefasst sind – von den Studien Rosa Luxemburgs und Simone de Beauvoirs über die Frauenbewegung zwischen den 1950er- und 1970er-Jahren bis hin zum Queer-Feminismus. Gemeinsam haben die Ausprägungen allerdings die Problematisierung von Herrschaftsverhältnissen auf Grundlage von Geschlecht, sexueller Orientierung und leiblichen Eigenschaften (bspw. Butler 2013). Dabei ist Feminismus nicht mit Emanzipation gleichzusetzen, besteht dieser doch in der Problematisierung und Veränderung ebendieser Verhältnisse mit den bestimmten Zielen von Emanzipation und der gleichberechtigten Teilhabe von Frauen (und anderen Geschlechtsidentitäten) an Gesellschaft. Für die kritische politische Bildung ist dabei vor allem wichtig, dass Theorie hier nicht am Reißbrett gemacht wird, sondern angesichts alltäglicher und lebenspraktischer Erfahrungen u.a. mit Sexismus und Paternalismus – auch in der Wissenschaft (Hark 2009, 30).

‚Emanzipation' und kritische politische Bildung – drei Perspektiven

Von solchen fachwissenschaftlichen Debatten gehen auch Impulse für die kritische politische Bildung in Bezug auf die Differenzierung und Weiterentwicklung ihrer eigenen Theorie und Praxis aus. Damit formiert sich die gegenwärtige Variante kritischer politischer Bildung in den 2000er-Jahren als eine Strömung politischer Bildung, die nicht nur erneut über ihren engen disziplinären Rahmen, sondern auch – ihrem Bildungsbegriff verpflichtet – über den ‚bloßer' akademischer Wissensproduktion hinauszugehen versucht. Entgegen eines vermeintlichen Neutralitätsgebots macht kritische politische Bildung eine „Entunterwerfung" (de Moll u.a. 2013) zum Leitziel ihrer Bildungspraxis und -theorie. Auf diese Weise bezieht sie im politikdidaktischen Diskurs Stellung für eine Auffassung von Bildung zur/als Emanzipation und Befreiung sowie für ein kritisches Umgehen mit den virulent gewordenen Mündigkeitsansprüchen. Bei näherer Betrachtung der kritischen politischen Bildung zeigt sich eine konstitutive innere Vielfalt an Zugängen und, dass ihr Verhältnis zur ‚Emanzipation' durch mindestens drei sich teils ergänzende Perspektiven charakterisiert ist:

1. **Kritische politische Bildung ist emanzipatorisch:** Als wissenschaftliche Strömung untersucht die kritische politische Bildung vergangene und aktuelle Emanzipationsprozesse – von den Arbeiter*innen- und Frauenbewegungen über antirassistischen Widerstand und soziale Bewegungen bis hin zu Formen der individuellen Selbstgestaltung und Subalternität. Solche Prozesse sind aus Sicht kritischer politischer Bildung stets auch Bildungsanlässe (Steffens 2010, 7–8), die Subjekte zu spezifischen Einstellungen, Haltungen und Positionen führen, ja, sie als Subjekte erst hervorbringen. Neben einer Problematisierung klassischer Bildungsinstitutionen wie Schulen oder Universitäten interessiert sich eine solche Forschung im Besonderen für informelle Bildungsprozesse, die emanzipatorischen Anspruch haben, und Emanzipationsprozesse mit Bildungseffekt (Trumann 2013). ‚Emanzipation' ist hierbei also Kontext und Ausdruck politischer Bildungsprozesse und insofern Gegenstand kritischer Bildungsforschung. Hierfür greift kritische politische Bildung auf diejenigen Forschungen zurück, die nach den Bedingungen und Möglichkeiten von Emanzipation sowie ihrer impliziten, antiemanzipatorischen Kehrseite fragen. Am Gegenstand der ‚Emanzipation' zeigt kritische politische Bildung somit eine disziplinäre Offenheit und den Anspruch transdisziplinärer Forschung.
2. **Kritische politische Bildung ist emanzipativ:** Eine kritische politische Bildung folgt in ihrer Forschungs- wie Bildungspraxis dem Anspruch, ‚Emanzipation' zu fördern und zu forcieren. Hieraus leitet sich die Aufgabe einer kritisch-emanzipatorischen Bildungsarbeit ab, „ausgeschlossene und benachteiligte Positionen sichtbar zu machen" (FfE 2015, Grundsatz 3). Insofern prägt sie einerseits ein emanzipatives Bildungsverständnis, wonach politische Bildungspraxis darauf zielt, Menschen zur Selbstbefreiung zu befähigen und Hürden auf diesem Weg intersektional und handlungspraktisch zu thematisieren. Dieses Verständnis verbindet sich andererseits mit einer Auffassung kritischer Sozial- und Gesellschaftsforschung, die soziale Verhältnisse nicht nur beschreiben, sondern durch ihre Analysen u.a. entlang von Kategorien wie *race*, *class* und *gender* zu verändern strebt (vgl. die Beiträge in Kapitel 2 des Handbuchs). Es ist jene Beziehung, die dieser Strömung politischer Bildung von ihren Kritiker*innen den Vorwurf der unzulässigen Parteinahme eingebracht hat, denn sie bezieht auf politischer Grundlage affirmativ Stellung zur Emanzipation. Auf der skizzierten wissenschaftstheoretischen Basis wäre gegen diese Kritik jedoch im Gegenzug

einzuwenden, dass politische Bildung per se keinesfalls positionslos ist, sondern unausweichlich Partei ergreift.
Kritische politische Bildung ist also kurz gesagt sensibel und kritisch gegenüber jenen Verhältnissen, die unterwerfend wirken oder zu wirken drohen. Hierzu entwickelt und erprobt sie antidiskriminierende Bildungskonzepte und versucht dabei, für die Anliegen von Lernenden Räume zu schaffen.

3. **Kritische politische Bildung ist politisch:** Das dritte Verhältnis zur ‚Emanzipation' entspringt dem politischen Selbstverständnis kritischer politischer Bildung als wissenschaftlicher Disziplin wie bildungspraktischem Feld. Politische Bildung ist dementsprechend nicht neutral, sondern impliziert bildungstheoretisch eine wissenschaftliche Positionierung im gesellschaftlichen Feld des Politischen. Für den emanzipatorischen sowie den emanzipativen Anspruch leiten sich hieraus zwei Konsequenzen ab: Zunächst eine auch in diesem Handbuch ansichtig werdende plurale Auffassung von ‚Wissenschaft' und ‚Didaktik', die durch eine Betonung des Streits, von Konflikten und Pluralität gekennzeichnet ist. Zum anderen eine kritische Selbstinfragestellung der kritischen politischen Bildung durch die kritische politische Bildung und andere Perspektiven daraufhin, von welcher Position aus sie spricht, ob und inwiefern sie selbst antiemanzipatorisch wirkt. Konkret: Aus welcher Position, aus welchen Verhältnissen heraus schreibt hier wer und unter welchen Bedingungen einen Beitrag über ‚Emanzipation', ‚Befreiung', ‚Mündigkeit' und ‚kritische politische Bildung'; auf welche Weise, für wen und, in der Konsequenz, für wen also nicht? Wen verlieren wir auf den wenigen Seiten, die uns zur Verfügung stehen, aus dem Blick, wer tauchte in unserer Perspektive gar nie auf? Diese Seiten wollen emanzipatorische sein, doch sind sie auch emanzipative oder doch nur Teil innerakademisch-selbstreferenzieller Textproduktion?
Kritische politische Bildung charakterisiert, zusammengefasst, ein offener und diskursiver Umgang mit zwei Aporien: der zwischen Lernenden und Lehrenden (als politische Bildung) sowie der zwischen emanzipativem Anspruch und ihrer potenziell antiemanzipatorischen Verwirklichung (als kritische politische Bildung).

3. Abschließende Perspektiven

‚Emanzipation' stellt, wie deutlich geworden sein sollte, die politische Bildung vor eine Vielzahl für sie als *kritische* konstitutiver und also hier eben auch notwendig gar nicht abschließbar zu behandelnder Fragen: Welche Formen der

Emanzipation gibt es für wen? Welche Motive veranlassen Akteur*innen zu Emanzipation (oder zu ihrem Gegenteil)? Welche gesellschaftlichen Widersprüche sind es? Ist es ein Wille zur Freiheit, die Hoffnung auf andere Verhältnisse oder Ungerechtigkeitsgefühle, um nur einige Möglichkeiten zu nennen? Welche Chancen haben jene individuellen und kollektiven Akteur*innen, *sich* zu emanzipieren, wenn sie als Akteur*innen überhaupt nicht wahrgenommen werden? Was ist mit gescheiterten Emanzipationsversuchen? Oder, politischer gefragt: Wer nutzt und vereinnahmt den Begriff zu welchen Zwecken? Wie wird von wem welcher Begriff wofür eingesetzt – zur Selbstermächtigung, Diffamierung oder Steuerung (Friedrichs 2017)? Lässt sich von Emanzipation gar nur in der Retrospektive sprechen? Was sind die Voraussetzungen, die ein*e Akteur*in erfüllen muss, um sich aus einer paternalistischen Ordnung zu emanzipieren? In welcher Beziehung steht Emanzipation zu einem demokratischen Zusammenleben?

Die vielfältigen Schwierigkeiten ‚Emanzipation' zu denken und diese als einen *Problembegriff* in Spannungsverhältnissen aufzufassen, bedeutet eben nicht, dass die dahinterstehenden Zielvorstellungen zugleich aufgegeben werden müssen. Eine rettende Kritik kann ihre für Bildungsprozesse unerlässliche Gerichtetheit als ein Ethos und regulative Idee von ‚Zivilität' und ‚Humanität' bewahren. Weil Emanzipationsforderungen und -bewegungen immer auch die Gefahr eines Rückschritts umfassen, eröffnet radikale Selbstkritik die Möglichkeit, legitimerweise am Begriff festzuhalten. In einer Zeit vielschichtiger und sich zunehmend überschneidender Krisen geht es gegenwärtig erneut darum, „neu zu beginnen, die zerrissenen Fäden der Emanzipation wieder aufzunehmen, die Welt zu verändern, bevor sie in der sozialen und ökologischen Katastrophe versinkt" (Bensaïd 2006, 10). Mit dem Emanzipationsbegriff kommen die Verhinderungsbedingungen von Mündigkeit sowie die Bedeutung gesellschaftlicher Zusammenhänge und sozialer Kämpfe in den Blick, in denen (politische) Bildung sich immer auch befindet. Werden individuelle und kollektive Versuche, sich (als Person oder Gemeinwesen) selbst zu bestimmen, als „widersprüchliche, brüchige und stets umkämpfte [Prozesse] verstanden" (Lösch 2013, 12), muss *in diesem Sinne* an ‚Emanzipation' als pädagogischem Kernbegriff festgehalten werden.

Literatur

BENSAÏD, Daniel (2006): Eine Welt zu verändern. Bewegungen und Strategien. Berlin.

BUTLER, Judith (2013³): Was ist Kritik? Ein Essay über Foucaults Tugend. In: Jaeggi, Rahel/Wesche, Tilo (Hg.): Was ist Kritik? Frankfurt/M., S. 221–246.

DEMIROVIĆ, Alex/Lettow, Susanne/Maihofer, Andrea (Hg.) (2019): Emanzipation. Zur Geschichte und Aktualität eines politischen Begriffs. Münster.

DE MOLL, Frederick/Kirschner, Christian/Riefling, Markus/Rodrian-Pfennig (2013): Überlegungen zu einem Modell radikaldemokratischer politischer Bildung: Eine Dezentrierung des Kompetenzbegriffs. In: Bremer, Helmut/Kleemann-Göhring/Teiwes-Kügler/Trumann, Jana (Hg.): Politische Bildung zwischen Politisierung, Partizipation und politischem Lernen. Beiträge für eine soziologische Perspektive. Weinheim, S. 293–314.

FFE (2015): Frankfurter Erklärung. Für eine kritische-emanzipatorische Politische Bildung. Online: https://akg-online.org/sites/default/files/frankfurter_erklaerung.pdf (Zugriff: 31.07.2023).

FRIEDRICHS, Werner (2017): Mündigkeit als Steuerungsdispositiv? Propädeutische Überlegungen zur Bedeutung der neuen Demokratietheorien für die politische Bildung. In: Greco, Sara Alfia/Lange, Dirk (Hg.): Emanzipation. Zum Konzept der Mündigkeit in der politischen Bildung. Schwalbach/Ts., S. 69–79.

GESSNER, Rebekka/Hoffmann, Kora/Lotz, Mathias/Wohnig, Alexander (2016): Brauchen wir den Beutelsbacher Konsens? Bericht über eine Fachtagung. In: Widmaier, Benedikt/Zorn, Peter (Hg.): Brauchen wir den Beutelsbacher Konsens? Eine Debatte der politischen Bildung. Bonn, S. 28–36.

HARK, Sabine (2009): Was ist und wozu Kritik? Über Möglichkeiten und Grenzen feministischer Kritik heute. In: Feministische Studien, 2009/1, S. 22–35.

HONNETH, Axel (2017): Is there an emancipatory interest? An attempt to answer critical theory's most fundamental question. In: European Journal of Philosophy 25, S. 908–920.

HOOKS, bell (1994): Teaching to Transgress. Education as the Practice of Freedom. New York.

HUFER, Klaus-Peter (2017): Weiter aktuell: Emanzipation in der politischen Bildung. In: Greco, Sara Alfia/Lange, Dirk (Hg.): Emanzipation. Zum Konzept der Mündigkeit in der politischen Bildung. Schwalbach/Ts., S. 14–21.

LASAGNERIE, Geoffroy de (2018): Denken in einer schlechten Welt. Berlin.

LÖSCH, Bettina (2013): Was heißt ‚kritische politische Bildung' heute? In: polis. Report der Deutschen Vereinigung für Politischen Bildung 2, S. 11–14.

MENDE, Janne/Stefan Müller (Hg.) (2009): Emanzipation in der politischen Bildung. Theorien – Konzepte – Möglichkeiten. Schwalbach/Ts.

NEGT, Oskar (2011²): Der politische Mensch. Demokratie als Lebensform. Schriften, Bd. 4. Göttingen.

RUHLOFF, Jörg (2010): Artikel Emanzipation. In: Benner, Dietrich/Oelkers, Jürgen (Hg.), Historisches Wörterbuch der Pädagogik. Weinheim, Basel, S. 279–287.

STEFFENS, Gerd (2010): Die Krise als Lerngelegenheit. In: polis. Report der Deutschen Vereinigung für Politischen Bildung 1, S. 7–8.

TRUMANN, Jana (2013): Lernen in Bewegung(en). Politische Partizipation und Bildung in Bürgerinitiativen. Bielefeld.

DAVID SALOMON, SAM SCHNEIDER

Demokratietheoretische Grundlagen

Der Sinn politischer Bildung wird zumeist mit ihrer Funktion für die und in der Demokratie begründet. Neben eher institutionentheoretischen Zugängen (vgl. hierzu Massing 2022) stehen dabei häufig Ansätze, die unter Demokratie einen deliberativen Prozess der Konsensfindung bezüglich gemeinsamer Regeln und Prinzipien verstehen. Beide demokratietheoretischen Zugänge vereinigt finden sich nicht zuletzt dort, wo ein multidimensionaler Ansatz Demokratie als „Herrschafts-", „Gesellschafts- und „Lebensform" vorstellt (Himmelmann 2016). Der vorliegende Artikel wählt bewusst eine andere, stärker auf Konflikt, Dissens und emanzipatorische Transformation abzielende Argumentationsrichtung. Im Kontext der Zielkonflikte um politische Bildung waren einerseits Theorien einer sozialen Demokratie stets ein wichtiger Bezugspunkt. In jüngerer Zeit wurden zudem die auch im politisch-theoretischen Kontext zunehmend breit diskutierten Ansätze radikaler Demokratietheorie (Comtesse u.a. 2019) bedeutsam für das Selbstverständnis politischer Bildungsarbeit.

1. Soziale Demokratie

Im Zentrum sozialer Demokratietheorie steht die Forderung nach einer *Demokratisierung* der wirtschaftlichen Sphäre. Auch wenn Demokratisierung der Gesellschaft durchaus mehr meint als Wirtschaftsdemokratie allein, so besteht doch in ihr die eigentliche Antithese zu *liberalen* Demokratiekonzepten. Während für liberale Theorien Eingriffe in privates Eigentum und private Verfügungsgewalt im Widerspruch zu den Grundsätzen einer „freiheitlichen" Ordnung stehen, betonen soziale Demokratietheorien den für kapitalistische Produktions- und Klassenverhältnisse konstitutiven *Herrschaftscharakter* des Systems der Lohnarbeit. Gerade weil sich die Herrschaft über Arbeitskraft in der bürgerlichen Gesellschaft in die Sphäre privater Verträge verlagert hat, gilt es, diesen Bereich selbst zu *politisieren* und für demokratische Organisationsweisen zu öffnen. Demokratisches Denken fasst Wolfgang Abendroth in diesem Kontext als ein „Denken, das die Einheit aller gesellschaftlichen Prozesse mit der Zielsetzung umfaßt, in ihnen die *gleichberechtigte* Teilhabe *aller*, die *Demokratie*, zum

Durchbruch zu bringen." (Abendroth 2008, 416). Ein solches Konzept sieht Abendroth letztlich nur in *sozialistischen* Theorien angestrebt. In diesem Sinne schreibt er: „Sozialismus ist nichts anderes als die allseitige Verwirklichung dieses Gedankens der Demokratie, der aus einem System politischer Spielregeln zum inhaltlichen Prinzip der gesamten Gesellschaft, zur sozialen Demokratie erweitert wird." (Ebd.) In diesem Sinn bezeichnet *soziale Demokratie* weniger einen etablierten Zustand als einen unabgeschlossenen Prozess.

Fraglos formuliert Abendroth – in der Tradition von Marx stehend – einen *starken* Begriff sozialer Demokratie, der sich sowohl gegen den Autoritarismus in den sozialistischen Staaten des ‚Ostblocks' als auch gegen die hinter der Vertragsfreiheit versteckten Autoritarismen in den liberalen Demokratien des ‚Westens' richtete. Nicht überall, wo von sozialer Demokratie die Rede ist, ist Sozialismus im Abendrothschen Sinn gemeint. Oft stößt man auf abgeschwächte Varianten, die es normativ bei einigen sozialstaatlichen Abfederungen kapitalistischer Marktökonomie bewenden lassen. Im Hinblick auf das Demokratieverständnis (kritischer) politischer Bildung erweist sich jedoch gerade der starke Begriff als historisch einflussreich und systematisch bedeutsam.

Im Kontext der Geschichte einer kritischen politischen Bildung in der Bundesrepublik wird oftmals – und zu Recht – auf die zentrale Bedeutung der Frankfurter Schule verwiesen. Im Doppelklang von *Emanzipation* und *Demokratisierung* prägten Autoren wie Theodor W. Adorno, Max Horkheimer und in ihrer Folge der Pädagoge Heinz-Joachim Heydorn, insbesondere aber auch Herbert Marcuse den unterstellten Begriff der ‚Befreiung' nachhaltig. Weniger beachtet wurde die bedeutende Rolle, die ‚Marburger' Autoren wie Wolfgang Abendroth und Werner Hofmann für den Demokratiebegriff in kritischen Diskussionen um politische Bildung spielten. Insbesondere Rolf Schmiederer bezieht sich nicht nur auf Marcuse und (den frühen) Habermas, sondern auch auf Hofmann und Abendroth, wenn er einem „System der abstrakten und formalen Gleichheit, das verbunden ist mit konkreter gesellschaftlicher Ungleichheit", ein System „der realen und konkreten Gleichheit des Menschen" gegenüberstellt und in diesem Kontext von einer „Demokratisierung der Gesellschaft" spricht (Schmiederer 1972, 33). Für Schmiederer bezeichnet „Demokratisierung [...] den Abbau von überflüssiger und daher irrationaler Herrschaft von Menschen über Menschen. Erziehung zur Demokratie bedeutet demnach Stärkung des Widerstandes gegen Ausbeutung und Herrschaft im Zusammenhang einer nicht demokratisch kontrollierten Reproduktion der Gesellschaft" (ebd., 38). Schmiederer macht demokratische Emanzipation somit gerade auch im Abbau von (überflüssigen) Herrschaftsbeziehungen in der ökonomischen Sphäre aus.

Diese solcherart ins Ökonomische ausgreifenden Demokratisierungsforderungen wurden seinerzeit von konservativen und liberalen Autoren als unzulässiger Expansionismus und Überdehnung des Demokratieprinzips zurückgewiesen. So heißt es in einer von den damaligen Kultusministern der CDU/CSU herausgegebenen Broschüre aus dem Jahr 1976: „Demokratie ist ein politisches Prinzip staatlicher Ordnung, das zur Formierung anderer Sozialbereiche, die nicht primär politische Ziele verfolgen, nicht geeignet ist." (Grosser u.a. 1976, 16 f.) Dies, so betonen die Autoren, beinhalte zwar „keine Absage an *funktionale* Mitbestimmung", richtet sich jedoch sehr wohl gegen „eine Ausdehnung des politischen Systems und eine potentielle Allzuständigkeit des Staates" (ebd., 17). In der umfassenden Demokratisierungsforderung schrumpfe „[d]ie grundgesetzliche Freiheit […] auf ihre öffentliche" und verliere „ihre private und politikfreie Dimension: Staat und Gesellschaft fallen, wenn sie nach dem gleichen Ordnungsprinzip formiert sind, in eins" (ebd.). Die Rede von Demokratie als einem ausschließlich staatlich-politischen Ordnungsprinzip formuliert präzise die *liberale* Gegenposition zum Demokratisierungsbegriff der sozialen Demokratietheorie.

2. Radikale Demokratie – Kontingenz, Konflikt und das Politische

In den letzten Jahren hat sich ein eigenständiges radikaldemokratisches Paradigma innerhalb der politischen Demokratietheorie herausgebildet, das auch für die Praxis *kritischer politische Bildung* verstärkt rezipiert wird. Dies liegt zum einen daran, dass radikale Demokratietheorien ein instruktives Vokabular zur kritischen Befragung und Reflexion der Bedingungen und der Krisenhaftigkeit liberaler Demokratien anbieten. Zum anderen stellen sie eine emanzipatorische Praxis der permanenten *Demokratisierung der Demokratie* in Aussicht. Dabei ist augenscheinlich, dass Theorien radikaler Demokratie kein in sich geschlossenes Theorieprojekt darstellen, sondern vielmehr ein disparates Diskursfeld mit einer ungeheuren Varianz ideengeschichtlicher Bezugnahmen und theoriepolitischer Positionen (für eine Kartografie des Diskursfeldes siehe das 2019 erschienene Handbuch radikale Demokratietheorie von Comtesse et al. sowie einführend Flügel-Martinsen 2020). Zumindest für die gegenwärtigen Positionen radikaler Demokratie mit poststrukturalistischer Provenienz lassen sich einige Grundannahmen ausmachen, die bereits Einzug in politikdidaktische Debatten gefunden haben.

Theorien radikaler Demokratie machen in teils scharfer Polemik geltend, dass jede Form der demokratischen Übereinkunft immer schon Ausdruck von

Machtverhältnissen sei und gewaltvolle Ausschlüsse von Personen und Gruppen produziere, für die die gemeinsamen Regeln und normativen Prinzipien nicht gleichermaßen gelten. Insbesondere deliberative Demokratiemodelle stehen mit ihrer ‚Fixierung' auf Konsens und rationalistische Entscheidungsfindung unter Verdacht, dass sie zu einer vorschnellen und illegitimen Pazifizierung grundlegender sozialer Konflikte beitragen sowie der ungleichen Verteilung von Macht und Sprechpositionen innerhalb demokratischer Entscheidungsverfahren nicht ausreichend Rechnung tragen können (vgl. Rancière 2002). Diese politiktheoretischen Einwände münden sodann in einer zeitgenössischen Kritik der liberalen Demokratie, die als ‚postpolitisches' Regime und elitenzentriertes Projekt rationalistischer Entscheidungsfindung nicht nur den demokratischen Egalitarismus permanent untergrabe, sondern auch mittels einer Rhetorik der Alternativlosigkeit politische Ohnmacht und Frustration befeuere, die sich nicht zuletzt in affektiven Protesten gegen ‚die Eliten' entlade.

Demgegenüber betonen so unterschiedliche Autor*innen wie Claude Lefort, Jacques Derrida, Jacques Rancière, Ernesto Laclau, Chantal Mouffe oder Judith Butler in ihren Theorieprojekten den konfliktuellen, kontingenten sowie offenen Charakter des Politischen und optieren für eine permanente Ausweitung und Intensivierung demokratischer Selbstregierung. Der gemeinsame Ausgangspunkt für ein solches Unterfangen ist eine „postfundamentalistische Theorie der Gesellschaft" (Marchart 2013), deren Grundprämisse in einem affirmativen Verhältnis zur Kontingenz ‚moderner' Gesellschaften besteht. Diese *Grundlosigkeit des Sozialen* meint letztlich, dass es keine *letzten* metaphysischen oder essenzialistischen Gründe (etwa den Willen Gottes, die Natur des Menschen oder ökonomische Sachzwänge) gibt, aus denen sich eine spezifische gesellschaftliche Ordnung oder soziale Entwicklungslogik *notwendigerweise* ableiten ließe, sondern diese stets das Ergebnis politischer Kämpfe und Auseinandersetzungen sind (vgl. Flügel-Martinsen 2020). Diese demokratietheoretische Anerkennung von Kontingenz ist sodann die Möglichkeitsbedingung von demokratischer Politik überhaupt.

Vor diesem Hintergrund artikuliert sich auch der originär emanzipatorische Anspruch zahlreicher Autor*innen radikaler Demokratie, der die Veränderbarkeit des bestehenden demokratischen Systems betont. In diesem Zusammenhang gewinnt die Unterscheidung zwischen dem Begriff der Politik *(la politique)* und dem Politischen *(le politique)* eminent an Bedeutung. Während mit dem Begriff der Politik im radikaldemokratischen Denken zumeist jene Domäne politischer und staatlicher Institutionengefüge, etablierter Parteienpraxis oder Regierungstechnik gemeint ist, benennt das Politische den dynamischen Modus „der befragenden Weltgestaltung“ (Flügel-Martinsen 2020, 80), der Hervorbringung, Infragestellung und Transformation von Institutionen, politischen Praktiken und normativen Ordnungen. Damit meint ‚radikale Demokratie‘ weniger eine institutionalistische Vorstellung von Demokratie als staatliches Regierungssystem, sondern versteht sich im Bewusstsein der genealogischen Gewordenheit sozialer Ordnung als eine offene Praxis der Infragestellung und der emanzipatorischen Umgestaltung.

Im Umfeld des wissenschaftlichen Diskurses um politische Bildung finden sich bereits seit geraumer Zeit eine Reihe von Versuchen, die unter Bezugnahme auf radikaldemokratische Theorien politikdidaktische Ziele, Kompetenzen, Aufgaben oder das Selbstverständnis politischer Bildung reformulieren und bildungsdidaktische Prinzipien ableiten. Bettina Lösch (2010, 120) macht etwa darauf aufmerksam, dass es für die politische Bildung eines kritischen Demokratieverständnisses bedarf, das die limitierten Staats- und Politikbegriffe der Disziplin überwindet und der Ubiquität von politischen und ökonomischen Macht- und Herrschaftsverhältnissen gerecht zu werden verspricht. Andere Autor_innenkollektive wiederum formulieren didaktische Prinzipien für eine radikaldemokratische Unterrichtspraxis wie „Kontingenzorientierung“ und „Ausgeschlossenenorientierung“ oder begründen Kompetenzen für eine kritische Subjektivität (de Moll et al. 2013, 306 f.). Dort wird sodann in enger Anlehnung an Jacques Rancière von einer „Unterbrechungskompetenz“ (ebd., 302) oder im Anschluss an den Postmarxisten Cornelius Castoriadis von einer „Stärkung des Kontingenzbewusstseins“ (Sörensen 2016, 35) gesprochen. Schließlich erfährt auch die *konfliktorientierte politische Bildung* (Giesecke, siehe den Beitrag von Blasche und Wohnig in diesem Band) mit radikaldemokratischer Schlagseite eine Aufwertung. So betonen etwa Manon Westphal (2018) und Alexander Wohnig (2017) jeweils im Anschluss an die Politikwissenschaftlerin Chantal Mouffe die konfliktuelle Dimension des Demokratischen und plädieren für die Kultivierung von Kritik- und Konfliktkompetenzen, die in einem Verhältnis der Offenheit gegenüber gesellschaftspolitischen Konflikten stehen und vorschnelle Konsensbildung mit der inhärenten Gefahr, Ausschlüsse zu produzieren, problematisieren.

Bei der Lektüre dieser vielfältigen Anschlussversuche drängt sich jedoch der Eindruck auf, dass die radikaldemokratisch informierten Verständnisse von politischer Bildung lediglich Allgemeinplätze der politischen Bildung in kritischer Absicht *reformulieren* und sich ein spezifisches Profil radikaldemokratischer politischer Bildung noch nicht ablesen lässt. Zudem lässt sich ebenfalls beobachten, dass sich die bisherige Rezeption auf die Zielbestimmungen einer radikaldemokratischen Bildung kapriziert und Fragen nach der modalen Ausgestaltung einer solchen Bildungspraxis ausblendet. Diesen Befund identifizierte jüngst der Sozialphilosoph Paul Sörensen, der zum einen eine „erziehungstheoretische Leerstelle" (2020, 17) im politiktheoretischen Diskurs um radikale Demokratie dafür verantwortlich macht, zum anderen die präferierten Bezugnahmen auf Chantal Mouffe und Jacques Rancière zur Begründung radikaldemokratischer Bildungsprozesse als ungeeignet zurückweist. So basieren seiner Ansicht nach die vielfältigen Rekurse auf teils eklektizistischen Lektüren der angesprochenen politischen Theoretiker*innen. Insbesondere bei der Bezugnahme auf Jacques Rancière ist dies folgenschwer, da sein pädagogisches Werk *Der unwissende Lehrmeister. 5 Lektionen über die intellektuelle Emanzipation* (2007) eine radikale Kritik an und Ablehnung von pädagogischen Lehr-Lern-Verhältnissen als solchen formuliert. Rancière zufolge würde nämlich jede institutionalisierte Form radikaldemokratischer Pädagogik stets eine neue Wissenshierarchie zwischen Wissenden und Unwissenden etablieren und damit die gesellschaftlichen Über- und Unterordnungsverhältnisse in den pädagogischen Lehr-Lern-Beziehungen lediglich fortschreiben, die sie vorgeben, abzubauen. Dieser Komplizenschaft von Macht, Wissen und Pädagogik sowie den daraus resultierenden Fallstricken für eine radikaldemokratische Bildung wurde bisher zu wenig Aufmerksamkeit geschenkt. Insbesondere der politische Bildungstheoretiker Werner Friedrichs (2017) sowie der bereits erwähnte Paul Sörensen nehmen sich dieser Problematik an. Während Friedrichs ganz in Rancière'scher Manier versucht, radikaldemokratische Bildungsvorgänge als „politisch-ästhetische Subjektivierungsprozesse [...] ohne den Vermittler zu denken" (2017, 318 f.), verabschiedet sich Sörensen gänzlich von Jacques Rancière als Stichwortgeber einer radikaldemokratischen Bildungspraxis und bezweifelt die Möglichkeit einer pädagogischen Vermittlung ohne vermittelnde Autorität. Seine „Umrisse einer präfigurativen, [...] radikaldemokratischen Bildung" (2020, 29 ff.) verschieben die Fragestellung daher auf die Qualität einer „radikaldemokratische[n] Autorität" (ebd., 33), die – verstanden als ein situations- und raumbezogenes Bildungssetting – das Erfahren und Einüben von Kontingenz ermöglichen soll. Die Antwort auf die Frage, wie genau eine solche Autorität beschaffen wäre, steht jedoch noch aus.

3. Fazit

Ansätze sozialer und radikaler Demokratietheorie unterscheiden sich insbesondere in ihren gesellschaftstheoretischen Prämissen. Die einen gehen von einer Fundierung demokratiepolitischer Konflikte in den Klassenverhältnissen einer

„antagonistischen Gesellschaft" aus, die anderen thematisieren die demokratietheoretisch virulenten Antagonismen „postfundamentalistisch" (Marchart 2013) ohne Bezugnahme auf letzte fundierende Strukturen. Während Erstere daher vor allem auf die Demokratisierung der ökonomischen Sphäre abzielen, sind radikaldemokratische Theorien nicht auf einen letzten Antagonismus festgelegt. Sie tragen mit ihrer genealogischen Infragestellung des Bestehenden der Kontingenz, konstitutiven Konflikthaftigkeit und multiplen Machtverwobenheit von Demokratie und demokratischer Bildung Rechnung. Im Horizont kritischer Bildungstheorie und -praxis steht die Debatte um Konsequenzen dieser Differenzen noch am Anfang. Dies ist auch dem Umstand geschuldet, dass die demokratietheoretische Diskussion um das Verhältnis klassischer Kritiken an liberalen und bürgerlichen Demokratiekonzeptionen und den vielfältigen – ihrerseits heterogenen – Ansätzen radikaler Demokratietheorie keineswegs abgeschlossen ist. Bei allen Differenzen ist all diesen kritischen Ansätzen jedoch ein demokratischer Impetus gemeinsam, die Gewordenheit der bestehenden Gesellschaft aufzuzeigen und sie in eine aktive und selbstbestimmte Gestaltung durch alle Gesellschaftsmitglieder zu überführen. Nicht zuletzt dieser Impetus bestimmt auch ihre Rezeption im Kontext einer kritischen politischen Bildung.

Literatur

ABENDROTH, Wolfgang (2008): Demokratie als Institution und Aufgabe. In: Ders. Gesammelte Schriften, Bd. 2. Hannover, S. 407–416.

COMTESSE, Dagmar/Flügel-Martinsen, Oliver/Martinsen, Franziska/Nonhoff, Martin (2019): Radikale Demokratietheorie. Ein Handbuch. Berlin.

DE MOLL, Frederick/Kirschner, Christian/Riefling, Markus/Rodrian-Pfenning, Margrit (2013): Überlegungen zu einem Modell radikaldemokratischer politischer Bildung: Eine Dezentrierung des Kompetenzbegriffs. In: Bremer, Hellmut/Kleemann-Göhring, Mark/Teiwes-Kügler, Christel/Trumann, Jana (Hg.): Politische Bildung zwischen Politisierung, Partizipation und politischem Lernen. Weinheim, S. 293–314.

FLÜGEL-MARTINSEN, Oliver (2020): Radikale Demokratietheorien zur Einführung. Hamburg.

FRIEDRICHS, Werner (2017): Bildungen im epistemologischen Regime. Rancière als politisch-pädagogischer Denker. In: Gloe, Markus/Oeftering, Tonio (Hg.): Politische Bildung meets Politische Theorie. Baden-Baden, S. 309–322.

GROSSER, Dieter/Hättich, Manfred/Oberreuter, Heinrich/Sutor, Bernhard (1976): Politische Bildung. Grundlagen und Zielprojektionen für den Unterricht an Schulen. Stuttgart.

HIMMELMANN, Gerhard (2016): Demokratie Lernen als Lebens-, Gesellschafts- und Herrschaftsform. Ein Lehr- und Arbeitsbuch. 4. Auflage. Schwalbach/Ts.

LÖSCH, Bettina (2010): Ein kritisches Demokratieverständnis für die politische Bildung. In: Ders./ Thimmel, Andreas (Hg.): Kritische Politische Bildung. Ein Handbuch. Schwalbach/Ts., S. 115–128.

MARCHART, Oliver (2013): Das unmögliche Objekt. Eine postfundamentalistische Theorie der Gesellschaft. Berlin.

MASSING, Peter (2022): Institutionenkundliches Lernen. In: Sander, Wolfgang/Pohl, Kerstin (Hg.): Handbuch politische Bildung, 5. Auflage. Frankfurt/M., S. 271–278.

RANCIÈRE, Jacques (2002): Das Unvernehmen. Politik und Philosophie. Frankfurt/M.

RANCIÈRE, Jacques (2007): Der unwissende Lehrmeister. Fünf Lektionen über die intellektuelle Emanzipation. Wien.

SCHMIEDERER, Rolf (1972): Zur Kritik der Politischen Bildung. Ein Beitrag zur Soziologie und Didaktik des Politischen Unterrichts. Frankfurt/M.

SÖRENSEN, Paul (2016): Radikaldemokratische Erziehung? Zur Bestimmung und Füllung einer Leerstelle im aktuellen demokratietheoretischen Diskurs. In: kultuRRevolution – Zeitschrift für angewandte Diskurstheorie 02, S. 31–36.

SÖRENSEN, Paul (2020): Die unmöglichen Subjekte des Postfundamentalismus. Pädagogik als Herausforderung des radikaldemokratischen politischen Denkens. In: Politische Vierteljahresschrift 01, S. 15–38.

WESTPHAL, Manon (2018): Kritik- und Konfliktkompetenz. Eine demokratietheoretische Perspektive auf das Kontroversitätsgebot. Aus Politik und Zeitgeschichte 13–14, S. 12–17.

WOHNIG, Alexander (2017): Zum Verhältnis von sozialem und politischem Lernen. Eine Analyse von Praxisbeispielen politischer Bildung. Wiesbaden.

UWE HIRSCHFELD

Zivilgesellschaft und Hegemonie

Wer sich mit der Idee der Zivilgesellschaft beschäftigen will, muss sich mit zwei grundlegend differierenden Begriffskonzeptionen auseinandersetzen, die für die politische Bildung zu durchaus unterschiedlichen Folgerungen führen: ein trichotomisches/trisektorales und ein hegemonietheoretisches Modell von Zivilgesellschaft. Das trisektorale Modell ist im Sinne der Menschenrechte normativ mahnend und fordernd gegenüber staatlicher Politik, verzichtet aber auf eine selbstkritische Reflexion der eigenen Einbindung in Herrschaftsverhältnisse. Dagegen ist diese Problematik zentral für das hegemonietheoretische Modell, da die Herrschaft durch Konsens als inhärent ‚pädagogisch' verstanden wird.

1. Demokratietheoretische Konzepte der Zivilgesellschaft

Im Zusammenhang mit den oppositionellen Bewegungen in den staatssozialistischen Ländern Osteuropas (z. B. Solidarność, Charta 77) wurde die Vorstellung einer demokratietheoretisch begründeten Zivilgesellschaft in den Sozialwissenschaften und in der Politik (wieder) aufgegriffen. Das seit den 1980er-Jahren in Deutschland häufig herangezogene trisektorale Modell unterteilt Gesellschaft in Staat, Markt und Zivilgesellschaft. Gelegentlich erfolgt auch eine Abgrenzung zum Privaten (im Sinne von nicht öffentlich). Der Begriff der Zivilgesellschaft wird somit in erster Linie durch eine Abgrenzung von dem, was damit nicht gemeint sein soll, beschrieben.

Vertreter:innen dieses Ansatzes ziehen zumeist eine lange Traditionslinie zurück bis Aristoteles und verweisen u. a. auf die Überlegungen von Jürgen Habermas und/oder auf Hannah Arendt. Dem gehen beispielsweise Rödel/Frankenberg/Dubiel (1989, 74) in ihrem einflussreichen Essay nach, wenn sie fragen: „können die von Hannah Arendt am historischen Verlauf der demokratischen Revolution in der ‚Neuen Welt' gewonnenen Konzeptionen von Befreiung und Begründung öffentlicher Freiheit, von einer durch Zusammenhandeln erzeugten Macht und vom schöpferischen Nachvollzug des Gründungsaktes durch die symbolische Praxis politisch aktiver Minderheiten überhaupt für das Verständnis der Entstehung und Entwicklung der zweiten deutschen Republik fruchtbar gemacht werden?" Diese Möglichkeit sehen sie im „Prozeß der nachholenden

Gründung" (ebd., 77), der die Bürger:innen verstehen lässt, „daß es ihr eigenes Gemeinwesen ist, für das sie die Auseinandersetzungen mit politischen Gegnern in einer allen zugänglichen Öffentlichkeit führen. Die Aktivbürger und ihre Assoziationen kämpfen dabei, anders als die Revolutionäre des ausgehenden 18. Jahrhunderts, nicht mehr um die Durchsetzung der Republik, sondern um die Sicherung und Offenhaltung einer republikanisch-demokratischen Verfassung und der von dieser eingehegten pluralen öffentlichen Arenen" (ebd., 82). Erst mit den Menschenrechtserklärungen und ihrer institutionellen Verankerung entstand die „Möglichkeit dafür, daß eine plurale Zivilgesellschaft den öffentlichen Raum der Republik auch wirklich ausfüllt, von der Autorität der Macht [des Staates; U. H.] unabhängig und autonom kommunikations- und handlungsfähig wird" (ebd., 102). Bemerkenswert sind zwei Überlegungen. Zum einen der Gedanke, dass es da, wo es keine Praxis der Menschenrechte gibt, auch keine Zivilgesellschaft gibt, was Rödel/Frankenberg/Dubiel auch ausdrücklich erwähnen („Auch war eine deutsche Zivilgesellschaft praktisch nicht existent", heißt es für die Nachkriegszeit; ebd., 80) und auch für nichtdemokratische Gesellschaften auszuschließen ist – was einen bedeutenden Unterschied zum hegemonietheoretischen Verständnis der Zivilgesellschaft markiert. Zum anderen ist bedeutsam, dass die „Autonomie der Zivilgesellschaft" betont wird: „Die Zivilgesellschaft wird (und bleibt) *autonom* und *handlungsfähig*, soweit eine eigenständige öffentliche Sphäre des Politischen sich herausbildet und gesichert wird" (ebd., 90), was eben nur dann der Fall sei, wenn sich die „zur gemeinsamen Selbstregierung entschlossenen Mitglieder der Zivilgesellschaft" (ebd., 103) *nicht* in den staatlichen Raum begeben.

Trotz dieses Problems kann man die Ansätze, bei allen Differenzen im Detail, zusammenfassend als demokratietheoretisch charakterisieren, da sie Zivilgesellschaft als substanzielle Voraussetzung bzw. als unverzichtbares Korrektiv staatlicher Politik verstehen, die ansonsten Gefahr laufe, die Menschenrechte zu vernachlässigen und die Selbstorganisation und Beteiligung der Bürger:innen gering zu schätzen oder gar zu behindern. Ob und wie zivilgesellschaftliches Engagement selbst zur Reproduktion von Herrschaft beiträgt, wird zumeist nicht reflektiert (als eine Ausnahme ist hier auf Dyk/Haubner 2021 zu verweisen).

Wenn Hegemonie in diesen Konzepten von Zivilgesellschaft überhaupt auftaucht, dann im traditionellen Sinne von Vorherrschaft oder dominanter Meinung, in kritischen Zusammenhängen manchmal auch schlicht als Synonym für herrschende Ideologie.

2. Hegemonietheoretisches Verständnis von Zivilgesellschaft und Hegemonie

Im Unterschied zu diesen normativ-demokratietheoretischen Ansätzen von Zivilgesellschaft, die als empirischer Bereich oder Sektor der Gesellschaft gedacht wird, möchte ich das von Gramsci skizzierte hegemonietheoretische Verständnis der Zivilgesellschaft ausführlicher erörtern, da es mir für eine kritische Bildung wesentlich produktiver erscheint, da er „,Zivilgesellschaft' nicht per se demokratietheoretisch definiert, sondern aus revolutionstheoretischer Perspektive herleitet" (Emtmann 1998, 7). Die Fragen und Probleme von Bildung sind diesem Ansatz strukturell eingeschrieben, da hegemoniale Verhältnisse als ‚pädagogische' begriffen werden. Den unauflöslichen Zusammenhang gerade für kritische und emanzipatorische Ansätze formuliert Wolfdietrich Schmied-Kowarzik: „Erziehung und Revolution sind als zwei Momente der Befreiung des Menschen unabdingbar aufeinander bezogen. Erziehung trägt nur dort zur Befreiung der Unterdrückten bei, wo sie als kulturrevolutionäres Moment des politischen Kampfes verstanden und beschritten wird, und die Revolution erkämpft nur dort wirklich die Befreiung der Unterdrückten, wo sie pädagogisch zu deren Selbstbefreiung führt" (Schmied-Kowarzik 1988, 271). Mithin hat sich kritische politische Bildung auch immer selbstkritisch zu fragen, wie und wo und warum ihr das nicht gelingt.

Dabei soll nicht unterschlagen werden, dass es auch in der Gramsci-Rezeption unterschiedliche, auch vereinfachende, eher normative Lesarten gibt, die ihn in die Nähe eines trisektoralen Ansatzes rücken. Gramsci leistet dem insofern Vorschub, als dass seine Begriffsverwendung, auch im Falle der Zivilgesellschaft, nicht immer durchgängig klar definiert und konsequent ist. Seine im Kerker angefertigten Notizen dienten der Selbstverständigung. Wenn man mit ihnen arbeiten will, reicht es nicht, sich einzelne Sätze herauszupicken, sondern man muss die Arbeitsweise Gramscis insgesamt berücksichtigen und den Prozess seiner Entwicklung der Philosophie der Praxis bedenken, d.h. den Zusammenhang der verschiedenen Kategorien im Auge behalten (vgl. Buttigieg 1994) – was hier nur andeutungsweise möglich ist.

In den Gefängnisheften bildet die *Zivilgesellschaft* gemeinsam mit der *politischen Gesellschaft* den *integralen Staat*. Die Zivilgesellschaft ist also nicht abseits des Staates oder das Gegenteil von Staat – so wie es eine trisektorale Sichtweise annimmt – vielmehr ist die Zivilgesellschaft eine Dimension von Herrschaft, die „die Unterdrückung in der Gestalt der Freiheit" (Boer 1994, 568) erkennen lässt. Damit sind Zivilgesellschaft und Staat (im engeren Sinne) *analytische Begriffe*, die Herrschaft im Hinblick auf verschiedene Aspekte erfassen. Empirisch sind Zivilgesellschaft und politische Gesellschaft „ein und dasselbe“ (Gramsci GH 7, 1566). Auch wenn die Anteile unterschiedlich gewichtet sein können, kommen sie doch immer nur im Doppelpack vor. Die beiden Dimensionen des integralen Staates lassen sich stichwortartig mit den Begriffen Konsens und Zwang charakterisieren. So lautet die bekannte Kurzformel bei Gramsci: der integrale „Staat = politische Gesellschaft + Zivilgesellschaft, das heißt Hegemonie, gepanzert mit Zwang“ (Gramsci GH 4, 783). „Die ‚società civile‘ ist in Gramscis Konzept daher einerseits Hindernis bei emanzipativen oder revolutionären Bestrebungen, andererseits bietet sie auch gewisse emanzipatorische Potentiale an, nämlich Lebens-, Vergesellschaftungs- und Politikformen zur öffentlichen Diskussion zu stellen, so daß sie modifiziert werden können.“ (Emtmann 1998, 9) Bei Gramsci geht es gerade um die immer wieder wechselnde Vermischung des Verhältnisses von Staat und Zivilgesellschaft und die darin liegende Sicherung von Herrschaft, während es den normativ-demokratietheoretischen Konzepten um die behauptete oder zumindest erstrebte „Autonomie“ der Zivilgesellschaft geht.

Eine historisch spezifisch gelungene Mischung von Zwang und moralischer Führung, von ökonomischer Struktur, politischer Machtverteilung, allgemeiner (im Sinne von konsensfähiger) Ideologie, von Einbindung/Ausgrenzung subalterner Gruppen in die gesamtgesellschaftliche Reproduktion unter der Leitung einer oder mehrerer Klassen/-fraktionen bildet den „geschichtlichen Block“ – eine Konstellation, die in ihren Prozessen relative Stabilität gewährleistet. Dabei ist der geschichtliche Block nicht abgeschlossen oder gar monolithisch zu denken, vielmehr handelt es sich um einen Modus der Auseinandersetzung. Die Konflikte werden in einem geschichtlichen Block nicht aufgehoben, sondern finden bestimmte Formen, Verfahren und Räume, in denen sie weitergeführt werden. Dabei müssen die Kämpfe nicht einmal gleichgeschaltet werden: In den verschiedenen Arenen und Apparaten können sich unterschiedliche Gruppen und Positionen realisieren.

Was eine relative Stabilität aufweist, sind also nicht bestimmte Positionen (allenfalls bestimmte Korridore oder Felder), sondern spezifische Anordnungen der Akteure und Formen und Wege der Auseinandersetzungen. Es ist wichtig zu betonen, dass auch die im geschichtlichen Block etablierten Praxen immer wieder zur Disposition stehen. In den Worten Nicos Poulantzas: „Die [gesellschaftlichen; U. H.] Kämpfe besitzen stets das Primat über die Apparate und Institutionen und reichen beständig über sie hinaus.“ (Poulantzas 2002, 74)

Somit gilt für den integralen Staat, dass er „nicht als ein in sich abgeschlossenes Wesen begriffen werden darf, sondern, wie auch das ‚Kapital‘, als ein Verhältnis, *genauer als materielle Verdichtung eines Kräfteverhältnisses zwischen Klassen und Klassenfraktionen, das sich im Staat immer in spezifischer Form ausdrückt.*“ (Poulantzas 2002, 159)

Der zivilgesellschaftliche Aspekt findet sich in allen Institutionen und Praxen, auch bei denen der politischen Gesellschaft, dem Staat im engeren Sinne, wie z.B. in den Repressionsapparaten. Justiz operiert nicht nur mit Zwangsmitteln, sondern auch mit der Organisation von Zustimmung und Einverständnis. Und für die Zivilgesellschaft gilt: Wenn sich Bürger:innen z.B. ehrenamtlich in Initiativen, Arbeitsgruppen, Projekten und Vereinen in Bildung oder Sozialer Arbeit engagieren, dann ist auch dies Teil herrschaftlicher Verhältnisse. Dabei ist die Dimension des Konsensuellen zumeist groß: Sie tun es freiwillig, sie sind keinen Anweisungen unterworfen, sie organisieren sich nach eigenem Gusto, sie verfügen über ihre eigenen Mittel. Aber zugleich operieren sie im Rahmen der Gesetze, haben definierte Rechte anderer zu beachten (von Eigentumsrechten über Datenschutz bis zur Steuerpflicht), es finden sich also auch die Dimensionen des Zwangs, der politischen Gesellschaft *in ihrer Praxis*.

Wichtig ist außerdem, dass sie nicht nur in Herrschaftsverhältnisse eingebunden sind, sondern diese auch aktiv mitgestalten: Sie bewegen sich in einem Feld etablierter bildungspolitischer Diskurse, die jeden eigenen Gedanken und jede eigene Äußerung kontextualisieren, kommentieren und bewerten (bis hin zum Ausschluss), wo aber auch die eigenen Beiträge diese Diskurse bestätigen, verändern oder verschieben können.

Was jeweils die ‚richtige Bildung‘ ist, kann immer nur Gegenstand und Mittel historischer und aktueller Kämpfe sein. Die Definition von Merkmalen des Objektiven, Wahren, Allgemeinen, Guten, Schönen usw. ist eine – umstrittene – Machtfrage. Bildungsarbeit ist nicht jenseits der politischen Auseinandersetzung, sondern mittendrin: Es verlaufen die Auseinandersetzungen „quer durch den Staat, und zwar nicht in der Weise, dass sie von außen in ein in sich geschlossenes Ganzes eindringen. Die politischen Kämpfe, die auf den Staat zielen, durchziehen seine Apparate, weil sie bereits in das Raster des Staates eingeschrieben sind, dessen strategische Konfiguration sie vorzeichnen“ (Poulantzas 2002, 172).

Auch wenn den Akteur:innen das nicht immer bewusst ist, beteiligen sie sich an den gesellschaftlichen Kämpfen um die Hegemonie.

Da *„jeder Kampf*, auch wenn er kein eigentlicher Klassenkampf ist (der Kampf zwischen Männern und Frauen z.B. [oder um Verständnis und Bedeutung von Bildung; U. H.]), in einer Gesellschaft, in der der Staat jede Macht als Relais der Klassenmacht benutzt, sich zweifellos nur dann entfalten kann, wenn Klassenkämpfe existieren, die dadurch anderen Kämpfen die Möglichkeit geben, sich zu entwickeln“ (Poulantzas 2002, 179). Eine kritische Bildungsarbeit und -politik hat also genau diese Zusammenhänge analytisch zu erkennen, praktisch herzustellen und diejenigen zu fördern, die sich der Perspektive öffnen. Aktuell hat das Niggemann (2022) in seiner Studie zur „pädagogischen Autorität“ in beeindruckender Weise analysiert und diskutiert.

Dabei sind die Felder der Pädagogik, des Lernens keineswegs per se liberal oder progressiv oder der Aufklärung verpflichtet: Gerade in den letzten Jahren war zu beobachten, wie rechte und rechtspopulistische Gruppen versuchen, Einfluss auf diese Bereiche zu nehmen.

3. Hegemonie und kritische politische Bildung

Hegemoniefähigkeit ist nur zu erlangen, wenn man das (eigene, andere negierende oder schädigende) partikulare Interesse überwindet und gesamtgesellschaftliche Perspektiven hat, eben allgemeine, nicht ausschließende. In der kritischen politischen Bildung geht es darum, das individuelle Bewusstsein als umfassendes, menschlich-gesellschaftliches Bewusstsein zu entwickeln. Gramsci fasst das mit dem Begriff der Katharsis: „Der Terminus ‚Katharsis‘ läßt sich verwenden, um den Übergang vom bloß ökonomischen (oder leidenschaftlich-egoistischen) Moment zum ethisch-politischen Moment zu bezeichnen“ (Gramsci GH 6, 1259). Es geht also um die Überwindung der ausschließlich partikularen (ökonomischen) Interessen einer Gruppe in der Perspektive einer gesamtgesellschaftlichen Lebensweise. Erst mit der Ausbildung des „ethisch-politischen“ Moments kann sich eine Klasse „als universale, d.h. potentiell hegemoniale Klasse setzen und sich ggf. in der von ihr bestimmten Staatstätigkeit auf die Zivilgesellschaft stützen“ (Hirschfeld 1997, 913).

Selbstredend kann man gesellschaftliche Verhältnisse nicht mit pädagogischen Verhältnissen identisch setzen. Dennoch bestehen gewisse Beziehungen, auf die Gramsci hinweist: „Jedes Verhältnis von ‚Hegemonie‘ ist notwendigerweise ein pädagogisches Verhältnis“ (Gramsci GH 6, 1335). Und ein paar Zeilen zuvor heißt es: „Dieses Problem kann und muß mit dem modernen Herangehen der pädagogischen Lehre und Praxis verglichen werden, der zufolge das Lehrer-Schüler-Verhältnis ein aktives Verhältnis wechselseitiger Beziehungen und deshalb jeder Lehrer immer auch Schüler und jeder Schüler Lehrer ist. […] Dieses Verhältnis existiert in der ganzen Gesellschaft in ihrer Gesamtheit und für jedes Individuum in Bezug auf andere Individuen, zwischen intellektuellen und nicht-intellektuellen Schichten, zwischen Regierenden und Regierten, zwischen Eliten und Anhängern, zwischen Führenden und Geführten, zwischen Avantgarden und dem Gros der Truppen." (ebd.) Für Rahel Sophia Süß besteht daher nach Gramsci ein „zentraler Bezugspunkt kollektiver Handlungsfähigkeit darin […], gesellschaftliche Führungsverhältnisse zum Zweck ihrer Überwindung in wechselseitige Lernverhältnisse zu transformieren sowie Lehr- und Lernanordnungen zum eigentlichen Ziel kritischer Praxis zu machen" (Süß 2015, 164). Auch für eine von Gramsci herkommende Lektüre ist es sinnvoll, sich immer wieder klarzumachen, dass Hegemonie sich nicht nur in Ideen und Programmen realisiert, sondern dann wirkmächtig wird und ist, wenn es ihr gelingt, sich (wie auch immer gebrochen, verschoben, verdrängt) in den Körpergeweben einzulagern. Pierre Bourdieus Formulierung von „somatisierten sozialen Beziehungen" (Bourdieu zit. n. Kastner 2008, 252) gilt ohne Einschränkung auch für die Materialität des Alltagsverstandes und für das Individuum als „geschichtlichem Block". Inwieweit individuelle Erfahrungen und Prozesse der (Selbst-)Organisation korrespondieren, ist für kritische politische Bildung eine entscheidende Frage. Stefanie Kaygusuz-Schurmann (2018) hat dies mit subalternen Menschen mit migrantischer Erfahrung untersucht, die als Intellektuelle im Sinne Gramscis organisierend wirkten. Die Untersuchung macht deutlich, wie produktiv der hegemonietheoretische Ansatz für eine kritische politische Bildung ist.

Für kritische politische Bildungsarbeit ist daher der Alltagsverstand (siehe Hirschfeld 2015, 13 ff.) der Zugangspunkt zur Dekonstruktion der Hegemonie. Der Alltagsverstand ist „nicht kritisch und kohärent", er ist „spontan", die Persönlichkeit der Subalternen „ist auf bizarre Weise zusammengesetzt: es finden sich […] Elemente des Höhlenmenschen und Prinzipien der modernsten und fortgeschrittensten Wissenschaft, Vorurteile aller vergangenen, lokal bornierten geschichtlichen Phasen und Intuitionen einer künftigen Philosophie, wie sie einem weltweit vereinigten Menschengeschlecht zu eigen sein wird." (Gramsci GH 6, 1376) Leider verführt die gebräuchliche Bezeichnung Alltags*verstand* dazu, dies für eine allein geistige Sache zu halten. Nichts liegt Gramsci ferner, denn entscheidend ist die Vergesellschaftungsleistung des Alltagsverstandes: Mit ihm gehört man „immer zu einer bestimmten Gruppierung, und genau zu der aller gesellschaftlichen Elemente, die ein und dieselbe Denk- und Handlungsweise teilen" (ebd.). Kritische Bildungsarbeit ist damit herausgefordert, nicht nur Gedanken zu kritisieren und zu verwerfen, sondern die praktische Antizipation einer neuen Lebensweise zu unterstützen: Es geht nicht darum, „ex novo eine Wissenschaft ins Individualleben ‚Aller' einzuführen, sondern eine bereits bestehende Aktivität zu erneuern und ‚kritisch' zu machen" (Gramsci

GH 6, 1382). Das Wechselspiel von Selbstverständigung, Kritik, Öffentlichkeit und Organisation verlangt nach einem Verständnis von Bildungsarbeit, die sich selbst als politisch und (selbst-)kritisch begreift (exemplarisch nachvollziehbar in Affolderbach 2020). Eine Herausforderung, die die kritische politische Bildung auch angesichts der vielfältigen Katastrophen des Kapitalismus noch nicht ausreichend realisiert hat.

Literatur

AFFOLDERBACH, Friedemann (2020): Öffentlichkeit von unten. Demokratie, Öffentlichkeit und Politische Bildung. Wiesbaden.

BOER, Dick (1994): Die Bedeutung Gramscis für eine Linke ohne Hegemonie. In: Das Argument 206, S. 567–574.

BUTTIGIEG, Joseph A. (1994): Gramscis Zivilgesellschaft und die *civil-society*-Debatte. In: Das Argument 206, S. 529–554.

DYK, Silke van/Haubner, Tine (2021): Community-Kapitalismus. Hamburg.

EMTMANN, Anette (1998): Zivilgesellschaft zwischen Revolution und Demokratie. Die ‚samtene Revolution' im Licht von Antonio Gramscis Kategorien der ‚società civile'. Berlin, Hamburg.

GRAMSCI, Antonio (GH): Gefängnishefte. Kritische Gesamtausgabe (10 Bände), hg. von Klaus Bochmann und Wolfgang Fritz Haug. Hamburg 1991 ff.

HIRSCHFELD, Uwe (1997): Stichwort: „ethisch-politisch". In: Historisch-kritisches Wörterbuch des Marxismus; hg. v. Wolfgang Fritz Haug. Berlin, Hamburg, Sp. 910–914.

HIRSCHFELD, Uwe (2015): Notizen zu Alltagsverstand, politischer Bildung und Utopie. Hamburg.

KASTNER, Jens (2008): „Nützliche Schemata". Bedingungen und Bedeutungen künstlerischer Praktiken bei Antonio Gramsci und Pierre Bourdieu. In: Beatrice von Bismarck/Therese Kaufmann/Ulf Wuggenig: Nach Bourdieu. Visualität, Kunst, Politik. Wien, S. 249–263.

KAYGUSUZ-SCHURMANN, Stefanie (2018): Intellektuelle subalterner gesellschaftlicher Gruppen und ihre Perspektive auf Mündigkeit. Subalterne Strategien in Migrationsregimen. Leverkusen.

NIGGEMANN, Jan (2022): Der diskrete Charme der Autorität? Elemente pädagogischer Autorität und Autorisierungen aus erziehungswissenschaftlicher Perspektive. Weinheim, Basel.

POULANTZAS, Nicos (2002): Staatstheorie. Politischer Überbau, Ideologie, Autoritärer Etatismus. Hamburg.

RÖDEL, Ulrich/Frankenberg, Günter/Dubiel, Helmut (1989): Die demokratische Frage. Frankfurt/M.

SCHMIED-KOWARZIK, Wolfdietrich (1988): Kritische Theorie und revolutionäre Praxis. Konzepte und Perspektiven marxistischer Erziehungs- und Bildungstheorie. Bochum.

SÜSS, Rahel Sophia (2015): Kollektive Handlungsfähigkeit. Gramsci – Holzkamp – Laclau/Mouffe. Wien.

MARGIT RODRIAN-PFENNIG,
JOHANNES WILHELM

Geschlechterverhältnisse im Kapitalismus: Feministische Zugänge

Unabhängig von Studiengängen zu Gender Studies an einigen Universitäten gibt es feministische Forschungen, die sich auf Geschlechterverhältnisse richten, in und zu allen Fachdisziplinen, deren Inhalten und Gegenständen, insbesondere aber zu allen politisch relevanten gesellschaftlichen Problemkonstellationen – mithin also zu allem, was in der politischen Bildung als Fragestellung formuliert oder als Thema relevant wird. Feministische Theorie und Forschung hat alle Wissensbereiche und Wissensbestände erweitert, disziplinäre Reflexionen angestoßen, immer wieder auf dem Menschenrechtsdiskurs beharrt und die ihm innewohnenden vermachteten Ausschließungsmechanismen problematisiert und repolitisiert. Dennoch oder deswegen stellt Feminismus ein Reizwort dar. Er provoziert ebenso wie feministische Theorie und deren Schlüsselbegriff Geschlecht/Gender hegemonial-maskuline Aufregung, Shitstorms und Abwertung, nicht nur an Stammtischen oder in rechtsnationalen Kreisen, sondern auch auf parlamentarischer Ebene oder in politischen Bildungskontexten. Ein aktuelles Beispiel ist die Debatte um die Forderungen einer feministischen Außen- und Sicherheitspolitik. Ähnlich abwertend wie einige Diskussionsbeiträge im Bundestag betitelt das Online-Magazin „fluter" der Bundeszentrale für politische Bildung seinen Erklärartikel zum Konzept feministischer Außenpolitik mit „Friede, Freude, Mutterkuchen" (Müller-Voell 2019). Wir werden im Folgenden 1.) zentrale Aspekte der Genealogie kritischer feministischer Theorie und Forschung darstellen, 2.) die Kategorie Geschlecht intersektional einordnen und 3.) einen kurzen Blick auf die Didaktik kritischer politischer Bildung werfen.

1. Zentrale Aspekte der Genealogie kritischer feministischer Theorie und Forschung

Feministische Theoriebildung ist eng verbunden mit den Forderungen und Kämpfen der Frauenbewegungen des 19. und 20. Jahrhunderts. Diese waren in ihrem Kampf um politische und körperliche Selbstbestimmung, gegen politisch und rechtlich strukturierte Ausbeutung, Ausgrenzung und Gewalt von Beginn an Teil weiterer herrschaftskritischer sozialer Bewegungen. Feministisches Aufbegehren war und ist Kritik und Infragestellen gesellschaftlicher Macht-, Herrschafts- und Unterdrückungsverhältnisse – in den Fabriken, den Haushalten und den Parlamenten, zu denen erst die Militanz der Suffragetten den Zugang eroberte. Ein kurzer Blick auf einen der Gründungsmythen westlicher Demokratien, die „Erklärung der Menschen- und Bürgerrechte" der Französischen Revolution, kann das belegen. In der politischen Geschichte Europas werden dort zum ersten Mal die Prinzipien Freiheit, Gleichheit und Solidarität formuliert – für Männer*, wenn auch nicht für alle. Olympe de Gouges kritisierte diesen Ausschluss der Frauen* aus dem allgemein Menschlichen und legte 1791 ihre „Erklärung der Rechte der Frau und Bürgerin" vor. Diese Erklärung ist das Herzstück ihrer Schriften, mit denen sie politische Partizipations- und Selbstbestimmungsrechte für alle forderte, sich gegen die Todesstrafe und die Sklaverei in den französischen Kolonialgebieten wandte (in Saint Dominque begannen 1791 die revolutionären Sklavenaufstände, die 1804 Haiti zum ersten unabhängigen Staat in der Karibik machten und den damaligen Hauptsklavenmarkt zerstörten). Diese Haltung und ihr Beharren auf einer öffentlichen politischen Stimme brachten Olympe de Gouges 1793 aufs Schafott.

Die sich parallel mit der kapitalistischen Produktionsweise entwickelnden europäischen bzw. westlichen nationalstaatlich geformten Demokratien konstituierten sich demnach als maskulin-bürgerliche Klassenstaaten. Staatsbürgerstatus und die daran gebundenen Rechte hatte zunächst nur das für bürgerlich kapitalistische Gesellschaften konstitutive „männliche Besitzindividuum", während über das Zensuswahlrecht auch ein Großteil von Männern* davon ausgeschlossen blieb. Klasse und Geschlecht verbinden sich also schon früh zu gesellschaftsstrukturierenden Momenten sozialer und politischer Ungleichheit, die anhaltend und weltweit von Kritik und politischem Protest begleitet ist.

Wie andere frühere und aktuelle soziale Bewegungen entwickelten feministische Protagonist*innen vielfältige Selbstbildungspraxen und generierten so strategisches und politisches Wissen, das weit über den Horizont einer sogenannten ‚Frauenfrage' hinausweist. Die gängige Historisierung und Einhegung feministischer Bewegungen in ‚Wellen' geht einher mit problematischen Gegenüberstellungen (radikal – gemäßigt, sozialistisch – bürgerlich, gleichheits- – differenzorientiert usw.) und entpolitisierenden Trennungen bis hin zur Delegitimation der Ziele sozialer und rechtlicher Gleichstellung: z.B. dass die schwul-lesbische Transgender-Bewegung Umverteilungskämpfe durch bloße

Anerkennungsforderungen aufweiche und verantwortlich sei für die neoliberale Einvernahme und Profitabschöpfung von Diversität. Mit dem angelegten Zeit- und Zielkorsett in solchen historischen Wellen-Erzählungen wird übersehen, wie vielfältig und asynchron feministische Positionen formuliert wurden, wie diese in anderen sozialen Bewegungen abgewehrt oder kritisch aufgegriffen und virulent wurden sowie umgekehrt deren strategische Erfahrungen und Kenntnisse rückgewirkt hatten. Zeitliche Nähen bei gleichzeitig räumlichen Distanzen von sehr unterschiedlichen feministischen Aktionen und Ansätzen werden verkannt, ebenso wie Ähnlichkeiten der Grundlagen und Artikulationsweisen von Kritik und Forderungen. Ein weniger etikettierender Blick auf die Geschichte feministischer Theorie und Praxis zeigt, dass sich Proteste und Kämpfe immer an jeweils spezifischen Problemkonstellationen entzünden und die jeweiligen sozialen Kontexte höchst unterschiedlich sind. Wird dies theoretisch oder normativ eingeebnet oder vorschnell verallgemeinert, dann ist das meist einem unachtsamen Blick für eigene Privilegien oder die eigene Positioniertheit in vermachteten Diskursen geschuldet. Deshalb braucht es die für kritische Theorie charakteristische und unverzichtbare Reflexivität. Es gibt stets eine Vielzahl von Feminismen, das hat vor allem der *Black Feminism* lautstark und kritisch hervorgebracht.

Die kritischen Einwände, die transnationalen Interaktionen in der Wissensproduktion und interdisziplinäre Debatten vervielfachen feministische Emanzipationsperspektiven. Gleichzeitig verdeutlichen sie die (Un-)Möglichkeit, subalterne Positionen zu artikulieren, sie zu hören und zu erfassen, mit welchen Widersprüchen und Herausforderungen dies verbunden ist. Eine Position ist, Feminismus konsequent von den Rändern des Menschlichen/Gesellschaftlichen her zu denken, darauf den Fokus zu richten und radikal zu politisieren. Die digitalen Aufschreie #metoo, #metwo oder #saytheirnames fordern das ebenso wie die transnationalen früheren und aktuellen Schwarzen feministischen Bewegungen und Theoretisierungen nachdrücklich ein. Zu fragen ist dann nicht nur, welche Verletzungen, welche Gewalterfahrungen sie zu Gehör bringen, sondern auch: Wer hört nicht hin, wehrt das artikulierte Problem sexistisch oder rassistisch ab, delegitimiert die Sprechenden oder sucht diese Stimmen zu ersticken (oft auch und gerade durch Vereinnahmung)? Welche gesellschaftlichen Zustände zeigen sich dahinter, welche Macht- und Herrschaftsverhältnisse kommen hier zum Ausdruck? Von den für viele existenzbedrohenden Zumutungen, in denen wir leben, berichten zuverlässig diejenigen, die multidimensional davon betroffen sind, die sich dagegen wehren und denen nur ein prekärer Zugang zu Menschenrechten gewährt wird. Für diese Stimmen einen Resonanzraum zu schaffen bedeutet, die damit verbundenen Herausforderungen anzunehmen und in Austausch zu treten, ohne Abwehrhaltungen oder Ausgrenzungen zu reproduzieren.

2. Eine intersektionale Einordnung von Geschlecht

Um sich ausgehend von konkreten Kämpfen und marginalisierten Sprechpositionen solchen Herausforderungen angemessener stellen zu können, arbeitet kritische feministische Theorie und Forschung mit den Analysekategorien *race*/Ethnie, *class*, *gender* intersektional. Einer solchen Herangehensweise liegt die Prämisse zugrunde, dass diese Kategorien gesellschaftsstrukturierend sind, nicht einfach nebeneinander, sondern in einem wechselseitigen, auch widersprüchlichen Verhältnis stehen und sich in Macht- und Herrschaftsdiskursen gegenseitig stützen.

Intersektional angeleitete Analysen, beispielsweise von Polizeigewalt (Thompson 2018) und Migrationspolitiken (Buckel 2012), zeigen, dass und wie sich sexistische, rassistische, antisemitische und homofeindliche Weltsichten und Bilder überschneiden. Auch die Sprache der Gegnerschaften und (nicht nur) rechten Gegendiskursen zur Klimabewegung *Fridays for Future* sind voller rassistischer und sexistischer Klischees (Veit 2022). Diese Reaktionen werden beleidigend und bedrohend gegenüber Personen oder problemleugnend oder -umdeutend, vor allem aber herrschaftsstützend in politischen Debatten oder Krisenbewältigungsstrategien eingesetzt.

Intersektionalität, aus dem transnationalen *Black Feminism* heraus entstanden und inzwischen als Forschungsansatz verdichtet, schleppt allerdings einige Verständnishürden mit sich. Der oft sehr verkürzte Bezug auf Kimberlé Crenshaws (1989) Analyse und Kritik der US-amerikanischen Antidiskriminierungspolitik und deren rechtlicher Umsetzung betont die Überkreuzung oder Verwobenheit sexistischer und rassistischer Unterdrückungsformen. In der Gleichsetzung mit Diversityansätzen heißt es oft noch eingeschränkter, Intersektionalität sei Mehrfachdiskriminierung. Neben der prinzipiellen verdinglichenden Problematik von Kategorienbildung (wenn Kategorien auf Menschen statt auf Verhältnisse bezogen werden) wurde an diesem Konzept einerseits kritisiert, es schließe mit der Priorisierung von *race*/Ethnie, *class* und *gender* andere Diskriminierungsformen, z.B. Homofeindlichkeit, aus. Andererseits wurde seine multiperspektivische Offenheit problematisiert, die weitere Dimensionen von Diskriminierung einbeziehen kann: Ableismus, Alter, Beruf, sozialer Status usw. (zu Rezeptionsweisen und Konzeptionalisierungen vgl. Leinius/Mauer 2021). Unklar bleiben dabei die Gleichwertigkeit, die Schwere, die sozialen Kontexte und die gewaltsame Historie der sehr unterschiedlichen Diskriminierungsmerkmale.

Am Begriff Klassismus/Klasse lässt sich ein anderes Problem, aber auch eine Herausforderung beschreiben. Wird Intersektionalität einfach als Mehrfachdiskriminierung begriffen und werden soziale Strukturkategorien lediglich als Diskriminierungsformen verstanden, entsteht folgendes Dilemma: Um in der Perspektive von (Mehrfach-)Diskriminierungsformen bleiben zu können, wurde aus dem gesellschaftlichen Strukturbegriff *Klasse* das Adjektiv klassistisch und daraus die Neuschöpfung *Klassismus*, analog zu Rassismus und Sexismus, gebildet. Sexismus/sexistisch und Rassismus/rassistisch haben beide ihre Wurzeln in historischen Konstellationen gesellschaftlicher Ungleichheiten und in Herrschaftsverhältnissen, auf denen die globale kapitalistische Arbeitsteilung gründet: im Kolonialismus und in den Geschlechterverhältnissen. Weder ist das eine – Kolonialismus – vergangen, noch sind die Geschlechterverhältnisse – das andere – ahistorisch, immer schon so gewesen, überall gleich und fixierbar. Von Geschlecht als einer Gesellschaft strukturierenden Kategorie kann erst in ihrer kapitalistisch-liberaldemokratischen Formierung gesprochen werden (vgl. Rodrian-Pfennig 2016). Rassismus, Sexismus und Antisemitismus (der in intersektionalen Ansätzen merkwürdig unterbelichtet bleibt) sowie die unter ‚usw.' beliebig hinzufügbaren Diskriminierungsformen äußern sich in rassistischer, sexistischer und antisemitischer Verächtlichmachung, Ausgrenzung bis hin zu Gewalt. Ihre Überkreuzung (Intersektion) unter Hinzufügen von Klassismus zu multiplen Diskriminierungsformen zu stilisieren, birgt die Gefahr, Diskriminierungserfahrungen zur Kennzeichnung von Personen und Personengruppen zu machen, ihnen Identität zuzuweisen, multipel zwar, aber fix. Gleichzeitig schwinden die Unterschiede zwischen Ausbeutung, Unterdrückung, Diskriminierung und Gewalt. Auch die Frage nach deren Ursachen steht nicht mehr im Vordergrund.

Um dieser Gefahr zu entgehen, verbindet kritische feministische Theorie intersektionale mit postkolonialen Ansätzen. „Gender here, then, is not simply a question of sexuality but also a question of subdued labor and imperial plunder; race is not simply a question of skin color but also a question of labor power, cross-hatched by gender." (McClintock 1995, 5) Damit werden eine Erkenntnis- und Analyseperspektive stark gemacht, die *race*/Ethnie und *gender*/Geschlecht als kategorialen Teil der Klassenverhältnisse begreift. Ihr Erkenntniswert stellt sich nicht singulär her, sondern erst dann, wenn sie als relational, also aufeinander bezogen und miteinander verschränkt, verstanden werden. Die Konsequenzen, die Letzteres für Kapitalismusanalysen hat, verdeutlicht Sonja

Buckel (2015) in einem Ansatz, den sie „dirty capitalism" nennt. Dieser Ansatz nimmt Bezug auf intersektionale und postkoloniale Forschungen und erweitert ihn im Sinne kollektiver Wissensproduktion. Buckel plädiert dafür, die globale kapitalistische Produktions- und Vergesellschaftungsweise als immer schon vergeschlechtlichte, rassialisierte und (post-)koloniale zu verstehen und zu analysieren. Sexismus, Rassismus und ‚Klassismus' werden damit zurückgebunden an gesellschaftliche Macht- und Herrschaftsverhältnisse, deren subjektivierender ‚Zwangscharakter' in die sozialen Erfahrungen und die konkreten Lebensverhältnisse von Menschen eingeschrieben ist. Denn Unterdrückung und Diffamierung, aber auch das Aufbegehren dagegen, sind immer eine Kombination aus persönlichen Einstellungen, Erfahrungen und (strukturell-)institutioneller Gewalt. Gerade das Aufbegehren kann nicht aus einem ‚objektiven' Klassenwiderspruch heraus erklärt oder herbeigeredet werden. „Dirty capitalism" antwortet kritisch auf eine klassenreduktionistische Kapitalismusanalyse, die Kapital als ausgebeuteten Mehrwert nur aus entlohnter Arbeit herleitet (die Form „reiner" Kapitalismustheorie) und die im Kapitalismus vorausgesetzte, aber unsichtbar gemachte Haus- und Sorgearbeit als eine analytisch wesentliche Dimension von Regulation und Akkumulation ausblendet und verkennt. Denn die geschlechtshierarchisierte Arbeitsteilung in der Trennung von Produktions- und Reproduktionsbereich ist genuiner Bestandteil des Kapitalverhältnisses selbst. Gleichzeitig werden diese räumliche Trennung von Männern* in der Fabrik und Frauen* im Haushalt, die damit einhergehenden Zuweisungen und Zuschreibungen von ‚geschlechtsspezifischen' Funktionen und Eigenschaften zu einem Grundmuster der sozialen Konstruktion von Geschlecht.

Geschlecht und *race*/Ethnie sind beides Dimensionen regulatorischer Prozesse, diskursiv oft ähnlich eingesetzt, aber auch gegeneinander funktionalisierbar: Nach der Kölner Silvesternacht 2015 wurde Feminismus medial zu einem rassistischen Argument. Kapitalistischen Produktions- und Unterdrückungsverhältnissen sind mit der Geschichte des Kolonialismus in die rassistischen Diskurse und Bilder europäisch-westlicher Herrschafts- und Überlegenheitsansprüche eingeschrieben (vgl. Todorov 1985). Sie setzen sich fort in rassistischen Mustern von Herrschaft und Ausbeutung. Kapitalismus war schon immer „dirty capitalism" – *racial gendered.*

Die Muster von Herrschaft, Zurichtung und Normierung sind auch dem Körper eingeschrieben. Das ist gemeint, wenn von Geschlecht als sozialer Konstruktion gesprochen und Geschlecht als Identitätskategorie problematisiert wird. Identitäten bilden sich auf vielfältige Weisen und sind immer ein höchst multipler Teil von Individualisierung und Subjektivierung. Weil Individualisierung immer auch Vergesellschaftung ist, ist Subjektivierung ein nicht endender Prozess. In diesem Prozess wird auch der Körper formiert, d.h. er wird vergeschlechtlicht und damit auch einer Norm unterworfen. Körper sind damit nicht etwas Gegebenes, sondern Ergebnis sozialer Rahmung und gesellschaftlicher Regulierungen, d.h. staatlicher und rechtlicher Vorgaben. Körper sind sprachlich vermittelt (es ist ein Mädchen/ein Junge) und stellen Momente diskursiver Macht und sozialer, sich aber auch ändernder Normierungen dar (siehe die neben m/w neue „divers"-Vorgabe im Pass) – überwältigend und subjektivierend gleichzeitig. Dieses doppelte Verständnis von Subjektivierung war die subjekttheoretische Grundlage, auf der Judith Butler (1991) die bis heute gängige Unterscheidung zwischen *sex* als biologischem und *gender* als sozialem Geschlecht problematisierte und weswegen sie die binäre Konstruktion von ‚weiblich/männlich' als „heteronormative Matrix" für gesellschaftliche Macht- und Herrschaftsverhältnisse zurückwies. Diese sowie die Kritik Schwarzer Feminist*innen (Davis 1983) der frühen Schwarzen Bürgerrechtsbewegung oder aus *Black lives matter* machen auf einen fundamentalen Problemzusammenhang kritischer Theoriebildung aufmerksam. Identitätspolitische Konzepte reproduzieren das, was sie kritisieren: Ausschlüsse, Abwertung, Essenzialisierung und alte wie neue Vermachtungen.

3. Rückschlüsse für eine Didaktik kritischer politischer Bildung

Für die Didaktik kritischer politischer Bildung bedeutet das oben Dargelegte, bei jeder Gegenstandsanalyse und -konzeption, bei allen sogenannten ‚Grundlegungen' und Zielbestimmungen die hier skizzierten feministischen Zugänge einzubeziehen. Werden sie ignoriert, schmälert dies Erkenntnispotenziale und Wissensbestände. Gleiches gilt, wenn feministische Fragestellungen und Analysen reduziert werden auf Frauen- oder Geschlechterthemen. Subjektorientierung gilt in Variationen, meist gepaart mit Mündigkeit, üblicherweise als zentrales didaktisches Prinzip, vor allem aber als normativer Bezug. Mit Verweis auf poststrukturalistische Theorien, insbesondere Michel Foucault, aber auch Pierre Bourdieu, wurde inzwischen vielfach auf die Fallstricke einer verkürzten Subjektorientierung hingewiesen (siehe Beitrag von Bünger in diesem Band). Die disziplininterne kritische Diskussion hierzu hat jedoch die Dominanz demokratiepädagogischer oder konstruktivistischer Ansätze kaum abbauen können. In diesen verschwinden gesellschaftliche Strukturen und subjektiv überwältigende Macht- und Herrschaftsverhältnisse oder werden gar als ‚demokratisch legitim' behauptet. Kritische feministische Theorie bietet hier einen Zugang an, der den

Subjektbegriff von seiner illusionistischen Überhöhung und pädagogischen Überforderung befreien kann. Statt einer normativen Inanspruchnahme braucht es den Blick auf Subjektivierungsprozesse, die immer auf widersprüchliche Weise mit Unterwerfungen einhergehen, soziale Positionen und Positionierungen zuweisen, aber gerade dadurch auch Handlungsmöglichkeiten eröffnen. Über diese Dezentralisierung des Subjektbegriffs könnte es gelingen, auch den in der politischen Bildung ebenfalls kategorialen Urteilsbegriff zu hinterfragen. Wenn kritische politische Bildung sich involviert weiß in die herrschenden Verhältnisse und auf die Suche von transformatorischen Handlungsspielräumen und die Erweiterung von Interventionen zielt, wäre es besser, das Urteil zu suspendieren, ohne zu ihm zurückzukehren – Aushandlungsprozesse offen zu halten, zu wissen, dass diese nicht abschließbar sind. Daraus können Gelegenheit und Chancen für neue Wahrnehmungs-, andere Denkweisen und schließlich alternatives Handeln erwachsen. Kritische feministisch inspirierte Bildungsverständnisse weisen über den Kant'schen, im Urteil verharrenden Erkenntnisprozess hinaus. Susanne (Michal) Schwartzes (2016) Artikel für eine genderreflexive politische Bildung in Schule und Unterricht trägt diesen Überlegungen Rechnung – intersektional, ohne den Begriff explizit zu verwenden.

Literatur

BUCKEL, Sonja (2012): „Managing Migration" – Eine intersektionale Kapitalismusanalyse am Beispiel der Europäischen Migrationspolitik. In: Berliner Journal für Soziologie 01, S. 79–100.

BUCKEL, Sonja (2015): Dirty Capitalism. In: Martin, Dirk u.a. (Hg.): Perspektiven und Konstellationen kritischer Theorie. Münster, S. 29–48.

BUTLER, Judith (1991): Gender trouble. Frankfurt/M.

CRENSHAW, Kimberlé (1989): Demarginalizing the Intersection of Race and Sex: A Black Feminist Critique of Antidiscrimination Doctrine, Feminist Theory and Antiracist Politics. In: University of Chicago Legal Forum 1, S. 139–167.

DAVIS, Angela (1983): Women, Race & Class. New York.

DONEIT, Madeline u.a. (2016) (Hg.): Geschlecht ist politisch. Geschlechterreflexive Perspektiven in der politischen Bildung. Opladen.

LEINIUS, Johanna/Mauer, Heike (2021): Gratwanderungen zwischen Differenz und Gleichheit: Intersektionalität und Postkolonialität als Perspektiven der kritischen feministischen Forschung. In: Mauer, Heike/Leinius, Johanna (Hg.): Intersektionalität und Postkolonialität. Kritische feministische Perspektiven auf Politik und Macht. Opladen, S. 43–66.

MCCLINTOCK, Anne (1995): Imperial Leather. Race, Gender and Sexuality in the Colonial Contest. New York.

MÜLLER-VOELL, Eva (2019): Friede, Freude, Mutterkuchen. In: Fluter, Jugendmagazin der Bundeszentrale für politische Bildung, Thema: Gender. Online: https://www.fluter.de/feministische-au%C3%9Fenpolitik-schweden (Zugriff: 08.08.2023).

RODRIAN-PFENNIG, Margit (2016): Geschlecht – eine politische Kategorie. In: Doneit, Madeline u.a. (Hg.): a. a. O., S. 53–70.

SCHWARTZE, Susanne (2016): „Drama, Baby, Drama!" Zur Notwenigkeit genderreflexiver politischer Bildung in Schule und Politikunterricht. In: Doneit, Madeline u.a. (Hg.): a.a.O., S. 231–248.

THOMPSON, Vanessa E. (2018): „There is no justice, there is just us!": Ansätze zu einer postkolonial-feministischen Kritik der Polizei am Beispiel von Racial Profiling. In: Loick, Daniel (Hg.): Kritik der Polizei. Frankfurt/M., S. 197–219.

TODOROV, Tzvetan (1985): Die Eroberung Amerikas. Das Problem des Anderen. Frankfurt/M.

VEIT, Konstantin (2022): „Gender-Ideologie" und „Klimahysterie". Der Natur-Geschlechter-Nexus im rechten und extrem rechten Denken. In: Zeitschrift für Rechtsextremismus 01, S. 141–158.

PAUL MECHERIL

Rassismuskritik und politische Bildung

Rassismuskritik (vgl. Mecheril 2004) versteht „Rassekonstruktion" als ein analytisches Werkzeug, mit dem es möglich wird, Herrschaftsstrukturen zu analysieren, die ohne dieses Analysewerkzeug unbenannt und unsichtbar, dadurch ungebrochen wirksam blieben.

Der Ansatz der Rassismuskritik setzt sich von jenen Spielarten des Antirassismus ab, die eher einem reduktionistischen Verständnis von Rassismus (etwa als falsches Bewusstsein) zuarbeiten, dabei Antirassismus moralistisch als unangreifbare Urteilsinstanz inszenieren und damit der Kritik entziehen sowie zu Essenzialisierungen von Identitäten beitragen, indem beispielsweise für Anerkennungs- und Artikulationsräume einer wesenhaft gedachten schwarzen Identität gefochten wird. Die erste Ambition der Rassismuskritik ist es nicht, den Rassisten oder die Rassistin, den rassistischen Sprechakt oder die rassistische Handlung zu identifizieren, dingfest zu machen und ein Urteil über sie zu sprechen. Rassismuskritik als wissenschaftliche Kritik ist nicht moralisches Urteil, sondern vielmehr eine Praxis, die das Wirken von strukturellen Dominanz- und Herrschaftsverhältnissen, die Bedingungen ihres Wirksamwerdens, ihre interaktiven, institutionellen und subjektivierenden Konsequenzen analysiert und auf den Begriff bringt. Rassismuskritik geht es um die Aufklärung der historischen, situativ-interaktiven und organisationalen Bedingungen der Wirksamkeit von Rassekonstruktionen und Einsichten in die Bedingungen der Möglichkeit, diese Wirksamkeit zu mindern. (Der vorliegende Text geht in gekürzter Weise auf Passagen bereits erschienener Aufsätze zurück: Kooroshy/Mecheril 2019; Mecheril 2010; Füllekruss u.a. 2022.)

1. Kritik des natio-ethno-kulturell codierten Wir

Mit der rassismuskritischen Perspektive wird es möglich, die mit der aus dem ‚Westfälischen Frieden' (1648) resultierenden Geburt des europäischen Staatensystems einhergehende Implementierung und bis heute Wirksamkeit entfaltenden, jedoch zumeist im Verborgenen des selbstverständlich Geltenden wirkenden Macht- und Herrschaftsstrukturen in den Fokus der Aufmerksamkeit zu rücken. Historisch befinden wir uns in einer Situation, in der die rassismuskritische Aufklärung des Nationalstaates und allgemein natio-ethno-kulturell codierter Kollektive mit Anspruch auf ein Territorium von besonderer Bedeutung ist, da sich dieser imaginäre Vergesellschaftungsmodus in einer Krise befindet. Die Grenzen des ‚westfälischen Staates', der auf der Territorialisierung des Raumes, territorialer Souveränität und Integrität sowie einheitlicher Gerichtsbarkeit beruht (Benhabib 2016, 167), sind durchlässig geworden. Rassismuskritik ist nun auch als ein Einsatz zu verstehen, den empirisch wie ethisch guten Sinn dieser Durchlässigkeit zu verdeutlichen.

Folgen wir der Perspektive poststrukturalistischer Theorieansätze, so ist die Herausbildung des individuellen oder kollektiven Subjekts ohne Bezug auf einen als Anderen erkannten, erdachten, fantasierten Anderen unmöglich. Der Andere ist konstitutiv immer schon Teil des Selbst und das Subjekt mithin grundlegend de-zentriert (Lacan 1973). Postkoloniale Theoretiker_innen haben in kritischer Aufnahme der poststrukturalistischen Kritik am Cartesianischen, voluntaristisch und selbst-identisch gedachten Subjekts der Aufklärung und europäischen Moderne darauf hingewiesen, dass dieser Andere immer auch ein *spezifischer Anderer* ist und nicht allein eine abstrakte, ahistorische und apolitische Figur. Denn Subjektwerdung und -bildung vollzieht sich immer in konkreten Macht- und Herrschaftsverhältnissen und das hat reale Konsequenzen für die konkreten Subjekte. Das heißt, dass Subjektbildung sich nicht nur immer in Beziehung zum Anderen vollzieht, sondern dass diese Beziehung auch immer in historisch-spezifische Kontexte beziehungsweise Macht- und Herrschaftsverhältnisse eingebunden ist (Bhabha 2000). Das Wir des europäischen Nationalstaates ist ein Wir, das sich nur durch Abgrenzung konstituieren kann, und diese Abgrenzung ist strukturell mit der Abwertung der imaginierten Anderen verbunden, da diese erst die Höherwertigkeit des Wir garantiert und damit den Sinn ausweist, warum ich mich diesem Wir verpflichte. Ich verpflichte mich, also bin ich höherwertig.

‚*Rasse*' und *Nation* sind nicht identisch. Es existiert jedoch eine strukturelle Verwandtschaft zwischen den Vereindeutigungspraktiken des Rassismus und der Logik des Nationalstaates, aufgrund derer beide in einer engen Wechselbeziehung stehen. So ist die von allen Nationalstaaten getragene Absicht der weitgehenden Verhinderung von Mehrstaatigkeit und der Vereindeutigung von Zugehörigkeitsverhältnissen kennzeichnend und konstitutiv für die Zugehörigkeitspraxis nationalstaatlicher Ordnungssysteme. Neben dieser strukturellen Ähnlichkeit der Erzeugung von eindeutiger Differenz neigt die Praxis der Nation dann zu einem Rückgriff auf das ‚Rasse'-Denken, wenn die Legitimität des Vorrangs des Wir gegenüber (imaginierten) Ansprüchen Anderer infrage steht und mithin begründet, beteuert und verteidigt werden muss. Die Verteidigung dessen, dass das natio-ethno-kulturell codierte Wir einen raumspezifischen, territorialen Vorrang besitzt (der differentialistische Rassismus), variiert hierbei mit einem anderen Typus: dem universellen Vorrang des Wir, der etwa den Rassismus des europäischen Kolonialismus kennzeichnete.

Das europäische Wir etablierte sich maßgeblich auch aus der fabulierten (Mbembe 2017, 28 ff.) Vorstellung eines nicht europäischen Anderen im Kontext von europäischer Expansion, Kolonialismus und Imperialismus. Edward Said mit Ausführungen zu ‚Orientalismus' (1981) und Stuart Hall mit der Analyse des konstitutiven Wechselverhältnisses von ‚Der Westen und der Rest' (1994) haben gezeigt, wie die europäische Identität mithilfe diskursiver Repräsentationstechniken, die das Andere und die Anderen Europas erzeugen, seit Beginn der Moderne etabliert und reproduziert wird. Die poststrukturalistische These der Bedeutungskonstitution und Subjektbildung durch Differenz aufgreifend, erläutert Hall, wie vor allem seit der europäischen Annektierung Amerikas ein Repräsentationssystem etabliert wurde, welches auf ‚Rasse'-Konstruktionen basiert. Dabei wurde das imaginäre Subjekt Europas (westlich/europäisch = zivilisiert, rational, fortschrittlich) unter anderem mithilfe von wissenschaftlichen Abhandlungen, Romanen, Reiseberichten in Komplementarität und ergänzender Abgrenzung von dem radikal Anderen Nicht-Europas, dem „Rest" (nicht-europäisch/nicht-westlich = barbarisch, unzivilisiert, unterentwickelt) konstruiert.

2. Rassismuskritische Praxis: Einbildungskraft ermöglichen und Demokratiedefizite erkunden

Rassismuskritik zielt darauf ab, beeinträchtigende, disziplinierende und zuweilen auch gewaltvolle Formen des ethnisierenden und rassifizierenden Einflusses durch konkrete und generelle Andere wie auch durch Wahrheit beanspruchendes Wissen zu erkennen und abzuschwächen. Rassismuskritik kann in diesem allgemeinen Sinne als kunstvolle, kreative, notwendig reflexive, beständig zu entwickelnde und unabschließbare, gleichwohl entschiedene Praxis verstanden werden. Sie wird von der Überzeugung getragen, dass es sinnvoll ist, nicht in diese Weise auf rassistische Handlungs-, Erfahrungs- und Denkformen angewiesen zu sein.

Für die politische Bildung ist es bedeutsam, den Kern rassistischen Denkens zu thematisieren. Dieser basiert auf einer herabwürdigenden und benachteiligenden Unterscheidung und binären Logik der Rassenkonstruktion. Hierzu zählen auch die verborgenen Herrschaftsmechanismen, die durch ein komplexes, verzweigtes System gesellschaftlicher Praktiken aufrechterhalten werden über Gesetzgebung, Mediendarstellung sowie individuelle Habitualisierungen. Dekonstruktive Ansätze interessieren sich für die politischen Effekte, die ein affirmierender, Differenzen bestätigender Umgang mit sich bringt. Während bestimmte Ansätze antirassistischer Bildung eher danach fragen, was angesichts der Ungleichheit zwischen *Weißen* und *Schwarzen* getan werden kann, um diese zu minimieren, und darauf beispielsweise antworten: anerkennend für die Rechte von Schwarzen eintreten, zeigen dekonstruktive Ansätze auf, welche Effekte aus dem Engagement für die Anerkennung resultieren und welche Ordnungen und Normen im Zuge dieses differenzachtenden Einsatzes ungewollt gestützt bzw. produziert werden.

In Abgrenzung von einer Lesart, die Identitäten als voneinander unterscheidbare und festgelegte disparate Phänomene erkennt, macht die dekonstruktive Lektüre die paradoxe Einheit dieser Unterscheidungen deutlich. Hierbei kann das dekonstruktive Lesen als eines verstanden werden, das mit binären Oppositionen einhergehende Wertungen und Ausschlüsse deutlich zu machen und dadurch zu unterhöhlen sucht. Die Sichtbarmachung von durch Oppositionsbildungen ausgeschlossenen Positionen, die Destabilisierung dominanter oder vereinheitlichender Deutungen wie auch die Hervorhebung der Heterogenität und Brüchigkeit von Identitäten können als Anliegen dekonstruktiver Strategien bezeichnet werden.

Rassismuskritische Perspektiven beziehen sich nicht allein auf abstrakte Gegenstände, sondern beschäftigen sich als Bildungsansätze immer auch mit konkreten Erfahrungen, Selbst- und Fremdwahrnehmungsmustern und eigenen Zugehörigkeitskonzepten. Daher ist die Thematisierung von Zugehörigkeitsordnungen auch in der eher konkreten Einstellung, die danach fragt, wer wie *vorkommt*, von Bedeutung. Auch wenn die schlichte Umverteilung von materiellen und symbolischen Gütern, die einen Ausgleich schafft zwischen jenen, denen unterschiedliche Positionen im rassistischen System zukommen, aus rassismuskritischer Perspektive nicht gänzlich überzeugend ist, da die Rassismen zugrunde liegende binäre Logik durch redistributive Ansätze bestätigt wird, so kann rassismuskritische Bildung trotz und in ihrer dekonstruktiven Ausrichtung Verteilungsverhältnisse nicht übersehen.

Es kann somit festgehalten werden, dass zwei in einem Widerspruch zueinander stehende Grundprinzipien die rassismuskritische Bildungsperspektive charakterisieren: redistributive Veränderung symbolischer und materieller

Verhältnisse sowie die dekonstruktive Thematisierung und Problematisierung oppositioneller Logiken. Der Widerspruch zwischen diesen Grundprinzipien kann nicht beseitigt werden; er ist vielmehr aufgehoben in dem Erfordernis zur Reflexion konkreter rassismuskritischer Praxis (vgl. Mecheril 2004, Kap. 7).

Politische Bildung kann, sofern die Dimension des Politischen auf Verhandlungen, Einsätze und Kämpfe um die Frage der *guten Ordnung* verweist, *erstens* als Offerte betrachtet werden, die eine Auseinandersetzung von Gruppen und Individuen mit der politischen Dimension des Sozialen ermöglicht, unterstützt und begleitet. Sie vertieft das Wissen über politische Zusammenhänge, Konzepte, Vorstellungen und Erfahrungen. Politische Bildung weist *zweitens* auch immer eine material-normative Richtung auf, ansonsten wäre sie unempfindlich und wehrlos gegen ihre Instrumentalisierung durch menschenverachtende und zerstörende politische Konzeptionen. Es geht ihr um etwas, das über Wissensvermittlung und formale Differenzierung (etwa der politischen Kommunikationsfähigkeit) hinausgeht. Dieses *Etwas* kann in unterschiedlicher Weise als Demokratie oder als demokratisch charakterisiert werden. Demokratisierung bezeichnet einen unabschließbaren Prozess, der von der Frage vorangetrieben wird, ob die Stimmen aller, die von politischen Auseinandersetzungen und Entscheidungen hinsichtlich ihrer Lebensführung in signifikanter Weise betroffen sind, in diesen Verhandlungen vorkommen, in diese einbezogen sind und Artikulationen ihrer Erfahrungen, nicht zuletzt Ungerechtigkeitserfahrungen (vgl. etwa Kreide 2020), relevant und wirksam möglich sind.

Die Ermöglichung der Artikulation von eigenen und fremden (Un-/Gerechtigkeits-)Erfahrungen, die Selbstreflexion über politische Ordnungen und die kritische Diskussion und Reflexion der Voraussetzungen und Folgen politischer Standpunkte stellen zentrale Anliegen politischer Bildung dar. Ausgehend davon und vor dem Hintergrund der angesprochenen Krisenhaftigkeit des Nationalstaates unter gegenwärtigen migrationsgesellschaftlichen Bedingungen sowie mit Blick auf die gewaltsamen und rassismusaffinen Folgen demokratischer Widersprüchlichkeiten werden nicht zuletzt zwei konzeptionelle Perspektiven für politische Bildung besonders bedeutsam.

(1) Erweiterung politischer Einbildungskraft

„In jedem Akt demokratischer Selbstregierung", schreibt Christoph Menke (2017, 252), „wird eben die Gleichheit des wesentlich unbestimmten ‚Menschen' vorausgesetzt, die, weil sie niemals gegeben sein kann, einen Anspruch erhebt, der über jede demokratisch etablierte Ordnung hinausgeht". Wo in der politischen Bildung diesem über die etablierte Ordnung hinausweisenden offenen Anspruch des Demokratischen entsprochen werden soll, ist das Vermögen gefragt, das, was wünschenswert und nicht gegeben ist, als Noch-Nicht-Gegebenes zu imaginieren. Politische Bildung wird möglich, wo Antwortverhältnisse zu relevanten politischen Fragen nicht gemieden werden und das individuelle wie kollektive Vorstellungsvermögen dazu beiträgt, demokratischere Verhältnisse als die gegebenen in Augenschein zu nehmen. Es geht um die Erweiterung politischer Einbildungskraft, nicht um ihren Einschluss. Einbildungskraft weist auf das Kommende.[1]

Gelegenheiten und Anlässe der Kultivierung politischer Einbildungskraft sind unzählig: Literatur, Geschichten, die Praxis des Protestes, Reportagen und *documentaries*, alltägliche Erfahrungen in der Ferne wie im Nahen – all dies kann im Rahmen politischer Bildung so gelesen werden, dass die politische Dimension des Gegebenen erkennbar und daran anschließend und davon abgesetzt kommende Demokratie vorstellbar und erdenklich wird. Aber auch die Sondierung politischer Theorie in ihrer Vielstimmigkeit und Widersprüchlichkeit (siehe Füllekruss u.a. 2022) befördert das Vorstellungsvermögen. Politische Bildung in der Migrationsgesellschaft kann in diesem Sinne auch als Raum der Vermittlung und Erkundung des Spektrums demokratietheoretischer Positionen verstanden werden, zumindest jener, die als Beitrag zur Demokratisierung von natio-ethno-kulturellen Grenzziehungen verstanden werden können.

(2) Erkundung von Demokratiedefiziten der nationalstaatlichen Demokratie

Demokratische Prozesse und Strukturen haben sich an der Frage zu bewähren, ob die Stimmen jener, die von den Auseinandersetzungen und den darüber generierten Entscheidungen signifikant affiziert werden, in den demokratischen Diskursen zumindest virtuell repräsentiert sind. Im Zuge dieses Verständnisses stellt sich die Frage, wie lokale Entscheidungen mit über das Lokale hinausreichenden, zuweilen globalen, für die Gegenwart und Zukunft von Menschen

1 „Im Ausdruck ‚kommende Demokratie' ist nicht die ‚Demokratie' das Wichtige, sondern das ‚Kommende'. Ein Denken des Ereignisses, des Kommenden also, das ist der offene Raum, damit es das Ereignis, die Zukunft gibt, und damit die Ankunft des Anderen ist. Es gibt kein Kommen, kein Ereignis, das nicht die Ankunft des Heterogenen, die Ankunft des Anderen ist oder impliziert. ‚Kommend' bedeutet nicht Zukunft, die zukünftige Gegenwart, das, was morgen präsent und präsentierbar wäre. Es bedeutet den offenen Raum, damit der Andere oder die Anderen kommen. Undemokratische Systeme sind in erster Linie Systeme, die verschließen, sich dieser Ankunft verschließen, Systeme der Homogenisierung und der vollständigen Berechenbarkeit." (Derrida 2014, 79)

an *anderen Orten* bedeutsamen Auswirkungen zu legitimieren sind. Infolge der Globalisierung von Politik, Ökonomie oder Recht weitet sich der Kreis der Menschen, die von lokalen Entscheidungen irgendwo in der Welt betroffen sind, immer weiter aus.

Nach Mouffe (2015) wird im Prinzip der *Volkssouveränität*, das in Bürgerrechten zum Ausdruck kommt, ein grundlegendes, normatives Paradox nationalstaatlich organisierter Demokratien deutlich. In modernen, sich als demokratisch verstehenden Nationalstaaten, die dem Prinzip der *Volkssouveränität* folgen, regelt der Pass die Zugehörigkeit zur Wir-Gruppe und die damit einhergehenden Rechte und Privilegien. Dass jedoch über die Zugehörigkeit zur exklusiven Wir-Gruppe nur jene entscheiden, die bereits Teil der exklusiven Gruppe sind, und insofern demokratische Abgrenzung via Ausschluss konstitutiver Bestandteil des nationalstaatlich gefassten Demokratischen ist und sich demnach das Demokratische nicht auf demokratischem Wege herstellen lässt, stellt ein Widerspruchsverhältnis dar, das sich unter migrationsgesellschaftlichen Bedingungen besonders deutlich und drastisch zeigt – nicht zuletzt, wenn im Namen nationalstaatlicher Souveränität eine Menschenleben in Kauf nehmende Abschottung und Sicherung von Grenzen als legitime und demokratische Praxis durchgesetzt wird. Die von diesen grenzpolitischen Entscheidungen Betroffenen sind von den demokratischen Prozessen, in denen diese Entscheidungen zumindest mitgestaltet werden, ausgeschlossen, werden aber mit deren Konsequenzen bedeutsam konfrontiert. Diese Unzulänglichkeit des Demokratischen lässt sich im globalisierten Kapitalismus in kulturellen, rechtlichen, ökologischen, gesundheitsbezogenen und ökonomischen Bereichen erkennen. Das Prinzip der territorial und im Zeichen *Volk* codierten Gebundenheit des Demokratischen hat weitreichende Effekte, die über das jeweilige Territorium bzw. die Lebensverhältnisse der dortigen Bewohner:innen hinausgehen (vgl. etwa Demirović 2017).

Politische Bildung in der Migrationsgesellschaft verfolgt weder primär die politische Bildung der migrationsgesellschaftlich als Andere Geltenden noch die unbedingte Bewahrung des Nationalstaats als Zielperspektive. Sie zeichnet sich dadurch aus, dass Räume der Wissensvermittlung und Erfahrungsartikulation geschaffen werden, in denen Demokratiedefizite der gegebenen politischen Ordnung erkundet werden können. Insofern beziehen sich solche Ansätze politischer Bildung nicht allein auf abstrakte Gegenstände, sondern immer auch auf konkrete Erfahrungen, etwa mit nationalstaatlichen Akteur:innen wie Polizei und Grenzschutz. In ihnen bildet sich der politische Status der Subjekte in unterschiedlicher Weise ab, mit Selbst- und Fremdwahrnehmungsmustern und eigenen Zugehörigkeitskonzepten (vgl. etwa Kleinschmidt/Lange 2020). Die Thematisierung von Zugehörigkeitsordnungen auch in der eher konkreten Einstellung, die danach fragt, wer in politischen Auseinandersetzungen als respektables (politisches) Subjekt gilt und sich einbringen kann, wer repräsentiert wird, wessen Erfahrungen, wessen Sorgen, Wünsche und Ängste zählen, wessen Stimme ins Gewicht fällt und hörbar ist, ist eine bedeutsame Dimension der Erkundung von Demokratiedefiziten staatlicher Institutionen. Im Sinne der Erprobung und Entwicklung einer menschenrechtlichen Entgrenzung der Demokratie (vgl. Menke 2017, 250) stellen diese Reflexionen demokratiefördernde Aspekte politischer Bildung dar.

Literatur

BENHABIB, Seyla (2016): Kosmopolitismus ohne Illusionen: Menschenrechte in unruhigen Zeiten. Berlin.

BHABHA, Homi K. (2000): Die Verortung der Kultur. Tübingen.

DEMIROVIĆ, Alex (2017): Radikale Demokratie und Sozialismus. Grenzen und Möglichkeiten einer politischen Form. Online: www.rosalux.de/fileadmin/rls_uploads/pdfs/Artikel/21-17_Online-Publ_ Radikale_Demokratie.pdf (Zugriff: 30.05.2022).

DERRIDA, Jacques. (2014): Politik und Freundschaft. Gespräch über Marx und Althusser. Wien.

FÜLLEKRUSS, David/Mecheril, Paul/Yildiz, Erol (2022): Die Krise der Nationalstaatlichkeit. Überlegungen zu politischer Bildung in der Migrationsgesellschaft. In: Zeitschrift für Pädagogik. Jg. 68 (4). Weinheim, S. 499–516.

KLEINSCHMIDT, Malte/Lange, Dirk (2020): Demokratie in der Migrationsgesellschaft. Inclusive Citizenship Education als Forschungsperspektive für die politische Bildung. In: Hentges, Gudrun (Hg.): Krise der Demokratie – Demokratie in der Krise? Gesellschaftsdiagnosen und Herausforderungen für die politische Bildung. Frankfurt/M., S. 194–210.

KOOROSHY, Shadi/Mecheril, Paul (2019): Wir sind das Volk. Zur Verwobenheit von race und state. In: Hafeneger, Benno/Unkelbach, Katharina/Widmaier, Benedikt (Hg.): Rassismuskritische Politische Bildung. Frankfurt/M., S. 78–91.

KREIDE, Regina (2020): Gerechtigkeit/Ungerechtigkeit. In: Comtesse, Dagmar/Flügel-Martinsen, Oliver/Martisen, Franziska/Nonhoff, Martin (Hg.): Radikale Demokratietheorie. Ein Handbuch. Berlin, S. 635–646.

LACAN, Jacques (1973): Das Spiegelstadium als Bildner der Ichfunktion, wie sie uns in der psychoanalytischen Erfahrung erscheint. In: Lacan, Jacques: Schriften I (ausgewählt und hg. v. Norbert Haas). Olten/Freiburg.

MBEMBE, Achille (2017): Kritik der schwarzen Vernunft. Berlin.

MECHERIL, Paul (2004): Einführung in die Migrationspädagogik. Weinheim, Basel.

MECHERIL, Paul (2010): Politische Bildung und Rassismuskritik. In: Lösch, Bettina/Thimmel, Andreas (Hg.): Kritisches Handbuch Politische Bildung. Wiesbaden, S. 241–252.

MENKE, Christoph (2017): Einleitung. In: Ders./Raimondi, Francesca (Hg.): Die Revolution der Menschenrechte. Berlin, S. 247–252.

MOUFFE, Chantal (2015): Das demokratische Paradox. Wien.

KATHARINA RHEIN

Antisemitismuskritische politische Bildung

Was ist Antisemitismus? Wo fängt er an? Wo hört er auf? Wie erkenne ich ihn? Die Erfahrung aus Fortbildungen zum Thema zeigt, dass unter Bildungspraktiker*innen oft eine große Unsicherheit besteht. Und Befragungen jüdischer Schüler*innen machen das noch viel deutlicher, denn entgegen einer oberflächlich bestehenden gesellschaftlichen Ächtung von Antisemitismus zeigt sich im Alltag ein großes Unvermögen von Pädagog*innen, adäquat auf Antisemitismus zu reagieren und Betroffene damit zu unterstützen (vgl. Bernstein 2020; Chernivsky/Lorenz 2020). In einem ersten Schritt geht es in diesem Beitrag deshalb um Perspektiven von Juden*Jüdinnen, denn antisemitismuskritische Bildungsarbeit muss deren Perspektive ernst nehmen, was auch in der politischen Bildung lange vernachlässigt wurde.

Das nationale Selbstbild im postnationalsozialistischen Deutschland ist inzwischen stark davon geprägt, den Nationalsozialismus (NS) erfolgreich überwunden zu haben und insofern auf keinen Fall antisemitisch zu sein (Messerschmidt in diesem Band). Und so ist auch an Schulen angesichts antisemitischer Vorkommnisse die Sorge, negative Schlagzeilen zu machen, oft größer als die Bereitschaft, sich dem Antisemitismus an der eigenen Schule zu stellen. Das Thema ist gesellschaftlich aufgeladen und Unsicherheiten von Pädagog*innen (sofern sie nicht selbst zu dessen Bagatellisierung oder gar Reproduktion beitragen) resultieren auch daraus. Grundlage einer antisemitismuskritischen Bildungsarbeit muss es folglich sein, sich den eigenen Unsicherheiten zu stellen und sich mit diesen Fragen zu befassen. In einem zweiten Schritt wird es daher darum gehen, zumindest knapp wesentliche Elemente des Antisemitismus aufzuzeigen, um antisemitische Motive, Denkfiguren und Ressentiments besser erkennen zu können.

Während Antisemitismus auch in der Bildungsarbeit oft lediglich als eine Form gruppenbezogener Menschenfeindlichkeit oder eine Unterform von Rassismus aufgefasst wird, muss antisemitismuskritische Bildungsarbeit im Sinne kritischer politischer Bildung Antisemitismus in seiner ganzen Bandbreite berücksichtigen. Dabei lassen sich Gemeinsamkeiten, aber auch Unterschiede zwischen Antisemitismus und Rassismus ausmachen. Da es bei dieser Frage nach Gemeinsamkeiten und Unterschieden nicht allein um theoretische Debatten geht, sondern daran auch immer wieder politische Auseinandersetzungen anschließen, in denen unterschiedliche Gruppen instrumentalisiert und Opferkonkurrenzen aufgemacht werden, wird in einem dritten Schritt explizit auf diesen Aspekt eingegangen und anschließend das Thema Antisemitismus in der (post-)migrantischen Gesellschaft aufgegriffen. Am Ende geht es dann darum, was aus all dem für politische Bildungsarbeit folgt.

1. Jüdische Perspektiven einbeziehen

Antisemitismus wurde in Deutschland lange nur anhand von allgemeinen Meinungsumfragen bemessen, inzwischen gibt es aber auch immer mehr Forschung zu Erfahrungen von Betroffenen. Damit wird die Perspektive derjenigen gestärkt, um deren Schutz es beim Kampf gegen Antisemitismus geht bzw. gehen müsste, denn die Erfahrungen der Betroffenen zeigen, dass das Postulat der Ächtung von Antisemitismus und das dazugehörige Selbstbild in Deutschland, nicht antisemitisch und gegen Antisemitismus zu sein, bestehen kann, während gleichzeitig das Gegenteil praktiziert wird. So zeigten sich bei aktuellen Studien zu Antisemitismus an Schulen große Diskrepanzen hinsichtlich der Wahrnehmung seitens jüdischer Schüler*innen (und jüdischer Lehrkräfte) im Vergleich mit nichtjüdischen Lehrkräften. Antisemitismus wird von Letzteren entweder nicht erkannt – sofern sie nicht selbst zur Reproduktion beitragen – oder bagatellisiert, indem er als ‚Spaß' oder ‚legitime Israelkritik' abgetan wird. Oder es wird sich darauf zurückgezogen, dass es angeblich keine Juden*Jüdinnen an der Schule gäbe, was den betreffenden Personen ein Einschreiten unnötig erscheinen lässt. Dass Juden*Jüdinnen ihre jüdische Identität oft verschweigen, um sich Anfeindungen nicht auszusetzen, wird dabei nicht gesehen (vgl. ebd.).

Pädagogisches Handeln gegen Antisemitismus erfordert ein Einschreiten daher auch nicht erst, weil Betroffene anwesend sind, zumal das oft gar nicht klar ist, sondern weil das Gleichwertigkeitsprinzip nicht verletzt und diskriminierendes Verhalten nicht unkritisiert bleiben darf und weil (potenziell) Betroffene damit nicht alleingelassen werden sollten.

2. Antisemitismus wahrnehmen und erkennen

Die Judenfeindschaft hat eine lange Geschichte und wurzelt im christlich-religiös begründeten Antijudaismus. Verschiedene antisemitische Motive erweisen sich dabei trotz einer großen Wandlungs- und Anpassungsfähigkeit als enorm beständig und anschlussfähig. Deshalb lohnt nicht zuletzt für die politische Bildung der Blick in die Geschichte, um heutige Artikulationsweisen und die Wirkung, die sie auf Betroffene haben, besser zu verstehen.

Schon die Motive des christlichen *Antijudaismus* (wie ‚Gottesmörder', ‚Verräter' (‚Judas'), ‚teuflisch') vermischten sich über die Jahrhunderte immer weiter mit alltagspraktischen und ökonomischen und dienten immer wieder dazu, vermeintliche Erklärungen bzw. Schuldzuweisungen für nicht Verstandenes wie Hungersnöte, Seuchen oder verunreinigtes Trinkwasser zu finden. Hinzu kamen Motive wie das des ‚reichen und mächtigen Juden', des ‚Wucherers' oder ‚Schacherers', in denen sich Ursache und Wirkung verkehren, denn während Juden über Jahrhunderte durch eine Vielzahl von Verboten von den meisten Berufen ausgeschlossen und beispielsweise durch Sondersteuern zu Objekten ökonomischen Kalküls von Herrschenden gemacht wurden, wird ausgerechnet ihnen bis heute eine besondere Macht oder ein mangelnder Wille, ‚ehrlich zu arbeiten', zugeschrieben. Einigen gelang es zwar, in bestimmten Nischen des Handels oder des Geldverleihs Erfolge zu verzeichnen, der Großteil der jüdischen Bevölkerung war aber arm und musste das Leben unter erschwerten Bedingungen bestreiten. Trotzdem waren auch sie mit den Vorwürfen, die immer wieder in Anfeindungen, Vertreibungen und Pogromen endeten, konfrontiert. Diese judenfeindlichen Motive erwiesen sich als sehr anschlussfähig für moderne Formen des Antisemitismus und bestehen bis heute fort.

Die gesellschaftlichen Umbrüche insbesondere ab dem 18. Jahrhundert, die oft als Moderne zusammengefasst werden und hier nur mit Schlagworten wie Industrialisierung, Kapitalismus, bürgerliche Revolution, Säkularisierung und Aufklärung angedeutet werden können, veränderten die Verhältnisse grundlegend. Viele gesellschaftliche Zusammenhänge wurden immer komplexer, Herrschaft immer abstrakter und die Entwicklungen waren für viele mit Armut und Unsicherheit verbunden. Die bis heute für den *modernen Antisemitismus* wesentlichen verschwörungsideologischen Motive entwickelten sich bzw. gewannen an Bedeutung: Die eigene Ohnmacht angesichts der erdrückenden gesellschaftlichen Verhältnisse mündete nicht in deren Analyse, sondern in schnellen und einfachen vermeintlichen Erklärungen, die ‚dunkle Mächte' und Verschwörungen ‚mächtiger Strippenzieher' hinter allem wittern. Gesellschaftliche Widersprüche taten sich auch hinsichtlich des mit der Aufklärung und der bürgerlichen Revolution postulierten Gleichheitsanspruchs auf (wobei die Bürgerrechte von Beginn an ohnehin nicht für alle galten, Frauen und Menschen in den europäischen Kolonien blieben von vornherein ausgeschlossen), teils wurden alte Privilegien und Machtverhältnisse infrage gestellt, teils ließ sich der Gleichheitsanspruch nicht verwirklichen. Beides hinterließ Unzufriedenheiten, die sich allzu oft gegen Juden richteten, die mit universalistischen, demokratischen und liberalen Ideen identifiziert wurden.

Schon früh zeigten sich in der Judenfeindschaft die widersprüchlichen Motive, die bis heute kennzeichnend für den Antisemitismus sind. Juden*Jüdinnen werden einerseits abgewertet und andererseits mit einer eigentümlichen Macht ausgestattet, die ihre Vertreibung, Verfolgung und Ermordung legitimieren soll. Erscheinen die Verfolger*innen so doch als diejenigen, die sich gegen *die* Juden zur Wehr setzen müssen.

Es gibt kaum ein antisemitisches Bild, für das es nicht auch ein gegenteiliges gäbe. So galten Juden als skrupellose ausbeuterische Kapitalisten und zugleich als Anführer der Arbeiterbewegung, als schwach und übermächtig, als dumm und intelligent, als verkopft und lüstern etc. Auf Juden*Jüdinnen wird projiziert, was als negativ gilt und man bei sich selbst nicht zulassen will. Das verstärkte sich mit dem *nationalen Antisemitismus*, wie er sich mit dem modernen Nationalismus des 18. und 19. Jahrhunderts entwickelte. Gerade im deutschen Kontext prägte der Antisemitismus Gegen- oder Fremdbilder zum in Entstehung begriffenen nationalen Selbstbild. Völkische Bewegungen gewannen an Bedeutung, die einen *rassistischen Antisemitismus* vertraten, der die Grundlage für judenfeindliche körperliche und charakterliche Zuschreibungen im Erbgut verankert sah. Die ‚jüdische Rasse' galt als minderwertig und als Bedrohung für den deutschen ‚Volkskörper'. Während man sich der antijudaistischen Verfolgung theoretisch noch durch die christliche Taufe entziehen konnte, war das in dieser Logik nicht möglich und gipfelte schließlich im nationalsozialistischen Völkermord an der jüdischen Bevölkerung Europas.

Antisemitismus nach 1945

Nach Ende des Zweiten Weltkrieges wurde die Judenfeindschaft angesichts der von Deutschen begangenen Menschheitsverbrechen nicht mehr so offen geäußert. Es entwickelten sich Formen des sogenannten *sekundären Antisemitismus*, die mit der Abwehr von Schuld und Erinnerung an die NS-Verbrechen verbunden sind. Sie reichen von der offensichtlichsten Form der Holocaustleugnung über Schlussstrichforderungen, Geschichtsrelativierungen und -umdeutungen bis hin zu Schuldprojektionen auf Juden*Jüdinnen, einschließlich der Täter-Opfer-Umkehr.

Eine weitere prominente Form ist der *israelbezogene Antisemitismus*. Laut Meinungsumfragen können mehr als ein Viertel der Befragten gut verstehen, dass man angesichts der Politik Israels „was gegen Juden hat". Diese Identifizierung von Juden allgemein mit der israelischen Politik ist eindeutig antisemitisch. Und fast 40% stimmten in einer Studie von Andreas Zick und anderen der holocaustverharmlosenden Aussage zu: „Was der Staat Israel heute mit den Palästinensern macht, ist im Prinzip auch nichts anderes als das, was die Nazis im Dritten Reich mit den Juden gemacht haben" (Zick u.a. 2019, 70 f.).

Gerade wenn es um Israel geht, werden Debatten oft emotional und hitzig geführt, u.a. darum, was israelbezogener Antisemitismus und was legitime Israelkritik sei. In der politischen Bildungsarbeit ist die politische und teils auch wissenschaftliche Umstrittenheit der Definition von Antisemitismus in diesem Kontext eine besondere Herausforderung. Zur Frage, was legitime Kritik ist und was nicht – denn selbstverständlich kann und muss die Politik demokratischer Staaten kritisiert werden –, hat Natan Sharansky den sogenannten 3D-Test entwickelt, der zumindest eine Hilfestellung gibt (Sharansky 2004). Die drei *Ds* stehen für Dämonisierung, Delegitimierung und Doppelstandards. Äußerungen zu Israel gelten dann als potenziell antisemitisch, wenn sie auf eine Dämonisierung/Verteufelung abzielen, die Legitimität des Staates, also dessen Existenzrecht anzweifeln und wenn die israelische Politik mit viel höheren moralischen Standards bemessen wird als andere demokratische Staaten (ausführlicher zu Formen des Antisemitismus siehe etwa: Bernstein 2020; Rhein/Uhlig 2019).

Die mit dem kursorischen Überblick über verschiedene Formen von Antisemitismus bereits erwähnten Besonderheiten werden im Folgenden auch im Vergleich mit Rassismus betrachtet, da, wie eingangs bereits beschrieben, Antisemitismus vielfach als eine Unterform von Rassismus aufgefasst wird. Aus Perspektive kritischer politischer Bildung, die den Anspruch verfolgt, Macht- und Herrschaftsverhältnisse kritisch zu analysieren, sollte hier jedoch differenziert werden.

3. Antisemitismus und Rassismus – Gemeinsamkeiten und Unterschiede

Antisemitismus und Rassismus ähneln sich hinsichtlich der jeweiligen individuellen, ausgrenzenden, diskriminierenden oder auch gewalttätigen Praktiken gegen davon betroffene Menschen oder auch Einrichtungen. Beides sind Ideologien der Ungleichmachung und beide funktionieren über Prozesse der Rassifizierung, Kulturalisierung, Ethnisierung oder über Zuschreibungen von Kollektiveigenschaften für bestimmte Gruppen. Sie wirken sich insofern vergleichbar auf Individuen aus, die auf diese Weise ‚anders' gemacht, diskriminiert und ausgegrenzt werden, aber sie unterscheiden sich bezüglich ihres historischen Entstehungskontexts, ihrer Projektionsinhalte und ihrer gesellschaftlichen Funktionen (vgl. Messerschmidt 2021, 104 ff.).

Unter Rassismus werden hier Differenzierungsprozesse verstanden, die mit rassentheoretischen Begründungen seit der Zeit des Kolonialismus einhergehen und zur Legitimation von Herrschaft und Ausbeutung dien(t)en. Er ist verbunden mit Rassifizierungen und Kulturalisierungen, die auf eine Demonstration der Überlegenheit der ‚Weißen' zielen und gesellschaftliche Ungleichheiten und (koloniale) Unterdrückungs- und Ausbeutungsverhältnisse rechtfertigen.

Der Antisemitismus erfüllt eine andere gesellschaftliche Funktion, er dient der moralischen Legitimation – gerade angesichts der Rolle als brutale Kolonialherren. Durch die Konstruktion des übermächtigen, ausbeuterischen, herrschsüchtigen Juden kann ein moralisches Selbstbild angeblicher eigener Unterdrückung aufrechterhalten werden, gegen die es sich zu verteidigen gilt. Verschwörungsideologische ‚Erklärungen' sozialer Missstände definieren Juden als Verantwortliche und ermöglichen es so, die eigene Rolle innerhalb komplexer gesellschaftlicher Zusammenhänge unreflektiert zu lassen. Die Bedrohung geht dabei von einer abstrakten, diffusen, nicht greifbaren Macht aus, während sie in der rassistischen Logik konkret ist, d.h. materiell, sexuell bzw. durch die Masse. Deutlich wird das etwa bei Verschwörungstheorien, die jüdische Mächte hinter den Flüchtlingsbewegungen aus dem Globalen Süden sehen. Beides stellt aus Sicht ihrer Anhänger*innen eine Bedrohung dar, die Flüchtenden durch ihre bloße Anzahl, die Juden, weil sie die Massen angeblich manövrieren. Wenn Antisemitismus in der politischen Bildungsarbeit lediglich als eine Unterform des Rassismus aufgefasst wird, greift das zu kurz. Kritischer politischer Bildung muss es darum gehen, Macht- und Herrschaftsverhältnisse kritisch zu hinterfragen und die Funktionsweise von Ungleichheitsideologien daher genauer in den Blick zu nehmen.

Die gegenwärtigen Debatten um das Verhältnis von Antisemitismus und Rassismus haben viel mit Fragen von Hegemonie und gesellschaftlicher Deutungshoheit zu tun, die hier mitverhandelt werden. So werden regelmäßig Konkurrenzen zwischen unterschiedlichen Opfern gesellschaftlicher Diskriminierung aufgemacht, bei denen es auch um Kämpfe um Anerkennung der unterschiedlichen Verfolgungsgeschichten geht, wie sie sich etwa im Umgang mit der kolonialen und der nationalsozialistischen Vergangenheit zeigen. Sie sind aber auch als Ausdruck des tiefen gesellschaftlichen Widerspruchs zu sehen, einen Gleichheitsanspruch zu postulieren, der nicht realisiert ist. Gerade im postnationalsozialistischen Deutschland tut man sich schwer damit, Antisemitismus und Rassismus als gesamtgesellschaftliche Phänomene ernst zu nehmen und als solche zu behandeln. Es wäre wünschenswert und Aufgabe kritischer politischer Bildung, solidarische Perspektiven zu entwickeln, die Momente der gesellschaftlichen Anerkennung von Diskriminierungen und Verfolgungsgeschichten auch als Erfolge von Kämpfen um Anerkennung der jeweils Betroffenen sehen und wertschätzen können und die Widersprüche hinsichtlich der nicht realisierten Gleichheitsansprüche kritisieren, ohne dabei die Erfolge der Kämpfe anderer zu diskreditieren. Zudem darf das postulierte nationale Selbstbild als anti-antisemitisch nicht mit der Realität verwechselt werden, davon zeugen die Perspektiven der Betroffenen.

Ein weiterer Aspekt, der eine konkurrente Wahrnehmung von Antisemitismus und Rassismus befördert, ist der inzwischen seit gut 20 Jahren bestehende Diskurs um Antisemitismus und Migration.

4. Antisemitismus als gesamtgesellschaftliches Problem – Nationales Selbstbild und Migrationsandere

Betrachtet man den Diskurs um Antisemitismus unter Migrant*innen, fällt auf, dass regelmäßig über ‚die Migranten' oder ‚die Muslime' gesprochen wird, was als falsche Verallgemeinerung deutlich kritisiert werden muss. Gleichzeitig hat der Diskurs um Antisemitismus unter Muslim*innen oder in muslimisch geprägten Kontexten einen wahren Kern, antisemitische Einstellungen sind in vielen muslimischen Ländern stark verbreitet, insbesondere in den arabischen Staaten, in denen die Judenfeindschaft eng mit dem arabischen Nationalismus verbunden ist, und er wird auch gerade von vielen jüngeren Muslim*innen in Deutschland vertreten (vgl. Jikeli 2022). Diesem Problem muss man sich auch in der politischen Bildung folglich stellen.

Gleichzeitig sind in Deutschland Abwehrhaltungen und Entlastungsstrategien im Umgang mit Antisemitismus verbreitet, diesen nicht als gesamtgesellschaftliches Phänomen in den Blick zu nehmen, sondern auf gesellschaftliche Randgruppen zu projizieren. Gerade angesichts des ab Mitte der 1980er-Jahre dominanten nationalen deutschen Selbstbildes, demzufolge man aus der Vergangenheit gelernt habe und nun geläutert sei, darf es Antisemitismus eigentlich nicht mehr geben. Da mit Blick auf die NS-Verbrechen das Sichtbarwerden der historischen Schuld eine potenzielle Bedrohung für die nationale Identität darstellt, treten verstärkt Formen des Umgangs auf, die versuchen, „das Auftreten antisemitischer Äußerungen und Praktiken […] möglichst auf die Außenseite der Gesellschaft" (Messerschmidt 2009, 160) zu verlagern. Eine dieser Strategien ist es, Antisemitismus als Problem ‚Migrationsanderer' darzustellen. Das vermeintliche ‚Außen' existiert dabei nicht a priori, sondern wird zugleich hergestellt. Wenn versucht wird, Antisemitismus primär oder sogar ausschließlich als Problem von Muslimen darzustellen, besteht gleichzeitig eine Tendenz, ‚die Deutschen' (als nicht-muslimisch imaginiert) von jeglichem Antisemitismus freizusprechen. Insofern liegt auch hier ein Abwehrmechanismus vor, der zudem häufig mit Rassismus gegen Muslime einhergeht (vgl. ebd., 160 ff.).

Antisemitismuskritische politische Bildung muss Antisemitismus dort kritisieren, wo er auftritt, unabhängig davon, von wem er geäußert wird. Sie muss dabei den Einzelnen begegnen und darf nicht den Fehler verallgemeinernder Zuschreibungen machen. Geht man davon aus, dass das Gleichwertigkeitsprinzip ein wesentlicher Grundsatz antisemitismuskritischer politischer Bildung ist, muss klar sein, dass auch andere Formen der Ungleichmachung abgelehnt und kritisiert werden müssen, um glaubhaft zu sein. Anders gesagt, wer rassistische Zuschreibungen macht und eigene antisemitische sowie rassistische Anteile nicht kritisch reflektiert, kann nicht glaubhaft gegen Antisemitismus auftreten – und vice versa.

Wer von Rassismus betroffen ist, ist nicht davor gefeit, antisemitisch zu sein, und umgekehrt, was nicht heißt, dass die rassistische Diskriminierung deshalb nicht genauso kritisiert werden muss wie die antisemitische. Gerade in der Migrationsgesellschaft kommt es in der pädagogischen Praxis darauf an, „Antisemitismus auch rassismuskritisch und Rassismus auch antisemitismuskritisch zu kontextualisieren" (Bernstein 2020, 304). Beides hat immer auch etwas mit der Bereitschaft zur kritischen (Selbst-)Reflexion zu tun, die eine wesentliche Voraussetzung für diskriminierungskritische politische Bildung ist.

5. Was folgt daraus für eine kritische politische Bildung?

Antisemitismuskritische politische Bildung erschöpft sich nicht in einer Unterrichtsstunde oder einem Projekttag zum Thema Antisemitismus, Jüdisches Leben oder NS-Geschichte, sondern erfordert eine Haltung, die Antisemitismus im pädagogischen Alltag nicht unkommentiert und die Gültigkeit des Gleichwertigkeitsprinzip für alle Beteiligten spürbar werden lässt. Das erfordert zuallererst, dass Antisemitismus erkannt wird. Dafür ist die Auseinandersetzung mit den unterschiedlichen und in sich widersprüchlichen Ausdrucksformen des Antisemitismus eine wichtige Voraussetzung.

Kritische politische Bildung muss die gesellschaftlichen Funktionen, die Ungleichheitsideologien erfüllen, mitreflektieren. Sie muss Antisemitismus als gesamtgesellschaftliches Phänomen verstehen, das das gesellschaftliche Miteinander in der postnationalsozialistischen Gesellschaft in spezifischer Weise strukturiert. Pädagog*innen sind darin selbst involviert. Das erfordert insofern auch eine kritische Selbstreflexion.

Antisemitismus auf eine Unterform von Rassismus zu reduzieren, greift zu kurz, weil so das Verschwörungsdenken und der Welterklärungsanspruch sowie antiliberale und antidemokratische Aspekte unberücksichtigt bleiben. Zwischen Rassismus und Antisemitismus analytisch zu unterscheiden, bedeutet nicht, beiden Phänomenen eine unterschiedliche Wertung beizumessen. Im Gegenteil: Antisemitismuskritische Bildung muss auch rassismuskritisch und rassismuskritische Bildungsarbeit auch antisemitismuskritisch sein, um Gleichheitsgrundsätze wirksam und glaubhaft vermitteln zu können. Außerdem hat sie sich Stimmungsmachen zu widersetzen, die versuchen, durch instrumentellen Bezug auf Betroffene von Antisemitismus oder Rassismus die einen gegen die anderen auszuspielen oder davon abzulenken, dass Antisemitismus und Rassismus gesamtgesellschaftliche Phänomene sind.

Bezogen auf eventuelle Opfer- und Erinnerungskonkurrenzen hätte antisemitismus- (und rassismus-)kritische politische Bildung die Aufgabe, Perspektiven zu entwickeln, die geschichtsrelativierenden Darstellungen entgegenwirken und sich einem instrumentellen Bezug auf Opfer von Diskriminierung und Verfolgung widersetzen.

Kritische politische Bildung kann Menschen darin stärken, sich gegen Antisemitismus einzusetzen, und darin unterstützen, gesellschaftliche Widersprüche auszuhalten und nach komplexeren Antworten für gesellschaftliche Probleme zu suchen, um sie damit gegen die vermeintlich leichten Antworten der Verschwörungsideologien zu wappnen. Und sie ist vor allem dann wirksam, wenn sie als diskriminierungskritische Bildungsarbeit nicht nur den Antisemitismus, sondern auch Rassismus und andere Formen von Diskriminierung berücksichtigt und so überzeugend für ein gleichberechtigtes Miteinander eintritt.

Literatur

BERNSTEIN, Julia (2020): Antisemitismus an Schulen in Deutschland. Befunde – Analysen – Handlungsoptionen. Weinheim.

CHERNIVSKY, Marina/Lorenz, Friederike (2020): „Das ist überhaupt nicht greifbar, und deswegen ist es so schwer, dagegen auch was zu machen" – Eine Studie zu Antisemitismus im Bildungswesen. In: Zentralrat der Juden in Deutschland (Hg.): Antisemitismus-Studien und ihre pädagogischen Konsequenzen. Berlin, S. 151–169.

JIKELI, Günther (2022): Antisemitismus unter Muslim/-innen in Deutschland. In: Bernstein, Julia u.a. (Hg.): Schule als Spiegel der Gesellschaft. Antisemitismen erkennen und handeln. Frankfurt/M., S. 288–313.

MESSERSCHMIDT, Astrid (2009): Weltbilder und Selbstbilder. Bildungsprozesse im Umgang mit Globalisierung, Migration und Zeitgeschichte. Frankfurt/M.

MESSERSCHMIDT, Astrid (2021): Rassismus- und Antisemitismuskritik in postkolonialen und postnationalsoziaistischen Verhältnissen. In: Kaya, Z. Ece/Rhein, Katharina (Hg.): Rassismus, Antisemitismus und Antiziganismus in der postnationalsozialistischen Gesellschaft. Weinheim, S. 104–115.

RHEIN, Katharina/Uhlig, Tom (2019): Antisemitismus – Begriffsgeschichte und die lange Tradition der Judenfeindschaft mit ihren Ausdrucksformen. In: Ministerium für Kultus, Jugend und Sport Baden-Württemberg (Hg.): Wahrnehmen – Benennen – Handeln. Handreichung zum Umgang mit Antisemitismus an Schulen. Stuttgart, S. 14–30.

SHARANSKY, Natan (2004): Antisemitismus in 3-D. Die Differenzierung zwischen legitimer Kritik an Israel und dem sogenannten neuen Antisemitismus. In: HaGalil. Online: https://www.hagalil.com/antisemitismus/europa/sharansky.htm (Zugriff: 08.08.2023).

ZICK, Andreas u.a. (2019): Gruppenbezogene Menschenfeindlichkeit in Deutschland 2002–2018/19. In: Ders. u.a. (Hg.): Verlorene Mitte – feindselige Zustände. Rechtsextreme Einstellungen in Deutschland 2018/19. Bonn, S. 53–116.

2. Gesellschaftliche Schlüsselprobleme, Krisen und Alternativen

HANNA BUTTERER, JULIA LINGENFELDER, STEFFEN PELZEL

Kritische politische Bildung in sozial-ökologischen Krisen

Sozial-ökologische Krisen werden zunehmend unübersehbar, verschärfen und verschränken sich und bedrohen so das Leben auf diesem Planeten in bisher unbekanntem Ausmaß: Ökologische Krisen, Krisen um globale Ungleichheits- und Ausbeutungsverhältnisse und Krisen der Reproduktion machen deutlich, dass es so, wie es ist, weder bleiben wird noch weitergehen kann. In Politik, Wissenschaft und Zivilgesellschaft wird kontrovers diskutiert, auf welche Art und Weise die Krisen angemessen bearbeitet werden können. Gegenstand der Auseinandersetzungen ist inzwischen weniger die Frage, *ob* Veränderungen stattfinden, als vielmehr, *wie* diese aussehen und „mit welcher und mit wessen Krise wir es eigentlich zu tun haben" (Köhler/Wissen 2011, 217). Der folgende Beitrag greift die gegenwärtigen Diskurse um Nachhaltigkeit, Transformation und das Anthropozän auf, nimmt innerhalb dieser jeweils eine kritische Perspektive ein und fragt danach, was diese Analysen für eine kritische politische Bildung (im Folgenden kpB) bedeuten. Hierzu werden wiederum verschiedene gesellschafts- und erkenntnistheoretische Zugänge herangezogen, zunächst, um das Verhältnis von sozial-ökologischer Transformation und kpB zu bestimmen, anschließend, um ausgehend von der Debatte um das Anthropozän danach zu fragen, wie mit Theorien der Neuen Materialismen Krisen und Bildung auch anders gefasst werden können.

1. Von Nachhaltigkeit und Transformationsvorstellungen

Als Reaktion auf wissenschaftliche Erkenntnisse und erstarkende soziale Bewegungen wurde bereits vor einem halben Jahrhundert mit der ersten UN-Konferenz zur Umwelt des Menschen (1972) auf globalpolitischer Ebene der Grundstein für eine bis heute stattfindende Umwelt- und Entwicklungspolitik gelegt. Mit der Verabschiedung des Brundtland-Berichts (Hauff 1987) hat sich die Leitformel einer *nachhaltigen Entwicklung* im Sinne einer intra- und intergenerationalen Gerechtigkeit durchgesetzt, in der soziale, ökologische und polit-ökonomische Fragen miteinander verbunden werden sollen. Nach einem zunächst hoffnungsvoll stimmenden Aufbruch waren die hegemonialen Krisenbearbeitungsstrategien jedoch schnell vom neoliberalen Geist der Zeit und von damit verbundenen Widersprüchen – etwa zwischen ökonomischem Wachstum und ökologischer Nachhaltigkeit – geprägt (vgl. Brand/Wissen 2017, 21 ff.). In Kontinuität und Zuspitzung der Debatte um nachhaltige Entwicklung wird spätestens seit dem vom *Wissenschaftlichen Beirat Gesellschaftliche Umweltveränderung* (WBGU 2011) geforderten Gesellschaftsvertrag sowie der von der UN verabschiedeten Agenda 2030 (UN 2015) die Notwendigkeit einer Großen Transformation diskutiert. Damit werden in Anlehnung an Karl Polanyi (1944) grundlegende Umwandlungsprozesse von Gesellschaften bezeichnet. (Neoliberale) grüne Modernisierungsfantasien um technologische Innovationen oder marktbasierte Anreize wie auch Vorschläge für einen Green New Deal verbleiben dabei jedoch häufig weiterhin auf der Ebene drastischer Problemdiagnosen mit verkürzten Analysen. Geantwortet wird mit zahmen politischen Strategien, die zwar einer autoritärer und exklusiver werdenden Entwicklung Alternativen entgegenstellen, dabei aber tendenziell kapitalistische, nicht-nachhaltige Wirtschafts- und Lebensweisen durch neue Regulationsweisen stabilisieren (vgl. Brand/Wissen 2017, 31 ff.).

Ansätze *sozial-ökologischer Transformation* zeichnen sich demgegenüber dadurch aus, dass ökologische Krisen als Teil einer „multiplen Krise" (Demirović et al. 2011) begriffen werden und auf ihre Zusammenhänge und strukturellen Ursachen hin befragt werden. Es geht also nicht um isolierte und den Menschen äußere Umweltprobleme. Krisenhaft gestört sind vielmehr die gesellschaftlichen Naturverhältnisse, das heißt, die Art und Weise, wie moderne kapitalistische Gesellschaften ihren Umgang mit Natur gestalten (vgl. Köhler/Wissen 2010). Verankert sind die Krisen in einer kapitalistischen Wirtschaftsweise mit der ihr inhärenten Wachstumslogik, im Kolonialismus und dessen Kontinuitäten sowie einer damit verbundenen imperialen Lebensweise, die sich in einer überproportionalen Aneignung von Ressourcen und Arbeitskraft durch den Globalen Norden zeigt (vgl. Brand/Wissen 2017; siehe Brand/Preiser in diesem Band). Während für die Entstehung der Krisen maßgeblich die Länder des Globalen Nordens und reiche Menschen verantwortlich sind, spüren insbesondere Menschen im Globalen Süden, Schwarze Menschen, Indigene und People of Colour (BIPoC), arme Menschen, FLINTA* und be_hinderte Menschen bereits jetzt die Folgen deutlich stärker. Stabilisiert wird dies durch das Weltbild der Moderne, das auf Naturbeherrschung sowie Vorstellungen einer Trennung zwischen Mensch und Natur basiert – und dabei zugleich durch dualistische Trennungen und Hierarchisierungen BIPoC und Frauen* diskriminiert. Aus einer solchen

Krisenanalyse heraus wird dann deutlich, dass marktbasierte und technologische Bearbeitungsstrategien, die in denselben den Krisen zugrunde liegenden Logiken verbleiben, eher als Teil des Problems denn als Lösung verstanden werden müssen (vgl. Köhler/Wissen 2010, 218 ff.) und es ergibt sich die Notwendigkeit, eine sozial-ökologische Transformation als grundlegende Umgestaltung von Wirtschaft und Gesellschaft hin zu sozial-ökologischer Gerechtigkeit und Demokratisierung zu denken. Das beinhaltet dann etwa die Frage nach anderen Naturverhältnissen, einer Ökonomie, die anstelle von Wirtschaftswachstum die Erfüllung von Grundbedürfnissen und Fürsorge ins Zentrum stellt, sowie die Anerkennung der Verantwortung des Globalen Nordens für die Verursachung der Krisen beispielsweise durch Reparationen und einen solidarischen Umgang mit einer bereits kleiner werdenden Welt. Eine solch umfassende Transformation kann nicht primär vom Staat erwartet werden, der selbst nur relativ autonom zur wirtschaftlichen Sphäre ist, sondern beinhaltet gesellschaftliche Konflikte und eine Veränderung von Kräfteverhältnissen etwa durch soziale Bewegungen. Letztlich gibt es für eine demokratische, sozial-ökologische Transformation jedoch keine abgeschlossenen Antworten. Es geht vielmehr darum, neue Pfade und Räume zu öffnen, in denen Konflikte offengelegt und um die Fragen nach einem guten Leben für *alle* gemeinsam politisch gestritten wird. Auch deshalb wird (kritischer) politischer Bildung zunehmend eine wichtige Rolle im Transformationsprozess zugesprochen.

2. Von BNE, transformativer Bildung und kritischer politischer Bildung

Das von den Vereinten Nationen eingebrachte pädagogische Begleitprogramm der 17 Ziele für nachhaltige Entwicklung (Sustainable Development Goals: SDGs) – *Bildung für nachhaltige Entwicklung (BNE)* – wird zunehmend als *Schlüsselfaktor* zur Erreichung der SDGs politisch vorangetrieben und im Bildungssystem verankert (UNESCO 2020). *Kritisches Denken*, *transformatives Handeln* und *strukturelle Veränderungen* werden hier als formal zu lernende bildungspolitische Ziele formuliert (ebd.). Doch Handlungsperspektiven werden meist reduziert auf individuelles (Konsum-)Verhalten, ohne dass politische Konflikte strukturell analysiert werden. In Bildung selbst eingeschriebene Macht- und Herrschaftsverhältnisse geraten dabei ebenso wenig in den Blick wie eine Verstrickung von Bildung in die Aufrechterhaltung der bestehenden Verhältnisse einer nicht-nachhaltigen Entwicklung, etwa durch die Dethematisierung der Widersprüche zwischen ökologischer und ökonomischer Nachhaltigkeit oder eine unzureichende Auseinandersetzung mit kolonialen Kontinuitäten, Rassismus und anderen Macht- und Ungleichheitsverhältnissen (vgl. Lösch/Eis 2018, 49 ff.). Bildung wird zudem als Ort der Lösung politischer Probleme definiert und ist folglich mit dem Widerspruch konfrontiert, dass sie „pädagogisch ermöglichen [soll], was sein soll, und zugleich polit-ökonomisch hintertrieben oder gar systematisch verhindert wird“ (Kehren 2017, 64 f.). So findet, wie es sich auch in Auseinandersetzungen um politische Bildung zeigt, eine Entpolitisierung der Inhalte bei gleichzeitig affirmativer Politisierung der Funktion von Bildung statt (vgl. Wohnig 2021, 27). Während in den Nischen außerschulischer Bildung und sozialer Bewegungen kritische und emanzipatorische Bildungsansätze entwickelt werden, lässt sich durch eine institutionelle Verankerung an Schulen über staatliche Programme wie BNE einerseits eine Stärkung durch größere Reichweite, zugleich jedoch auch eine Einhegung von Kritik beobachten. Forderungen nach transformativer Bildung wurden zunächst vielfach als Antwort auf Kritik an BNE verstanden. Doch auch hier verfestigt sich zunehmend ein neoliberales Bildungsverständnis, das Bildung darauf reduziert, Akzeptanz für zuvor expertokratisch vorentschiedene Ziele zu schaffen. Alternativ bezieht man sich auf die erziehungswissenschaftlichen Theorien des *transformative learnings*, denen allerdings häufig eine gesellschaftstheoretische Rahmung fehlt. Zunehmend findet jedoch eine Auseinandersetzung mit sozial-ökologischen Krisen auch in der politischen Bildung statt (vgl. Eicker et al. 2020).

Aus Perspektive der kritischen politischen Bildung kann *erstens* eine inhaltliche Auseinandersetzung mit den Krisen angeregt werden, die nicht bei einer Symptombeschreibung stehen bleibt, sondern – orientiert an Analysen sozial-ökologischer Transformation – die zugrunde liegenden strukturellen Ursachen thematisiert. Eine kritische Reflexion historisch gewordener und bis heute wirkender Abhängigkeits-, Ausbeutungs- und Unterdrückungsstrukturen, das Hinterfragen hegemonialer Vorstellungen sowie eine Selbstreflexion von Lehrenden und Lernenden über das eigene Eingebundensein in Macht- und Herrschaftsverhältnisse kann zu einer (Re-)Politisierung der Inhalte beitragen. Dabei gilt es, auch nachhaltige Entwicklung, Transformation sowie Bildung und deren inhärenten „Widerspruch von Systemerhalt und Systemtransformation“ (Kehren 2017, 62) zu reflektieren. *Zweitens* kann kpB dazu beitragen, dass sich Menschen selbst ermächtigen, die politischen Angelegenheiten partizipativ und kollektiv (mit) zu gestalten, etwa, indem Impulse aus globalen emanzipatorischen sozialen Bewegungen aufgegriffen und ihre historischen und gegenwärtigen Kämpfe und Errungenschaften thematisiert werden. Dies ermöglicht, weder die Verantwortung auf Individuen und deren Verhalten abzuwälzen noch Handlungsfähigkeit einseitig Menschen im Globalen Norden zuzuschreiben, sondern – die realen gesellschaftlichen Kräfteverhältnisse anerkennend – politische und das heißt kollektive Handlungsoptionen aufzuzeigen. Eine Stärkung marginalisierter bzw. gegenhegemonialer Perspektiven erlaubt zudem, von diesen zu lernen, und eröffnet die Möglichkeit, den meist ausgeblendeten Teil der Geschichte zu hören. Indem über die institutionell vorgezeichnete Richtung des (politisch) gewünschten *Denkens*, *Handelns* und *Veränderns* hinausgegangen wird, kann *drittens* ein Nachdenken über Alternativen, konkrete Utopien und Zukunftsentwürfe angeregt und der Raum dafür eröffnet werden, Antworten auf Fragen der sozial-ökologischen Transformation und einer solidarischen Lebensweise zu entwerfen, politisch auszuhandeln und aktiv neue Wege einzuschlagen (siehe Eicker/Inkermann in diesem Band). Auf didaktischer Ebene gilt es *viertens*, emanzipatorische und partizipative Formen von Lernen und Bildung zu entwickeln und zu erproben und beispielsweise Ansätze kultureller Bildung zu integrieren. Mit der in Gegenwart und Zukunft drohenden Zerstörung von Welt und menschlicher Existenzgrundlagen können möglicherweise aufkommende Emotionen wie Verzweiflung, Trauer oder Hoffnung aufgegriffen werden. Hier lässt sich auch von dem Wissen und den Erfahrungen indigener Gemeinschaften lernen, die bereits seit Beginn des Kolonialismus mit dem drohenden Ende der eigenen Lebensweise konfrontiert sind. In sozialen Bewegungen finden sich zudem Ansätze, in denen inspirierende Alternativen sichtbar und praktisch erfahrbar werden und so die Perspektive aufscheint, dass alles auch ganz anders sein könnte.

3. Kritische politische Bildung im Anthropozän

Die Frage, wie sich solche Kritik- und Handlungsmöglichkeiten angesichts einer immer problematischer werdenden Verständigung über Deutungsrahmen der Krisen und normative Orientierungen durchsetzen lassen, lässt sich vor dem Hintergrund neu akzentuierter Krisenbeschreibungen vertiefen. In Natur-, wie auch Sozial- und Kulturwissenschaften werden dahingehend zunehmend die Diskussion um den Eintritt in ein neues Erdzeitalter – das Anthropozän (vgl. Horn/Bergthaller 2019) – und damit verbundene neue Denkweisen des Mensch-Natur-Verhältnisses relevant. Die Menschheit sei selbst zur geologischen Kraft geworden, nachdem sie u.a. durch die Freisetzung fossiler und atomarer Energie, den erheblichen Mülleintrag in die Ozeane und die physischen Überformungen des Planeten in alle Erdsysteme entscheidend eingegriffen hat.

Datierung und Namensgebung des Wechsels von den zwar massiv beeinflussten, aber in sich relativ stabilen ökologischen Verhältnissen des Holozäns in diesen noch nie da gewesenen Zustand sind dabei kontrovers – insbesondere, weil gefragt werden muss, wer als *anthropos* angesprochen ist.

Der (Gegen-)Begriff des Kapitalozän markiert die homogenisierende Rede von der Menschheit als verursachende Kraft eines neuen Erdzeitalters kritisch. Zerstörerische fossile Einträge in ökologische Systeme sind v.a. Resultat der industrialisierten und von ewigem Wachstum angetriebenen Produktions- und Lebensweise des Globalen Nordens – nicht erst seit Erfindung der Dampfmaschine, sondern aufbauend auf der kolonialen, rassistischen und imperialen Geschichte einer spezifisch fossil-kapitalistischen Gesellschaftsformation (vgl. Moore 2020). Zusätzlich zur begrifflichen Einebnung von Verantwortungen legt der populäre Gedanke des „good Anthropocene" (Horn/Bergthaller 2019, 85) nahe, dass der *weiß*, männlich und imperial gefasste rationale Mensch nun endgültig klimatische Verhältnisse durch technokratische Lösungen des Geo- und Climate-Managements bzw. -Engineerings zu regulieren plant.

Neben der Ideologiekritik eines solchen Narrativs ist für eine kpB inmitten dieses geochronologischen Bruchs entscheidend, dass das Anthropozän nicht allein auf eine begriffliche Eskalation in der Abfolge von Umwelt-, Ökologie- und Nachhaltigkeitskrise oder ihren naturwissenschaftlichen Gehalt zu reduzieren ist. Vielmehr müssen ebenso Grundbegriffe und die sich wandelnden Formen gesellschaftlicher Naturverhältnisse einerseits und von Bildungsprozessen andererseits einer Neubetrachtung unterzogen werden. Wo der Mensch nicht mehr nur die ihn umgebende Um-Welt zerstört, sondern als einflussreichste Größe im geologisch klimatischen Gesamtzusammenhang markiert wird, ergeben sich sozialwissenschaftlich nicht unerhebliche Verschiebungen in der Art, Mensch-Welt-Verhältnisse und kritisch-transformatorische Bildung zu denken.

Aufbauend auf postkolonialen und (öko-)feministischen Kritiken moderner Erkenntnistheorien sieht eine posthumanistische Lesart der neuen Erdepoche die Grenzziehung erodiert, nach der ein erkennendes Subjekt (Bewusstsein) der zu erkennenden, damit ausbeutbaren oder schutzbedürftigen Objektwelt der Natur (Materie) gegenübersteht. Theorien der neuen Materialismen (vgl. Hoppe/Lemke 2021) reklamieren, dass *das Subjekt* sowie *die Natur* und das damit eingerichtete dualistische Subjekt-Welt-Verhältnis nicht als Anordnung per se existieren, sondern aus machtvollen gesellschaftlichen Praktiken hervorgehen. Entgegen einem mechanistischen Weltbild und soziozentrischen Engführungen, alle Natur sei dem Menschlichen äußerlich und verfügbar oder gar nur als symbolische Konstruktion existent, wird die Wirkungsmacht (agency) materieller Dinge hervorgehoben. Natürliche, technologische und soziale Dinge werden ebenso wie das Subjekt als Effekt sprachlicher, materieller und ideeller Konstellationen (Netzwerke, Kollektive, Assemblagen) angenommen. Nach einer solchen Heuristik des Anthropozäns reicht es nicht aus, nur die ökologische Dimension mit mehr Nachdruck in die Sphären der Politik und Bildung einzubringen (sie zu repräsentieren). Ohne die menschliche Handlungsmacht zu relativieren, soll die materielle Bedingtheit und Verwobenheit des Sozialen offengehalten werden. Anliegen der (politischen) Ethik relationaler Materialismen ist, „die Sorge um gerechtere und weniger herrschaftsförmige Beziehungen zwischen den Menschen mit der Aufmerksamkeit für ein umfassenderes Kollektiv zu verbinden, das auch nicht-menschliche Andere einschließt" (Hoppe/Lemke 2021, 150).

Didaktische Vermittlungen zwischen Subjekt und Welt und die mitgeführte Vorstellung der Ermöglichung eines (auch kritischen) Bewusstseins *über* die Welt sind damit herausgefordert. Statt des Zeigens einer *richtigen* sozial-ökologischen Verhaltens- und Gesellschaftsformation wäre das Werden von solidarischen Beziehungsweisen in den Vollzügen hybrider Mensch-Natur-Technologie-Politik-Verhältnisse als Bildungsprozess zu begreifen. Diese werden nicht einfach zwischen feststehenden Positionen geknüpft, sondern bringen ebenjene in Relationen und aus der Dynamik des Bildens von Assoziationen überhaupt erst hervor (vgl. Adamczak 2017, 239 ff.). KpB ist so aus ihren menschlich/nichtmenschlich-verwobenen (Alltags-)Praktiken, die imperiale Ordnungsregime des Politischen, Sinnlichen und Denkens queren, zu verstehen und im Vollzug *greifbar* zu machen, statt sich in *Ordnungen des Erklärens* zu immunisieren und implizit herrschaftsförmige, nichtnachhaltige Vorstellungen, etwa eines (abgedichteten) autonomen Subjekts, zu reproduzieren (Friedrichs/Pelzel i. E.).

4. Verhältnisbestimmungen kritischer politischer Bildung in sozial-ökologischen Krisen

Ansätze kpB in sozial-ökologischen Krisen divergieren entsprechend ihrem diagnostischen Rahmen sowie ihrer gesellschafts-, bildungs- und wissenschaftstheoretischen Grundlagen. Gemeinsam ist ihnen, dass sich in einer kritischen Lesart gegenwärtiger Diskurse (Nachhaltigkeit, Transformation, Anthropozän) einer kriseninduzierten *Verzwecklichung* verwehrt wird, ohne jedoch *Dringlichkeiten* zu relativieren. Vielmehr wird das Politische, Unentschiedene und Umkämpfte der Krisenbestimmung und Transformationsbemühungen selbst zum Anlass für eine kritische Bildungspraxis. Hegemoniale Deutungsrahmen sich verschärfender Krisen, deren fixierte Kategorien (Natur/Ökologie, Fortschritt, Autonomie etc.) und die Widersprüche einer funktionalisierten Problemlösung (Naturschutz, Konsumverzicht, grüne Modernisierung etc.) sind Anhaltspunkte, um die Frage nach *Macht und Herrschaft* auch für die pädagogische Praxis und deren Begründungshorizonte zu stellen. Durch die Verhältnisbestimmung von Krisendiagnosen, gesellschaftlichen Verunmöglichungen von Transformation(en) und kritischer politischer Bildung kann ein kritischer Standpunkt begründet, das Zusammenspiel von Subjektivierungspraktiken und geronnenen imperialen Produktions- und Lebensweisen greifbar gemacht sowie hinsichtlich kollektiven Handelns gewendet werden. Die relationale Konstitution von Selbst-Welt-Verhältnissen und Perspektiven einer sozial-ökologischen Transformation betonen die Frage, wie unter anhaltend destruktiven Bedingungen Emanzipation, sozial-ökologische Gerechtigkeit und gelingende Weltbeziehungen neu zu denken und zu praktizieren wären.

Literatur

ADAMCZAK, Bini (2017): Beziehungsweise Revolution. 1917, 1968 und kommende. Berlin.

BRAND, Ulrich/Wissen, Markus (2017): Imperiale Lebensweise. Zur Ausbeutung von Mensch und Natur im globalen Kapitalismus. München.

DEMIROVIĆ, Alex/Dück, Julia/Becker, Florian/Bader, Pauline (Hg.) (2011): VielfachKrise. Hamburg.

EICKER, Jannis/Eis, Andreas/Holfelder, Anne-Katrin/Jacobs, Sebastian/Yume, Sophie/Konzeptwerk Neue Ökonomie (Hg.) (2020): Bildung Macht Zukunft. Lernen für die sozial-ökologische Transformation? Frankfurt/M.

FRIEDRICHS, Werner/Pelzel, Steffen (i. E.): Kritik als Prozess: Nicht-imperiale Lebens|Weisen als Bildungs|Weisen. In: Brand, Ulrich/Möller, Lara (Hg.): Solidary Citizens. Imperiale Lebensweise und politische Bildung. Wiesbaden.

HAUFF, Volker (Hg.) (1987): Unsere gemeinsame Zukunft: Der Brundtland-Bericht der Weltkommission für Umwelt und Entwicklung. Greven.

HOPPE, Katharina/Lemke, Thomas (2021): Neue Materialismen zur Einführung. Hamburg.

HORN, Eva/Bergthaller, Hannes (2019): Anthropozän zur Einführung. Hamburg.

KEHREN, Yvonne (2017): Bildung und Nachhaltigkeit. Zur Aktualität des Widerspruchs von Bildung und Herrschaft am Beispiel der Forderung der Vereinten Nationen nach einer ‚nachhaltigen Entwicklung'. In: Pädagogische Korrespondenz – Zeitschrift für kritische Zeitdiagnostik in Pädagogik und Gesellschaft 01, S. 59–71.

KÖHLER, Bettina/Wissen, Markus (2010): Gesellschaftliche Naturverhältnisse. Ein kritischer theoretischer Zugang zur ökologischen Krise. In: Lösch, Bettina/Thimmel, Andreas (Hg.): Kritische politische Bildung. Ein Handbuch. Schwalbach/Ts., S. 217–227.

LÖSCH, Bettina/Eis, Andreas (2018): Kritische Gesellschaftsanalysen und globale politische Bildung. In: Zeitschrift für Didaktik der Gesellschaftswissenschaften 2, S. 43–60.

MOORE, Jason W. (2020): Kapitalismus im Lebensnetz. Ökologie und die Akkumulation des Kapitals. Berlin.

POLANYI, Karl (1944): The Great Transformation. New York.

UNESCO (2020): Education for sustainable development. A roadmap. https://unesdoc.unesco.org/ark:/48223/pf0000374802.locale=en (Zugriff: 21.07.2023).

UNITED Nations (2015): Transforming our world. The 2030 agenda for sustainable development. https://sdgs.un.org/2030agenda (Zugriff: 21.07.2023).

WGBU (2011): Welt im Wandel. Gesellschaftsvertrag für eine große Transformation. Berlin.

WOHNIG, Alexander (2021): Politische Partizipation und Politisierung als Aufgaben politischer Bildung. In: Steiner-Hämmerle, Kathrin (Hg.): Glaube – Klima – Hoffnung. Religion und Klimawandel als Herausforderungen für die politische Bildung. Frankfurt/M., S. 24–44.

ULRICH BRAND, ANNA PREISER

Umkämpfte Zukunft in Anbetracht der Klimakrise

Politische Bildung über und gegen die Imperiale Lebensweise?

In Anbetracht der Klimakrise und deren Folgen, die sich bereits weltweit – und sehr ungleich – abzeichnen, werden Fragen nach notwendigen gesellschaftlichen Veränderungen und einer weitreichenden sozial-ökologischen Transformation immer drängender – und zwar auf einer individuellen wie auch auf einer kollektiven Ebene. Der politischen Bildung kommt hier eine wichtige Rolle zu, Aufklärungsarbeit zu leisten, zu sensibilisieren, Handlungsoptionen aufzuzeigen, Reflexionsprozesse anzuregen und die Veränderungsprozesse kritisch zu begleiten. Dabei stellt sich die Frage, warum es trotz der wissenschaftlich und gesellschaftspolitisch klaren Diagnose der sich zuspitzenden ökologischen Krise und ihrer höchst ungleichen wirtschaftlichen und sozialen Implikationen so schwerfällt, tiefgreifende Alternativen umzusetzen. Vielmehr werden ausbeuterische und zerstörerische Strukturen reproduziert, auch im Zuge der aktuell stattfindenden selektiven ökologischen Modernisierung des Kapitalismus. Ja, mehr noch, trotz aller Nachhaltigkeitsstrategien und Erfolge im Einzelnen breitet sich eine emissions- und ressourcenintensive und damit un-nachhaltige Produktions- und Lebensweise weltweit aus (Schandl et al. 2018). Um diese Entwicklungen zu verstehen und zu reflektieren, bietet sich gerade im Hinblick auf die politische Bildung der Analyseansatz der ‚Imperialen Lebensweise' – genauer: der Imperialen Produktions- und Lebensweise – an (Brand/Wissen 2017, I. L. A. Kollektiv 2017; Krams/Preiser 2021, Falkinger et al. 2022; als Anschauungsbeispiel die „Kolonialität der imperialen Lebensweise" Brand/Preiser 2023, in Bezug auf Arbeit Brand/Wissen 2017). Dieses Konzept gibt Aufschlüsse darüber, wodurch tiefgreifende Transformationsprozesse blockiert werden. Es gibt, mit Blick auf eine solidarische Lebensweise, auch Hinweise, wo Lernprozesse in Zeiten von Krisen ansetzen müssten, um Alternativen anzutreiben. Für die politische Bildung stellen sich hier die Fragen, wie grundlegende Lernbereitschaft und Lernprozesse in Zeiten von Krisen ermöglicht werden können, und nicht von realen oder wahrgenommenen Ängsten vor Veränderung blockiert werden (Brand/Steffens 2021).

1. Zum Analyseansatz der Imperialen Lebensweise

Der Ansatz der Imperialen Lebensweise verweist nicht nur auf die Auslagerung sozialer und ökologischer Kosten als Grundlage ebendieser Lebensweise, sondern verbindet Alltagsverstand und -handeln sowie Subjektivierungsprozesse mit dahinter liegenden gesellschaftlichen, politischen, ökonomischen und kulturellen Strukturen, die diese Lebensweise ermöglichen und gleichzeitig in diese hineindrängen. Es wird damit einerseits die tiefe Verankerung dieser Lebensweise auf unterschiedlichen Ebenen deutlich, gleichzeitig geraten vielfältige Ambivalenzen in den Blick, die sich zwischen Attraktivität und Erweiterung der Handlungsmöglichkeiten vieler Menschen sowie Ausbeutung, Zerstörung und Vertiefung von Krisenphänomenen bewegen. Es geht hierbei also nicht darum, zu moralisieren, sondern um ein strukturelles Argument, damit individuelle und kollektive Handlungen in ihrem gesellschaftlichen Kontext und dahinter liegenden ermöglichenden Bedingungen verstanden und damit reflektiert und verändert werden können. Entlang von vier Mechanismen wird die tiefe Verankerung der imperialen Lebensweise in der Gesellschaft und in den gesellschaftlichen Naturverhältnissen erörtert: Der kapitalistische Akkumulationsimperativ samt seiner Inwertsetzungstendenzen, Externalisierung, Hegemonie und Subjektivierung sowie die vielfältigen Formen der kapitalistischen und sozialen Hierarchisierung (vgl. ausführlich Brand/Wissen 2017, 3. Kapitel).

Der erste Mechanismus ist aus kritischer Perspektive zwar offensichtlich, wird aber gerade in den Debatten um ökologische Modernisierung und sozialökologische Transformationen immer wieder unterschätzt: Die imperiale Re-/Produktions- und Lebensweise ist Bestandteil einer kapitalistischen Expansions- und Herrschaftsdynamik. Sie wird über die kapitalistische Wert- und Warenform, die damit verbundenen Kommodifizierungsdynamiken und die notwendige Verwertung von investiertem Kapital, insbesondere über Produktionsprozesse, tendenziell universalisierend vorangetrieben, auch wenn sie nicht universalisiert werden kann.

Ein zweites zentrales Argument der Imperialen Lebensweise lautet, dass diese auf der Externalisierung sozialer und ökologischer Kosten basiert (vgl. auch Lessenich 2016). Der Alltag vor allem im Globalen Norden, zunehmend aber auch in Schwellenländern, beruht auf dem weltweiten Zugriff auf (möglichst billige) Naturressourcen und Arbeitskräfte. Alltag bedeutet dabei nicht nur Konsum, sondern ebenso Arbeit und ihre Bedingungen, die Organisation und Bereitstellung unserer Ernährung, die Mittel unserer Fortbewegung genauso wie öffentlicher Dienstleistungen – also die umfassenden Re-/Produktionsverhältnisse. Es wird dabei systematisch auf Güter und Dienstleistungen zurückgegriffen, die oft unter schändlichen ökologischen und sozialen Bedingungen produziert werden. Die ökologischen und sozialen Kosten werden damit räumlich und zeitlich ausgelagert und sind an Orten des Konsums kaum spürbar. Die Externalisierung findet dabei dennoch auch innerhalb der Gesellschaften des Globalen Nordens statt – denken wir an die Produktionsbedingungen für industriell hergestelltes Fleisch oder landwirtschaftliche Produkte oder an die migrantischen Sorgearbeiter*innen. Sie findet aber insbesondere in Länder des Globalen Südens statt, etwa durch schlechte Arbeitsbedingungen in der T-Shirt-, Turnschuh- und Handyproduktion in Bangladesch oder China; in der Sojaproduktion für Tierfutter in Brasilien und Argentinien, wenn der Einsatz von Pestiziden gesundheitliche Konsequenzen für die Bevölkerung hat, wenn der Amazonaswald für landwirtschaftliche Flächen abgeholzt wird; oder durch Konsequenzen des Lithiumabbaus, das für die Produktion von Elektroautos benötigt wird. Als ‚imperial' gilt die Lebensweise also deshalb, weil sie auf ein Äußeres angewiesen ist und in globalem Maßstab tendenziell zerstörerisch auf Menschen und Natur zugreift. Sie ist tendenziell universalisierend, im Effekt aber radikal anti-universalistisch, systematisch exklusiv und kann nicht von allen gelebt werden: Das Äußere ist nur begrenzt verfügbar und ausbeutbar. Der universelle Charakter eines guten Lebens für alle und eines entsprechend auskömmlichen Zusammenlebens wird dadurch ganz systematisch hintertrieben.

Die Unsichtbarkeit dieser Voraussetzungen ist ein wichtiges Element, damit die imperiale Lebensweise normal und selbstverständlich wird. Alternativen sind zwar schwierig, womit sie ein Zwangsverhältnis darstellt, sie beruht aber keinesfalls nur auf offenem Zwang und wird von vielen nicht einmal als Zwang empfunden. Sie ist in der Gesellschaft von den meisten Bevölkerungsteilen breit akzeptiert und – insbesondere im Globalen Norden – hegemonial. Die imperiale Lebensweise wurde Teil unseres Alltagsverstandes, unserer Wünsche, unseres Geschmacks und unserer Identität und konstituiert Vorstellungen eines guten, individuell erfüllten Lebens. Ein gutes Leben heißt F und F und P: Fleisch und Fliegen sowie, wie Christa Wichterich betont, die polnische Pflegerin (Wichterich 2021, 756). Während die imperiale Lebensweise durch die Auslagerung der sozialen Kosten zwar eine dehumanisierende Wirkung hat, erzeugt sie auf der anderen Seite das Gegenteil: Sie humanisiert, subjektiviert, schafft für viele Menschen – vor allem entlang von Einkommen, aber auch in Abhängigkeit von gesellschaftlichen Bedingungen an unterschiedlichen Orten der Welt – durchaus eine größere Handlungsreichweite und kreiert aktive oder zumindest passive Zustimmung – ein weiterer wichtiger Mechanismus der Reproduktion der imperialen Lebensweise. Diese hegemonialen Vorstellungen und Erfahrungen einer Lebensweise breiten sich global aus. Auch wenn sich damit der Druck auf die Rohstoffausbeutung an vielen Orten insbesondere in Ländern des Globalen Südens weiter erhöht, wirken die Entwicklungs- und Fortschrittsideale bei vielen Menschen auch dort (Landherr/Graf 2021, Acosta et al. 2022, 41).

Ein weiterer zentraler Mechanismus ist die Hierarchisierung und Diskriminierung entlang gesellschaftlicher Dominanz- und Spaltungslinien: Klassenverhältnisse, Geschlechter- und rassifizierte Verhältnisse genauso wie Stadt-Land-Verhältnisse, die Beziehung zwischen Ländern des Globalen Nordens und Südens sowie ausbeuterische gesellschaftliche Naturverhältnisse sind eine Voraussetzung der imperialen Lebensweise und werden von ihr reproduziert. Die imperiale Lebensweise weitet sich auch dadurch räumlich immer weiter aus – etwa über das *land grabbing* – wobei es zu immer tieferen sogenannten öko-imperialen Spannungen kommt (Brand/Wissen 2017, 121–124). Diese Dynamiken werden aber nicht von allen in Kauf genommen, sondern es wird ihnen auch mit wachsendem Widerstand begegnet (Dorn 2021).

2. Kritische Perspektiven, grundlegende Alternativen, emanzipatorische Handlungsfähigkeit und die Aufgaben politischer Bildung

Neben der gerade skizzierten Perspektive wollen wir – mit Blick auf eine Transformation der imperialen Lebensweise hin zu einer solidarischen – exemplarisch einige Lernfelder der politischen Bildung benennen. Erstens inkludieren grundlegende Veränderungen der imperialen Lebensweise hin zu einer solidarischen notwendigerweise Konflikte und Kämpfe. Es gibt weltweit alternative Praktiken und Erfahrungen, Vorschläge und Werte, die gelebt werden und für die gekämpft wird; Alternativen, die in Anbetracht der multiplen Krisenphänomene entstehen, gefordert und gefördert werden. Wer sind die Kräfte und Subjekte, von denen diese Kämpfe ausgehen? Es ist nicht ein zentrales Subjekt gesellschaftlicher Veränderung, sondern es sind die vielfältigen Alternativen, die aus erlebten Erfahrungen entstehen, auf die vielfältigen emanzipatorischen Konflikte in unterschiedlichen Bereichen, etwa im Hinblick auf den Ausbau des öffentlichen Verkehrs, um den Rückbau der Autoindustrie, gegen den Ausbau der Flughäfen und der industriellen Landwirtschaft, aber auch beispielsweise in Hinblick auf Widerstand gegen Mega-Bergbauprojekte, der häufig gleichzeitig eine Affirmation der eigenen, lokalen Lebensweise darstellt. Wichtig ist dabei, den Blick sowohl auf unseren Alltag, Infrastrukturen und Re-/Produktionsweisen im Globalen Norden zu richten, aber ebenso auf Erfahrungen im Globalen Süden und an Orte der besonders sichtbaren Ausbeutung und Zerstörung.

Zweitens: Für die politische Bildung ist es in Bezug auf Nachhaltigkeitsdiskurse, die einen universellen Anspruch formulieren, wichtig, zu berücksichtigen, dass die Veränderung der imperialen Lebensweise nicht ausschließlich eine Frage von Aufklärung und gesellschaftlichem, ökologischem Bewusstsein ist. Wichtig ist, anzuerkennen, dass es keine voluntaristische Entscheidung ist, die imperiale Lebensweise zu leben oder nicht. Wie Uta von Winterfeld in Vorträgen und Diskussionen immer wieder betont, gehe es schließlich darum, die imperiale Lebensweise nicht leben *zu müssen*. Zentral ist es daher auch, die gesellschaftlichen *Bedingungen* des Alltags in Bereichen wie der (Auto-)Mobilität, dem Flugverkehr, der Ernährungsweise, des Wohnens, industrieller Landwirtschaft und anderer gesellschaftlicher Versorgungsfelder zu thematisieren und hin zu einer solidarischen Lebensweise zu verändern – und die damit verbundenen Formen der (Re-)Produktion und Arbeit.

Eine dritte Anregung: Für die kritische politische Bildung war die Frage internationaler Solidarität immer ein wichtiger Bezugspunkt. Aus Perspektive der Imperialen Lebensweise muss jedoch die Idee des Internationalen analytisch und normativ ausgeweitet werden. Denn Solidarität stellt sich auch dadurch her, in konflikthaften sozial-ökologischen Transformationsprozessen die Gewohnheiten des täglichen Lebens – eingebettet in Strukturen – sowohl im Globalen Norden als auch im Süden zu verändern. Die weltweite Ausbreitung der imperialen Lebensweise führt ebenso zu einer Ausweitung der Verantwortung „in Hinblick auf die aktuelle globale Umweltkatastrophe und die ungleiche Verteilung der Ressourcen" (Fornillo in Massuh et al. 2021, 29). Das Nord-Süd-Verhältnis ist komplexer, als oft vorgenommene Dichotomisierungen ‚hier der ausbeutende Norden, dort der ausgebeutete Süden' nahelegen. Denn auch in lateinamerikanischen Ländern, die den Weltmarkt mit für die ökologische Modernisierung wichtigen Rohstoffen wie Lithium und Kupfer beliefern, gibt es Bestrebungen der ökologischen Modernisierung und Förderung der energetischen Transition. Der argentinische Ökonom Bruno Fornillo (2021) bezeichnet in einem Gespräch das Projekt eines grünen Kapitalismus in Lateinamerika als „Kapitalismus der Eliten". Auch dominante Strategien und Diskurse in Lateinamerika beginnen damit, „sich zu ‚reinigen' […], Umweltvariablen einzubeziehen und gleichzeitig zu versuchen, die bestehenden Wirtschaftsmodelle aufrechtzuerhalten" (Fornillo in Massuh et al. 2021, 31).

Viertens und eng verbunden mit den bereits erwähnten Konflikten und Widerständen: Vielfältige bestehende Ansätze, solidarische Praktiken und soziale

Bewegungen können unter den Begriff einer Solidarischen Lebensweise gefasst werden (Brand und Wissen 2017, 8. Kapitel). Die Solidarische Lebensweise stellt kein neues, alternatives Gesellschaftsmodell mit fixem Design dar. Bei all den Unterschieden und diversen Entstehungskontexten können aber Gemeinsamkeiten dahingehend identifiziert werden, dass die kapitalistische Expansion und voranschreitende Inwertsetzung der Natur, die Externalisierung und zunehmende Gewaltförmigkeit zurückgedrängt werden und patriarchale, rassistische Strukturen und soziale Ungleichheit bekämpft werden. Sie haben ein alternatives, nicht profitgetriebenes Wohlstandsmodell vor Augen, in dem Güter und Dienstleistungen solidarisch hergestellt und genutzt werden, ein gutes Leben für alle ermöglicht wird und unterschiedliche gesellschaftliche Bereiche wie Ernährung, Mobilität, Transport, Wohnen, Kommunikation weniger ressourcen- und emissionsintensiv sind (vgl. Eicker/Inkermann in diesem Band).

Fünftens, und hier ist die politische Bildung insgesamt und die Politikdidaktik im Besonderen gefragt, geht es darum, die subjektiven Voraussetzungen für eine solidarische Lebensweise zu schaffen. Diese wiederum sollten an widersprüchlichen Erfahrungen ansetzen und Einsichten über die Nicht-Tragfähigkeit einer imperialen Lebensweise generieren. Gleichzeitig geht es – in Anbetracht des hohen Bewusstseins und des Unwohlseins, das bei vielen, insbesondere der jüngeren Generation gegenüber den herrschenden Verhältnissen besteht – um den entstehenden, aber immer widersprüchlichen Wunsch, nicht auf Kosten anderer und der Natur zu leben. Hierbei ist es wichtig, anzuerkennen, dass viele Menschen nicht nur ängstlich gegenüber Veränderungen, autoritätsorientiert und konservativ sind, sondern eben durchaus auch offen für Veränderung. Dabei gilt mit Juliane Hammermeister (2021): „Emanzipatorische Lernprozesse werden nicht als aufklärerische Praxis verstanden, sondern sie finden ihre Basis im Alltagsverstand selbst, dessen Inkohärenzen Ausgangspunkt emanzipatorischer Lernprozesse sind. Eine notwendige Bedingung ist die Analyse der in lebensweltlichen Sozialisationsprozessen erworbenen Wahrnehmungs-, Denk- und Handlungsstrukturen, welche zu einem praktischen Element des gesellschaftlichen Lebens und seiner Veränderung werden." Dass der Alltagsverstand inkohärent ist, hat starke Implikationen für die politische Bildung und kann ein Ausgangspunkt für emanzipatorische Lernprozesse sein (vgl. auch Eis 2015). Auch Diskussions- und Erfahrungsräume für alternative Ansätze und Bündnisse für eine solidarische Lebensweise sind eine Voraussetzung für emanzipatorische Lern- und Transformationsprozesse. Es stellt sich dabei die Frage, was formell organisierte oder informelle Räume für alternative Erfahrungen sein können und wie Lernprozesse ermöglicht werden können, damit Kompetenzen für einen Systemwechsel und für die grundlegende Änderung der bestehenden und in vielfacher Hinsicht so zerstörerischen Routinen geschaffen werden können.

Schließlich: Nicht nur Subjekte müssen sich ändern, auch struktureller, kultureller, politischer und sozialer Wandel ist vonnöten. Es geht, das sollte in dem Beitrag deutlich geworden sein, um die harte kapitalistische Realität. Damit sind wir bei einer grundlegenden Umgestaltung der materiellen und sozialen Infrastrukturen für ein gutes Leben für alle, bei angemessener und solidarischer Daseinsvorsorge. Wichtig ist dabei also, bestehende alternative Praxen und Bottom-up-Ansätze wahrzunehmen, diese aber auch top-down – insbesondere durch staatliche Politik – abzusichern. In Anbetracht der sich zuspitzenden Krisensituation muss beim Umbau der Produktions- und Lebensweise außerdem zunehmend in den Blick genommen werden, dass *verlernt* werden muss. Der Blick sollte daher auch auf Konversion (d.h. radikaler Umbau bestehender Produktionszweige), Exnovation (die Rücknahme oder Abschaffung bestehender Technologien und damit verbundener Praktiken), vielleicht sogar Minimalismus gerichtet werden. Der Horizont wäre ein anderes, solidarisches Wohlstandsmodell.

Nicht zuletzt ist es bei dessen Herausbildung wichtig, auch die Bedingungen der Demokratie selber zu politisieren. Demokratien sind weitgehend nationalstaatlich organisiert, doch damit werden tendenziell die imperiale Lebensweise und die Ausbeutung des Globalen Südens affirmiert. Ansätze einer internationalen Demokratie existieren kaum.

Damit kommen wir auf unsere Ausgangsüberlegung zurück. Werden grundlegende Lernbereitschaft und Lernprozesse in Zeiten von Krisen ermöglicht oder aufgrund von realen oder wahrgenommenen Ängsten blockiert? Beide Antworten sind möglich. Es kommt auf vielfältige Initiativen an, sie im Sinne der ersten zu ermöglichen. Den zweifellos ungemütlich werdenden Verhältnissen im Lichte der Klimakrise sollte, ohne Naivität oder rein abstrakten Postulaten von ‚man müsste' oder ‚Reduktionszielen für das Jahr 2050', mit emanzipatorischen Alternativen begegnet werden.

Literatur

ACOSTA, Alberto/Brand, Ulrich/Moreno, Camila/Preiser, Anna (2022): The Imperial Mode of Living: (Re)conceptualising Unequal North-South Relations. In: Journal für Entwicklungspolitik 01, S. 40–65.

BRAND, Ulrich/Wissen, Markus (2017): Imperiale Lebensweise. Zur Ausbeutung von Mensch und Natur im globalen Kapitalismus. München.

BRAND, Ulrich/Steffens, Gerd (2021): Klimakrise und gesellschaftliches Lernen. In: Jahrbuch für Pädagogik 2019. Berlin, S. 17–40.

BRAND, Ulrich/Preiser, Anna (i. E.): Umkämpfte Zukunft in Anbetracht der Klimakrise. Politische Bildung über und gegen die imperiale Lebensweise? In: Möller, Lara/Brand, Ulrich/Lange, Dirk (Hg.): Mündigkeit und Handlungsfähigkeit in Zeiten multipler Krisen. Imperiale Lebensweise und Politische Bildung. Wiesbaden.

DORN, Felix Malte (2021): Inequalities in Resource-Based Global Production Networks: Resistance to Lithium Mining in Argentina (Jujuy) and Portugal (Região Norte). In: Journal für Entwicklungspolitik 4, S. 70–91.

EIS, Andreas (2015): Politische Bildung untersucht, wie Macht- und Herrschaftsansprüche in den Subjekten und in den gesellschaftlichen Verhältnissen wirksam werden. In: Pohl, Kerstin (Hg.): Positionen der politischen Bildung. Schwalbach/Ts., S. 408–423.

FALKINGER, Barbara/Gabriel, Leo Xavier/Sertl, Michael (Hg.) (2022): Imperiale Lebensweise und Bildung. Schulheft 186. Innsbruck.

HAMMERMEISTER, Juliane (2021): Die Mosaik-Linke oder von der Frage nach dem verstrickten Subjekt. Online: https://zeitschrift-luxemburg.de/artikel/die-mosaik-linke-oder-von-der-frage-nach-dem-verstrickten-subjekt/ (Zugriff: 22.07.2023).

I.L.A. Kollektiv – Kopp, Thomas/Becker, Maximilian/Decker, Samuel/Eicker, Jannis/Engelmann, Hannah/Eradze, Ia/Forster, Franziskus/Haller, Stella/Heuwieser, Magdalena/Hoffmann, Maja/Noever Castelos, Carla/Podstawa, Lukas/Shah, Anil/Siemons, Anne/Wenzel, Therese/Wolfinger, Lukas (2017): Auf Kosten anderer? München.

KRAMS, Mathias/Preiser, Anna (2021): Intro: Die imperiale Lebensweise ‚at work' in Lateinamerika. Zur Wirkungsweise eines ausbeuterischen Verhältnisses. In: Journal für Entwicklungspolitik 4, S. 4–26.

LANDHERR, Anna/Graf, Jakob (2021): Territoriale Macht und Periphere Imperiale Lebensweise – Internalisierungsmechanismen in Der Chilenischen Bergbaustadt Tierra Amarilla. In: Journal für Entwicklungspolitik 4, S. 44–69.

LESSENICH, Stephan (2016): Neben uns die Sintflut. Die Externalisierungsgesellschaft und ihr Preis. Berlin.

MASSUH, Gabriela/Fornillo, Bruno/Moreno, Camila/Brand, Ulrich (2021): The Imperial Mode of Living wins until its own death – On green capitalism and the struggles of social movements at its margins. In: Journal für Entwicklungspolitik 4, S. 27–43.

SCHANDL, Heinz/Fischer-Kowalski, Marina/West, James/Giljum, Stefan/Dittrich, Monika/Eisenmenger, Nina/Geschke, Arne u.a. (2018): Global Material Flows and Resource Productivity: Forty Years of Evidence. In: Journal of Industrial Ecology 4, S. 827–838. DOI:10.1111/jiec.12626

WICHTERICH, Christa (2021): Covid-19, Care und die Krise als Chance. In: PROKLA. Zeitschrift für kritische Sozialwissenschaft 51, S. 755–766. DOI:10.32387/prokla.v51i205.1969

WISSEN, Markus/Brand, Ulrich (2019): Working-class environmentalism und sozial-ökologische Transformation. Widersprüche der imperialen Lebensweise. In: WSI-Mitteilungen 01, S. 39–47.

MALTE SUHR, STEFANIE KURTH,
TILL KÜHNHAUSEN

Kritische polit-ökonomische Bildung

Weltweit sind tiefgreifende, miteinander verwobene gesellschaftliche Umbrüche und Krisen zu beobachten, deren Dynamik sich in den letzten Jahren deutlich verstärkt hat: Die fossilen Ressourcen sind endlich und der sichere Zugang zu ihnen ist umkämpft. Die globale Erwärmung bringt Ökosysteme durcheinander, gefährdet die Wasser- und Ernährungssicherheit und zwingt Millionen Menschen zur Flucht. Weltweit wächst die Ungleichheit von Einkommen und Vermögen – sogar in den Finanzkrisen der letzten Jahrzehnte. Nicht zuletzt verdeutlicht die Coronapandemie sowohl die Auswirkungen von Privatisierung und Gewinnmaximierung durch Überlastung der Gesundheitsversorgung als auch die extrem ungleichen Arbeits- und Lebensbedingungen.

Diese Entwicklungen stellen eine ökonomische Bildung vor große Herausforderungen. Ihr kommt nicht nur die Aufgabe zu, die Krisenphänomene in ihrem jeweils spezifischen Charakter und ihrem wechselseitigen Zusammenhang verständlich zu machen, sondern auch die eigene Eingebundenheit der Lehrenden und Lernenden in die Krisendynamiken zu verdeutlichen, Handlungsoptionen aufzuzeigen sowie Handlungsfähigkeit herzustellen.

Nichtsdestotrotz lässt sich in der ökonomischen Bildung häufig eine Verengung auf die Perspektive der neoklassischen Lehrbuchökonomik beobachten. Die angeführten Krisenphänomene sind in diesem Rahmen bestenfalls als externe ‚Schocks' interpretierbar. Eine solche ökonomistische Bildung wird zu Recht aufgrund ihres fehlenden Erklärungsgehaltes und ihrer Lebensferne kritisiert. Seit etwa zehn Jahren bemühen sich Fachwissenschaftler*innen und Fachdidaktiker*innen darum, als Alternative eine sozialwissenschaftliche Perspektive auf den Gegenstandsbereich ‚Wirtschaft' zu etablieren. Charakteristika einer so verstandenen sozioökonomischen Bildung sind Multi-, Inter- und Transdisziplinarität (Hedtke 2018, 180). Mit ihrer theoretischen, paradigmatischen und normativen Offenheit gelingt es dieser Perspektive jedoch nicht in ausreichendem Maße, den gesamtgesellschaftlichen Zusammenhang ökonomischer, politischer, rechtlicher, diskursiver und ideologischer Momente zu klären.

Um die Komplexität aktueller Krisendynamiken zu berücksichtigen und eine Positionierung in den damit einhergehenden gesellschaftlichen Konflikten begründen zu können, schlagen wir eine *kritische polit-ökonomische Bildung* als parteiische Form von Bildung und Wissenschaft vor. Diese baut auf den Arbeiten von Karl Marx auf, erweitert sie um neomarxistische (Sablowski et al. 2021) sowie queerfeministisch-materialistische Perspektiven (Pühl/Sauer 2018) und ordnet sie in die aktuellen Diskurse um eine intersektionale Verschränkung von Ausbeutungsdimensionen ein (Buckel 2015).

1. Kritische polit-ökonomische Bildung im Anschluss an Karl Marx

Die als Ausgangspunkt dienende *Kritik der politischen Ökonomie (KdpÖ)* hat ihren begrifflichen Ursprung in der von Marx kritisierten *klassischen* politischen Ökonomie oder Nationalökonomie (u.a. Adam Smith und David Ricardo). Marx zeigt, wie deren Fragestellungen und Kategorien gesellschaftliche Verhältnisse naturalisieren, und arbeitet demgegenüber ihren Ursprung in der kollektiven gesellschaftlichen Praxis heraus. Kritisch ist diese Perspektive darüber hinaus in dem Sinne, dass sie die notwendig zerstörerischen Auswirkungen des kapitalistischen Gesellschaftssystems gegenüber Mensch und Natur kenntlich macht und untrennbar mit der Frage nach Wegen der Aufhebung des menschlichen Leides verbunden ist. Dabei nimmt die *KdpÖ* eine historische Perspektive ein, die auf die Gewordenheit gesellschaftlicher Verhältnisse hinweist und normativ dimensioniert ist durch den „*kategorischen Imperativ, alle Verhältnisse umzuwerfen*, in denen der Mensch ein erniedrigtes, ein geknechtetes, ein verlassenes, ein verächtliches Wesen ist“ (MEW 1, 385, Herv. i. O.).

2. Gegenstand kritischer polit-ökonomischer Bildung: gesellschaftliche (Re-)Produktion des Lebens

Eine an Marx anschließende kritische polit-ökonomische Bildung geht von der *gesellschaftlichen Reproduktion* in einem weiten Sinn als ihrem Gegenstand aus, unter der alle Handlungen zur andauernden Wiederherstellung des gesellschaftlichen Lebens in seiner kapitalistischen Form verstanden werden. *Materiell* reproduziert sich die kapitalistische Gesellschaft *erstens* durch Tätigkeiten, die der Produktion von Waren dienen, und *zweitens* durch reproduktive Tätigkeiten, die Menschen durch Ernährung und Fürsorge arbeitsfähig erhalten, für den Ersatz von Arbeitskräften durch Geburt, Erziehung und Qualifikation sorgen sowie die Pflege verschlissener Arbeitskräfte gewährleisten. *Drittens* ist sie verbunden mit der Herstellung und Aufrechterhaltung von herrschaftsförmigen Beziehungen zwischen den Menschen. Dies umfasst einerseits die politisch-rechtliche Absicherung des Privateigentums durch Justiz- und Polizeiapparat. Andererseits bringt die (Re-)Produktion des Lebens ein Denken, Fühlen und Selbstverständnis hervor, das Menschen ihre Funktion in den gesellschaftlichen Verhältnissen ausüben lässt, etwa in Form von Disziplinierungen durch das Jobcenter, Anrufungen des ‚unternehmerischen Selbst' (Ulrich Bröckling) bis hin zu Bildungsformaten wie Schüler*innenfirmen.

Die gesellschaftliche (Re-)Produktion vollzieht sich im Kapitalismus als ein Stoffwechselprozess zwischen Mensch und Natur (MEW 23, 192), der *arbeitsteilig* organisiert ist (MEW 3, 66). Die Arbeiten unterscheiden sich stark in ihrer Form, etwa hinsichtlich der mit ihnen zusammenhängenden Anwendung direkten Zwanges, der (ausbleibenden) Entlohnung und den Bedingungen, unter denen sie stattfinden. In ihrer historischen Entstehung wie ihrer gegenwärtigen Aufrechterhaltung gehen sie mit rassistischen, (neo-)kolonialen und patriarchalen Herrschaftsverhältnissen einher: unentlohnte reproduktive Arbeiten werden – häufig zusätzlich zur Lohnarbeit – überwiegend an Frauen delegiert, rassistisch abgewertete Menschen arbeiten im Rahmen (neo-)kolonialer Verhältnisse unter Bedingungen der Enteignung oder in besonders prekären und unfreien Verhältnissen, während *weiße* Männer historisch in überproportionalem Maße privilegierte Positionen in Lohnarbeitsverhältnissen einnehmen (Buckel 2015).

3. Kapitalismus als sachliche Herrschaft des Kapitals

Die Akkumulation von Kapital basiert nach Marx auf spezifisch kapitalistischen Klassenverhältnissen. Die meisten Menschen sind von den Mitteln einer selbstständigen und selbstbestimmten Form der Unterhaltung ihres Lebens ausgeschlossen und zur Verrichtung von Lohnarbeit, unbezahlter reproduktiver Arbeit oder unfreier Arbeit zu den vorgefundenen Bedingungen gezwungen. Der durch diese Arbeiten produzierte Mehrwert kann von den Eigentümer*innen von Unternehmen in Form von Profit angeeignet werden (MEW 23, 161 ff.). Ein auf Marx aufbauender und um feministische, antirassistische und dekoloniale Perspektiven erweiterter Klassenbegriff erkennt in Lohnarbeit, Reproduktionsarbeit und Enteignung unterschiedliche Formen der Ausbeutung und die in diesen Verhältnissen Arbeitenden als Angehörige einer gemeinsamen Klasse der Ausgebeuteten (Fraser/Jaeggi 2020). Sowohl die über Crowdsourcing-Plattformen vermittelte Arbeit von Clickworker*innen als auch die Hausarbeit nach dem Ende des Lohnarbeitstages und die Zwangsarbeit in der Landwirtschaft sind aus dieser Perspektive gleichermaßen ausgebeutete Tätigkeiten, die einem Arbeitszwang entspringen und in der Bereicherung des vermögenden Teiles der Gesellschaft auf Kosten der Eigentumslosen resultiert.

Kern der *KdpÖ* ist die Darstellung moderner Herrschaft als *sachliche* Herrschaft des Kapitals. Sachlich ist sie, weil sie im Gegensatz zu feudalen *persönlichen* Herrschafts- und Ausbeutungsverhältnissen maßgeblich über den Tausch von Waren vermittelt ist. Die Personen in ihren jeweiligen Funktionen in diesem Prozess sind dabei austauschbar. Das Kapital stellt ein Zwangsverhältnis für Angehörige *aller* Klassenpositionen dar, das sie durch ihr alltägliches Handeln in unterschiedlichen Formen reproduzieren: Eigentümer*innen von Unternehmen droht unter Konkurrenzbedingungen der eigene Untergang, wodurch sie zur Akkumulation gezwungen sind (MEW 25, 255). Arbeitende erhalten das sie unterwerfende Verhältnis – mangels alternativer Formen des Auskommens und unter dem Einfluss unterschiedlicher Formen direkten Zwangs – durch ihre tägliche Arbeit aufrecht (MEW 23, 596).

Eine polit-ökonomische Perspektive weist auf die *gesellschaftlichen Voraussetzungen* der Kapitalakkumulation hin. Diese erkennt sie sowohl in den rassistischen und heteronormativen Diskursen, die die Zuweisung von Menschen zu ihren Tätigkeitsfeldern legitimieren und ihre Selbstverständnisse prägen, als auch in der Rechtsordnung und dem staatlichen Repressionsapparat, welche das Privateigentum absichern und die politische Selbstverwaltung beschränken. Wesentliche Entscheidungen über die materielle gesellschaftliche Reproduktion werden dadurch den Eigentümer*innen von Unternehmen überlassen. Eine Prämisse des polit-ökonomischen Paradigmas ist folglich, dass ein *organischer Zusammenhang* gemeinhin (auch in wissenschaftlichen Disziplinen) getrennter Sphären von Politik, Ökonomie, Recht, Kultur ausgehend von der *materiellen* gesellschaftlichen Reproduktion besteht (Wood 2010, 68 f.).

4. Zerstörerische Tendenzen der Kapitalakkumulation als Ausgangspunkte kritischer polit-ökonomischer Bildung

Der Zwang zur Akkumulation schlägt sich im Druck auf Unternehmen nieder, ihre Kosten zu senken und ihre Produktivität zu erhöhen. Dies versuchen sie, u.a. durch die Verdichtung von Arbeitsabläufen, die Zentralisierung und Rationalisierung der Produktion sowie die Etablierung globaler Warenketten zu erreichen, die sich globale Lohn- und Regulationsgefälle und die rassistische, patriarchale und neokoloniale Spaltung von Arbeitenden in unterschiedlich privilegierte Positionen im Verwertungsprozess zunutze machen. Für das Wachstum des Kapitals ist es bedeutsam, dass sich die produzierten Waren gewinnbringend verkaufen lassen. Ihr Nutzen oder die Form ihres Produktionsprozesses kann dabei den Erfordernissen zur Erhaltung der menschlichen Lebenswelten widersprechen (MEW 23, 530). Die destruktiven Tendenzen der Kapitalakkumulation zeigen sich in der Vermeidung von Arbeits- und Umweltschutzmaßnahmen durch Unternehmen, in Kriegen oder den Folgen der Klimaerwärmung wie Dürren und Überschwemmungen. Diese Tendenzen und die sie bedingenden Strukturmerkmale können im Rahmen polit-ökonomischer Bildungsprozesse von mindestens drei Ausgangspunkten aus erschlossen werden: erstens über *gesellschaftliche Krisen*, zweitens über *individuelle Leidenserfahrungen* und drittens über den *Widerstand der Ausgebeuteten* gegen ihre jeweiligen Arbeits- und Lebensverhältnisse, wie beispielsweise Frauen*streiks, Mieter*innenbewegungen, radikale Klima- oder antirassistische Bewegungen.

5. Kapitalismus als nicht selbstbestimmte gesellschaftliche Praxis

Wird der kritische marxsche Anspruch ernst genommen, muss polit-ökonomische Bildung auf eine *umfassende* gesellschaftliche Selbstbestimmung im Sinne einer selbst-bewussten Gestaltung gesellschaftlicher Beziehungen und Koordination des kollektiven gesellschaftlichen Handelns zielen (MEW 1, 368 ff.). Die Analyse kapitalistischer Strukturprinzipien zeigt auf, wie eine Selbstbestimmung durch die bestehenden Verhältnisse systematisch unterlaufen wird. So bestimmen nicht die Arbeitenden selbst, was sie produzieren und unter welchen Bedingungen sie dies tun. Für die fremdbestimmte und tendenziell bedürfnisfeindliche Form ihrer Tätigkeiten prägte Marx den Begriff der *entfremdeten Arbeit* (MEW 40, 510 ff.). Gleichzeitig ist die basale Versorgung aller mit dem Überlebensnotwendigen nicht gesichert, wie wiederkehrende Nahrungsmittelkrisen im Globalen Süden oder die Angewiesenheit einer wachsenden Zahl Armutsbetroffener auf Angebote der Tafeln zeigt.

Ein gesellschaftliches Handeln unter den vorgefundenen Bedingungen bringt darüber hinaus Gedankenformen hervor, die die bestehenden Verhältnisse als ‚natürlich' erscheinen lassen und das Denken von alternativen Formen gesellschaftlicher Organisation erschweren. Diesen Zusammenhang von kollektiver Praxis und Denkform bezeichnet Marx als *Fetischismus* (MEW 23, 85 ff.). Geld wird gesellschaftlich etwa erst notwendig, weil Menschen im allgemeinen Tausch den Wert ihrer unabhängig voneinander produzierten Waren miteinander vergleichen – im Alltagsverstand scheinen Preise den Produkten jedoch als Natureigenschaft zuzukommen. Gleichzeitig behindern diese Gedankenformen die Erkenntnis gesellschaftlicher Ausbeutungsbeziehungen: Hinter der Form des Lohnes, der als „Preis der Arbeit" erscheint (MEW 23, 559), verschwindet die Ausbeutung der Arbeitenden durch Unternehmen. In der Form des zinstragenden Kapitals als „sich selbst verwertende[r] Wert" (MEW 25, 405) schließlich sind alle Bedingungen und Schritte des Verwertungsprozesses ausgelöscht.

Auch soziale Bewegungen, die den Anspruch gesellschaftlicher Transformation formulieren, können vom affirmativen Bezug auf kapitalistische Handlungsformen geprägt sein, wenn die Arbeiter*innenbewegung etwa neben Forderungen nach Lohnerhöhung und verbesserten Arbeitsbedingungen nicht auch für Vergesellschaftungsprozesse kämpft.

6. Dimensionen kritischer polit-ökonomischer Bildung

Kritische polit-ökonomische Bildung, die diesen Zusammenhang von Denk- und Handlungsform berücksichtigt, muss in zwei zusammenhängenden Dimensionen wirken: *Einerseits* zielt sie auf das reflexive Selbstverständnis der Lernenden, *andererseits* auf ihr praktisches Handeln. Für Reflexionsprozesse bietet kritische polit-ökonomische Bildung Erklärungsansätze gesellschaftlicher Krisen und Konflikte an. Dazu klärt sie die Klassenpositionen der beteiligten Akteur*innen, zeigt, in welcher Weise sie in den Kapitalverwertungsprozess eingebunden sind, und beleuchtet ihren eingeschränkten Handlungsspielraum innerhalb kapitalistischer Konkurrenzverhältnisse. So wird etwa klar, dass viele Lohnarbeitende zwar formell selbstständige Unternehmer*innen sind, jedoch als prekäre Freelancer*innen z.B. für Lieferdienste arbeiten, die ihre Arbeitskraft ausbeuten. Durch die Klärung struktureller Ursachen von gesellschaftlichen Krisen beugt polit-ökonomische Bildung regressiven Krisendeutungen vor, welche die Verantwortung für gesellschaftliche Verhältnisse bestimmten Personengruppen zuschreiben. Auch Adressierungen z.B. als selbstverantwortliche flexible Lohnarbeitskräfte, denen sich Lernende ausgesetzt erleben, werden erst vor dem Hintergrund deren historischer Funktion für die herrschenden Arbeits- und Ausbeutungsverhältnisse verständlich. Entsprechende Selbstkonzepte der Lernenden können so infrage gestellt werden.

Zwar ist eine theoretische Annäherung an eine andere Praxis durch die Diskussion von Alternativen zu den kapitalistischen Strukturkategorien möglich. Deren tatsächliche Etablierung hängt jedoch von neuen, bewussten und selbstbestimmten *Praxis*formen ab. Eine befreiende Bildung ist damit an eine befreiende Praxis *gebunden*, die ihre eigene Form zum Gegenstand der Kritik macht und fragt, wie sie die Reproduktion gesellschaftlicher Herrschaft in ihrer Praxis vermeiden kann.

Aus der Analyse der kapitalistischen Gesellschaft als eines organischen Gesamtzusammenhanges folgt, dass befreiende Praxis als ein breites Spektrum emanzipativer Handlungsformen verstanden werden kann: Der Aufbau anderer Formen des Sorgens und des Produzierens, die notwendig damit verknüpfte Etablierung antirassistischer und feministischer Diskurse, die Vergesellschaftung von Unternehmen und Immobilien oder die demokratische Selbstverwaltung des direkten Lebensumfeldes stellen gleichermaßen mögliche *praktische* Ansatzpunkte einer polit-ökonomischen Bildung dar. Durch diese Handlungsformen kann auch ein Erfahrungsraum entstehen, innerhalb dessen Menschen neue Selbstkonzepte entwickeln, die auf solidarische Beziehungen verweisen. Diese Einheit von Theorie und Praxis scheint bereits in der Praxis gegenwärtiger emanzipatorischer Bewegungen auf, die konkrete Aktion mit theoretischer Reflexion, gesellschaftlichen Transformationsansprüchen und neuen Organisationsformen verbinden (z.B. Solidarity City Netzwerke, Klimacamps, Vergesellschaftungsbewegung).

7. Herausforderungen und Widersprüche kritischer polit-ökonomischer Bildung

Die Umsetzung einer kritischen polit-ökonomischen Bildung mit dem Ziel der Veränderung gesellschaftlicher Verhältnisse in der hier skizzierten Form macht eine veränderte Praxis von – insbesondere auch schulischen – Bildungsprozessen notwendig.

Erstens nimmt sie den ‚Widerspruch von Bildung und Herrschaft' (Heinz-Joachim Heydorn) ernst, wonach formale Bildung in ihrer Funktion der Integration in die bestehende Gesellschaft zugleich das Potenzial hat, emanzipative Momente durch Verstehensprozesse sozialer Zusammenhänge zu ermöglichen. Kritische polit-ökonomische Bildung richtet sich demnach gegen die Reproduktion kapitalistischer Verhältnisse durch ein selektives, mehrgliedriges Schulwesen, das über leistungsbezogene Schulabschlüsse soziale Ungleichheit verfestigt und über Praktiken der beruflichen Orientierung einen lückenlosen Übergang zum Arbeitsmarkt entsprechend privatunternehmerischer Bedarfe herzustellen versucht. Insofern umfasst sie die Auseinandersetzung mit der im Sinne einer Verwertungslogik funktionalisierten formalen Bildung, deren Effizienz über Ökonomisierungsprozesse kontrolliert und gesteigert werden soll, ebenso wie die Problematisierung der schulischen Vorbereitung auf eine klassenspezifische

Position innerhalb der rassistisch und patriarchal strukturierten Arbeitsteilung und zielt auf eine Veränderung des Schulwesens ab.

Eine kritische polit-ökonomische Bildung geht als eine umfassende kritische Gesellschaftsanalyse *zweitens* nicht in bestehenden Schulfächern auf. Über Projekttage hinaus sind somit langfristig fächerübergreifende Lernarrangements zu etablieren, die sich dem organischen Zusammenhang der sozialen Verhältnisse und Krisenkonstellationen annehmen. Themenbereiche wie Gesundheit oder Klima sind demnach immer in ihrer Komplexität unter Berücksichtigung polit-ökonomischer Abhängigkeiten und involvierten Kapitalinteressen zu betrachten.

Der Anspruch einer kritischen polit-ökonomischen Bildung, zu Praxis zu befähigen, gerät *drittens* in einen Widerspruch zu Vorstellungen formaler Bildungsangebote als wesentlich kognitive Lernräume. So sind Elemente des selbstbestimmten, kollektiven Tätigseins, des Produzierens und Sorgens in ihrem praktischen Vollzug einzubeziehen. Durch beispielsweise die Praxis des Commonings in der Landwirtschaft, bei Bauprojekten oder der Versorgung von Menschen kann die gemeinsame Gestaltbarkeit von Gesellschaft sowie von Mensch-Natur-Beziehungen erfahren werden (Helfrich/Bollier 2019). Schulische und außerschulische Bildungsräume können dabei kooperieren, ohne das Prinzip der konkurrenzfördernden Leistungskontrolle zu übernehmen.

Eine kritische polit-ökonomische Bildung stellt *viertens* hierarchische Lernsettings infrage und erkennt eine gemeinsame Bildungsbedürftigkeit von Lehrenden und Lernenden an, die einen dialogischen Prozess der gemeinsamen Befreiung erfordert (Paulo Freire). Dieser geht einher mit individueller als auch gemeinsamer Reflexion darüber, in welchen Situationen und mit welchen Bezügen z.B. patriarchale sowie rassifizierende Anrufungen vorgenommen und entlang welcher Fähigkeitsnormen Lernprozesse gestaltet und beurteilt werden. Damit sind auch Bildungsprozesse auf sinnlich-emotionaler Ebene verbunden (hooks 1994). Daran anschließend fordert kritische polit-ökonomische Bildung *fünftens* die permanente Suchbewegung nach Formen der Entfaltung aller menschlichen Potenziale durch ein bewusst gestaltendes, selbstbestimmtes Tätigsein in kollektiver Verantwortlichkeit, orientiert an den Bedürfnissen aller Menschen sowie den ökologischen Erfordernissen.

Literatur

BUCKEL, Sonja (2015): Dirty Capitalism. In: Martin, Dirk/Martin, Susanne/Wissel, Jens (Hg.): Perspektiven und Konstellationen kritischer Theorie. Münster, S. 29–48.

FRASER, Nancy/Jaeggi, Rahel (2020): Kapitalismus. Ein Gespräch über kritische Theorie. Frankfurt/M.

HEDTKE, Reinhold (2018): Das sozioökonomische Curriculum. Frankfurt/M.

HELFRICH, Silke/Bollier, David (2019): Frei, fair und lebendig – Die Macht der Commons. Bielefeld.

HOOKS, bell (1994): Teaching to Transgress. Education as the Practice of Freedom. London/New York.

MEW: Marx, Karl/Engels, Friedrich (1956 ff.): Werke. Berlin.

PÜHL, Katharina/Sauer, Birgit (Hg.) (2018): Kapitalismuskritische Gesellschaftsanalyse. Queerfeministische Positionen. Münster.

SABLOWSKI, Thomas/Dellheim, Judith/Demirovic, Alex/Pühl, Katharina/Solty, Ingar (Hg.) (2021): Auf den Schultern von Karl Marx. Münster.

WOOD, Ellen Meiksins (2010): Demokratie contra Kapitalismus. Beiträge zur Erneuerung des historischen Materialismus. Köln.

JANNIS EICKER, NILDA INKERMANN

Solidarische Lebensweisen als reale Utopie für die kritische politische Bildung

„Die Utopie, sie steht am Horizont. [Wir] bewege[n uns] zwei Schritte auf sie zu und sie entfernt sich um zwei Schritte. [Wir] mache[n] weitere 10 Schritte und sie entfernt sich um 10 weitere Schritte. Wofür ist sie also da, die Utopie? Dafür ist sie da: um zu gehen!" (Fernando Birri zugeschrieben)

In der kritischen Gesellschaftsforschung wird die derzeitige Situation vielfach als ‚multiple Krise' beschrieben, um die Verbindung der verschiedenen Krisentendenzen aufzuzeigen (Brand 2009). Eine besonders wertvolle Analyse dieser Situation bietet das Konzept der imperialen Produktions- und Lebensweise (kurz: imperiale Lebensweise; siehe Brand/Preiser in diesem Band). Es zeigt den Zusammenhang von sozialer und ökologischer Krise sehr gut auf und schärft den Blick dafür, warum trotz umfassenden Krisenbewusstseins grundlegender gesellschaftlicher Wandel ausbleibt.

Krisenanalysen sind ohne Zweifel ein wichtiges Element kritischer politischer Bildung, geht es ihr doch darum, Menschen in die Lage zu versetzen, „die Macht- und Herrschaftsverhältnisse zu begreifen, in die sie eingebunden sind" (Lösch/Thimmel 2011, 8). Die Kritik an bestehenden gesellschaftlichen Verhältnissen führt jedoch nicht zwangsläufig zu einem Gegenbild, zu einem Gegenentwurf gesellschaftlichen Zusammenlebens (Adamczak 2017, 76). Zur gesellschaftlichen Veränderung krisenhafter Verhältnisse braucht es auch ein „positives Bild einer wünschenswerten Gesellschaft", weil Kritik allein für Veränderung auf Dauer keine ausreichende Motivation ist (Sommer/Welzer 2020, 75). „Alternativen und Perspektiven, wie eine zukünftige Gesellschaft gestaltet sein kann" (Lösch/Thimmel 2011, 8), sind also wichtiger Bestandteil, um Menschen – auch durch politische Bildung – in die Lage zu versetzen, „Handlungsmöglichkeiten [zu] entwickeln […], [um] diese Verhältnisse zu gestalten und zu verändern" (ebd.).

In diesem Beitrag werden wir zunächst das Konzept der solidarischen Lebens- und Produktionsweisen (kurz solidarische Lebensweisen) als real-utopischen Gegenentwurf zur imperialen Lebensweise skizzieren. Wir gehen zudem auf verschiedene Utopieverständnisse und die damit verbundenen Herausforderungen und Fallstricke ein. Schließlich nehmen wir das Verhältnis des Konzepts der solidarischen Lebensweisen als real-utopische Zukunftsperspektive und kritische politische Bildung (kpB) genauer in den Blick.

1. Solidarische Lebensweisen

Als Kritik und Gegenentwurf zur imperialen Lebensweise wurde das Konzept der solidarischen Lebensweisen entwickelt (Brand/Wissen 2017; ILA-Kollektiv 2019). Sie sollen es strukturell ermöglichen, nicht auf Kosten anderer zu leben bzw. leben zu müssen, und zielen damit auf ein gutes Leben für alle ab. Tatsächlich gibt es auch jetzt schon eine kaum zu überschauende Fülle an Ideen und praktischen Ansätzen solidarischer Lebensweisen, die von A wie ‚Arbeitszeitverkürzung' bis Z wie ‚Zukunftsräte' reichen (Brand/Wissen 2017, 175 f.; Brand et al. 2012). Das ILA-Kollektiv (2019, 18–22) schlägt vor, diese Vielfalt an Alternativen durch fünf Prinzipien zu beschreiben: Commoning (also die Schaffung und Erhaltung von Gemeingütern bzw. Commons), Demokratisierung (Einbindung aller Betroffenen in Entscheidungen), ReProduktion (Orientierung am Wohlergehen anderer Menschen und die Aufhebung der Trennung zwischen produktiver und reproduktiver Arbeit), Dependenz (Orientierung an der Abhängigkeit der Menschen von der Biosphäre) und Suffizienz (genug für alle, statt mehr für wenige).

Diese Prinzipien beschreiben einerseits bereits bestehende Praxen, die sich z.B. in der Solidarischen Landwirtschaft, in Energiegenossenschaften, Mietshäusersyndikaten, Sorgekooperativen oder Initiativen für kostenlosen Nahverkehr finden lassen. Sie können andererseits aber auch auf Leerstellen in solchen Projekten hinweisen bzw. als Orientierung für Alternativen dienen. Sie beruhen nicht zuletzt auf den weit zurückreichenden Diskussionen und Praxen vieler verschiedener emanzipatorischer Strömungen, werden aber nicht nur beständig weiterentwickelt, sondern müssen auch immer an die Gegebenheiten vor Ort angepasst werden. Zugleich spielen sie eine bedeutende Rolle in transnationalen Initiativen und Kämpfen für eine solidarische Weltgesellschaft für alle. Die Prinzipien werden beispielsweise in Bewegungen wie dem Bündnis von Kleinbäuer*innen, Landarbeiter*innen, Fischer*innen und Landlosen *La Via Campesina*, der Klimagerechtigkeitsbewegung oder der globalen Initiative für die Freigabe medizinischer Patente sichtbar. (Eine ausführliche Darstellung der Prinzipien solidarischer Lebensweisen und gelebter Alternativen findet sich in ILA-Kollektiv 2019.)

2. Solidarische Lebensweisen als Utopie

Das Konzept der solidarischen Lebensweisen kann als Utopie verstanden werden, mit dem Bilder von Zukünften entworfen werden, in denen globale gesellschaftliche Verhältnisse durch die genannten fünf Prinzipien und deren Zusammenspiel geprägt und geleitet werden, die schon im Hier und Jetzt Umsetzung finden. Bevor wir genauer auf das mit solidarischen Lebensweisen verbundene Utopieverständnis eingehen, folgt ein kurzer Exkurs zu Debatten um Utopie. Denn das Skizzieren und die Gestaltung alternativer Zukünfte bildet ein umkämpftes Feld politischer Auseinandersetzungen.

Da wäre einerseits die ‚klassische' oder ‚abstrakte' Utopie im Sinne von „idealisierten Nicht*orten*" (Salomon 2018, 7, Herv. i. O.). Dies kommt dem Verständnis von Utopie in der Alltagssprache nahe, in der Utopie häufig mit Fiktion gleichgesetzt wird (Daniel/Klapeer 2019, 12). Ein ganz anderes Verständnis von Alternativen liegt dann vor, wenn mit dem Begriff auf „bereits existierende alternative Praxisformen und Institutionen" (Sommer/Welzer 2020, 66) verwiesen wird, wie es etwa beim Begriff der ‚realen Utopie' von Erik Olin Wright (2009) der Fall ist. Zwischen diesen beiden Positionen liegen die ‚konkreten Utopien' von Ernst Bloch, die „an das real Mögliche in konkreten gesellschaftlichen Kontexten anknüpfen, aber selbst noch *nicht* existieren" (Sommer/Welzer 2020, 66, Herv. i. O.). Der Begriff der realen Utopie nimmt also das utopische Potenzial des Gegebenen in den Blick – welches in Form von Nischenprojekten aufscheint und sich auf „objektive' Bedingungen bezieht, die die Utopie umgeben" (Dinerstein 2021, 500). Blochs konkrete Utopie hingegen verweist „auf konkretes Handeln in Richtung der Erwartung des *Noch-Nicht*" (ebd.), die reale Möglichkeit ist dabei noch nicht objektiv und wahrscheinlich, sondern ermöglicht zunächst eine Gesellschaftskritik und damit verbunden eine Hoffnung auf Möglichkeiten (ebd.) Wenn wir die solidarischen Lebensweisen im Folgenden v.a. mit der realen Utopie in Verbindung bringen, heißt das nicht, dass das Konzept der konkreten Utopie (für die kpB) weniger relevant wäre (für eine aktualisierende Würdigung des Konzepts siehe z.B. ebd.). Vielmehr stehen die solidarischen Lebensweisen der realen Utopie theoretisch näher, da sie nicht zuletzt auf Basis geteilter Prinzipien *bestehender* Alternativen (s.u.) entwickelt wurden. Sie könnten aber sicherlich von der Perspektive der konkreten Utopie profitieren bzw. lässt sich die solidarische Lebensweise als theoretisches gegenhegemoniales Konzept auch als konkrete Utopie beschreiben.

V.a. in der queer-feministischen Diskussion wird darüber hinaus auch auf den Begriff der Heterotopie von Michel Foucault zurückgegriffen, der „Orte des Andersseins, der Abweichung, der ‚Gegenplatzierung' jenseits gesellschaftlicher Normen und Normierungen" meint und bei dem „die alltäglich gelebte Praxis ‚des Andersseins' im Mittelpunkt" (Daniel/Klapeer 2019, 18) steht.

Allerdings bedarf der Begriff der ‚Alternative' bzw. der ‚Utopie' noch einer weiteren Schärfung: Denn schaut man sich etwa klassische Utopien an, lässt sich anstelle einer wünschenswerten Zukunft für alle die Fortschreibung von heteronormativen und imperialen Herrschaftsverhältnissen ausmachen (Daniel/Klapeer 2019, 14). Dies verweist auf die Einbettung von Alternativen und Utopien in bestehende Herrschaftsverhältnisse, die immer kritisch hinterfragt werden müssen, etwa hinsichtlich der Interessen, die in der Utopie Umsetzung finden (würden) oder ausgeschlossen werden. Dementsprechend stehen kritisch-emanzipatorische Ansätze vor der besonderen Schwierigkeit, nicht lediglich möglichst attraktive Alternativen bzw. Utopien anzubieten, die eine grundsätzliche Gestaltbarkeit der Welt vermitteln, sondern dabei stets herrschaftssensibel vorzugehen und die eigene Eingebundenheit in bestehende Herrschaftsverhältnisse mitzudenken, um der Reproduktion von Herrschaftsverhältnissen entgegenzuwirken. So kann es auch keinen ‚Masterplan', keine ‚fertigen' Alternativen oder Utopien geben. Vielmehr müssen diese immer offen und partizipativ gedacht und Kritik auch im Zusammenhang mit Umsetzungsprozessen ermöglicht werden.

Wir werden mit dem Begriff der Alternativen im Folgenden v.a. an die ‚reale Utopie' von Wright anschließen. Wright verweist auf drei zentrale Aspekte im Zusammenhang mit realen Utopien: erstens Vorstellbarkeit, also die Frage, ob eine andere Welt denkbar ist. Zweitens Machbarkeit: Sind die Vorstellungen über eine andere Welt machbar und in sich stimmig? Und drittens Erreichbarkeit, also Fragen der Transformation des Übergangs hin zu vorgestellten gesellschaftlichen Verhältnissen (2009, 14 ff.). Damit lenkt die ‚reale Utopie' (wie auch die Heterotopie) im Gegensatz zur klassisch-abstrakten, aber auch zur konkreten Utopie den Blick auf die bereits existierenden Anfänge der wünschenswerten Zukunft (Daniel/Klapeer 2019, 20 f.). Dies ist aus unserer Sicht gerade für die kritische politische Bildung ein besonders fruchtbarer Zugang. Denn in realen Utopien werden damit auch Aushandlungsprozesse um die Gestaltung von Zukunft sichtbar und erlebbar – „besetzte Fabriken, die kollektive Kantine, das selbstverwaltete Krankenhaus […], in denen unter dem Zwang der [multiplen]

Krise nach Möglichkeiten einer anderen Zukunft gesucht wird" (Adamczak 2017, 80). Bei der Auseinandersetzung mit realen Utopien sollte darüber hinaus bedacht werden, dass sie auf verschiedenen Ebenen der Verankerung und Stabilisierung von Lebens- und Produktionsweisen wirken können (vgl. zum Begriff der Hegemonie den Beitrag von Hirschfeld in diesem Band). Diese Ebenen sind: mentale Infrastrukturen, materielle Infrastrukturen und politische Strukturen (ILA-Kollektiv 2019, 8 f.). Alltägliches Handeln und Vorstellungen, politische Entscheidungen in entsprechenden institutionellen Zusammenhängen, wie Gesetze und internationale Abkommen, die immer auch mit einer materiellen Infrastruktur verbunden sind, bilden ein vielschichtiges Geflecht, in dem die Reproduktion (oder Infragestellung) von Lebens- und Produktionsweisen stattfindet.

3. Kritische politische Bildung und solidarische Lebensweisen

Zukunftsgestaltung explizit zum Thema politischer Bildung zu machen, verdeutlicht die Umkämpftheit von Zukunft und öffnet damit den Raum für Alternativen und Utopien (die nicht immer emanzipatorisch sind). Um die Umkämpftheit von Zukunft genauer in den Blick zu bekommen, schlagen wir im Folgenden ein Analyseraster vor, mit dem Zusammenhänge, Potenziale und Hürden zwischen kpB und dem Konzept der solidarischen Lebensweisen verdeutlicht werden können. Das Analyseraster ist in Anlehnung an die Unterscheidung zwischen Bildung *für/als* nachhaltige Entwicklung entstanden, mit der Sofia Getzin und Mandy Singer-Brodowski unterschiedliche Bildungsverständnisse und Ziele anhand der Debatte um Bildung für nachhaltige Entwicklung problematisieren und diskutieren (2016). Wir wenden diese Unterscheidung zwischen Bildung ‚*für*' und ‚*als*' auf die kpB und das Konzept der solidarischen Lebensweisen an und ergänzen es um die Dimensionen kpB *zu* und *in* solidarischen Lebensweisen.

KpB *zu* solidarischen Lebensweisen

Das Konzept der solidarischen Lebensweisen kann als *Gegenstand* kritischer politischer Bildung gefasst werden: Die Prinzipien der solidarischen Lebensweisen sowie mit ihr verbundene reale Utopien können als thematischer Bezugspunkt einer kpB fungieren. Erstens können sie als konkrete Kritik an der imperialen Lebensweise dienen. Sie können helfen, gängige hegemoniale Annahmen sichtbar, hinterfragbar und diskutierbar zu machen. Zweitens können sie genutzt werden, um Fragen nach individuellen und kollektiven/gesellschaftlichen

Werten, Leitbildern und Normen zu stellen. Drittens können Praxen, die reale Utopien auszeichnen, daraufhin befragt und diskutiert werden, welche Formen der Machtanalyse und Herrschaftskritik (vgl. Lösch/Eis in diesem Band) diesen zugrunde liegen und mit welchen Herausforderungen und Ambivalenzen sie einhergehen. Die Betrachtung realer Utopien bietet viertens einen besonders anschaulichen Ansatzpunkt für die Diskussion zur Gewordenheit von gesellschaftlichen Verhältnissen, deren Veränderbarkeit sowie die Umkämpftheit der Zukunft. Die Prinzipien der solidarischen Lebensweisen können bei diesen Punkten als eine Art Kompass verwendet werden.

Die Prinzipien der solidarischen Lebensweisen werden in realen Utopien konkret und im Wrightschen Sinne vorstellbar, weil sichtbar – beispielsweise in der Gründung von Ernährungsräten, der Einführung von kostenlosem öffentlichem Nahverkehr oder der unbürokratischen Aufnahme von ukrainischen Geflüchteten (für weitere Beispiele und Verweise siehe z.B. ILA 2019). Deren Machbarkeit und Verallgemeinerbarkeit können als analytische Brille verwendet und darüber kann die Frage der Erreichbarkeit adressiert werden.

KpB *für* solidarische Lebensweisen

Werden die solidarischen Lebensweisen zum Gegenstand politischer Bildung, darf dies jedoch nicht zu einer Instrumentalisierung von Bildung im Sinne einer Absolutsetzung realer Utopien führen (für eine ähnliche Kritik an BNE siehe Getzin/Singer-Brodowski 2016, 39). Ganz im Sinne einer kpB (FFE 2015; Grundsatz der Reflexivität) muss es immer darum gehen, normative Setzungen und Konflikte um diese transparent zu machen, weil auch real-utopisches Denken nicht außerhalb bestehender Herrschaftsverhältnisse stattfindet. Bildung ist immer von verschiedenen Interessen geprägt und geht daher mit Instrumentalisierungstendenzen einher. Und um dem entgegenzuwirken, schlagen wir vor, die (jeweils konkreten) solidarischen Lebensweisen als Orientierung in der Auseinandersetzung um sozial-ökologische Transformation zu verstehen, bei der die Prinzipien der Reflexion realer Utopien und möglicher Zukünfte dienen können. Das *für* bezieht sich daher auf zwei Ebenen, erstens die Gefahr der Aneignung durch spezifische Interessen für die Umsetzung und Verbreitung solidarischer Lebensweisen und zweitens die Offenheit der solidarischen Lebensweisen und das reflexive Moment, das wiederum auch als Bestandteil kpB gefasst wird. Deutlich an diesem zweiten Punkt wird, dass kpB und das Konzept der solidarischen Lebensweisen auch als unabgeschlossene Praxen verstanden werden müssen. Damit wollen wir keineswegs für eine normative Beliebigkeit plädieren: Es geht vielmehr darum, Bildung nicht auf die Vermittlung einer bestimmten Auswahl von (gelebten) Alternativen zu begrenzen, sondern diese immer im Kontext bestehender Herrschaftsverhältnisse auf ihre (globale) Verallgemeinerbarkeit hin zu prüfen. So bietet das Konzept der Solidarischen Landwirtschaft ein gegenhegemoniales Beispiel zur verbreiteten Ernährungsweise, zugleich muss auch dieses Beispiel bezüglich damit verbundener (neuer) Ausschlüsse befragt werden.

KpB *als* solidarische Lebensweisen

KpB zielt nicht bloß darauf, „das Bestehende […] nur mitzugestalten und zu reproduzieren". Vielmehr geht es ihr darum, „Wege zu finden, das Bestehende […] individuell und kollektiv handelnd zu verändern" (FFE 2015). Daran anschließend meint kpB *als* solidarische Lebensweisen den Gegenstand solidarische Lebensweisen zur Praxis zu machen. Die Prinzipien solidarischer Lebensweisen – ReProduktion, Dependenz, Commoning, Suffizienz, Demokratisierung – werden durch das Erfahren solidarischer Lebensweisen erlernbar. Auch eventuelle Ambivalenzen und Herausforderungen in realen Utopien können im Ausprobieren erfahren und so bearbeitbar werden. Das Konzept der solidarischen Lebensweisen, als Praxis begriffen, verweist auf eine Bildungspraxis, die sich an Lernformaten orientieren, die Kopf, Herz und Hände einbeziehen. Die Bildungspraxis einer kpB wird im Zusammenhang mit Räumen gedacht und praktiziert, in denen experimentieren und reflektieren von zentraler Bedeutung ist und Impulse gegeben werden, um als normal erachtete Verhaltens- und Denkweisen zu verlernen und neue zu erproben. KpB im Zusammenhang mit realen Utopien, die nicht nur zum Gegenstand gemacht werden, sondern durch den praktischen Einbezug in den Bildungskontext – etwa durch Besuche außerschulischer Lernorte, Exkursionen oder die Einladung unterschiedlicher zivilgesellschaftlicher Akteur*innen – erlebbar werden, gehen damit einher, Lernende zu befähigen, Möglichkeiten von Partizipation kennenzulernen und sich aktiv in die Zukunftsgestaltung einzubringen. Durch kollektive Praktiken im Bildungsformat selbst wird erfahrbar, dass Veränderung möglich ist und dass andere Gesellschaften nicht nur vorstellbar, sondern auch erreichbar sind (vgl. den Beitrag von Emde/Kaufmann in diesem Band).

Kritisches Denken steht mit einer (selbst-)reflexiven und aktiven Bildungspraxis in Verbindung, in der die Gestaltung von Zukunft als offener Suchprozess erfahrbar wird, indem die Prinzipien der solidarischen Lebensweisen Orientierung bieten und Lernende zu autonomen Entscheidungen und Handlungen kommen (Getzin/Singer-Brodowski 2016, 40). Dabei gilt es, Emotionen wie

Bedenken, Ängste, Zweifel, aber auch Mut, Freude und Zuversicht aufzufangen und Raum zu geben (Besand/Overwien/Zorn 2019).

KpB *in* solidarischen Lebensweisen

Reale Utopien im Sinne solidarischer Lebensweisen können selbst als Lernräume verstanden werden, in denen andere Formen des Denkens, Fühlens und Handels erlebbar werden. Sie stellen einen Erfahrungsraum dar, in dem Praxen und Fähigkeiten wie basisdemokratische und partizipative Entscheidungsstrukturen erprobt und erlernt werden können. KpB *in* solidarischen Lebensweisen sollte zudem Selbstverständlichkeiten kpB selbstreflexiv infrage stellen und den Blick auf die Verwobenheiten mit bestehenden hegemonialen Verhältnissen und deren Reproduktion richten (Eicker/Inkermann 2021). In diesem Zusammenhang besteht die Aufgabe kpB *in* solidarischen Lebensweisen darin, politischen Dissens als konstruktive Selbstverunsicherung der eigenen Praktiken, Annahmen und Vorstellungen sichtbar zu machen und zu nutzen und darüber den Suchprozess im Kontext der Gestaltung solidarischer Lebensweisen offen zu halten. KpB *in* solidarischen Lebensweisen ist immer mit der Frage verbunden, wie reale Utopien solidarischer Lebensweisen verankert und abgesichert werden können, um schrittweise zu einer gesamtgesellschaftlichen globalen Realität zu werden und die imperiale Lebensweise zu überwinden. Diese Frage verweist darauf, dass sich reale Utopien in mentalen Infrastrukturen, als Wahrnehmen und Vorstellen von Gesellschaft, orientiert an kulturellen Leitbildern, im Denken und Handeln von Menschen zeigen. Zudem werden reale Utopien durch materielle Infrastrukturen – wie autofreie Städte, offene Werkstätten und Bibliotheken, Bürger:innenenergiegenossenschaften – sichtbar und abgesichert, die ein anderes individuelles und kollektives Wahrnehmen und Verhalten ermöglichen. Das Ziel muss also sein, reale Utopien langfristig über institutionelle Zusammenhänge zu verankern. Dies gilt auch für die kpB *in* solidarischen Lebensweisen und erweitert den Blick auf Bildung über Inhalte hinaus. Fokus einer kpB muss daher nicht nur die selbstreflexive Auseinandersetzung mit der eigenen Eingebundenheit und darüber die Reproduktion der imperialen Lebensweise sein, sondern auch die Frage danach, wie materielle Infrastruktur und institutionelle Zusammenhänge geschaffen werden können, die eine kpB *als* solidarische Lebensweisen ermöglichen – auch im Sinne real-utopischer Bildungsinfrastruktur (Sanders 2021).

„Hey, hallo! Du da.‘

‚Was, wer … [wir]?‘

Und tatsächlich, einige Menschen stehen da unten auf dem Papier und andere gucken aus dem Bildschirm zu [uns] rauf. Und sie fuchteln mit den Armen und rufen und einige sehen ganz wütend aus.

‚Ja, genau [ihr]. [Euch] meinen wir. [Hört] auf, uns hier unsere Geschichte vorzuschreiben. Wir entscheiden alleine, wie es weitergeht. Denn das ist unsere Geschichte – und die machen wir jetzt selbst.‘“ (Adamczak 2017, S. 54 f.)

Literatur

ADAMCZAK, Bini (2017): Kommunismus. Kleine Geschichte, wie es endlich anders wird. Münster.

BESAND, Anja/Overwien, Bernd/Zorn, Peter (2019) (Hg.): Politische Bildung mit Gefühl. Bonn.

BRAND, Ulrich (2009): Die Multiple Krise. Heinrich Böll Stiftung. Online: https://www.boell.de/sites/default/files/multiple_krisen_u_brand_1.pdf (Zugriff: 13.07.2023).

BRAND, Ulrich/Lösch, Bettina/Opratko, Benjamin/Thimmel, Stefan (Hg.) (2012): ABC der Alternativen. Rosa-Luxemburg-Stiftung. Online: https://www.rosalux.de/fileadmin/rls_uploads/pdfs/Veranstaltungen/2012/www.vsa-verlag.de-ABC-der-Alternativen-20.pdf (Zugriff: 13.07.2023).

BRAND, Ulrich/Wissen, Markus (2017): Imperiale Lebensweise. Zur Ausbeutung von Mensch und Natur im globalen Kapitalismus. München.

DANIEL, Antje/Klapeer, Christine M. (2019): Her mit der Zukunft?! Feministische und queere Utopien und die Suche nach alternativen Gesellschaftsformen. In: Femina Politica, 01, S. 9–31.

DINERSTEIN, Ana Cecilia (2021): Konkrete Utopie. Die (Re-)Produktion von Leben in den, gegen die und jenseits der offenen Adern des Kapitals. In: Peripherie 3, S. 497–504.

EICKER, Jannis/Inkermann, Nilda (2021): Die Hegemonie der imperialen Lebensweise als Herausforderung für die politische Bildung. In: Journal für politische Bildung 04, S. 32–37.

FFE (2015): Frankfurter Erklärung. Für eine kritische-emanzipatorische Politische Bildung. Online: https://akg-online.org/sites/default/files/frankfurter_erklaerung.pdf (Zugriff: 13.07.2023).

GETZIN, Sofia/Singer-Brodowski, Mandy (2016): Transformatives Lernen in einer Degrowth-Gesellschaft. In: Journal of Science-Society Interfaces 1, S. 33–45.

ILA-KOLLEKTIV (2019): Das Gute Leben für Alle. Wege in die solidarische Lebensweise: Online: https://www.oekom.de/buch/das-gute-leben-fuer-alle-9783962380953 (Zugriff: 13.07.2023).

LÖSCH, Bettina/Thimmel, Andreas (2011): Einleitung. In: Lösch, Bettina/Thimmel, Andreas (Hg.): Kritische Politische Bildung, 2. Aufl. Schwalbach/Ts., S. 7–10.

SALOMON, David (2018): Das Utopische. In: Juchler, Ingo (Hg.): Politische Ideen und politische Bildung. Wiesbaden, S. 1–16.

SANDERS, Christoph (2021): Wer gestaltet die Schule der Zukunft? Online: https://zukunftfueralle.jetzt/2021/01/22/wer-gestaltet-die-schule-der-zukunft/ (Zugriff: 13.07.2023).

SOMMER, Bernd/Welzer, Harald (2020): Nachhaltigkeit als Utopie? Zur Bedeutung von Zukunftsbildern für eine sozial-ökologische Transformation. In: Görgen, Benjamin/Wendt, Björn: Sozial-ökologische Utopien. München, S. 65–79.

WRIGHT, Erik Olin (2009): Envisioning Real Utopias. Online: https://www.aacademica.org/erik.olin.wright/46.pdf (Zugriff: 14.07.2023).

KAROLIN KALMBACH, JAN NIGGEMANN

What's class got to do with it? *Klasse,* Klassismus, Kapitalismuskritik in der politischen Bildung

In regelmäßigen Abständen gibt es konjunkturelle Wellen, die Kapitalismus als Strukturelement gesellschaftlicher Verfasstheit und Klasse als Analysekategorie und Identifikation an die Oberfläche von (bildungs-)politischen Debatten spülen. Die Finanzkrise von 2008/2009 hat zur Prüfung marx'scher und (neo-)marxistischer Kategorien und Analysen geführt und warf Fragen zu ihrer aktuellen Anwendbarkeit und möglichen Erweiterungen auf. Es wurden seitdem diverse Einführungen, Handbücher und Texte zu Kapitalismus, Klassentheorien und politischer Ökonomie herausgebracht (vgl. Aulenbacher et al. 2016, Pühl/Sauer 2018, Candeias 2021). Anders als in den Hochzeiten der klassentheoretischen Debatten der 1960er- und 1970er-Jahre v.a. in Europa und den USA geht es nun auch um erfahrungsbasierte Zugänge unter dem Begriff Klassismus (vgl. Kemper/Weinbach 2009, Rosshart 2016, Seek/Theißl 2020). Nicht mehr die Lektüre des marx'schen „Kapitals" ist unbedingte und notwendige Grundlage, um in die Diskussionen einzusteigen. Auch die eigenen biografischen Erfahrungen von Diskriminierungen aufgrund von Klassenverhältnissen (als gesellschaftlich strukturierendes und subjektiv zu verarbeitendes Element), von (abwertenden) Zuschreibungen aufgrund von Klassenzugehörigkeit, sind Zugänge und Aspekte in aktuellen Diskussionen über Klasse. Die Frage, die dabei immer gestellt wird, ist, ob und inwieweit Klassentheorien heutzutage noch für die Analyse gesellschaftlicher Ungleichheiten und Transformationen herangezogen werden können. Die Kritiken am marx'schen Klassenbegriff sind vielstimmig und wenden u.a. ein, dass eine *Klasse* keinesfalls homogen gedacht werden kann, dass Sexismus und Rassismus jede *Klasse* durchziehen und *race, class* und *gender* in ihrer Verwobenheit konzipiert werden müssen, dass Klasse nicht nur die Produktionssphäre in den Blick nehmen darf und dass Klassenkämpfe noch nicht zur Überwindung von Herrschaftsverhältnissen geführt haben (vgl. Pühl/Sauer 2018, hooks 2020, Castro Varela/Dhawan 2021). Doch ist die Konsequenz daraus, den Klassenbegriff ad acta zu legen? Es gibt eine Reihe an Argumenten, die für die Beibehaltung und kritische Weiterentwicklung des

Klassenbegriffs plädieren, weil Begriffe wie *Schicht* oder *Milieu*, die gerade in der Sozialstrukturanalyse anstelle von *Klasse* verwendet werden, zwar soziale Mobilität und Durchlässigkeit implizieren, aber konzeptionell nicht die Ebenen gesellschaftlicher Macht- und Herrschaftsverhältnisse mit in den Blick nehmen. Individualisierung und Pluralisierung der Lebensstile rücken damit eher in den Fokus als Gesellschaftskritik und Kollektivität. Zugleich reagieren Begriffe wie *Klassenfraktionierung*, *Klasse an sich* und *Klasse für sich* darauf, dass *Klasse* eine „Einheit in der Differenz" (Hall 2004, 21) darstellt, also stärker den Prozess der Herstellung eines politischen Kollektivsubjekts meint, als die geschlossene Identität einer überzeitlichen Tatsache (vgl. Gramsci 1991; Hall 2004, 21).

Für die politische Bildung sind die marx'schen Begrifflichkeiten als Werkzeuge einer kritischen Kapitalismusanalyse weiterhin grundlegend. Der Klassenbegriff verweist auf den Zwangscharakter gewaltvoller Verhältnisse, womit das Klassenverhältnis ein gesellschaftliches wird, mit dem eine spezifische Form der Ausbeutung verbunden ist: die Aneignung des Mehrwerts und die Ungleichbewertung und Aufteilung der Arbeit. Aus diesem Verständnis heraus können Formen des anders Lebens und Wirtschaftens, die sich nicht nur an Einkommens-, Konsum- oder Verteilungsfragen orientieren, denkbar werden. Gleichwohl kann *Klasse* als Identifikationsmoment zur Bewusstseins- und Kollektivbildung beitragen und ist somit zentral für die Überwindung des Klassenverhältnisses. Eine Analyse globaler Arbeitsteilung und Reichtumsverteilung muss die Geschichte von Kolonialismus und Sklaverei als zentrale Elemente der Gewordenheit der Verhältnisse miterzählen und sowohl die Produktions- als auch die Reproduktionssphäre berücksichtigen, wenn Veränderungen unserer imperialen Lebensweise denkbar gemacht werden sollen.

1. Aktuelle Herausforderungen für die politische Bildung

Politische Bildung findet immer vor dem Hintergrund aktueller Debatten statt und wird durch diese gerahmt. Für die letzten Jahre lassen sich zwei zentrale Stränge erkennen, die es notwendig wie herausfordernd machen, emanzipatorische Antworten auf gesellschaftliche Veränderungen zu finden:

Konservative und rechte Positionen sind nicht nur lauter geworden, sie sind auch umfassend in die Parlamente eingezogen und nehmen sich von dort aus der sozialen Frage an. Das Materielle, im Sinne von Einkommen, Reichtum, Kapital, wird in seiner vergeschlechtlichten und rassifizierten Verfasstheit nicht hinterfragt, sondern traditionalistisch und innerhalb nationaler Grenzen konzipiert und als Lösung angeboten: Flucht- und Migrationsbewegungen werden abgewehrt, Ehe und Familie in heteronormativer Aufstellung als soziale, kulturelle und ökonomische Bezugspunkte gestärkt, die Renaissance des fordistischen Ernährer-Modells verfestigt erneut die Trennung von öffentlicher und privater Sphäre und verweist weibliche Positionen aus der Sphäre der Erwerbsarbeit in die häusliche, unbezahlte Care-Arbeit, die wiederum nach rassistischen Kriterien ungleich aufgeteilt wird. Damit stellt sich die Frage nach der Komplexität und den Methoden der Vermittlung noch einmal neu und anders.

Der zweite Strang ist die öffentliche Aufmerksamkeit auf schlecht bezahlte, nicht abgesicherte sorgende und versorgende Arbeitsverhältnisse, die die Covid-19-Pandemie in den Fokus öffentlicher Aufmerksamkeit gerückt hat. Mit der Anordnung zum Homeoffice wurde die Struktur der täglichen und notwendigen Versorgung offensichtlicher. Es wurde deutlich, wer nicht von zu Hause arbeiten kann. Putzen, Pflegen, Betreuen sowie die Arbeit in Einzelhandel und Lebensmittelfabriken wurden plötzlich systemrelevant. Nicht nur Homeoffice, sondern auch Homeschooling gelang je nach sozio-ökonomischem Status mal besser und mal schlechter, häusliche Pflege oder landwirtschaftliche Tätigkeiten wurden durch die Ausfälle und nationale Pandemiemaßnahmen als migrantische Arbeit ebenfalls stärker sichtbar. Es ist kein Zufall, dass diese sozialen Ungleichheiten vergeschlechtlicht und rassifiziert verstärkt werden. *Klasse* als Ungleichheitskategorie sollte also nicht ohne *gender* und *race* gedacht werden. Und auch viele (freiberufliche) Bildungsarbeiter*innen hat die Covid-19-Pandemie in prekäre Arbeitssituationen gebracht, die Reallohnverluste durch Inflation und fortgesetzter Umverteilung nach oben tun ihr Übriges.

Trotz breiter medial und öffentlich geführter Diskussionen wird *Klasse* in Materialien und Handreichungen der politischen Bildungsarbeit nach wie vor nur punktuell behandelt. Die Thematisierung bleibt häufig deskriptiv, benennt Diskriminierungen und schränkt sich auf der Ebene des individuellen Handelns ein, statt staatliche Strukturen und Institutionen als Klassenpolitik zu analysieren. Eine Perspektive emanzipatorischer Theorieentwicklung und politischer Bildung ist, die Herstellung von Identität/en als Bildung von *Klasse/n* zu untersuchen, um sie dann überwinden zu können.

Wir betrachten *Klasse* als Kategorie der politischen Bildung, die eine andere Verbindung von Subjektivität und gesellschaftlichen Verhältnissen ermöglicht. Als Ausdruck einer wechselseitigen Beziehung bezeichnet *Klasse* mehr als die Stellung im Produktionsprozess. Als analytische Kategorie beinhaltet sie die sozioökonomische Lebenslage und die damit verbundenen kulturellen und symbolischen Be-Deutungen und (Selbst-)Positionierungen, ohne dass sich kausale Rückschlüsse von sozialer Lage auf politische Position vornehmen ließen, was insbesondere in der Frage der Demokratisierung wichtig wird. Das führt zu einer Vervielfältigung von *Klasse/n*, die sich entlang der Frage von Besitz und Eigentum nicht einfach abbilden lassen. Ein intersektionaler Klassenbegriff würde die individuellen Erfahrungen und die klassentheoretische Analyse ihrer Bedingungen zueinander adressieren und empirisch berücksichtigen, ob und in welcher Weise sich politische Widersprüche überhaupt noch als Klassengegensätze artikulieren können.

2. Intersektionalität als komplexe Herausforderung

Clara Zetkin betonte, dass jede *Klasse* ihre eigene Frauenfrage habe, *Klassen* also nicht homogen konzipiert werden könnten, und dass eine Kapitalismusanalyse, die ausschließlich vom Standpunkt der Produktion ausgeht, lückenhaft bleibe. Die Kritik an der Trennung von Produktions- und Reproduktionssphäre, von privat und öffentlich, durchzieht die queer/feministische Theoriebildung und Bewegung. Einige Vertreterinnen der westdeutschen (zweiten) Frauenbewegung der 1970er-/1980er-Jahre wendeten den Klassenbegriff auf die Kategorie Frau* an und versuchten, ein weltweites vergeschlechtlichtes Unterdrückungs- und Ausbeutungsverhältnis zu benennen, ein globales Patriarchat, das die Besitz- und Eigentumsfrage nicht nur mit Blick auf die Produktionsmittel stellt, sondern Frauen* als den selbstverständlichen Besitz von Männern betrachtet. Diese zum Teil sehr vereinnahmende ‚Verschwesterung' wurde vielstimmig von Schwarzen und migrantischen Feminist*innen für ihre kolonialen und rassistischen Ausblendungen kritisiert (vgl. Spivak 2008, FeMigra 1994). Sie forderten ein, *race*, *class*, *gender*, aber auch *dis/ability*, *Nation* und *Ethnizität* in ihrer sich gegenseitig stützenden Wirkmächtigkeit zusammenzudenken, als co-konstitutive Elemente eines globalisierten Kapitalismus. Kimberlé W. Crenshaw brachte 1989 Intersektionalität als Konzept in die akademischen Debatten ein (vgl. Crenshaw 2019) und prägte das Bild der *Intersections*, der sich überkreuzenden Verhältnisse. Doch die politische Praxis sozialer Kämpfe, die verschiedene Dimensionen von Ungleichheit und Unterdrückung thematisieren, ist durchaus älter (vgl. The Combahee River Collective 1977, Rosshart 2016).

Es bleibt eine Herausforderung, die vielfältigen Ungleichheits- und Unterdrückungsverhältnisse nicht zu hierarchisieren. Doch das gegenseitige Ausspielen von sozialer Frage gegen die sogenannten kulturellen Differenzen oder das Priorisieren des gesellschaftlichen Widerspruchs von Arbeit und Kapital gibt keine Antworten auf gegenwärtige Problemlagen, sondern ist eine Rückkehr zur Unterscheidung von Haupt- und Nebenwidersprüchen (vgl. Dowling et al.

2017). Auch wenn der Antagonismus von Arbeit und Kapital zentral für das Zustandekommen von Klassen ist, sind diese in ihrer Zusammensetzung vielfältig und komplex (vgl. Candeias 2021, 10 f.) und bleiben ‚überdeterminiert', also vielfach ambivalent strukturiert.

Seit einigen Jahren mehren sich Debatten um eine neue Klassenpolitik, um der Besetzung der sozialen Frage vonseiten rechter Akteur*innen entgegenzuwirken (vgl. Friedrich/Redaktion analyse & kritik 2018). Der Versuch, einen intersektional erweiterten Klassenbegriff zu formulieren, ist die Suche nach dem Gemeinsamen, dem Verbindenden, ausgehend von den Differenzen und ohne Erfahrungen zu homogenisieren. Mit intersektionalen Ansätzen kann *Klasse* als Analysekategorie und Perspektive auf gesellschaftliche Verhältnisse sowie als situiertes Wissen gleichermaßen relevant gemacht werden (siehe den Beitrag Rodrian/Wilhelm in diesem Band).

3. Klassismus – *Klasse* als Diskriminierungserfahrung und die Rolle von Bildung

„Class matters" konstatierte bell hooks im Jahr 2000 mit ihrem gleichnamigen Buch. Zu welcher *Klasse* gehöre ich? Wer ist heute (noch) Arbeiter*innenklasse? Was passiert, wenn ich die *Klasse* wechsle? Das alles sind Fragen, die wieder gestellt und diskutiert werden. Es sind biografische Auseinandersetzungen mit familiärer Herkunft und Sozialisationserfahrungen entlang von Wohnen, Gesundheit, Einkommen und Bildung. Wo und wie habe ich mit meiner Familie gewohnt? Sind wir in den Urlaub gefahren? Habe ich Taschengeld bekommen? Welche Kleidung habe ich getragen? Auf welche weiterführende Schule bin ich gegangen? Und wie wirken diese Erfahrungen bis heute fort? In der Bearbeitung dieser Fragen werden materielle Unterschiede, Ungleichheiten und internalisierte (verinnerlichte), stereotype Bilder explizit gemacht und ihre Auswirkungen bei der Organisation von Wahrnehmungen, Gewohnheiten im Alltag kritisch besprechbar. Die Bearbeitung kann Ausgangspunkt für eine Sensibilisierung und reflexive Auseinandersetzungen mit klassistischen Diskriminierungen und Vorurteilen sein. All diese Fragen erzählen persönliche Erfahrungen und individuelle Lebenslagen. Sie haben aber auch etwas mit der kapitalistischen Verfasstheit unserer Gesellschaft zu tun und sind vielschichtig verwoben mit Dimensionen sozialer Ungleichheit.

Mit Pierre Bourdieus Vervielfältigung des Kapitalbegriffs – es gibt nicht nur das ökonomische Kapital, sondern auch das kulturelle und soziale, die den Habitus entscheidend mitprägen – hat auch die Vervielfältigung der Klassen zugenommen bzw. das Wissen darum, dass *Klasse/n* Ergebnis und nicht Grundlage politischer, sozialer und kultureller Unterscheidungen und des praktischen (Er-)Kennens und (Er-)Lebens ist/sind.

Das Bildungssystem ist ein prägnantes Beispiel für das Verwobensein von klassistischen und rassistischen Hürden, die institutionell wirken und gleichzeitig einen allgemeinen Zugang postulieren. Die Bildungsinstitutionen und damit auch die Hochschule sind ambivalente Orte für die Thematisierung von *Klasse* und Klassismus. Sie bilden aber auch die Felder für Auseinandersetzungen um Prozesse von Inklusion und Exklusion, das Erlernen von Umgangsweisen mit Differenz und Alterität (relationale und identitätsstiftende Verschiedenheit von ‚Selbst' und ‚Außen') sowie die Perspektive, Lernprozesse demokratisch zu entwerfen und zu gestalten.

Mit Bezug auf klassenspezifische Ungleichheiten bestehen verschiedene Funktionen schulischer, außerschulischer und informeller politischer Bildung. Die Schule erfüllt reproduktive Aufgaben in der Bildung von Schüler*innen: als Ausbildung von Fähigkeiten, Rechten und Pflichten als Staatsbürger*innen sowie in der Herstellung einer individuellen, meritokratischen Perspektive, mit deren Hilfe die Leistungsbewertung zum ‚objektiven' Mittel und Maßstab demokratischer Chancengleichheit wird. Soziale Ungleichheiten als Unterscheidungen in ‚gute' und ‚schlechte' Schüler*innen verschärfen sich besonders dort, wo es formale Gleichberechtigung und objektivierte Leistungsmessungen gibt, wie die Internationale Grundschul-Lese-Untersuchung (IGLU), die alle fünf Jahre durchgeführt wird, immer wieder betont. Die ungleichen Ausgangslagen werden unsichtbar gemacht und scheinbar objektive Kriterien ermöglichen eine doppelte Bewegung von Beschämung und Individualisierung: Wer die eigene Chance nicht nutzt, ist selbst schuld. Zugleich werden in der Schule viele Techniken, Fächer, Beispiele und Inhalte gelernt, die die Schwierigkeiten, in der Gesellschaft zu leben und zurechtzukommen, zu bewältigen helfen: die Erziehung zu intellektueller Disziplin, Übungen, Wiederholungen etc. stellen bis zu einem gewissen Grad Grundlagen für weitere Bildungsprozesse her. Zugleich werden bestimmte Umgangsformen als unangemessen, unangebracht oder wertlos gelabelt, sodass sich besonders in den Lernkulturen und im Unterrichtsmaterial ein *Middleclass-bias* reproduziert, der systematische Benachteiligungen fortsetzt.

Anstatt die Oppositionierung von Strukturen und Erfahrung zu verdoppeln, sind besonders zwei Perspektiven vielversprechend: Ansätze, die an einem intersektionalen Klassenbegriff arbeiten, sowie die unorthodoxe Weiterentwicklung marxistischer Analysen im Anschluss an Gramsci, die Cultural Studies oder postkoloniale Theorien. Machtsensible politische Bildung würde mit einem doppelten Einsatz arbeiten: der theoretischen Konzeption und Analyse dynamischer, aber nicht beliebiger Begriffe, um die relativen Spezifika von Unterdrückung in den jeweiligen Formen von Ungleichheit aufschlüsseln zu können. Die Arbeit an der Verbundenheit kann im Rahmen einer lernenden unbedingten Solidarität die Differenz zum Ausgangspunkt geteilter Forderungen machen.

Literatur

AULENBACHER, Brigitte/Riegraf, Birgit/Völker, Susanne (2016): Feministische Kapitalismuskritik. Münster.

CANDEIAS, Mario (Hg.) (2021): Klassentheorie – Vom Making und Remaking. Hamburg.

CASTRO VARELA, María do Mar/Dhawan, Nikita (2021): Marxistisch ooder postcolonial? Falsche Fragen zur falschen Zeit. In: Sablovski et al. (Hg.) (2021): Auf den Schultern von Karl Marx. Münster, S. 311–324.

CRENSHAW, Kimberlé W. (2019/1989): Das Zusammenwirken von *Race* und Gender ins Zentrum rücken. Eine Schwarze feministische Kritik des Antidiskriminierungsdogmas, der feministischen Theorie und antirassistischer Politiken. In: Kelly, Natasha A. (2019): Schwarzer Feminismus. Grundlagentexte. Münster, S. 145–186.

DOWLING, Emma/van Dyke, Silke/Graefe, Stefanie (2017): Rückkehr des Hauptwiderspruchs? Anmerkungen zur aktuellen Debatte um den Erfolg der Neuen Rechten und das Versagen der „Identitätspolitik". In: PROKLA 188, S. 411–420.

FEMIGRA (1994): Wir, die Seiltänzerinnen. Politische Strategien von Migrantinnen gegen Ethnisierung und Assimilation. In: Eichhorn, Cornelia/Grimm, Sabine (Hg.): Gender Killer. Texte zu Feminismus und Politik. Berlin, S. 49–63.

FRIEDRICH, Sebastian/Redaktion analyse & kritik (2018): Neue Klassenpolitik. Berlin.

GRAMSCI, Antonio (1991): Gefängnishefte. Kritische Gesamtausgabe. 9 Bde. Hamburg.

HALL, Stuart (2004): Ideologie, Identität, Repräsentation. Ausgewählte Schriften 4. Hamburg.

HOOKS, bell (2020): Die Bedeutung von Klasse. Münster.

KEMPER, Andreas/Weinbach, Heike (2009): Klassismus. Münster.

PÜHL, Katharina/Sauer, Birgit (Hg.) (2018): Kapitalismuskritische Gesellschaftsanalyse. Queerfeministische Positionen. Münster.

ROSSHART, Julia (2016): Klassenunterschiede im feministischen Bewegungsalltag. Berlin.

SEEK, Francis/Theißl, Brigitte (Hg.) (2020): Solidarisch gegen Klassismus. Münster.

SPIVAK, Gayatri Chakravorty (2008): Can the subaltern speak? Postkoloniale und subalterne Artikulation. Wien.

THE COMBAHEE RIVER COLLECTIVE (2019): Ein Schwarzes feministisches Statement (1977). In: Kelly, Natasha A. (Hg.): Schwarzer Feminismus. Grundlagentexte. Münster, S. 49–62.

HELMUT BREMER

Soziale und politische Ungleichheit

1. Die Furcht vor der Macht der „Banausen"

Gerade für eine kritische politische Bildung ist die Idee einer egalitären Gesellschaft, in der sich jede und jeder frei an den öffentlichen Angelegenheiten beteiligen kann, von besonderem Gewicht. „Es gibt keine Politiker, sondern höchstens Menschen, die u.a. auch politisch tätig sind" – so hat Bourdieu (1982, 620) das in Anlehnung an Marx und Engels einmal formuliert. Bei Habermas findet das seinen Ausdruck im Konzept des ‚kommunikativen Handelns', gedacht als eine Sphäre, in der nur das Argument im Diskurs zählen soll, unabhängig davon, wer es hervorbringt. Bourdieu sah das skeptisch. Die „Macht der Argumente" würde „wenig gegen die Argumente der Macht" (2001a, 84) bewegen, Herrschaft sei „aus den gesellschaftlichen Kommunikationsbeziehungen niemals herauszuhalten", wie überhaupt die „sprachliche Praxis nur einen Sonderfall" innerhalb der gesamten klassenspezifischen Praktiken darstelle (Bourdieu/Wacquant 1996, 184). Insofern komme es einer „Entpolitisierung" (Bourdieu 2001a, 85) gleich, wenn die sozialen Bedingungen, die die „legitime Ausübung der diskursfähigen Sprache" (Kluge 2014, 297) erst ermöglichen, weitgehend ausgeblendet bleiben. Der Frage nach dem Zustandekommen von politischer Ungleichheit im Kontext sozialer Ungleichheit soll im Folgenden nachgegangen werden.

Tatsächlich ist politische Egalität in einer von klassenspezifischen Ungleichheiten geprägten Gesellschaft ohne Spannungen und Konflikte kaum zu denken. Gleichwohl ist es der Kerngedanke der Demokratie, dass die im Alltag präsenten und spürbaren Ungleichheiten bei der Gestaltung der ‚allgemeinen Angelegenheiten' keine Rolle spielen dürfen: Wenn nicht alle die Möglichkeit haben, „dass ihre Anliegen im politischen Prozess gehört und umgesetzt werden, wird das Versprechen verletzt, dass politische Gleichheit trotz aller tatsächlichen Ungleichheiten umgesetzt wird" (Elsässer u.a. 2017, 162).

Aus dieser Perspektive leuchtet die Relevanz einer ‚partizipatorischen Demokratie' unmittelbar ein. Die Debatte darum, wie der politische Prozess so zu organisieren ist, dass möglichst viele die Möglichkeit haben, sich daran zu beteiligen und ihre Anliegen einzubringen, ist lang. Und sie war immer schon eng verknüpft mit der Stellung im Ungleichheitsgefüge. Schulz (2008, 160 ff.)

beschreibt in seinem Abriss der griechischen Geschichte für das Athen im 5. Jh. vor Chr., wie im Zuge der damaligen Klassenkämpfe um eine partizipative Ausgestaltung der Demokratie gerungen wurde. Besonders die wirtschaftlich und sozial aufstrebenden Klassen gaben sich mit ihrer Rolle am ‚Katzentisch' nicht mehr zufrieden. Ihre Forderung nach „politischer Gleichberechtigung" (ebd., 172 f.) rief Widerstände bei der „adligen Elite" hervor, die ihre Privilegien und distinktive Praxis bedroht sahen von „Ungebildeten, die sich weder durch Leistung noch durch Sachverstand auszeichneten" und nun Zugang zu „Macht und unkontrollierbarer Bereicherung" anstrebten. Auch für Platon war die Demokratie „zutiefst ungerecht, weil sie die Macht in die Hände Unwissender legte" (ebd., 209 f.). Demgegenüber favorisierte er ein hierarchisches Gesellschaftsmodell, in dem ‚weise Philosophen' über die Ordnung wachen sollten (ebd.).

In dieser Denktradition stehen Konzepte elitärer oder „gelenkter Demokratie" (Vester 2013), wie sie etwa von Schumpeter (1980 [1942]) vertreten wurden. Sie setzen darauf, dass ‚kluge' und ‚geeignete' Personen die Politik gestalten und steuern. Dem „typischen Bürger" hingegen wird das nicht zugetraut, im Gegenteil birgt es Gefahren, wenn man ihm*ihr zu viel Mitsprache gibt. Er*Sie „fällt auf eine tiefere Stufe der gedanklichen Leistung, sobald er das politische Gebiet betritt. […] Er wird wieder zum Primitiven. Sein Denken wird assoziativ und affektmäßig" (Schumpeter 1980 [1942], 415 ff.).

Dass solche Vorstellungen auch heute noch (latent) in den Köpfen von ‚politischen Profis' verankert sein können, zeigt sich etwa, wenn Christian Lindner in der „Bild am Sonntag" vom 10.03.2019 Fridays-for-Future-Proteste mit den Worten kommentiert, die Lösung des Klimaproblems sei „eine Sache für Profis", oder wenn ein Politiker die krachende Wahlniederlage seiner Partei (FDP) darauf zurückführt, dass „die Mehrheit der Bevölkerung keine politische Bildung genossen" habe, die Masse „meinungslos, sprachlos", letztlich „zu ungebildet" sei und auch nicht gewillt, „sich ein bisschen schlauer zu machen" (Dieter Pfeil in der „Frankfurter Neuen Presse" vom 26.09.2022).

Deutlich wird in jedem Fall, dass die Realisierung partizipatorischer Demokratie zu Konflikten und Abwehrreaktionen führt, die auch festgemacht werden an vermeintlichen ‚Kompetenzen' und sozialem Status. Dabei werden mit Rückbezug auf ein (vermeintlich) ‚richtiges' Wissen und eine (vermeintlich) ‚angemessene Form' der Artikulation politischer Meinungen und Interessen Ansinnen und Ansprüche von Gruppen zurückgewiesen, die bisher (wenn überhaupt) Plätze am ‚Katzentisch' hatten. Das Verwehren politischer Gleichheit wird abhängig gemacht von sozialer Zugehörigkeit und Herkunft. Es hat den Charakter von klassenspezifischer Diskriminierung. Bei den privilegierten Klassen im antiken Athen bestand die „Furcht, dass die Banausen" – das griechische Wort für Handwerker – „die Handarbeiter, die Macht übernehmen könnten" (Vester 2013, 55). Zu fragen ist, ob und inwiefern auch heute politische Beteiligung und politische Repräsentation jenseits der formal-rechtlich bestehenden Gleichheit von sozialer Ungleichheit durchdrungen ist (siehe auch den Beitrag von Reitzig in diesem Band).

2. Soziale Logiken der politischen Beteiligung

Dass dem so ist, haben zahlreiche Studien in den letzten Jahren für verschiedene Bereiche des Politischen belegt.

- Schon ein Blick in die *Shell-Jugendstudien* zeigt, dass das Interesse an Politik seit 2002 zwar insgesamt von 34% auf 45% gestiegen ist (Schneekloth/Albert 2019, 49) – bei einer gleichzeitig „nach wie vor hohen Politikverdrossenheit", bezogen auf Parteien und Politiker*innen (ebd., 49). Allerdings ist diese Distanz zum Politikbetrieb im engeren Sinne von sozialer Ungleichheit durchdrungen (Hauptschule 26 %, Abitur 50 %, Studierende 66 %; ebd., 51). Der Anstieg des Politikinteresses lässt sich somit weitgehend auf ein gestiegenes Interesse der Jugendlichen aus oberen Schichten zurückführen.
- Die *Wahlbeteiligung* war bis in die ausgehenden 1980er-Jahre in allen Klassen nahezu gleich und lag bei mehr als 80%. In den oberen Schichten hat sich das seitdem praktisch nicht verändert, bei den unteren Schichten liegt sie nun etwa 30% darunter (Roßteutscher/Schäfer 2016, 458).
- In den Entscheidungen zu wichtigen *politischen Themen* finden sich Menschen in gehobenen Lebenslagen mit ihren Meinungen und Interessen weit überwiegend wieder. Demgegenüber hatte das, was Menschen aus weniger privilegierten Schichten und Milieus politisch wollten, „eine besonders niedrige Wahrscheinlichkeit, umgesetzt zu werden" (Elsässer u.a. 2017, 177). Der Eindruck der politischen Ohnmacht bei diesen Gruppen ist also nicht nur gefühlt, sondern beruht auf der realen Erfahrung, dass „Arme, prekär Beschäftigte oder formal Geringgebildete nicht dieselbe Chance haben, dass ihre Anliegen im politischen Prozess gehört und umgesetzt werden" (ebd., 162).
- Begleitet sind diese Entwicklungen von einer *sozialen Homogenisierung* der politischen Entscheidungs- und Funktionsträger*innen, die noch stärker als früher aus akademischen und sozial privilegierten Milieus kommen. Der Politikbetrieb wird dadurch immer mehr von Menschen bestimmt, die mit

den Lebenswirklichkeiten und Problemlagen weniger privilegierter Schichten und Milieus wenig Berührung haben. Die Folge ist eine „völlige Entfremdung“ (Hartmann 2018, 9) zwischen (politischen) Eliten, einschließlich des politischen Journalismus und Teilen der Bevölkerung, die in einer „Parallelwelt mit eigenen Regeln“ (ebd., 7–16) leben; sie nehmen die soziale und politische Welt gewissermaßen verzerrt wahr. Nancy Frasers These vom „progressiven Neoliberalismus“ (2017), wonach bildungsnahe, individualistisch und postmateriell geprägte Milieus eine Art ‚Koalition‘ mit neoliberalen Eliten eingegangen sind und daraus eine Politik ‚von oben‘ etabliert haben (mit starker Sensibilität für Kosmopolitismus, Multikulturalismus und Rechte sexueller Minderheiten bei gleichzeitig relativer Blindheit für soziale Ungleichheit), kann hier viel Plausibilität beanspruchen.

Die Beispiele verdeutlichen, dass die Beteiligung am im engeren Sinne politischen Prozess einer sozialen Logik folgt und sich soziale Ungleichheit in politische Ungleichheit übersetzt. Offenbar führt auch die Ausweitung von Beteiligungsmöglichkeiten, in der vielfach ein ‚Ausweg‘ aus dieser Situation gesehen wird, keineswegs automatisch zu einer sozialen Verbreiterung politischer Partizipation, sondern eröffnet vornehmlich den ohnehin ‚Politiknahen‘ zusätzliche Beteiligungsmöglichkeiten.

Und es kommt auch darauf an, wie in Forschung sowie Bildungs- und Politikpraxis auf politische Interessen und Partizipation geschaut wird. Häufig wird dabei einem ‚common sense‘ von Politik gefolgt, der eng mit den etablierten Wegen, Institutionen, Akteuren und Verständnissen des Politischen verbunden ist. Gerade von dieser Ebene der Politik sehen sich jedoch viele enttäuscht. Ein generelles Desinteresse an politischen Fragen bei Menschen in sozial benachteiligten Lebenslagen ist damit aber keineswegs belegt. Wenn Menschen etwa von sich selbst sagen, dass sie politisch nicht interessiert sind, so ist das zumeist bezogen auf diesen ‚common sense‘ von Politik, während das generelle Interesse an der ‚Regelung der allgemeinen Angelegenheiten‘ zugleich sehr hoch sein kann. Dies wird ausgedrückt mit dem Begriff des „unsichtbaren Politikprogramms“, das „mit der Brille eines zu eng gesteckten Politikverständnisses“ eben nicht aufzufinden ist (Calmbach/Borgstedt 2012, 77).

In Bezug auf Menschen mit geringer Schriftsprachbeherrschung, bei denen auch häufig politisches Desinteresse, Meinungslosigkeit und generell geringere Teilhabemöglichkeiten vermutet werden, konnte herausgearbeitet werden, dass dies keineswegs der Fall ist und häufig darauf basiert, dass politisches Engagement und politische Artikulation eine bestimmte Form der Beherrschung der Schriftsprache voraussetzt (vgl. Bremer/Pape 2017). Partizipation benachteiligter Gruppen zeigt sich oft außerhalb der etablierten Bahnen. Die Bedeutung solcher informellen Strukturen für das Engagement nicht privilegierter sozialer Milieus konnte jüngst in einer Studie zum Engagement Älterer herausgearbeitet werden (vgl. Miesen 2022).

Befunde wie diese machen deutlich, dass es wichtig ist, die Prozesse und Mechanismen des sozialen Ein- und Ausschlusses aus bestimmten Formen des ‚Politischen' mitzuberücksichtigen und nicht von binären Kategorien wie ‚politisch/unpolitisch' oder ‚engagiert/nicht engagiert' auszugehen, die bei der Übersetzung von sozialer in politische Ungleichheit offenbar eine große Rolle spielen.

3. Die Reproduktion sozialer Ungleichheit im politischen Feld

Einen theoretischen Ansatz, um diese Mechanismen des Ein- und Ausschlusses zu verstehen, kann in Bourdieus Konzept des „politischen Feldes" gesehen werden (Bourdieu 2001b; vgl. zum Folgenden auch Opheys/Bremer 2022). Es kann vereinfacht als eine Art „Mikrokosmos" verstanden werden, in dem bestimmte Regeln, eine bestimmte Sprache und eine bestimmte Kultur herrschen. Verschiedene Akteur*innen (neben Parteien als Institutionen vor allem Politiker*innen, Journalist*innen, Meinungsforscher*innen, spezielle Expert*innen) ringen um die Deutungshoheit darüber, welche Anliegen als politisch relevant und anerkannt gelten und in welcher Weise dies zum Ausdruck gebracht werden kann. Verhandelt wird also darüber, was ‚legitim' ist und was nicht, und wer ‚legitimiert' ist und wer nicht.

Zunächst ist dafür die Trennung in sogenannte ‚Laien' und ‚Expert*innen' von Bedeutung, da diese je nach politischer Kompetenz und politischem Kapital (spezifisches kulturelles Kapital in Form von Zeit, Sprache und Bildung) bestimmte Sichtweisen im politischen Feld durchsetzen können. Zur politischen Kompetenz (als Befähigung) gehört etwa, „konkrete Probleme des Alltags in allgemeinen Begriffen auszudrücken" (Bourdieu 1992, 28), also von der Alltagserfahrung ein Stück weit zu abstrahieren und sich davon zu distanzieren. Entscheidend ist jedoch nicht nur die Beherrschung einer bestimmten sprachlichen Praxis, sondern auch, wem diese Fähigkeiten zugetraut und zugesprochen werden (Kompetenz als ‚Befugnis' und ‚Berechtigung'). Schon in der Zeit des antiken Athens war es so, dass sich zwar formal alle Männer mit Bürgerstatus in gleicher Weise am politischen Diskurs beteiligen konnten. Aber: „Nur die Wenigsten verfügten freilich über das Redetalent und Selbstbewusstsein, um vor Tausenden von Menschen zu sprechen. Meist führten nur einige Adlige das

Wort. Sie hatten das Reden gelernt und waren daran gewöhnt, vor dem Volk aufzutreten" (Schulz 2008, 169).

Deutlich wird, dass „der ‚politische' Diskurs' sich keinesfalls jenseits des sozialen Ungleichheitsgefüges als herrschaftsfrei erweist", sondern vielmehr „per definitionem die abstrakte, neutralisierende und universalisierende Sprache der höheren Klassen und ihrer politischen oder administrativen Mandatsträger" übernimmt (Bourdieu 2010, 239). Die sozial oben positionierten Milieus können sich im Ergebnis besser direkt in das ‚politische Spiel' einbringen, während die sozial und kulturell benachteiligten Klassen und Milieus stärker darauf angewiesen sind, ihre politischen Interessen und Anliegen an ‚kompetente' Akteur*innen (Parteien, Institutionen, Mandatsträger*innen) zu delegieren. Sie sehen sich dadurch tendenziell am wenigsten dazu legitimiert, sich in den politischen Prozess einzubringen. Allerdings ist das eben nicht den Ausgeschlossenen selbst zuzuschreiben, sondern wird durch die Kultur des Feldes (re-)produziert: „Der Verweis auf diese ungleichen Zugangsmöglichkeiten zum politischen Feld ist sehr wichtig, wenn man vermeiden will, daß politische Ungleichheiten als naturgegeben angesehen werden" (Bourdieu 2001b, 43). Es ist also nur oberflächlich ein Akt der „freiwilligen Unterwerfung" aufgrund fehlenden politischen Wissens, sondern vielmehr eine Form von Zwang, den Bourdieu (vgl. 2001a, 210 ff.) als „symbolische Gewalt" bezeichnet. D.h., die „Laien" sollen die Hegemonie der politischen Expert*innen anerkennen. Dabei verfügen auch sie über ein Wissen über die politische und soziale Ordnung. Dieses politische Wissen ist aber eher ein praktisches Gespür, ein latentes, vorreflexives Wissen, das im engeren politischen Feld nicht anerkannt ist.

Das von Bourdieu geforderte systematische Einbeziehen der sozialen Zugänge zum Politischen ist für das Verstehen des Zustandekommens politischer Ungleichheit zentral; es ist nicht einfach eine Frage der ‚persönlichen Meinung' oder des individuellen Stils, sondern Teil einer sozial fundierten Ausgrenzung aus dem Feld des Politischen.

4. Kritische politische Bildung als ungleichheitssensible politische Bildung

Für die politische Bildung selbst lässt sich nun sagen: Sie ist einerseits in die Strukturen und Logiken des politischen Feldes und dessen Hang zur Reproduktion des Bestehenden auf vielfältige Weise eingebunden und verstrickt. Sie ist aber andererseits nicht dadurch festgelegt, sondern verfügt über Spielräume. Wenn die Beteiligung an den politischen Prozessen so sehr sozialen Logiken folgt, dann muss gerade eine kritische, auf partizipative Öffnungen orientierte politische Bildung sich stark auf das bestehende Ungleichheitsgefüge und die darin eingelagerten Herrschaftsmechanismen beziehen. Eine politische Bildung, die die eigene Verstrickung in das Feld nicht gründlich reflektiert und gegen den Strich bürstet, wird aus Sicht der adressierten, durch soziale Ungleichheit politisch diskriminierten Menschen genauso zum ‚Auswärtsspiel', wie es die ‚Politik' insgesamt für viele ist (siehe oben). Ein Blick auf die Teilnahmestruktur an politischer Erwachsenenbildung zeigt, dass das auch häufig so ist (vgl. Bremer 2021, 170 f.).

Im Vordergrund steht dabei, eine Praxis zu entwickeln, in der die bestehenden Mechanismen der Ausschließung infrage gestellt werden, und die Arbeitsteilung im politischen Feld dahingehend zu verändern, dass „eine größere Zahl von Personen auf dieses Feld einwirken" kann (Bourdieu 2001b, 60). Dazu bedarf es der Entwicklung eines pädagogischen Sensoriums für die soziale und politische Praxis derjenigen, die bisher eher ‚am Katzentisch' sitzen – oder nicht mal da.

Gegenwärtig wird der Zusammenhang von sozialer und politischer Ungleichheit im Kontext der Debatte um „politische Grundbildung" (Bremer 2021) aufgegriffen und vermehrt diskutiert, teilweise anknüpfend an Strategien ‚aufsuchender politischer Bildungsarbeit'. Dabei kann auf Grundeinsichten Paulo Freires zurückgegriffen werden, dessen „Pädagogik der Unterdrückten" (1971) bekanntlich von der (politischen) Alphabetisierungsarbeit ausging. Er stellt die Vorstellung einer mit curricularen Vorgaben daherkommenden Pädagogik gewissermaßen vom Kopf auf die Füße: „Wir können nicht einfach zum Arbeiter – in der Stadt oder auf dem Land – gehen, um ihm im Bankiers-Stil Kenntnisse zu vermitteln oder ihm das Modell des guten Menschen aufzunötigen, das in einem Programm enthalten ist, dessen Inhalt wir selbst organisiert haben" (ebd., 77). In der von ihm entwickelten ‚problemformulierenden Methode' geht es vielmehr darum, das Aufsuchen der Menschen in ihren Quartieren und Lebenswelten zu verbinden mit dem Finden ihrer ‚generativen Themen', die an ihre alltäglichen Erfahrungen und Problemstellungen geknüpft sind. Diese werden in einem dialogischen Prozess Ausgangspunkt der Bildungsarbeit und einer Form von Reflexions- und Bewusstwerdung (‚consientização').

Wenn Bourdieu (1992, 17) anregt, „alle Mühe" daranzusetzen, um „allen fühlbar zu machen, wie sehr politische Angelegenheiten jeden einzelnen persönlich angehen, und daß es darum geht, in diesen scheinbar abstrakten politischen Angelegenheiten sich selbst mit allen lebenspraktischen Problemen wiederzuerkennen", dann verweist das auf grundlegende Ziele politischer Bildung im Hinblick auf die Klärung von Selbst- und Weltverhältnissen. Es geht also darum, sich selbst, die eigene Lage und Weltsicht in Beziehung zur sozialen Welt und deren Ordnung zu setzen und Verbindungen herzustellen, durch die die eigene Lebenssituation nicht nur schicksalhaft und individuell erscheint, sondern im Hinblick auf ihre Verstrickungen mit gesellschaftlichen Zuständen wahrgenommen wird.

Literatur

BOURDIEU, Pierre (1982): Die feinen Unterschiede. Frankfurt/M.

BOURDIEU, Pierre (1992): Politik, Bildung und Sprache. In: Ders.: Die verborgenen Mechanismen der Macht. Hamburg, S. 13–30.

BOURDIEU, Pierre (2001a): Meditationen. Frankfurt/M.

BOURDIEU, Pierre (2001b): Das politische Feld. In: Ders.: Das politische Feld. Konstanz, S. 41–66.

BOURDIEU, Pierre (2010): Die Doxosophen. In: Ders.: Politik. Schriften zur Politischen Ökonomie 2. Konstanz, S. 223–242.

BOURDIEU, Pierre/Wacquant, Loic (1996): Reflexive Anthropologie. Frankfurt/M.

BREMER, Helmut (2021): Politische Grundbildung: Begründungen und konzeptionelle Überlegungen. In: Zeitschrift für Pädagogik. Alphabetisierung und Grundbildung, 67. Beiheft, S. 166–181.

BREMER, Helmut/Pape, Natalie (2017): Literalität und Partizipation als milieuspezifische soziale Praxis. In Menke, Barbara/Riekmann, Wibke (Hg.): Politische Grundbildung. Schwalbach/Ts., S. 56–73.

CALMBACH, Marc/Borgstedt, Silke (2012): Unsichtbares Politikprogramm? Themenwelten und politisches Interesse von „bildungsfernen" Jugendlichen. In: Kohl, Wiebke/Seibring, Anne (Hg.): „Unsichtbares" Politikprogramm? Bonn, S. 43–80.

ELSÄSSER, Lea/Hense, Svenja/Schäfer, Armin (2017): „Dem Deutschen Volke"? Die ungleiche Responsivität des Bundestags. In: Zeitschrift für Politikwissenschaft 2, S. 161–180.

FRASER, Nancy (2017): Vom Regen des progressiven Neoliberalismus in die Traufe des reaktionären Populismus. In: Geiselberger, Heinrich (Hg.): Die große Regression. Eine internationale Debatte über die geistige Situation der Zeit. Frankfurt/M., S. 77–92.

FREIRE, Paolo (1971): Pädagogik der Unterdrückten. Stuttgart.

HARTMANN, Michael (2018): Die Abgehobenen. Wie die Eliten die Demokratie gefährden. Frankfurt/M. u.a.

KLUGE, Sven (2014): Bourdieu, Habermas und die kritische Pädagogik. In: Bauer, Ullrich u.a. (Hg.): Bourdieu und die Frankfurter Schule: Kritische Gesellschaftstheorie im Zeitalter des Neoliberalismus. Bielefeld, S. 287–314.

MIESEN, Vera (2022): Engagement und Habitus im Alter. Bielefeld.

OPHEYS, Catrin/Bremer, Helmut (2022): Zugänge zur politischen Bildung nach Milieu und Habitus. Ungleichheitssensible politische Bildung mit Geflüchteten. In: Journal für politische Bildung 02, S. 14–20.

ROSSTEUTSCHER, Sigrid/Schäfer, Armin (2016): Asymmetrische Mobilisierung: Wahlkampf und ungleiche Wahlbeteiligung. In: PVS 3, S. 455–483.

SCHNEEKLOTH, Ulrich/Albert, Mathias (2019): Jugend und Politik: Demokratieverständnis und politisches Interesse im Spannungsfeld von Vielfalt, Toleranz und Populismus. In: Hurrelmann, Klaus u. a. (Hg.): Jugend 2019 – 18. Shell Jugendstudie. Weinheim, S. 47–101.

SCHULZ, Raimund (2008): Kleine Geschichte des antiken Griechenland. Stuttgart.

SCHUMPETER, Joseph A. (1980 [1942]): Kapitalismus, Sozialismus und Demokratie. München.

VESTER, Michael (2013): Partizipatorische oder gelenkte Demokratie. In: Bremer, Helmut/Kleemann-Göhring, Mark/Teiwes-Kügler, Christel/Trumann, Jana (Hg.): Politische Bildung zwischen Politisierung, Partizipation und politischem Lernen. Weinheim, S. 52–79.

JÖRG REITZIG

Bildungspolitik als Sozialpolitik – Verteilungs- und Machtkonflikte in der Wissensgesellschaft

In Douglas Adams' ironischem Science-Fiction-Klassiker „Per Anhalter durch die Galaxis" lautet „die Antwort auf die Große Frage nach dem Leben, dem Universum und allem" schlicht *Zweiundvierzig*. In unserer überaus irdischen Realität, die vielfach mit dem Begriff *Wissensgesellschaft* umschrieben wird, lautet die Antwort heute auf (fast) alles: *Bildung*. Sie gilt als Mittel gegen Armut oder Zukunftsängste und wird als der Kern sozialer Herausforderungen der Gegenwart skizziert. Wenn aber Bildung heute die Antwort auf so vieles ist, wie lautet dann die Frage und welches sind die Herausforderungen? Im Folgenden wird *erstens* ein erweitertes (breites) Verständnis von Bildung umrissen, das *zweitens* in einem Spannungsverhältnis zu realen Verteilungs- und Machtverhältnissen steht. Die daraus entspringenden Konflikte markieren *drittens* gesellschaftliche Legitimationsdefizite, die für eine transformationsorientierte kritische politische Bildung relevant sind.

1. Anforderungen an Bildung vs. Investitionen in Bildung

Oskar Negt hat Urteilskraft als das Zentrum von Bildung beschrieben und als ein Vermögen skizziert, die Weltverhältnisse auf die individuellen Lebensverhältnisse beziehen und Zutreffendes von Unzutreffendem unterscheiden zu können. Bei diesem Verständnis von Aufklärung „bleibt der Urteilskraft ein gewisser Spielraum der Reflexion, den nur der urteilende Einzelne ausfüllen kann. Kant nennt das *reflektierende* Urteilskraft, sie geht vom Besonderen aus und entwickelt aus den Strukturgegebenheiten des Besonderen das Allgemeine. Das ist die erweiterte Denkungsart, der Kernpunkt jeder Bildung, die auf Selbstdenken und Mündigkeit geht" (Negt 2016, 18 f.). Bildung erschöpft sich also nicht in der Perspektive einer anzustrebenden und stets unabgeschlossenen Selbstvervollkommnung der Einzelnen. In Anlehnung an Marx (1985, 581) könnte hier vielmehr von einem dialektischen Prozess der „Selbstbejahung, Selbstbestätigung im *Widerspruch* mit sich selbst, sowohl mit dem Wissen als mit dem Wesen des Gegenstands“ die Rede sein. Das mündige Subjekt ist insofern Bildungsziel und Voraussetzung der Zukunftsfähigkeit einer demokratischen Gesellschaftsordnung in einem. Wie die lebendige Arbeit ist daher auch Bildung keine gewöhnliche Ware, deren Bereitstellung und Allokation sich folglich nicht dem Markt überantworten lässt. „Bildungsgüter werden gemeinsam hergestellt und gemeinsam genutzt. Rein privatwirtschaftlich würden sie nur verzerrt angeboten und nachgefragt, weil Marktsignale, die hinreichende Informationen liefern und kreative Reaktionen auslösen, nicht zu Stande kommen. So gibt es aus der Mikroperspektive bereits gute ökonomische Gründe dafür, Bildung öffentlich bereitzustellen oder deren Bereitstellung in öffentlicher Verantwortung zu regeln“ (Ver.di/IGM 2006, 22 f.). Wenn zudem davon ausgegangen werden kann, dass alle Bildung auf den sozialen Raum bezogen und insofern immer soziale Bildung ist, ohne eine feste Verortung im Lebensweg, dann ist die institutionalisierte formale Bildung im Grunde die Ausnahme im Lebenslauf. Der Begriff *Soziale Bildungsarbeit* zielt darauf, Lernen hinsichtlich der sozialen Bedingungen und Verhältnisse zu betrachten und zu gestalten. Dabei kommt der außerschulischen Bildungsarbeit eine große Bedeutung zu. Sie stellt aufgrund ihrer vielfältigen Möglichkeiten ein wichtiges Gegengewicht zu zertifikateorientierten formalisierten Bildungsprozessen und deren Tendenz, soziale Ungleichheiten zu reproduzieren, dar. Bedeutsam ist dabei die Erkenntnis, dass auch „Orte und Räume informeller, alltäglicher, lokaler, kommunaler Aneignungs- und Bildungsprozesse“ (Deinet 2015, 164) zur Bildungslandschaft gehören.

Ein in diesem Sinne erweiterter Bildungsbegriff ist anschlussfähig an das Konzept einer Sozialpolitik als soziale Infrastruktur, als „ein Element radikalreformerischer Demokratisierung gesellschaftlicher Verhältnisse“ (Martin/Wissel 2018, 214). Reformpolitisch zielt das darauf, den Zugang zu sozialpolitischen Ressourcen bzw. dem Sozialeigentum vom individuellen Zugang zu Lohnarbeit zu entkoppeln und so sicherzustellen, dass der Reichtum, den die hohe Produktivität lebendiger Arbeit ermöglicht, auch einem hohen Niveau kollektiven Wohlstands zugutekommt, statt die Kluft von Arm und Reich immer weiter zu vergrößern. Radikal ist diese Transformationsperspektive, weil sie auf den strukturellen Abbau der Wurzeln sozialer Ungleichheit zielt. Mit einem erweiterten Bildungsbegriff erweitern sich aber auch die Aufgaben einer investiven (Bildungs-)Sozialpolitik. Diesem Wachstum von Bildungsaufgaben steht jedoch eine bereits jetzt unzureichende Entwicklung öffentlicher Bildungsinvestitionen gegenüber. In Deutschland lag der Anteil öffentlicher Bildungsausgaben nach Angaben des Statistischen Bundesamts 2010 bei 4,1 Prozent und 2021 bei 4,7 Prozent vom Bruttoinlandsprodukt (BIP). Das ist selbst im Vergleich mit anderen EU-Staaten unterdurchschnittlich (Heintze u.a. 2020, 16). Die Ursachen dafür liegen nicht in äußeren Faktoren, sondern in den politischen Weichenstellungen der demokratisch gewählten Regierungen selbst.

2. Entkultivierungstendenzen und Verteilungsfragen

Im Zuge der neoliberalen Politik der Ökonomisierung und Deregulierung von Märkten und der Ausweitung marktwirtschaftlich-wettbewerblicher Steuerung erodieren die sozialen Voraussetzungen, auf denen demokratische Gesellschaftsordnungen beruhen. Diese Erosion ist nicht als ‚Webfehler' der Demokratie zu begreifen, sondern resultiert aus einer „teils bewussten, teils fahrlässigen Preisgabe von staatlichen Regulierungs-, Steuer- und Korrekturkapazitäten gegenüber einer Ökonomie […], die strukturell sozioökonomische Ungleichheiten produziert und das fundamentale Demokratieprinzip politischer Gleichheit schleift" (Merkel 2016, 18). Ein Ausdruck davon ist die wachsende Verachtung gegenüber den weniger begüterten Gesellschaftsschichten. Besonders denkwürdig ist in diesem Zusammenhang die gescheiterte Primarschulreform in Hamburg 2010, bei der eine bürgerliche Initiative einen Volksentscheid gegen die Verlängerung der Grundschule von vier auf sechs Jahren herbeiführte – und gewann. Vor allem Kinder mit schlechteren Bildungszugängen sollten durch eine längere Grundschulzeit bessere Chancen erhalten. Dass dann aber auch die Kinder aus bessergestellten Schichten zwei Jahre länger mit diesen Kindern verbringen müssten, war jenen Schichten so sehr ein Dorn im Auge, dass sie das Projekt zum Scheitern brachten. Entschieden wurde die Abstimmung letztlich durch die überdurchschnittliche Wahlbeteiligung in Hamburgs ‚besseren' Stadtvierteln an Elbe und Alster. In ärmeren Wohnquartieren beteiligte sich hingegen teilweise nicht einmal ein Viertel der Abstimmungsberechtigten.

Solche Erscheinungsformen ‚bürgerlicher Entkultivierung' (Heitmeyer) können schon deshalb nicht als regionale Entgleisungen abgetan werden, weil Deutschland inzwischen zu einer der am stärksten durch Ungleichheit geprägten Gesellschaften in Europa geworden ist. Während die Armutsquote in den ersten zwei Jahrzehnten des 21. Jahrhunderts auf über 16 Prozent geklettert ist, besitzt das reichste Prozent unter den Vermögenden inzwischen genauso viel wie 87 Prozent der Gesamtbevölkerung (DGB 2021, 9). Corona hat diese Verhältnisse weiter zugespitzt: Das Vermögen der reichsten zehn Personen stieg zwischen Pandemiebeginn 2020 und Jahresende 2021 um ca. 78 Prozent. Ein Zugewinn, der, für sich genommen, schon dem gesamten Vermögen der unteren 40 Prozent der Bevölkerung entspricht (Oxfam 2019/2022). Gleichzeitig werden die Reichen und Hochvermögenden zunehmend weniger an der Finanzierung des Gemeinwesens beteiligt. Seit der Aussetzung der Vermögensteuer 1995 ist der Anteil vermögensbezogener Steuern am Gesamtsteueraufkommen in Deutschland auf 2,7 Prozent gesunken. Würde er hierzulande wenigstens auf den Durchschnitt der OECD-Staaten angehoben, ergäben sich zusätzlich Steuereinnahmen von über 30 Mrd. € jährlich (DGB 2021, 9). Auch eine angemessene Erhöhung der Erbschaftssteuer ist überfällig. Selbst vorsichtigen Berechnungen zufolge wären dadurch jährliche Mehreinnahmen von fast 30 Mrd. € möglich (Bach/Eichfelder 2021). Eine einmalige Abgabe auf die stark gewachsenen Vermögen könnte eine Gesamtsumme von bis zu 384 Mrd. € erbringen (DIW 2021, 813). Die Finanzierung des überfälligen Ausbaus frühkindlicher Bildung, von Ganztagsschulen sowie eine hinreichende Ausstattung von Hochschulen in Deutschland, wofür ein Investitionsvolumen von rund 110 Mrd. € veranschlagt wird (Dullien u.a. 2020, 13), ist insofern vor allem eine Frage der Verteilung des gesellschaftlichen Reichtums.

Doch statt Schritte zu einer angemessenen Beteiligung der Vermögenden an der Finanzierung sozialer Infrastrukturen geschieht das Gegenteil. Nach jeder Krise werden die Reichen reicher und die Armen ärmer. Rund 59 Mrd. € hat der Rettungsschirm für Banken nach der Finanzkrise 2008 gekostet (Pfeiffer 2018) und ca. 330 Mrd. € die Bekämpfung der Coronapandemie ab 2020 (Wirtschaftswoche 2022). Und nun, in der Krise der Globalisierung seit dem russischen Angriff auf die Ukraine im Februar 2022, steht militärische Aufrüstung ganz oben auf der Agenda staatlicher Ausgabenpolitik. „Rüstungskonzern im Aufschwung" titelte die „Frankfurter Allgemeine Zeitung" Anfang Mai desselben Jahres in ihrem Online-Portal FAZ.NET hinsichtlich der Gewinnerwartungen der Firma Rheinmetall. Bereits 2019 hatte das Niveau der weltweiten Militärausgaben mit 2,2 Prozent des globalen BIP einen Höchstwert seit dem Ende des Kalten Krieges erreicht. Der größte Anteil daran entfiel auf die NATO-Staaten – darunter auch Deutschland (ZEIT online 2020). Nach Kriegsbeginn in der Ukraine kündigte die Bundesregierung im Handstreich die Einrichtung eines Sondervermögens für die Aufrüstung der Bundeswehr in Höhe von 100 Mrd. € an. Das entspricht fast dem Fünffachen der Summe (20,7 Mrd. €), die im Haushalt 2021 für Bildung und Forschung vorgesehen war. Rechnet man die zusätzlich angekündigte Erhöhung des Verteidigungsetats (2021: 46,9 Mrd. €) auf einen Wert von 2 Prozent des BIP hinzu, was jährliche Mehrausgaben in Höhe von ungefähr 25 Mrd. € und einem Gesamtetat von dann rund 71 Mrd. € jährlich bedeutet, so ist es in nur fünf Jahren sogar ein Zehnfaches dieses Etats für Bildung und Forschung. Anders ausgedrückt:

Diese zusätzlichen 225 Mrd. € für die Rüstung entsprächen grob geschätzt rund 100.000 zusätzlichen Vollzeitstellen für Lehrkräfte an Grundschulen oder etwa 120.000 Sozialarbeitsstellen (bei Vollzeitbeschäftigung über eine Dauer von 40 Jahren).

3. Transformation und (De-)Legitimation

Sicherlich, solche Gegenüberstellungen werden rasch als unrealistischer und weltfremder Pazifismus tituliert – das dürfte sich heute gegenüber früheren Zeiten kaum geändert haben. John Rawls, der große US-amerikanische Philosoph und Theoretiker einer Konzeption von Gerechtigkeit als Fairness, argumentierte demgegenüber – übrigens zu Hochzeiten des Krieges der USA in Vietnam Anfang der 1970er-Jahre –, dass Pazifismus und Kriegsdienstverweigerung zwar eine wenig realistische und die Staatsräson kaum gefährdende Position darstellen, der gleichwohl aber ein hohes Zivilisierungspotenzial innewohne – nicht nur im Hinblick auf die Delegitimierung ungerechter Kriege. Denn, so Rawls (1975, 420), „(a)ngesichts der oft räuberischen Ziele der Staatsmacht und der Neigung der Menschen, die Entscheidung über Krieg und Frieden ihrer Regierung zu überlassen, ist eine allgemeine Bereitschaft zum Widerstand gegen die Forderungen des Staates umso nötiger." Eine kritische politische Bildung tut also gut dran, derartige Fragen aufzuwerfen. Gerade wenn und weil die Zeit dafür nicht eben günstig scheint und die Diffamierungen entsprechender Forderungen erwartbar. Denn Verteilungsfragen sind bekanntlich Machtfragen und unterliegen – zumindest in demokratietheoretischer Hinsicht – somit einem gewissen Legitimationsbedarf. Und Legitimationsdefizite markieren zumeist Bruchstellen gesellschaftlicher Hegemonie. So ist es nicht verwunderlich, dass es auch bei Fragen der Bildung immer wieder zu paradoxen Argumentationen kommt. Der Ökonom Marcel Fratzscher etwa konstatiert, dass das Bildungssystem in Deutschland „diejenigen Kinder und Jugendlichen zu wenig fördert, die am meisten auf Hilfe angewiesen sind" (Fratzscher 2017). Er fordert eine staatliche Investitionsoffensive für ein leistungsfähigeres und inklusiveres Bildungssystem, kommt aber gleich im nächsten Satz zu der Folgerung, dass mehr Umverteilung keine Lösung des Problems darstelle. Wie jedoch eine bessere Teilhabe ohne mehr Lehrer:innen und andere Pädagog:innen, ohne den Ausbau der öffentlichen Bildungslandschaft und die Verfügbarmachung entsprechender Mittel aussehen kann, bleibt ebenso offen wie die Frage, auf welchem Weg die dafür erforderlichen Finanzen aufgebracht werden sollen, wenn nicht durch Steuern und Abgaben – also durch Umverteilung.

Amartya Sen und Martha Nussbaum haben argumentiert, dass fehlende Teilhabe einen „Mangel an Verwirklichungschancen“ (Sen 2000, 110) und diese den Kern der Frage der sozialen Gerechtigkeit darstellt. Unter kapitalistischen Bedingungen ist demnach die Regulierung von Märkten eine Mindestbedingung, die gewährleistet sein muss, damit grundlegende Ansprüche von Menschen sichergestellt werden können. Dieser sogenannte Capability-Approach lässt sich durchaus mit dem Ansatz der sozialen Infrastruktur verbinden. Der Vorzug einer solchen Perspektive in Bezug auf das Bildungssystem ist einerseits, dass sie den Blick auf die Entwicklung menschlicher Fähigkeiten „um ihrer selbst willen“ (Sauerwein/Vieluf 2021, 113) richtet und aus der ideologischen Verengung auf die Ausbildung von Humankapital befreit. Statt der Reduktion auf gleiche Chancen stehen hier die Ermöglichungsbedingungen, die eigenen Befähigungen tatsächlich auszubilden, im Vordergrund. Wenngleich sich so gewisse Mindestniveaus im Bildungswesen begründen lassen, wären andererseits eine Elitenbildung und damit verbundene Besserstellungen aber dennoch nicht delegitimiert, solange im Allgemeinen „die als hinreichend beschriebenen Bedingungen für Bildungsprozesse vorhanden sind sowie die erreichten Capabilities ein zuvor definiertes Mindestmaß überschreiten“ (ebd., 112). Insofern verdeutlichen solche Operationalisierungsversuche auch, dass es keine Definition von Gerechtigkeit geben wird, die es den Subalternen abnimmt, um die angemessene Teilhabe an den gesellschaftlichen Möglichkeiten zu ringen, wo sie dieses als ihr gutes Recht erkennen. Und jede Analyse der Gegenwart, „die Begriffe der Bildung und des Lernens als konstitutive Momente in sich trägt, ist deshalb mit einer zentralen Frage konfrontiert: „*Wo ist der Ort, und wann ist es höchste Zeit, durch politischen Eingriff eine Wende herbeizuführen, um eine auf gesellschaftliche Katastrophen und auf kollektives Unglück hinsteuernde Entwicklungslogik zu unterbrechen*“ (Negt 2016, 14, Herv. i. Orig.)? Interessen verstehen und erkennen können, darauf basiert jede transformative Bewegung.

Literatur

BACH, Stefan/Eichfelder, Sebastian (2021): Steuervorteile begünstigen Reiche. In: Süddeutsche Zeitung vom 13.09. Online: https://www.sueddeutsche.de/wirtschaft/immobilien-steuern-sparen-share-deals-1.5407921 (Zugriff: 20.07.2023).

DEINET, Ulrich (2015): Raumaneignung als Bildung im Stadtraum. In: Coelen, Thomas u.a. (Hg.): Stadtbaustein Bildung. Wiesbaden, S. 159–165.

DGB – Deutscher Gewerkschaftsbund (2021): Verteilungsbericht 2021: Ungleichheit in Zeiten von Corona. Berlin. Online: https://www.dgb.de/themen/++co++37f4eb9a-5bc3-11eb-ac48-001a4a160123 (Zugriff: 20.07.2023).

DIW – Deutsches Institut für Wirtschaftsforschung (2021): Grunderbe und Vermögensteuern können die Vermögensungleichheit verringern. DIW-Wochenbericht, 50, S. 808–815.

DULLIEN, Sebastian u.a. (2020): Wirtschaftspolitische Herausforderungen 2020 – Im Zeichen des Klimawandels. IMK-Report 155 (hg. v. Institut für Makroökonomie und Konjunkturforschung). Düsseldorf.

FRATZSCHER, Marcel (2017): Man muss nicht nehmen, um zu geben. In: ZEIT online: https://www.zeit.de/wirtschaft/2017-03/soziale-ungleichheit-gerechtigkeit-vermoegen-einkommen (Zugriff: 20.07.2023).

HEINTZE, Cornelia u.a. (2020): Die Beschäftigungslücke in der sozialen Infrastruktur. Online: https://www.rosalux.de/fileadmin/rls_uploads/pdfs/Studien/Studien_2-20_Beschaeftigungsluecke.pdf (Zugriff: 20.07.2023).

MARTIN, Dirk/Wissel, Jens (2018): Soziale Infrastruktur als sozialpolitisches Transformationskonzept. In: Brand, Ulrich/Görg, Christoph (Hg.): Zur Aktualität der Staatsform. Die materialistische Staatstheorie von Joachim Hirsch. Baden-Baden, S. 201–217.

MARX, Karl (1985): Ökonomisch-philosophische Manuskripte aus dem Jahre 1844. In: Marx, Karl/Engels, Friedrich: Werke (MEW). Band 40. Berlin, S. 465–588.

MERKEL, Wolfgang (2016): Ungleichheit als Krankheit der Demokratie. In: Neue Gesellschaft-Frankfurter Hefte 06, S. 14–19.

NEGT, Oskar (2016): Versuch eine Ortsbestimmung der politischen Bildung. In: Hufer, Klaus-Peter/Lange, Dirk (Hg.): Handbuch politische Erwachsenenbildung. Schwalbach/Ts., S. 10–20.

OXFAM (2019/2022): Jeweilige Ausgaben der jährlich erscheinenden Ungleichheitsberichte von Oxfam. Berlin. Online: https://www.oxfam.de/unsere-arbeit/themen/soziale-ungleichheit (Zugriff: 20.07.2023).

PFEIFFER, Hermannus (2018): Was kostet uns die Bankenrettung? In: neues deutschland vom 14.09. Online: https://www.nd-aktuell.de/artikel/1100361.rettungsschirm-fuer-banken-was-kostet-uns-die-bankenrettung.html (Zugriff: 20.07.2023).

RAWLS, John (1975): Eine Theorie der Gerechtigkeit. Frankfurt/M.

SAUERWEIN, Markus N./Vieluf, Svenja (2021): Der Capability Approach als theoretisch-normative Grundlage für das Monitoring von Bildungsgerechtigkeit. In: DDS – Die Deutsche Schule 01, S. 101–117.

SEN, Amartya (2000): Ökonomie für den Menschen. München.

VER.DI/IGM – Vereinte Dienstleistungsgewerkschaft/Industriegewerkschaft Metall (2006): Bildung ist keine Ware – Wie wir morgen arbeiten, leben und lernen wollen. Berlin. Online: http://www.netzwerk-weiterbildung.info/upload/m43e0a33ec1a70_verweis1.pdf (Zugriff: 20.07.2023).

WIRTSCHAFTSWOCHE (2022): Corona – „Die schwerste Weltwirtschaftskrise seit der Großen Depression in den 30er Jahren". Online: https://www.wiwo.de/corona-die-schwerste-welt wirtschaftskrise-seit-der-grossen-depression-in-den-30er-jahren/28077590.html (Zugriff: 20.07.2023).

ZEIT online (2020): Friedensforschungsinstitut Sipri – Starker Anstieg der Rüstungsausgaben. Online:https://www.zeit.de/politik/ausland/2020-04/friedensforschungsinstitut-sipri-militaer ausgaben-hoechststand (Zugriff: 20.07.2023).

FRANZISKA MÜLLER, MIRIAM FRIZ TRZECIAK

Post- und dekoloniale Perspektiven und Praxisfelder für kritische politische Bildung

Politische Bildung pluralisiert und diversifiziert sich. Themenfelder wie Adressat*innenkreise verschieben sich. Politische Bildung greift neue Themen auf und reflektiert dabei, welche Blickwinkel lange Zeit vernachlässigt geblieben sind oder gar aktiv ignoriert wurden. Dies betrifft insbesondere die deutsche Kolonialgeschichte. Auch im Jahre 2023 ist die BRD durchzogen von 635 Bismarckstraßen und überragt von 146 Bismarcktürmen. Sieben Straßen und Plätze ehren den Mediziner Samuel Thomas Soemmerring, der durch eine anatomische Studie die naturwissenschaftliche Grundlage für Rassentheorien schuf. Im öffentlichen Raum präsent, jedoch in Bildungskontexten noch zu wenig repräsentiert, ist der Umgang mit der deutschen Kolonialgeschichte eines der Themen, mit denen sich kritische politische Bildung nun zu beschäftigen beginnt. ‚Kolonialität' als Konzept umfasst aber noch weit mehr Themenfelder, sei es der ungleiche Welthandel, das Auseinanderklaffen zwischen Verantwortung für und Betroffenheit durch die Klimakrise, seien es neokoloniale Tendenzen etwa in Konflikten um knappe Energieressourcen, oder sei es die eigene koloniale Familiengeschichte.

Gleichzeitig ergeben sich aber auch Erweiterungen im Adressat*innenkreis. Viele Jahrzehnte lang adressierte die politische Bildung ein relativ homogenes Subjekt: Schüler*innen, selbst wenn sie ganz unterschiedliche Bildungseinrichtungen besuchten, wurden als *weiß* imaginiert. Hingegen blieben etwa migrantische, migrantisierte, afrodeutsche, asiatischdeutsche, Rromnja- oder jüdische Bildungsbiografien und -perspektiven randständig. Im Zuge der Aufarbeitung und Sichtbarmachung der Geschichte der Arbeitsmigration in die BRD (und auch in die DDR bis 1990) hat sich dieses Bild allmählich gewandelt. Die Erkenntnis, dass die heutige BRD ein Einwanderungsland ist, hat sich nach und nach auch auf Gegenstände und Zielgruppen der politischen Bildung ausgewirkt. Vielfach resultierte dies aber in einer im Kern neoliberalen Zelebrierung ‚kultureller Vielfalt'. Diese spricht zwar ganz unterschiedliche Bildungssubjekte an, bleibt aber in ihrer Begeisterung über ‚Diversity' oberflächlich. Neoliberale

Bildungskonzepte folgen einem immer noch homogenen Verständnis von ‚Kulturräumen' oder ‚Interkulturalität' und tragen nur geringfügig dazu bei, Rassismen oder Klassismen abzubauen.

Ansätze kritischer politischer Bildung fußen hingegen auf einem herrschafts- und machtkritischen Bildungsanspruch. Hier knüpfen auch postkoloniale oder dekoloniale Perspektiven auf politische Bildung an. Dies ist beispielsweise der Fall, wenn sie in die Kolonialität der Gegenwart intervenieren, dazu aufrufen, eigene Privilegien zu reflektieren oder systematisch an deren Abbau zu arbeiten. Im Folgenden werden zunächst einige Denkfiguren und Debattenstränge postkolonialer und dekolonialer Theorie mit dem Ziel dargestellt, Besonderheiten und Herausforderungen für das Arbeiten mit solchen Perspektiven sichtbar zu machen. Daran anschließend werden konkrete Themenfelder einer postkolonialen und dekolonialen kritischen politischen Bildung vorgestellt.

1. Postkolonialität und Dekolonialität in der kritischen politischen Bildung

Postkoloniale und dekoloniale Bildungsarbeit im Globalen Norden zielt darauf ab, Wahrnehmungsmuster innerhalb einer kolonial geprägten und rassialisierten Gesellschaft zu verschieben und damit einen epistemischen Wandel hinsichtlich hegemonialer Herrschafts- und Machtverhältnisse anzustoßen. Sie macht verschüttetes, verdrängtes oder ent-innertes sowie nicht-hegemoniales Wissen und Erleben sichtbar und verortet es wieder im gegenwärtigen sozialen Raum. Sie lädt ein, sich mit eigenen Verstrickungen in koloniale Vergangenheit und postkoloniale Gegenwart auseinanderzusetzen. Sie kann Empowerment und Prozesse der Wiedergutmachung für Personen, die Rassismus erleben, ermöglichen; gleichzeitig kann sie dafür sensibilisieren, neokoloniale und rassialisierende Praxen zu identifizieren und ihnen entgegenzutreten.

Hierfür greifen Ansätze der kritischen und herrschafts- wie machtsensiblen Bildungsarbeit Überlegungen aus der postkolonialen und dekolonialen Theorie auf. Post- und dekoloniale Ansätze unterscheiden sich aufgrund ihrer geografischen, politischen, theoretisch-konzeptuellen sowie disziplinären Bezugnahmen zum Teil stark voneinander. Ihnen gemeinsam ist, dass beide Theoriestränge das Fortwirken kolonialer Strukturen auch nach dem formalen Ende kolonialer Herrschaft betonen. So richtet das Präfix ‚post' seinen Fokus auf Prozesse, Strukturen und Vorstellungen, die ihren Ursprung in der europäischen Kolonialisierung haben und bis heute in ehemalig kolonialisierten wie auch in kolonisierenden Ländern wirkmächtig sind. Postkoloniale Theorien untersuchen entsprechend die Konstruktion von Andersartigkeit (Othering) und die Herstellung binärer Dichotomien innerhalb einer hierarchisch angelegten Ordnung (vgl. Said 1978). Sie dekonstruieren koloniale Diskurse und Vorstellungen. Ferner richten sie ihr Augenmerk auf die Repräsentation, aber auch den Ausschluss subalterner Stimmen aus Diskursen (vgl. Spivak 2008). Viele der klassischen Vertreter*innen der postkolonialen Studien (wie Stuart Hall, Gayatri Spivak, Homi Bhabha oder Edward Said) sind im Bereich der Literatur- und Kulturwissenschaften verortet und beziehen sich mit ihren Studien auf Erfahrungen der Diaspora aus englischsprachigen Ex-Kolonien wie Jamaika, Indien oder Palästina.

Vertreter*innen der Dekolonisierung und Dekolonialität knüpfen demgegenüber intensiver an die Erfahrungen von Befreiungsbewegungen aus dem Globalen Süden an. Viele der einschlägigen Studien setzen an den Erfahrungen und spezifischen Wissensbeständen des lateinamerikanischen Kontextes (Abya Yala) an. Gleichzeitig sind sie vergleichsweise stärker sozialwissenschaftlich ausgerichtet und greifen auf Debatten aus der Weltsystemtheorie in Anlehnung an den US-amerikanischen Soziologen Immanuel Wallerstein zurück. Im Zentrum dekolonialer Theorien steht das Konzept eines bis heute wirkmächtigen kolonialen Machtmusters, über das die ‚Kolonialität der Macht', die ‚Kolonialität des Wissens' und die ‚Kolonialität des Seins' geregelt und reproduziert wird (Quijano 2000, Grosfoguel 2007, Maldonado-Torres 2016). Damit eng verbunden ist eine epistemologische Kritik, die sich auf die Errichtung kolonialer Wissensordnungen bezieht, gestützt auf das Gedankengut der Aufklärung, dem alternative *Indigene* Wissensordnungen und Kosmovisionen gegenübergestellt werden (Bhambra 2014). Ein bedeutender Bezugspunkt sind hierbei Praxen antikolonialer Widerstands- und Befreiungsbewegungen – seien es Indigene Aufstände gegen die Conquista, die haitianische Revolution 1791, der Maji-Maji-Krieg in Deutsch-Ostafrika von 1905 bis 1907, der Algerienkrieg von 1954 bis 1962 oder der zapatistische Aufstand seit 1994 – sowie deren Reflexion in den Arbeiten von Aimé Césaire, Frantz Fanon oder Che Guevara (Boatcă 2015).

Für eine postkoloniale Bildungspraxis lassen sich anknüpfend an die Arbeiten Gayatri Spivaks (2005: 548, 556 f.) und Ilan Kapoors (2004) vier Postulate benennen: Bildung soll (1) eine selbstkritische Reflexion – in diesem Fall bezogen auf Kolonialität und neokoloniale Praxen – ermöglichen; (2) zur Reflexion von Privilegien auf Seiten der Bildungssubjekte einladen; (3) zum „Verlernen" von Eurozentrismen befähigen und für die Artikulationen subalterner/marginalisierter Sprecher*innen sensibilisieren; und schließlich (4) als offener Prozess konzeptualisiert sein, der Raum für Irritationen lässt und sich gegen allzu einfache Aneignung und Indienstnahme sträubt (vgl. Matz et al. 2017). Aparna Mishra Tarc (2009, 201) bezeichnet dies als eine Praxis von „re-education", verstanden als „a way of responding to and showing concern for the lives of others. Re-education redevelops within us our human capacity for responding to and feeling for others by virtue of being born from and dependent on others." Diese Formen des Umlernens stellen die Momente und Fähigkeit der Empathie in den Vordergrund; nicht die Ideen des Fortschritts und der Rationalität (‚development'), sondern das Wissen und Fühlen um eine zwischenmenschliche Verbundenheit und Abhängigkeit zielen auf die Transformation sozialer Beziehungen (‚re-development').

Malte Kleinschmidt (2021, 304–540) formuliert auf dieser Grundlage vier Dimensionen, entlang denen postkoloniale und dekoloniale politische Bildungsarbeit operiert: (1) Geteilte Geschichte in einer postkolonialen Welt, d.h. ein Verständnis, das globale Geschichte als Produkt von Verflechtungen und eben nicht als exklusive europäische oder deutsche Geschichte beschreibt; (2) Geteilte Gegenwart in einer neokolonialen Welt; d.h. mit Blick auf gegenwärtige Machtverhältnisse und deren postkoloniale oder neokoloniale Strukturen; (3) Geteilte Zugehörigkeiten innerhalb der Migrationsgesellschaft, die durch das Erleben von Rassismuserfahrungen und durch *weiße* Dominanzkultur gekennzeichnet ist; und (4) Geteilte Episteme in einer zu dekolonisierenden Welt, d.h. die Überwindung einer eurozentrischen Wissensproduktion und ihrer Wissensordnungen.

2. Politische Bildung goes postkolonial: Themenfelder

Die Postulate postkolonialer und dekolonialer politischer Bildung finden in vielen alltäglichen Themenfeldern Einzug. Im Folgenden werden drei Felder – Stadtgeschichte, Weltwirtschaft sowie Familiengeschichte – beispielhaft vorgestellt. Sie nehmen jeweils, wenngleich mit unterschiedlich starker Schwerpunktsetzung, auf die vier Ansprüche an eine dekoloniale politische Bildung Bezug und wenden unterschiedliche didaktische Ansätze an.

Für eine *Auseinandersetzung mit deutschem Kolonialismus und postkolonialer Gegenwart* eignen sich *post- und dekoloniale Stadtrundgänge*, die seit rund 15 Jahren in vielen deutschen Städten (u.a. Berlin, Hamburg, Göttingen, Kassel, Frankfurt, Cottbus, Freiburg, München) angeboten werden. Sie greifen in ihrem praxisbezogenen Zuschnitt Debatten aus der politischen Bildung, der Globalgeschichte und den postkolonialen Studien auf. Im Rahmen dieses Lernarrangements (vgl. Emde/Kaufmann in diesem Band) werden unterschiedliche Orte im

Stadtraum angesteuert. Dies umfasst beispielhafte Veranschaulichungen durch die Expert*innen an exemplarischen Orten, bei denen die Rezipient*innen zuhören, sich gedanklich auseinandersetzen und neue Informationen in das eigene Wissensnetz integrieren (vgl. Emde 2022). Über Rechercheaufträge können die Teilnehmer*innen motiviert werden, lokale politische Phänomene zu erschließen, zu deuten und über Hashtags, Videos oder Blogbeitrage zugänglich zu machen. Politische Stadtrundgänge folgen somit einer partizipativ-aktionsorientierten Praxis, sie können zu einer alternativen Raumaneignung sowie kritischen Gegenöffentlichkeit beitragen. Sie restrukturieren den öffentlichen Raum und durchkreuzen die hegemoniale Geschichtsschreibung. Sie sollen irritieren, indem gerade auch an provinziell anmutenden Orten die globalgeschichtlichen Verstrickungen mit dem deutschen Kolonialismus und seinem Weiterwirken bis in die Gegenwart offengelegt werden.

Ein Beispiel dafür ist die Station „Naturkundemuseum/Bergpark Wilhelmshöhe“ im Rundgang der Gruppe kassel postkolonial (http://kassel-postkolonial.de): Der Bergpark Wilhelmshöhe ist Weltkulturerbe der UNESCO und repräsentiert als Landschaftspark ein im Zeitalter der Aufklärung erwachtes Interesse an ungezähmter, wild wirkender Natur. Der Bergpark und insbesondere die dort befindlichen höfischen Bauten waren aber auch Schauplatz einer meist im Verborgenen bleibenden Gegenerzählung, die geprägt ist von rassistischen Denkweisen und Handlungen. Der Landesfürst Friedrich II. beschäftigte bei Hofe und in seinem Leibgarderegiment Schwarze Menschen. Die insgesamt etwa 50 Personen gelangten teils über hessische Offiziere aus dem amerikanischen Unabhängigkeitskrieg nach Kassel, teils wurden sie bei niederländischen Händlern erworben und ‚freigekauft‘. Sie waren regulär besoldet, wurden allerdings durch auffällige Kleidung in exotisierender Weise zur Schau gestellt und befanden sich in einem privilegierten Abhängigkeitsverhältnis. Einige von ihnen arbeiteten 1781 im unteren Teil des Bergparks im „chinesischen“ Dorf Mulang, das idyllisches Landleben demonstrieren sollte. Die Körper von mindestens fünf Schwarzen Personen, unter ihnen auch ein Säugling, wurden nach ihrem Tod für anatomische Studien verwendet. Durchgeführt wurden diese durch den Anatom Samuel Thomas Soemmerring, der zwischen 1779 und 1784 am Kasseler Collegium Carolinum lehrte. Über den Verbleib der sterblichen Überreste oder über eine würdige Bestattung der sezierten menschlichen Körper ist wenig bekannt. Soemmerrings Studie trug – obwohl sie bereits damals umstritten war – dazu bei, die Theorie des ‚wissenschaftlichen Rassismus‘ salonfähig zu machen und kolonialrassistisches Handeln zu legitimieren.

Um *ungerechte Strukturen der Weltwirtschaft* offenzulegen und koloniale Strukturen der politischen Ökonomie zu erfassen, bietet *eine Spurensuche entlang der Wertschöpfungsketten alltäglicher und regelmäßig konsumierter Produkte* viele Anknüpfungspunkte. So zeigen die Wertschöpfungskette von Schokolade und v.a. eine Recherche für unterschiedliche Schokoladensorten, inwieweit koloniale Handelsstrukturen auch heute noch wirkmächtig sind. Dies wird sichtbar darin, dass für die Länder Côte d'Ivoire und Ghana Kakao weiterhin eines der wichtigsten Exportgüter ist, die schwankenden Weltmarktpreise machen jedoch die Erlöse und damit die Staatseinnahmen unkalkulierbar. Obwohl Fertigungskapazitäten in den Ländern vorhanden wären, erfolgt der Großteil der Wertschöpfung nicht dort, sondern an anderen Standorten entlang der Produktionskette. Während der Wert der globalen Schokoladenproduktion mit 150 Mrd. US$ beziffert wird, entfallen hiervon nur 6 Mrd. US$ auf Westafrika, da die Verarbeitungstiefe gering ist (van Huellen/Abubakar 2021). Des Weiteren wird sichtbar, dass viele bekannte Marken wie Milka, Lindt oder Ritter Sport lediglich Selbstverpflichtungen eingegangen sind und zwar über Monitoringsysteme verfügen, nicht aber Fair-Trade-Siegeln beigetreten sind. Drittens zeigt eine Marke wie FairAfric wie auch die Ankündigung Ghanas, mittelfristig nur noch verarbeitete Schokoladenerzeugnisse exportieren zu wollen, dass eine ‚Dekolonisierung' der Schokoladenproduktion – d.h. das Loslösen aus nachkolonialen Produktionsstrukturen – möglich ist, indem die eigene Handelsmacht strategisch genutzt und eine landeseigene Produktionsstruktur aufgebaut wird.

Die *Auseinandersetzung mit eigenen familiären Verstrickungen in koloniale Herrschaft* stellt bisher eine Leerstelle in der Bildungsarbeit dar. Während NS-Täter*innenschaft mittlerweile breit reflektiert wird und hierfür Konzepte wie Biografiearbeit, Archivstudien, Gedenkstättenpädagogik oder transgenerationale Bearbeitung von Traumata für Kriegskinder und Kriegsenkel zur Verfügung stehen, ist ein ähnlich kritischer Umgang mit kolonialer Familiengeschichte bisher kaum festzustellen. Möglichkeiten, diese verschütteten Erinnerungen wieder sichtbar zu machen und sich historischer Verantwortung anzunähern, bestehen beispielsweise darin, Emigrationsgeschichten nach Kanada und in die USA aufzuarbeiten. Dabei gilt es, zu prüfen, wer im eigenen Familienstammbaum ausgewandert ist und inwieweit die vermeintliche Erfolgsgeschichte des sprichwörtlichen „Onkels aus Amerika" auch mit der Übernahme siedlungskolonialer Privilegien verbunden ist (Gilio-Whitacker 2018) – darunter die Chance auf politische Repräsentation, auf freie Religionsausübung, auf Zugang zu Bildung und Landbesitz. Tatsächlich stellt die deutsche Auswanderung etwa nach Ohio oder North Dakota eine der bedeutendsten Auswanderungswellen dar. Insbesondere aus dem heutigen Baden-Württemberg, Bayern und Hessen emigrierten Familien, teils aufgrund religiöser Diskriminierung, teils aufgrund von Verarmung. Parallel dazu wurden hessische Soldaten als Söldner an das britische Empire verkauft und in die amerikanischen Unabhängigkeitskriege geschickt. Die in Deutschland Verfolgten und Verarmten waren auf der anderen Seite des Atlantiks in ihrer Rolle als Siedler*innen und Soldaten daran beteiligt, Indigene zu verfolgen und zu vertreiben, sich Land anzueignen und zu kommodifizieren (d.h. zur Ware zu machen), Ökosysteme durch Besiedelung, Ackerbau und Bejagung zu vernichten sowie durch Infrastrukturprojekte wie den Eisenbahnbau die Kolonisierung voranzutreiben. Sie tragen damit eine Schuld und Mitverantwortung für das durch Siedlungskolonialismus verursachte Leid und Unrecht. Ähnliche Verstrickungen in koloniale Herrschaft finden sich, wenn Familienmitglieder administrativ, militärisch oder (land-)wirtschaftlich in deutschen Kolonien tätig waren und sich beispielsweise am Genozid an den Herero und Nama in der damaligen Kolonie Deutsch-Südwestafrika, dem heutigen Namibia, beteiligt haben, als Koloniallandwirt*innen Plantagen bewirtschaftet haben oder missionarisch tätig waren bzw. sind. Die hiesige Erinnerungskultur blendet jedoch siedlungskoloniale bzw. deutsch-koloniale Schuld und Verantwortung gerade auf einer persönlichen und familiären Ebene weitgehend aus. An dieser Stelle kann eine dekoloniale politische Bildungsarbeit es ermöglichen, Verbindungslinien zu ziehen, sich der eigenen Geschichte zu stellen und eigene Aufarbeitungsstrategien zu entwickeln.

3. Ausblick

Post- und dekoloniale politische Bildung findet in vielen Themenfeldern Raum. Darüber hinaus nimmt sie aber auch die Bildungsinstitutionen selbst in den Blick, um auf das Fortwirken von epistemischen und institutionellen Rassismen, etwa in Form von Curricula, durch die Konzeption von Schulbüchern, Lernarrangements, die Ausbildung von Lehrkräften und die Fachdidaktik hinzuweisen. Die Protestbewegung #RhodesMustFall hat einen transnationalen Impuls angestoßen, um das Bildungssystem selbst zum Ziel dekolonisierender Aktivitäten zu machen. Dieser Prozess ist einerseits erfolgversprechend, aber auch insofern zum Scheitern verurteilt, als institutioneller Wandel innerhalb neoliberalisierter Bildungsinstitutionen tendenziell Protest integriert und kooptiert. Mit mehr Diversifizierung und mehr Awareness ist allzu oft auch eine nur oberflächliche Aneignung dekolonialer Rhetorik verbunden, die nicht auf radikalen systemischen, sondern nur punktuellen Wandel zielt, während Machtstrukturen im Bildungssystem unangetastet bleiben. Audre Lordes berühmte Formulierung „the master's tools will never dismantle the master's house" (1984) verweist darauf, dass postkoloniale und dekoloniale Praxen sich nicht derselben Strukturen bedienen können, sondern neu ge- bzw. erfunden werden müssen.

Literatur

BHAMBRA, Gurminder K. (2014): Postcolonial and decolonial dialogues. In: Postcolonial Studies 17 (2), S. 115–121, DOI: 10.1080/13688790.2014.966414

BOATCĂ, Manuela (2015): Postkolonialismus und Dekolonialität. In: Handbuch Entwicklungsforschung. Wiesbaden, S. 1–10.

EMDE, Oliver (2022): Politische Stadtrundgänge. Außerschulische Lernarrangements zwischen Schule und sozialen Bewegungen. Frankfurt/M.

GILIO-WHITAKER, Gina (2018): Unpacking the Invisible Knapsack of Settler Privilege. In: Beacon Broadside Blog. Online: https://www.beaconbroadside.com/broadside/2018/11/unpacking-the-invisible-knapsack-of-settler-privilege.html (Zugriff: 29.04.2023).

GROSFOGUEL, Ramón (2007): The epistemic decolonial turn. In: Cultural Studies 21, S. 211–223.

KAPOOR, Ilan (2004): Hyper-self-reflexive development? Spivak on representing the Third World "Other". In: Third World Quarterly 25 (4), S. 627–647.

MALDONADO-TORRES, Nelson (2016): Outline of Ten Theses on Coloniality and Decoloniality. Report. Paris. Online: http://caribbeanstudiesassociation.org/docs/Maldonado-Torres_Outline–Ten_Theses-10.23.16.pdf (Zugriff: 21.08.2023).

MALTE Kleinschmidt (2021): Dekoloniale politische Bildung. Eine empirische Untersuchung von Lernendenvorstellungen zum postkolonialen Erbe. Wiesbaden.

MATZ, Eugenia/Knake, Sebastian/Garbe, Sebastian (2017): Gibt's das auch in postkolonial? Globales Lernen vor dem Hintergrund postkolonialer Kritik. In: Emde, Oliver et al. (Hg.): Mit Bildung die Welt verändern?! S. 91–109.

QUIJANO, Aníbal (2000): Coloniality of Power and Eurocentrism in Latin America. In: International Sociology 15, S. 215–232.

SAID, Edward W. (1978): Orientalism. New York.

SPIVAK, Gayatri Chakravorty (2005): Righting Wrongs In: South Atlantic Quarterly 103, S. 523–581.

SPIVAK, Gayatri Chakravorty (2008): Can the subaltern speak? Postkolonialität und subalterne Artikulation (Es kommt darauf an, Band 6). Wien.

TARC, Aparna Mishra (2009): Postcolonial Studies as Re-Education: Learning from J. M. Coetzee's "Disgrace". In: Counterpoints 369, Postcolonial Challenges in Education, S. 195–213.

VAN HUELLEN, Sophie/Abubakar, Fuad Mohammed (2021): Why Ghana doesn't get the full value of its cocoa beans – and how this could change. In: The Conversation. Online: https://theconversation.com/why-ghana-doesnt-get-the-full-value-of-its-cocoa-beans-and-how-this-could-change-158773 (Zugriff: 27.04.2023).

CLAIRE MOULIN-DOOS, BERND OVERWIEN

Globales Lernen und politische Europabildung

Internationale Sichtweisen wie beispielsweise die des Globalen Lernens und der politischen Europabildung waren in deutschen Schulen lange unterrepräsentiert. Vielfältige Aktivitäten von außerschulischen Bildungsakteuren, teils auch als Teil sozialer Bewegungen, haben seit den 1980er-Jahren dazu geführt, dass Globales Lernen und Umweltbildung einen Weg auch in schulische Bildung gefunden haben. Seit den 1990er-Jahren finden sich beide Ansätze unter dem Dach der Bildung für nachhaltige Entwicklung. Diese ist nun auch Teil staatlicher Bildungsbemühungen (vgl. Overwien 2022). Seitdem der erste Bericht der Kultusministerkonferenz zur schulischen Europabildung im Jahr 1978 veröffentlicht wurde, hat die Bedeutung Europas für die deutsche Politik immer stärker an Relevanz gewonnen. Die Reaktion der schulischen politischen Bildung darauf wurde dieser Entwicklung nicht ausreichend gerecht. Gleichzeitig wird die europäische Konstruktion selbst vielfach als Projekt moralischer Natur gehandhabt, das in seinem Kern keine Kontroversen um die politische Konstruktion selbst zulässt. In diesem Aufsatz sollen beide Ansätze des globalen Lernens und der politischen Europabildung auf ihre Eignung für eine kritische politische Bildung hin diskutiert werden.

1. Globales Lernen – Auf dem Weg zu einer kritischen Perspektive?

Globales Lernen ist ein Bildungsansatz, der ursprünglich unter dem Begriff der entwicklungspolitischen Bildung bekannt war. Der Begriff etablierte sich seit Beginn der 1990er-Jahre für ein Lernen, das die Nord-Süd-Beziehungen in den Mittelpunkt stellt. Globales Lernen bezeichnet ein heterogenes Feld solcher didaktischen Bemühungen, die eine weltweite Orientierung bei der Auswahl von Unterrichtsgegenständen und Themen der außerschulischen Bildung anstreben. Der Ansatz setzt sich mit Gerechtigkeitsfragen in Globalisierungsprozessen auseinander und schließt heute verstärkt an den Themenfeldern nachhaltiger Entwicklung an. Ursprünglich bezog das Feld der Umweltbildung, die in den 1970er-Jahren aus Bürgerinitiativen und der Umweltbewegung entstand, globale Verflechtungen nur wenig ein. Die Ergebnisse der Konferenz in Rio 1992 zu Umwelt und Entwicklung und erst recht die Agenda 2030 mit den ‚Sustainable Development Goals' machen deutlich, dass Umwelt- und weltweite Gerechtigkeitsfragen nicht voneinander zu trennen sind. Folgerichtig war deshalb das Entstehen eines gemeinsamen Dachs der beiden Bildungslinien als Bildung für nachhaltige Entwicklung (BNE). Die angedeuteten Gemeinsamkeiten finden sich auch in einem seit 2004 entwickelten „Orientierungsrahmen für den Lernbereich globale Entwicklung" der Kultusministerkonferenz (KMK) und des Bundesministeriums für wirtschaftliche Zusammenarbeit und Entwicklung (BMZ). Normativer Hintergrund des Rahmens ist das Leitbild nachhaltiger Entwicklung, wie es sich aus der Konferenz von Rio 1992 heraus entwickelt hat. Die erste Ausgabe des Orientierungsrahmens von 2007 wurde aus der Zivilgesellschaft heraus kritisch betrachtet, auch weil Kolonialgeschichte und Rassismuskritik zu wenig Beachtung fanden, beides sind Felder, die im Globalen Lernen traditionell wichtig waren. In der Neuausgabe von 2016, die Vorschläge zur Gestaltung der Curricula für fast alle Fächer der Schule enthält, wurden entsprechende Änderungen vorgenommen. Das Papier ist keine Manifestation kritischer politischer Bildung, das kann es aber auch nicht sein, weil es den Charakter eines Policy-Papers hat, das unter wissenschaftlicher Begleitung entstand und gesellschaftlich ein breites Feld absteckt. Der Orientierungsrahmen schließt an Diskussionen des Globalen Lernens an und orientiert sich am Leitbild nachhaltiger Entwicklung. Er enthält ein eigenes Kompetenzmodell. Dort formulierte Kompetenzen sind für kritische Partizipation auch im globalen Rahmen höchst relevant. So geht es unter anderem um den Erwerb von Fähigkeiten zu „Perspektivenwechsel und Empathie", zur „Solidarität und Mitverantwortung", zur „Handlungsfähigkeit im globalen Wandel" oder auch zur „Partizipation und Mitgestaltung" (Overwien 2020, 234). Der Orientierungsrahmen enthält verschiedene Denkströmungen und politische Vorstellungen. Darunter finden sich auch modernisierungstheoretisch beeinflusste Sichtweisen, die teils in Spannung zum Leitbild nachhaltiger Entwicklung stehen. Letzteres wird wiederum sehr unterschiedlich interpretiert: Vertreter:innen der Effizienzstrategie der Nachhaltigkeit können sich ebenso darauf berufen wie die der Suffizienzstrategie, die mit einer oberflächlichen Modernisierungsstrategie eher nichts zu tun haben dürften. Dessen ungeachtet ist das Leitbild nachhaltiger Entwicklung ein Fortschritt gegenüber modernisierungstheoretischen Entwicklungsvorstellungen der Welt, „wenn man die ihm zugrunde liegende Erkenntnis ernst nimmt, wonach das Gesellschaftsmodell der Industrieländer aus ökologischen Gründen weder dauerhaft aufrechtzuerhalten noch verallgemeinerbar ist" (Ziai 2010, 28).

BNE mit ihren Traditionen der Umweltbildung findet sich hier genauso wieder wie das Globale Lernen, das stärker die Gerechtigkeitsperspektive zwischen der nördlichen und südlichen Hemisphäre einbringt. Deutlicher als zuvor ist Globales Lernen mit dieser Perspektive nun Teil auch der BNE. Die Herausgabe des Orientierungsrahmens hat zu einer fortschreitenden Verankerung der an Nachhaltigkeitsfragen orientierten Nord-Süd-Perspektive in den schulischen Rahmenlehrplänen der Bundesländer geführt, auch in den Curricula der politischen Bildung. Hier gibt es dann auch vielfältige Ansätze für kritische politische Bildung. Neuerdings sind zudem verstärkt Ansatzpunkte zu sehen, die politische Bildung und BNE zusammendenken wollen (Senatsverwaltung 2021).

In den letzten Jahren kam es zu kritischen Interventionen aus postkolonialer Sicht, die sich auf das Globale Lernen und BNE richteten. Die Kritik wird zumeist pauschal vorgetragen und berücksichtigt nicht, dass beide Ansätze für eine Bildungspraxis stehen, die in sich vergleichsweise heterogen ist (vgl. Overwien 2020). So finden sich in diesen Bildungskontexten durchaus auch Träger und Praktiker:innen, die wenig Sensibilität für kolonial geprägte Strukturen und nicht im erforderlichen Maße rassismussensible Herangehensweisen haben. Im Gegensatz dazu gibt es Ansätze, die sich auch postkolonial inspirieren lassen (vgl. Emde u.a. 2017). Außerdem gibt es eine Bildungspraxis, für die die Zurückweisung und Dekonstruktion eurozentrischer Annahmen des Überlegenheits- und Universalitätsanspruchs der europäischen Moderne sowie die Kritik an der (Re-)Produktion kolonialer/imperialer Denkweisen und Praktiken zu ihrer Arbeit gehört. So wie sich innerhalb der westlichen Wissenschaften postkoloniale Theorien in einer spezifischen Auseinandersetzung mit den Nord-Süd-Beziehungen verorten lassen, versteht sich Globales Lernen heute in weiten Teilen als ein Diskussionsfeld mit dem Anspruch, eigene kulturelle, ökonomische, politische und soziale Verwobenheiten in zunehmend komplexen und interdependenten globalen Zusammenhängen erfahrbar und vermittelbar zu machen. Auf dem Weg zu einem kritischen Ansatz Globalen Lernens kann die postkoloniale Diskussion vielfach Anregungen liefern, allerdings wird Globales Lernen im postkolonialen Diskurs selbst bisher nur pauschal und wenig fundiert kritisiert (Bechtum/Overwien 2017, 78 f.).

Bildungsprozesse sind keine neutralen Vorgänge einfacher Wissensvermittlung, sondern Strukturen und Inhalte dieser Vermittlung sind stets in spezifische Herrschaftsstrukturen eingeschrieben. Dies wird im Globalen Lernen noch zu wenig berücksichtigt. Ein Konzept eines kritischen Globalen Lernens innerhalb einer kritischen politischen Bildung ist bis heute noch nicht entworfen worden. Neuere Debatten um „imperiale Lebensweisen“ im Norden und die Bildung in einer notwendigen sozial-ökologischen Transformation bewegen sich aber in diese Richtung (vgl. Inkermann/Eis 2022, 33 f.).

2. Kritische politische Europabildung

Die europäische Integration nach dem Zweiten Weltkrieg wurde lange mit einer stabilen Friedensordnung und mit Wohlstand assoziiert. In immer mehr Staaten entwickeln sich aber Bewegungen, die diese einseitigen positiven Integrationsnarrative nicht (mehr) teilen, den Verlust an politischer Handlungsfähigkeit beklagen und statt eines supranationalen Regierens durch Experten eine Rückführung demokratischer Mitgestaltung auf einzelstaatlicher Ebene einfordern (vgl. die folgenden Absätze ausführlicher in: Eis/Moulin-Doos 2018a).

Der mediale Diskurs und die Diskurse in der politischen Bildung bleiben in Deutschland bislang sehr einseitig positiv auf die EU bezogen und von der bisherigen Integrationspolitik überzeugt. Im Sinne der KMK-Empfehlungen von 1978, 2008 und zuletzt 2020 gilt es als pädagogische Aufgabe, mit Beginn der Grundschule „das Bewusstsein einer europäischen Identität" (KMK 2020, 5) zu ermöglichen. Die zentralen Fragen, inwiefern überstaatliche Gesetzgebung und politische Gestaltung überhaupt demokratisch stattfinden kann und wie viel bzw. welche Art von Kritik notwendig ist, um Europa zu politisieren und damit demokratisieren zu können, werden in der (schulischen) Europabildung vielfach nicht gestellt. Das in einigen Strategiepapieren erklärte Lernziel der Identitätsbildung und Begeisterung für Europa (z.B. KMK 2020) geht einer Reihe von Politikdidaktiker*innen jedoch zu weit. Einerseits ist in der öffentlichen als auch in der fachwissenschaftlichen Diskussion höchst umstritten, was unter „europäischer Identität" zu verstehen sei. Andererseits käme es einer Instrumentalisierung gleich, wenn Schule und Unterricht die Aufgabe übertragen würde, ein bestimmtes Europaleitbild zu vermitteln, um Legitimations- und Wissensdefizite der EU auszugleichen. Europapolitische Bürgerschaftsbildung – so der weitgehende Konsens der wissenschaftlichen Fachdidaktik – muss bei den politischen Kompetenzen der Lernenden ansetzen und die europäische Dimension in Politik- und Gesellschaftsbereichen mit ihren Konflikten verstehbar machen (vgl. 16. Kinder- und Jugendbericht, BMFSFJ 2020, 508–512; Frankfurter Erklärung 2015).

Die politische Integration Europas ist ein offener, konfliktreicher Prozess. Die kritische Europabildung stellt den Integrationsprozess nicht als reine Erfolgsgeschichte dar, sondern beschäftigt sich ebenso mit Mechanismen der Ausgrenzung, Desintegration und Entdemokratisierung. Es soll eine konstruktive

Kritik aus unterschiedlichen Perspektiven ermöglicht werden. Es geht nicht um die einfache Alternative ‚Mehr Europa wagen' oder ‚Rückkehr zum nationalen Wohlfahrtstaat' und auch nicht um die Alternative europäische bzw. Weltbürgerschaft oder nationale Bürgerschaft. Was Europa ausmacht, welches Europa ‚wir' wollen, wer zu diesem Kollektivsubjekt ‚wir' als Europabürger mit welchen Handlungsmöglichkeiten und Rechten dazugehören soll, erschöpft sich nicht in ‚alternativlosen' Zielen des ‚vereinten Europas'.

Kritische Europabildung knüpft an diesen Entgrenzungs- und Ausgrenzungserfahrungen an und thematisiert die neuen Formen der (Selbst-)Regierung und politischen Steuerung (Eis/Salomon 2014). Sie soll Konfliktlinien und soziale Kämpfe sichtbar und verständlich machen und alternative Handlungsoptionen für und in Europa eröffnen.

Kritische politische Europabildung ist als subjekt- und konfliktorientierter Ansatz zu verstehen, der den strukturellen Machtverschiebungen und einem zu beobachtenden Demokratieabbau in Europa gerecht werden soll. Sie muss sich dem Widerspruch stellen, dass die Unionsbürgerschaft nicht nur eine Erweiterung rechtlicher Schutzmechanismen ermöglicht, sondern für viele Menschen auch mit Formen der (Selbst-)Entmündigung, des Abbaus sozialer Sicherheiten sowie ungleichen Voraussetzungen politischer Teilhabe einhergeht. In emanzipatorischer Absicht befähigt kritische Europabildung nicht nur zur Reflexion eigener Entgrenzungs- und Ausgrenzungserfahrungen und zur Analyse sozialer Kämpfe. Mit dem Anspruch von Kritikfähigkeit verbindet sich auch die Selbstbefähigung zur Teilhabe an demokratischen Aushandlungsprozessen (Eis 2018). Europabildung in emanzipatorischer Absicht thematisiert Unmündigkeitsverhältnisse und den Abbau demokratischer Teilhabechancen, d.h. Formen von Entdemokratisierung (Schwächung der Parlamente zugunsten der Exekutiven sowie von Expertengremien, Lobbyisten und kommerzieller Politikberatung) sowie (verhinderte) Möglichkeiten demokratischer Mitbestimmung unter Bedingungen neuer Formen von sozialer Ausgrenzung und Technologien der Selbstregulierung. Aus der Perspektive einer materialistischen Staatstheorie (vgl. Buckel u.a. 2018) können die sozialen Kämpfe um europäische Hegemonieprojekte analysiert werden. Dabei zeigt sich, wie unterschiedliche Akteure, Strategien und Interessen in sozialen Kämpfen agieren und in unterschiedlichen Europaprojekten um Hegemonie ringen. Für eine kritische politische Europabildung sind hier insbesondere die Chancen und Grenzen der Artikulation von politischen Präferenzen und der politischen Teilhabe bislang unter- oder nicht repräsentierter Gruppen in den Blick zu nehmen. Kritische politische Europabildung klärt die subjektiven, sozialen und institutionellen Voraussetzungen für gelungene oder verhinderte Partizipation im europäischen „Mehrebenensystem“ (Eis/Moulin-Doos 2018b).

Eine Identifikation mit der europäischen Integrationsidee beschränkt sich nicht auf einen affirmativen Patriotismus für Europa, sondern muss die Gefahren des Verlusts demokratischer Gestaltungsmöglichkeiten und eine wachsende Distanz zwischen den Bürger*innen und Institutionen auf allen politischen Ebenen (von der Kommune bis zur EU) ernst nehmen und thematisieren.

3. Europabildung und Globales Lernen/BNE mit einem Bewusstsein für Machtverhältnisse und Herrschaftsstrukturen unterrichten

Sowohl Europabildung als auch Globales Lernen und BNE werden viel zu oft in moralisierender Form umgesetzt. Im Kontext Globalen Lernens muss es darum gehen, Herrschaftsverhältnisse zwischen dem Globalen Süden und dem Globalen Norden deutlicher zu machen. Im Kontext politischer Europabildung kann es in diesem Zusammenhang um Differenzierungen innerhalb des Globalen Nordens bzw. innerhalb Europas gehen, auch und gerade um eine herrschaftskritische Reflexion der hegemonialen Rolle Deutschlands (vgl. Beck 2012) sowie um eine Politisierung der sozialen Kämpfe um unterschiedliche Europaprojekte (vgl. Buckel u.a. 2018; Eis 2018).

Literatur

BECHTUM, Alexandra/Overwien, Bernd (2017): Kann postkoloniale Kritik Schule machen? Über ihre Grenzen und Potenziale für (entwicklungs-)politische Bildungsarbeit. In: Burchardt, Hans-Jürgen/Peters, Stefan/Weinmann, Nico (Hg.): Entwicklungstheorie von heute – Entwicklungspolitik von morgen. Baden-Baden, S. 59–85.

BECK, Ulrich (2012): Das deutsche Europa. Neue Machtlandschaften im Zeichen der Krise. Berlin.

BMFSFJ (Hg.) (2020): Bericht über die Lage junger Menschen und die Bestrebungen und Leistungen der Kinder- und Jugendhilfe in Deutschland. 16. Kinder- und Jugendbericht: Förderung demokratischer Bildung im Kindes- und Jugendalter, Drucksache des Deutschen Bundestages 19/24200. Berlin. Online: https://www.bmfsfj.de/resource/blob/162232/27ac76c3f5ca10b0e914700ee54060b2/16-kinder-und-jugendbericht-bundestagsdrucksache-data.pdf (Zugriff: 19.07.2023).

BUCKEL, Sonja/Kannankulam, John/Georgi, Fabian/Wissel, Jens (2018): Die Krise des Europäischen Grenzregimes. Perspektiven Kritischer Europaforschung. In: Eis/Moulin-Doos 2018b, S. 52–70.

EIS, Andreas (2018): Soziale Kämpfe um politische Alternativen verstehen und gestalten: Hegemoniekritik als Ansatz emanzipatorischer Europabildung. In: Eis/Moulin-Doos 2018b, S. 118–132.

EIS, Andreas/Moulin-Doos, Claire (2018a): Europäische (Des-)Integration als kollektive Lerngelegenheit? Aufgaben kritischer politischer Europabildung. In: Eis/Moulin-Doos 2018b, S. 7–23.

EIS, Andreas/Moulin-Doos, Claire (Hg.) (2018b): Kritische politische Europabildung. Die Vielfachkrise Europas als kollektive Lerngelegenheit? Immenhausen.

EIS, Andreas/Salomon, David (Hg.) (2014): Gesellschaftliche Umbrüche gestalten. Transformationen in der Politischen Bildung. Schwalbach/Ts.

EMDE, Oliver/Jakubczyk, Uwe/Kappes, Bernd/Overwien, Bernd (Hg.) (2017): Mit Bildung die Welt verändern? Globales Lernen für eine nachhaltige Entwicklung. Opladen u.a.

FRANKFURTER Erklärung. Für eine kritisch-emanzipatorische politische Bildung. In: Journal für politische Bildung 4/2015, S. 94–96.

INKERMANN, Nilda/Eis, Andreas (2022): Konzepte politischer Nachhaltigkeitsbildung. In: Aus Politik und Zeitgeschichte 48, S. 29–34.

KMK (2020): Europabildung in der Schule. Empfehlungen der Ständigen Konferenz der Kultusminister der Länder in der Bundesrepublik Deutschland, i. d. F. vom 15.10.2020. Online: https://www.kmk.org/fileadmin/Dateien/veroeffentlichungen_beschluesse/2020/2020-10-15-Europabildung-in-der-Schule-m-Anl_01.pdf (Zugriff 19.07.2023).

OVERWIEN, Bernd (2020): Bildung für nachhaltige Entwicklung und politische Bildung. In: Bade, Gesine/Henkel, Nicolas/Reef, Bernd (Hg.): Politische Bildung: vielfältig – kontrovers – global. Frankfurt/M., S. 230–247.

OVERWIEN, Bernd (2022): Bildung für nachhaltige Entwicklung: Umweltbildung und globales Lernen. In: Sander, Wolfgang/Pohl, Kerstin (Hg.): Handbuch politische Bildung. Frankfurt/M., S. 382–390.

SENATSVERWALTUNG für Bildung, Jugend und Familie (2021): Lernen in globalen Zusammenhängen. Wie politische Bildung zu Themen nachhaltiger Entwicklung und globaler Gerechtigkeit gelingen kann. Berlin.

ZIAI, Aram (2010): Zur Kritik des Entwicklungsdiskurses. In: Aus Politik und Zeitgeschichte 10, S. 23–29.

FRAUKE BANSE

Kriegs- und Konfliktanalysen für die politische Bildung am Beispiel der Sahelregion

Wir leben in einer Zeit zunehmender kriegerischer Konflikte und geopolitischer Spannungen. Eine der zentralen Aufgaben politischer Bildung ist es, die Ursachen von (internationalen) Konflikten, die Interessen und Strategien der beteiligten Akteure sowie mögliche Lösungsansätze zu diskutieren. Die Kritik an Militarismus, am Komplex der Rüstungsindustrie sowie die kritische Auseinandersetzung mit geopolitischen, postkolonialen, polit-ökonomischen Strukturen und Interessen in Konflikten und Kriegen, aber auch friedenspolitische Perspektiven kennzeichnen eine kritische Gesellschaftsforschung und kritische politische Bildung. Da nicht alle Kriege und Konflikte gleichermaßen in den Blick genommen werden können, bietet sich eine exemplarische Betrachtung eines bestimmten Falles bzw. einer Region an.

Auch wenn aktuell der Ukrainekrieg die öffentlichen Debatten dominiert, gibt es weltweit zahlreiche weitere kriegerische Konflikte, die viele Menschenleben kosten und breite Landstriche politisch, ökonomisch und sozial destabilisieren und verwüsten. Ein für die Bundesregierung aus unterschiedlichen Gründen relevanter Konflikt ist jener in der Sahelregion Afrikas. Hier lag der deutsche Fokus lange Zeit vor allem auf Mali, zunehmend aber auch auf Niger und den umliegenden Ländern. Die Bundeswehr ist seit 2013 im Rahmen einer UN- und bis 2022 auch einer EU-Mission stationiert. Der EU-Einsatz findet inzwischen vom benachbarten Niger aus statt, auch die Bundeswehr wird derzeit dorthin verlagert. Offizieller Grund für die Militärpräsenz in Mali waren – angesichts anhaltender bewaffneter Auseinandersetzungen und Übergriffe – die Umsetzung des Friedensabkommens und die Wiederherstellung staatlicher Autorität in den von Gewalt geprägten Regionen Malis.

Politische Analysen und Diskussionen sind immer durch theoretische Grundannahmen geprägt, sie strukturieren die ‚Linse', die analytische Perspektive, durch die die Welt gesehen wird. Es ist ein Trugschluss, anzunehmen, man habe eine derartige theoretische Perspektive nicht, sondern sei ‚neutral' oder ‚ideologiefrei'. Durch unsere bewusste oder unbewusste theoretische Linse wählen wir aus, was wir gesellschaftlich und politisch für wichtig erachten und wie bestimmte Ereignisse und Strukturen miteinander zusammenhängen. Ohne eine solche Linse, ohne selektionierende Grundannahmen, könnten wir in der komplexen Welt nur ein Durcheinander erkennen.

Eine theoretisch fundierte Analyse von politischen Dynamiken dient also der Komplexitätsreduktion und zugleich als analytischer Zugang für didaktische Entscheidungen. Je nach theoretischem Zugang und Perspektive ändern sich auch die Erklärung politischer und sozialer Phänomene. Im folgenden Beitrag soll entsprechend untersucht werden, welche Schlussfolgerungen, basierend auf unterschiedlichen Theorien, über den Konflikt in der Sahelregion gezogen werden können. Dabei finden politisch-ökologische, postkoloniale, imperialismustheoretische, liberale und realistische Perspektiven Beachtung.

Der vorliegende Beitrag widmet sich den Ursachen der bewaffneten Konflikte in der Sahelregion, vor allem in Mali. Dabei wird auch nach den Motivationen der Bundesregierung gefragt, Truppen der Bundeswehr in der Region zu stationieren und inwiefern die militärische Präsenz (überhaupt) hilft, die Konflikte beizulegen.

1. Gewalt in Mali und ihre Expansion in die Nachbarstaaten

Mali erschien auf der Landkarte eines breiteren bundesdeutschen Publikums mit der militärischen Intervention Frankreichs im Jahr 2013. Der damalige malische Präsident hatte die frühere Kolonialmacht um Luftunterstützung gebeten, da islamistische Gruppen in Kooperation mit aufständischen Tuareg von Nordmali auf die Hauptstadt Bamako marschierten und bereits den Nordteil des Landes eingenommen hatten. Frankreich sendete nicht nur die angefragte Luftunterstützung, sondern auch Bodentruppen. Es initiierte später auch die Mission der Vereinten Nationen, MINUSMA, an der sich die Bundeswehr prominent beteiligte. Zum Zeitpunkt der Abfassung dieses Artikels war die Mission in Mali die größte und gefährlichste Mission der Bundeswehr. Während die kurzfristige militärische Intervention Frankreichs dazu führte, dass die militärische Invasion der Islamisten und der Tuareg zurückgedrängt werden konnte, breiteten sich der islamistische Terror und andere bewaffnete Konflikte bis heute weit in das Land und seine Nachbarstaaten wie Burkina Faso aus. Galt Mali bis 2012 als Beispielland der Stabilität und Demokratie in der Region, so erlebte es bis heute neben der zunehmenden Gewalt gegen die Zivilbevölkerung auch zwei Militärputsche. Wegen massiver Verstimmungen mit der neuen Militärregierung verlagerte Frankreich seine Truppen inzwischen in den Niger, die Bundeswehr folgte im Sommer 2023. Nach Aufforderung der malischen Militärregierung läuft auch die UN-Mission MINUSMA Ende 2023 aus, der Einsatz gilt letztlich als gescheitert.

Wie konnte es so weit kommen?

2. Ursachen des Konflikts

Die willkürlichen Grenzziehungen der Kolonialmächte auf der Berliner Konferenz 1884 ist eines der häufigsten historischen Verweise, um die Ursache afrikanischer Konflikte zu erklären. Meist wird dabei von fest bestimmten ‚ethnischen' Gruppen ausgegangen und angenommen, dass ihre willkürliche Trennung unausweichlich zu Konflikten führe. Dabei werden jedoch zwei Aspekte vergessen: In einigen Ländern war es die Unabhängigkeitsbewegung, die stark einenden Einfluss auf die Identität der kolonisierten Bewohner*innen hatte und damit gegen ‚Mikronationalismen' agieren konnte (Kößler 2011). Ein Beispiel dafür ist Ghana. Übersehen wird dabei auch, dass auch in europäischen Ländern sich zugehörig fühlende Gruppen geteilt wurden und eine Nation erst staatlich hergestellt werden musste (Hobwsbawm 1996; Gellner 1995). Das Schulsystem, Militärdienst oder der Wohlfahrtsstaat spielten hier eine zentrale Rolle.

Versuche der integrierenden Staatsformierung schlugen unter anderem bei der nomadischen Bevölkerung der Tuareg im Norden der Sahelregion fehl. Die Konflikte der Tuareg mit der malischen Zentralregierung in der Hauptstadt Bamako liegen entsprechend weit zurück, seit der postkolonialen Staatsgründung gab es immer wieder kleinere oder größere Aufstände der Tuareg.

Mit den Luftangriffen von NATO-Staaten auf Libyen und dem anschließenden Fall der libyschen Staatsführung unter Gaddafi im Jahr 2011 kehrten Tausende Tuareg, die vorher unter anderem als Söldner in Libyen gedient hatten, nach Mali zurück. Hier taten sie sich mit jungen aufständischen Tuareg und den ebenfalls erstarkten islamistischen Gruppen zusammen, um einen freien Staat Asawad von Mali abzuspalten, gemeinsame Gebietsbesetzungen im Norden Malis und der Kollaps der malischen Armee in der Region waren die Folge. Befeuert wurde dies durch die großen Mengen von freigesetzten Waffen nach dem Sturz Gaddafis – sie fluteten förmlich die Sahelregion.

Die Allianz zwischen Tuareg und Islamisten war jedoch nicht von langer Dauer, islamistische Gruppen vertrieben die Tuareg aus den gemeinsam besetzten Gebieten, deren Vordringen bis in die Hauptstadt Bamako wurde durch die französische Intervention verhindert. Allerdings breitete sich islamistischer

Terror bis weit ins Landesinnere und zu den Nachbarstaaten aus und vermischte sich hier mit anderen gewalttätigen Auseinandersetzungen.

3. Theoretische Erklärungsansätze zur Konfliktanalyse

Liberale Analysen gehen davon aus, stark präsent in den öffentlichen Äußerungen ‚westlicher' Regierungen, dass es in der Sahelzone religiös oder ethnisch motivierte Konflikte gibt, die durch schlechte Regierungsführung verstärkt bzw. nicht gelöst werden können. Folgerichtig brauchen die betroffenen Gesellschaften die normativ motivierte Unterstützung in der (militärischen) Bekämpfung religiöser Fanatiker und Unterstützung in ‚guter Regierungsführung'.

Herrschaftskritische Analysen streiten Probleme staatlicher Legitimation nicht ab, ebenso wenig islamistischen Terrorismus als sehr schwerwiegendes und bedrohliches Problem in der gesamten Region. Im Unterschied zum Liberalismus fragen sie aber nach den strukturellen Ursachen der ausgemachten Probleme und betten diese Frage in den historischen Kontext globaler Ungleichheit und, je nach Theorie, auch internationaler Interessenpolitik ein.

Wichtige Referenz für dieses Herangehen ist der *Ansatz der politischen Ökologie*. Mithilfe dieser analytischen Linse fragen Tor A. Benjaminsen und Boubakar Ba (2018) danach, wieso Hirten in Mali sich jihadistischen Gruppen anschließen. Sie kommen zu dem Schluss, dass jihadistische Gruppen zentrale Lücken in der postkolonialen Staatlichkeit ausgenutzt haben, um unter anderem über staatlich geschürte Landnutzungskonflikte zwischen sesshaften Bauern und nomadischen Hirten ihren Einfluss auszubauen. Staatlichkeit, so Benjaminsen/Ba, werde in Zentralmali – dort, wo heute die Gewalt eskaliert – lediglich korrupt, repressiv und willkürlich wahrgenommen. Diese Form der Staatlichkeit sei auch durch historisch bedingte globale Abhängigkeiten geprägt. So hätten beispielsweise aus der französischen Kolonialzeit stammende und nach der Unabhängigkeit international unterstützte Waldschutzprogramme dazu geführt, dass die lokale Bevölkerung für das Sammeln von Feuerholz willkürliche und hohe Strafen zahlen müsse. Die sogenannten Strukturanpassungsmaßnahmen des Internationalen Währungsfonds (IWF) und der Weltbank hätten den öffentlichen Sektor aber ansonsten radikal zusammengekürzt. Abwesende oder lediglich repressive oder korrupte staatliche Regelungsinstitutionen führten dazu, dass die Jihadisten an Legitimation gewännen.

Wichtiger Hinweis, den uns die beiden Autoren mit auf den Weg geben: Konflikte werden durch die politische Regulation der natürlichen Umgebung beeinflusst. Hierbei sind die Dynamiken der einheimischen Gesellschaften aufs

Engste mit der Geschichte und Gegenwart eines ungleichen, durch direkte und indirekte Herrschaft geprägten Weltsystems und einer entsprechend abhängigen postkolonialen Staatlichkeit verbunden. Deswegen reden die Autoren auch von einem *materialistischen Ansatz* der politischen Ökologie.

Kritiker*innen dieses Ansatzes, wie beispielsweise der aus Mali stammende Politikwissenschaftler Boubakar Haidara, wenden ein, dass es bei Weitem nicht nur pragmatische Fragen der eigenen ökonomischen und sozialen Reproduktion, sondern durchaus auch ideologische Überzeugungen seien, die dem Islamismus den Weg bereiteten.

Haidara kritisiert aber gleichzeitig auch den stark von westlichen Ländern erwirkten Friedensvertrag von 2015, der einen Dialog mit Jihadisten kategorisch ausschließt. Angesichts der massiven Gewalt, so Haidara, müssten den Jihadisten Zugeständnisse gemacht werden, um die Massaker in den Dörfern zu beenden (Haidara 2022). Auch Charlotte Wiedemann hält den Vertrag und damit letztlich auch die Ziele des UN-Einsatzes für kontraproduktiv. Anders als in vorherigen Erfahrungen mit malischen Friedensprozessen, schaffe der Vertrag Anreize für gesellschaftliche Gruppen, bewaffnet zu bleiben, und verlängere damit letztlich den Konflikt. Auch sei die Regierung Malis vor den Putschen vor allem von außen gestützt gewesen, ihr fehlte es entsprechend an gesellschaftlicher Legitimation. Die bis vor Kurzem parallel zu MINUSMA in Mali agierende Operation Barkhane der französischen Armee führt zwar an, Terrorismus zu bekämpfen, trage aber vielmehr dazu bei, dass sich dieser immer wieder erneuere (Wiedemann 2018).

Aufgrund des Verweises auf die hohe Relevanz externer Akteure, insbesondere auf die frühere Kolonialmacht Frankreich für den Konfliktverlauf, bietet sich des Weiteren die *analytische Brille des Postkolonialismus* zur Konfliktanalyse an. Wie bei der politischen Ökologie werden auch hier globale Macht- und Herrschaftsverhältnisse unterstrichen, allerdings werden noch mal expliziter Bezüge zu der Kolonialzeit und ihren Auswirkungen hergestellt sowie ein eurozentristischer Blick unter anderem in der wissenschaftlichen Analyse kritisiert (do Mar Castro Varela/Dhawan 2017). Mithilfe einer postkolonialen Perspektive lassen sich die trotz stark zugenommenen Widerstands weiterhin andauernden Versuche Frankreichs deuten, die Politik in der Sahelregion zu beeinflussen. Die beiden Militärputsche gegen die von Frankreich gestützte Regierung wurden nicht zuletzt aus antikolonialer Positionierung von vielen in der malischen Gesellschaft unterstützt. Ähnlich verhält es sich ebenfalls nach dem Militärputsch im Nachbarstaat Burkina Faso, dessen Gesellschaft inzwischen schwer unter der Ausweitung des Konflikts zu leiden hat. Mithilfe einer postkolonialen theoretischen Linse ließe sich darüber hinaus der durch seine fehlende Verankerung gescheiterte, von außen gesteuerte, vertraglich basierte Friedensprozess analysieren.

Das französische Interesse an dem anhaltenden Einfluss in der Region sowie die Motivationen für den Militäreinsatz können wiederum mit weiteren Theorien analysiert werden.

Liberale Ansätze der Konfliktanalyse sind eng verbunden mit den normativen Begründungen französischer oder auch deutscher Politiker*innen für den militärischen Einsatz (Unterstützung des demokratischen Friedensprozesses, Terrorismusbekämpfung, menschenrechtliche Schulungen der Exekutive – alles als Beitrag einer besseren Regierungsführung, für einen allgemeinen Überblick liberaler Ansätze in den internationalen Beziehungen siehe z.B. Schieder 2010). *Imperialismustheoretische Ansätze* (Deppe u.a. 2004) ziehen diese normativen, am allgemeinen Menschheitsinteresse ausgerichteten Motivationen hingegen in Zweifel. Sie fragen danach, welche geoökonomischen und geopolitischen Gründe Frankreich, Deutschland und andere Länder (verstärkt und außerhalb des UN-Mandats in jüngster Zeit vor allem Russland) zu einer militärischen Intervention in Mali veranlassen.

In Bezug auf Frankreich wird diesbezüglich vielfach auch auf das System des La Françafrique verwiesen. La Françafrique garantierte Frankreich und den durch Frankreich unterstützten afrikanischen Eliten nach der formalen Unabhängigkeit stabile und für beide Seiten lukrative Kooperationen in den Bereichen Rohstoffe, Finanzen, Handel und militärischer Stabilität. So reagierte Frankreich in diesem Zusammenhang häufig auf Zuruf der dortigen Herrscher und intervenierte militärisch, um Aufstände zu bekämpfen. Häufig wurden dabei zwar – wie auch in Mali – kriegerische Auseinandersetzungen kurzzeitig gestoppt. Ein dauerhafter Frieden konnte allerdings nicht etabliert werden. Vielmehr unterstützte Frankreich Despotien und verhinderte damit demokratische Prozesse und auf lange Sicht stabilere gesellschaftliche Verhältnisse (Powell 2017).

Prominent wird immer wieder auch auf die Rohstoffe in der Sahelregion verwiesen. Besonders die Uranvorkommen im Niger sind für Frankreich von vitaler Bedeutung. Über 70% der französischen Energieversorgung hängt von Atomkraftwerken ab, seine Atomwaffen garantieren Frankreich zudem als einzigem Staat der EU einen ständigen Sitz im Weltsicherheitsrat der Vereinten Nationen. West- und Zentralafrika sind darüber hinaus der französische ‚Hinterhof', der Frankreichs postkoloniale Weltmachtansprüche untermauert.

Deutschland steht in der Sahelregion in einer kooperativen Konkurrenz zu Frankreich (Banse 2019a). Es genießt in der Region aufgrund seiner früher beendeten Kolonialgeschichte einen weit besseren Ruf als Frankreich, zieht in militärpolitischen Fragen innerhalb der EU nicht immer an einem Strang mit seinem Nachbarn und steht in ökonomischen Bereichen auch in dieser Region mit Frankreich in Konkurrenz (Banse 2019b). Dennoch besteht eine enge Kooperation zwischen beiden Ländern, insbesondere in Bezug auf Afrika. Im deutsch-französischen Kooperationsvertrag von Aachen wird Afrika als einziger Kontinent explizit genannt und neben dem Versprechen einer gemeinsamen Entwicklungs- und Sicherheitspolitik im gleichen Abschnitt auch die französische Unterstützung für einen ständigen Sitz Deutschlands im UN-Sicherheitsrat unterstrichen (Bundesrepublik Deutschland/Französische Republik 2019). Aus imperialismustheoretischer Perspektive, aber auch aus Perspektive des Realismus (Schörning 2010) – einer der Hauptströmungen in den Theorien der Internationalen Beziehungen, die die Dominanz von staatlichen Sicherheitsinteressen in den Vordergrund stellt – kann dies so gedeutet werden, dass Frankreich die deutsche Unterstützung für die Aufrechterhaltung seiner Einflusszone sucht und Deutschland dafür vom französischen Hinterhof profitiert.

Während der Realismus Staaten als Blackbox behandelt und ökonomische und gesellschaftliche Dynamiken nicht zur Kenntnis nimmt, verbindet die Imperialismustheorie staatliches Handeln mit ökonomischen Interessen. Imperialismustheoretische Ansätze, aber auch andere Theorien der internationalen politischen Ökonomie (Bieling 2011), könnten unter anderem das Interesse an und die Folgen der oben bereits kurz erwähnten Strukturanpassungsmaßnahmen von IWF und Weltbank in der Sahelregion herausarbeiten. Die mit diesen Programmen einhergehende Schwächung öffentlicher Institutionen und sozialer Sicherungssysteme, die dramatisch gekürzte Förderung heimischer Landwirtschaft oder auch der starke Fokus auf Rohstoffexporte schwächten die sozialökonomische Struktur der gesamten Region massiv und verstärkten die globalen Abhängigkeiten.

In der öffentlichen Diskussion um den Militäreinsatz in Mali bzw. der Sahelzone sind es vor allem die liberalen Motive, die als Begründung angeführt werden und an denen sich der Einsatz entsprechend messen lassen muss: Stabilisierung der Demokratie, Einhaltung des Friedensvertrags und Bekämpfung des Terrorismus.

Die Sicherheitslage hat sich in Mali seit dem Einsatz nicht nur nicht verbessert, sie hat sich massiv verschlechtert und geografisch ausgeweitet. Inwiefern diese Konfliktausweitung auch auf den Militäreinsatz der UN zurückzuführen ist, ist umstritten. Insbesondere die imperialismustheoretischen und postkolonialen Perspektiven legen jedoch externe Interessen und Interventionen offen, die sich ausgesprochen negativ auf menschlich sichere und demokratische Verhältnisse ausgewirkt haben und dies weiterhin tun.

Je nach Veranstaltungscharakter kommt es in der politischen Bildung nicht notwendigerweise darauf an, die Bezeichnungen, Abgrenzungen oder Historien von Theorien sichtbar zu machen. Für die eigene analytische Klarheit und politische Entscheidung ist es aber wichtig, zu bestimmen, von welchen politischen und sozialen Grundannahmen in den vermittelten Analysen jeweils ausgegangen wird. Aufbauend auf dieser Klarheit kann weit selbstbestimmter entschieden werden, welche der Analysen für plausibel und welche von ihnen abgeleiteten politischen Handlungen für unterstützenswert gehalten werden.

Im Sinne einer emanzipatorischen Bildung gilt es, hierbei nicht nur Theorien eines Kanons heranzuziehen, sondern auch Ansätze, die die Grundannahmen dieses Kanons kritisch hinterfragen. Herrschaftskritische theoretische Zugänge gehen in ihren Grundannahmen davon aus, dass es historisch bedingte strukturelle Ungleichheit gibt. Diese gestalten (Welt-)Gesellschaften macht- und herrschaftsförmig und sind – je nach Theorie unterschiedlich gefüllt, betont und abgeleitet – geprägt von Abhängigkeit, Ausbeutung, Unterdrückung, Exklusion, aber auch Widerständigkeit. Durch den Verweis auf die strukturellen Ursachen gesellschaftlicher Missstände folgt aus ihren Analysen, direkt oder indirekt formuliert, das Streben nach einer radikalen Veränderung dieser Strukturen. Das Streben nach radikaler Veränderung schließt diese Theorien in unterschiedlich umfassender Form aus jenem allgemein anerkannten Kanon aus, dessen Ansätze keine radikalen Veränderungen (welt-)gesellschaftlicher Zustände schlussfolgern lassen.

Bildungsarbeit, die sich Demokratie und Pluralität verschriebenen hat, sollte entsprechend den eigenen Kanon erweitern und die Grundannahmen und Analysen der sehr vielschichtigen (sich durchaus auch widersprechenden) herrschaftskritischen Ansätze ebenfalls behandeln und so Lernenden eine breitere Entscheidungsbasis für ihre eigene Analyse ermöglichen.

Literatur

BANSE, Frauke (2019a): Deutsch-französischer Wettlauf um Afrika. In: Blätter für deutsche und internationale Politik 07, S. 33–36.

BANSE, Frauke (2019b): Compact with Africa – der deutsche Beitrag zur Investitionsliberalisierung und Finanzialisierung in Afrika. In: Prokla 1, S. 79–98.

BENJAMINSEN, Tor A./Ba, Boubacar (2018): Why do pastoralists in Mali join jihadist groups? A political ecological explanation. In: The Journal of Peasant Studies 1, S. 1–20.

BIELING, Hans-Jürgen (2011): Internationale Politische Ökonomie. Eine Einführung. Wiesbaden.

BUNDESREPUBLIK Deutschland/Französische Republik (2019): Vertrag zwischen der Bundesrepublik Deutschland und der Französischen Republik über die deutsch-französische Zusammenarbeit und Kooperation. Online: https://www.auswaertiges-amt.de/blob/2178596/7b304525053dde3440395ecef44548d3/190118-download-aachenervertrag-data.pdf (Zugriff: 14.08.2023).

DEPPE, Frank u.a. (2004): Der neue Imperialismus. Heilbronn.

DIETZ, Kristina/Engels, Bettina (2022): Konflikt. In: Gottschlich, Daniela u. a. (Hg.): Handbuch Politische Ökologie. Theorien, Konflikte, Begriffe, Methoden. Bielefeld, S. 407–411.

DO MAR CASTRO VARELA, Maria/Dhawan, Nikita (2017): Postkoloniale Studien in den Internationalen Beziehungen: Die IB dekolonisieren. In: Sauer, Frank/Masala, Carlo (Hg.): Handbuch Internationale Beziehungen. Wiesbaden, S. 233–256.

GELLNER, Ernest (1995): Nationalismus und Moderne. Berlin.

HAIDARA, Boubakar (2022): Crise sécuritaire au Mali: faut-il dialoguer avec les groups djihadistes face à "l'echec" de la solution militaire? In: Fondation Gabriel Péri (Hg.): Afrique-Europe: Libération, souveraineté, solidarité. Le champ des possibles. Actes du colloque Amath Dansokho. Les éditions de la Fondation Gabriel-Péri. Paris, S. 270–281.

HOBWSBAWM, Eric (1996): Nationen und Nationalismus: Mythos und Realität seit 1780. München.

KÖSSLER, Reinhart (2011): Koloniale und postkoloniale Staatsbildungsprozesse. In: Ataç, Ilker u.a. (Hg.) (2011): Politik und Peripherie. Eine politikwissenschaftliche Einführung. Wien, S. 72–88.

POWELL, Nathaniel K. (2017): Battling Instability? The Recurring Logic of French Military Interventions in Africa. In: African Security 1, S. 47–72.

SCHIEDER, Sigfricd (2010): Neuer Liberalismus. In: Schieder, Sigfried/Spindler, Manuela (Hg.): Theorien der Internationalen Beziehungen. Köln, S. 187–222.

SCHÖRNING, Niklas (2010): Neorealismus. In: Schieder, Sigfried/Spindler, Manuela (Hg.): Theorien der Internationalen Beziehungen. Köln, S. 65–96.

WIEDEMANN, Charlotte (2018): Viel Militär, weniger Sicherheit. Mali – fünf Jahre nach Beginn der Intervention. Heinrich-Böll-Stiftung. Online: https://www.boell.de/de/2018/01/31/viel-militaer-weniger-sicherheit (Zugriff: 14.08.2023).

STEVE KENNER

Politische Bildung und Digitalität

Im Spannungsfeld zwischen digitalem Kapitalismus und Demokratisierung

1. Wirtschaft und Gesellschaft im Wandel – Leben im digitalen Kapitalismus

Die Digitalisierung hat das Leben der Menschen weltweit nachhaltig verändert. Dabei beschränken sich diese Auswirkungen nicht auf die Nutzung von Geräten mit digitaler Technologie. Längst prägen *Big Data*, computergestützte Analysen und Algorithmen die Industrie, die Gesellschaft und unseren Alltag. Der Einfluss der technologischen Entwicklung auf Wirtschaft und Gesellschaft und damit auch auf die kritische politische Bildung als Erfahrungsraum zur Reflexion von Macht- und Herrschaftsverhältnissen ist so vielfältig, dass für den vorliegenden Beitrag eine Eingrenzung vorgenommen werden muss. Dennoch gilt es, zunächst die Dimension dieser hochkomplexen Wechselbeziehungen zu skizzieren. Dafür lohnt sich ein Blick auf die Theorie des digitalen Kapitalismus, die im deutschsprachigen Raum unter anderem von Sabine Pfeiffer (2021), Philipp Staab (2019) und Thomas Wagner (2017), wenngleich mit unterschiedlichen Schlussfolgerungen, vertreten wird.

Für Sabine Pfeiffer ist das zentrale Merkmal des digitalen Kapitalismus der Bedeutungszuwachs der Distributionskräfte. Es gehe weniger um Effizienzsteigerung in der Herstellung als um „Wertrealisierung" (Pfeiffer 2021, 133 ff.), die mit den drei Distributionskräften „Werbung und Marketing, Transport und Lagerung, Steuerung und Prognose" (ebd., 195) angestrebt werden und zunehmend digitalisiert seien. Der Soziologe Staab geht davon aus, dass die Digitalisierung nicht nur Einfluss auf unsere Wirtschaftsweise und unseren Alltag nimmt, sondern die Funktionsweise des Kapitalismus grundlegend verändert. Prinzipien der Marktwirtschaft, die sich über den Wettbewerb um Angebot und Nachfrage sowie die Produktion knapper Güter definieren lassen, würden im digitalen Kapitalismus nur noch bedingt gelten. Vielmehr gehe es um die Entwicklung und den Besitz des Marktes selbst. Staab nimmt bei der Analyse der proprietären Märkte vor allem die dazugehörigen Akteur*innen in den Blick und bezeichnet sie als „Leitunternehmen des kommerziellen Internets“ (Staab 2019, 223). Global agierende Technologieunternehmen der Digitalbranche übersteigen in ihrem Wert längst Industrieunternehmen. Die fünf großen (engl. *Big Five*) Technologieunternehmen Google (Alphabet), Amazon, Facebook (Meta Platforms), Apple und Microsoft gehören zu den wertvollsten Unternehmen weltweit. Ihre ökonomische Kraft ergibt sich dabei nicht hauptsächlich aus physischen Produkten, sondern aus der Sammlung und Aufbereitung von Daten und der Bereitstellung einer Infrastruktur, einem digitalen Marktplatz. Die Regeln auf diesen digitalen Märkten bestimmen sie selbst. Und sie werden aufgrund der globalen Verflechtung und des grenzenlosen Charakters digitaler Infrastruktur kaum staatlich reglementiert. Die digitalen Plattformen bestimmen über den Zugang zu ihrem Marktplatz und legen die Regeln fest. Sie schaffen einen globalen Raum für Dienstleistungen und digitale Produkte. Der globale Charakter führt vor allem bei digitalen bzw. digitalisierten Produkten zu einer systemischen Umgehung von Arbeitsschutzrechten (Wagner 2017, 62).

Der digitale Markt sowie das Sammeln, Auswerten und Vernetzen von Daten schaffen aber nicht nur negative Effekte. Die Gleichzeitigkeit von Chance und Risiko der Digitalisierung für Gemeinwohl und Nachhaltigkeit soll im Folgenden exemplarisch am Beispiel des Themenfeldes Klimaschutz nachgezeichnet werden (ausführlich: Beier/Fritzsche 2021). Für den Klimaschutz sind mit der Digitalisierung Chancen in Bezug auf das Einsparen von Treibhausgasen vor allem in den Sektoren Verkehr, Produktion und Energie zu verzeichnen. Auf der einen Seite könnte der CO_2-Ausstoß im Verkehr durch die flächendeckende Etablierung von Sharing-Plattformen reduziert und die Produktion in Landwirtschaft und Industrie durch vernetzte Maschinen und kunstliche Intelligenz (KI) ressourcenschonender realisiert werden. Außerdem könnte digitale Technologie wie *Demand Response Power-to-X-Verfahren* dabei helfen, die schwankende Nachfrage regenerativer Energie in der produzierenden Industrie zu steuern, und damit „ein zentrales Problem der Energiewende“ (Beier/Fritzsche 2021, 108) lösen. Der Soziologe Philipp Staab, der zum einen die Risiken des digitalen Kapitalismus beschreibt, sieht zum anderen auch die Möglichkeit, die Dynamiken sowie die Vernetzungs- und Innovationspotenziale der digitalisierten und internetbasierten Welt für das Ziel einer nachhaltigen Ökonomie nutzbar zu machen. Dafür wäre es notwendig, dass nicht mehr personenbezogene Daten gesammelt, gespeichert und vernetzt werden, sondern Umweltdaten oder beispielsweise Informationen über Materialien (Staab 2019). Sabine Pfeiffer hält dem entgegen, dass Digitalisierung und künstliche Intelligenz „so lange nicht (in der Breite und jenseits geförderter Projekte) zu ökologischen

Zwecken eingesetzt werden, solange die Ökologie der Ökonomie entgegensteht" (Pfeiffer 2021, 282). Wenngleich die Digitalisierung technische Möglichkeiten für eine sozial-ökologische Transformation bietet, sei diese mit den Verhältnissen im digitalen Kapitalismus, also ohne eine grundlegende Veränderung der Produktions-, aber auch der Distributionsverhältnisse, nicht möglich (ebd.).

Für die kritische politische Bildung sind nicht nur der Einfluss der Digitalisierung auf ökonomische und ökologische Transformationsprozesse bedeutsam. Der Wandel von Öffentlichkeit, der Zugang, die Verbreitung und die Qualität von Informationen sowie die damit verbundenen politischen Diskursräume befinden sich ebenfalls im Wandel und erfordern auch von der kritischen politischen Bildung die Auseinandersetzung mit neuen Fragen. Es bedarf der Fähigkeit, die Machtverschiebung unter anderem durch den Aufbau „privater para-staatlicher Autoritäten" (Vogl 2021, 117) im digitalen Raum durch global agierende Technologieunternehmen zu analysieren, zu reflektieren und zu kritisieren. Wer oder was bestimmt den öffentlichen Diskurs im digitalen Raum? Wie verändern sich Machtverhältnisse? Welche Räume eröffnet und welche schließt die Digitalisierung für das individuelle und das kollektive (lokale, aber auch globale) politische Handeln?

2. Wer bestimmt wie den öffentlichen Diskurs im digitalen Raum? Politisches Handeln unter Berücksichtigung politischer Machtverhältnisse im digitalen Raum

Den Begriff „Öffentlichkeit" gilt es im digitalen Zeitalter neu zu definieren. Für die Medienwissenschaftlerin Caja Thimm erweist sich die Netzöffentlichkeit als „ein interdependentes System von Öffentlichkeit, Teil- und Gegenöffentlichkeit" (Thimm 2016, 8). Dabei verschwimmen die Grenzen zwischen Privatheit und Öffentlichkeit zusehends. In der digitalen Öffentlichkeit wird es Menschen ermöglicht, sich an öffentlichen Diskursen orts- und zeitungebunden zu beteiligen, sie gar selbst zu gestalten und zu prägen. Der digitale Raum ist ein Raum der *global citizens*, weil die rechtliche Statuszuschreibung Staatsbürgerschaft nicht entscheidend ist für die Reichweite, die Nutzer*innen im digitalen Raum erzielen. Engin Isin und Evelyn Ruppert verwenden den Begriff der *digital citizens*, wobei *citizens* ebenfalls nicht über das Konzept der Staatsbürgerschaft definiert wird, sondern als *subjects of power*. Diese Subjekte stellen durch ihre *digital acts*, ihr politisches Handeln im digitalen Raum, die Macht- und Herrschaftsverhältnisse infrage und kämpfen für ihre Rechte (Isin/Ruppert 2015, 19–50), wenngleich auch das Netz von ungleichen Macht- und Herrschaftsverhältnis geprägt ist. Daher verweisen Isin und Ruppert neben den Phänomenen der *callings* und der *openings* auch auf das Phänomen der *closings* in Zeiten der Digitalität.

Isin und Ruppert bezeichnen *callings* (dt. Aufrufe) als Aufforderungen, die eigene Meinung, eigene Werte und Daten mit anderen Nutzer*innen zu teilen (Isin/Ruppert 2015, 79). Diese Interaktionen führen dazu, dass Menschen digitale Fußabdrücke hinterlassen. Fußabdrücke stehen symbolisch sowohl für das Hinterlassen von nachvollziehbaren Spuren (Überwachung, mangelnder Schutz der Privatsphäre) als auch für den historisch wirksamen Fußabdruck, die Reichweite und den Einfluss, den die Arbeit eines Individuums im digitalen Raum erzeugen kann (Kenner/Lange 2020a, 184). Menschen, die auf Aufrufe reagieren und digital agieren, sich online vernetzen und austauschen, sind mit zwei Phänomenen konfrontiert, die Isin und Ruppert (2015, 107) als *closings* (dt. Schließungen) und *openings* (dt. Öffnungen) beschreiben. *Closings* beziehen sich auf Regulierungen, systemische Bedingungen wie Filter oder Algorithmen, die das eigene Handeln und die verfügbaren Informationen einschränken. Im Gegensatz zu Schließungen beschreiben Isin und Ruppert *openings* als Gelegenheiten, anders zu denken, zu sprechen und zu handeln, indem sie sich über Konventionen hinwegsetzen und neue Ideen entwickeln (ebd., 64). Sie verstehen Öffnungen als Gelegenheiten, die es Nutzer*innen ermöglichen, ihre eigene Position öffentlich zu artikulieren, aber auch Macht- und Herrschaftsverhältnisse zu hinterfragen und zu verändern. So werden Öffnungen beschrieben als „moments and spaces when and where thinking, speaking, and acting differently become possible by resisting and resignifying conventions" (ebd., 65). Das bekannteste Beispiel hierfür dürfte das Whistleblowing sein. Sie verweisen aber auch auf Formate des *commoning* und beziehen sich dabei beispielsweise auf freie Software, die für alle zugänglich ist und auch von allen weiterentwickelt werden kann (ebd., 148 ff.). Die Etablierung und Nutzung dieser Software kann langfristig auch eine Unabhängigkeit von globalen Technologieunternehmen zur Folge haben. Diese drei Kategorien zur Verortung des digitalen Handelns politischer Subjekte sind auch für die kritische politische Bildung zur Systematisierung der sich verändernden Öffentlichkeit hilfreich.

Es bleibt zu konstatieren, dass die traditionelle Öffentlichkeit, welche geprägt war von journalistischen Recherche- und Selektionsprozessen (Westphal 2020), abgelöst, zumindest aber ergänzt wird durch eine Netzöffentlichkeit, in der ein Mensch „nicht nur Empfänger*in von Informationen, sondern zugleich auch dessen Sender*in oder gar Produzent*in" (Kenner/Lange 2020b, 235) sein kann. Digitale Produkte werden konsumiert, bewertet und verarbeitet. Dieser

Prozess findet zumeist öffentlich statt. Der Zugang zu dieser neuen (digitalen) Öffentlichkeit ist dabei auf mehreren Ebenen mit Praxen der Exklusion verbunden. Diese Ungleichheiten manifestieren sich in den zwei sogenannten *Digital Gaps*. Damit sind zum einen die ungleichen technischen Voraussetzungen und Zugänge (bspw. Zugang zum Internet, Hochleistungsendgeräte u.v.m.) und zum anderen die ungleich verteilten Kompetenzen im Umgang mit digitalen Medien gemeint (Kenner/Lange 2020a). Wenn man die Herausforderungen der Digitalisierung auf die radikale Demokratietheorie überträgt, kann davon ausgegangen werden, dass es auch im digitalen Raum keine inklusive Ordnung gibt (Westphal 2020). Manon Westphal betont daher die Notwendigkeit eines kritischen Blickes, einer Analyse von Macht- und Herrschaftsverhältnissen, von Praxen der Exklusion und hegemonialen Strukturen – auch im digitalen Raum. Westphal wendet dies positiv und geht davon aus, dass digitale Öffentlichkeit sich positiv auf die Demokratie auswirken könne.

„Wenn viele konfligierende Ansichten in der Öffentlichkeit präsent sind, können Alternativen zu der bestehenden sozialen Ordnung artikuliert und zu Ausgangspunkten für die Konstruktion von gegenhegemonialen politischen Projekten gemacht werden. Die Absenkung der Zugangshürden zu Öffentlichkeit, die mit der Digitalisierung einhergeht, erweist sich unter diesem Gesichtspunkt als eine Chance, weil eine breitere Partizipation auch für ein breiteres Spektrum an Positionen in der Öffentlichkeit sorgt." (Westphal 2020, 18)

Westphal bezieht sich dabei beispielsweise auf die Wirkung des Videos „Die Zerstörung der CDU" durch den YouTuber Rezo (ebd., 20 f.).

Die Hoffnung, mit den grenzüberschreitenden Verbindungen der digitalen, globalisierten Welt bestehende kommunikative und informationelle Hierarchien überwinden zu können und damit den Raum der Meinungsfreiheit zu erweitern, muss jedoch angesichts der Übertragung bestehender Diskriminierungsmuster in den digitalen Raum infrage gestellt werden. Die Rahmenbedingungen des digitalen Raumes, verbunden mit den individuellen Möglichkeiten der orts- und zeitungebundenen globalen Kommunikation, eröffnen scheinbar unbegrenzte Möglichkeiten des öffentlichen Diskurses. Andererseits lässt sich beobachten, wie der digitale Raum unter dem Einfluss politischer und wirtschaftlicher Interessen oder auf der Basis neuer Technologien wie Algorithmen neue Formen der (intersektionalen) Diskriminierung hervorbringt, die Menschen aufgrund bestehender oder neu geschaffener Merkmale und Kategorien ausschließen (Heise/Kenner 2022). Die Forschung zeigt beispielsweise, dass

Nutzer*innen dazu neigen, sich von kontroversen Diskussionen fernzuhalten, wenn sie auf Hassreden stoßen, entweder weil sie es als unmöglich ansehen, dagegen zu argumentieren, oder weil sie nicht selbst Opfer werden wollen (Geschke u.a. 2019, 28). Auch das Phänomen der Verbreitung sogenannter Fake News beeinflusst das kommunikative Handeln im digitalen Raum. Menschen suchen sich beispielsweise Informationen zu Themen, für die sie sich interessieren, primär im Internet und in den sozialen Netzwerken und geben zugleich an, dass sie diesen Informationen misstrauen. Der Wegfall von sogenannten Gatekeepern der etablierten Medienlandschaft wie beispielsweise Journalist*innen führt zu einer Öffnung des Zugangs zu Informationen und zugleich zu einer Orientierungslosigkeit im grenzenlosen digitalen Raum. Kritische politische Bildung muss dieses Spannungsverhältnis immer berücksichtigen.

3. Digitalisierung als Bildungsgegenstand einer kritischen politischen Bildung in Zeiten der Digitalität

Für die kritische politische Bildung ist es notwendig, neben technischen Entwicklungen vor allem auch die Auswirkungen auf sich verändernde gesellschaftspolitische Entwicklungen in Zeiten der Digitalität im Blick zu haben.

„Digitalität' bezeichnet […] jenes Set von Relationen, das heute auf Basis der Infrastruktur digitaler Netzwerke in Produktion, Nutzung und Transformation materieller und immaterieller Güter sowie in der Konstitution und Koordination persönlichen und kollektiven Handelns realisiert wird." (Stalder 2016, 18)

Es gibt verschiedene Ansätze einer *digital citizenship education* (Vajen u.a. 2023), die die sich verändernden ökonomischen und gesellschaftlichen Bedingungen durch die Digitalität als ganzheitliches Konzept berücksichtigen. Während kompetenzorientierte Ansätze die digitalen Kompetenzen und Verhaltensnormen bei der Nutzung digitaler Technologien betonen, verweisen partizipationsorientierte Ansätze auf die soziale und politische Teilhabe der Menschen mit und durch digitale Mittel (Chen u.a. 2021). Integrierte Ansätze kombinieren beide Perspektiven und umfassen dabei Kompetenzbereiche wie Ethik und Informationskompetenz mit partizipatorischen Elementen wie digitalem Engagement und dem Hinterfragen des Status quo (Choi 2016; Waldis 2022).

Eine kritische politische Bildung stellt die Analyse und Reflexion bestehender Verhältnisse unter Berücksichtigung sich verändernder Bedingungen in einer digitalisierten Gesellschaft in den Mittelpunkt und berücksichtigt dabei auch die gesellschaftlichen Konstruktionen von Bürgerschaft (Vajen u.a. 2023; Isin/Ruppert 2015) und (Para-)Staatlichkeit (Vogl 2021, 117 ff.). Lern- und Lebenswelten befinden sich bereits heute in einem Prozess grundlegender Veränderung. Es ist daher notwendig, dass eine differenzierte Auseinandersetzung mit Möglichkeiten, Potenzialen und Chancen, aber auch Gefahren und Risiken der Digitalisierung für Bildungs- und Teilhabeprozesse fokussiert wird. Arbeiten zum digitalen Kapitalismus (Pfeiffer 2021; Staab 2019; Wagner 2017) können dabei genauso hilfreich sein wie die von Engin Isin und Evelyn Ruppert (2015) aufgestellten Kategorien zur Analyse der *digital citizens*.

Kritische politische Bildung befähigt Menschen dazu, die Verschiebungen von Macht- und Herrschaftsverhältnissen durch die Verlagerung ökonomischer und politischer Strukturen in der digitalen Welt zu erkennen, zu analysieren und gegebenenfalls handelnd zu beeinflussen. Macht wird hier insbesondere in einen Zusammenhang mit Wissenshierarchien und dem Zugang zu Informationen gestellt. Dafür ist es auch notwendig, dass kritische politische Bildung „Möglichkeiten für eine kritische Analyse und Reflexion der gesellschaftlichen und politischen Bedingungen von (auch digitaler) politischer Partizipation" (Wohnig 2021, 169) schafft.

Wenngleich auch andere mediale Innovationen in der Geschichte die Kommunikation und politische Lernprozesse nachhaltig beeinflusst haben, so sind vor allem die Geschwindigkeit der technologischen Entwicklungen und die damit verbundenen Dynamiken im digitalen Raum beispiellos. (Junge) Menschen nutzen diese neu entstehenden Räume, um Erfahrungen zu sammeln, um zu lernen, um sich selbst zu bilden und zu organisieren. Sie finden in diesen digitalen Sphären auch neue Handlungsoptionen, wie transnationale Bewegungen zeigen, die wiederum neue Lernanlässe schaffen (Eis 2021).

Was neu ist am digitalen Kapitalismus und inwiefern sich die Digitalisierung als „Kommunikativer Kapitalismus" oder als „Demokratie 2.0" (Eis 2021, 116 ff.) verorten lässt, kann zum heutigen Zeitpunkt kaum seriös beantwortet werden. In jedem Fall sind Nutzer*innen digitaler Technologie vor allem als „soziale Akteur*innen zu betrachten, die mit ihren eigenen Bedürfnissen, Erfahrungen und Kompetenzen digitale Transformationsprozesse befördern und mitgestalten" (Waldis 2022), individuell und kollektiv und dabei zugleich immer auch von sich verschiebenden Macht- und Herrschaftsverhältnisse betroffen.

Kritische politische Bildung nimmt Menschen in diesem Prozess ernst und begleitet den damit verbundenen (Selbst-)Bildungsprozess. Sie reflektiert neue Handlungsoptionen sowie Artikulations- und Organisationsmöglichkeiten, fragt aber auch nach Folgen eines Strukturwandels, widmet sich analytisch den

Fragen einer weitreichenden Machtverschiebung im digitalen Raum und thematisiert die Möglichkeiten und Grenzen (staatlicher) politischer Regulierung.

Literatur

BEIER, Grischa/Fritzsche, Kerstin (2021): Klimaschutz durch Digitalisierung? In: Nanz, Patrizia u.a. (Hg.): Klimaschutz: Wissen und Handeln. Bonn, S. 105–116.

CHEN, Laure Lu u.a. (2021): Conceptualization and measurement of digital citizenship across disciplines. In: Educational Research Review 33, 100379. Online: https://doi.org/10.1016/j.edurev.2021.100379 (Zugriff: 31.07.2023).

CHOI, Moosun (2016): A concept analysis of digital citizenship for democratic citizenship education in the internet age. In: Theory & Research in Social Education 44 (4), S. 565–607. Online: https://doi.org/10.1080/00933104.2016.1210549 (Zugriff: 31.07.2023).

EIS, Andreas (2021): Digitale Kommunikation und transnationale Öffentlichkeit(en). In: Hubacher, Manuel S./Waldis Weber, Monika (Hg.): Politische Bildung für die digitale Öffentlichkeit. Wiesbaden, S. 109–130.

GESCHKE, Daniel u.a. (2019): Hass im Netz: Der schleichende Angriff auf unsere Demokratie. Eine bundesweite repräsentative Untersuchung. Online: https://www.idz-jena.de/fileadmin/user_upload/_Hass_im_Netz_-_Der_schleichende_Angriff.pdf (Zugriff: 31.07.2023).

HEISE, Richard/Kenner, Steve (2022): Citizenship Education and the Digital Sphere. Addressing intersectional discrimination with Hate Speech and Fake News online. In: Supik, Linda u.a. (Hg.): Gender, Race and Inclusive Citizenship. Dialogues about Acts and Regimes of Belonging. Wiesbaden, S. 415–430.

ISIN, Engin F./Ruppert, Evelyn (2015): Being Digital Citizens. London.

KENNER, Steve/Lange, Dirk (2020a): Bürgerbewusstsein und politische Partizipation im digitalen Zeitalter. Herausforderungen für die Politische Bildung. In: Die Deutsche Schule 02, S. 174–187.

KENNER, Steve/Lange, Dirk (2020b): Digitalisierung als Herausforderung für politische Bildung. Im Spannungsfeld von inklusiven Praxen und neuen Formen der Exklusion. In: Albrecht, Achim u.a. (Hg.): Jetzt erst recht: politische Bildung! Bestandsaufnahme und bildungspolitische Forderungen. Frankfurt/M., S. 233–248.

PFEIFFER, Sabine (2021): Digitalisierung als Distributivkraft. Über das Neue am digitalen Kapitalismus. Bielefeld.

STAAB, Philipp (2019): Digitaler Kapitalismus. Markt und Herrschaft in der Ökonomie der Unknappheit. Berlin.

STALDER, Felix (2016): Kultur der Digitalität. Berlin.

THIMM, Caja (2016): Digitale Demokratie im Kreuzfeuer – Der mühsame Weg zum Digitalen Citoyen. In: Pöttinger, Ida u.a. (Hg.): Doing Politics – politisch agieren in der digitalen Gesellschaft. München, S. 51–68.

VAJEN, Bastian (2023): Digital citizenship education – Teachers' perspectives and practices in Germany and Hong Kong. In: Teaching and Teacher Education, 122. Online: https://doi.org/10.1016/j.tate.2022.103972 (Zugriff: 31.07.2023).

VOGL, Joseph (2021): Kapital und Ressentiment. Eine kurze Theorie der Gegenwart. München.

WAGNER, Thomas (2017): Das Netz in unserer Hand. Vom digitalen Kapitalismus zur Datendemokratie. Köln.

WALDIS, Monika (2022): Digital citizenship education für die durch digitale Technologien geprägte Lebenswelt. In: POLIS 03, S. 16–18.

WESTPHAL, Manon (2020): Digitale Öffentlichkeiten und politisches Handeln Überlegungen zu einer radikaldemokratischen politischen Bildung. In: Binder, Ulri/Drerup, Johannes (Hg.): Demokratieerziehung und die Bildung digitaler Öffentlichkeit. Wiesbaden, S. 13–27.

WOHNIG, Alexander (2021): Digitales politisches Handeln von Kindern und Jugendlichen in Projekten der politischen Bildung? In: Möller, Lara/Lange, Dirk (Hg.): Augmented Democracy in der Politischen Bildung. Wiesbaden, S. 155–173.

3. Reflexiver Blick auf schulische politische Bildung

ANDREAS EIS

Didaktische Prinzipien und methodische Zugänge kritischer politischer Bildungspraxis

Der Beitrag begründet didaktische Prinzipien und deren Bedeutung für die Auswahl von Inhalten, für die Formulierung konkreter Themen und für methodische Entscheidungen in der (schulischen) politischen Bildungspraxis. Zunächst werden didaktische Prinzipien (wie Subjekt-, Konflikt-, Problem-, Handlungs-, Zukunftsorientierung und exemplarisches Lernen) als unterschiedliche Perspektiven zur Analyse gesellschaftswissenschaftlicher Phänomene und zur Mitgestaltung politischer Verhältnisse vorgestellt. Politikdidaktische Prinzipien helfen Lehrenden und Lernenden dabei, Inhalte fachlich zu erschließen und geeignete methodische Entscheidungen zu treffen. Sie stehen im Mittelpunkt vieler didaktischer Einführungen (z.B. Reinhardt 2022). Was aber bedeuten diese didaktischen Prinzipien für eine der kritischen Gesellschaftsanalyse verbundenen emanzipatorischen Bildung und was unterscheidet sie von anderen Verständnissen? Im Beitrag argumentiere ich für eine Rückgewinnung didaktischer Zugänge zur Machtanalyse und Herrschaftskritik. Im breiten Feld kritischer politischer Bildungspraxis werden (mit unterschiedlichen Schwerpunkten) Dimensionen politischer, ökonomischer, sozialer, diskursiver und kultureller Kräfteverhältnisse und Herrschaftsstrukturen didaktisch zugänglich, z.B. als postkoloniale, rassismuskritische Bildung, mit Ansätzen der Ideologie-, Hegemonie- und Kapitalismuskritik, als Bildung für eine sozial-ökologische Transformation, als geschlechterreflexive Bildung und mit Ansätzen der Intersektionalität oder der Dissens- und Ausgeschlossenenorientierung (vgl. die zahlreichen Praxisbeispiele auf der Homepage des Forums kpB: https://akg-online.org/arbeitskreise/fkpb-forum-kritische-politische-bildung/bildungskonzepte.html).

Aufgabe emanzipatorischer Bildungspraxis ist es, Lernprozesse zu unterstützen und unterschiedliche Bildungswege aufzuzeigen, in denen kollektive Praxen und gesellschaftliche Herrschaftsstrukturen verstehbar und analysierbar werden. Darüber hinaus geht es darum, politische Handlungsräume und gesellschaftliche Alternativen auszuloten und zu erproben, die Machtgefälle und Ausschlüsse sichtbar machen und infrage stellen, Herrschaft abbauen und kollektive, solidarische Handlungsfähigkeit (als Gestaltungs- und Deutungs*macht*) entwickeln. Abschließend verweise ich mit Michaela Lapp (2010) auf den Ausgangspunkt methodischer Entscheidungen, denen zunächst ein konkretes, gemeinsam formuliertes *Anliegen* zugrunde liegen sollte. Emanzipatorische Lernprozesse basieren auf subjektorientierter, kooperativer und selbstbestimmter Beteiligung der Lernenden und Lehrenden (bzw. Teilnehmenden, Teamenden ...). Wie diese didaktischen Ansprüche in Planungsprozessen (v.a. in institutioneller Bildung in Schulen) ermöglicht werden können, diskutieren die folgenden Beiträge in diesem Kapitel des Handbuches.

1. Politikdidaktische Prinzipien erschließen Dimensionen des Politischen

Politikdidaktische Prinzipien eröffnen Perspektiven auf das Politische und das Gesellschaftliche. Als analytische ‚Scheinwerfer' beleuchten sie unterschiedliche Dimensionen politischer, sozialer, ökonomischer Phänomene und ihrer konflikthaften und strukturellen Hintergründe. Mit einem konkreten Ereignis oder *Fall* können z.B. sehr unterschiedliche inhaltliche Anliegen thematisiert werden: eine Demonstration von jungen (vielfach nicht wahlberechtigten) Menschen für eine nachhaltige und gerechte Klimapolitik *oder* die Ordnungswidrigkeit trotz Legitimität, die mit zivilem Ungehorsam einhergeht, wenn Schüler:innen ihre Schulpflicht verletzen. Mit der Auswahl des Falles, des Inhalts und der Methode seiner Bearbeitung ergeben sich unterschiedliche Erkenntnisse und Einsichten über Funktionsweisen politischer Prozesse, deren rechtliche Rahmenbedingungen und Handlungsoptionen (bzw. -barrieren) für Kinder und Jugendliche. In einer *Konfliktanalyse* (vgl. Blasche/Wohnig in diesem Band) wird die Dimension einer (konkreten, manifesten) politischen Konfrontation und Auseinandersetzung in der Analyse ihrer beteiligten Akteure, deren Interessen und Machtmittel im zeithistorischen und rechtlichen Kontext näher betrachtet. Hingegen nimmt die Perspektive der *Problemorientierung* (z.B. mit der Methode einer Problemstudie) die Bearbeitung (längerfristiger, latenter) gesellschaftlicher Problemlagen (z.B. Klimakrise, soziale Ungleichheit, Friedenssicherung) in den Blick. Mit der *Handlungsorientierung* wird der Schwerpunkt auf die politische Gestaltbarkeit und Mitbestimmung gesellschaftlicher Verhältnisse gelegt. Die *Zukunftsorientierung* macht deutlich, dass Politik immer mit Ungewissheiten, Kontingenzen und dem Ringen um unterschiedliche Konzepte des Gemeinwohls sowie deren Verallgemeinerung und Durchsetzbarkeit verbunden ist (vgl. Abb. 1).

Als Ausgangspunkt für didaktische Überlegungen in der *kritischen* politischen Bildung steht ein Verständnis *des Politischen als Emanzipationsprozess* mit dem Anspruch, bestehende Ungleichheiten, Ausbeutungsverhältnisse und Hierarchien abzubauen, zur Befreiung der vergesellschafteten (und vielfach fremdbestimmten) Personen beizutragen. *Subjekte* haben teil an kollektiver, befreiender Praxis. Sie sind nicht nur Objekte politischer Regulierung und Verwaltung, die in den ihnen zugewiesenen sozialen Rollen – als Konsumenten, Produzentinnen, Schülerinnen, Lehrende, Arbeitskräfte etc. – funktionieren. Insofern unterscheidet sich *Subjektorientierung* als politikdidaktisches Prinzip deutlich von Schüler:innen- oder Adressat:innen-Orientierung. Hier geht es nicht nur um die Vorerfahrungen, Interessen und Erwartungen der durch didaktische Settings optimal ‚zu adressierenden' Lernenden. Subjektorientierung fragt nach den gesellschaftlichen Bedingungen der politischen Selbst-Werdung. Sie setzt Mündigkeit als ‚Leitziel' nicht einfach voraus, sondern sie fragt danach, warum Menschen Verhältnisse von Herrschaft, Fremdbestimmung und Unterdrückung anerkennen und aufrechterhalten, wie sie diese – subtil, bewusst, unintendiert – unterlaufen und welche Strukturen und Machtverhältnisse sie daran hindern, ihre politischen Interessen zu artikulieren und an solidarischer Selbstorganisation teilzuhaben.

Abb. 1: Dimensionen politisch-gesellschaftlicher Phänomene und didaktische Zugänge (Prinzipien, Teil 1, Grafik: A. Eis)

Diese ‚klassischen' Zugänge und Prinzipien wurden im Zuge der ‚didaktischen Wende' der 1960er-/1970er-Jahre in einer älteren Tradition kritisch-emanzipatorischer Gesellschaftsanalyse (von ausschließlich männlich gelesenen Bildungstheoretikern) entwickelt (u.a. P. Freire, R. Schiederer, H. Giesecke, W. Klafki, K. G. Fischer, O. Negt, R. Jungk). Sie fanden Eingang in nahezu alle politikdidaktischen Einführungslehrwerke und galten bis in die 1990er-Jahre als zentrale Orientierung für viele Lehrpläne. Allerdings wurden in den folgenden Curriculumreformen (in Schulen, Hochschulen und Lehrer:innenbildung) ihre machtanalytische und emanzipatorische Bedeutung zunehmend den standardisierten Kompetenzerwartungen und der Aneignung von abprüfbaren ‚Fachkonzepten' untergeordnet (bzw. durch diese ersetzt). Universitäre *Politikdidaktik* versuchte sich als ‚eigene Disziplin' durch ‚evidenzbasierte' Unterrichtsforschung zu ‚professionalisieren'. Faktisch entfernte sie sich damit immer mehr von einer Politik- und Gesellschaftswissenschaft, die *politische Bildung* (und ihre didaktischen Prinzipien) mit einem Anspruch und Verständnis eines Demokratisierungsprozesses verbindet, d. h. mit dem für die *Anliegen* politischer Bildung (Emanzipation und gleiche Teilhabechancen für alle) *notwendigen* Abbau von Herrschaft, Ausbeutung und Ungleichheit.

2. Didaktische Zugänge der Machtanalyse und Herrschaftskritik

Zur Wiedergewinnung und weiteren Ausdifferenzierung eines kritisch-emanzipatorischen Anspruchs politikdidaktischer Prinzipien schlage ich zunächst eine Unterscheidung von Dimensionen der Machtanalyse und der Herrschaftskritik vor. Beide Konzepte (Macht und Herrschaft) werden idealtypisch unterschieden, auch wenn ihr Zusammenwirken Überschneidungen und Verknüpfungen aufweist (vgl. Lösch/Eis in diesem Band). *Macht* betont hier stärker die *Handlungsebene kollektiver Praxis*. Sie beschränkt sich nicht auf Zwang und die Durchsetzung eines partikularen Willens (einer privilegierten Gruppe), sondern Macht umfasst auch Phänomene der Befähigung und Ermächtigung von bislang Ausgeschlossenen, die Fähigkeit zur solidarischen Selbstorganisation und zur Durchsetzung von (gegenhegemonialen) Interessen und alternativen Vorstellungen eines (von wem auch immer, nicht nur staatlich definierten) ‚Gemeinwohls'. Auch *Herrschaft* muss nicht ausschließlich mit (personalisierter) Ausbeutung, Unterdrückung und Naturzerstörung verbunden werden, sondern wird hier verstanden als verdichtetes, institutionalisiertes Kräfteverhältnis, das sich auch im staatlichen Gewaltmonopol und in liberalen Vorstellungen einer ‚Herrschaft des Rechts' widerspiegeln kann.

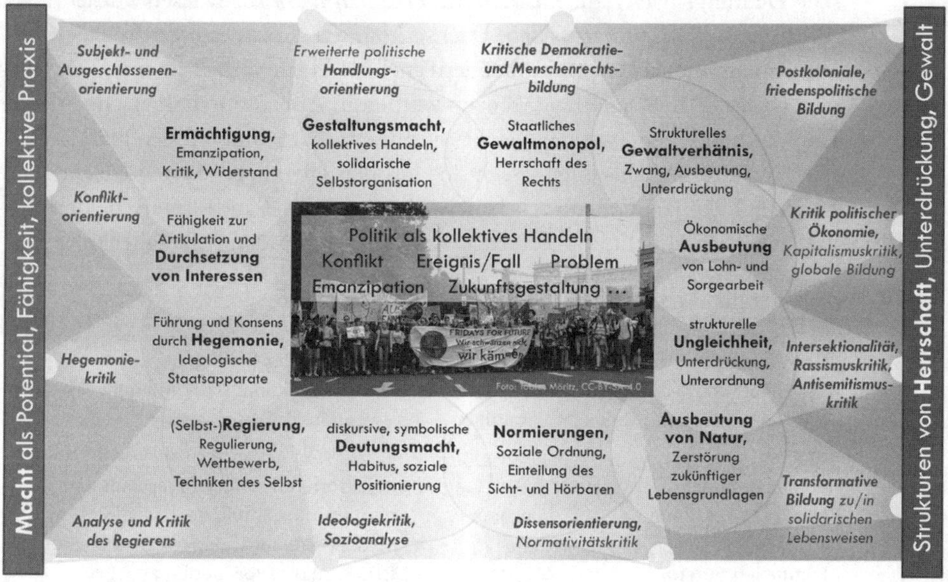

Abb. 2: Didaktische Zugänge zur Machtanalyse und Herrschaftskritik (Prinzipien, Teil 2; Grafik: A. Eis/M. Ortmann)

In der *Abbildung 2* schlage ich eine Rahmung und Einbettung der konkreten politischen Phänomene und (traditionellen) didaktischen Zugänge (‚Politik als Fall', ‚Konflikt', ‚Problem' …) vor. Politische Analysen, die Erprobung von Handlungsräumen und die Entfaltung von Kritik-, Urteils- und Utopiefähigkeit müssen die *Dimensionen ökonomischer, sozialer, diskursiver, kultureller Kräfteverhältnisse und Herrschaftsstrukturen* berücksichtigen und die Bedingungen ihrer Veränderbarkeit thematisieren (vgl. der *mittlere* Rahmen in Abb. 2). Ich unterscheide jeweils sechs Dimensionen der Machtanalyse (linke Hälfte Abb. 2) und der Herrschaftskritik (rechter Teil Abb. 2). Diese sind nicht immer trennscharf abgrenzbar (z.B. ‚Deutungsmacht' und ‚Hegemonie'), sondern berücksichtigen auch unterschiedliche fachliche und methodologische Zugänge (z.B. Sozioanalyse, historisch-materialistische Politikanalyse, Gouvernementalitätsstudien oder postkoloniale, rassismus- und kapitalismuskritische Ansätze). Sicherlich wäre es möglich, einige Dimensionen noch weiter auszudifferenzieren (z.B. werden queer-feministische Ansätze hier unter einem intersektionalen Verständnis von ‚struktureller Ungleichheit' mit rassismuskritischen Zugängen verbunden). Ebenso ließen sich einige Dimensionen, z.B. ‚(Selbst-)Regierung' oder ‚symbolische Deutungsmacht', die hier den *Machtverhältnissen* zugewiesen wurden, auch als *strukturelle Herrschaft* fassen. Ebenso könnten ,Normierungen/soziale Ordnung' nicht nur als Herrschaft, sondern auch als Machtverhältnis analysiert werden. (Diese z.T. unscharfen Grenzen wurden in Abb. 2 durch überschneidende Ellipsen und Übergange der Macht- und Herrschaftsdimensionen markiert).

Folgende Dimensionen lassen sich aus den oben begründeten Macht- und Herrschaftskonzeptionen (vgl. Lösch/Eis in diesem Band) unterscheiden und mit spezifischen politikdidaktischen Zugängen verbinden (vgl. Tabellen).

Machtverhältnisse als …	**fachdidaktische Zugänge** (Prinzipien)
Gestaltungsmacht: kollektives Handeln, demokratische Selbstorganisation, Problembearbeitung, Zukunftsgestaltung	**Handlungsorientierung:** erweiterte politische Handlungsfähigkeit geht über konventionelle Partizipation hinaus; **Zukunftsorientierung:** Utopiefähigkeit
Emanzipation: Kritik, Widerstand, Befreiung von Fremdbestimmung, Unterdrückung; Teilhabe an sozialen, ökonomischen, kulturellen Gütern	**Subjektorientierung, Ausgeschlossenenorientierung:** Bildung der Unterdrückten und der Befreiung, Fähigkeit zu Kritik und Dissens, Selbstermächtigung
Durchsetzung von Interessen: Fähigkeit zur Artikulation, Mittel der Konfliktaustragung, Organisierung, Mobilisierung von solidarischen Bündnissen, Öffentlichkeit, Sichtbarkeit	**Konfliktorientierung:** Fähigkeiten zur Analyse und Austragung von Konflikten; Solidaritätsfähigkeit; **historisch-materialistische Politikanalyse:** Akteurs-, Prozess-, Machtanalyse; historische Kontextanalyse
Hegemonie: Führung durch Konsens, Einbindung von Zivilgesellschaft, Bildung, ideologische Staatsapparate	**Hegemoniekritik:** Wie verdichten sich latente Konflikte, Widersprüche, Kräfteverhältnisse? Wie reproduzieren sich Machtasymmetrien in Bildung und Zivilgesellschaft?
(Selbst)**Regierung:** (nicht-)hierarchische Regulierung durch Governance und Gouvernementalität, d. h. Selbstverpflichtung, Wettbewerb, Techniken des Selbst	**Analyse und Kritik des Regierens:** Wie werden Normen und verbindliche Entscheidungen hergestellt und durchgesetzt? Kritik an Techniken des Selbst: „nicht auf diese Weise regiert zu werden"
Diskursive, symbolische, normative … **Deutungsmacht:** soziale Positionierung, Habitus: Wer hat eine Stimme, wer wird gehört? Macht – Wissen – Regime	**Ideologiekritik,** Diskurs-/Sozioanalysen: Wie werden machtvolle Deutungen und Ausschlüsse von Subjekten verinnerlicht (und infrage gestellt)?

Tabelle 1: Didaktische Prinzipien und Zugänge der Machtanalyse

Herrschaftsstrukturen als …	**fachdidaktische Zugänge** (Prinzipien)
Staatliches **Gewaltmonopol:** Herrschaft des Rechts, des liberalen Verfassungsstaats als Begrenzung von Willkür und Legitimation bürgerlich-kapitalistischer Herrschaft	**kritische Demokratie- und Menschenrechtsbildung:** fragt nach Genese und Ausschlüssen, Umsetzung von politischen, sozialen, kulturellen Menschen- und Grundrechten, Demokratie ist mehr als Rechtsstaat
Strukturelles **Gewaltverhältnis:** Zwang, Unterordnung, Ausbeutung; autoritäre, totalitäre, koloniale, imperiale, rassistische Aneignung von Menschen und Gütern	**postkoloniale Bildung, friedenspolitische Bildung:** Analyse und Kritik von (Neo-/Post-) Kolonialismus, Imperialismus, Autoritarismus u. a. Gewaltherrschaft
Ausbeutung von Lohn-, Sorge-, Gemeinwohlarbeit zur Kapitalakkumulation, aufgrund von Eigentumsrechten an Produktionsmitteln, Naturressourcen und (angeeigneten) Gemeingütern	**Kritik politischer Ökonomie:** Kapitalismuskritik, arbeitspolitische, gewerkschaftliche, sozio-ökonomische Bildung; **globale politische Bildung:** Kritik der imperialen Produktions- und Lebensweise
Strukturelle Ungleichheit: neo-/postkoloniale, rassistische, maskuline, heteronormative Unterdrückung und Diskriminierung	**Intersektionalität:** Orientierung an Verschränkungen von Formen der Ungleichheit und Unterdrückung (race, class, gender u. a.) **Rassismuskritik:** migrationspolitische Bildung
auf Ausbeutung und Zerstörung beruhendes **gesellschaftliches Naturverhältnis:** sozial-ökologische Vielfachkrise, imperiale Produktions- und Lebensweise	**Transformative Bildung:** zu/in solidarischen Produktions- und Lebensweisen; Nachhaltigkeitsbildung als Kritik an Ausbeutung von Natur und Menschen
Soziale Ordnung, Normierung: Einteilung des Sinnlichen, Sichtbaren und Hörbaren, von privat und öffentlich, sozial und politisch, Politik und Polizei/Verwaltung	**Dissensorientierung, Normativitätskritik:** Fähigkeit, die Aufteilungen der sozialen Ordnung zu unterbrechen, neu zu verhandeln, zu verschieben

Tabelle 2: Didaktische Zugänge der Herrschaftskritik

3. Gemeinsame *Anliegen* formulieren und methodische Entscheidungen treffen

Wie werden aus fachlichen, inhaltlichen Perspektiven gemeinsame Bildungsvorhaben? Für emanzipatorische Lernsettings richten sich didaktische Prinzipien nicht allein an Lehrende, die den ‚relevanten Bildungsgehalt' für Planungsprozesse und *für* Lernende ‚vorstrukturieren'. Vielmehr verstehe ich didaktische Prinzipien als ‚Suchbewegungen' und analytische Perspektiven, die nach einer gemeinsamen Formulierung eines *Anliegens* das Bildungsvorhaben weiter strukturieren. Michaela Lapp (2010) schließt mit ihrem Rückgriff auf das „Vier-Faktoren-Modell der Themenzentrierten Interaktion“ (379 f.) eine Brücke zwischen didaktischen Zugängen, methodischen Entscheidungen und der Planung eines Bildungsvorhabens. Das ursprünglich von Ruth C. Cohn für die Gestalttherapie und Gruppenprozesse entwickelte Kommunikationsmodell eignet sich insofern für offene, kooperative Planungsfragen und methodische Entscheidungen, als hier die „Inhalte des Unterrichts“ (‚Es‘), mit der Situation der am Bildungsvorhaben beteiligten Personen (‚Ich‘) und den Interaktionen in der Lerngruppe (‚Wir‘) in eine Balance gebracht werden. Dabei sind die Faktoren themenzentrierter Interaktion immer auch in äußere (institutionelle, gesellschaftliche) Bedingungen eingebunden (‚Globe‘). Erst in diesem Bedingungszusammenhang lassen sich inhaltlich passende *Arbeits-, Sozial- und Kommunikationsformen* (von der Positionslinie/Meinungsbarometer über Kartenabfragen und Standbilder bis hin zu Kugellager-, Fishbowl-Diskussionen oder Metaplan, Open Space) und *fachspezifische Makromethoden* begründen, z.B.: Machtnetzanalyse (vgl. Attac 2017, II.3), Forumtheater, Planung einer Kampagne, rassismuskritische/lobbykritische u.a. Stadtrundgänge (vgl. Emde 2022), Zukunftswerkstatt, erweiterte Konfliktanalyse/historisch-materialistische Politikanalyse (vgl. Buckel u.a. 2014; Eis 2018, 127 f.).

Subjektorientierte, kooperative Planungsschritte werden mit Schüler:innen, Teilnehmenden und Lehrenden/Teamer:innen gemeinsam entwickelt und methodische Entscheidungen getroffen (vgl. Bauer, Zimmermann, Wohnig/Nonnenmacher in diesem Band). Für die Entwicklung und Durchführung eines gemeinsamen Bildungsvorhabens liegen bislang nur wenige Konzeptionen und Modelle für eine kritische politische Bildung vor (vgl. Nonnenmacher 1999; de Moll u.a. 2013). Allerdings wurden in den letzten Jahren eine Fülle sehr überzeugender Praxisbeispiele von Methoden und Bildungsmaterialien, insbesondere von Akteur:innen der non-formalen, bewegungsorientierten Bildung (in Kooperation mit kritischen Gesellschaftswissenschaftler*innen) entwickelt und interaktive Methoden der Machtanalyse und Herrschaftskritik erprobt (u.v.a.: Konzeptwerk Neue Ökonomie/Fairbindung: www.endlich-wachstum.de/arbeitsmaterial; Attac Bildung: www.attac.de; Glokal e.V.: https://www.glokal.org/publikationen; Bieling u.a. 2021; Emde/Müller 2021). Es wäre sehr wünschenswert, diese Praxisimpulse in weiteren Forschungsarbeiten systematisch auszuwerten, in ihrer Umsetzung (im schulischen und außerschulischen Kontext) zu analysieren und zu einer (noch zu schreibenden) Didaktik der Machtanalyse und Herrschaftskritik weiter zusammenzuführen.

Literatur

ATTAC Bildung (Hg.) (2017): Kapitalismus – oder was? Über Marktwirtschaft und Alternativen. Wirtschaft demokratisch gestalten lernen. Frankfurt/M.

BIELING, Hans-Jürgen u.a. (Hg.) (2021): Demokratie und Partizipation in der Migrationsgesellschaft. Unterrichtspraktische Methoden und Materialien für Bildungsreferent*innen und Lehrkräfte der gesellschaftlichen Fächer und Fächerverbände. Kassel/Osnabrück/Tübingen. Online: http://www.welcome-democracy.de/politische-bildungsarbeit (Zugriff: 09.08.2022).

BUCKEL, Sonja/Georgi, Fabian/Kannankulam, John/Wissel, Jens (2014): Theorie, Methoden und Analysen kritischer Europaforschung. In: Forschungsgruppe „Staatsprojekt Europa" (Hg.): Kämpfe um Migrationspolitik. Theorie, Methode und Analysen kritischer Europaforschung. Bielefeld, S. 15–84.

DE MOLL, Frederick/Kirschner, Christian/Riefling, Markus/Rodrian-Pfennig, Margit (2013): Überlegungen zu einem Modell radikaldemokratischer politischer Bildung. Eine Dezentrierung des Kompetenzbegriffs. In: Bremer, Helmut/Kleemann-Göhring, Mark/Teiwes-Kügler, Christel/Trumann, Jana (Hg.) (2013): Politische Bildung zwischen Politisierung, Partizipation und politischem Lernen. Beiträge für eine soziologische Perspektive. Weinheim, S. 293–314.

EIS, Andreas (2018): Soziale Kämpfe um politische Alternativen verstehen und gestalten: Hegemoniekritik als Ansatz emanzipatorischer Europabildung. In: Eis, Andreas/Moulin-Doos, Claire (Hg.): Kritische politische Europabildung. Die Vielfachkrise Europas als kollektive Lerngelegenheit? Immenhausen, S. 118–132.

EMDE, Oliver (2022): Politische Stadtrundgänge. Außerschulische Lernarrangements zwischen Schule und sozialen Bewegungen. Frankfurt/M.

EMDE, Oliver/Müller, Gregor (2021): Über die urbanen Monster einer imperialen Lebensweise. Ideen und Materialien zu einem Projekt der politisch-kulturellen Bildung und zur kreativen Umsetzung des Orientierungsrahmens für den Lernbereich Globale Entwicklung. Kassel.

LAPP, Michaela (2010): Ein *Anliegen* formulieren: Inhaltlicher Anspruch und Methodenwahl im Politikunterricht. In: Lösch, Bettina/Thimmel, Andreas (Hg.): Kritische politische Bildung. Ein Handbuch. Schwalbach/Ts., S. 377–388.

NONNENMACHER, Frank (1999): Politisches Lernen in der Schule. Begründung einer fachdidaktischen Konzeption. Frankfurt/M. Online: https://www.fb03.uni-frankfurt.de/46174683/Nonnenmacher__Politisches_Lernen_in_der_Schule.pdf (Zugriff: 08.08.2022).

REINHARDT, Sibylle (2022): Politik-Didaktik. Praxishandbuch für die Sekundarstufe I und II, 10. Auflage. Berlin.

GESINE BADE, KATHARINA KALCSICS,
NINA KALLWEIT

Kritische politische Bildung mit Kindern im Sachunterricht

Empowerment einer marginalisierten Statusgruppe

1. „Das verstehst du noch nicht!" Adultistische Gesellschaftsverhältnisse

Kind zu sein heißt, zu einer benachteiligten Gruppe zu gehören. Kinder sind permanent von Stigmatisierungen und Diskriminierungen betroffen, strukturell sowie in zwischenmenschlichen Interaktionen. „Dafür bist du noch zu klein!", „Red keinen Quatsch!" oder „Weil ich es sage!" sind Beispiele für Redewendungen, die das Machtungleichgewicht zwischen Erwachsenen und Kindern aufzeigen, das *Adultismus* genannt und in der Kinderrechtsforschung zunehmend thematisiert wird. In alltäglichen Kontexten erleben Kinder Adultismus insbesondere in pauschalisierenden Vorannahmen, defizitorientierten Äußerungen und Bevormundung. Wie bei anderen Diskriminierungsformen drückt sich die ungleiche Behandlung in Anforderungen und Regeln aus, die vor allem einseitig gelten. D.h. es werden Verhaltensweisen von Kindern eingefordert, die umgekehrt oft nicht oder nicht im gleichen Maß von Erwachsen erwartet werden. Es wird angenommen, dass jede*r Erwachsene diese Diskriminierungserfahrungen selbst gemacht hat, weswegen sie sich gesellschaftlich tradieren. Kinder erfahren dadurch in der Regel unbewusst, wie Unterdrückung und die (Aus-)Nutzung von Macht funktionieren, und erleben Diskriminierung als grundlegendes, gesellschaftlich toleriertes Prinzip der Privilegiensicherung. Nur allzu oft wird die (durchaus legitime) Fürsorgepflicht Erwachsener gegenüber Kindern genutzt, um berechtigte Förder- und Partizipationsansprüche zu negieren. In diesen Argumentationen wird der vermeintliche Schutz von Kindern unbegründet über alles andere gestellt.

Kinder werden jedoch nicht nur in sozialen Interaktionen benachteiligt, sondern auch strukturell. In Institutionen wie der Schule wird deutlich, dass Kinder (wenn überhaupt) nur in untergeordneten Angelegenheiten mitbestimmen dürfen, beispielsweise bei der Sitzordnung oder der Gestaltung des Klassenzimmers. Bei übergeordneten, strukturellen oder inhaltlich relevanten Entscheidungen bleiben Kinderinteressen meist unbeachtet. Partizipationsstudien zeigen, dass die politische Teilhabe und Mitbestimmung von Kindern in der Schule seit Jahren auf einem konstant niedrigen Niveau verbleibt (World Vision 2018; Schneider u.a. 2009). Je jünger die Schüler*innen sind, desto geringer fallen ihre Mitbestimmungsmöglichkeiten aus (World Vision 2018, 5), was darauf verweist, dass Grundschüler*innen ganz besonders von politischer Marginalisierung betroffen sind.

Der Umgang mit den Interessen und Anliegen von Kindern in der Schule ist ein Indikator für die generelle gesellschaftliche und politische Stellung von Kindern als Statusgruppe. Denn obwohl Kinder rein faktisch ein gewichtiger Teil der Gesellschaft sind, gelten elementare Bürger*innerechte für sie nur mit Einschränkungen. So sind sie im politischen System weder zu individueller Willensäußerung noch zur demokratischen Teilhabe in gesamtgesellschaftlichen Anliegen befugt. Dass Kindern weder das aktive noch das passive Wahlrecht zugestanden wird, ist ein Beispiel für ihre strukturelle Benachteiligung. Politische Interessen und Bedürfnisse von Kindern werden (wenn überhaupt) nur mitrepräsentiert oder finden (wenn überhaupt) nur verallgemeinert Berücksichtigung (Busen/Weiß 2022). Kinder bilden damit eine besonders marginalisierte politische Statusgruppe.

Finden junge Menschen dennoch Mittel und Wege, sich für ihre Interessen und Anliegen Gehör zu verschaffen, beispielsweise über die Fridays-for-Future-Proteste, urteilen erwachsene Politiker*innen, dass man Klimaschutz ‚den Profis' überlassen und die Zeit besser in der Schule verbringen sollte. Mit Profis sind selbstverständlich Erwachsene gemeint. Wirkmächtig wird Unter-18-jährigen damit so einiges abgesprochen, allem voran kognitive Fähigkeiten, die Klimakrise zu verstehen, und insbesondere das Recht, ihre politischen Interessen zu äußern.

Aktuelle Bestandsaufnahmen zur Umsetzung der UN-Kinderrechtskonvention zeichnen ein von Defiziten geprägtes Bild. Verschiedenste Kinderrechte können nicht als vollständig umgesetzt gelten. Kinder in Deutschland sind infolge von intersektional wirkenden Machtverhältnissen von Gewalt, Diskriminierung, Bildungs- und Chancenungleichheit betroffen (Steenkamp 2017). Im aktuellen Umsetzungsbericht (NCD 2019) werden u.a. Versäumnisse und Verstöße gegen die UN-Kinderrechtskonvention benannt, die den politischen Subjektstatus von Kindern und ihren Zugang zu politischer Bildung betreffen. Darin wird gefordert, das Wahlalter in Kommunal-, Landtags-, Bundestags- und Europawahlen sowie für Bürgerentscheide herabzusetzen. Des Weiteren sollen systemisch fest verankerte Kinder- und Jugendbeteiligungsstrukturen in allen Politikbereichen etabliert werden, die Kinder und Jugendliche betreffen (NCD 2019, 12). Besonders hervorzuheben ist die Forderung, politische Bildung schulisch und außerschulisch „flächendeckend" zu fördern, „damit Kinder und Jugendliche erkennen und erfahren, welche Rechte ihnen zustehen und wie sie diese einfordern und umsetzen können" (ebd.).

Unter Berücksichtigung der Benachteiligung und Marginalisierung von Kindern wird deutlich, wie wichtig politische Bildung und politische Partizipation für die Umsetzung und Anerkennung des Kindes als politisches Subjekt sind. Insbesondere für Kinder im Grundschulalter braucht es Lern- und Erfahrungsräume, in denen Machtverhältnisse und die eigene Eingebundenheit darin thematisiert werden können. Als Fach der politischen Bildung muss sich der Sachunterricht den gesellschaftlichen Erfahrungen, Anliegen und Interessen der Schüler*innen annehmen und dafür Raum und Zeit zur Verfügung stellen. Im Rahmen adaptierter sozialwissenschaftlicher Analysemethoden können gesellschaftliche Verhältnisse untersucht und reflektiert werden. Ziel ist es, vermeintlich Gegebenes als veränderbar zu erkennen, Alternativen kennenzulernen und über die zukünftige Gestaltung von Gesellschaft nachzudenken. Kinder in ihren Selbst-, Mitbestimmungs- und Solidaritätsfähigkeiten zu sehen und zu fördern, ist ein Hauptanliegen emanzipatorischer politischer Bildung.

2. Die Stellung politischer Bildung im Sachunterricht

An aktuellen Lehrplänen, Fachpublikationen und Hochschulprofessuren wird deutlich, dass sozialwissenschaftliche Grundbildung im Sachunterricht noch immer nicht den gleichen Stellenwert wie naturwissenschaftliche Bildung erreicht hat (Bade 2023). Diese strukturelle Unterentwicklung eines ganzen Bildungszweigs ist historisch bedingt und hat sich lange tradiert. Zu Beginn des wissenschaftsorientierten Sachunterrichts in den 1970er-Jahren der BRD war dieser durchaus in seiner Grundkonzeption intellektuell und politisch bildend. Didaktiker*innen wie Gertrud Beck, Paul Ackermann, Wolfgang Hilligen und Bernhard Claußen erklärten Bildungsziele wie Emanzipation und Mündigkeit als selbstverständlich für den Sachunterricht. Ende der 1970er-Jahre endete jedoch die gesellschaftliche Aufbruchsstimmung und die Ära der Bildungsreformen, was u.a. dazu führte, dass gesellschaftspolitische Sachunterrichtskonzeptionen verschwanden. Im Zuge einer oftmals falsch verstandenen Kindorientierung wurden Politik und politische Bildung als nicht kindgemäß deklariert und allmählich zugunsten des sozialen Lernens (im Sinnne der Förderung eines friedlichen Miteinanders) aus den Curricula entfernt (von Reeken 2005, 187). Neben den Lehrplänen kamen auch die fachdidaktischen Konzeptionen des Sachunterrichts, beispielsweise die erste Version des Perspektivrahmens (GDSU 2002), ohne bzw. (je nach Politikverständnis) mit einem absoluten Minimum an politischer Bildung aus. Mit der zweiten Version des GDSU-Perspektivrahmens von 2013 hielt die politische Bildung mit einem eher engen und staatlichen Politikverständnis erneut Einzug in die allgemeine Fachkonzeption des Sachunterrichts. Seitdem steigen die Publikationen zur politischen Bildung im Sachunterricht wieder an. Vor allem der Herausgeberband von Dagmar Richter (2007): „Politische Bildung von Anfang an. Demokratie-Lernen in der Grundschule" hatte entscheidenden Anstoßcharakter, ebenso diverse empirische Studien, die Anfang der Nullerjahre bis heute gebetsmühlenartig das Vorhandensein politischen Wissens und Interesses von Grundschulkindern erheben und belegen. Im Allgemeinen bleiben jedoch wichtige politikdidaktische Diskurse für den Sachunterricht noch unbeachtet. Die Debatte, mit welchem zugrunde liegenden Bildungs-, Lehr- und Lernverständnis, mit welchem Politikbegriff und ob man überhaupt mit Bürger*innen-Leitbildern arbeiten muss, wird aktuell in der Bearbeitung des Perspektivrahmens Sachunterricht (GDSU (Hg.), voraussichtlich 2024) kritisch diskutiert. Wie emanzipatorisch schulische politische Grundschulbildung sein darf/kann/sollte und inwieweit die neuen Formen der Demokratiebildung dort mit hineinwirken, sollte kontrovers diskutiert werden.

Die noch immer stattfindende Benachteiligung, Marginalisierung und Vernachlässigung politischer Bildung im Sachunterricht (auf theoretischer, struktureller sowie auf unterrichtspraktischer Ebene) ist ein wichtiger Ansatzpunkt für die Perspektive der kritischen politischen Bildung. Denn wenn politische Bildung emanzipatorisch und empowernd wirken soll, dann muss sie überhaupt erst einmal stattfinden.

3. Didaktische Grundsetzungen

Politik als ständiger Diskurs über gesellschaftliche Fragen beinhaltet den Kampf um Einflussmöglichkeiten und Macht, die eigenen und/oder kollektive Interessen zu äußern und durchzusetzen. Ein Hauptanliegen politischer Bildung in diesem Kontext ist die explizite Auseinandersetzung mit Macht- und Herrschaftsverhältnissen bzw. Exklusionen und Exklusionsmechanismen, ihre Analyse und Bewertung sowie die selbstbestimmte und konstruktive Mitgestaltung der vorgefundenen Wirklichkeit. Eine Herausforderung für die politische Bildung im Sachunterricht ist es, Zugänge und Methoden zu entwickeln, die jungen Lernenden dabei helfen, die unterschiedlich offensichtlichen und teilweise stark internalisierten Machtverhältnisse zu erkennen und zu beurteilen. Es geht ebenfalls darum, Grundschüler*innen zu befähigen, ihren politischen und rechtlichen Subjektstaus zu erkennen und diesen einzufordern, wenn es die Umstände verlangen. Dafür müssen folgende didaktische Grundsetzungen in der Entwicklung von Lerngelegenheiten (Abschnitt 4) verstärkt ernst genommen werden (vgl. Dängeli/Kalcsics 2020):

- Politisches Lernen im Rahmen des Sachunterrichts setzt an den **Fragen und Erfahrungen der Lernenden** an. Kinder werden als kompetente Akteur*innen in der Auseinandersetzung mit gesellschaftlichen Fragen und als politische Subjekte mit eigenen Interessen und Erfahrungen an-/erkannt.
- Schüler*innen haben ein Recht auf die Auseinandersetzung mit **den gewordenen sozialen, politischen und wirtschaftlichen Verhältnissen.** Dafür benötigen sie politische Bildung und kindgerechte Informationen. Junge Lernende dürfen weder paternalistisch vor der Welt beschützt noch manipulativ für bestimmte politische Ziele vereinnahmt werden.
- Schüler*innen benötigen Kenntnisse und Förderung im Umgang mit dem **methodischen Repertoire der sozialwissenschaftlichen** Bezugsdisziplinen. Den Fachdidaktiken kommt die Aufgabe zu, die methodischen Zugänge den jeweiligen Lernvoraussetzungen und Fragestellungen anzupassen.
- Auf der Basis der Analyse von konkreten Situationen werden Schüler*innen in die Konzeption von **Lösungsansätzen und Alternativen** eingebunden, sodass sie nicht nur über Politik und Lösungsansätze von Erwachsenen lernen. Den gesellschaftlichen und politischen Anliegen und Interessen von Kindern Raum zu geben und diese ernst zu nehmen, ist ein wichtiges Anliegen kritischer politischer Bildung.

Politische Bildung findet zudem eingebunden in sozialwissenschaftliche Lernprozesse statt. Hier muss der Fokus auf vielfältigen Formen der Gestaltung des gesellschaftlichen Zusammenlebens gelegt werden, um nicht gesellschaftliche Normierungen als heimlichen Standard zu setzen (Akbaba u.a. 2018). Im Gegenteil, es muss zum Standard werden, dass Schüler*innen im Sachunterricht neben der eigenen Sozialisation Alternativen kennenlernen können, beispielsweise alternative Wirtschafts-, Familien- oder Lebensmodelle. Das unterstützt die Lernenden darin, die Vielfalt und Veränderbarkeit sozialer, politischer und wirtschaftlicher Verhältnisse zu erkennen.

Eine besondere Aufgabe der politischen Bildung in der Grundschule besteht darin, Kinder in der Wahrnehmung ihrer strukturellen und individuellen Benachteiligung zu unterstützen, ohne dass dies zu lähmender Ohnmacht führt. Vielmehr geht es darum, die spezifischen Wege der politischen Beteiligung für Kinder (beispielsweise kommunale Anlaufstellen), aber auch die mannigfaltigen Wege unkonventioneller politischer Partizipation kennenzulernen und im Zuge dessen Optionen von Protest und zivilem Ungehorsam abzuwägen, um Kinder darin zu unterstützen, ihre kollektiven Interessen bestenfalls selbst artikulieren und platzieren zu können.

4. Lerngelegenheiten entwickeln

(1) Echte Räume und Gesprächsanlässe schaffen

Ein grundlegender Ansatz ist es, den Fragen der Schüler*innen zu aktuellen Geschehnissen Raum zu geben und die daraus resultierenden Gespräche auf Augenhöhe zu führen. Das bedingt, dass Lehrpersonen sich von der Haltung lösen, dass es auf alle Fragen Antworten gäbe. Dies ist zwar im Grundsatz den meisten klar, das unterrichtliche Handeln zeigt jedoch gerade in der Grundschule, dass es schwierig ist, sich von diesem Anspruch zu lösen (vgl. Bade 2023). Ehrliche und hierarchiearme Gespräche müssen also der Versuch sein, sich gemeinsam zu orientieren, gemeinsam nach Informationsquellen zu suchen und mit diesen Informationen dann nach oben erklärten Kriterien zu arbeiten.

Für Gesprächsanlässe können Zugänge und Methoden aus der Freizeit-, Theater-, Kunst- und Erlebnispädagogik dienlich sein. Sie eröffnen die Wahrnehmung und Ausdrucksmöglichkeiten für soziale, politische und gesellschaftliche Fragen. Gemeinsam mit Lego die Traumschule zu bauen, im Kinderbuch-Kino über Literatur nachzudenken oder eigene Erfahrungen im Rollenwechsel in verschiedensten Theatermethoden darzustellen, kann Lehrkräften dabei helfen, Schüler*innen besser kennenzulernen und Themen zu lokalisieren, die die Kinder beschäftigen. Sind dann Themen ausgemacht, geht es in die Analyse.

(2) Echte sozialwissenschaftliche Auseinandersetzung/Analyse anbieten

Ein erster Ansatz dafür ist es, die gesellschaftlichen, ökonomischen und politischen Fragen der Schüler*innen zu sortieren und nach sozialwissenschaftlichen Kriterien zu analysieren: Worum geht es? Wer ist beteiligt? Wer kann entscheiden? Wer kann mitreden? Wer wird nicht gehört? Welche Lösungsmöglichkeiten sind möglich? Die Leitfragen können je nach Kontext variieren und orientieren sich an bekannten Konflikt- oder Problemanalysen. Die Situationen können konkrete Erfahrungen im Umfeld der Schulklasse sein (z.B. eine gemeinsame Raumanalyse im Stadtteil). Ausgehend von dieser Analyse sollten die Schüler*innen die Möglichkeit erhalten, sich ausgiebig mit eigens entwickelten, aber auch bestehenden Lösungsansätzen auseinanderzusetzen. So kann die Veränderbarkeit von Verhältnissen früh zum Thema werden. Darüber hinaus können bei solchen Übungen die Kritik- und Urteilsfähigkeit, die Meinungsbildung, das vorausschauende und strategische Denken gefördert werden. Als konkretes Beispiel kann in diesem Zusammenhang die Auseinandersetzung mit Krieg angeführt werden. Über Medien, Gespräche und die direkte Begegnung z.B. mit geflüchteten Kindern werden auch Kinder in Deutschland mit kriegerischen Auseinandersetzungen konfrontiert. Sie entwickeln eigene Vorstellungen zum Krieg und haben Fragen. Das ist nicht zuletzt am Beispiel des Ukraine-Krieges mehr als deutlich geworden. Der pädagogische und fachdidaktische Umgang mit Krieg an Grundschulen verläuft unterschiedlich. Sichtbar wird dabei immer wieder, dass vor allem dem Bedürfnis von Kindern, etwas zu tun/zu helfen, begegnet wird, indem z.B. Friedenstauben und Peacezeichen gebastelt, Friedenslieder gesungen und Spenden gesammelt werden. Selbstverständlich können auch sie (pädagogische) Formen des Umgangs mit Krieg darstellen. Beschränkt sich eine Auseinandersetzung jedoch darauf, erhalten Schüler*innen keine echten Informationen zum Krieg. Fragen nach Ursachen, Beteiligten, Auswirkungen oder möglichen Lösungsperspektiven bleiben unbesprochen. Paradoxerweise findet also bei einem genuin politischen Thema keine politische Bildung statt. Sachunterricht in der Grundschule kommt hier die Aufgabe zu, Räume für eine sozialwissenschaftliche Auseinandersetzung mit Krieg zu schaffen und ein Ort zu sein, an dem Schüler*innen ihre eigenen Fragen stellen und besprechen können.

(3) Echte politische Partizipation anbahnen und begleiten

Ein wesentlicher Schritt ist, mit Kindern gemeinsam echte Beteiligung an politischen Willensbildungs- und Entscheidungsprozessen anzubahnen und diese zu begleiten. Das können Fragen und Entscheidungen z.B. auf kommunaler Ebene in den Bereichen Raum- oder Verkehrsplanung sein. Kinder werden hier unterstützt, ihre Interessen kollektiv auszudrücken und zu vertreten. Dies bedeutet im Umkehrschluss, dass Kinder von anderen – in der Regel erwachsenen – beteiligten Akteur*innen auch als echte Interessengruppe wahrzunehmen sind. Das Einbringen eigener Forderungen und Anliegen in den politischen Prozess ist dabei immer auch mit der Möglichkeit des Scheiterns verbunden – unabhängig davon, ob von Kindern oder Erwachsenen kommuniziert. Um überhöhten Erwartungen oder im ungünstigsten Fall sogar der Entwicklung von Politikverdrossenheit Vorschub zu leisten, ist es wichtig, diese Option des Scheiterns explizit im Rahmen politischer Bildungsprozesse mit Schüler*innen zu thematisieren. Das beinhaltet wiederum eine kritische Auseinandersetzung darüber, wer eigentlich was und warum entscheiden kann und wer und warum nicht.

5. Fazit

Kinder sind gesellschaftlich stigmatisiert. Mit ihnen werden Zuschreibungen wie z.B. naiv, unschuldig oder arglos verbunden, die eine vermeintliche „Natur" des Kindes in Abgrenzung zu Erwachsenen markieren (Scholz 2001). Aussagen und Handlungen von Kindern werden insofern entweder als „hinreichend erwachsen" bewertet und finden damit unter Umständen Gehör oder Berücksichtigung oder sie werden als „kindlich" angesehen und werden damit zwar durchaus wertgeschätzt, aber inhaltlich nicht berücksichtigt. Insbesondere in (praxisorientierten) Bildungskontexten werden Kinder eher als „Werdende" denn als „Seiende" gesehen und adressiert. Diese Perspektiven fördern Paternalismus sowie die politische und gesellschaftliche Exklusion von Kindern. Zentrales Anliegen einer kritischen politischen Bildung im Sachunterricht ist es daher, Räume für eine kritische Auseinandersetzung mit Machtverhältnissen und Exklusionsprozessen zu öffnen, in die die Schüler*innen als Individuen und als Interessengruppe „Kinder" selbst verwoben sind, um sie in ihrem Da sein als politische Subjekte zu empowern. Dafür braucht es echte Räume und Gesprächsanlässe, um die Anliegen von Kindern zum Thema zu machen. Es braucht kritische sozialwissenschaftliche Methoden, die echte politische Partizipation anbahnen und begleiten.

Literatur

AKBABA, Yaliz u.a. (2018): Schulische Aufgaben mit Lebensweltbezug – Nebenwirkungen jenseits didaktischer Absichten. In: Martens, Matthias u.a. (Hg.): Konstruktionen von Fachlichkeit. Ansätze, Erträge und Diskussionen in der empirischen Unterrichtsforschung. Bad Heilbrunn, S. 247–259.

BADE, Gesine (2023, i.E.): „Da traue ich mich kaum dran". Hindernisse und Hinderungsgründe für Politische Bildung im Sachunterricht. Schwalbach/Ts.

BUSEN, Andreas/Weiß, Alexander (2022): Die besondere Subjektivierung von Kindern. Ein Vortrag auf der Frühjahrstagung der Sektion „Politische Theorie und Ideengeschichte" der Deutschen Vereinigung für Politikwissenschaft, 23. bis 25. März 2022. RWTH Aachen.

DÄNGELI, Michel/Kalcsics, Katharina (2020): „Das Politische" – Ein Lerngegenstand des Sachunterrichts. In: Offen, Susanne u.a. (Hg.): „Brüche und Brücken" – Übergänge im Kontext des Sachunterrichts. Bad Heilbrunn, S. 51–57.

GESELLSCHAFT für Didaktik des Sachunterrichts (GDSU) (Hg.) (2002): Perspektivrahmen Sachunterricht. Bad Heilbrunn.

GESELLSCHAFT für Didaktik des Sachunterrichts (GDSU) (2013): Perspektivrahmen Sachunterricht, vollständig überarb. u. erweit. Aufl. Bad Heilbrunn.

NATIONAL Coalition Deutschland (NCD) (2019): Der Zweite Kinderrechtereport. Kinder und Jugendliche bewerten die Umsetzung der UN-Kinderrechtskonvention in Deutschland 2019. Berlin.

RICHTER, Dagmar (2007) (Hg.): Politische Bildung von Anfang an. Demokratie-Lernen in der Grundschule. Schwalbach/Ts.

SCHNEIDER, Helmut u.a. (2009): Kinder ohne Einfluss? Eine Studie des ZDF zur Beteiligung von Kindern in Familie, Schule und Wohnort in Deutschland 2009. Mainz.

SCHOLZ, Gerold (2001): Zur Konstruktion des Kindes. In: Scholz, Gerold/Ruhl, Alexander (Hg.): Perspektiven auf Kindheit und Kinder. Opladen, S. 17–24.

STEENKAMP, Daniela (2017): Zur Situation der Kinderrechte in Deutschland – eine Bestandsaufnahme. In: Stein, Margit/Steenkamp, Daniela (Hg.): Kinderrechte im Fokus. Stand, Perspektiven, Herausforderungen. Berlin S. 11–34.

VON REEKEN, Dietmar (2005): Politische Bildung im Sachunterricht der Grundschule. In: Sander, Wolfgang (Hg.): Handbuch politische Bildung, 3., völlig überarb. Aufl. Schwalbach/Ts., S. 184–195.

WORLD VISION Deutschland e.V. (Hg.) (2018): Zusammenfassung der 4. World Vision Kinderstudie. Online: https://www.worldvision.de/sites/worldvision.de/files/pdf/World-Vision-Zusammenfassung-vierte-Kinderstudie.pdf (Zugriff: 31.07.2023).

MAI-ANH BOGER, ALENA PLIETKER

Inklusive politische Bildung

Der wissenschaftliche Diskurs um inklusive Bildung in der Politikdidaktik ist recht jung und beginnt etwa 2014 im Kontext der deutschen Ratifizierung der UN-Behindertenrechtskonvention 2009. Obgleich die Politikdidaktik bereits auf grundlegende Prinzipien wie Schüler*innen- und Adressat*innenorientierung oder Meta-Konzepte wie Demokratie und (soziale und politische) Teilhabe zurückgreifen kann, steht die Auseinandersetzung mit inklusiver Bildung noch am Anfang. Einleitend skizzieren wir den aktuellen Diskurs inklusiver politischer Bildung mit Fokus auf den schulischen Bereich, um dann genauer auf mögliche Verbindungen zwischen Politikdidaktik und inklusiver Bildung einzugehen. Abschließend werden offene Fragen und Perspektiven zur Weiterentwicklung dieses Diskursfeldes entfaltet.

1. Stand des Diskurses: Perspektiven inklusiver politischer Bildung

Gemeinsam mit Veranstaltungen der Bundeszentrale für politische Bildung kann der Sammelband *Didaktik der inklusiven politischen Bildung* (vgl. Dönges u.a. 2015) als Auftakt des Fachdiskurses um eine inklusive politische Bildung gesehen werden. Die Herausgeber*innen des Bandes verstehen Inklusion als gesamtgesellschaftliche Aufgabe zur Überwindung der Ausgrenzung von Menschen benachteiligter gesellschaftlicher Gruppen. Der Band konzentriert sich aber auf „Menschen mit Lernschwierigkeiten" (Dönges u.a. 2015, 9), da diese bislang von der politischen Bildung vernachlässigt worden seien. Als zentrale Aufgaben für die formale politische Bildung identifizieren die Herausgeber*innen die inklusive Gestaltung politischer Bildungs- und Partizipationsprozesse sowie Empowerment als Beitrag zu gleichberechtigter Teilhabe (ebd., 10). Eine Neuerfindung der Politikdidaktik sei dafür nicht notwendig, aber die Auswahl, Legitimation und Transformation von Lerninhalten und deren Verknüpfung mit Methoden und Medien müssten auf inhärente Zugangsbarrieren geprüft werden. Der Band leistet einen fundierten Einstieg in die Debatte, da er sowohl grundlegende Konflikte einer inklusiven Gesellschaft in einem kapitalistischen System aufgreift als auch Inklusionsverständnisse diskutiert. Darüber hinaus beleuchtet er didaktische Strategien wie Zielgruppenorientierung oder Leichte Sprache kontrovers. Weniger wird im Band auf gesellschaftliche oder institutionelle Rahmenbedingungen und daraus hervorgehende Exklusionsmechanismen eingegangen oder die eigene Disziplin selbstkritisch betrachtet.

Eine weitere zentrale Publikation stellt der Sammelband *Konturen einer inklusiven politischen Bildung* (vgl. Jahr/Hölzel 2019) dar. Die Herausgeber*innen Tina Hölzel und David Jahr differenzieren unterschiedliche Perspektiven auf den Inklusionsbegriff nach Adressat*innenverständnis einerseits und Diskursfeldern andererseits. Sie lehnen ein binär vereinfachtes Verständnis von Inklusion, das entweder die Differenzlinie Behinderung (enges Verständnis) oder weitere/alle Differenzlinien (weites Verständnis) betont, als unterkomplex ab und eröffnen stattdessen eine Aussicht auf die hermeneutische Bandbreite des Begriffs. Inklusive Anfragen an die politische Bildung bezeichnen sie als „Mahnung zur stärkeren Berücksichtigung von Menschen mit Behinderung im Nachdenken über und Erforschen von politischen Bildungsprozessen" (Jahr/Hölzel 2019, 4), aber ebenso weiterer, besonders von Ausgrenzung bedrohter Adressat*innenkreise. Sie konstatieren, dass Inklusion noch nicht zu den etablierten Konzepten und Fragestellungen der politischen Bildung gehört und bislang nur wenige selbstkritische Perspektiven auf exkludierende Kategorien und stillschweigende Voraussetzungen der politischen Bildung existieren. Widersprüchliche Zusammenhänge zwischen dem selektiven Bildungssystem und politischer Bildung würden kaum reflektiert. Im Band zeigt sich, dass inklusive Bildung als Forschungsthema von Promovierenden im Feld der Politikdidaktik und politischer Bildung in vielfältiger Weise aufgegriffen und weiterentwickelt wird. Ebenso sehr wird jedoch deutlich, dass Inklusion wieder an Bedeutung zu verlieren scheint: Inklusive Bildung ist kein breites Forschungsprogramm der Politikdidaktik oder ein Anlass zur kritischen Überprüfung der eigenen Ansätze geworden.

Wissenschaftler*innen des Zentrums für inklusive politische Bildung (ZipB) der Universität Dresden hielten 2015 ein Inklusionsverständnis für die politische Bildung fest, das als Basis für den fachdidaktischen Diskurs um inklusive Bildung dienen und diesen so befeuern sollte:

„Inklusion ist ein in allen gesellschaftlichen Teilbereichen vernetzt verlaufender Wandlungsprozess, der darauf abzielt, jedem Menschen in allen gesellschaftlichen Lebensbereichen auf Grundlage seiner individuellen Bedarfe Zugang, Teilhabe und Selbstbestimmung zu ermöglichen" (Besand/Jugel 2015, 53).

Inzwischen ziehen sie eine negative Bilanz für den Inklusionsdiskurs in der politischen Bildung. Diese sei immer noch häufig ein „Elitenprojekt“ (Jugel u.a. 2020, 24) und werde einem inklusiven Anspruch weder in Praxis noch in Theorie ausreichend gerecht. Auch die Expert*innenkommission des 16. Kinder- und Jugendberichts teilt diese Einschätzung und gibt an, dass eine elaborierte Fachdiskussion fehle (BMFSFJ 2020, 489).

Zusammenfassend greift der Fachdiskurs um inklusive Bildung auf unterschiedliche theoretische Anknüpfungspunkte zurück und kann als eher zurückhaltend beschrieben werden. Die Haltungen reichen idealtypisch von skeptisch-systemorientiert über pragmatisch-mikrodidaktisch bis hin zu gesellschaftskritisch-subjektorientiert. Die Strategien – auch wenn nicht durchweg explizit als inklusionsorientiert ausgewiesen – reichen beispielsweise von Elementarisierung (Schiele 2012) und spezifischen fachdidaktischen Prinzipien (Besand u.a. 2018) über Binnendifferenzierung bzw. Individualisierung (Kühberger/Windischbauer 2013; Füchter 2015) sowie Leichte Sprache (Hilpert 2019 für die bpb) bis hin zu einer asymmetrischen interessenpolitischen Bildung (Hedtke 2020) oder umfangreicher und qualifizierter politischer Bildung auch jenseits des Gymnasiums (Achour/Wagner 2019).

Betrachtet man Inklusion als Vereinigungszeichen diskriminierungskritischer Bildungsansätze, können Konzeptionen einer rassismuskritischen oder genderreflexiven Fachdidaktik miteinbezogen werden, die jedoch bislang wenig intersektional vernetzt bzw. universitär verstetigt wirken. Während sich der Fachdiskurs normativ an einem sogenannten weiten Inklusionsverständnis orientiert, werden in konkreten theoretischen Beiträgen oft eher einzelne Strukturkategorien wie Behinderung oder Geschlecht fokussiert. Ansätze, die sich stärker im gesellschaftskritisch-subjektorientierten Bereich bewegen, finden sich zudem häufiger im Feld der außerschulischen politischen Bildung wie z.B. das Konzept einer politischen Grundbildung (Zeuner 2017) oder die Anerkennung unterschiedlicher Zugänge zum politischen Feld (Kleemann-Göhring 2013).

2. Das Verhältnis von Inklusion und Politikdidaktik von der Fachlichkeit aus denken

Im ersten Abschnitt zeigte sich, dass sich die Politikdidaktik in Sachen Inklusion zunächst vor allem auf bisher exkludierte Adressat*innen der politischen Bildung (insbesondere solche mit Lernschwierigkeiten) konzentrierte. Zumeist standen infolgedessen mikrodidaktische Fragen mit Blick auf eine heterogene Schülerschaft im Zentrum. Dies ist kein Spezifikum der Politikdidaktik, sondern entspricht dem typischen Modus der Ver- und Bearbeitung des Themas Inklusion in den Fachdidaktiken (Langner 2018). Bei den bisher dargelegten Zugängen, die pragmatisch-mikrodidaktisch an Inklusion herangehen und/oder sich auf skeptisch-systemorientierte Weise auf die Organisation des Schulsystems als Ganzes beziehen, handelt es sich nämlich streng genommen um allgemeindidaktische oder eben um institutionen-/schultheoretische und schulpolitische Betrachtungen. Die Thematisierung von Inklusion würde durch den Fokus auf diese beiden Haltungen auf die Problematisierung (im skeptisch-systemorientierten Falle) oder aber die Affirmation (im pragmatisch-mikrodidaktischen Falle) einer ‚Umsetzung' dieses Schulentwicklungsimpulses reduziert werden. In dieser Umsetzungslogik würde der Politikdidaktik dieselbe Rolle zugewiesen wie allen anderen Fachdidaktiken auch. Ebenso wären ihre Diskurse sodann mehr oder weniger dieselben. Das Verhältnis zwischen Inklusion und Fachdidaktik lässt sich jedoch auch von der Sache aus denken. Sodann werden die *Spezifika des Faches* betont, indem vom Gegenstand des Faches ausgegangen wird. Die gesellschaftskritisch-subjektorientierte Perspektive ermöglicht es, diese besondere Rolle der politischen Bildung für inklusive Prozesse hervorzuheben und genauer zu konturieren.

Tatsächlich geht es bei diesem *Fach* nicht nur um schulstrukturelle und (mikro-)didaktische Fragen oder um einen erweiterten Adressat*innenkreis. Die Teilhabe an politischen Prozessen und das Recht auf politische Bildung sind nämlich von der Sache her ein tragendes Element inklusiver Gesellschaft. Ein anderes Beispiel für eine solche Argumentation vom Gegenstand des Faches her findet sich in der inklusiven Geschichtsdidaktik. Dort wurde herausgestellt, dass es bei einer inklusiven Geschichtsdidaktik keineswegs nur um Binnendifferenzierung und Schulformen geht, sondern um die Tatsache, dass ein Baustein der gesamtgesellschaftlichen Großbaustelle ‚Inklusion' in der Reflexion der Geschichte der Exklusion und der Perspektivität von Geschichtserzählungen sowie in der Kritik an Privilegierungs- und Marginalisierungsdynamiken in Geschichtserzählungen besteht. Analog dazu kann aus politikdidaktischer Perspektive argumentiert werden, dass der besondere bzw. spezifische Beitrag dieses Faches in der Erschließung des konstitutiven Zusammenhangs des Politischen zu Fragen der Differenz liegt. Auch dabei geht es also nicht nur um das Wie, Wo und Wozu der Vermittlung (die didaktische Frage, der Lernort/die Schulform, die Lernziele etc.), sondern darum, was vermittelt wird und wie dies vom Gegenstand her mit inklusiven Prozessen zusammenhängt.

Der interdisziplinäre Dialog zwischen Inklusionspädagogik und Politikdidaktik wird dadurch zudem ein symmetrischer: Es geht sodann nicht mehr nur darum, Theorien der Inklusion oder praktische inklusive Ansätze (wie z.B. inklusive Didaktiken oder Theorien der inklusiven Schulentwicklung) in die Politikdidaktik zu importieren, sondern auch darum, vom Gegenstand des Faches ausgehend selbst zu einer Arbeit am Begriff ‚Inklusion' beizutragen. Dieser ist schließlich selbst ein politisches Zeichen, ein „leerer Signifikant" (Geldner 2020), der mit Sinn gefüllt werden will. Dadurch ist Inklusion nicht nur eine Aufgabe der Politikdidaktik, sondern auch ein bedeutsamer Lerngegenstand in ihrer Praxis.

3. Offene Fragen und Perspektiven

Drei miteinander verbundene Dimensionen des Inklusionsbegriffs sollen in dieser Argumentationsrichtung nun ausgeführt werden. Erstens geht es um eine Reflexion darüber, welche Differenzlinien und Herrschaftsverhältnisse in den Lerninhalten selbst auftauchen und wie diese organisiert sind. Zweitens geht es um Dezentrierungs- und Solidarisierungsfähigkeit und drittens um Empowerment.

(1) Denkt man Inklusion vom Gegenstand des Faches her, kann es nicht (mehr) nur darum gehen, die etablierten Lerninhalte barrierefrei zugänglich zu machen und mit einer differenzierten und (binnen-)differenzierenden Didaktik an alle heranzutragen. Die Frage muss auch in der umgedrehten Richtung gestellt werden: Was bedeutet das Politische aus den unterschiedlichen heterogenen Perspektiven und was ist an diesem aus der jeweiligen gesellschaftlichen Position heraus interessant? Dabei geht es nicht nur um lebensweltliche Bedeutsamkeit bzw. Gegenwartsbedeutung. Auch die Verortung und (Re-)Präsentation von Themen gilt es zu hinterfragen: Finden z.B. Schüler*innen aus Familien mit Migrationsgeschichte die Frage der Migration nur in einer abgekanzelten Unterrichtsreihe zu ‚Migrationsgesellschaft'? Oder aber sind wir mittlerweile so sehr in der Migrationsgesellschaft angekommen, dass diese Perspektive ganz selbstverständlich in den verschiedensten Unterrichtsreihen mitgedacht wird? In der Auswahl der Lerngegenstände spiegeln sich gesellschaftliche Fragen der Repräsentation sowie der Relevanzsetzung: Wessen Themen finden allgemeine Anerkennung als bedeutsame? Welche Themen gelten als ‚Spezial-Themen'? Welche kommen überhaupt nicht vor, finden keine Repräsentation? Welche Themen werden zwar repräsentiert, dies aber auf eine essenzialisierende, vereinfachende Weise? Was wird als partikulares Problem dargestellt und was bekommt universale Relevanz zugeschrieben? Das Spezifikum der Politikdidaktik rührt daher, dass *von der Sache her* gedacht eine Figur der Dopplung in die Aus-

wahl der Lerngegenstände eingezogen ist: Wer und was sich in dieser Auswahl wie (re-)präsentiert findet und wie diese Repräsentationen in die Krise geraten, ist ebenso Teil des Politischen (zumindest potenziell Politisierbaren) wie die jeweiligen Gegenstände selbst. Eine offene Frage der Politikdidaktik mit Blick auf die Zukunft inklusionsbezogener Theoriebildungen und Praktiken könnte daher so formuliert werden: Wie lässt sich die durch den Anspruch der Inklusion eingezogene performative Dopplung reflektieren, die nicht nur das Recht auf Teilhabe am Etablierten (bzw. am Kanon, am vorhandenen Lehrplan) berücksichtigt, sondern auch das Recht, Neues und Anderes als Lerngegenstand zu etablieren?

(2) Der zweite Punkt ist mit diesem ersten inhaltlich verbunden: Er betrifft die Fähigkeit der Schüler*innen zur Dezentrierung der eigenen Perspektive, welche im besten Fall die Solidarisierungsfähigkeit stärkt. So geht es bei Inklusion nicht nur darum, sich selbst als politisches Subjekt zu erkennen, sondern auch darum, die (exkludierten) Anderen als solche anzuerkennen. Wie im vorherigen Absatz angedeutet, können sich auch bei der Orientierung an der unterstellten oder tatsächlichen Lebenswelt der Schüler*innen Reproduktionen von Machtverhältnissen einschleichen, bei denen privilegierte bzw. hegemoniale Perspektiven (erneut) zentriert und andere (erneut) marginalisiert werden. Die Dezentrierung der eigenen Perspektive ist daher aus diskriminierungstheoretischer Perspektive ein Grundbaustein inklusiver Bildungsprozesse vom gesellschaftlich privilegierten Standpunkt aus. Was bedeutet es, wenn z.B. die Schüler*innen selbst marginalisierte Themen für langweilig oder unwichtig halten, weil diese sie (angeblich) nicht betreffen bzw. in ihrer Lebenswelt nicht vorkommen? Solche Reflexionen anzustoßen, bedeutet eine Steigerung oder sogar Überschreitung der Multiperspektivität: Jene, die als subalterne Gruppen von jedweder politischen Bildung ausgeschlossen sind, konnten ihre Perspektive noch gar nicht artikulieren, sodass diese nicht einfach als eine weitere neben anderen eingeführt werden kann. Dass sie in der Lebenswelt privilegierter Subjekte nicht auftauchen, bezeugt die Härte und die Rigidität ihrer Exklusion. Die Kunst besteht darin, diese Absenz im Raum spürbar zu machen, auf jenes zu verweisen, das man nicht als präsentierbare, repräsentierte Perspektive neben die anderen Perspektiven stellen und vergleichen kann. Eine weitere offene Frage lautet daher: Wie kann jenes, das so sehr vom Diskurs exkludiert ist, dass es eben nicht Teil der im Raum repräsentierten und repräsentierbaren Lebenswelten ist, für die Schüler*innen vernehmbar gemacht werden?

Durch diese Dezentrierung wird Inklusion zudem nicht mehr nur als etwas gedacht, das man den Anderen ermöglichen soll, sondern als etwas, das tatsächlich *alle* in Bewegung setzt – auch jene, die immer schon ins Klassenzimmer integriert waren. Nur mit dieser Blickwende wird das Bild komplett: Solange Inklusion so diskutiert wird, als bestünde die Herausforderung nur darin, wie man die bisher Exkludierten unterrichtet, geht es schließlich nicht wirklich bzw. immer noch nicht um alle. Zudem würde ein solcher Zugang stets am Individuum ansetzen, statt sich den Aporien struktureller Exklusion auszusetzen, die sich (vorläufig) nur mit einer Kritik gesellschaftlicher Verhältnisse beantworten lassen. Der universalistische Anspruch kann nur eingelöst werden, wenn in dieser kollektiven Bewegung auch gefragt wird, was es von privilegierteren Standpunkten aus zu lernen und (neu) zu erkunden gibt und – vor allem – auf welche Grenzen man aus dieser Perspektive stößt. Es geht darum, die eigene Privilegierung als „Verlust" (Niggemann), als Verlust von Perspektiven, von Wissen und Zugängen, die in der eigenen Lebenswelt keine Bedeutsamkeit zu haben scheinen, zu verstehen. Dies eröffnet einen Raum, in dem Exkludierte auch als Menschen erscheinen, die etwas zu geben haben (statt nur als jene, die man teilhaben lässt und die durch Inklusion etwas bekommen), was stets auch bedeutet, den defizitorientierten Blick (z.B. auf Behinderung) aufzuheben und stattdessen die Barrieren in den Blick zu nehmen, die einer solchen Teilnahme am Diskurs entgegenstehen.

(3) Drittens wird durch die Reflexion der Heterogenität der Lerngruppe auch sichtbar, dass es standpunktabhängig sehr Verschiedenes bedeuten kann, politische Bildungsprozesse zu durchlaufen. Aus der minoritären Position wurden diese zumeist unter dem Namen ‚Empowermentprozess' beschrieben. Empowerment wird dabei – entgegen der leider häufig gewordenen neoliberalen Entgrenzung des Begriffs – im Wesentlichen als ein politischer Bildungsprozess beschrieben (Boger/Brinkmann 2021, 24). Diesen Prozess zu durchlaufen umfasst das Erkunden dessen, was wir – im Sinne einer Teil*gabe* – einander geben können, und somit das Verlassen der viktimisierten Position, in der man lediglich das Objekt der wohlmeinenden Teil*habe*projekte anderer Menschen ist. Es stimmt daher nicht, dass es bei Empowerment nur um Solidarität innerhalb der Eigengruppe geht. Um im vollen Sinne ein politisches Subjekt zu werden, muss auch hier – wie bei jedem Bildungsprozess – das Subjektive und das Eigene mit den gesellschaftlichen Verhältnissen vermittelt werden. Mit den beiden genannten gewissermaßen ‚komplementären' Prozessen der Dezentrierung und des Empowerments finden so idealiter tatsächlich *alle* zu einem gemeinsamen Gegenstand im Medium des Politischen und somit zu einer gemeinsamen Kritik gesellschaftlicher Verhältnisse. Die beiden letztgenannten Punkte eint demnach ein standpunktreflexives Vorgehen. Vom marginalisierten Standpunkt

aus betrachtet lautet eine offene Frage der Politikdidaktik daher: Wie lässt sich Empowerment in der Institution Schule als einer Institution, die in ebenjene gesellschaftlichen Verhältnisse verstrickt ist, die das eigene Dis-Empowerment hervorgebracht haben, denken?

Literatur

ACHOUR, Sabine/Wagner, Susanne (2019): Wer hat, dem wird gegeben: Politische Bildung an Schulen. Bestandsaufnahme, Rückschlüsse und Handlungsempfehlungen. Berlin.

BESAND, Anja/Jugel, David (2015): Inklusion und politische Bildung – gemeinsam denken! In: Dönges, Christoph u.a. (Hg.): Didaktik der inklusiven politischen Bildung. Bonn, S. 45–59.

BESAND, Anja u.a. (2018): Inklusives politisches Lernen im Stadion. Politische Bildung mit unbekanntem Team und offenem Spielverlauf. Abschlussbericht der wissenschaftlichen Begleitung des Projekts Lernort Stadion. Dresden.

BOGER, Mai-Anh/Brinkmann, Malte (2021): Zur Phänomenologie der Erfahrungen von Inklusion, Exklusion und Behindert-Werden. In: Menschen. Zeitschrift für gemeinsames Leben, Lernen und Arbeiten, 3/4, S. 21–27.

BUNDESMINISTERIUM für Familie, Senioren, Frauen und Jugend (2020): 16. Kinder- und Jugendbericht. Förderung demokratischer Bildung im Kindes- und Jugendalter. Berlin.

DÖNGES, Christoph u.a. (2015): Einleitung: Didaktik der inklusiven politischen Bildung. In: Dies. (Hg.): Didaktik der inklusiven politischen Bildung. Bonn, S. 9–16.

FÜCHTER, Andreas (2015): Möglichkeiten der inneren Differenzierung und Individualisierung im politisch-sozialwissenschaftlichen Unterricht. In: WOCHENSCHAU Politik und Wirtschaft unterrichten. Sonderausgabe 2015, S. 46–59.

GELDNER, Jens (2020): Inklusion, das Politische und die Gesellschaft. Zur Aktualisierung des demokratischen Versprechens in Pädagogik und Erziehungswissenschaft. Bielefeld.

HEDTKE, Reinhold (2020): Interessen- statt Urteilsbildung? Ungleichheit, Partizipation und politische Bildung. In: Szukala, Andrea/Oeftering, Tonio (Hg.): Protest und Partizipation. Fachwissenschaftliche und fachdidaktische Perspektiven. Baden-Baden, S. 69–83.

HILPERT, Wolfram (2019): Einfach für Alle! Politische Bildung und Inklusion. Zum Konzept inklusiver Materialien der politischen Bildung. Das Beispiel der multimedialen bpb-Reihe „einfach POLITIK". In: Dossier inklusiv politisch bilden der Bundeszentrale für politische Bildung. Online: https://www.bpb.de/lernen/projekte/inklusiv-politisch-bilden/292718/einfach-fuer-alle-politische-bildung-und-inklusion?p=all (Zugriff: 12.07.2023).

JAHR, David/Hölzel, Tina (2019): Einleitung: Inklusive Anfragen an die politische Bildung. In: Dies. (Hg.): Konturen einer inklusiven politischen Bildung. Wiesbaden, S. 1–14.

JUGEL, David u.a. (2020): Inklusion und politische Bildung – mutig gemeinsam (weiter-)denken und erproben! In: Meyer, Dorothee u.a. (Hg.): Grundlagen und Praxis inklusiver politischer Bildung. Bonn, S. 23–37.

KLEEMANN-GÖHRING, Mark (2013): ‚Politikferne' in der politischen Bildung. Zur Anerkennung unterschiedlicher sozialer Zugänge zum politischen Feld. In: Bremer, Helmut u.a. (Hg.): Politische Bildung zwischen Politisierung, Partizipation und politischem Lernen. Beiträge für eine soziologische Perspektive. Weinheim, S. 276–292.

KÜHBERGER, Christoph/Windischbauer, Elfriede (2013): Individualisierung und Differenzierung im Politikunterricht. Offenes Lernen in Theorie und Praxis. Schwalbach/Ts.

LANGNER, Anke (Hg.) (2018): Inklusion im Dialog: Fachdidaktik – Erziehungswissenschaft – Sonderpädagogik. Bad Heilbrunn.

SCHIELE, Siegfried (2012): Elementarisierung als neue Strategie für Politische Bildung. In: Nonnenmacher, Frank/Widmaier, Benedikt (Hg.): Unter erschwerten Bedingungen. Politische Bildung mit bildungsfernen Zielgruppen. Schwalbach/Ts., S. 77–88.

ZEUNER, Christine (2017): Was ist/was gehört zur politischen Grundbildung? In: Menke, Barbara/Riekmann, Wibke (Hg.): Politische Grundbildung. Inhalte – Zielgruppen – Herausforderungen. Unter Mitarbeit von Anke Frey. Schwalbach/Ts., S. 34–55.

KARIM FEREIDOONI, NATASCHA KHAKPOUR, LARA KIEROT

Ungleichheitspraktiken und rassismuskritische Politikdidaktik in der Schule

Der Beitrag fokussiert Ungleichheitspraktiken und Perspektiven einer rassismuskritischen (Politik-)Didaktik in der Schule. Zunächst erfolgt eine Klärung des Rassismusverständnisses und der Verwobenheit von Schule in rassistische gesellschaftliche Verhältnisse. Mit der Berücksichtigung der institutionellen und gesellschaftlichen Rahmenbedingungen wird darauf verwiesen, dass Fragen der Unterrichtsplanung nicht losgelöst von diesen betrachtet werden können. Es folgt ein Beispiel aus der Praxis der schulischen politischen Bildung. Abschließend werden Handlungsperspektiven aufgezeigt.

1. Zielsetzung rassismuskritischer politischer Bildung

Entgegen der landläufigen Vorstellung, dass es Rassismus immer und überall gegeben habe und er eine anthropologische Grundkonstante darstelle, kann festgestellt werden, dass Rassismus zwar ein globales Phänomen ist, dass aber die wissenschaftlich legitimierte Erfindung menschlicher ‚Rassen' erst im Zeitalter der Aufklärung stattfand (vgl. Hentges 1999). Bei dieser handelte es sich nicht nur um eine Epoche der Deklarierung vermeintlich universeller Menschenrechte, sie war auch das Zeitalter der Kolonisierung und Versklavung von großen Teilen der Menschheit durch Weiße Europäer*innen. Die ‚wissenschaftlich' legitimierte Einteilung von Menschen in unterschiedliche ‚Rassen' und ihre Hierarchisierung aufgrund der Rassekonstruktion diente als Legitimationsgrundlage, um in Europa die Universalität aller Menschen zu deklarieren und gleichzeitig mehrere Hundert Millionen Menschen weltweit auszubeuten, zu versklaven und zu ermorden. Kolonialismus ist dabei nicht auf das Verständnis von ‚besetztem Land' zu beschränken, sondern es handelt sich hierbei um ein Wissens- und Ordnungssystem, das *Unterscheidungswissen* bereitstellt. Die Unterscheidungen sind weder natürlich noch feststehend. So argumentiert ein biologistischer Rassismus mit der Existenz unterschiedlicher menschlicher ‚Rassen', während der Neo- oder Kulturrassismus mit der Unterscheidungskategorie von homogenen und hierarchisierten Kulturen argumentiert. Kultur beinhaltet in diesem Zusammenhang neben der zugeschriebenen oder faktischen Konfession und deren alltagspraktischer Manifestation, z.B. durch religiöse Kleidungs- und Essensvorschriften, auch die zugeschriebene oder faktische Sprache und Staatsangehörigkeit einer Person(-engruppe) (vgl. Miles 1992).

Die Zielsetzung der rassismuskritischen politischen Bildung ist die folgende: Schüler*innen sollen verstehen, wie Differenzkonstruktionen in Vergangenheit und Gegenwart funktionalisiert wurden bzw. werden, indem sie den folgenden Fragen nachgehen: Wann, wie und zu welchem Zweck wurden bzw. werden Menschen zu *Anderen* gemacht und welche Auswirkung hatte und hat das für diese Menschen bzw. für die gesamte Gesellschaft? (vgl. Fereidooni 2020). Aus dieser Zielsetzung des politischen Unterrichts resultiert eine komplexe Anforderung an Lehrer*innen des Faches: Die Erweiterung ihrer Professionskompetenz in Bezug auf rassismuskritisches Wissen. Dabei handelt es sich jedoch um keinen individualisiert gedachten Prozess. Vielmehr ist Unterrichtshandeln stets in institutionelle Zusammenhänge eingebettet, von diesen hervorgebracht und schließt damit per se strukturell an rassistisches Unterscheidungswissen an, wie nachfolgend ausgeführt werden soll.

2. Schulische Kontextbedingungen und Ungleichheitspraktiken

Vor dem Hintergrund dieses Rassismusverständnisses wird die Verstrickung von Schule in gesellschaftliche Verhältnisse als *rassistische Verhältnisse* in den Blick genommen. Steinbach u.a. (2020, 33) erarbeiten mit Bezug auf Goldbergs „racial state" hierfür die Analysekategorie der *racial school*. Racial states sind nach Goldberg nicht unbedingt rassistische Staaten, wie etwa Südafrika zwischen 1948 und 1994, sondern all jene, in denen whiteness zur Norm wird. Die Konstruktion und Unterscheidung von whiteness und otherness ist dabei ein zentrales, die Ordnung stabilisierendes Mittel. Whiteness und otherness gelten als an Rassekonstruktion anschließende Unterscheidungen. Otherness wird als potenzielle Bedrohung inszeniert, was als funktional für die Aufrechterhaltung der staatlichen und institutionellen Ordnungen gilt. Damit wird deutlich, dass das Selbstverständnis und die Inszenierung der modernen Nationalstaaten als „raceless" (ebd., 200) nur eine „ideologische Verdeckung" (Steinbach u.a. 2020, 33) der auf Rassekonstruktionen basierenden Logik nationalstaatlicher Verfasstheit ist. Schulen werden damit als Orte verstanden, die „nicht allein in natio-ethno-kulturelle Unterscheidungen sowie den Vorrang eines natio-ethno-kulturellen

Wir einführen […, sondern] potenziell auch zum Ort der Stärkung des Rasse-Denkens“ (ebd., 33 f.) werden. Dies wird sichtbar in Fragen der Repräsentationsverhältnisse, wie im Lehrer*innenzimmer, in Fragen der De*Thematisierung von Migration(-sgesellschaft) in Curricula und Schulbüchern, aber auch in Subjektivierungsweisen von Schüler*innen, die so als Andere hervorgebracht werden. Hierbei können vier Modi analytisch unterschieden werden: *Normalisierung, Differenzierung, Positionierung* sowie *Nationalisierung* (vgl. ausführlicher Khakpour 2023, Kapitel 3.2):

Normalisierung äußert sich dahingehend, wie der ‚schülerische Normalfall‘, sein sprachliches Repertoire, Aussehen, seine Religion und Biografie imaginiert wird. *Normalisierung* bedingt die Fortführung von Rassismus als produktivem Ordnungsprinzip, wie es in der Schule wirksam wird. Dabei kommt gesellschaftlich konsensual verankerten Normen eine zentrale Rolle zu, wie Butler (2014, 185) mit Blick auf schulische Normalität konstatiert. Schule lehrt nicht nur Inhalte, sondern auch, „wie man sich am besten konform zu nationalen Normen des Deutschseins (das Weiß-Sein voraussetzt) verhält“ (ebd.). Scharathow (2014, 241) zeigt in diesem Zusammenhang, dass von Schüler*innen auf migrationsgesellschaftliche Normalitätskonstruktionen durchaus ambivalent Bezug genommen wird und sich diskursive Praktiken rekonstruieren lassen, die sich „zum einen im Spannungsfeld zwischen Zugehörigkeit und ‚(Selbst-) Ausgrenzung‘, zum anderen zwischen Problematisierung von Normalität und Normalisierung dieser Normalität bewegen“ (ebd.). *Differenzierung* als differenztheoretische Perspektive verweist darauf, wie in der Schule Differenz aufgerufen und hergestellt wird. Rose (2016, 98) zeigt, „wie einerseits in der Schule bestimmte Jugendliche als differente aufgerufen und ausgestellt werden und inwiefern die Jugendlichen selbst ihrerseits Differenz(en) aufrufen und aufführen“ (ebd.). Die Herstellung von Differenz beschreibt einen wechselseitig aufeinander bezogenen, produktiven Vorgang, der unter Rückgriff auf diskursives Unterscheidungswissen Andere gleichermaßen wie Nicht-Andere, also fraglos Zugehörige hervorbringt. *Positionierung:* Unter der Annahme, dass sich Subjektwerdungsprozesse in Dependenzen zu Diskursen vollziehen, können mit Foucault „Subjektpositionen“ bestimmt werden. Positionierende Effekte finden sich in der Schule auf drei Ebenen: der Schulform, der Organisiertheit von Beschulung(-spraktiken) und auf interaktiver Ebene zwischen verschiedenen schulischen Akteur*innen. Karakayalı (2020, 7 ff.) zeigt, dass gerade segregierende Beschulung, etwa in sogenannten Vorbereitungsklassen, Positionierungen der Schüler*innen als (Migrations-)Andere befördern. Dabei ist wichtig, dass die schulischen Positionierungen in Korrelation mit gesellschaftlich-diskursiven

Unterscheidungspraktiken stehen und sich auf diese beziehen und dass im schulischen Positionierungsgeschehen nicht nur Andere als solche hervorgebracht werden, sondern darüber auch jene, die nicht als Andere gelten, die also damit lernen, sich als Teil einer Normalität zu verstehen. *Nationalisierung:* Während im Namen der Nation Menschen an Grenzen an ihrem Recht auf Bewegungsfreiheit und Unversehrtheit gehindert werden und daher die ‚Nation' selektiert, welche Kinder und Jugendlichen es in die Schule der Migrationsgesellschaft schaffen, adressiert an dieser Stelle Nationalisierung die Herstellung des Nationalen als imaginär wirksame Institution innerhalb dieser Schule (vgl. Khakpour 2023, 76 ff.).

3. Praxisbeispiel: Rassismuskritische politische Bildung

Nachfolgend wird auf eine Unterrichtssituation in der 7. Klasse eingegangen, die Karim Fereidooni im Rahmen seiner Tätigkeit als Lehrkraft für die Fächer Deutsch, Politik/Wirtschaft und Sozialwissenschaft an einem Gymnasium im Ruhrgebiet erlebt hat, um die Relevanz rassismuskritischer politischer Bildung zu verdeutlichen.

In dieser Jahrgangsstufe habe ich reihum meine Schüler*innen gebeten, für die jeweils nächste Schulstunde eine aktuelle Meldung im Umfang von fünf Minuten vor der Klasse zu präsentieren. Mit dieser Methode wollte ich meine Schüler*innen dazu anregen, regelmäßig Nachrichten zu schauen, das Gesehene über die Thematisierung im Unterricht mit den Mitschüler*innen und dem sich daran anschließenden Unterrichtsgespräch in einen politischen Gesamtzusammenhang zu stellen, unterschiedliche Sichtweisen dazu zu erhalten und diese zu berücksichtigen, wenn sie eine für die eigene Alltagsrealität und die gesamtgesellschaftlichen Bedürfnisse angemessen begründete politische Urteilsperspektive einzunehmen versuchten.

Der Schüler Leonard hat über Äpfel auf Plantagen in Moldawien berichtet, die nicht mehr geerntet werden, weil sehr viele vormalige Arbeiter*innen, die dafür in der Vergangenheit zuständig waren, aus diesem Land auswandern, da es zu einem der ärmsten in Europa gehört. Der elfjährige Schüler berichtet weiter, dass er es „schade" findet, dass die Äpfel nun „auf den Feldern kaputtgehen" und die Menschen „nichts von den Äpfeln haben". Seiner Meinung nach „sollten die Äpfel nach Afrika transportiert werden, weil die Menschen dort nichts zu essen haben". An dieser Stelle endete sein vierminütiger Bericht und es war Zeit, um Rückfragen zu stellen. Die Schüler*innen wollten wissen, wo Moldawien liegt, weswegen Moldawien zu einem der ärmsten Staaten Europas gehört und wohin die Menschen auswandern. Nachdem alle Fragen beantwortet waren, habe ich Leonard gebeten, sich hinzusetzen. Ich hatte zwei Möglichkeiten, den Unterricht weiterzuführen: a) Ich hätte mit dem regulären Unterrichtsstoff weitermachen können, wofür ich mich allerdings nicht entschieden habe; stattdessen habe ich die Möglichkeit b) gewählt und habe meinen 32 Schüler*innen die folgende Frage gestellt: „Was kommt euch in den Sinn, wenn ihr an Afrika denkt?“ Jede*r Schüler*in hat kurz über diese Frage nachgedacht und danach hat jede*r Schüler*in ihre*seine Vorstellung über Afrika geschildert. Die Ergebnisse dieser Befragung meiner elf- bis zwölfjährigen Schüler*innen war das Folgende: Das Positivste an Afrika sind die Pyramiden, ansonsten verbanden meine Schüler*innen mit Afrika die folgenden Dinge: Aids, Armut, Dürre, Hunger, Kriege, Lehmhütten und staubige Straßen. Nachdem dieser Assoziationsprozess abgeschlossen war, haben wir über die Aussagen der Schüler*innen gesprochen und die Schüler*innen haben festgestellt, dass sie eine sehr einseitige Vorstellung über Afrika haben. Die Afrika-Bilder in ihren Köpfen, so die Schüler*innen, sind negativ und kaum eine*r Schüler*in hat eine positive Assoziation geäußert. Deshalb hat eine Schülerin dann gefragt: „Warum denken wir so über Afrika?“ Diese Ausgangsfrage haben wir zum Anlass genommen, um darüber nachzudenken, woher die Vorstellungen über Afrika in unseren Köpfen kommen könnten. Das Ergebnis war, dass wir uns darauf geeinigt haben, die Kinder- und Schulbücher, die die Schüler*innen lesen, zu analysieren. Wir haben uns einige Monate mit diesen Büchern beschäftigt und konnten feststellen, dass Afrika in einigen Kinderbüchern mit den Dingen assoziiert wird, die die Schüler*innen bei der Abfrage genannt haben. Die Schüler*innen konnten demnach eine Verbindung herstellen zwischen den Afrika-Darstellungen, die in ihren Kinderbüchern existierten, und ihren eigenen Bildern über Afrika, die sehr einseitig waren. Dass dies kein Zufall ist, sondern eine rassismusrelevante Systematik besitzt, kann auf die oben beschriebenen Wirkungsweisen zurückgeführt werden. Ebenso wird deutlich, dass politische Bildung in der Schule einen Ort darstellen kann, an dem die Infragestellung von an Rassekonstruktionen anschließendem Wissen stattfindet.

4. Handlungsperspektiven

Bisher konnten wir aufzeigen, dass es sich bei Rassismus um ein geschichtlich spezifisches gesellschaftliches Verhältnis handelt, das die Institution Schule mitstrukturiert, ebenso wie es in und durch Schule (re-)produziert wird. Aufgrund der damit einhergehenden Komplexität gilt es für eine rassismuskritische (Politik-)Didaktik zu bedenken, dass es keine einfachen Lösungen gibt, sondern dass es sich hier um eine kontinuierliche Aufgabe handelt (vgl. Möller 2021, 23). Rassismus zu verlernen, ist ein stetiger aktiver Prozess, der mühsam, aber lohnenswert ist. Nachfolgend werden mögliche Handlungsperspektiven für die politische Bildung diskutiert, allerdings nicht, ohne darauf hinzuweisen, dass rassismuskritische politische Bildung auch schulorganisatorische Rahmenbedingungen und die Reflexion seiner strukturellen Bedingungen benötigt. In seiner gesellschaftlichen und politischen Dimension stellt Rassismus ein zentrales Thema für die politische Bildungsarbeit dar. Deshalb ist es wichtig, Rassismus entsprechend seiner Komplexität als einen eigenständigen Gegenstand fachdidaktisch zu behandeln. Zugleich ist Rassismus in Normen, Wissensformen, Bildungsinstitutionen, Bildungsmaterialien wie z.B. Schulbücher und in Bildungspraktiken eingeschrieben, was die Behandlung von Rassismus als Querschnittsthema erfordert. Schule ist ein Ort von Rassismus. Dies zeigt sich in Curricula, Lerngegenständen, Unterrichtsformen ebenso wie in der Zusammensetzung des Lehrpersonals. Deshalb „müssen existierende rassismusrelevante Sachverhalte, etwa in Schulbüchern […], untersucht und anschließend dekonstruiert werden“ (Simon/Fereidooni 2020, 5). Für im Bildungsbereich Tätige bedeutet dies eine kontinuierliche Auseinandersetzung mit Rassismus und der eigenen Rolle diesbezüglich. So kann festgestellt werden, „dass die kritische Auseinandersetzung mit *Rassismus* […] zu den zentralen Aufgaben der Pädagogik gehört – und als gemeinsames Projekt der Menschen *mit und ohne Rassismuserfahrungen* verstanden werden muss, um wirksam und erfolgreich sein zu können“ (Weis 2017, 35, H.i.O.). Spezifisch für die politische Bildung bedeutet dies in Bezug auf Rassismus, auch aus Lehrer*innenperspektive eigene Verstrickungen und die eigene Involviertheit zu reflektieren (vgl. Linnemann u.a. 2013, 13). Für die pädagogische Professionalisierung ergeben sich die folgenden Fragen: Was muss eine rassismuskritische universitäre Lehre leisten, damit die Lehramtsstudent*innen des Faches Politische Bildung ihre rassismuskritische Professionskompetenz erweitern, beispielsweise indem rasssimusrelevante Anrufungen der Schüler*innen möglichst vermieden werden? Zudem sollten Wissensbestände und deren Vermittlung verstärkt in den Blick genommen werden, etwa dahingehend, welche migrationsgesellschaftlich relevanten Themen (nicht) in Lehrplänen auftauchen und wie diese dargestellt sind. Ein Beispiel stellt, immer noch, die Thematisierung von Kolonialismus und neokolonialen Verstrickungen dar. Aber auch auf der Ebene der Akteur*innen müssten Selbstverständlichkeiten („Wissen über“) rassismuskritisch überprüft werden. Schließlich müsste auch Schüler*innen rassismuskritisches Wissen im Politikunterricht vermittelt werden, damit sie rassismusrelevante Strukturen erkennen (vgl. Massumi/Fereidooni 2017, Fereidooni/Simon 2020). In diesem Zusammenhang könnten sich (angehende) Lehrer*innen der politischen Bildung mit den vier folgenden Fragen kontinuierlich auseinandersetzen:

- Was hat Rassismus mir beigebracht, obwohl ich nicht rassistisch sein möchte?
- Was passiert in meinem Klassenraum und in meinem Lehrer*innenzimmer Rassismusrelevantes?
- Inwiefern reproduzieren meine Unterrichtsmaterialien rassismusrelevante Wissensbestände?
- Wie kann ich meine schulisch-institutionellen Spielräume ausnutzen, um zu einer rassismussensible(re)n Unterrichtspraxis zu kommen?

Im Politikunterricht dürfen Fremdzuschreibungen nicht (re-)produziert werden, vielmehr müssen rassistische Zugehörigkeitsdebatten und Einteilungen dekonstruiert werden. In einem rassismuskritischen Zugang sollte die binäre Logik von zugehörig und nichtzugehörig kritisiert und dekonstruiert werden. Übungen zur gemeinsamen Dekonstruktion von Zugehörigkeitsverhältnissen anstatt zur Einteilung in herkunftszuschreibende Gruppen sollten durchgeführt werden, ohne jedoch Lebensrealitäten von rassismuserfahrenen Personen unberücksichtigt zu lassen. Rassismus geht alle schulrelevanten Menschen an. Deshalb ist die gemeinsame Auseinandersetzung für alle schulischen Akteur*innen gleichermaßen wichtig.

Literatur

BUTLER, Judith (2011): Epilog. In: Kleiner, Bettina/Rose, Nadine (Hg.): (Re-)Produktion von Ungleichheiten im Schulalltag: Judith Butlers Konzept der Subjektivation in der erziehungswissenschaftlichen Forschung. Opladen, S. 175–187.

FEREIDOONI, Karim (2020): „Rassismuskritik/rassismuskritische Bildung". In: Achour, Sabine u.a. (Hg.): Wörterbuch Politikunterricht. Frankfurt/M., S. 206–208.

FEREIDOONI, Karim/Simon, Nina (2020): Rassismuskritische Fachdidaktiken. Theoretische Reflexionen und fachdidaktische Entwürfe rassismuskritischer Unterrichtsplanung. Wiesbaden.

HENTGES, Gudrun (1999): Schattenseiten der Aufklärung. Die Darstellung von Juden und „Wilden" in philosophischen Schriften des 18. und 19. Jahrhunderts. Schwalbach/Ts.

KARAKAYALI, Juliane (2020): Rassismuskritische Perspektiven auf Segregation in der Schule – zur Einleitung. In: Karakayalı, Juliane (Hg.): Unterscheiden und Trennen. Weinheim, S. 7–26.

KHAKPOUR, Natascha (2023): Deutsch-Können. Schulisch als umkämpftes Artikulationsgeschehen. Weinheim.

LINNEMANN, Tobias u.a. (2013): Rassismuskritik. Begriffliche Grundlagen und Handlungsperspektiven in der politischen Bildung. In: ZEP Zeitschrift für internationale Bildungsforschung und Entwicklungspädagogik 02, S. 10–14.

MASSUMI, Mona/Fereidooni, Karim (2017): Die rassismuskritische Professionalisierung von (angehenden) Lehrkräften. Die Notwendigkeit einer Kompetenzerweiterung. In: Bartsch, Sebastian u.a. (Hg.): Diversity in der LehrerInnenbildung. Internationale Dimensionen der Vielfalt in Forschung und Praxis. Münster, S. 51–76.

MILES, Robert (1992): Rassismus: Einführung in die Geschichte und Theorie eines Begriffs. 2. Aufl. Hamburg.

MÖLLER, Lara (2021): Didaktische Leitprinzipien für eine rassismuskritische Politische Bildung. In: Forum Politische Bildung (Hg.): GEGEN Rassismus. Informationen zur Politischen Bildung 49, S. 19–27.

ROSE, Nadine (2016): Differenz(en) aufrufen. In: Geier, Thomas/Zaborowski, Katrin U. (Hg.): Migration: Auflösungen und Grenzziehungen: Perspektiven einer erziehungswissenschaftlichen Migrationsforschung. Wiesbaden, S. 97–114.

SCHARATHOW, Wiebke (2014): Risiken des Widerstandes: Jugendliche und ihre Rassismuserfahrungen. Bielefeld.

SIMON, Nina/Fereidooni, Karim (2020): Rassismus(kritik) und Fachdidaktiken – (K)ein Zusammenhang? – Einleitende Gedanken. In: Fereidooni, Karim/Simon, Nina (Hg.): Rassismuskritische Fachdidaktiken. Theoretische Reflexionen und fachdidaktische Entwürfe rassismuskritischer Unterrichtsplanung. Wiesbaden, S. 1–17.

STEINBACH, Anja u.a. (2020): The racial school. Die nationale Schule und ihre Rassekonstruktionen. In: Karakayalı, Juliane (Hg.): Unterscheiden und Trennen. Die Herstellung von natio-ethno-kultureller Differenz und Segregation in der Schule. Weinheim, S. 24–45.

WEIS, Michael (2017): Rassismuskritische Fortbildung von Lehrerinnen und Lehrern. Würzburg.

SOPHIE SCHMITT, BETTINA ZURSTRASSEN

Kritische arbeitsorientierte politische Bildung zwischen Schule und Arbeitswelt

Arbeitsorientierte Bildung wurde in den letzten zwanzig Jahren zunehmend auf Entrepreneurship Education und Berufsorientierung verengt. Lernende sollen nicht nur unternehmerisch denken lernen, sondern das Unternehmerische soll Teil ihrer Persönlichkeit werden (vgl. Bröckling 2007; Schmitt 2017; Zurstrassen 2022). Die soziale Lage der abhängig Beschäftigten, zu denen die meisten Lernenden in Zukunft gehören werden, bleibt dagegen in den aktuellen schulischen Curricula für die politisch-ökonomische Bildung deutlich unterbelichtet. Vernachlässigt werden zudem Aspekte wie die gesellschaftliche Arbeitsteilung, die Segregation des Arbeitsmarktes anhand intersektionaler Differenzkategorien, Arbeitsformen jenseits der Erwerbsarbeit und damit Macht- und Herrschaftsverhältnisse, die die Arbeitswelt prägen. Politische und soziale Perspektiven auf die Arbeitswelt werden im Zuge dieser bildungspolitischen Entwicklung verstärkt an den Rand gedrängt, obwohl sie für eine mündige politisch-demokratische Mitbestimmung in Unternehmen, aber auch für (Klein- und Solo-) Selbstständige und Erwerbslose grundlegend sind.

Der folgende Beitrag skizziert Relevanz und Rahmenbedingungen, Spezifika, konzeptionelle didaktische Grundlagen und Gestaltungsmöglichkeiten einer kritischen arbeitsorientierten politischen Bildung. Es werden folgende Fragen behandelt: Warum braucht es eine kritische politische Bildung zu Arbeit? (1) Was sind ihre Spezifika? (2) Auf welche konzeptionellen didaktischen Grundlagen kann sie zurückgreifen? (3) Und schließlich: Worauf ist vor diesem Hintergrund bei der Gestaltung politischer Lern- und Bildungsangebote zu achten? (4)

1. Warum braucht es eine kritische politische Bildung zu Arbeit?

Arbeit und die Arbeitswelt sind wichtige Gegenstände der politischen Bildung, die sich aus ihrer subjektiven und gesellschaftlichen Bedeutung ergeben. Was als Arbeit angesehen und wie diese organisiert, durchgeführt, entlohnt und abgesichert wird, ist gesellschaftlich hoch umstritten und hat sich im Zeitverlauf verändert. Dabei waren und sind soziale Bewegungen wichtige Treiber für Gleichstellung und Mitbestimmung in der Arbeitswelt. Sie treten ein für einen weiten, unterschiedliche Facetten von Arbeit inkludierenden Arbeitsbegriff.

Gemeinhin wird unter Arbeit in kapitalistischen Gesellschaften die marktförmig organisierte Lohn- oder Erwerbsarbeit („Arbeitsmarkt") angesehen. Arbeit wird in dieser Perspektive mit der Herstellung von Waren und Dienstleistungen verbunden und sichert volkswirtschaftlich gesehen den Wohlstand eines Gemeinwesens. Dass Arbeit aber mehr ist als Erwerbsarbeit, dass Produktion nicht ohne Reproduktion denkbar ist, dass Hausarbeit und Sorgetätigkeiten („Care-Arbeit") ebenfalls Arbeit sind, welche die Produktion überhaupt erst ermöglichen und sicherstellen, darauf hat die Frauenbewegung hingewiesen. Doch auch andere Formen von Arbeit, wie ehrenamtliche, politische, kulturelle und soziale Tätigkeiten, sind zu berücksichtigen, weil nicht zuletzt die Gewichtung zwischen diesen Bereichen und die dafür benötigten Zeitressourcen die Chancen auf politische Teilhabe beeinflussen.

Wie Arbeit durchgeführt und entlohnt wird, war und ist vor allem ein Thema der Arbeiter:innenbewegung und der Gewerkschaften. Dabei spiel(t)en sozialstaatliche Absicherung, Mitbestimmung, Gesundheitsschutz, Urlaub, Arbeitszeiten und Gleichstellung eine große Rolle. Sie weisen, wie auch Selbstorganisationen von Migrant:innen und Menschen mit einer Behinderung, auf Ausschlüsse in der Arbeitswelt hin. Sie thematisieren die Segregation des Arbeitsmarktes und die (Mehrfach-)Diskriminierungen am Arbeitsplatz. Dazu kommen feministische Forderungen nach Gleichstellung aller Geschlechter, geschlechtergerechter Entlohnung und Vorsorge, insbesondere in unter neoliberalen Bedingungen nun marktförmig organisierten – oft als „typisch weiblich" ausgewiesenen und von Migrant*innen verrichteten –, schlecht entlohnten Berufen (v.a. mit helfenden oder reinigenden Tätigkeiten). Zu erwähnen sind auch Arbeitsbedingungen unter sklavenähnlichen Verhältnissen in Deutschland und Europa, die insbesondere von NGOs thematisiert werden (vgl. Rosa-Luxemburg-Stiftung 2021, 48).

Subjektiv ist Arbeit mit grundlegenden menschlichen Bedürfnissen verbunden. Dazu gehören solche nach materieller Sicherheit, nach sozialem Austausch, Kommunikation und Zugehörigkeit, nach Anerkennung und Wertschätzung, nach Autonomie und Erfolg, aber auch nach Entfaltung der Persönlichkeit, Selbstverwirklichung und Sinn. Arbeit ist hochgradig identitätsstiftend. Dies betrifft insbesondere junge Menschen, für die die Phase der Berufs- und Arbeitsweltorientierung biografisch relevant und herausfordernd zugleich ist; welche mit Möglichkeiten und Verunsicherungen und einem Potenzial für die Abwertung „schwacher" Gruppen einhergeht (vgl. Schmitt 2017; 2023).

2. Spezifika des Konzepts

Eine kritische arbeitsorientierte politische Bildung macht ausgehend von den Erfahrungen der Lernenden die mit Arbeit verbundenen Probleme und Konflikte zum Gegenstand politischer Bildung und weitet den Fokus auf die beschriebenen Facetten von Arbeit (Schmitt 2019):

Persönlichkeitsentwicklung, Emanzipation und Demokratisierung

Arbeitsorientierte politische Bildung an Schulen bewegt sich, wie jede schulische Bildung auch, in einem Spannungsfeld, welches sich aus den Funktionen von Schule ergibt (Fend): Schule soll Heranwachsende auf die unterschiedlichen und ungleichen Positionen in der Gesellschaft verteilen und junge Menschen für den Arbeitsmarkt vorbereiten und qualifizieren. Damit zusammenhängend besteht der Wunsch der Lernenden, arbeitsmarktrelevantes oder -verwertbares Wissen und Kompetenzen zu erhalten. Gleichzeitig ist sie ihnen und der Entwicklung ihrer gesamten Persönlichkeit verpflichtet. Sie strebt ihre Emanzipation zu mündigen Menschen und künftigen Arbeitnehmer:innen an, statt sie zu funktionalen Subjekten erziehen zu wollen. Durch die Befähigung der Lernenden, ihre Interessen (kollektiv) zu vertreten, soll ein Beitrag zu Humanisierung und Demokratisierung der Arbeitswelt und der Gesellschaft geleistet werden.

Ganzheitliche Subjektbildung

Eine kritische arbeitsorientierte politische Bildung geht von den Lebenslagen, sozialen Herkünften und damit verbundenen Interessen, Bedürfnissen und Vorstellungen der Lernenden aus und damit von ihrem berechtigten Wunsch nach Orientierung in der Arbeitswelt und Integration durch Arbeit. Sie befähigt junge Menschen, zu erkennen, dass sich hinter der sie oft verunsichernden Frage nach der eigenen beruflichen und privaten Zukunft politische, ökonomische und soziale Fragen verbergen. Sie adressiert sie nicht als rational kalkulierende Einzelkämpfer, sondern als ganze Menschen mit „Kopf, Herz und Hand" sowie als soziale Wesen, eingebettet in einen und abhängig von einem sozialen Gesamtzusammenhang in Gesellschaft, Familie und Peers.

Schlüsselprobleme im Fokus

Kritische arbeitsorientierte politische Bildung bringt das Thema Arbeit in Verbindung mit gesellschaftlichen Schlüsselproblemen, allen voran dem der sozialen Ungleichheit im Sinne von national und global bestehenden, intersektional strukturierten Ungleichheits- und Ausbeutungsverhältnissen, welche mit In- und Ausschlüssen in der Arbeitswelt einhergehen. Dabei bezieht sie gesellschaftliche Naturverhältnisse, die Grenzen des Wachstums (‚Klimakrise') und die Zerstörung natürlicher Lebensgrundlagen mit ein. Sie thematisiert die Folgen einer imperialen Produktions- und Lebensweise (Brand/Wissen) für Mensch und Natur, insbesondere auch für Länder des Globalen Südens.

Utopisches Denken und Denken in Alternativen

Eine so verstandene politische Bildung weitet die Frage nach der persönlichen Zukunft auf die Frage nach einem guten Leben für alle, fragt nach Möglichkeiten alternativer Gesellschafts- und Arbeits(-zeit-)gestaltung, die Haushalts-, Sorgearbeit, politische und ehrenamtliche Arbeit neben der Erwerbsarbeit mitdenken. Dabei nimmt sie den Zusammenhang von Produktion, Reproduktion und Zeit (Reheis 2021, 196 ff.) in den Blick, hinterfragt gesellschaftliche Beschleunigungs- und Selbstoptimierungstendenzen und verweist auf die Notwendigkeit von Prozessen des Erhaltens und des Erneuerns natürlicher und persönlicher Ressourcen durch Regeneration und Muße. Damit befördert sie utopisches Denken und ein Denken in Alternativen.

Historizität und Konfliktorientierung

Kritische arbeitsorientierte politische Bildung zeigt auf, dass die Organisation und gesellschaftliche Bewertung von Arbeit umkämpft war und ist. Vorhandene Errungenschaften (s.o.) sind von sozialen Bewegungen wie z.B. der Arbeiter:innenbewegung erstritten worden, sie sind aber nach wie vor umkämpft und damit zukünftig grundsätzlich revidier-, aber auch erweiterbar.

Gestaltung, Mitbestimmung, Transformation

Konzeptionell möchte politische Bildung Lernende unterstützen, artikulations-, partizipations- und handlungsfähig zu werden. Dafür berücksichtigt sie Perspektiven von sozialen Bewegungen als Akteure politischer, rechtlicher und sozialer Transformationen. Damit werden neben individuellen Techniken und Kompetenzen auch kollektive Möglichkeiten demokratischer Gestaltung und Mitbestimmung sowie Veränderung in Politik und Arbeitswelt vermittelt.

Das Konzept ist somit subjekt-, problem-, zukunfts-, konflikt- und handlungsorientiert (siehe dazu den Beitrag von Eis in diesem Band). Politische Bildung im Kontext Arbeit historisiert, kollektiviert und politisiert Fragen rund um Arbeit und macht sie damit der kritischen Analyse zugänglich. Dadurch werden Alternativen überhaupt erst denkbar.

3. Konzeptionelle didaktische Grundlagen

Die Auseinandersetzung mit Wirtschaftsthemen im Allgemeinen und der Arbeitswelt im Besonderen ist seit den 1970er-Jahren Gegenstand der politischen Bildung an Schulen und im non-formalen Bildungsbereich. Aus der Vielzahl der didaktischen Konzeptionen, die Orientierung für eine kritische arbeitsorientierte Bildung bieten könnten, werden im Folgenden zwei sozialwissenschaftliche Ansätze vorgestellt, die die arbeitsweltorientierte Bildung im Fokus haben.

Konzept der arbeits- und berufsbezogenen politischen Bildung

Für das Konzept der arbeits- und berufsbezogenen politischen Bildung steht maßgeblich Peter Weinbrenner. Er weist politischer Bildung im Rahmen der (beruflichen) Identitätsentwicklung eine antizipatorische und eine kompensatorische Funktion zu (1987a, 16). Antizipativ, indem sie die Lernenden bei der Entwicklung und Ausgestaltung einer individuellen Berufsbiografie unterstützt. Sie sollen zu einer kritischen Auseinandersetzung mit den Strukturen der Arbeitswelt und den bestehenden Herrschaftsstrukturen angeregt werden. Diese haben sich gesellschaftlich herausgebildet und schlagen sich in Unternehmen nieder (und umgekehrt), sind daher grundsätzlich veränderungsoffen. Die Lernenden sollen dazu befähigt werden, ihre Interessen in der Arbeitswelt und der Gesellschaft kollektiv, z.B. durch betriebliche Mitbestimmung und Streiks, wahrzunehmen.

Kompensatorisch soll politische Bildung dazu beitragen, die in der Arbeitswelt gemachten Erfahrungen, Probleme und Konflikte in Lernarrangements aufzuarbeiten und zum Gegenstand politischen Lernens zu machen. Die individuell erfahrenen Situationen können z.B. fallanalytisch mittels sozialwissenschaftlichem Fach-, Theorie- und Analysewissen aufgearbeitet, eingeordnet, reflektiert und Lösungsansätze können entwickelt werden. Ausgehend von der individuellen Problem- und Konfliktwahrnehmung einer Situation sollen durch Distanzierung übergreifende strukturelle Ursachen, Sinnzusammenhänge und Mechanismen herausgearbeitet werden (vgl. Zurstrassen 2021, 99). So ist beispielsweise die ungleiche Bezahlung zwischen Männern und Frauen bei gleicher

Arbeit zunächst ein individuelles Problem für die betroffenen Frauen, sie hat aber vor allem strukturelle Ursachen, die in der benachteiligten gesellschaftlichen Stellung von Frauen begründet ist. Diese Form sozialer Ungleichheit kann durch innerbetriebliche Maßnahmen, durch Gesetzgebung (z.B. Entgelttransparenzgesetz) und durch die Förderung eines gesellschaftlichen Wertewandels hin zu einer Gleichstellung der Geschlechter bekämpft werden.

An allgemeinbildenden Schulen können Situationen aus dem Betriebspraktikum, Beobachtungen aus Betriebserkundungen, Erfahrungen mit Schüler:innenjobs, Berichte von Eltern oder aus den Medien zur Arbeitswelt (z.B. Auseinandersetzung in Betrieben um die Einrichtung von Betriebsräten) aufgegriffen und zum Gegenstand sozialwissenschaftlicher Analysen gemacht werden.

Die in der politischen Bildung mittlerweile fest verankerten didaktischen Prinzipien wie die Schüler-, Problem-, Konflikt,- Situations-, Zielgruppen- und Wissenschaftsorientierung und die Historizität sind auch Bestandteil der arbeits- und berufsbezogenen politischen Bildung bei Weinbrenner (1987b, 2–25; Engartner u.a. 2021). Stärker jedoch als in vielen anderen fachdidaktischen Konzeptionen wird der Fokus hier auf zukünftige Entwicklungen in der Arbeitswelt gelenkt (Prinzip der Zukunftsorientierung). Wenngleich Weinbrenners Konzept mit Blick auf die skizzierten Transformationen der Arbeitswelt heute weiterentwickelt werden muss, haben die nachfolgend zitierten Leitfragen angesichts der derzeitigen und in Zukunft zu erwartenden Umbrüche in der Arbeitswelt, z.B. infolge der Digitalisierung, der zeitlichen und räumlichen Entgrenzung von Arbeit, dem Wandel der Beschäftigungsverhältnisse und ihrer Auswirkungen auf die individuelle Lebensgestaltung und Gesellschaft, weiterhin eine große Bedeutung für die arbeitsorientierte politische Bildung (1987b, 23):

„1. Welche strukturellen Veränderungen, Probleme und Entwicklungstendenzen lassen sich im Hinblick auf die zukünftige Arbeitsgesellschaft feststellen (Objektseite)?

2. Wie hat sich die Einstellung des Menschen zu Arbeit und Beruf im Laufe der Geschichte gewandelt und welchen Stellenwert hat die Berufsarbeit in zukünftigen Lebens- und Arbeitsformen (Subjektseite)?

3. Welche Ziele, Postulate und Modelle können für die Analyse und Bewertung zukünftiger Gesellschaftsentwürfe und Arbeitsformen herangezogen werden (Normaspekt)?

4. Welche Ansätze und Formen zukünftiger Arbeit sind bereits vorhanden bzw. zeichnen sich ab, und wer sind die Träger bzw. Veränderungssubjekte neuer Lebens- und Arbeitsformen (Zukunftsaspekt)?“

Sozioökonomische Bildung

Anstelle der sozialwissenschaftlichen Auseinandersetzung mit den Formen und der Bedeutung von Arbeit unter der Leitidee ihrer Humanisierung und Demokratisierung ist in den letzten 25 Jahren, wie eingangs erwähnt, weitgehend die Entrepreneurship Education und Berufsorientierung getreten. Diese ist mittlerweile bundesweit, mit expandierenden Tendenzen curricular an Schulen, aber zunehmend auch in der außerschulischen Bildungsarbeit verankert. Zunehmend wird des Weiteren Berufs- und Arbeitsweltorientierung vermarktwirtschaftlicht, z.B. bei der Potenzialanalyse oder in Unternehmen, die für Betriebserkundungen von den Schüler:innen Geld fordern. Das von Weinbrenner geprägte Konzept der arbeits- und berufsbezogenen politischen Bildung, das vor allem auch die Perspektive und Interessenlagen der abhängig Beschäftigten berücksichtigt und auf politische Mündigkeit zielt, ist in den letzten 25 Jahren kaum noch rezipiert worden. Das Konzept der sozioökonomischen Bildung knüpft u.a. auch an Weinbrenner an (Autorengruppe sozioökonomische Bildung 2019; Fischer/Zurstrassen 2014). Fälschlicherweise wird es oft als Konzept der ökonomischen Bildung gedeutet bzw. vereinnahmt. Es beschreibt aber den Anspruch einer Auseinandersetzung mit ökonomisch geprägten Entwicklungen, Problemen und Lebenssituationen im Rahmen einer integrierten sozialwissenschaftlichen Bildung. Diese geht von der Gleichwertigkeit der Bezugsdisziplinen (Politikwissenschaft, Wirtschaftswissenschaft, Soziologie etc.) und ihrer Perspektiven aus. Ökonomisch geprägte gesellschaftliche Probleme und individuell zu bewältigende Herausforderungen erfordern eine ganzheitliche sozialwissenschaftliche Auseinandersetzung. Sozioökonomische Bildung betrachtet beispielsweise Arbeitslosigkeit nicht nur auf der Ebene neoklassischer Beschäftigungs- und Arbeitsmarkttheorien, sondern bezieht auch andere Paradigmen der Wirtschaftswissenschaften, z.B. keynesianische, feministische oder auch marxistische, ein. Vor allem aber betrachtet sie das Problem nicht nur als ein ökonomisches. Vielmehr werden bei den Lernsettings u.a. auch wirtschafts-, beschäftigungs-, arbeitsmarkt- und sozialpolitische Paradigmen und hieraus abgeleitete Steuerungsinstrumente thematisiert, die die Inklusivität der Arbeitsmärkte fördern sollen. Ebenso werden die Auswirkungen von Arbeitslosigkeit für die Betroffenen und für die Gesellschaft thematisiert, denn Arbeitslosigkeit wirkt sich sowohl individuell als auch gesellschaftlich desintegrierend aus. Die Komplexität des gesellschaftlichen Problems der Arbeitslosigkeit kann an dieser Stelle nur in Ansätzen skizziert werden. Deutlich werden sollte jedoch ein Kernanliegen der sozioökonomischen Bildung, die nicht nur interdisziplinäre Perspektiven einfordert, sondern auch multiparadigmatische.

Der Beitrag knüpft u.a. an die beiden skizzierten fachdidaktische Konzeptionen an und möchte Impulse für die konzeptionelle didaktische Weiterentwicklung einer kritischen arbeitsorientierten politischen Bildung eröffnen, die den Lern-, Orientierungs- und Entwicklungsbedürfnissen der Lernenden gerecht wird und gleichzeitig auf die Humanisierung und Demokratisierung der Arbeitswelt und der Gesellschaft bezogen ist.

4. Analyse- und Reflexionsfragen

Ausgehend von den bisherigen Ausführungen werden für die didaktische Analyse in der arbeitsorientierten politischen Bildung folgende Analyse- und Reflexionsfragen abgeleitet, die Lehrkräfte bei der didaktischen Bewertung von Lehrmaterialien und Curricula oder bei der Reflexion ihres Unterrichts verwenden können:

- Welches didaktische Leitziel dominiert? Bildung zu politischer Mündigkeit in der Arbeitswelt oder Affirmation an die Verhältnisse in der Arbeitswelt?
- Werden Lernende als ganzheitliche Subjekte oder als rational kalkulierende Homines oeconomici adressiert?
- Welche Konzepte von Arbeit werden vorgestellt/dominieren? (Orientierung an einem engen, auf die Erwerbsarbeit bezogenen oder weiten, andere Arbeitsformen inkludierenden Arbeitsbegriff?)
- Welche Arbeitsmarkttheorien werden dargestellt? Welche dominieren? Welche fehlen oder werden vernachlässigt?
- Werden Strukturen sozialer Ungleichheit (auch intersektionale und globale) in der Arbeitswelt, bei der Berufsorientierung und der Berufswahl aufgezeigt? Werden Lösungsansätze thematisiert?
- Welche historischen, gegenwärtigen und zukünftigen Perspektiven auf Erwerbsarbeit und die Arbeitswelt (z.B. solidarische oder gemeinwohlorientierte Ökonomie, Digitalisierung, Nachhaltigkeit, Globalisierung) werden diskutiert?
- Werden die mit Arbeit verbundenen gesellschaftlichen Konflikte auch im historischen Verlauf, thematisiert (z.B. Arbeiterbewegung, soziale Bewegungen, Ausbeutungsverhältnisse)?
- Werden Folgen des Wirtschaftens für Mensch und Natur thematisiert?
- Welche Perspektiven und Instrumente der betrieblichen Interessenvertretung und Mitbestimmung werden aufgezeigt: kollektive oder individuelle?
- Werden unterschiedliche und gemeinsame Interessen von Beschäftigten und Unternehmensleitungen in Betrieben thematisiert?

- Wird thematisiert, welche gesellschaftliche, politische und wirtschaftliche Bedeutung Unternehmen und unternehmerisches Handeln in der gegenwärtigen Gesellschaft haben?
- Wird neben der wirtschaftlichen auch die politische und soziale Dimension beruflichen und unternehmerischen Handelns zum Gegenstand der Auseinandersetzung gemacht?

Zielsetzung einer kritischen, arbeitsorientierten politischen Bildung ist es, Lernenden Alternativen zu gängigen Vorstellungen und Praxen von Arbeit aufzuzeigen und gelebte Alternativmodelle (z.B. Kollektivbetriebe) vorzustellen. Lernende sollen zum utopischen Denken ermutigt werden, welches über die Grenzen der bestehenden Organisation von Arbeitswelt und -gesellschaft hinausgehen kann.

Literatur

AUTORENGRUPPE sozioökonomische Bildung (2019): Was ist gute ökonomische Bildung? Leitfaden für den sozioökonomischen Unterricht. Frankfurt/M.

BRÖCKLING, Ulrich (2007): Das unternehmerische Selbst. Soziologie einer Subjektivierungsform. Frankfurt/M.

ENGARTNER, Tim u.a. (2021): Sozialwissenschaftliche Bildung. Ökonomie, Politik, Gesellschaft. Frankfurt/M.

FISCHER, Andreas/Zurstrassen, Bettina (Hg.) (2014): Sozioökonomische Bildung. Bonn.

REHEIS, Fritz (2021): Eine andere Welt ist möglich. Ausgewählte Transformationskonzepte – ein Überblick. In: Demirovic, Alex u.a. (2021): Das Chaos verstehen. Welche Zukunft in Zeiten von Zivilisationskrise und Corona? VSA Hamburg, S. 187–202.

ROSA-LUXEMBURG-STIFTUNG (2021): Atlas der Versklavung. Daten und Fakten über Zwangsarbeit und Ausbeutung. Paderborn.

SCHMITT, Sophie (2017): Jenseits des Hängemattenlandes. Arbeit und Arbeitslosigkeit aus der Sicht von Jugendlichen. Eine Rekonstruktion ihrer Orientierungen und ihre Bedeutung für die politische Bildung. Schwalbach/Ts.

SCHMITT, Sophie (2019): Historizität und Sozialität der Arbeit – Überlegungen zu einem Konzept für eine arbeitspolitische Bildung. In: Fridrich, Christian u.a. (Hg.): Historizität und Sozialität in der sozioökonomischen Bildung. Wiesbaden, S. 139–158.

SCHMITT, Sophie (2023): Jugendliches Leben in Krisenzeiten. In: Politik unterrichten, 01/2023, S. 8–14.

WEINBRENNER, Peter (1987a): Berufsarbeit und politische Bildung. In: Bundeszentrale für politische Bildung (Hg.): Politische Bildung an Berufsschulen. Bonn, S. 11–38.

WEINBRENNER, Peter (1987b): Prinzipien und Elemente einer zukunftsorientierten arbeits- und berufsbezogenen politischen Didaktik. In: Ders. (Hg.): Zur Theorie und Praxis der politischen Bildung an Berufsschulen: Ergebnisse der Hochschultage Berufliche Bildung 1986. Alsbach/Bergstraße, S. 1–30.

ZURSTRASSEN, Bettina (2021): Situationsorientierung. In: Engartner, Tim u.a.: Sozialwissenschaftliche Bildung. Politik – Wirtschaft – Gesellschaft. Paderborn, S. 95–100.

ZURSTRASSEN, Bettina (2022): Ökonomische Bildung und politische Steuerung: Der „Arbeitskraftunternehmer" und das „unternehmerische Selbst" als Bildungsziele. In: Bremer, Helmut u.a. (Hg.): Bildungspolitiken. Spielräume für Gesellschaftsformation in der globalisierten Ökonomie? Wiesbaden, S. 197–218.

CHRISTOPH BAUER

Subjektorientierung in der schulischen politischen Bildung

In Subjektorientierung drückt sich ein gesellschaftlicher Auftrag an das Bildungswesen aus, mittels einer „Erziehung zur Mündigkeit“ (Adorno 1998) zur Herausbildung demokratisch handlungsfähiger Subjekte beizutragen. Der *kritische* Anspruch einer solchen liegt darin, die Grenzen dieses Bildungsauftrags zu reflektieren, weil durch Aufklärung noch keine gesellschaftlichen Machtverhältnisse geändert werden: Bildung kann keineswegs Sozialpolitik ersetzen, auch wenn dies in bildungspolitischen Erklärungen vielfach vorgebracht wird.

Der Grundgedanke von Subjektorientierung liegt in einer negativen Bestimmung und als Mehrheitsmeinung der Didaktik(en) der Sozialwissenschaften darin, sich von Traditionen eines Nürnberger Trichters (mit den Elementen Belehrung, Top-down-Wissensvermittlung oder Disziplinierung) abzugrenzen. Eine positive Definition ist dagegen deutlich weniger konsensual. (Für einen Überblick in der Politikdidaktik vgl. die systematische Analyse bei Bauer 2017, 49–93 sowie zum Subjektbegriff Bünger in diesem Band). Zentral für den hier vorgestellten Ansatz ist die Vorstellung von Schüler:innen als Subjekten ihres Lernhandelns.

Grundlage für Subjektorientierung als eine pädagogische *Praxis* ist ihre *theoriegeleitete* Umsetzung, die hohe Ansprüche an die Professionalität einer Lehrkraft stellt: Sie muss in der Lage sein, die theoretischen Überlegungen an ihre eigene, unverkennbare und sich immer wandelnde empirische Praxis (Schule, sich wandelnde Schüler:innenschaft, Stadtteil, Kollegium, Anforderungen durch das Ministerium etc.) anzupassen. Eine Theorie kritischer politischer Bildung setzt hier an, um hehre Postulate nicht vor der Tür der Praxis abzusetzen. Sie geht vielmehr konzeptionell in die Praxis hinein und sucht Verknüpfungsachsen zwischen Theorie und Praxis anzubieten. Subjektorientierung zeigt sich sicherlich nicht darin, dass sie beim ersten Schritt in Richtung pädagogische Praxis bis auf Weiteres suspendiert und beispielsweise proklamiert wird, dass ‚erst mal Wissensgrundlagen geschaffen werden‘ müssten, bevor die ‚eigentlichen‘ Bildungsprozesse starten können, oder dass ‚das mit diesen Schüler:innen und in diesem Schulsystem einfach nicht funktionieren kann‘. Im Folgenden finden sich vereinzelt Verweise auf faktisch vorherrschende Begrifflichkeiten in der Lehramtsausbildung. Damit ist die Hoffnung verbunden, beispielsweise den problematischen Begriff der Diagnostik, der zum Standardbegriff in der praktischen Ausbildung zählt, mit einer anderen Bedeutung füllen zu können.

1. Subjektorientierung als Lerngründe

Für Schüler:innen ist zunächst festzustellen, dass ihr schulisches Lernen unter komplexen und mitunter kleinschrittigen Vorgaben und Rahmenbedingungen stattfindet. Die häufigsten Grundformen, Schüler:innen als Subjekte in einer pädagogischen Planung zu berücksichtigen, sind wohl das ‚intrinsische Lernen' und der ‚Alltags- oder Lebensweltbezug'. Beiden Formen liegt allzu oft ein Lernbegriff zugrunde, der die „Fiktion der administrativen Planbarkeit von Lernprozessen" (Holzkamp 1995) aufrechterhält und einem „Lehr-Lern-Kurzschluss" (ebd., Abschnitt II) unterliegt. Doch gelehrt ist nicht gelernt und gesagt ist nicht verstanden: Letztlich sind es immer die jeweiligen Individuen, die ihr konkretes Handeln und Lernen bestimmen. Ihre Motive sind nicht nur humanistisch-normativ zu berücksichtigen, sondern als handlungsleitende anzuerkennen; sie bestimmen tatsächlich das Wesen des Lernens selbst. Dem Konzept des ‚expansiven Lernens' der kritischen Psychologie Klaus Holzkamps (vgl. Holzkamp 1997) zufolge ist ein Lernprozess, der mit echter Aufklärung, Emanzipation und Weltaufschluss einhergeht, nicht ohne die je subjektive Haltung möglich. Nur wenn die Schüler:innen selbst ein inhaltliches (kein: lustbasiertes) Interesse haben, werden sie sich inhaltlich ernsthaft mit dem Gegenstand auseinandersetzen. Ansonsten drohen laut Holzkamp Vermeidungshandlungen, die einem inhaltlichen Bildungsprozess zuwiderlaufen (spicken, learning for the test; bei leistungsstarken Schüler:innen reine „Anforderungserfüllungsperformance" (Bauer 2017, 118) statt persönliche Weiterentwicklung). Für Unterricht ist vielmehr geboten, ein Diskursklima zu schaffen (entsprechend ließe sich das in der Regel technokratisch verwendete ‚classroom management' umdeuten), in dem die allzu oft vorhandene, aber nicht artikulierte Frage von Schüler:innen ‚Wozu machen wir das hier eigentlich?' zugelassen, gefördert und inhaltlich besprochen wird. Ein solcher Unterricht würde subjektive Lerngründe ermöglichen und die ohnehin stark ausgeprägte Schulkultur klarer Anweisungen und Aufgaben aus ihrer hierarchischen Machtstruktur lösen, indem solche Vorgaben rechenschaftspflichtig und verhandelbar würden.

2. Subjektorientierung als Partizipation

Neben dieser im engeren Sinne lern- und bildungsbezogenen Subjektorientierung ist sie weiterhin auch als partizipatorisches Moment zu betrachten. „Die Herrschaft von Menschen über Menschen ist aber nur dann erträglich, wenn sie legitimiert, begrenzt und kontrolliert werden kann“ (Wichard 1987, 141). Die Herrschaft von Menschen über Menschen ist an sich folglich etwas Unerträgliches. Sie sollte also, wenn das Unerträgliche in der Handlungssituation nicht zu vermeiden ist, rechtfertigt, begrenzt und kontrolliert werden. Wenn diese Grundvoraussetzungen aus Sicht von Schüler:innen grundsätzlich nicht erfüllt sind, finden deren Lern- und Bildungsprozesse unter unerträglichen Umständen statt (‚Störungen haben Vorrang‘, vgl. dazu die Ansätze von Ruth C. Cohn, Schulz von Thun und Watzlawick). Der Begriff des ‚Classroom Managements‘ kann so (um-)gedeutet werden, dass schulisch organisiertes Lernen nur dann gelingt, wenn sowohl die effektive Leitung und Bewertung einer Gruppe als auch deren Kontrolle, Begrenzung und Rechtfertigung gegeben ist. Partizipation ist folglich nicht nur pädagogisch, sondern auch demokratisch geboten.

Für diesen Aspekt von Subjektorientierung sind im Feld schulischer politischer Bildung spezifische Formen und Abstufungen von Mitbestimmung zu berücksichtigen. Neben feldübergreifenden Partizipationsformen wie Informations- und Anhörungsrechten, Initiativrecht, Mitbestimmungspflichten oder Vetorechte (vgl. dazu etwa die Stufen im Personalvertretungsrecht bzw. im Betriebsverfassungsgesetz) sind in Schule die je individuellen Voraussetzungen, Fähigkeiten und Haltungen von Kindern und Jugendlichen zu nennen; ebenso die spezifischen Arbeitsweisen und Kapitalien. So sind die Formen der Mitbestimmung in der Grundschule sicher andere als in der Oberstufe; in einer Lerngruppe mit viel eigener Erfahrung selbst- und kooperativ bestimmter Arbeitsformen anders als in einer Lerngruppe mit großer Erfahrung im Frontalunterricht. In Anlehnung an Bourdieus Theorie, der zufolge nicht nur ökonomisches, sondern auch kulturelles, soziales und symbolisches Kapital angehäuft und gehandelt wird, ist für Schule festzuhalten, dass hier vor allem institutionalisiertes Kulturkapital (Noten, Abgangszeugnisse, Zertifikate, Bildungstitel und Ehrungen für Schüler:innen; vgl. Bourdieu 2005) angestrebt, umkämpft und gehandelt wird. Im alltäglichen Unterricht ist die Farbwahl eines Schulheftes eher als pseudo- oder bestenfalls als Einstiegs-Mitbestimmung zu betrachten; viel entscheidender sind hier die Wahl und Gestaltung von Unterrichtsinhalten, Unterrichtsmethoden, Sozialformen, Materialformen, Bewertungsgrundsätzen, bewertungsfreien Räumen, Projektphasen, Raumgestaltung u.v.m. (vgl. Bauer

2017, 89 f.; für die Erwachsenenbildung Klingovsky 2009). Warum nicht einmal Teile der eigenen Unterrichtsvorbereitung an interessierte Schüler:innen abgeben? Oder zumindest den Schüler:innen gegenüber die Auswahl eines Materials begründen (vgl. ebd., 196 f.)?

Die Stärke kritischer politischer Bildung liegt darin, zentrale Aspekte des eigenen Arbeitsumfeldes (also auch das der Schüler:innen) zu hinterfragen, zu kritisieren, zu bewerten – und im Sinne einer kritisch-emanzipatorischen Bildung am Ausbau von Handlungsmöglichkeiten der Schüler:innen zu arbeiten, ihre Möglichkeiten sukzessive zu erweitern, sie zu befähigen und zu empowern. Als Indikatorensystem für eine gelungene Mitbestimmung bietet sich das Konzept von Oser und Biedermann (2006) an, bei dem mehrere Zwischenstufen von „Pseudopartizipation" bis zur „Vollkommene[n] Partizipation" beschrieben werden (S. 29–33).

Möglichkeiten, dieses Ziel auszuhöhlen, sind z. B. Pseudopartizipation in unbedeutenden Aspekten, Übergabe von Verantwortung und Aufgaben ohne gebotene Unterstützung oder Ressourcen (Zeit, Material, Expertise, Methoden) oder Verlagerung von Kernaufgaben einer Leitung an Schüler:innen (Leistungsbewertung).

Wann immer es in pädagogischen Handlungssituationen geboten erscheint, ein Thema, eine Anweisung, eine Methode u. v. a. m. vorzugeben – beispielsweise, weil Schüler*innen noch nicht mit offenen, selbstgesteuerten Arbeitsweisen ausreichend vertraut sind, weil ein Thema inhaltlich zu komplex und abstrakt ist –, sollte umso stärker auf die inhaltliche Begründung einer solchen Setzung geachtet werden. Davon ausgehend, dass kooperative, offene und selbstgesteuerte Lern- und Arbeitsformen keineswegs als Standard an Schulen in Deutschland gelten können, wird es immer wieder und gerade im Sinne einer kritisch-emanzipatorischen politischen Bildung geboten sein, Lernprozesse als Lehrkraft und Leitung so zu gestalten, dass ein klarer und fester Rahmen für Schüler:innen besteht, innerhalb dessen sie sich aber umso stärker frei bewegen können. Insbesondere bei Berufseinsteiger:innen ist oft zu beobachten, dass die Haltung, Schüler:innen ‚auf Augenhöhe' begegnen zu wollen, mit einer faktischen Überforderung jener einhergehen kann. Gerade bei kooperativen Arbeitsformen zeigt sich schnell, ob Schüler:innen ihrem eigenen Lernen einen inhaltlichen Sinn geben („expansives Lernen", a. a. O.) und ihr Lernen gemeinschaftlich aushandeln und organisieren können – oder ob sich hier neue Lern- und Handlungsproblematiken eröffnen, die einer Lernschleife bedürfen (vgl. hierzu Holzkamp 1995, Abschnitt III).

3. Subjektorientierung als Blick auf das vergesellschaftete Subjekt

Subjektorientierung fragt weiterhin nach dessen gesellschaftlichen, sozioökonomischen, kulturellen und genderbezogenen Voraussetzungen – nach der Sozialität des Subjekts (vgl. den Beitrag von Bünger in diesem Band). Sie hinterfragt das Leitbild des autonomen Subjekts als Individuum und richtet seinen Blick auf seine gesellschaftliche Verwobenheit oder Unterwerfung, so beispielsweise nach Adorno (1998, 274) („Das Subjekt ist die Lüge, weil es um die Unbedingtheit der eigenen Herrschaft willen die objektiven Bestimmungen seiner selbst verleugnet") oder Butler (2008, 1302) („Gerade die Unterwerfung [unter einen Souverän oder eine staatliche Autorität] [führt] dazu, dass man einen Anspruch auf bestimmte Rechte hat").

Eine rein partizipatorische Ausrichtung von Subjektorientierung liefe Gefahr, den Blick auf die Sozialität zu verstellen. Mit Bourdieus Habitus-Konzept und seinen deutschsprachigen Rezeptionen in der Pädagogik (vgl. beispielsweise Bremer 2010, Trumann 2010) kann davon ausgegangen werden, dass jene individuellen Sichtweisen sozial spezifisch präformiert sind: Die scheinbar individuelle Haltung zu Leistung, Freiheit, Gleichheit, Funktionalität, Sparsamkeit oder Hedonismus, zu Bildung als Wert oder Nützlichkeit usw. ist soziologisch betrachtet zu einem nicht zu vernachlässigenden Teil sozial spezifisch geprägt – je nach ökonomischem, kulturellen und sozialem Status, Herkunft und Entwicklung (vgl. Bauer 2017, 153–168). Solche subjektiven (nicht: individuellen) Sichtweisen auf Schule sind keineswegs zurückzuweisen, aber kritisch zu hinterfragen und zumindest kursorisch zum Gegenstand eines kritischen Gesprächs zu machen.

Ein solches Hinterfragen dessen, was vorausgesetzt wird (Bürgin 2010, 510), bildet die Besonderheit der politischen Bildung in Abgrenzung zu anderen Schulfächern: Gerade der Austausch über das Verhältnis jener „subjektiven Theorien" (vgl. Groeben/Scheele 2010) der Schüler:innen mit fachdidaktischen Konzepten stellt ein besonderes Potenzial schulischer politischer Bildung dar. Es geht keineswegs um falsche oder richtige Beiträge im Unterricht; es geht um das Verstehen und den kritischen, konstruktiven und wohlwollenden Umgang mit gesellschaftlichen, aber auch individuellen Positionen. Mit einem Wandel von ‚Lernmotivation' hin zu ‚Lerngründen' wird eine diskursive Basis ermöglicht, eine inhaltlich-rational-reflektierende Verständigungsmöglichkeit zwischen Lehrkraft und Schüler:innen.

4. Subjektorientierung im einzigartigen Fach der politischen Bildung

Subjektorientierung ist folglich auch als fachdidaktisches Moment zu betrachten. Politische Bildung ist – so sie sich nicht auf einen engen Politikbegriff reduziert, sondern sich *dem Politischen* widmet – kein Fach wie jedes andere, weil junge Menschen durch dieses Schulfach und das fachübergreifende Prinzip politischer Bildung als junge Generation, als Volkssouverän und als Gestalter:innen zukünftiger Gesellschaft angesprochen werden (vgl. Steffens 2011, 385). Dieser Blick auf die Welt und wie sie gestaltet werden soll und kann, muss eine aktuelle und kritische Sicht auf soziale Verhältnisse und Konfliktlinien aufgreifen. Das zweite Kapitel dieses Handbuchs liefert dazu exemplarische Analysen, die die Jugend und die künftige Politik betreffen werden. Schulische politische Bildung verbindet im subjektorientierten Sinne den ‚äußeren' Gegenstand im Kern mit der ‚inneren' Sichtweise der Subjekte auf die Welt. Die Frage von Schüler:innen „Warum machen wir das hier eigentlich?" (Bauer 2014) ist aus subjektorientierter Perspektive für die politische Bildung deutlich einfacher zu beantworten als beispielsweise für naturwissenschaftliche Fächer.

Die subjektiven Theorien der Schüler:innen stellen eine besondere Chance und Herausforderung für den verstehenden Blick von Pädagog:innen auf die Heranwachsenden (das, was in der praktischen Ausbildung ‚pädagogische Diagnostik' genannt wird) dar; nämlich individuelle Äußerungen zu einem Unterrichtsgegenstand auf ihren vergesellschafteten bzw. politischen Gehalt hin zu untersuchen (vgl. die Beiträge Gläser/Lösch und Schmitt/Zosel in diesem Band). Ein Statement wie ‚Politik interessiert mich nicht', könnte deutlich mehr über die Rezeption eines medial äußerst präsenten Politikbegriffs aussagen als über ein reales Interesse, gesellschaftliche Zusammenhänge verstehen und ändern zu wollen. Diese Diskrepanz wird regelmäßig in den Shell-Jugendstudien nachgewiesen. Eine solche „didaktische Sozioanalyse" (Bauer 2017, 204 f.) erfordert allerdings auch eine entsprechende Kenntnis der Lebenswelt der Heranwachsenden, um Codes und Strukturen überhaupt erkennen und von den wirklich individuellen Positionen der Schüler:innen unterscheiden zu können. Ist eine den Bundestag abwertende Äußerung vielleicht nicht doch Vorbehalten gegenüber nicht eingelösten staatlichen Emanzipationsversprechen geschuldet? Hat die Sprecherin vielleicht den Eindruck, im Bundestag ginge es mal wieder nur um weiße Männer? Hatte sie im Reichstag mal ein schlechtes Erlebnis? Kann sie mit einer Abwertung des Bundestags vielleicht vor ihren Peers Ansehen gewinnen?

Bei aller ‚diagnostischer Kompetenz' einer Lehrkraft wird die didaktische Sozioanalyse aber stets begrenzt bleiben, wenn sie ohne die Innenansichten der Schüler:innen auskommen muss. „Subjektive Theorien […] greifen auf, was Schülerinnen sowieso meinen und beurteilen (Giesecke 1997, 21), können als Konzept subjektiver Bedeutung nicht ohne die Schülerinnen eruiert werden und können schließlich auf deren gesellschaftlich-strukturell-überindividuellen Gehalt hin überprüft werden" […]. Ziel ist […], subjektive Theorien selbst zu reflektieren, sie zu analysieren und sie in einem wissenschaftlichen Diskurs zu überprüfen und nach Möglichkeit auch intellektuell und [durch] Handeln zu verändern" (Bauer 2017, 209 f.). Eine Voraussetzung ist, dass Schüler:innen ihre eigenen Ansichten ehrlich und authentisch äußern können – und dass eine pädagogische ‚Diagnostik' nicht ohne Kenntnis und Gestaltungsmöglichkeit der Schüler:innen geschieht – sie sind schließlich kein ‚Fall', der zu ‚behandeln' wäre, sondern junge Menschen sollen von der Expertise der Pädagog:innen profitieren können.

In einem Gespräch über jenen Politikbegriff und das, was Schüler:innen wirklich interessiert (methodisch beispielsweise durch einen Gallery Walk mit Bildern zu aktuellen politischen Herausforderungen und Phänomenen), kann der Hinweis auf einen vergesellschafteten Blick auf einen Gegenstand eine gruppendynamische emotionale Entlastungsfunktion haben und einen offeneren, vertrauensvolleren Diskurs ermöglichen. Auch tendenziell rassistische oder antisemitische Positionen und Deutungsmuster sollten zunächst im Unterricht ausgesprochen werden, um damit überhaupt pädagogisch arbeiten zu können. Ein Verweis darauf, dass solche Positionen keineswegs einzigartig vertreten werden, sondern durchaus mit in der Gesellschaft verbreiteten Deutungsstrukturen von Ungleichheitsideologien verbunden sind, kann individuell entlastend wirken – um sich stärker der sachlichen Analyse und Kritik gruppenbezogener Menschenfeindlichkeit widmen zu können, statt einzelne Aussagen als individuelles ‚moralisches' Fehlverhalten zu markieren. Vor einem solchen diskursiven Hintergrund können Schüler:innen sich *vermittelt* ihren Interessen widmen, ohne als Person über die Maßen in einer Unterrichtsöffentlichkeit hervortreten zu müssen.

5. Zusammenfassung

Ausgangspunkt einer kritischen, subjektorientierten politischen Bildung ist zunächst die Anerkennung eines je subjektiven Lernprozesses, der keineswegs identisch mit lehrenden Absichten ist. Darüber hinaus ist eine kritische Subjektorientierung ein emanzipatorischer Anspruch, ein Empowerment, eine deutliche Stärkung von Mit- und Selbstbestimmung (der Schüler:innen) nicht nur in randständigen Pseudoaspekten, sondern feldspezifisch z.B. im Hinblick auf die Auswahl und Gestaltung von Unterrichtsthemen oder bewertungsfreien Räumen. Das mündige Subjekt muss kritisch auf seine gesellschaftliche Verwobenheit hin hinterfragt und untersucht werden: Individuelle Positionen müssen im Sinne einer kritischen sozialwissenschaftlichen Bildung auf ihren gesellschaftlichen Anteil analysiert werden, will sie nicht ihren Teil dazu beitragen, gesellschaftliche Strukturen zu negieren und Gesellschaft (auch Schulklassen) zu atomisieren (im Sinne unhinterfragbarer Entitäten). Gerade die Verbindung von vergesellschaftetem Individuum und gesellschaftlichen Verhältnissen und Prozessen ist stets gleichermaßen individuell spezifisch und sozialwissenschaftlich erschließbar. Wichtige Werkzeuge für die schulische politische Bildung sind hier die didaktische Sozioanalyse und die subjektiven Theorien, die an in der Lehramtsbildung gebräuchlicheren Begriffe der Diagnostik und Analyse von Lehr-/Lernbedingungen, aber auch der beschriebenen sozialwissenschaftlichen Sachanalyse, am didaktischen Zentrum und an der Relevanz für die Lebenswelt der Schüler:innen anknüpfen zu können. Neben einer starken pädagogisch-humanistischen Grundhaltung liegt das explizit Kritische und Politische schulischer politischer Bildung in einer situationsspezifischen und die Beteiligten ernst nehmenden Erkenntnis: „Es ist ja meine Sache, um die es hier geht“ (Steffens 2007, 67).

Literatur

ADORNO, Theodor W. (1998): Negative Dialektik. Gesammelte Schriften. Band 6. Frankfurt/M.

BAUER, Christoph (2014): Warum machen wir das hier eigentlich? In: Eis, Andreas/Salomon, David (Hg.): Gesellschaftliche Umbrüche gestalten. Schwalbach/Ts., S. 181–196.

BAUER, Christoph (2017): „Subjektorientierung“? Kritik des Subjektbegriffs in der Didaktik der schulischen politischen Bildung. Bad Heilbrunn.

BOURDIEU, Pierre (2005): Ökonomisches Kapital – Kulturelles Kapital – Soziales Kapital. In: Ders.: Die verborgenen Mechanismen der Macht. Bd. 1: Schriften zu Politik und Kultur. Hamburg, S. 49–79.

BREMER, Helmut (2010): Symbolische Macht und symbolisches Feld. In: Lösch, Bettina/Thimmel, Andreas (Hg.): Kritische politische Bildung. Ein Handbuch. Schwalbach/Ts., S. 181–192.

BÜRGIN, Julika (2010): Politische Bildung und Konflikte um Arbeit. In: Lösch, Bettina/Thimmel, Andreas (Hg.): Kritische politische Bildung. Ein Handbuch. Schwalbach/Ts., S. 509–518.

BUTLER, Judith (2008): Subjekt. In: Handbuch der Politischen Philosophie und Sozialphilosophie. Hg. v. Stefan Gosepath, Wilfried Hinsch und Beate Rössler. Bd. 2. Berlin: De Gruyter, S. 1301–1307.

GIESECKE, Hermann (1997): Kleine Didaktik des politischen Unterrichts. Schwalbach/Ts.

GROEBEN, Norbert/Scheele, Brigitte (2010): Das Forschungsprogramm Subjektive Theorien. In: Mey, Günther/Mruck, Katja (Hg.): Handbuch Qualitative Forschung in der Psychologie. Wiesbaden, S. 151–165.

HOLZKAMP, Klaus (1995): Die Fiktion administrativer Planbarkeit von Lernprozessen. In: Holzkamp Schriften Bd. 1. Hamburg, S. 215–234.

KLINGOVSKY, Ulla (2009): Schöne neue Lernkultur. Bielefeld.

NONNENMACHER, Frank (1999): Politisches Lernen in der Schule. Frankfurt/M., Kassel.

OSER, Fritz/Biedermann, Horst (2006): Partizipation. Ein Begriff, der Meister der Verwirrung ist. In: Quesel, Carsten/Oser, Fritz (Hg.): Die Mühen der Freiheit. Zürich, S. 17–37.

STEFFENS, Gerd (2007): Einstieg; Entfaltung der Fragestellung. In: Reinhardt, Volker (Hg.): Planung Politischer Bildung. Bd. 5. Baltmannsweiler, S. 62–68.

STEFFENS, Gerd (2011): Politische Bildung in einer Welt der Umbrüche und Krisen. In: Sander, Wolfgang (Hg.): Politische Bildung in der Weltgesellschaft. Herausforderungen, Positionen, Kontroversen. Bonn, S. 385–398.

TRUMAN, Jana/Bremer, Helmut (2010): Politisches Lernen zwischen Holzkamp und Bourdieu. In: Bremer, Helmut u.a.: Politische Bildung zwischen Politisierung, Partizipation und politischem Lernen. Weinheim, S. 315–339.

WICHARD, Rudolf (1987): Demokratietheorie. In: Helbig, Ludwig (Hg.): Politik im Aufriss. Frankfurt/M., S. 141.

CHRISTIAN ZIMMERMANN

Kritische politische Urteilsbildung und die Planung kritischer politischer Bildungsprozesse

Politische Urteilsfähigkeit ist als Ziel der politischen Bildung unumstritten, gleichgültig, ob in der Schule oder außerhalb (GPJE 2004; Detjen 2013). In der Regel wird unter politischer Urteilsfähigkeit verstanden, die politische Wirklichkeit unter Einbeziehung eines möglichst breiten Spektrums ökonomischer und gesellschaftlicher Aspekte kompetent analysieren und auf der Grundlage ausweisbarer Kriterien einschätzen zu können. An eine solche Form der politischen Urteilsbildung schließt unmittelbar die politische Handlungsfähigkeit an, die vor dem Hintergrund des politischen Urteils zu Formen politischer Partizipation wie einer Wahlentscheidung, Protest oder manifestem Widerstand führt. Auch in der konventionellen politischen Bildung, die mit der Zielvorstellung einer im Sinne der individualistisch-liberalen und marktwirtschaftlichen Demokratie verstandenen Mündigkeit operiert, wird die politische Urteilsbildung üblicherweise als „kritisch" apostrophiert und in den Kontext des der Demokratie einzig angemessenen übergreifenden Bildungsziels der politischen Mündigkeit gestellt. Kritische politische Bildung als eine spezifische pädagogische und didaktische Position sei deshalb ein „tautologischer Monopolisierungsversuch", weil Kritik das „Grundprinzip jeder Wissenschaft" darstelle. Bei kritischer politischer Bildung handle es sich „im Kern um eine politische Positionierung, der ein eigenes wissenschaftliches Profil" fehle (Sander 2013, 242 f.). Ein solcher Vorwurf hält jedoch einer wissenschaftstheoretischen Prüfung nicht stand, sondern verschleiert nur die nicht minder vorhandenen politischen Präferenzen konventioneller politischer Bildung, bedeutet doch jede Form von Wissenschaft und politischer Bildung immer den Vollzug sozialer Praxis in einer jeweils besonderen historischen Konstellation, der spezifische politische und gesellschaftliche Signaturen eingeprägt sind. Auch die konventionelle politische Bildung positioniert sich politisch, nur eben affirmativ gegenüber den bestehenden Macht- und Herrschaftsstrukturen, ihrem Wirtschaftssystem und den in ihrem Rahmen akzeptierten Formen politischer Teilhabe (Zimmermann 2021, 2022).

1. Kritisches politisches Urteilen

Kritisches politisches Urteilen im Sinne kritischer politischer Bildung setzt demgegenüber nicht die Regeln der Logik oder des kohärenten und konsistenten Argumentierens außer Kraft. Auch die bereits erwähnten Komponenten des politischen Urteils, die eine sachlich ausgewiesene Kenntnis politischer und gesellschaftlicher Verhältnisse in einem Umfeld der Pluralität beinhalten, bleiben für kritisches politisches Urteilen unbedingte Voraussetzung. Diesen kognitiven Desideraten an ein politisches Urteil werden in der Regel Qualifizierungen und Verwendungsperspektiven an die Seite gestellt, die die Rationalität eines politischen Urteils sicherstellen sollen. Von einfachen Meinungen, wie sie gerne an analogen oder digitalen Stammtischen geäußert werden, unterscheiden sich politische Urteile dann, wenn sie im Medium der Rationalität verbürgenden Diskursivität entlang von Kriterien wie zum Beispiel Effizienz und Legitimität gebildet werden (vgl. für diese spezifischen Rationalitätszuweisungen Detjen 2013, 233 f.). Politische Positionierungen, die in einem politischen Urteil zum Ausdruck kommen, können dann entweder als deskriptiv (Sachurteile) oder normativ (Werturteile) bzw. im Hinblick auf ihre Verwendungsweisen als evaluative Urteile, Entscheidungs- oder Gestaltungsurteile beschrieben werden (Detjen 2013, 229 f., Massing 1995).

Diese Klassifizierungen bleiben jedoch formal bzw. verschleiern affirmative Implikationen, solange ungeklärt ist, welche Formen der Beschreibung akzeptiert und als gültig angesehen werden und in welchem Bedeutungskorridor von Effizienz (Zweckrationalität) und Legitimität (Wertrationalität) die Rationalität eines politischen Urteils bemessen wird. Im Zeitalter digitaler Medien und damit verbundener Formen politischer Kommunikation wird bereits die deskriptive Ebene des Sachurteils im Sinne der Einigung auf die hinreichende Konkretisierung eines politischen Sachverhaltes problematisch, wenn der objektive Gehalt von Beschreibungen durch „alternative Fakten“ herausgefordert wird (May 2019). Entscheidend für kritisches politisches Urteilen sind auf der Ebene der normativen Urteile die wertbehafteten Vorstellungen, die mit Effizienz und Legitimität verbunden werden. Werte sind nicht nur im Hinblick auf gesellschaftliche Normen beständigem Wandel unterworfen und müssen deshalb als Bezugsgrößen politischer Bildung immer wieder neu verhandelt werden (Sutor 2015), sondern bedürfen auch in den herrschenden Formen des politischen Prozesses, der hegemonialen politischen Kultur, des Wirtschaftssystems sowie des Designs und der spezifischen Funktionsweise des politischen Institutionensystems und der damit verbundenen Macht- und Herrschaftsstrukturen einer fortwährenden kritischen Reflexion. Wenn für kritische Theorie gilt, dass sich ihr grundlegendes Erkenntnisinteresse auf die „Spannung zwischen Wirklichkeit und Idee, zwischen der Einrichtung der Welt, wie sie ist, und wie sie sein könnte" (Horkheimer 1985, 101) richtet, gilt dieses Desiderat für kritische politische Bildung und kritisches politisches Urteilen umso mehr. Das kritische politische Urteil gewinnt nur dann rationale Kontur, wenn es sich am demokratischen Gehalt des gesellschaftlichen und politischen Umfelds orientiert, in dem es gebildet wird. Eine nicht unerhebliche Anzahl von demokratietheoretischen und empirischen Gegenwartsdiagnosen ist diesbezüglich von einiger Skepsis getragen.

In als „postdemokratisch" (Crouch 2008) bezeichneten politischen Gemeinwesen würden zwar beispielsweise noch Wahlen abgehalten, die auch zur Ablösung von Regierungen führten, die für das Gemeinwesen relevanten Entscheidungen jedoch seien Sache von Eliten, die in intransparent agierenden, demokratisch nicht legitimierten und der öffentlichen Kontrolle entzogenen Gremien getroffen würden. Die Arenen politischer Partizipation seien hochgradig vermachtet und durch einflussstarke Lobbygruppen monopolisiert, Partikularinteressen dementierten jede Gemeinwohlorientierung, zudem sei die rationale politische Meinungs- und Willensbildung durch den Verfall politischer Kommunikation so gut wie zum Erliegen gekommen (Crouch 2008). Repolitisierende Tendenzen seien allenfalls in autoritär-populistischen Formen zu erkennen, in denen Erfahrungen der Ausgrenzung und Entfremdung zum Ausdruck kämen, vor allem aber die Enttäuschung über das Versagen der demokratischen Institutionen, die Versprechen der Aufklärung von Freiheit, Gleichheit und Brüderlichkeit einzulösen (Schäfer/Zürn 2021). Ein kritisches politisches Urteil, das diese Versprechen beim Wort nimmt, kann sich weder aus der Perspektive der politischen Akteure noch aus der Perspektive der Adressaten von Politik und auch nicht aus der Perspektive des politischen Systems mit politischen Sachverhalten einverstanden zeigen, die von solcherlei demokratischer Regression Zeugnis ablegen. Kritische politische Bildung misst die Rationalität politischer Sachverhalte z.B. aus der Perspektive der Adressaten von Politik in zweckrationaler Hinsicht nicht oder nicht in erster Linie daran, inwiefern durch politische Entscheidungen vor dem Hintergrund einer Kosten-Nutzen-Matrix die jeweils individuelle Interessenlage befördert oder geschmälert wird. Die Vorstellung von personaler Identität, die in einem solchen Kriterium von Rationalität zum Ausdruck kommt, muss vielmehr als Ausdrucksform neoliberal verformter Rationalität zurückgewiesen werden. Unternehmen mögen sich entlang betriebswirtschaftlicher Kategorien organisieren und führen lassen, politische Gemeinwesen hingegen sind auf nicht nur formale Gleichheit der unter ihnen verfassten Mitglieder angewiesen (Zimmermann 2021). In wertrationaler Hinsicht sind die mit Emanzipation und Demokratisierung (Schmiederer 1971, 1977; Salomon 2013) und dem Abbau überkommener Macht- und Herrschaftsstrukturen als den Zielbestimmungen kritischer politischer Bildung bezeichneten Postulate die entscheidenden Kriterien für ein kritisches politisches Urteil.

Inhaltliche Orientierung bietet in dieser Hinsicht nicht nur die Philosophie der Aufklärung und die in diesem ideengeschichtlichen Zusammenhang entwickelte Idee universeller Grund- und Menschenrechte, ergänzt um die Bedingungen ihrer Möglichkeit, die nur in einem solidarischen politischen Gemeinwesen sinnvoll etabliert werden können. Einen einschlägigen Rahmen, innerhalb dessen beispielsweise den Dysfunktionalitäten der gegenwärtig krisenhaften Demokratien begegnet werden kann, hält nach wie vor das Grundgesetz für die Bundesrepublik Deutschland bereit. Politische Bildnerinnen und Bildner, die ein kritisches politisches Urteil anleiten wollen, bewegen sich deshalb keinesfalls außerhalb der durch das Grundgesetz vorgegebenen Ordnung, wie häufig insinuiert und von im Staatsdienst tätigen oder von eine solche Beschäftigung anstrebenden Lehrkräften befürchtet wird. Im Gegenteil, das Grundgesetz stellt einen Wertekanon bereit, der durch die vorherrschende liberal-kapitalistische Interpretation nicht oder nur unzureichend realisiert wird. Nun ist aber beispielsweise die Praxis der kapitalistischen Marktwirtschaft in ihrer gegenwärtigen Ausprägung, so alternativlos sie auch scheinen mag und durch prominente politische Akteure wie die ehemalige Bundeskanzlerin Merkel als „marktkonforme Demokratie" normativ nobilitiert wird, keineswegs die einzig gültige Auslegung des Grundgesetzes. Wolfgang Abendroth z.B. weist darauf hin, dass im Bedeutungsgehalt des Grundgesetzes „der Glaube an die immanente Gerechtigkeit der bestehenden Wirtschaft- und Gesellschaftsordnung aufgehoben ist, und daß [sic!] deshalb die Wirtschafts- und Gesellschaftsordnung der Gestaltung durch diejenigen Staatsorgane unterworfen wird, in denen sich die demokratische Selbstbestimmung des Volkes repräsentiert" (Abendroth 2008, 341). Die im Grundrechtsteil des Grundgesetzes niedergelegten individuellen Freiheitsrechte, insbesondere die in den Artikeln 2, 12 und 14 GG konkretisierten Grundrechte können unbeschadet ihrer grundsätzlichen Bedeutung nicht als ein Plädoyer für den „homo oeconomicus des wirtschaftsliberalen Denkens" (Abendroth 2008, 343) verstanden werden. Vielmehr legt der auch dem Zugriff des verfassungsändernden Gesetzgebers entzogene Artikel 20 des Grundgesetzes mit den Staatsformenmerkmalen des demokratischen und sozialen Rechtsstaates die Gestaltung der Wirtschafts- und Sozialordnung ausdrücklich in die Hände des demokratischen Souveräns. Ein kritisches politisches Urteil, das in der kapitalistischen Marktwirtschaft die hauptsächliche Verantwortung für ausbeuterische Natur-, Gesellschafts- und Geschlechterverhältnisse vermutet und daraus die Notwendigkeit der Überwindung dieser Form des Wirtschaftens fordert, ist also nicht nur rational, sondern in dieser Rationalität auch legitim im Sinne eines begründeten Werturteils.

2. Die Planung kritischer politischer Bildungsprozesse zur Vorbereitung kritischer politischer Urteilsbildung

Für die Planung kritischer Bildungsprozesse ist besonders der Begriff von Politik von Bedeutung, der für die Analyse und Bewertung politischer Geschehnisse, Strukturen und Institutionen zugrunde gelegt wird. Politikbegriffe, die sich einseitig an politischen Institutionen, politischen Akteuren oder dem Staat orientieren, verfehlen eine kritische Perspektive in der Regel von vornherein. Kritische politische Bildung versteht Demokratie wie kritische Theorie in erster Linie als unabgegoltenes und uneingelöstes Versprechen, das als fortwährender Auftrag an politische Gestaltung formuliert werden muss. Daraus resultiert zunächst ein Verständnis der gegenwärtigen Situation als historisch geworden und deshalb änderbar und entwicklungsfähig. Einen diesem Verständnis von Demokratie kompatiblen Begriff von Politik als grundlegender Kategorie eines kritischen Bildungsprozesses stellt z.B. die radikaldemokratische Theorie in der Tradition von Chantal Mouffe zur Verfügung. Dieser Ansatz beschreibt Politik als bestehendes System zur Aufrechterhaltung einer bestimmten Ordnung, in der Machtverhältnisse zum Ausdruck kommen. Entscheidend ist nun, dass diese Ordnung immer auch ganz anders konfiguriert sein könnte, wenn auf der dahinter liegenden Ebene des Politischen der Machtkampf zwischen den antagonistischen gesellschaftlichen Akteuren anders entschieden worden wäre. Politische Probleme, und hierin liegt der zentrale Irrtum des politischen Liberalismus, seiner zahlreichen Variationen unter anderem in liberalen und deliberativ inspirierten Theorien der Demokratie und darauf begründeter Auffassungen von politischer Bildung, können niemals gelöst oder im Konsens aufgehoben, sondern immer nur vorläufig entschieden und gegebenenfalls revidiert werden (Mouffe 2007, 2014, 2018). Politische Positionen, die durch politische Urteile begründet werden, sind deshalb immer Ausdrucksformen einer Wir/Sie-Unterscheidung bzw. einer Differenz, die aus der Austragung von Konflikten resultieren. Diese Konflikte können nicht künstlich harmonisiert und in fragwürdigen Konsensen aufgehoben werden, sondern sind ebenso konstitutiver und niemals eliminierbarer wie im Hinblick auf die Garantie einer freien Gesellschaft normativ wünschenswerter Bestandteil einer jeden pluralistischen Gesellschaft. Die demokratische Verfasstheit von Politik und Gesellschaft kommt dann gerade darin zum Ausdruck, dass die in einer solchen Umgebung unvermeidlichen Konflikte nicht in antagonistischer, als Kampf zwischen Feinden, sondern in agonistischer Weise, als Auseinandersetzung zwischen Kontrahenten, ausgetragen werden. Politik ist in diesem Verständnis die „Konfrontation zwischen konkurrierenden hegemonialen Projekten, eine Konfrontation, bei der eine endgültige Versöhnung ausgeschlossen ist“ (Mouffe 2014, 42).

Für die Planung eines kritischen Bildungsprozesses ist nun entscheidend, das übergeordnete Lernziel als Einsicht in das hegemoniale Szenario der liberalen parlamentarischen Demokratie zu formulieren, in der bestimmte Formen des Wettbewerbs um Einfluss und Macht, damit zusammenhängende Formen politischer Partizipation und daraus resultierende politische Entscheidungen als legitim angesehen und akzeptiert werden. Im Politikfeld Sozialpolitik, das im Folgenden als Beispiel ausgeführt wird, sind in der Regel die Systeme sozialer Sicherung in Form der Kranken-, Renten-, Arbeitslosen- und Pflegeversicherung, aber auch verschiedene Formen von Transferleistungen Gegenstände des Unterrichts in den Fächern der politischen Bildung.

Die Anleitung eines kritischen politischen Urteils beginnt in der Regel zunächst mit der Vermittlung hinreichender Sachkenntnis zu den verschiedenen sozialpolitischen Instrumenten im Sinne der Sicherstellung eines qualifizierten Sachurteils. Bereits auf dieser deskriptiven Ebene des politischen Urteils können im Sinne des in Anlehnung an Mouffe vertretenen Politikbegriffs die in diesem Politikfeld identifizierbaren Interessen und Organisationen der Interessenvertretung unterrichtlich thematisiert und sichtbar gemacht werden. Im Sinne der Schülerorientierung, wie sie in einer emanzipatorischen Perspektive erstmals und wegweisend von Rolf Schmiederer vertreten worden ist (Schmiederer 1971, 1977), aber vor allen Dingen mit Blick auf die jeweils spezifischen Adressaten eines Unterrichtsvorhabens besteht der nächste Schritt darin, die sozialpolitischen Instrumente vor dem Hintergrund ihrer konkreten Auswirkungen auf den einschlägigen Adressatenkreis zu beurteilen. In der Berufsschule sind Schülerinnen und Schüler von sozialpolitischen Maßnahmen in der Regel anders und unmittelbarer betroffen als am Gymnasium, was sich nicht zuletzt auf die Abwägung verschiedener Optionen eigenen politischen Handelns auswirkt. Im Rahmen der Planung eines kritischen Bildungsprozesses stehen weiterhin eine Vielzahl von Differenzierungsmöglichkeiten zur Verfügung, die nicht einfach bei der Analyse und Beurteilung politischer und gesellschaftlicher Konflikte im Sinne der konventionellen Konfliktorientierung stehen bleiben. Hierzu zählt zunächst die Beschäftigung mit der historischen Genese der sozialpolitischen Instrumente auf der Grundlage und mit der Begrifflichkeit des Gegensatzes zwischen Arbeit und Kapital als einer wesentlichen gesellschaftlichen Konfliktlinie, die allen Verschleierungsversuchen zum Trotz die Wirklichkeit der politischen Formationen der Gegenwart maßgeblich prägt. Dabei kann deutlich werden, dass Art und Umfang der sozialpolitischen Instrumente Ausdruck der im Sinne Mouffes hegemonialen liberal-kapitalistischen Produktionsweise und ihrer politischen Institutionen sind.

Ein kritisches politisches Urteil thematisiert dann nicht oder nicht in erster Linie die Frage der monetären Höhe von Transferleistungen, der paritätischen Beteiligung von Beiträgen zu den unterschiedlichen Zweigen der Sozialversicherungen oder Reformen einzelner Aspekte oder Stellschrauben, sondern fragt nach deren gesellschaftlicher Funktion und sucht nach Antworten im Lichte gesellschaftlicher Arbeitsteilung und Reproduktion bzw. der anthropologischen Bedeutung von Arbeit als Ausdrucksweise menschlicher Tätigkeitsformen. Schließlich kann das kritische politische Urteil im Kontext der verschiedenen Instrumente des Sozialstaats auch sehr grundsätzlich die Bedeutung von Sozialstaatlichkeit, insbesondere in ihrem Verhältnis zur Demokratie, aufwerfen. An dieser Stelle kommen Fragen in den Blick, die die Legitimität des bestehenden Gemeinwesens als in der Regel unhinterfragten Bezugspunkt politischer Bildung berühren. Ein vor diesem Hintergrund didaktisch angeleitetes politisches Urteil nämlich stellt das hegemoniale Modell der liberal-kapitalistischen Demokratie infrage, indem es mit einem in Richtung der politischen Handlungsfähigkeit modifizierten Begriff der Kritik operiert.

3. Von der politischen Urteils- zur politischen Handlungsfähigkeit

Ein solcher Begriff der Kritik nimmt seinen ideengeschichtlichen Ausgangspunkt bei Kant und seiner Kennzeichnung aufklärerischen Denkens als eines, das „den Ausgang des Menschen aus seiner selbstverschuldeten Unmündigkeit" begleitet und die Freiheit bezeichnet, „von seiner Vernunft in allen Stücken öffentlichen Gebrauch zu machen" (Kant 1983). Kritisches Denken, das sich auch in kritischen Urteilen ausdrückt, bleibt jedoch so lange formal, im Grunde letztlich nicht mehr als eine elaborierte Form der Differenzierung und Nobilitierung des einfach Seienden und damit in Anlehnung an Adorno Mimikry an die bestehenden Verhältnisse, als es auf Formen des Widerstands als Ausdrucksform politischer Handlungsfähigkeit nicht wenigstens verweist. In dieser Einsicht kommt Marxens berühmte Formulierung zu ihrem Recht, wonach der kategorische Imperativ der praktischen Vernunft insofern zu erweitern sei, als „alle Verhältnisse umzuwerfen [sind], in denen der Mensch ein erniedrigtes, ein geknechtetes, ein verlassenes, ein verächtliches Wesen ist" (Marx 1970, 385). Bereits Kant spricht von Widerstand gegen „jene Vormünder, die die Oberaufsicht [...] gütigst auf sich genommen haben" (Kant 1983, 53), der im 21. Jahrhundert nur Widerstand gegen jene Formen von Repression bedeuten kann, die in die hegemonialen Strukturen der Gegenwart eingelassen und in einem kritischen politischen Urteil als solche identifiziert worden sind. Dieser letzte Schritt des Widerstands indes muss aus Respekt vor der Autonomie der Adressaten nicht nur kritischer politischer Bildung selbstverständlich in die Entscheidungskompetenz der Adressaten gestellt werden. Ob diese dann im Modus des Protests verbleiben oder Formen des politischen Widerstands erproben, ist für das kritische politische Urteil nicht mehr von Belang.

Literatur

ABENDROTH, Wolfgang (2008): Zum Begriff des demokratischen und sozialen Rechtsstaats im Grundgesetz der Bundesrepublik Deutschland. In: Ders.: Gesammelte Schriften, Bd. 2. Hannover, S. 338–357.

CROUCH, Colin (2008): Postdemokratie. Frankfurt/M.

DETJEN, Joachim (2013): Politische Bildung. Geschichte und Gegenwart in Deutschland. München.

GPJE (2004): Anforderungen an Nationale Bildungsstandards für den Fachunterricht in der Politischen Bildung an Schulen.

HORKHEIMER, Max (1985): Philosophie als Kulturkritik. In: Ders.: Gesammelte Schriften, Bd. 7. Frankfurt/M., S. 81–103.

KANT, Immanuel (1983): Beantwortung der Frage: Was ist Aufklärung? In: Ders.: Werke, Bd. 9. Darmstadt, S. 50–61.

MARX, Karl (1970): Zur Kritik der Hegelschen Rechtsphilosophie. In: Marx, Karl/Engels, Friedrich: Werke, Bd. 1. Berlin, S. 378–391.

MASSING, Peter (1995): Was heißt und wie ermögliche ich politische Urteilsbildung? In: Ders./Weißeno, Georg (Hg.): Politik als Kern der politischen Bildung. Opladen, S. 205–224.

MAY, Michael (2019): Politische Urteilsbildung in der politischen Bildung und „Postfaktizität". Eine Problembestimmung. In: Ders. et al. (Hg.): Orientierungen politischer Bildung im postfaktischen Zeitalter. Wiesbaden, S. 39–55.

MOUFFE, Chantal (2007): Über das Politische. Wider die kosmopolitische Illusion. Frankfurt/M.

MOUFFE, Chantal (2014): Agonistik. Die Welt politisch denken. Frankfurt/M.

MOUFFE, Chantal (2018): Für einen linken Populismus. Berlin.

SALOMON, David (2013): Kritische politische Bildung. Ein Versuch. In: Widmaier, Benedikt/Overwien, Bernd (Hg.): Was heißt heute Kritische politische Bildung? Schwalbach/Ts., S. 232–239.

SANDER, Wolfgang (2013): „Kritische politische Bildung" – eine Dekonstruktion. In: Widmaier, Benedikt/Overwien, Bernd (Hg.): Was heißt heute Kritische politische Bildung. Schwalbach/Ts., S. 240–248.

SCHÄFER, Armin/Zürn, Michael (2021): Die demokratische Regression. Berlin.

SCHMIEDERER, Rolf (1971): Zur Kritik der Politischen Bildung. Frankfurt/M.

SCHMIEDERER, Rolf (1977): Politische Bildung im Interesse der Schüler. Hannover.

SUTOR, Bernd (2015): Politische Urteilsbildung. Klärungsversuch zur Wertediskussion in der politischen Bildung. In: Münch, Ursula, et al. (Hg.): Politische (Urteils-)Bildung im 21. Jahrhundert. Herausforderungen, Ziele, Formate. Schwalbach/Ts., S. 43–61.

ZIMMERMANN, Christian (2021): Auf demokratiegeschichtlicher Entdeckungsreise – Erinnerung als Lerngelegenheit. In: zeitschrift für didaktik der gesellschaftswissenschaften (zdg) 12, S. 41–60.

ZIMMERMANN, Christian (2022): Partizipation als praktische Kritik. In: Wohnig, Alexander/Zorn, Peter (Hg.): Neutralität ist keine Lösung! Politik, Bildung – politische Bildung. Bonn, S. 375–387.

RALPH BLASCHE, ALEXANDER WOHNIG

Die Konzeption der Konfliktorientierung als Element kritischer politischer Bildung

Die Konfliktorientierung ist in Konzeptionen schulischer politischer Bildung, neben der Subjekt- und Handlungsorientierung, ein zentrales politikdidaktisches Prinzip zur Planung und Gestaltung politischer Bildungsprozesse und ist als solche im breiten Feld der politischen Bildung anerkannt (Reinhardt 2022). In diesem Beitrag liegt der Fokus auf dem fachdidaktischen Prinzip und der didaktischen Konzeption der kritischen Konfliktorientierung. Zunächst wird der gesellschaftliche und politische Konflikt als Kern des Politischen, aus dem sich das fachdidaktische Kernprinzip der Konfliktorientierung begründen lässt, vorgestellt und erläutert. Anschließend werden Konzeptionen kritischer Konfliktorientierung im Hinblick auf ihre vom Konflikt ausgehenden Zugänge zur Planung politischer Bildungsprozesse rekonstruiert, ehe Überlegungen zur Reaktualisierung und Weiterentwicklung der Konfliktorientierung angestellt werden.

1. Der Konflikt als Kern des Politischen

In der Wissenschaft der politischen Bildung haben sich mehrere theoretische Bezüge etabliert, mithilfe derer der Konflikt als Kern des Politischen und als Ausgangspunkt sowie Gegenstand politischer Bildungsprozesse begründet wird. Das Politische wird als der nicht zu tilgende Konflikt zwischen unterschiedlichen Interessensgruppen verstanden, der konstitutiv ist für eine pluralistische Demokratie (Mouffe 2007). Konflikt wird hier also als positiv definiert – etwa im Kontrast zu der Tendenz in Bildungsinstitutionen, Konflikte vermeiden zu wollen. In der politikdidaktischen Diskussion ist die Konfliktorientierung als Prinzip nicht umstritten, u.a. sind die Ansätze von Sibylle Reinhardt (2022), die v.a. mit Bezug zu Ralf Dahrendorf argumentiert und Andreas Petrik (2011), der ein genetisches Prinzip der Politikdidaktik begründet, einflussreich. Für Diskussionen um *kritische* politische Bildung sind aktuell, neben den Klassikern (v.a. Giesecke, s.u.), zwei Stränge von Bedeutung, die sich allerdings nicht statisch voneinander abgrenzen lassen: Erstens diese, die Bezüge zu materialistischen Staats- und Gesellschaftstheorien herstellen und zweitens solche, die sich auf poststrukturalistische Theorien beziehen. Für erstere hat sich dabei vor allem der Bezug zur historisch-materialistischen Politikanalyse der Forschungsgruppe „Staatsprojekt Europa" (2014) als gewinnbringend erwiesen. Mit einem solchen Blick geraten vor allem die Verschränkungen von Herrschaftsverhältnissen in den Blick (Stichwort „Dirty Capitalism" (Buckel 2015, für die politische Bildung siehe Lingenfelder et al. 2020)). Zweitens lässt sich bei der Konfliktanalyse u.a. eine Orientierung an den Interessen der Ausgeschlossenen begründen (Lösch 2019).

Mit Bezug zu postmaterialistischen Theorien, insbesondere der Unterscheidung zwischen der Politik und dem Politischen in Anlehnung an Chantal Mouffe, wird die Konflikthaftigkeit als der Wesenskern der Demokratie verstanden. Daran anknüpfend lässt sich argumentieren, dass politische Bildung zur Analysefähigkeit von politisch-gesellschaftlichen Konflikten ebenso beitragen muss, wie zur Fähigkeit in diese intervenierend zu handeln, woraus aktuell auch politische Aktionen als politische Bildungssituationen begründet werden (siehe den Beitrag von Nonnenmacher/Wohnig in diesem Band). De Moll et al. (2013) haben einen radikaldemokratisch begründeten konfliktorientierten Ansatz vorgelegt, der durch seine intersektionale Ausrichtung Herrschaftsverhältnisse multiperspektivisch kritisch analysierbar macht. Mit Rückgriff auf Chantal Mouffe/Laclau begründet zudem Manon Westphal (2020) Kritik- und Konfliktkompetenz als Kernanliegen der politischen Bildung.

Politikwissenschaftlich konventionell lässt sich ein konfliktorientierter politikdidaktischer Ansatz mithilfe der Unterscheidung zwischen *polity, policy* und *politics* begründen. In diesem Fall steht die Politik als politics insofern im Mittelpunkt, als dass stets öffentlich umstrittene Konflikte zu Lerngegenständen werden, wodurch auch das Politische im Zentrum steht. Intersektional und herrschaftskritisch erweitert (s.o.) bedeutet dies aber auch, Konflikte in den Blick zu bekommen, die öffentlich nicht sichtbar werden, die von der Gesellschaft ins Private verlagert und entpolitisiert werden. Mit der Fokussierung auf die prozessualen, konflikthaltigen und interessegeleiteten Diskurse geht im Bildungsprozess ein intendierter, zielgerichteter Lernprozess einher, der den Schüler*innen im Anschluss an die Konfliktanalyse eine fundierte Urteilsbildung ermöglicht. Die notwendigen institutionellen Zusammenhänge und sachimmanenten Argumentationsmuster eignen sich die Lernenden dabei nicht zum Selbstzweck an, sondern um eine fundierte Urteilsbildung basierend auf einer kritischen Analyse des Konflikts möglich zu machen. Kritisch bedeutet hier, die strukturelle Ebene der intersektional miteinander verknüpften Herrschaftsverhältnisse in den Blick zu bekommen, Herrschaft kritisieren zu können und eine Vorstellung davon zu bekommen, wie emanzipatorische Handlungsmacht errungen werden kann. Das fachdidaktische Prinzip der Konfliktorientierung ist – neben der Subjektorientierung – eine zentrale Voraussetzung für die Entwicklung expansiven Lernens (Holzkamp 1992), da sich die Lernenden das Wissen und die Bildung aus Eigeninteresse bewusst aneignen, etwa, weil sie eine Erweiterung des Weltaufschlusses antizipieren, weil sie ihre Involviertheit in Konflikte zum Ausgangspunkt für die Analyse machen oder weil sie bereits in den Konflikten politisch gehandelt haben und diese Erfahrungen als Analyseanlass verstehen, um einen zuvor als Problem erkannten Konflikt gewissenhaft einer Beurteilung unterziehen zu können.

2. Konzeptionen kritischer Konfliktorientierung zur Planung politischer Bildungsprozesse

Hermann Giesecke gilt mit seiner Konzeption als zentraler Protagonist der kritischen Konfliktorientierung, in welcher er sein Konfliktverständnis am Konfliktbegriff der Kritischen Theorie der Frankfurter Schule orientiert: „Daß es solche Konflikte unvermeidlich geben muss, resultiert schon aus dem noch nicht zu Ende geführten historischen Demokratisierunsprozeß und daraus, daß die formalen Gleichheitschancen des Grundgesetzes über weite Strecken noch nicht für alle realisiert sind. [...] Solche Konflikte basieren auf gesellschaftlichen Widersprüchen, sind letztlich also nicht nur ein Produkt von ‚Meinungsverschiedenheiten'" (Giesecke 1972, 143). Giesecke versteht den Konflikt als Ausdruck gesellschaftlicher Widersprüche, die aus den hegemonialen Macht- und Herrschaftsverhältnissen resultieren. So geraten die politisch-ökonomischen Kräfteverhältnisse in den Blick. In diesem Verständnis bestehen latente Konflikte langfristig und tangieren die Essenz des Demokratisierungs- und Emanzipationsprozesses, den voranzutreiben als Ziel politischer Bildung definiert wird. Als Beispiel ist der Widerspruch zwischen Kapital und Arbeit zu nennen. Manifeste Konflikte resultieren meist aus latenten Konflikten, die nun aufgebrochen sind (auf das Beispiel bezogen etwa Arbeitskämpfe). Als zentrales Analyseelement für politische Konflikte, die den Ausgangspunkt und Gegenstand des politischen Unterrichts bilden, formuliert Giesecke politische Kategorien. Politisch sind diese deshalb, da sie politische Fragen strukturieren, die sich an einen Konflikt herantragen lassen. In der politikdidaktischen Forschung sind unterschiedliche Kategoriensysteme entwickelt worden, die mal elf, mal fünf bis sieben Kategorien umfassen (dies etwa beim ‚späten' Giesecke 1997). Die zentralen Kategorien lauten: Konflikt, Macht, Recht, Interesse, Solidarität, Mitbestimmung, Ideologie, Geschichtlichkeit. Diese Kategorien können in politische Fragen umgewandelt werden. So stellt sich bspw. die Frage, welche Herrschaftsinteressen in den Konflikt um Arbeitskämpfe eingehen, welche Ideologie etwa dahintersteckt, Renteneintrittsalter zu heben oder Arbeitsmärkte zu flexibilisieren oder, wer die Macht hat zu entscheiden, zu welchem Stundenlohn eine Reinigungskraft arbeiten muss.

Rolf Schmiederer betont in seiner politikdidaktischen Konzeption, in der er sich auf neo-marxistische Theorien und die Kritische Theorie bezieht, die Relevanz einer kritischen Konfliktorientierung als fachdidaktisches Prinzip. So formuliert er: „So wie das politische Leben durch die Auseinandersetzung um divergierende Interessen verschiedener gesellschaftlicher Gruppen bestimmt ist, so muß auch der politische Unterricht die kontroversen Positionen und die gesellschaftlichen Widersprüche zu seinem zentralen Gegenstand machen“ (Schmiederer 1977, 102). Darüber hinaus macht Schmiederer deutlich, dass die Auswahl der Konflikte so zu treffen ist, dass daraus Erkenntnisse über gesamtgesellschaftliche Strukturzusammenhänge gewonnen werden können, hinter Konflikten stehende gesellschaftliche Interessen und Machtverhältnisse analysiert werden können, und zwar mit dem Ziel, zu Emanzipation und Demokratisierung beizutragen. Schmiederer rückt Konflikte, und dies ist für kritische politische Bildung bedeutend, an denen die Grundwidersprüche und Herrschaftsstrukturen des kapitalistischen Gesellschaftssystems deutlich werden in das Zentrum seiner Konfliktauswahl.

Er stellt nicht nur die kritische Konfliktorientierung, sondern, der zweite bedeutende Aspekt, ebenso die Schüler*innen als Subjekte in das Zentrum seiner fachdidaktischen Reflexionen. Er betont die Bedeutung des Schüler*inneninteresses für einen gelungen Lernprozess, indem er die Orientierung des Unterrichts an der „vorhandenen oder erreichbaren Motivierung des Schülers, dessen Bereitschaft also, sich mit den Gegenständen des politischen Lernens zu beschäftigen“ (ebd., 97), herausstellt. Dazu müsse die Lehrkraft die Interessenlagen, die soziale Situation und das politische Bewusstsein der einzelnen Lernenden kennen. Gleichzeitig sollen auch die Schüler*innen aktiv in die Planung der Bildungsprozesse einbezogen werden und diese, wo möglich, selbst gestalten. Vor dem Hintergrund oben angerissener aktueller Weiterentwicklungen in der kritischen politischen Bildung lässt sich nicht nur die Beteiligung an der Planung von Bildungsprozessen, sondern auch die Notwendigkeit einer machtsensiblen, herrschaftskritischen Schüler*innenorientierung betonen, in der die sozialen Subjektpositionen, Einschlüsse und Ausschlüsse und verschiedene Ungleichheitsdimensionen Berücksichtigung finden.

Frank Nonnenmacher hat im Rahmen seiner politikdidaktischen Konzeption das Prinzip der kritischen Konfliktorientierung weiterentwickelt. Nonnenmacher verknüpft die Konfliktorientierung mit den didaktischen Prinzipien der Subjekt- und Handlungsorientierung. Subjektorientierung heißt hier v.a., dass Schüler*innen erstens die Möglichkeit bekommen, durch die Bearbeitung der Konflikte einen subjektiven Weltaufschluss und eine Erweiterung der Weltverfügung zu antizipieren (Holzkamp 1992, siehe für die politikdidaktische Hochschullehre etwa Rodrian-Pfennig et al. 2014) und zweitens, dass sie selbst als Subjekte – und nicht als Objekte – des Bildungsprozesses agieren. Die Verknüpfung mit der Handlungsorientierung, wie Nonnenmacher sie macht, ist für die Debatten der kritischen politischen Bildung zentral: Bei der Bearbeitung politischer Konflikte, bei der Analyse ihrer strukturellen Bedingungen und auch bei der Frage, was mit den Lernergebnissen geschehen soll, sieht Nonnenmacher öffentliches Handeln von Schüler*innen als möglich an. So etwa, indem Arbeiter*innen, die in Arbeitskämpfe verwickelt sind, befragt werden oder Teile der Lerngruppe, wenn sie zum Ende einer kooperativen Konfliktanalyse zu einem Urteil gekommen sind, in der Öffentlichkeit politisch handeln, etwa durch Aktionen in und außerhalb der Schule.

Die Verknüpfung von Konflikt- mit Subjektorientierung geschieht u.a. in der Phase der Auswahl des Konflikts, der von den Schüler*innen eingebracht werden kann und in kollektiver Planung mit der Lerngruppe nach demokratischen Prinzipien abgestimmt werden soll. Nach der demokratischen Einigung auf einen Konflikt tauschen die Lernenden ihre Vorkenntnisse, Voreinstellungen und Voraus-Urteile aus, um auf diskursiver Basis Teilthemen/Teilfragestellungen zur als Leitfrage formulierten Hauptfragestellung (etwa: „Sollen die Löhne der Amazon-Mitarbeiter*innen, die aktuell streiken, erhöht werden?") zu entwickeln: Was muss ich wissen, um mir ein Urteil zur Konfliktfrage bilden zu können? Die so gesammelten Fragen können etwa mithilfe politischer Kategorien (s.o.) geclustert und anschließend in Teilgruppen bearbeitet werden („Welche ökonomischen Folgen hat es, wenn die Löhne erhöht werden?" [Kategorie Interesse]; „Welche Rolle spielen Arbeitnehmer*innenrechte?" [Kategorie Recht]"; „Wie kann begründet werden, dass die Löhne (nicht) erhöht werden?" [Kategorie Ideologie]). Ziel ist, dass am Ende des Projekts alle Lernenden argumentativ fundiert zur Hauptfrage Stellung nehmen können, sodass eine reflektierte Urteilsbildung erreicht wird, welche wiederum konkretes reflektiertes politisches Handeln ermöglicht. Nach einer Präsentation der Ergebnisse zu der Arbeit an den Unterfragen (Kategorien) findet über die Konfliktfrage eine möglichst lebendige Diskussion statt, in der auch die Generalisierbarkeit der Erkenntnisse und Urteile auf andere Konflikte oder Problemstellungen eruiert wird. Sowohl in Anschluss an die einzelnen Präsentationen als auch im Anschluss an die Diskussion zur Urteilsbildung finden Reflexionsphasen statt, was die inhaltliche, methodische und gruppendynamische Ebene betrifft (vgl. Nonnenmacher 1996, hier findet sich auch eine grafische Darstellung des Planungsmodells). Abschließend wird ebenso die Frage erörtert, wie die Gruppe mit den Ergebnissen der Analyse umgehen will. Sollte sich ein Teil der Gruppe dazu entscheiden, das Urteil in die Öffentlichkeit zu tragen, so kann dies als ein weiterer Lernanlass verstanden werden, den es wiederum zu reflektieren gilt (siehe den Beitrag von Nonnenmacher/Wohnig in diesem Band).

3. Mesodidaktische Implikationen

Zentral ist, dass die kritische Konfliktorientierung als politikdidaktisches Prinzip v.a. im Rahmen der beiden weiteren essenziellen didaktischen Prinzipien der Subjekt- und Handlungsorientierung sowie im Kontext eines kritisch-reflexiven didaktischen Bildungsarrangements eine produktive, bildende Wirkung entfalten kann.

Kritische Konfliktorientierung impliziert die Fokussierung antagonistischer gesellschaftlicher und politisch-ökonomischer Strukturen. Von großer Relevanz ist es, bei der Konfliktanalyse die grundlegenden strukturellen gesellschaftlichen Exklusionen und Verwerfungen der kapitalistischen Produktionsweise, welche aus den hegemonialen politisch-ökonomischen Kräfteverhaltnissen resultieren, herauszuarbeiten. Die große Schwierigkeit besteht in der Bildungspraxis v.a. dabei, die ‚richtigen' Fragen zu stellen. Damit ist nicht gemeint, dass diese feststehen und etwa von einer Lehrperson ‚gewusst' werden, sondern vielmehr, dass die Fragen an die Struktur des Konfliktes vordringen: Was sind die strukturellen Bedingungen im Konflikt zwischen Amazon und den Arbeitnehmer*innen?

Auf einer mesodidaktischen Ebene gehen damit diverse Implikationen einher:

(1) Es gilt die Relevanz einer kategorialen Politikdidaktik zu betonen, indem etwa die politischen Kategorien aufgegriffen werden, mit denen sich sowohl die strukturelle Relevanz eines Konflikts bestimmen als auch als kategoriales Analyseraster der Konflikt bearbeiten lässt. Wohnig (2018) hat ein solches Vorgehen für die Konfliktfrage „Sollte die Pflege stärker finanziert werden?" erarbeitet. De Moll et al. (2013) fokussieren in ihrem didaktischen Modell radikaldemokratischer Bildung zwar nicht genuin auf Kategorien, sondern auf inhaltliche Prinzipien, die Ebene der Unterrichtsgegenstände (Ausgeschlossenen-,

Intersektionalitäts- und Kontingenzorientierung) sowie auf pädagogische Prinzipien, die Ebene der Komposition des Bildungssettings (Veruneindeutigung und Aktivität, Macht- und Normativitätskritik). Dieses Vorgehen ermöglicht eine kategoriengeleitete Analyse, die sowohl auf Inhalte als auch das pädagogische Handeln reflektieren lässt. Die Autor*innen spielen ihr konfliktorientiertes Modell anhand des Beispiels der EU-Grenzsicherung durch.

(2) Weiterhin sind Klafkis epochaltypischen Schlüsselprobleme, die sich mit der Zeit wandeln und verändern, von zentraler Bedeutung, da sie die politisch-gesellschaftlichen Kernprobleme der Gegenwart und der Zukunft markieren. (Exemplarische) Konflikte im Sinne der kritischen Konfliktorientierung müssen Konflikte innerhalb von Schlüsselproblemen und damit gesellschaftliche Herausforderungen sein. Die *Frankfurter Erklärung. Für eine kritisch-emanzipatorische Politische Bildung* aktualisiert diese Probleme (siehe auch die in Kapital 2 dieses Handbuchs bearbeiteten Schlüsselprobleme).

(3) Der didaktische Zugang der kritischen Konfliktorientierung kann sich nur produktiv im Rahmen einer politikdidaktischen Konzeption entfalten, die auf reflexive kollektive Planungsprozesse setzt, welche die Lernenden ihren konkreten politischen Bildungsprozess im Kontext der strukturellen Konfliktanalyse demokratisch mitbestimmen lassen, sodass die mit der Vermittlungslogik verbundene Konsument*innenhaltung zugunsten einer aktiven Rolle expansiven Lernens aus einer Aneignungsperspektive heraus aufgebrochen wird.

(4) Die Konzeption der kritischen Konfliktorientierung bleibt nicht beim simulativen politischen Handeln stehen, das einer Problematisierung bedürfte, sondern ermöglicht Erfahrungen realen politischen Handelns im Sinne realer politischer Aktionen. Dabei ist es aus zahlreichen pädagogischen und didaktischen Gründen empfehlenswert, schulische Arbeitsgemeinschaften (AG) im Feld der politischen Bildung einzurichten sowie mit der außerschulischen politischen Bildung zu kooperieren. Kritische Konfliktorientierung ermöglicht es, nach der Urteilsbildung im Sinne der gesellschaftlichen Intervention und Mitbestimmung, als gesellschaftliches Subjekt innerhalb des Konflikts zu handeln. Die Bereitstellung dieses Möglichkeitsraumes für politische Aktionen bzw. die Lernenden in ihrem Bedürfnis zu handeln zu unterstützen, ist zentral, da Politik und Gesellschaft überhaupt nur durch politisches Handeln gestaltet und verändert werden können.

Literatur

BUCKEL, Sonja (2015): Dirty Capitalism. In: Martin, Dirk/Martin, Susanne/Wissel, Jens (Hg.): Perspektiven und Konstellationen kritischer Theorie. Münster, S. 29–48.

DE MOLL, Frederick/Kirschner, Christian/Riefling, Markus/Rodrian-Pfennig, Margit (2013): Überlegungen zu einem Modell radikaldemokratischer politischer Bildung. Eine Dezentrierung des Kompetenzbegriffs. In: Bremer, Helmut/Kleemann-Göhring, Mark/Teiwes-Kügler, Christel/Trumann, Jana (Hg.): Politische Bildung zwischen Politisierung, Partizipation und politischem Lernen. Beiträge für eine soziologische Perspektive. Weinheim, S. 293–314.

FORSCHUNGSGRUPPE Staatsprojekt Europa (Hg.) (2014): Kämpfe um Migrationspolitik. Theorie, Methode und Analysen kritischer Europaforschung. Bielefeld.

GIESECKE, Hermann (1972): Didaktik der politischen Bildung. 8. Auflage, unveränderter Nachdruck der als „Neue Ausgabe" erschienenen völlig neu bearb. 7. Auflage. München.

GIESECKE, Hermann (1997): Kleine Didaktik des politischen Unterrichts. Schwalbach/Ts.

HOLZKAMP, Klaus (1992): Die Fiktion administrativer Planbarkeit schulischer Lernprozesse. In: Braun, Karl-Heinz/Wetzel, Konstanze (Hg.): Lernwidersprüche und pädagogisches Handeln. Bericht von der 6. Internationalen Ferien-Universität Kritische Psychologie, 24.-29. Februar 1992 in Wien. Marburg, S. 91–113.

LINGENFELDER, Julia/Kalmbach, Karolin/Lösch, Bettina (2020): Klasse/class: Die vernachlässigte Kategorie sozialer Ungleichheit. Überlegungen und Anregungen für die politische Bildungsarbeit. In: Eicker, Jannis/Eis, Andreas/Holfelder, Anne-Kathrin/Jacobs, Sebastian/Yume, Sophie/Konzeptwerk Neue Ökonomie (Hg.): Bildung – Macht – Zukunft. Lernen für die sozial-ökologische Transformation? Frankfurt/M., S. 110–119.

LÖSCH, Bettina (2019): Wie politisch muss und darf politische Bildung sein? Ein Beitrag zur Frankfurter Erklärung. Für eine kritisch emanzipatorische politische Bildung. In: Außerschulische Bildung, 03/2019, S. 24–26.

MOUFFE, Chantal (2007): Über das Politische. Wider die kosmopolitische Illusion. Frankfurt/M.

NONNENMACHER, Frank (1996): Sozialkunde – vom Schulfach zum Lernbereich. In: Ders. (Hg.): Das Ganze sehen. Schule als Ort politischen und sozialen Lernens. Schwalbach/Ts., S. 182–197.

PETRIK, Andreas (2011): Argumentationsanalyse: Methode zur politikdidaktischen Rekonstruktion der Konfliktlösungs- und Urteilskompetenz. In: Zurstrassen, Bettina (Hg.): Was ist los im Klassenzimmer? Diagnostik, Evaluation und Erforschung des sozialwissenschaftlichen Unterrichts. Schwalbach/Ts., S. 108–128.

REINHARDT, Sibylle (2022): Politikdidaktik. Praxisbuch für die Sekundarstufe I und II. 10. Auflage. Berlin.

RODRIAN-PFENNIG, Margit/Reitz, Sandra/Krömmelbein, Silvia/Heitz, Sylvia/Bürgin, Julika (2014): Reflexive Lehrforschung an der Hochschule: Partizipations-, Forschungs- und Praxisorientierung in sozialwissenschaftlichen Lehr-/Lernverhältnissen. Leverkusen.

SCHMIEDERER, Rolf (1977): Zur Kritik der Politischen Bildung. Ein Beitrag zur Soziologie und Didaktik des Politischen Unterrichts. 6. Aufl. Frankfurt/M.

WESTPHAL, Manon (2020): Kritik- und Konfliktkompetenz als Auftrag politischer Bildung. In: Journal für politische Bildung, 4/2020, S. 28–33.

WOHNIG, Alexander (2018): Soziale Erfahrungen politisch reflektieren. Wie Sozialprojekte als Ausgangspunkt für politisches Lernen genutzt werden können. In: Schulmagazin 5-10, 7-8/2018, S. 69–72.

FRANK NONNENMACHER,
ALEXANDER WOHNIG

Politische Aktion und politische Bildung: Widersprüche in der Fachdiskussion und Bildungspotenziale

Das Verhältnis von politischer Bildung und politischer Aktion (im Folgenden synonym zu politischem Handeln) wird in der Profession der politischen Bildung spätestens seit den 1960er-Jahren diskutiert und ist für das Selbstverständnis politischer Bildung konstitutiv. Besonders produktiv lässt sich das Verhältnis im Kontext gesellschaftlicher, politischer und ökonomischer Krisen diskutieren, für deren Analyse in politisch-bildenden Kontexten die didaktische Konzeption der Konfliktorientierung besonders geeignet ist. Im Folgenden werden daher zunächst kursorisch gesellschaftliche Krisen und die Aufgabe von Schule sowie politischer Bildung skizziert. Anschließend wird die Fachdiskussion zum Verhältnis von politischer Aktion und politischer Bildung nachgezeichnet, insbesondere auf das fachdidaktische Prinzip der Konfliktorientierung eingegangen sowie exemplarisch Potenziale von politischer Aktion für politische Bildung aufgezeigt.

1. Aufwachsen in Krisen. Die Aufgabe der Schule …

Politische Bildung, die politische Aktionen als Teil des Bildungsprozesses begreift, benötigt einen kritischen Blick auf aktuelle gesellschaftspolitische und ökonomische Entwicklungen. Politische Bildung ist eingebettet in gesellschaftliche Verhältnisse. Wir leben gegenwärtig in einer Zeit, in der verschiedene menschengemachte Krisen ungekannten Ausmaßes gleichzeitig auftreten. Diese stellen unterschiedliche Anforderungen an uns alle: Wir müssen mit Bedrohungen leben, die jeweils zugrunde liegenden Phänomene versuchen zu verstehen, Erklärungen abwägen und priorisieren, Unsicherheit aushalten, Verhaltensstrategien entwickeln, zukünftige Entwicklungen antizipieren, mit Ohnmachtsgefühlen umgehen, einem Verdrängungsbedürfnis widerstehen und trotz Unklarheiten begründete Positionen gewinnen, die zudem aufgrund neuer Entwicklungen und Erkenntnisse unter dem Vorbehalt der Revision stehen.

Von den verschiedensten Krisen wie Klimakatastrophe, neue Kriegspolitik, Pandemien, Wirtschaftskrisen etc. sind Jugendliche und Schüler*innen besonders betroffen, schon allein wegen der banalen, aber evidenten Tatsache, dass sie noch den weitaus größten Teil ihres Lebens in einer Welt leben müssen, deren Zustand wesentlich von Entscheidungen abhängt, die in den nächsten Jahren getroffen werden.

In Bezug auf die Klimakrise kann erfreulicherweise festgestellt werden, dass gerade hier viele jugendliche Aktivist*innen zu denjenigen gehören, die durch politische Aktionen die notwendige Sensibilität in der Bevölkerung durch Aufklärung und öffentlichen Protest vorantreiben und so politischen Druck auf die Regierenden ausüben.

Die Pandemie betrifft Jugendliche negativ, und zwar sehr direkt: durch verstärkte Chancenungleichheit, Auswirkungen auf Konzentrationsfähigkeit und Lernprozesse, mangelndes soziales Erleben. Auch in dieser Hinsicht haben sich Jugendliche und die organisierte Schüler*innenvertretung mit öffentlichen Forderungen artikuliert.

In Bezug auf den Krieg in der Ukraine engagieren sich Jugendliche in vielfältiger Weise, weil sie schlicht für Frieden eintreten oder sich bedroht fühlen, zum Teil existenziell.

Insgesamt geht es nicht nur um die genannten aktuellen manifesten Krisen, sondern auch um den anschwellenden Nationalismus und rechten Autoritarismus hierzulande und weltweit. Neben dem Elternhaus ist die Schule derjenige Ort, an dem alle diese Krisen und Probleme thematisiert, Fragen gestellt, Sorgen geäußert und hilfreiche Erklärungen erwartet werden dürfen. Lehrer*innen aller Fächer sind dazu befugt und auch pädagogisch verpflichtet (die empirische Realität sieht durchaus anders aus), zu zeigen, dass sie selbst genauso betroffen sind, dass sie selbst um Erklärungen ringen und sich Sorgen machen. Und sie sollten ihre Ansichten – einschließlich ihrer Unsicherheiten – offen aussprechen, weil sie damit zeigen, dass ‚das Politische' jeden angeht und nicht nur eine Sache für die ‚Spezialist*innen' der politischen Bildung ist. Alle Lehrer*innen sollten Schüler*innen das Recht zubilligen, zu fragen: „Was meinen Sie denn zu …" und versuchen, eine Antwort mitzuteilen. Das bedeutet politische Bildung als fächerübergreifendes Prinzip. Indem sie die Erkundigung nach der Position eines*r Lehrer*in für zulässig, ja, sogar für wünschenswert erklären, zeigen Schüler*innen, dass sie an der Bildung eines aufgeklärten Bewusstseins interessiert sind.

2. … und speziell der politischen Bildung: Probleme und Konflikte als Ausgangspunkt politischen Lernens und politischer Aktionen

Der besondere Ort aber, an dem solche Themen nicht nur kursorisch, sondern intensiv bearbeitet werden müssen, sind die Fächer, die der politischen Bildung dienen. Wie in kaum einem anderen Lernbereich geht es hier um zentrale normative Orientierungen der Schüler*innen, um die Entwicklung begründeter politischer Haltungen zu Problemen und Konflikten, häufig um aktuelle Fälle und Kontroversen. Alle Lehrer*innen haben eine Pflicht zur Verfassungstreue; Beamt*innen haben geschworen, das Grundgesetz ‚zu wahren'. Damit ist nicht ‚aufbewahren' gemeint, sondern, darauf zu achten, dass nicht gegen seine Prinzipien verstoßen wird. Das beginnt mit dem ersten Artikel des Grundgesetzes: „Die Würde des Menschen ist unantastbar". Dieser Satz ist entgegen der grammatikalischen Anmutung keine Beschreibung eines Ist-Zustandes, sondern vielmehr die wichtigste Soll-Bestimmung des Grundgesetzes. Die Würde des Menschen wird in der Schule gesellschaftlich häufig angetastet, und wo immer aufmerksame Schüler*innen dies in ihrem Umfeld bemerken und in den Unterricht einbringen, ist es notwendig, dies zu begrüßen und darauf zu reagieren, indem berichtet, analysiert und kommentiert wird. Voll auf dem Boden des Grundgesetzes steht, wer erkennt, dass verschiedene Postulate, die einen demokratischen Staat ausmachen, in den bestehenden Verhältnissen noch nicht verwirklicht sind. Beispielsweise gibt es eklatante und steigende Armut bei gleichzeitig skandalösem privatem Reichtum (siehe den Beitrag von Reitzig in diesem Band). Täglich wird gegen das Sozialstaatsgebot (Art. 20) verstoßen. Viele Menschen können angesichts materieller Not, ihrer Hautfarbe oder Herkunft ihre Persönlichkeit nicht „frei entfalten" (Art. 2). Dass Männer und Frauen nicht gleichberechtigt sind (Art. 3), ist statistisch evident und wird in Beispielen immer wieder belegt. Den Medien kann man fast täglich Beispiele entnehmen, dass der „Gebrauch des Eigentums" eben nicht „zum Wohle der Allgemeinheit" (Art. 14, Abs. 2), sondern zur Bereicherung Einzelner stattfindet, und man wundert sich, dass Art. 14 (Enteignung) bislang nur in äußerst seltenen Fällen auch nur ansatzweise diskutiert wurde. Mit Artikel 139 hat das Grundgesetz zudem in seiner Entstehung einen starken antifaschistischen Ausgangspunkt, den wachzuhalten angesichts einer rechtsradikalen Partei im Bundestag nötig ist. Unsere Verfassung ist offen gegenüber demokratischen sozialistischen Ideen und Gestaltungsvorschlägen, nicht aber gegenüber Nationalismus und rechtem Autoritarismus.

Die Analyse von Widersprüchen zwischen Verfassungswirklichkeit und Verfassungsnorm kann als Gegenstand kritischer politischer Bildung gelten. Im Mittelpunkt einer solchen stehen aktuelle Konflikte und Probleme, die auf lokaler, regionaler, nationaler oder internationaler Ebene manifest werden. Das kulturelle und politische Interesse der Schüler*innen, auch ihre Betroffenheiten, ihre Sorgen und Nöte, aber auch ihr Wissensbedürfnis und ihre Bereitschaft zum gesellschaftlichen Engagement, werden in die Bildungsprozesse miteinbezogen und ernst genommen. Besonders notwendig ist ein konfliktorientierter Lernprozess, wenn Schüler*innen – sei es ein Teil oder auch die komplette Lerngruppe – als Konsequenz aus der Beschäftigung mit einem Gegenstand öffentlich politisch aktiv werden wollen, wenn sie politische Aktionen im Rahmen des politischen Bildungsprozesses planen und durchführen wollen. In einem solchen konfliktorientierten Vorgehen stehen politische Fragen im Mittelpunkt (Giesecke 1972, 159–171), die im Sinne einer Analyse an den Konflikt bzw. das Problem gerichtet werden (siehe den Beitrag von Blasche in diesem Band). Individuelle Meinungen von Lernenden und Lehrenden können eingebracht werden, stehen aber unter einem Vorläufigkeitsvorbehalt. Es gilt das Prinzip: „Gehört werde auch der andere Teil", also ein ‚Kontroversitätsgebot'.

Das Ergebnis der Bearbeitung der problemaufschließenden Fragen ist die Entdeckung von Kenntnislücken und damit die – sinnvollerweise arbeitsteilig in Gruppen zu bewältigende – Aufgabe, notwendige Wissenslücken durch (eigenständige) recherchierende Arbeit zu schließen. Hier ist insbesondere eine intervenierende und steuernde Haltung der Fachlehrer*innen gefragt, denn sie müssen die Mindestbestände des für eine verantwortungsvolle Entscheidungsbildung notwendigen Wissens definieren und sich auch selbst positionieren. Auch wenn sie keineswegs in allen potenziellen Themen a priori voll informiert sein können, so sind sie doch die professionellen Garant*innen dafür, dass wesentliche Aspekte nicht übersehen oder aus welchen Gründen auch immer gar vermieden werden. Thesensammlungen sowie Expert*innenbefragungen können das geeignete Mittel sein, um Wissenslücken zu offenbaren (vgl. Nonnenmacher 1999).

3. Diskussionen zum Verhältnis von politischen Aktionen und politischer Bildung

In Bezug auf das Verhältnis von politischer Bildung und politischer Aktion betrachtet die Profession der politischen Bildung politische Aktion zumeist sehr skeptisch, wenn nicht gar ablehnend: Politische Bildung mit politischer Aktion zu verknüpfen sei potenziell überwältigend, gefährlich, ideologisch, missachte die Trennung von Denken und Handeln und bringe Enttäuschungen und Ohnmacht hervor. Aus der Fachdebatte lassen sich einige Kristallisationspunkte identifizieren, die für eine Didaktik der politischen Bildung, die politische Aktion nicht sofort auszuklammern beabsichtigt, zu reflektieren sind. Auffällig ist dabei, dass die Argumentationen gegen politische Aktion als Teil politischer Bildung oftmals auch eine Kritik an kritischer politischer Bildung (mit Anspruch nach Emanzipation und Demokratisierung der Verhältnisse) umfasst.

Vielfach wird kritisiert, politische Bildung, die politische Aktionen als Ziel und Resultat der Bildungsprozesse zulässt, ermöglicht oder gar anstrebt, würde potenziell überwältigenden Charakter haben und dem ersten sowie zweiten Satz des Beutelsbacher Konsenses (Überwältigungsverbot und Kontroversitätsgebot) widersprechen. Wer politisch handle, habe sich auf eine Seite geschlagen und klammere kontroverse Sichtweisen aus. Dieses Argument kann als ein maßgebliches zur Verhinderung politischer Aktionen von Lernenden in und außerhalb der Schule begriffen werden, das v.a. solche Aktionen unter Verdacht stellt, die dezidiert politisch sind und kritisch gegen Missstände protestieren. Dagegen sind beispielsweise soziale und karitative Aktionen, die durch die Lehr- und Lernform des *Service-Learnings* angestoßen und von der Bundesregierung und anderen politischen sowie gesellschaftlichen Akteur*innen gefördert werden, massiv unterstützt worden. Der Unterschied scheint nicht in vermeintlich fehlender Kontroversität oder der Gefahr der Überwältigung zu liegen. So gesehen ist auch das *Service-Learning* oder die Verpflichtung zu Sozialpraktika und karitativem Engagement im Schulkontext überwältigend oder löst Kontroversität nicht ein. Vielmehr liegt es in einem Unbehagen gegenüber der Zielperspektive von kritischem politischem Engagement und kritischer politischer Bildung (gesellschaftliche Veränderung in Richtung Emanzipation). Neben diesen beiden sich auf den Beutelsbacher Konsens beziehenden Argumenten gegen politische Aktionen als Teil der politischen Bildung wird kritisiert, eine solche politische Bildung ignoriere die Trennung zwischen Schule als pädagogischem Schutzraum und der realen Welt, die anders funktioniere, zumal, wenn es die politische Welt sei (so etwa bei Detjen 2012). Dagegen ist argumentiert worden, dass politische Aktionen im Kontext politischer Bildung immer freiwillig seien und am Ende eines ausführlichen und gewissenhaften Analyseprozesses stehen können. Es muss klar sein, dass es das Recht einer jeden und eines jeden ist, an der ins Auge gefassten außerunterrichtlichen Aktion nicht teilzunehmen (Nonnenmacher 2011, 96). Neuere Konzepte politischer Bildung und Studien dazu zeigen, dass politische Aktionen als Teil des politischen Bildungsprozesses – und nicht ausschließlich am Ende stehend – großes Potenzial für die kritische Auseinandersetzung mit dem behandelten Gegenstand, mit politischer Partizipation sowie politischer Macht und Herrschaft selbst haben. Dagegen lassen sich keine Anzeichen für Überwältigung oder Nicht-Kontroversität finden. Im Gegenteil artikulieren Schüler*innen selbst ein großes Bedürfnis nach kontroversen Auseinandersetzungen mit den gesellschaftspolitischen und ökonomischen Konflikten, in die sie intervenieren wollen, und fangen selbstorganisiert diese kontroversen Sichtweisen ein (Kenner 2021; Wohnig 2022).

Zudem wurde auf das antinomische Verhältnis von Lernen und Aktion hingewiesen, insbesondere, da der Schulunterricht etwas anderes sei und nach einer anderen Logik funktioniere als politische Aktionen. Für Lernen wird dabei der Bezug zur Rationalität, für Aktionen der Bezug zur Emotionalität ins Feld geführt. Teilweise führt(e) diese Argumentation zur Ablehnung politischer Aktion durch die Profession der politischen Bildung; teilweise zu einer produktiven Betonung der Notwendigkeit einer Abwechslung von Handeln und Bildung, von Lernen und Aktion. Die kritische Reflexion des eigenen Handelns, des Verhältnisses von Handlungsziel und Analyse des Gegenstandes, der Macht- und Herrschaftsverhältnisse, die das Handeln beeinflussen, wird in der zweiten Betrachtung zum Zentrum politischen Lernens. Aktionen können mit einem solchen Blick sowohl als Einstieg als auch Zielpunkt politischer Bildung verstanden werden.

4. Frustrationserlebnisse durch politische Aktion?

Auch der Aspekt der möglichen Frustration durch Misserfolg von politischen Aktionen im Kontext politischer Bildung oder die Erkenntnis, dass sich die Welt durch eigene lokale Aktionen nicht verändere, wurde in unterschiedlichen Kontexten in die Fachdebatte eingebracht. Dieses Argument ist in Teilen zutreffend, denn politisch Veränderungswillige und deren „Versuche, in irgendeinem partikularen Bereich unserer Welt wirklich eingreifend zu ändern, [sind] der überwältigenden Kraft des Bestehenden ausgesetzt […] und [erscheinen als] zur Ohnmacht verurteilt“ (Adorno 1971 [1969], 147). Dies nicht zur Kenntnis zu nehmen, wäre töricht. Fatal wäre es aber, daraus den Schluss zu ziehen, politische Bildung könne die Lernenden nur dabei unterstützen, sich an die bestehenden Verhältnisse anzupassen. Vielmehr muss das zweite Moment der Bildung, das der Anpassung dialektisch gegenübersteht, hinzukommen: die Kritik und der Widerstand gegen die Verletzung demokratischer Normen. Aus einer kritischen Analyse des Bestehenden heraus – die zentrale Aufgabe kritischer politischer Bildung – kann immer auch der Wille und der Mut zur Veränderung entstehen, die wiederum politische Aktion benötigt. Eine Studie von Alexander Wohnig zeigt, dass politische Aktionen von Lernenden, die im Kontext politischer Bildung geplant, begleitet und reflektiert werden, auch dann, wenn sie ‚objektiv', d.h. gemessen an ihren Zielen, scheitern, von den Lernenden als Erfolg und als subjektiv wichtige politische Erfahrung reflektiert werden. In solchen Fällen geht es nicht primär um den objektiven Erfolg der Aktion (beispielsweise Bekämpfung des Klimawandels), sondern um die Einlösung des Rechts auf politische Partizipation und die Erfahrungen, die beim Erscheinen in der Öffentlichkeit gemacht werden. Dies gilt insbesondere bei Kindern und Jugendlichen, die aufgrund von ungleichheitsbedingten Ausschlussmechanismen des Politischen und der Gesellschaft bisher keine Erfahrungen mit politischen Aktionen und dem politischen Erscheinen in der Öffentlichkeit gemacht haben (Mack/Wohnig 2019). Die Erfahrungen sind Teil des politischen Bildungsprozesses und müssen pädagogisch und didaktisch angeleitet, reflektiert und auf gesellschaftliche Ungleichheits-, Macht- und Herrschaftsverhältnisse bezogen werden. Ergebnis ist die Erweiterung der persönlichen und kollektiven Weltverfügung der Lernenden, was auch Ermächtigung meint.

Die Rolle des pädagogischen Ortes bzw. Raumes spielt im Kontext der Frage, wie politische Aktionen als Teil politischer Bildung verstanden werden können, eine zentrale Rolle. Wie dargestellt, tut sich vor allem die schulische politische Bildung mit politischen Aktionen schwer. Kooperationen mit außerschulischen politischen Bildungsträgern und Partner*innen können daher eine zentrale Rolle für eine Didaktik der politischen Bildung spielen, die politische Aktionen als Teil politischer Bildungsprozesse begreift. Der außerschulische politische Bildungsraum wird dabei als ermöglichender Raum verstanden. Dies hängt v.a. mit der im Vergleich zu Schule *anderen* Raumlogik zusammen: Der außerschulische Bildungsraum ist weniger eng an staatliche Vorgaben gebunden; in ihn sind andere gesellschaftliche Funktionen eingeschrieben. So müssen keine Curricula befolgt werden, es gibt keinen gesellschaftlich festgelegten Selektionszwang (auch wenn dieser in Schulkooperationen in den außerschulischen politischen Bildungsraum hineinwirken kann) sowie keine Notengebung/Bewertung, die pädagogische Autorität ist eine ‚weichere'. All diese Unterschiede zum schulischen Raum haben Potenziale für politische Bildung, die politische Aktion als Teil des Bildungsprozesses begreift (Schröder 2014). Dies sind etwa die breiten Möglichkeiten der subjektorientierten Bildungsprozesse, was beinhaltet, dass die Lernenden die Gegenstände, die sie behandeln, selbst auswählen und ihren Bildungsprozess weitgehend selbst bestimmen. Die Atmosphäre der offenen Bildungsprozesse schafft Raum für experimentelles Handeln, für sich Ausprobieren. Mehrtägige Bildungsseminare schaffen ausreichend Zeit, um sich ausführlich mit einem Thema auseinanderzusetzen und das Handeln und dessen Auswirkungen ausführlich zu reflektieren. Auch die tendenzielle Aufhebung der Trennung von Freizeit und Lernen ist für Planungen politischer Aktionen und deren Reflexion hilfreich. Die außerschulischen Bildungsakteur*innen werden in der Forschung als ‚interessante' und ‚außerfamiliäre' Erwachsene verstanden, die bei der Planung und Reflexion politischer Aktionen unterstützen, aber auch selbst als politische Subjekte auftreten.

Eine kritische Didaktik der politischen Bildung, die politische Aktionen als genuinen Teil begreift, ist in Ansätzen für die schulische Politikdidaktik ausgearbeitet (Nonnenmacher 1999; Kenner 2021) und auf der Ebene der Kooperationen zwischen Schulen und außerschulischen Bildungspartner*innen erprobt und weiterentwickelt, u.a. mit besonderem Fokus auf gesellschaftliche Ungleichheitsverhältnisse (Wohnig 2022). Dabei sind auch Bildungsmaterialien entstanden, die es erlauben, politische Aktionen als Teil eines kritischen politischen Bildungsprozesses anzuleiten, zu begleiten und zu reflektieren (Wohnig 2023, i. E.). Deutlich wird, dass die Verbindung von Lernen und Handeln gerade für eine kritische politische Bildung großes Potenzial hat, um gesellschaftliche Macht- und Herrschafts- sowie Ungleichheitsverhältnisse (siehe Beitrag von Lösch/Eis in diesem Band), subjektive und kollektive Handlungsmöglichkeiten in den Blick zu bekommen, zu erfahren und zu analysieren. Die politische Aktion, die im Kontext von Bildung auch immer experimentellen Charakter hat, indem ein Plan (politische Aktion, um ein Ziel zu erreichen) in der Wirklichkeit angewendet und reflektiert wird, wird als politischer Bildungsanlass verstanden, der didaktisch aufbereitet und pädagogisch begleitet sowie reflektiert werden muss. Politische Aktionen als Teil politischer Bildung stärker zu begründen und zu verankern, bleibt weiterhin eine zentrale Aufgabe kritischer politischer Bildung.

Literatur

ADORNO, Theodor W. (1971 [1969]): Erziehung zur Mündigkeit. In: Ders.: Erziehung zur Mündigkeit. Frankfurt/M., S. 133–147.

DETJEN, Joachim (2012): Das Handeln in der politikdidaktischen Theoriebildung. In: Weißeno, Georg/Buchstein, Hubertus (Hg.): Politisch Handeln. Modelle, Möglichkeiten, Kompetenzen. Bonn, S. 226–241.

GIESECKE, Hermann (1972): Didaktik der politischen Bildung. 7. Aufl. München.

KENNER, Steve (2021): Politische Bildung in Aktion: Eine qualitative Studie zur Rekonstruktion von selbstbestimmten Bildungserfahrungen in politischen Jugendinitiativen. Wiesbaden.

MACK, Alexander/Wohnig, Alexander (2019): „Und es hat alles geklappt auf einmal irgendwie": Erste Ergebnisse aus dem Modellprojekt ‚Politische Partizipation'. In: Pohl, Kerstin/Lotz, Mathias (Hg.): Gesellschaft im Wandel – Neue Aufgaben für die politische Bildung und ihre Didaktik. Frankfurt/M., S. 205–213.

NONNENMACHER, Frank (1999): Politisches Lernen in der Schule. Begründung einer fachdidaktischen Konzeption. Unveröffentlichtes Manuskript. Frankfurt/M.

NONNENMACHER, Frank (2011): Handlungsorientierung und politische Aktion in der schulischen politischen Bildung. Ursprünge, Grenzen und Herausforderungen. In: Widmaier, Benedikt/Nonnenmacher, Frank (Hg.): Partizipation als Bildungsziel. Politische Aktion in der politischen Bildung. Schwalbach/Ts., S. 83–100.

SCHRÖDER, Achim (2014): Das Besondere am Lernort Jugendbildungsstätte – aktuelle Herausforderungen und Perspektiven der Politischen Jugendbildung. In: deutsche jugend 06, S. 253–260.

WOHNIG, Alexander (2022a): Politische Partizipation als Weg zum Ziel politischer Bildung. In: Ders./Zorn, Peter (Hg.): Neutralität ist keine Lösung! Politik, Bildung – politische Bildung. Bonn, S. 343–375.

WOHNIG, Alexander (2023, i. E.): Sozialprojekt und politische Aktivität anleiten, begleiten, reflektieren. Themen und Materialien. Bonn.

GEORG GLÄSER, BETTINA LÖSCH

Kritische oder konstruktivistische Forschungszugänge zur Erhebung von Schüler*innenvorstellungen

Die empirische Forschung im Bereich der politischen Bildung wurde in den letzten Jahren intensiviert und unterscheidet quantitative und qualitative Zugänge. Sie dient im besten Falle der Reflexion von Bildungsprozessen, von Lernvoraussetzungen und Gelingensbedingungen. Infolge des ‚PISA-Schocks' und im Kontext internationaler Vergleichsstudien und Bildungsrankings unterstützen indessen quantitative Forschungen eine Standardisierung und konkurrenzhafte, leistungsorientierte Betrachtung von Bildung. Die vielfältigen empirischen Forschungsarbeiten unterscheiden sich außerdem hinsichtlich ihrer Methoden sowie ihrer Praxisfelder der formalen, non-formalen oder informellen politischen Bildung.

Des Weiteren sind die spezifischen wissenschafts- und erkenntnistheoretischen Zugänge dafür ausschlaggebend,wie Forschung und forschendes Lernen vonstattengehen. In Handbüchern der politischen Bildung werden meist Hermeneutik, Pragmatismus und Konstruktivismus als gängige Wissenschaftstheorien angeführt. Am Beispiel der qualitativen Forschung zu Schüler*innenvorstellungen (auch: Forschung zu Präkonzepten oder subjektiven Theorien) soll im Folgenden dargelegt werden, was die kritische Gesellschaftsforschung in ihren Prämissen und Zielen, d.h. ihren wissenschafts- und erkenntnistheoretischen Grundlagen, kennzeichnet und von anderen Wissenschafts- und Erkenntnistheorien, hier vor allem dem Konstruktivismus, unterscheidet.

Im Zuge der Debatte um Bildungsstandards und Kompetenzen sowie des damit einhergehenden Anspruchs nach Individualisierung, Differenzierung und selbstgesteuertem Lernen haben sich konstruktivistische Ansätze und Lerntheorien etabliert. Ältere und gewohnte Formen der Instruktion und des lehrerzentrierten Unterrichts sollten überwunden und Lernen eher an individuellen Kompetenzen orientiert sein. In der schulischen Praxis finden sich Mischformen von nach wie vor frontalen, hierarchisierten und neu moderierenden, selbstorganisierten Lehr-Lern-Formaten. Im Bereich der Jugend- und Erwachsenenbildung gab es seit jeher andere, eher an den Teilnehmer*innen orientierte, interaktive Bildungsformate. Aber auch hier wäre genauer zu prüfen, inwiefern konstruktivistische und selbstgesteuerte Ansätze Einzug gehalten haben.

Anders als neuere konstruktivistische Ansätze greift eine kritische politische Bildung grundlegend auf Prinzipien der kritischen Politikdidaktik wie die Konflikt- (Hermann Giesecke), die Schüler*innen- (Rolf Schmiederer) und die Handlungsorientierung (Frank Nonnenmacher) zurück. Schüler*innenorientierter Unterricht oder teilnehmer*innenorientierte Bildungsseminare wurden dahingehend schon vor der Kompetenzorientierung wertgeschätzt und umgesetzt. Mit der Weiterentwicklung von kritischen Bildungs- und Subjekttheorien kann heute im Vergleich zu den 1970er-Jahren allerdings eher von subjektorientierter Bildung (Bauer 2017) statt von Schüler*innen- oder Teilnehmer*innen-Orientierung gesprochen werden.

Konstruktivistische und kritische Theorien unterscheiden sich dahingehend in ihren Verständnissen von Bildung, Lernen und Subjekt(ivität), aber insbesondere durch die Frage, wie Subjekte in gesellschaftliche Herrschafts- und Machtverhältnisse eingebunden sind, diese reproduzieren, anerkennen und unterlaufen. Auch wenn sich die Forschung zu Schüler*innenvorstellungen eher auf schulische Unterrichtsformate bezieht, lassen sich die theoretischen Überlegungen der folgenden Ausführungen durchaus auf die politische Jugend- und Erwachsenenbildung übertragen.

1. Forschung zu Schüler*innenvorstellungen

Das Anliegen, die Vorstellungen von Schüler*innen (bzw.: Subjekten) stärker in das Unterrichtsgeschehen und in Bildungsprozesse einzubeziehen und diese zu beforschen, hat gegenwärtig sehr unterschiedliche Beweggründe. Während tendenziell für die quantitative empirische Forschung eher die Leistungs-, Wissensstand- und Kompetenzmessung im Vordergrund steht, versuchen qualitative empirische Forschungsansätze die individuell-mentalen Konstrukte zu erheben, um sie besser verstehen und Unterricht darauf aufbauend planen zu können.

Orientiert an der Vorgehensweise der *didaktischen Rekonstruktion*, die an den Ideen des Konstruktivismus anknüpft und ursprünglich in den Naturwissenschaften etabliert wurde, haben Dirk Lange und sein wissenschaftliches Umfeld das Modell der *politikdidaktischen Rekonstruktion* (Vajen/Lange 2021) entworfen, um die Vorstellungen von Schüler*innen besser mit den dazugehörigen wissenschaftlichen Fachkonzepten für die Unterrichtsplanung zu verschränken. Es wird davon ausgegangen, dass Schüler*innen über individuelle Vorstellungen und Konzepte verfügen, die sich bewährt haben, die identitätsstiftend und stabil sind und sich nicht einfach von wissenschaftlichen, fachlichen Konzepten ablösen lassen.

Während es in den Naturwissenschaften durchaus um *Conceptual Change* geht, visiert das Modell der politikdidaktischen Rekonstruktion eher eine Konzepterweiterung an. Ein weiterer Unterschied des politikdidaktischen Modells ist, dass es neben der fachlichen auch eine normative Klärung beinhaltet und Bürger- und Demokratiebewusstsein befördern soll. Das Modell der politikdidaktischen Rekonstruktion baut somit auf fünf Schritten auf: die Erhebung von Vorstellungen, die normative Zielklärung, die fachliche Klärung, der wechselseitige Vergleich der Konzepte sowie die didaktische Strukturierung.

Im Vergleich dazu beschränkt sich eine subjektorientierte Herangehensweise im Sinne kritischer politischer Bildung nicht darauf, individuell-mentale Konstrukte zu erheben. Sie berücksichtigt vielmehr die Interessen, das *Anliegen*, die Wünsche und das Begehren, aber auch das sozial Erwünschte und Angelernte von Subjekten sowie die grundsätzliche Frage, wie soziale Voraussetzungen, gesellschaftliche Verhältnisse, mediale Diskurse und Normalisierungs- und Disziplinierungsweisen diese geprägt haben.

In Vorstellungen sind auch immer Einstellungen eingelagert. Zu unterscheiden, ob es sich bei Einstellungen, Meinungen und Urteilen um noch veränderbare oder stabile, verfestigte Positionen handelt, ist kein Leichtes und meist nicht auf den ersten Blick möglich. Kritische Gesellschaftsforschung hat methodisch dahingehend u.a. Verfahren der Ideologiekritik, der Dekonstruktion, der Habitus- und der Hegemonieanalyse hervorgebracht und entfaltet (siehe dazu Eis in diesem Band).

In die forschend reflexive Gestaltung von Lern- und Bildungsprozessen wird in kritischer Hinsicht auch die Beziehung zwischen Lehrenden und Lernenden sowie die äußeren, auch schulischen Bedingungen von Unterricht und Lernprozessen einbezogen (Lapp 2010). Für die außerschulische Jugendbildung hat Achim Schröder hierfür beispielsweise den Begriff der „bezogenen Urteilsbildung" geprägt (Schröder 2018, 461) und Helmut Bremer verweist im Anschluss an Pierre Bourdieu auf die Bedeutung von Habitus, Lebensstil und symbolischer Herrschaft in Bildungsprozessen (Bremer 2010).

Während das Modell der politikdidaktischen Rekonstruktion an der Entwicklung eines Bürger- und Demokratiebewusstseins orientiert ist und scheinbar die liberale Demokratie als normatives Konzept anvisiert, arbeitet eine kritische politische Bildung mit einem dynamischen Demokratieverständnis (vgl. Lösch/Rodrian-Pfennig 2014). Demokratie ist in dieser Betrachtung nichts

Festes, zu dem erzogen werden kann oder sollte, sondern um die Ausgestaltung von Demokratie, um den Prozess der weiteren Demokratisierung wird immer wieder gerungen. Das theoretische Repertoire von Demokratiekonzeptionen innerhalb einer kritischen politischen Bildung ist zudem breiter. Unterschieden wird neben liberaler Demokratie u.a. radikale, soziale oder partizipatorische Demokratie. Demokratische Gesellschaften sind im europäischen Kontext im Zuge der Industrialisierung, der Entstehung des Kapitalismus und des Nationalstaates entstanden. Daraus ergibt sich ein Zusammenspiel unterschiedlicher Herrschaftsverhältnisse, in die Subjekte widersprüchlich und ungleich eingebunden sind. Anstatt Demokratie als erzieherischen Fluchtpunkt anzuvisieren, gilt es, Demokratie kritisch-reflexiv zu betrachten und eine Bildungspraxis zu entwickeln, die das Potenzial hat, Widersprüche in gesellschaftspolitischen Verhältnissen, unterschiedliche Interessen der Akteure sowie daraus resultierende Konflikte erkennbar und adressierbar werden zu lassen – Mündigkeit im Sinne von Selbstbestimmtheit zu ermöglichen.

Bei einer normativ überhöhten Betrachtung von Demokratie als das *per se* Gute bleibt in der Regel ungeklärt, warum es in einer demokratischen Gesellschaft nicht bereits so ist, wie es ideal erwünscht oder normativ anvisiert wird. Die grundsätzliche Problematik, warum z.B. Grund- und Menschenrechte kontinuierlich, auch von staatlich-behördlicher Seite, unterlaufen und nicht garantiert werden, bleibt unhinterfragt. Das demokratische Defizit wird dann eher bei den Subjekten und im Bildungsprozess vermutet, anstatt Herrschaftsverhältnisse, Machtmechanismen, Subjektivierungsweisen kritisch zu befragen.

Eine andere Perspektive als eine Erziehung zu Demokratie und zu Bürgerbewusstsein ist, dass Menschen durch politische Bildung dazu ermutigt und befähigt werden, sich kritisch mit gesellschaftspolitischen Verhältnissen auseinanderzusetzen und ihr eigenes Eingebundensein darin zu erkennen. Politische Bildung kann im besten Falle dabei unterstützen, eine eigene politische Haltung entwickeln, sich zu anderen ins Verhältnis setzen und politisch handlungsfähig werden zu können sowie politisches Handeln zu reflektieren. In kritischer Perspektive wird dabei weder auf gesellschaftlicher Ebene noch auf Subjektebene von einer linearen zivilisatorischen Entwicklung oder einem stetigen Prozess des Mündigwerdens ausgegangen. Menschen erleben in Bildungsprozessen sowohl Momente der Befreiung und der freudigen Erkenntnis als auch Momente der Disziplinierung und des Scheiterns. Dementsprechend bedeuten konstruktivistische Ansätze des individuellen, selbstregulierten Lernens nicht zwangsläufig eine Abkehr von alten Formen der Instruktion und des fremdgesteuerten Lernens, sondern sie können auch neue Formen der Selbstdisziplinierung, also der Selbstherrschaft, hervorbringen.

Auch hinsichtlich des Zusammenspiels von Subjekt- und Wissenschaftsorientierung unterscheiden sich konstruktivistische und kritische Ansätze. In der Fachdiskussion wird aktuell zwischen eher instrumentellen und subjektorientierten Erhebungen von Schüler*innenvorstellungen differenziert (Autorengruppe Fachdidaktik 2016, 62 ff.). Konstruktivistische und kritisch-emanzipative Zugänge eint gegenüber rein instrumentellen Zugängen das Ziel, dass sich Lernende einen guten, eigenständigen Zugang zu fachlichen, wissenschaftsbasierten Lerngegenständen verschaffen können sollen. Es gibt auch Überschneidungen in Hinblick auf Multiperspektivität und eines fachlich sozialwissenschaftlich integrierten Zugangs. Konstruktivistische Ansätze orientieren sich dabei an einem weiten Politikverständnis und an sogenannten Basiskonzepten. Eine kritische politische Bildung bezieht zur fachlichen Klärung intensiver Theorien kritischer Gesellschaftsforschung mit ein. Dahingehend ergeben sich auch Differenzen im Verständnis des Politischen, von Staatlichkeit und Demokratie.

Dass es Übergänge zwischen beiden theoretischen Strömungen hinsichtlich des forschenden Zugangs zu Schüler*innen- und Lehrer*innenvorstellungen gibt, zeigen etwa die Studien von Sophie Schmitt (2017), die nach Normalisierungsweisen im Anschluss an Michel Foucault gefragt hat, sowie Tim Zosel (2021), der mit der Habitusanalyse nach Pierre Bourdieu arbeitet. Hier wurden explizit kritische Gesellschaftstheorien zugrunde gelegt und auch andere Erhebungs- und Auswertungsmethoden erprobt (siehe dazu Schmitt/Zosel in diesem Band).

2. Der Alltagsverstand als Analysekategorie vergesellschafteter Schüler*innenvorstellungen

Im Folgenden soll ein gesellschaftstheoretischer Ansatz im Sinne kritischer politischer Bildung skizziert werden, der eine andere Perspektive für den forschenden Zugang zu subjektiven Vorstellungen eröffnet: Antonio Gramscis Hegemonietheorie zur reflexiven Erforschung von Schüler*innenvorstellungen (siehe dazu auch Hammermeister in diesem Band). Im Unterschied zu konstruktivistischen Ansätzen, die den Ursprung der Vorstellungen bzw. der Konzepte stärker im Subjekt verorten, ermöglicht es Gramscis Begriff des Alltagsverstands, gesellschaftliche Dimensionen mitzudenken und eine *dialektische* Perspektive einzunehmen, also das Verhältnis von subjektiven Vorstellungen und verfestigten, teils institutionalisierten gesellschaftlichen Strukturen in den Blick zu nehmen.

Der Alltagsverstand fungiert als ein facettenreicher Ideologiebegriff (Rehmann 2008, 82), d.h. es wird danach gefragt, wie die Denkweisen der Menschen in der Gesellschaft zustande kommen. Kultur und Bildung sowie die Genese von Wissen und Erfahrungen spielen dahingehend eine bedeutende Rolle. Nah an Marx' Vorstellung der gesellschaftlichen Eingebundenheit von Menschen argumentiert Gramsci, dass „die eigene Individualität das Ensemble dieser Verhältnisse ist" (Gramsci 2012, 1348). Jedoch ist der Alltagsverstand eben nicht starr, sondern durch Aushandlungsprozesse bestimmt. Hier setzt eine pädagogische Lesart Gramscis an (Castro-Varela u.a. 2023), denn „jedes Verhältnis von Hegemonie ist notwendigerweise ein pädagogisches Verhältnis" (Gramsci 2012, 1335). Die Vorstellungen der Subjekte und die darin eingelagerten Verhältnisse sind demnach nicht nur durch politische und kulturelle, sondern auch – und zwar in besonderem Maße – durch pädagogische Arbeit veränderbar.

Der Alltagsverstand wird in der Theorie von Gramsci vor allem als widersprüchlich skizziert. Zwar sei er durchaus zur Lösung praktischer Probleme ausgelegt (Gramsci 2012, 1233), er erweise sich jedoch auch als „das unmittelbare Produkt der rohen Empfindung" (ebd., 1395), kurz: „Der Alltagsverstand ist eine chaotische Ansammlung disparater Auffassungen, und in ihm lässt sich alles finden, was man will" (ebd., 1396). Die Kategorie des Alltagsverstands trägt also den vielfältigen und möglicherweise teils absurden Vorstellungswelten von Subjekten bzw. Schüler*innen Rechnung und begründet diese durch die ebenso widersprüchlichen globalen gesellschaftlichen Verhältnisse. Gerade darin, die Vorstellungen als nicht hermetisch zu betrachten, liegt das analytische Potenzial.

Über den Alltagsverstand überträgt sich demnach auch die Form der Wirtschafts-, Gesellschafts- und Lebensweise, etwa als neoliberale Flexibilisierung des Subjekts oder als imperiale Lebensweise (Buckel/Fischer-Lescano 2007). Jedoch ist der Alltagsverstand auch, wie Uwe Hirschfeld in Bezug auf Ernst Bloch vorschlägt, Reservoir utopischer Ideen, Träume, Gedanken und unbewusster Potenziale. Er weist darauf hin, dass politische Bildung auf diese utopischen Potenziale abzielen müsse, um emanzipatorische Perspektiven zu entwickeln (Hirschfeld 2015, 177). Eine Anwendung des Alltagsverstands als Analysekategorie auf Schüler*innenvorstellungen kann die oben formulierte Subjektorientierung jenseits mentaler Konstrukte im Sinne einer kritischen politischen Bildung einlösen, da Anliegen und Interessen vor der Folie gesellschaftlicher Verhältnisse herausgearbeitet werden können.

3. Fazit

Während konstruktivistische Ansätze sich vor allem dafür interessieren, welche Vorstellungen im Subjekt individuell hervorgebracht werden, fokussiert eine kritische Perspektive stärker die Spannungsverhältnisse von Subjekt und Gesellschaft und wie daraus subjektive Vorstellungen hervorgehen. Außerdem wird der zeitdiagnostischen und theoretischen Analyse von gesellschaftlichen Verhältnissen und Widersprüchen mehr Bedeutung zugemessen (vgl. Regier 2023).

Während eine konstruktivistische Perspektive, die sich auf Individuen konzentriert, leichter vereinbar ist mit neoliberalen Subjektivierungsweisen und unserer Auffassung nach auch Gefahr läuft, analytisch die Reproduktion von Verhältnissen zu wenig zu reflektieren, ist das genau der Ansatz- oder Ausgangspunkt einer kritischen Perspektive: den kritischen Reflexionsraum der Verwobenheit in gesellschaftliche Verhältnisse zu erweitern. Im Sinne Hannah Arendts ist Politik außerdem das „uns Gemeinsame" (Lösch 2020, 89). Eigene oder individuelle Perspektiven müssen also stets wieder rückgebunden werden an das Gemeinsame, an intersubjektive, kollektive und solidarische Formen. Bildung ist eine soziale Praxis und kein individueller Prozess.

Für eine kritische politische Bildung ist unserer Auffassung nach ein forschend-reflexiver Zugang zu Schüler*innen- bzw. subjektiven Vorstellungen durchaus interessant, allerdings eher im Sinne, diese als widersprüchliche Alltagsverständnisse und Erfahrungen zu begreifen. Es kann dadurch gelingen, das didaktische Prinzip der Schüler*innenorientierung, dazu gehört auch die Berücksichtigung ihrer politischen Interessen und deren Umsetzbarkeit, ernst zu nehmen und einzulösen. Sie kann Lehrkräfte und politische Bildner*innen außerdem dabei unterstützen, die Positioniert- und Verstricktheit der beteiligten Subjekte im Bildungs- und Lernprozess in gesellschaftliche Verhältnisse besser zu verstehen. Das setzt allerdings voraus, die gesellschaftliche und politische Dimension miteinzubeziehen und nicht im Individuellen zu verharren.

Literatur

AUTORENGRUPPE Fachdidaktik (2016): Wie gehe ich auf Schülervorstellungen ein? In: Dies. (Hg.): Was ist gute politische Bildung? Frankfurt/M., S. 61–68.

BAUER, Christoph (2017): „Subjektorientierung"? Kritik des Subjektbegriffs in der Didaktik der schulischen politischen Bildung. Bad Heilbrunn.

BREMER, Helmut (2010): Symbolische Macht und politisches Feld. Der Beitrag der Theorie Pierre Bourdieus für die politische Bildung. In: Lösch, Bettina/Thimmel, Andreas (Hg.): Kritische politische Bildung. Ein Handbuch. Schwalbach/Ts., S. 181–192.

BUCKEL, Sonja/Fischer-Lescano, Andreas (Hg.) (2007): Hegemonie gepanzert mit Zwang. Zivilgesellschaft und Politik im Staatsverständnis Antonio Gramscis. Baden-Baden.

CASTRO-VARELA, María do Mar u.a. (2023): Hegemonie bilden. Pädagogische Anschlüsse an Antonio Gramsci. Weinheim.

GRAMSCI, Antonio (2012): Gefängnishefte. Kritische Gesamtausgabe. Hamburg.

HIRSCHFELD, Uwe (2015): Notizen zu Alltagsverstand, politischer Bildung und Utopie. Hamburg.

LAPP, Michaela (2010): Ein *Anliegen* formulieren: Inhaltlicher Anspruch und Methodenwahl im Politikunterricht. In: Lösch, Bettina/Thimmel Andreas (Hg.): Kritische politische Bildung. Ein Handbuch. Schwalbach/Ts., S. 377–388.

LÖSCH, Bettina (2020): Zum Begriff des Politischen in der politischen Bildung – Grundelemente deliberativer Politik im Werk von Hannah Arendt. In: Oeftering, Tonio u.a. (Hg.): Hannah Arendt. Lektüren zur politischen Bildung. Wiesbaden, S. 73–92.

LÖSCH, Bettina/Rodrian-Pfennig, Margit (2014): Kritische Demokratiebildung unter Bedingungen globaler Transformationsprozesse. In: Eis, Andreas/Salomon, David (Hg.): Gesellschaftliche Umbrüche gestalten – Transformationen in der politischen Bildung. Schwalbach/Ts., S. 28–57.

REGIER, Sascha (2023): Den Staat aus der Gesellschaft denken. Ein kritischer Ansatz der Politischen Bildung. Bielefeld.

REHMANN, Jan (2008): Einführung in die Ideologietheorie. Hamburg.

SCHMITT, Sophie (2017): Jenseits des Hängemattenlandes. Arbeit und Arbeitslosigkeit aus der Sicht von Jugendlichen – eine Rekonstruktion ihrer Orientierungen und ihre Bedeutung für die Politische Bildung. Frankfurt/M.

SCHRÖDER, Achim (2018): Außerschulische Jugendbildung. In: Bernhard, Armin u.a. (Hg.): Handbuch Kritische Pädagogik. Eine Einführung in die Erziehungs- und Bildungswissenschaft. Weinheim, S. 452–466.

VAJEN, Bastian/Lange, Dirk (2021): Politikdidaktische Rekonstruktion: Schüler*innenvorstellungen und Fachperspektiven in Unterrichtsdiskussionen. In: Hempel, Christopher u.a. (Hg.): Methoden der qualitativen Politikunterrichtsforschung. Frankfurt/M., S. 54–77.

ZOSEL, Tim (2021): Politikbilder und Habitus. Eine soziologische Untersuchung von Politiklehrer*innen in Deutschland und Israel. Essen. Online: https://duepublico2.uni-due.de/receive/duepublico_mods_00074823 (Zugriff: 27.07.2023).

JULIANE HAMMERMEISTER

Sinnbildungsprozesse, Alltagsverstand und kritische politische Bildung

Kritische politische Bildung und ihre Didaktik beschäftigen sich nicht zuletzt mit der Frage, wie durch individuelle Urteilskraft und kollektive Handlungsfähigkeit die gegenwärtigen Verhältnisse mit all ihren Zwängen im Sinne individueller Autonomie und sozialer Emanzipation transformiert werden können. Dabei spielt zweifelsohne der Ort, an dem Lernprozesse initiiert und strukturiert werden sollen, eine wichtige Rolle. In den Gesellschaften des Gegenwartskapitalismus ist die Schule ein Lernort von besonderer Bedeutung für die Reproduktion der gesellschaftlichen Verhältnisse. Daher kann aus der Perspektive einer kritischen politischen Bildung keineswegs umstandslos davon ausgegangen werden, dass Kritiklernen im institutionell gebundenen politischen Unterricht überhaupt möglich ist. Die sich daraus ergebende Fragestellung ist nicht nur Ausgangspunkt der nachfolgenden Überlegungen, sondern sie beschreibt ein zentrales erkenntnistheoretisches Problem der Politikdidaktik (vgl. Hammermeister 2021). Prinzipiell kann die hier geschilderte Problematik aus zwei Perspektiven analysiert und diskutiert werden. So wäre eine Annäherung über einen institutionen- bzw. schulsoziologischen Zugang möglich. Eine solche Vorgehensweise müsste die Ambivalenzen schulischen Lernens entfalten, um neben den Zwängen auch vorhandene Spielräume kritischer Reflexion in der Institution ausloten zu können. Im Nachfolgenden soll die Problematik jedoch eher aus einer lerntheoretischen bzw. politikdidaktischen Perspektive erörtert werden. Nicht die Institution Schule und die Rahmenbedingungen, die sie für politische Lernprozesse zur Verfügung stellt, stehen im Zentrum. Vielmehr richtet sich der Analysefokus darauf, wie subjektorientierte Lernprozesse in einer Gesellschaft strukturiert werden können, die durch spezifische soziale Verhältnisse und Ungleichheitsrelationen geprägt ist. Den Überlegungen liegt vor allem ein hegemonietheoretisches Erkenntnisinteresse zugrunde. Der gewählte Zugang steht in der Tradition der Kritischen Theorie, vor allem aber in der Tradition des italienischen Marxisten Antonio Gramsci (1891–1937). Das Kernanliegen besteht in der Erschließung der Gedankenwelt Gramscis für die aktuelle lerntheoretische und politikdidaktische Debatte, da einige analytische Kategorien Gramscis, so die zentrale These, ein enormes Potenzial für die Analyse politischer Lernprozesse bieten und bisher nahezu keinen Eingang in die politikdidaktische Debatte gefunden haben (siehe auch die Beiträge von Hirschfeld sowie Gläser/Lösch in diesem Band).

Im Beitrag wird zunächst die Bedeutung der Kategorie des Alltags in politikdidaktischen Konzeptionen diskutiert. Vor diesem Hintergrund sollen die Konturen einer einschlägigen politikdidaktischen Sinnbilderkonzeption rekonstruiert werden, welche die Mikrowelt der Lernenden fokussiert. Diese Sinnbilderkonzeption, so die weitere Argumentation, eröffnet interessante, letztlich aber nicht hinreichende Zugänge zum Thema. Die kritische Würdigung der Sinnbilderkonstruktion mündet jedoch nicht in ihrer Verabschiedung, sondern führt zur Integration der Sinnbilder in die von Gramsci entwickelten Kategorien des Alltagsverstandes und der Hegemonie, da diese Kategorien die Ambivalenzen und Widersprüche der Sinnbildungs*prozesse* präziser fassen und sie für politische Bildungsprozesse besser zugänglich machen.

1. Zum Verhältnis von Politik und Alltag

Schulische politische Bildung ist gefordert, über Schule hinauszudenken und Schule als eine Institution der Gesellschaft zu begreifen. In diesem Sinne ist politische Bildung, wie es der Politikdidaktiker Rolf Schmiederer formuliert, immer zugleich „gesellschaftliche Bildung" (Schmiederer 1971, 105). Dass Politik und Alltag Elemente des Gesellschaftlichen sind, dürfte allgemein anerkannt sein. In welchem Verhältnis sie zueinander stehen und welche Konsequenzen daraus für die politische Bildung respektive ihre Didaktik zu ziehen sind, ist hingegen Bestandteil kontroverser wissenschaftlicher Debatten.

In traditionellen politikdidaktischen Konzeptionen wird das Prinzip der Alltagsorientierung weitestgehend unter dem von Walter Gagel eingeführten Begriff des „Brückenproblem[s]" thematisiert (Gagel 2005, 290). Dem alltagsorientierten Prinzip wird dabei die Funktion einer „Brücke" zugesprochen, welche „Lebenswelt und Politik" didaktisch verbinden soll (ebd.). Diesem Ansatz folgend hebt beispielsweise der Politikdidaktiker Peter Massing hervor, dass es eine „didaktisch bedeutsame Frage" für alltagsorientierte Konzepte sei, „[w]ie im Lernprozess eine Brücke von der Lebenswelt zur Politik geschlagen werden" könne, „da Politik im Allgemeinen und politische Institutionen im Besonderen abstrakt und alltagsfern" seien (Massing 1996, 7). Es bestehe „die Gefahr", diese „strukturelle Distanz" „in die eine [Lebenswelt] oder in die andere [Politik] Richtung aufzulösen" (ebd.).

Die hier als Gefahr beschriebene Vereinseitigung in die lebensweltliche oder die politische Richtung ist im politikdidaktischen Diskurs keine Seltenheit. Zumeist verläuft sie zulasten der alltags- oder lebensweltlichen Dimension (vgl. z.B. Frech/Richter 2019, 8 ff.). Das in den genannten politikdidaktischen Konzeptionen zutage tretende Verständnis von Politik, Lebenswelt und Alltag isoliert das Politische von allen Aspekten der gesellschaftlichen Wirklichkeit, die dem engen traditionellen Begriff von Politik nicht unterzuordnen sind. Damit erklärt es alle Dimensionen und Sachverhalte außerhalb dieses traditionalistischen Politikverständnisses zur Nicht-Politik. Letztlich endet die Logik dieser Argumentation in einer Auffassung, nach der die Kritik der herrschenden Politik mit der Abwesenheit von Politik gleichzusetzen ist: „Lebensweltliche Orientierung bedeutet vielfach Kritik an der vorherrschenden Politik, und aus der Hinwendung zur Lebenswelt folgt gleichzeitig die Abwendung von der Politik" (Massing 1996, 8). Ein Begriff von Kritik, der auf die Abwendung von Politik hinausläuft, folgt gleichwohl einer Logik, die einer kritischen politischen Bildung fremd ist.

2. Die Bedeutung von Alltag und Sinnbildungsprozessen für eine kritische politische Bildung

Die auf der Brückenmetapher beruhenden Ansätze, so auch der Politikdidaktiker Dirk Lange, basieren häufig auf der Überzeugung, dass „eine ‚unpolitische' mit einer ‚politischen Sphäre'" erst verbunden werden muss (Lange 2002, 6). Der Alltag werde von herkömmlichen politikdidaktischen Konzepten mit der unpolitischen Seite der didaktischen Brücke identifiziert und gelte als nicht politikrelevant. Letztlich könne von einem Politikverständnis gesprochen werden, welches „den Ort des Politischen eng an die Regelung der öffentlichen Belange" knüpfe (Lange 2002, 72). Denn dadurch, dass der Alltag so deutlich von der Politik abgegrenzt werde, unterliege das alltagsbezogene Lernen einer Tendenz der Entpolitisierung, welcher es entgegenzuwirken gelte (vgl. Lange 2002, 71 ff.).

Der politikdidaktische Ansatz von Lange hingegen basiert auf der grundlegenden Erkenntnis, dass das Politische die Lebenswelt durchdringt. Das Politische wird als Element des Alltags erkennbar. So zieht der Alltag in Form des Politischen in die politikdidaktischen Überlegungen ein. Zugleich rückt Lange mit seinem Konzept der Sinnbilder die Lernenden und ihren Alltag ins Zentrum. Sinnbilder sind dabei Bestandteil dessen, was er das „Bürgerbewusstsein" nennt (Lange 2008, 431 ff.). Gemeint sind hier „subjektive Sinnwelten", die er als „mentale Figuren" fasst (Lange 2008, 434) und welche „für das individuelle Verständnis und für die subjektive Erklärung der politisch-gesellschaftlichen Wirklichkeit eine zentrale Rolle (spielen). Es handelt sich um mentale Modellierungen, die auch für die Didaktik der politischen Bildung fundamental sind" (Lange 2008, 436).

Lange geht von fünf basalen Sinnbildern aus, die das „Bürgerbewusstsein" kategorial durchdringen. Er bezeichnet sie als „‚Vergesellschaftung', ‚Wertbegründung', ‚Bedürfnisbefriedigung', ‚Gesellschaftswandel' und ‚Herrschaftslegitimation'" (Lange 2008, 434). Soweit die Herausbildung der Sinnbilder in Langes Konzept überhaupt theoretisch nachgezeichnet werden kann, werden Elemente einer konstruktivistischen Vorgehensweise erkennbar. Die Sinnbilder können, ein wenig in Analogie zu Max Webers Idealtypenbildung, als heuristische Konstrukte gewertet werden, welche die empirische Realität sinngebend ordnen und systematisieren (vgl. Weber 1972, 2 ff.).

Hervorgehoben werden kann, dass Lange sich in einer spezifischen Form auf den Alltag als Element der politischen Bildung bezieht, die ihn von vorherigen Thematisierungen des Alltags unterscheiden: Erstens fasst er den Alltag als Ort des Politischen und nicht als einen Ort, von dem erst eine Brücke ins Politische geschlagen werden muss. Und zweitens materialisiert er durch die Definition der Sinnbilder die Alltagskategorie in einem Ausmaß, das über die bisherigen Bezugnahmen auf den Alltag hinausgeht. Die Sinnbilder konkretisieren die Kategorie des Alltags. Damit grenzt er sich von jenen Konzeptionen ab, welche die Lernenden zu Objekten des Lernprozesses degradieren. Zugleich aber auch von solchen, die den Bezug auf den Alltag der Lernenden als Notwendigkeit benennen, ihn aber wenig ausfüllen.

Doch neben den genannten Vorzügen weist das Konzept der Sinnbilder auch kategoriale Defizite auf: Zwar ermöglicht es einen Zugang zur kritischen Reflexion der Mikrowelt, zu den Alltagspraxen. Doch das Bewusstsein um die Bedeutung der alltäglichen Mikrowelt allein greift zu kurz. Die analytische Kategorie der Sinnbilder läuft Gefahr, ihr kritisches Potenzial vor allem durch einen unkritischen, wenn nicht gar affirmativen Bezug auf ihren Gegenstand, die Sinnbilder, zu verspielen. Ein solcher Bezug vernachlässigt die Dialektik zwischen Mikro- und Makrowelt, zwischen Alltag und Gesellschaft (vgl. Hammermeister 2021). Zugleich begreift er die Sinnbilder nicht in ihrer inneren Widersprüchlichkeit. Er vernachlässigt zudem die Sinnbildungs*prozesse* und so den dynamischen, von permanenten Veränderungen geprägten Charakter der Sinnbilder. Damit schenkt er den Veränderungen der Bewusstseinsformen der

Subjekte, die in einer so dynamischen Formation wie dem Gegenwartskapitalismus einem ständigen Wandel unterliegen, nicht die notwendige Aufmerksamkeit (vgl. ebd.).

Schließlich leidet das Konzept der Sinnbilder unter einem Defizit, das vor allem im Hinblick auf die Herausbildung kollektiver Handlungsfähigkeit von zentraler Bedeutung ist (vgl. dazu vor allem mit Rekurs auf Ernesto Laclau und Chantal Mouffe Süß 2015). Es neigt zu einer Gleichsetzung des Einzelnen bzw. des Individuums mit dem Souverän der Demokratie. Dies zieht argumentative Probleme nach sich. Aus guten Gründen bestimmen gängige Demokratietheorien gerade nicht vereinzelte Individuen, sondern ihre Gesamtheit, nämlich „das Volk", als Souverän der Demokratie. Durch die kurzschlüssige Gleichsetzung des Individuums mit dem „Volk" als demokratisches Kollektiv bleibt eine äußerst wichtige Dimension demokratischer Praxis ausgespart. Auf dem Weg zum demokratischen Souverän bzw. zu kollektiver Handlungsfähigkeit müssen die Individuen mitunter weite Wege zurücklegen. Für den demokratischen Willensbildungs- und Entscheidungsprozess ist die Fähigkeit sowie der Wunsch des Einzelnen, sich in Diskurse zu begeben, unverzichtbar. Ohne Beteiligung an diesen Prozessen kann Demokratie nicht funktionieren und kollektive Handlungsfähigkeit nicht ausgebildet werden. Gerade aus einer demokratiepolitischen Perspektive ist zu kritisieren, dass diese horizontale Interaktionsfähigkeit keinen systematischen Eingang in den von Lange entwickelten Begriff des Bürgerbewusstseins und der darauf beruhenden „Mündigkeit" findet (vgl. ebd.).

3. Sinnbildungs*prozesse* und Alltagsverstand: der hegemonietheoretische Zugang zu Prozessen des politischen Lernens

An dieser Stelle kann ein analytischer Zugang hilfreich sein, der die immanenten Ambivalenzen und Herausbildungsprozesse im Bewusstsein der Menschen ins Zentrum rückt. Hier erweist sich die von Antonio Gramsci (1891–1937) entwickelte Kategorie des Alltagsverstandes als geeignet. Widersprüche und historische Entwicklungen sind für den Alltagsverstand geradezu konstitutiv und stellen in Gramscis *Philosophie der Praxis* die zentralen Anknüpfungspunkte für eine emanzipatorische Praxis dar (vgl. Hammermeister 2021 sowie Beitrag von Gläser/Lösch in diesem Band).

In den kritischen Gesellschaftswissenschaften gilt Gramsci heute als ein philosophischer und politischer Klassiker, der „kein geschlossenes Werk, sondern eine offene Werkstatt hinterlassen hat" (Barfuss/Jehle 2014, 15). Besondere Beachtung finden vor allem seine Gefängnishefte und -briefe. Unter den

Bedingungen der faschistischen Zensur in Gefangenschaft verfasst, loten sie die Möglichkeiten emanzipatorischer Politik aus. Sie können als ein historisch spezifischer Beitrag kritischer Gesellschaftswissenschaften gelesen werden, weisen aber zugleich in Theorie und Praxis weit über die konkreten geschichtlichen Ereignisse hinaus. Denn, auch wenn sich die Bedingungen politischen Handelns seither mehrmals und in mehrfacher Hinsicht grundlegend geändert haben, kann mit den von Gramsci entwickelten Konzepten zur Hegemonie, zum Alltagsverstand und zum integralen Staat „das historisch Spezifische einer Konstellation von bürgerlicher Herrschaft erfasst und mit Gramsci über ihn hinausgedacht werden" (Martin/Wissel 2015, 221).

Gramsci fragt in seinen Schriften vor allem mit Blick auf die subalternen gesellschaftlichen Gruppen nach den Voraussetzungen und Möglichkeiten der intellektuellen und politischen (Selbst-)Ermächtigung (vgl. auch Opratko 2014, 22 ff.). Wenngleich er im engeren Sinne weder als Pädagoge noch als politischer Bildner bezeichnet werden kann, ist in seinen Ausführungen „das erzieherische Verhältnis, die wechselseitige Beziehung von Lehrenden und Lernenden grundlegende Strukturkategorie politischer Hegemonie" (Merkens 2004, 7). Denn, so Gramsci: „Jedes Verhältnis von *Hegemonie* ist notwendigerweise ein pädagogisches Verhältnis" (Gramsci 1991 ff., 1335). Für ihn sind die *Entwicklung* und die *inneren Widersprüche und Spannungen* des Alltagsverstandes zentral. Dementsprechend gilt dies für die subjektiven Lernvoraussetzungen: Was die Lernenden in die politischen Bildungs- und Lernprozesse mit- und einbringen, ist geworden. Es hat sich entwickelt, ist beeinflusst durch das „Ensemble der gesellschaftlichen Verhältnisse", wie Gramsci es in Anlehnung an Marx formuliert (ebd., 1241). Der Alltagsverstand ist „die ‚Folklore' der Philosophie, und wie die Folklore bietet er sich in unzähligen Formen dar: Sein grundlegender und charakteristischer Zug ist es, eine (auch in den einzelnen Hirnen) auseinanderfallende, inkohärente, inkonsequente Auffassung zu sein, der gesellschaftlichen und kulturellen Stellung der Volksmengen entsprechend, deren Philosophie er ist" (ebd., 1394). Der Alltagsverstand ist eine „chaotische Ansammlung disparater Auffassungen, und in ihm lässt sich alles finden, was man will" (ebd., 1396). In ihm finden sich Bruchstücke, die „von der Vergangenheit ererbt und ohne Kritik übernommen" wurden (ebd., 1384) und die zugleich von gesellschaftlichen Hegemoniekonstellationen überformt und in unterschiedliche Entwicklungsrichtungen kanalisierbar sind.

Die so definierte Kategorie des Alltagsverstandes ermöglicht einen spezifischen Blick auf das Bewusstsein der Menschen. Das Konstrukt der Sinnbilder kann dementsprechend in die Kategorie des Alltagsverstandes integriert und die Sinnbilder können als Elemente, als Bausteine des Alltagsverstandes gefasst werden. Die Sinnbilder werden dann als ein in sich widersprüchliches und inkohärentes Ensemble aus subjektiven Bewusstseinsbruchstücken erkennbar, die tief in der individuellen und gesellschaftlichen Historie wurzeln und sich in einem permanenten, durch vergangene und gegenwärtige Hegemoniekonstellationen geprägten Entwicklungsprozess befinden. Zu reden wäre somit von den „Sinnbildern des Alltagsverstandes" (Hammermeister 2021). Diese sind geprägt durch komplizierte Entwicklungsprozesse. Sie sind voller Widersprüche und Ambivalenzen der gesellschaftlichen Verhältnisse, in denen die Widersprüche und Ambivalenzen der gesellschaftlichen Verhältnisse zum Ausdruck kommen. Beim Alltagsverstand und seinen Sinnbildern handelt es sich also keineswegs um ein harmonisches und widerspruchsfreies *Ganzes*. Affirmative und kritische, stabilisierende sowie transformative Elemente und Bruchstücke überlagern sich, koexistieren. Vor allem aber sind sie tief in der individuellen und gesellschaftlichen Historie verwurzelt. Sie tragen Vergangenes in die Gegenwart. Denn es sedimentieren sich auch in den Sinnbildern des Alltagsverstandes vergangene und gegenwärtige Hegemoniekonstellationen.

Die Integration der Sinnbilder in Gramscis Kategorie des Alltagsverstandes läuft auf eine produktive Weiterentwicklung beider heraus. Die Sinnbilder werden durch die Integration in Gramscis hegemonietheoretische Überlegungen reflektiert und ergänzt. Und aus einer Gramscianschen Perspektive betrachtet, bieten die Sinnbilder ihrerseits eine Möglichkeit, die allgemeine Kategorie des Alltagsverstandes unter den Bedingungen des Gegenwartskapitalismus auszufüllen und zu konkretisieren.

4. Fazit und Ausblick

Bei der Bearbeitung der aus der Perspektive einer kritischen politischen Bildung zentralen Frage, ob Kritiklernen im institutionell gebundenen politischen Unterricht möglich ist, wurde der Weg über eine kritische Auseinandersetzung mit einem einschlägigen Sinnbilderkonzept gewählt. Argumentiert wurde, dass die Sinnbilderkonzeption gegenüber traditionellen Konzepten einige Innovationen aufweist. Dargelegt wurde aber zugleich, dass sie aus einer materialistisch-hegemonietheoretischen Perspektive mit unübersehbaren Defiziten behaftet ist. Zu diesen gehören insbesondere die Vernachlässigung der Mikro-Makrowelt-Dialektik, die Nichtbeachtung ihrer inneren Ambivalenzen und ihrer Hegemonieprägung sowie die Ausblendung ihrer Genese und der permanenten Veränderungen, denen die Sinnbilder unterliegen. Zudem erweist sich im Hinblick auf die Herausbildung kollektiver Handlungsfähigkeit die Vernachlässigung intersubjektiver Verständigungsprozesse auf der horizontalen Ebene als bedeutsam. Durch die Modifikation und vor allen die Integration der Sinnbilderkonstruktionen in zwei Zentralkategorien Gramscis, dem Alltagsverstand und der Hegemonie, können diese Defizite nicht nur kompensiert werden. Sie sind darüber hinaus geeignet, einer kritischen politischen Bildung und vor allem der Politikdidaktik bzw. der politischen Lernprozessanalyse wichtige Impulse zu geben. Es gilt, die Potenziale Gramscis nicht nur für eine kritische politische Bildung, sondern vor allem für die Politikdidaktik zu entfalten!

Literatur

BARFUSS, Thomas/Jehle, Peter (2014): Antonio Gramsci zur Einführung. Hamburg.

FRECH, Siegfried/Richter, Dagmar (2019): Emotionen im Politikunterricht. In: Frech, Siegfried/Richter, Dagmar (Hg.): Emotionen im Politikunterricht. Schwalbach/Ts., S. 8–24.

GAGEL, Walter (2005): Geschichte der politischen Bildung in der Bundesrepublik Deutschland 1945–1989, 3. überarb. und erw. Aufl. Wiesbaden.

GRAMSCI, Antonio (1991–2002): Gefängnishefte. Kritische Gesamtausgabe, hg. v. Klaus Bochmann und Wolfgang Fritz Haug. Hamburg.

HAMMERMEISTER, Juliane (2021): Sinnbilder des Alltagsverstandes. Zur Bedeutung von Sinnbildungsprozessen in der institutionell gebundenen politischen Bildung. Dissertationsschrift, vorgelegt im Fachbereich FB 05 Gesellschaftswissenschaften der Universität Kassel. Kassel.

LANGE, Dirk (2002): Die Alltagsgeschichte in der historisch-politischen Didaktik. Zur politischen Relevanz alltagsorientierten Lernens. In: Online-Dossier der Bundeszentrale für politische Bildung. Online: http://webdoc.sub.gwdg.de/ebook/diss/2003/fu-berlin/2002/116/lange.pdf (Zugriff: 16.07.2023).

LANGE, Dirk (2008): Bürgerbewusstsein. Sinnbilder und Sinnbildungen in der Politischen Bildung. In: Gesellschaft – Wirtschaft – Politik 3, S. 431–439.

MARTIN, Dirk/Wissel, Jens (2015): Fragmentierte Hegemonie. Anmerkungen zur gegenwärtigen Konstellation von Herrschaft. In: Martin, Dirk u.a. (Hg.): Perspektiven und Konstellationen kritischer Theorie. Münster, S. 220–238.

MASSING, Peter (1996): Einführung: Lebenswelt und Politik. In: Breit, Gotthard/Massing, Peter (Hg.): Lebenswelt und Politik. Schwalbach/Ts., S. 7–16.

MERKENS, Andreas (2004): Erziehung und Bildung im Denken Antonio Gramscis. Eckpunkte einer intellektuellen und politischen Praxis. In: Ders. (Hg.): Antonio Gramsci. Erziehung und Bildung. Gramsci-Reader. Hamburg, S. 6–46.

OPRATKO, Benjamin (2014): Hegemonie. Politische Theorie nach Antonio Gramsci, 2. überarb. Aufl. Münster.

SCHMIEDERER, Rolf (1971): Zur Kritik der Politischen Bildung. Ein Beitrag zur Soziologie und Didaktik des politischen Unterrichts. Frankfurt/M.

SÜSS, Rahel Sophia (2015): Kollektive Handlungsfähigkeit. Gamsci – Holzkamp – Laclau/Mouffe. Wien.

WEBER, Max (1972): Wirtschaft und Gesellschaft. Grundriss der verstehenden Soziologie, 5. Aufl. Tübingen.

SOPHIE SCHMITT, TIM ZOSEL

Lernende und Lehrende in der politischen Bildung

Einblicke in die Erforschung kollektiver Orientierungen und Handlungspraxen

Wenn Lehrende und Lernende in (politischen) Bildungssettings zusammenkommen, tun sie das nicht nur als Individuen, sondern immer auch als soziale Akteur*innen, deren Welt- und Politikbilder durch gesellschaftliche Verhältnisse geprägt werden. Im Beitrag wird auf kollektive Orientierungen als Ausdruck gesellschaftlicher Verwobenheit fokussiert, die in der empirischen Forschung zu politischer Bildung bislang wenig berücksichtigt wurden. Nach einem kurzen Blick in den Forschungsstand (1) werden exemplarisch zwei empirische Studien zu Sichtweisen von Lernenden zum Thema *Arbeit* sowie von Lehrenden zu *Politik* vorgestellt (2). Daran anschließend werden Implikationen für eine kritisch-reflexive empirische Bildungsforschung diskutiert (3).

1. Forschung zu kollektiven Orientierungen in der politischen Bildung

Die empirische Forschung zu schulbezogener politischer Bildung gewinnt seit Anfang der 1990er-Jahre an Bedeutung. Zu nennen sind etwa Forschungen zu Lerner*innentypen und -didaktiken, zu interpretativer Unterrichtsforschung, zum Professionswissen von Lehrkräften sowie zu subjektiven Lernvoraussetzungen der Lernenden bezüglich politischer Gegenstände (für einen Überblick vgl. Lange/Fischer 2022). Infolge der Kompetenzmessung nach PISA sind außerdem Prozesse der ‚evidenzbasierten' quantitativen Forschung zu beobachten. Seit einigen Jahren mehren sich Studien zu Vorstellungen und Orientierungen von Lehrenden und Lernenden, die den Blick auf (meist individuelle) Voraussetzungen und Deutungen sowie auf die Prozesshaftigkeit des Handelns in der politischen Bildung ermöglichen (vgl. z.B. Besand 2013, Ziegler 2014, Deichmann/Partetzke 2018). In diesen Kontext sind auch die Arbeiten der politikdidaktischen Forschung zu mentalen Repräsentationen einzuordnen, die überwiegend auf das Konzept *Bürgerbewusstsein* (im Anschluss an Dirk Lange) zurückgreifen. Dabei werden häufig Alltagsvorstellungen von Lernenden erhoben, diese jedoch meist nicht systematisch sozial bzw. kollektiv rückgebunden, sodass das Verhältnis subjektiver Vorstellungen und sozialer Strukturen ungeklärt bleibt.

Rekonstruktive Verfahren, die im Gegensatz dazu auf implizite kollektive und handlungsleitende Orientierungen abzielen und je nach theoretisch-methodologischer Position als Deutungsmuster, Überzeugungen, Orientierungsrahmen oder als Habitus verstanden werden, sind inzwischen auch in der politischen Bildung anzutreffen. In Bezug auf die Lernenden gibt es etwa Studien zum Selbst- und Weltverhältnis von Schüler*innen (Carla Schelle), politischen Selbstbildern (Marie Winckler) oder politischen Werthaltungen zu Flucht und Asyl (Farina Nagel). In Bezug auf die Lehrenden lassen sich Studien zum Politikverständnis (Sandra Da Rin/Sibylle Künzli), zu ihren Konzeptionen guter Staatsbürger*innenschaft (Aviv Cohen) oder ihren Lehrorientierungen (Stefanie Kessler) anführen. Darüber hinaus sind auch rekonstruktive Studien zu Interaktions-, Lern- und Unterrichtsprozessen (z.B. Andreas Eis, Christian Fischer, Frank Nonnenmacher, Sabine Thormann, Alexander Wohnig) zu nennen.

Solche rekonstruktiven Verfahren können ein Ansatzpunkt für eine kritisch-reflexive empirische Bildungsforschung sein, insofern die gesellschaftlich-kollektive Eingebundenheit der Subjekte als relevanter Bestandteil der methodologischen Anlage der Studie berücksichtigt und diese Eingebundenheit rekonstruiert wird. Damit können ungleichheitsrelevante Orientierungen, über die Menschen verfügen und die darüber mitbestimmen, wie sie sich zu Bildung und Politik ins Verhältnis setzen, sowie Potenziale für Kritik und Veränderung bestehender Praxis deutlich werden.

2. Einblicke in zwei empirische Studien zu kollektiven Orientierungen

Hieran anknüpfend, werden empirisch-illustrierend zwei qualitative Dissertationsstudien zu kollektiven Orientierungen von Lernenden und Lehrenden in der politischen Bildung mit jeweils unterschiedlichem methodischem Vorgehen vorgestellt. Sie werden im Anschluss in Bezug auf ihr Potenzial für eine kritische Forschung zu Lehr-Lern-Bedingungen untersucht.

Lernende in der politischen Bildung

In der Studie *Jenseits des Hängemattenlandes. Arbeit und Arbeitslosigkeit aus der Sicht von Jugendlichen. Eine Rekonstruktion ihrer Orientierungen und ihre Bedeu-*

tung für die politische Bildung (Schmitt 2017) wurde gefragt, welche Sichtweisen auf Arbeit junge Menschen im Übergang zu Studium und Ausbildung haben, wie sie sich angesichts des gesellschaftlichen Wandels hinsichtlich Arbeit orientieren, welche Selbst-, Menschen- und Gesellschaftsbilder damit einhergehen und welche Implikationen und Konsequenzen die Orientierungen für die politische Bildung haben. Dafür wurde das sequenzanalytische qualitativ-rekonstruktive Vorgehen der Dokumentarischen Methode (Bohnsack 2017) gewählt. Es wurden elf Gruppendiskussionen mit jungen Menschen zwischen 16 und 25 Jahren verschiedener sozialer Hintergründe geführt. Befragt wurden junge Menschen mit und ohne direkte Arbeitserfahrungen, bei denen in naher Zukunft eine Entscheidung über den weiteren Lebensweg anstand.

Methodologisch werden nach der Dokumentarischen Methode zwei Wissensebenen unterschieden und dementsprechend ging es erstens um die Rekonstruktion des expliziten, kommunikativen Wissens – also dem, was gesagt wird, welche Themen in den Gesprächen behandelt wurden. Zweitens wurde das konjunktive, implizite Wissen rekonstruiert und untersucht, auf welche Art und Weise die Themen verhandelt wurden. Hier ging es um die Diskursorganisation und Performanz des Gesprochenen, die Einblicke in die Handlungspraxen der Befragten gaben.

Auf der Ebene des expliziten Wissens konnte rekonstruiert werden, dass die Gruppen auf gängige Vorstellungen von Arbeit und auf gesellschaftliche Diskurse um Erwerbslosigkeit, Hartz IV und Eigenverantwortung zurückgriffen. Arbeit war für sie überwiegend identisch mit Erwerbsarbeit. Das Nichtstun wurde nicht als Möglichkeit zur Muße, sondern v.a. als Faulheit betrachtet. Erwerbslosigkeit wurde überwiegend individualisiert und in einem Modus von Schuld und Schicksal verhandelt. Folglich dominierte der Primat eigener Verantwortung, um diesen Zustand selbst zu überwinden. Strukturelle Gründe für Erwerbslosigkeit wurden hingegen weniger diskutiert und wirtschafts- und sozialpolitischen Lösungen eine geringe Bedeutung beigemessen.

In der Art und Weise, wie diese Themen verhandelt wurden, zeigten sich Unterschiede zwischen den Gruppen, teilweise auch innerhalb derselben Gruppe, die mittels komparativer fallinterner und -externer Analyse zu einer *Typik unterschiedlicher Erwerbsorientierungen* verdichtet wurden:

(1) So gab es erstens Jugendliche, für die Arbeit vor allem mit existenziellem *Zwang* verbunden war und die trotz aller Bemühungen ein Leben außerhalb eines existenzsichernden Normalverhältnisses antizipierten.

(2) Zweitens gab es Jugendliche, die sich am *Status* ihrer Eltern orientierten und auf die eigene Leistung und Aktivität setzten.

(3) Drittens gab es Jugendliche mit einer sehr *pragmatischen Orientierung*, welche Erwerbsarbeit als materielle Notwendigkeit ansahen, ohne aber die existenziellen Zwänge der ersten Gruppe zu teilen. Sie fokussierten auf das Ziel des Gelderwerbs und eine gesellschaftliche Integration durch Konsum, ohne dass es ihnen aber, wie dem zweiten Typus, um die Erlangung eines bestimmten Status ging.
(4) Viertens gab es Jugendliche, für die Arbeit v.a. mit *Sinnstiftung* und Selbstverwirklichung verbunden war, die an ihrer persönlichen Weiterentwicklung interessiert waren und eine Tätigkeit anstrebten, die ihren Interessen und Talenten entspricht.

Der Typus *Zwang* war unter den Auszubildendengruppen, die Typen *Status, Pragmatismus* und *Sinnstiftung* bei den Gruppen der Gymnasiast*innen zu rekonstruieren. Arbeit war für die Jugendlichen je nach Ausstattung mit persönlichen, sozialen und materiellen Ressourcen mit Freiheitsgewinnen und Entwicklungsversprechen, Qualifikations- und Leistungsdruck, Anerkennungsdefiziten, Prekarisierungsrisiken oder Verunsicherungen und Ängsten verbunden.

Für die politische Bildung bedeutsam waren die vorherrschenden, ins Private verlagerte und entpolitisierten gesellschaftspolitischen Problemlagen, die Individualisierung von Erwerbslosigkeit und die Abgrenzung sowie teils aggressive Abwertung von Langzeitarbeitslosen durch die jungen Menschen, die auch durch quantitative Studien empirisch belegt ist (z.B. Zick/Küpper 2021).

Zusammenfassend zeigt die Studie, dass Jugendliche ihr eigenes erwerbsorientiertes Lebenskonzept im Spiegel von Erwerbslosigkeit entwickeln. Sie greifen dabei aktuelle und historisch variable Diskurse, Ideologien und Vorurteile auf, tun dies aber vor dem Hintergrund milieuspezifischer Erfahrungen und Handlungspraxen, von in den jeweiligen Milieus verankerten Sehnsüchten und Sorgen.

Lehrende in der politischen Bildung

Mit anderem methodischem Vorgehen wurde in der Studie *Politikbilder und Habitus: Eine soziologische Untersuchung von Politiklehrer*innen in Deutschland und Israel* (Zosel 2021) untersucht, welchen Blick schulische politische Bildner*innen auf *Politik* werfen und wie ihre pädagogischen Ziele mit diesem Politikbild zusammenhängen. Politikbilder wurden als kollektive Orientierungen und Ausdruck der Gesamtheit der auf *Politik* bezogenen Haltungen gefasst, die über den (Klassen-)Habitus – verstanden als „allgemeine Grundhaltung gegenüber der Welt" (Bourdieu 1992, 31) – vermittelt werden. Für den vergleichenden Kontext Deutschland – Israel war zudem relevant, ob die Shoah eine wirkmächtige Bedeutung in den Politikbildern hinsichtlich der Förderung von Demokratie einnimmt. Um die kollektiven Orientierungen zu stimulieren, wurden vier mehrstufige „Gruppenwerkstätten“ (Bremer 2004) mit insgesamt 20 Politiklehrer*innen ausgewertet. Dabei wurde u.a. über Gruppendiskussionen und die Erstellung von Collagen Text- und Bildmaterial erhoben, das mit der Habitushermeneutik (Bremer/Teiwes-Kügler 2013) sequenzanalytisch untersucht wurde, wobei insbesondere die Klassifizierungen als Grundmuster sozialer Praxis und gesellschaftlicher Strukturenfreigelegt wurden.

Die Ergebnisse zeigen, dass Politikbilder mit milieuspezifischen politikbezogenen Erfahrungen und Haltungen („Habituszügen“) korrespondieren. Quer zu den Gruppen konnten vier zusammenhängende *Syndrome* (Begriff im Anschluss an Theodor Adorno) von Politikbildern rekonstruiert werden, die unterschiedliche Nähe-Distanz-Verhältnisse zu verfasster Politik aufweisen und sich in ihren affirmativ-bewahrenden bzw. kritisch-transformatorischen Stoßrichtungen unterscheiden. Dieser allgemeine Befund lässt sich sowohl in Israel als auch in Deutschland bestätigen. Mit unterschiedlichen Politikbildern gehen dabei auch unterschiedliche pädagogische Ziele und Vorstellungen ‚guter Bürger*innenschaft‘ einher:

(1) Ein *vertrauend-bewahrendes (‚verteidigendes‘) Politikbild* steht in Verbindung mit selbstsicheren, hierarchischen Habituszügen und dem Ziel, Schüler*innen über konventionelle Partizipationsformate an verfasste Politik heranzuführen. Diese Lehrer*innen möchten positive Politikerfahrungen an ihre Schüler*innen weitergeben.

(2) Ein *vertrauend-veränderungsorientiertes (‚reformerisches‘) Politikbild* geht mit selbstsicheren, egalitären Habituszügen einher. Anders als im ersten Syndrom wird Kritik daran geübt, dass sich nicht alle Menschen politisch einbringen können. Im Unterricht wird die politische Partizipation und Emanzipation der Schüler*innen als kritisch-mündige Bürger*innen gefördert.

(3) Lehrer*innen mit einem *distanziert-veränderungsorientierten (‚aufbegehrenden‘) Politikbild,* in dem sich unangepasste, egalitäre sowie sozialkritische Habituszüge zeigen, zielen auf die politische Selbstbestimmung und Autonomie der Schüler*innen ab, um etablierte politische Verhältnisse zum Besseren zu wenden.

(4) Ein *distanziert-bewahrendes (‚resigniertes‘) Politikbild* verweist auf angepasst anmutende, fatalistische Habituszüge, bei dem sich die Lehrer*innen teils aus Politikenttäuschung darauf beschränken, den Schüler*innen eine angemessene politische Ausdrucksweise zu vermitteln und dabei möglichst ge-

nau die Vorgaben des Curriculums umzusetzen. Dies trägt im Ergebnis zur Bewahrung politischer Verhältnisse bei.

Die Shoah ist in den Politikbildern implizit präsent und wird als historische Referenz- und Projektionsfolie verwendet. Sie wird als „ideologische Matrix" (Zuckermann 1998) sowohl mit aktuellen Themen wie Antisemitismus, Rassismus, Rechtsextremismus und mit der Unterdrückung ethnisch-religiös markierter Gruppen als auch mit den jeweiligen pädagogischen Zielen der Lehrer*innen verbunden. Im Vergleich der länderspezifischen Ergebnisse fällt zudem auf, dass die Lehrer*innen in Israel stärker in Distanz zum politischen Feld stehen, während die Streuung in Deutschland größer ist.

Zusammenfassend zeigt sich, dass das Politikbild und der spezifische Zugang der Lehrenden zu Politik durch Habitus und Milieu geprägt sind. Die unterschiedlichen Politikbildsyndrome der Lehrer*innen ermöglichen Schüler*innen heterogener sozialer Herkunft damit unterschiedliche Zugangsmöglichkeiten zu Politik im Unterricht. Sie bilden die komplexen und widerstreitenden milieuspezifischen Orientierungen gegenüber Politik ab.

3. Diskussion und Implikationen für eine kritische politische Bildung

In beiden Studien wird herausgearbeitet, wie Lernende und Lehrende auf Gegenstände der politischen Bildung (*Arbeit* und *Politik*) blicken und wie kollektive Orientierungen die Sichtweisen der Lernenden und der Lehrenden prägen. Für eine kritisch-reflexive politische Bildung lassen sich Anschlüsse in methodologischer Hinsicht (1), im Hinblick auf Lehr-Lern-Prozesse und ihre bildungspraktischen Implikationen (2) sowie für weitere empirische Forschung (3) herstellen.

(1) Mit der Dokumentarischen Methode und der Habitushermeneutik wurden in der (schulischen) politischen Bildungsforschung noch wenig verbreitete Methoden vorgeschlagen. Beide gehen sequenzanalytisch vor – sie erschließen und rekonstruieren die Sinnstrukturen entlang des kommunikativen Verlaufs. Beide Verfahren verbindet der Bezug auf Pierre Bourdieu, wenngleich sie sowohl den Milieubegriff als auch das Habituskonzept unterschiedlich interpretieren (vgl. Bremer/Teiwes-Kügler 2010, 269 ff.; Bohnsack 2017). Damit eint sie der Versuch einer Überwindung der Trennung von Objektivismus und Subjektivismus sowie von Struktur und Handeln: Weder lassen sich Deutungsmuster einfach aus objektiven Strukturen deterministisch ableiten, noch wird die Verabsolutierung eines subjektiv

gemeinten Sinns der handelnden Akteur*innen jenseits struktureller Rahmenbedingungen der empirischen Realität gerecht. Deshalb unterscheiden beide Verfahren zwei Wissens- bzw. Sinnebenen: das kommunikative, explizite Wissen bzw. den manifesten Sinn und das implizite Wissen bzw. den latenten Sinn. Letzteres ist inkorporiert, den Sprechenden meist nicht bewusst und wirkt handlungsleitend („modus operandi"). Es ist ein Wissen, das Menschen gleicher Milieus teilen, welches ihre Erfahrungen verbindet („konjunktiv"). So zeigen sich empirisch etwa konjunktiv geteilte Abgrenzungen: Während in der ersten Studie der „Hartzer"/Erwerbslose als Gegenbild zur eigenen gesellschaftlichen Positionierung fungiert, anhand dessen die Jugendlichen ihr eigenes erwerbsorientiertes Lebenskonzept entwickeln, sind es in der zweiten Studie die oft defizitär beschriebenen Schüler*innen und ihre Elternhäuser, aus denen die Lehrkräfte Bedeutung für ihr eigenes Lehrhandeln ziehen.

(2) Zudem sind die Studien instruktiv, um den Fokus von individuellen Vorstellungen Lernender auf kollektive Sprech- und Handlungspraxen zu erweitern. Politische Bildungsprozesse beginnen demnach nicht nur mit einer Addition unterschiedlicher individueller Vor- oder ‚Fehlvorstellungen' zu politischen Themen. Denn diese speisen sich erstens aus gesellschaftlichen Diskursen wie unternehmerischen Anrufungen (Aktivität, Eigenverantwortung) oder menschenfeindlichen Deutungsmustern (Abwertung von Langzeitarbeitslosen). Zweitens sind sie Bestandteile einer in sozialen Milieus verankerten, inkorporierten Wahrnehmungs-, Denk- und Handlungspraxis. Auch die Politikbilder der Lehrenden, ihre konkreten pädagogischen Ziele und Visionen guter (Staats-)Bürger*innen gründen in den kollektiv geteilten Dispositionen des milieuspezifischen Habitus. Sozial ungleich verteilte Ressourcen bedingen sozial ungleiche Sichtweisen auf und Zugänge zu Arbeit, Politik und gesellschaftlicher Teilhabe. Wenn also Lernende über Politik sprechen und Lehrende Politik erklären, fließen durchaus unterschiedliche Politikbilder, d.h. kollektive, in unterschiedlichen Habitus verankerte Orientierungen ein. Diese sozialen Kontexte der Lernenden sollten zum Ausgangspunkt für Lern- und Bildungsprozesse gemacht werden, um die sozialen Ungleichheitsverhältnisse angemessen zu berücksichtigen. Politische Bildung kann nur dann nachhaltig wirksam werden, wenn es gelingt, neben dem abfragbaren kommunikativen Wissen auch auf die Ebene der alltäglichen Handlungspraxis vorzudringen, diese erfahr- und reflektierbar zu machen. Hilfreich wäre zum einen, wenn Lehrer*innen mehr soziologische Kenntnisse über die Milieuzusammensetzung ihrer Schüler*innen

erlangen (zur Wichtigkeit soziologischer Perspektiven in der politischen Bildung vgl. Schmitt 2019), um ihre Lehrpraxis an die unterschiedlichen Habitus der Schüler*innen rückbinden zu können. Zum anderen erscheint gerade mit Blick auf die Professionalitätsdebatte eine kritische Selbstreflexion des eigenen sozialen Standorts der Lehrenden und der eigenen politischen Sozialisation geboten.

(3) Für eine kritische politische Bildungsforschung ist das methodische Vorgehen bedeutsam, um die gesellschaftlich-diskursiven Wissensbestände („Common Sense", Alltagsverständnis, vgl. Hammermeister sowie Gläser/Lösch in diesem Band), auf die Lernende und Lehrende zurückgreifen, in den Blick zu bekommen. Die hier vorgestellten Studien liefern Erkenntnisse, um den in spezifischen Milieus verankerten und inkorporierten Orientierungen und damit der gesellschaftlichen Grundierung von Wissen Rechnung zu tragen und somit auch den Macht- und Herrschaftsverhältnissen, die diese prägen. Es eröffnet sich ein differenziertes Feld für die weitere kritisch-empirische Erforschung von Lehr-/Lernvoraussetzungen sowie politischen Bildungs- und Unterrichtsprozessen. Die vorgeschlagenen methodologischen Perspektiven ermöglichen es, die in die politischen Bildungsprozesse eingehenden milieuspezifischen bzw. intersektional strukturierten, heterogenen Erfahrungshintergründe von Lernenden und Lehrenden stärker als bislang in den Blick zu nehmen und auf dieser Grundlage emanzipative, ungleichheitsreduzierende und demokratisierende Veränderungspotenziale zu identifizieren.

Literatur

BESAND, Anja (Hg.) (2013): Lehrer- und Schülerforschung in der politischen Bildung. Schriftenreihe der GPJE. Schwalbach/Ts.

BOHNSACK, Ralf (2017): Praxeologische Wissenssoziologie. Opladen.

BOURDIEU, Pierre (1992): Rede und Antwort. Frankfurt/M.

BREMER, Helmut (2004): Von der Gruppendiskussion zur Gruppenwerkstatt. Ein Beitrag zur Methodenentwicklung in der typenbildenden Mentalitäts-, Habitus- und Milieuanalyse. Münster.

BREMER, Helmut/Teiwes-Kügler, Christel (2010): Typenbildung in der Habitus- und Milieuforschung. In: Ecarius, Jutta/Schäffer, Burkhard (Hg.): Typenbildung und Theoriegenerierung. Methoden und Methodologien qualitativer Bildungs- und Biographieforschung. Opladen, S. 251–276.

BREMER, Helmut/Teiwes-Kügler, Christel (2013): Habitusanalyse als Habitus-Hermeneutik. ZQF 02, S. 199–219.

DEICHMANN, Carl/Partetzke, Marc (Hg.) (2018): Schulische und außerschulische politische Bildung. Qualitative Studien und Unterrichtsbeispiele hermeneutischer Politikdidaktik. Wiesbaden.

LANGE, Dirk/Fischer, Sebastian (2022): Qualitative empirische Forschung zur politischen Bildung. In: Sander, Wolfgang/Pohl, Kerstin (Hg.): Handbuch politische Bildung. Frankfurt/M., S. 99–109.

SCHMITT, Sophie (2017): Jenseits des Hängemattenlandes. Arbeit und Arbeitslosigkeit aus der Sicht von Jugendlichen. Eine Rekonstruktion ihrer Orientierungen und ihre Bedeutung für die politische Bildung. Schwalbach/Ts.

SCHMITT, Sophie (2019): Zur Reflexion des Selbstverständlichen anstiften. Potenzial soziologischer Perspektiven für die politische Bildung. In: Lotz, Mathias/Pohl, Kerstin (Hg.): Gesellschaft im Wandel. Neue Aufgaben für die politische Bildung und ihre Didaktik. Frankfurt/M., S. 94–102.

ZICK, Andreas/Küpper, Beate (Hg.) (2021): Die geforderte Mitte. Rechtsextreme und demokratiegefährdende Einstellungen in Deutschland 2020/21. Bonn.

ZIEGLER, Béatrice (Hg.) (2014): Vorstellungen, Konzepte und Kompetenzen von Lehrpersonen der politischen Bildung. Beiträge zur Tagung „Politische Bildung empirisch 2012". Zürich.

ZOSEL, Tim (2021): Politikbilder und Habitus. Eine soziologische Untersuchung von Politiklehrer*innen in Deutschland und Israel. Online: https://duepublico2.uni-due.de/receive/duepublico_mods_00074823 (Zugriff: 31.07.2023).

ZUCKERMANN, Moshe (1998): Zweierlei Holocaust. Der Holocaust in den politischen Kulturen Israels und Deutschlands. Göttingen.

4. Reflexiver Blick auf non-formale politische Bildung und kritische Soziale Arbeit

MICHAEL MAY, STEFAN SCHÄFER

Politische Bildung in der Sozialen Arbeit

In der Sozialen Arbeit haben sich Ansätze kritischer Bildungstheorie etablieren können, die politische Bildung als Kritik an und Veränderung von gesellschaftlichen Verhältnissen verstehen und dabei Prozesse der Auseinandersetzung mit sich selbst und der Welt unter dem Aspekt von Emanzipation und Mündigkeit fokussieren. Solche Ansätze kritischer politischer Bildung setzen an den „Konstitutionsbedingungen von Subjektivität" (Sünker 2012, 249) an und verweisen auf den Zusammenhang von Bildung mit einem Verständnis von politischer Sozialer Arbeit. Politische Bildung in der Sozialen Arbeit lässt sich demnach auch als dialektische Verbindung einer Bildung am Politischen mit einer Bildung des Politischen verstehen.

Dieses Verständnis knüpft an Paul Natorps Gegenstandsbestimmung von Sozialpädagogik in ihrem Bezug auf die „sozialen Bedingungen der Bildung und die Bildungsbedingungen des sozialen Lebens" (Natorp 1974, 86) an und die darauf aufbauende Konzeption Sozialer Arbeit als dialektisch miteinander vermittelte Bildung des Sozialen und Bildung am Sozialen (Kunstreich/May 1999). Dabei zielt der Begriff des ‚Sozialen' auf „das *aktuelle* Beziehungsgeflecht einer Gruppe oder einer Gesellschaft *insgesamt* [...]. Das *Soziale als Geflecht von Relationen* ist [...] von *eigener Qualität*. Es konstituiert sich durch den wechselseitigen Bezug der Menschen untereinander – durch Kommunikation und produktive Tätigkeiten" (Kunstreich 2000, 7; Herv. i. O.). Bünger spricht in diesem Sinne von einer „Politizität der Bildung", d.h. „dass das Politische der Bildung nicht als äußere Bedingung gegenübertritt, sondern ein für Bildungsprozesse konstitutives Moment kennzeichnet." (Bünger 2013, 17)

So wandte man sich auch in der Bildungstheorie der letzten Jahre verstärkt Ansätzen der *politischen Differenz* von Politik und Politischem zu. Dabei meint *Politik* die gegebenen institutionellen Zusammenhänge und das Normen- und Regelgefüge eines politischen Gemeinwesens und das innerhalb dieser Ordnung Denk-, Sag- und Machbare – also das, was in der kritischen Bildungstheorie in Form der Konstitutionsbedingungen von Subjektivität verhandelt wird. *Das Politische* bezieht sich dagegen auf die Kontingenz dieser Ordnung und die sich daraus ergebende Option der Unterbrechung und Neugründung (vgl. Marchart

2010, 6). Dabei ist auch die Grenze zwischen dem, was als politisch, und dem, was nicht als politisch gilt, Gegenstand eines gesellschaftlichen Konflikts. Das, was in diesem Zusammenhang *der Politik* zugerechnet wird, „die Institutionen des offiziellen Regierungssystems, einschließlich der Parlamente, der Verwaltungsapparate und ähnliches […], kontrastiert mit dem, womit sich Institutionen wie die ‚Familie' und die ‚Ökonomie' befassen, die beide der Definition nach außerhalb des offiziellen politischen Systems stehen, obwohl sie in Wirklichkeit von diesem abgestützt und reguliert werden" (Fraser 1994, 257).

In dieser Sphäre des als *privat* Geltenden wurzelt der Rohstoff des Politischen. Negt/Kluge zeigen, dass es nicht genügt, „Bedürfnisse zu haben. Man muß sie sprachlich ausdrücken, damit aus einem Mangel ein Anspruch wird" (Negt/Kluge 2001b, 709). Um einen Mangel politisch zu entziffern und aufzugreifen, muss jedoch „etwas Zweites hinzukommen: die Verallgemeinerung. Ich erkenne mein Eigeninteresse und dessen Formulierung bei anderen wieder. Daraus erwächst Selbstbewußtsein, erweitertes Ausdrucksvermögen" (ebd.). Nancy Fraser spricht im Hinblick auf eine solche Form der Bildung am Sozialen von einer Politik der Bedürfnisinterpretation (Fraser 1994, 240), in der von einem spezifischen Mangel Betroffene dazu kommen, „scheinbar natürliche und vorpolitische Interpretationen abzuschütteln, die ihre [daraus resultierenden, d. A.] Bedürfnisse in der offiziellen Ökonomie und/oder Familie umschließen" (ebd., 243).

Soziale Arbeit fungiert in diesem Zusammenhang häufig dahingehend, solche „dialogische, partizipative Prozesse" einer „Politik der Bedürfnisinterpretation durch das juristische, administrative und therapeutische Management der Bedürfnisbefriedigung zu ersetzen" (ebd., 240; Herv. i. O.), in denen die aus Mangelsituationen erwachsenden Bedürfnisse monologisch umdefiniert werden zu „Korrelate[n] bürokratisch verwalteter Bedarfsdeckungen" (ebd., 238). Soziale Arbeit kann jedoch auch im Rahmen des für eine solidarische Professionalität kennzeichnenden Arbeitsprinzips Partizipation (Kunstreich/May 2020) zum Ferment einer Politik der Bedürfnisinterpretation von spezifischen Mangelsituationen Betroffener werden. Anknüpfend an das dialogisch-dialektische Konzept von Kodierung/Dekodierung von Paulo Freire geht es dabei darum, eine auf „die Beziehung zwischen den von ihnen empfundenen Bedürfnissen und den direkten oder indirekten Ursachen dieser Bedürfnisse" (Freire 1975, 97) zielende Bildung am Sozialen bzw. Politischen anzustoßen. Ansatzpunkt dazu sind Grenzsituationen, in denen bei den Betroffenen das Bewusstsein dämmert, dass ihre Bedürfnisse bzw. deren mangelnde Befriedigung in herrschaftlichen Begrenzungen gründen. Denn damit etwas „politisch brisant wird", ist – wie

Negt und Kluge (2001b, 708) herausgearbeitet haben – „ein Drittes erforderlich: ein situationsübergreifender Geltungsanspruch, […] meist handelt es sich in derlei Fällen um verletztes Rechtsgefühl […]. Ein interessegeleitetes, verallgemeinertes politisches Bewußtsein erlangt Bestimmtheit und überindividuelle Dauer" (ebd.).

Um dies zu befördern, gilt es, entsprechende Grenzsituationen mit den Betroffenen gemeinsam oder auch von den Fachkräften allein in ikonografischer Form von Bildern, Fotos oder dramatisierten Szenen zu codieren (May 2017, 162 ff.). Unterstützt durch mäeutische Fragen seitens der Fachkräfte, die auf eine vertiefte Exploration zielen, gilt es, damit eine Decodierung seitens der Betroffenen anzustoßen, mit dem Ziel, „die unerprobte Möglichkeit zu begreifen, die jenseits der Grenzsituation […], die ihre Bedürfnisse hervorrief" (Freire 1975, 97), liegt. Von daher geht ein solcher Prozess der Bildung am Sozialen eines spezifischen Blockierungszusammenhangs über eine Politik der Bedürfnisinterpretation sogar noch hinaus. Denn sie zielt in Richtung einer – wie Natorp es genannt hat – Willensbildung bezüglich der Überwindung konkreter Grenzsituationen im Rahmen dieses Blockierungszusammenhangs in Form entsprechender – wie Freire es nennt – Grenzakte, in denen die Betroffenen sich zugleich als politische Subjekte erfahren.

Vor allem in sozialräumlichen Ansätzen Sozialer Arbeit wird der Ansatz am Willen der Bevölkerung propagiert. Das birgt aber angesichts dessen, was als adaptive Präferenzbildung diskutiert wird, die Gefahr, einen eher zynischen, wenn nicht gar angesichts ideologischer Überformung geradezu demokratiegefährdenden Charakter anzunehmen, wenn beispielsweise der Wille zur Macht (Nietzsche) sich in Gestalt einer sogenannten ‚national befreiten Zone' artikuliert. Von daher kommt es in entscheidendem Maße auf die Form an, in der eine Willensbildung erfolgt, die einer sich als dialektisch miteinander vermittelte Bildung am und des Politischen sich verstehende Soziale Arbeit nicht egal sein kann. Um gleichermaßen adaptive Präferenzbildungen wie ideologische Formen der Willensbildung zu vermeiden (vgl. ebd. 2017, 135 ff.), gilt es, an einem empfundenen Mangel anzusetzen. Ein erster Schritt zu einer kaum rein kognitiv, sondern nur umfassend leib- und erfahrungsbezogenen Exploration dessen, was einen Mangel zu beseitigen vermag, ist ebenjene Form einer Bildung am Sozialen, die Fraser als Politik der Bedürfnisinterpretation bezeichnet hat.

Weitergehend ist Natorps Theorie der Willensbildung „auf dem Grund freier Selbstregulierung, also von unten nach oben" (Natorp 1974, 146), in kaskadenhafter Form als „Genossenschaft von Genossenschaften und sofort, bis zum umfassenden Ganzen, dem Sozialstaat" (ebd., 149), von entscheidender Bedeutung. Denn nicht nur spricht er mit dem Genossenschaftsprinzip eine basisdemokratische, „elementare Form des Sozialen" (Schulz-Nieswandt 2019, 41) an, die sich „in der trinitarischen Formel [...] der Selbsthilfe in Selbstorganisation in Selbstverwaltung zum gestalthaften Ausdruck bringt" (ebd.), ohne dass sie unbedingt die Rechtsform einer Genossenschaft annehmen müsste.

Hier stellt sich jedoch im Zusammenhang mit der von Negt und Kluge (2001b, 708) herausgearbeiteten dritten Bedingung eines situationsübergreifenden Geltungsanspruchs, damit ein „interessegeleitetes, verallgemeinertes politisches Bewußtsein [...] Bestimmtheit und überindividuelle Dauer" (ebd.) erlangt, das Problem, dass es im Rahmen einer Politik der Bedürfnisinterpretation auch „zu sich überstürzenden Geltungsansprüchen" kommen kann, „die häufig die Tendenz haben, einander zu zerstören" (ebd., 709). Vor diesem Hintergrund und da Menschen zumeist sehr verschiedene Mängel erleiden, erscheint es notwendig, sie mit möglichst vielen jeweils von einem spezifischen Mangel Betroffenen zu einer Politik der Bedürfnisinterpretation zusammenzubringen, um sich im Rahmen einer Bildung am Sozialen bzw. am Politischen mit den jeweiligen Gleichbetroffenen der gemeinsamen Mangelerfahrung zu vergewissern. Folgerichtig wäre im Hinblick auf den von Natorp vorgezeichneten kaskadenhaften Aufbau der Willensbildung in Form einer mit der genossenschaftsorientierten Bildung des Sozialen bzw. Politischen verbundenen Bildung am Sozialen bzw. Politischen eine Orientierung an Kimberlé Crenshaws (1989) Begriff von Intersektionalität.

Crenshaw hat ihr Konzept am Beispiel von als Schwarze Frauen identifizierten Menschen entwickelt. Sie argumentiert, dass der von ihnen erfahrene spezifische Diskriminierungs- und Blockierungszusammenhang weder in einem rassistischen noch einem sexistischen noch in einer Addition von beidem aufgeht, sondern eine ganz eigene Qualität entfaltet. Demnach wären als Schwarze Frauen Identifizierte zunächst zu einer für sie exklusiven Politik der Bedürfnisinterpretation zusammenzubringen (Crenshaw 1989). Im Anschluss aber wären sie sowohl mit anderen, von diversen und vermutlich noch im Hinblick auf eine spezifische Politik der Bedürfnisinterpretation in der Organisation zunächst zu differenzierenden Formen von Sexismus wie auch von Rassismus Betroffenen jeweils in dieser Weise zu vernetzen und dabei zu unterstützen, sich als Gruppe eigenständig zusammenzufinden (May 2017, 167 ff.). Eine solche dialektisch miteinander vermittelte Bildung am und des Politischen ist also auf zunächst jeweils eigene und dann in skizzierter Weise kaskadenhaft zusammenzuführende Versammlungsorte (Negt/Kluge 2001b, 709) verwiesen. Zudem erscheint eine professionelle Moderation erforderlich, die für alle, die in diesen Prozessen drohen, überhört zu werden, Möglichkeiten eröffnet, sich selbst im Rahmen einer exklusiven Politik der Bedürfnisinterpretation zu vergewissern und eine eigene Stimme zu entwickeln. Um diese Art von (All-)Parteilichkeit für das Subalterne realisieren zu können, wäre es sinnvoll, dass die Fachkräfte in einer eigenen, sozialstaatlich oder über eine Stiftung finanzierten Genossenschaft organisiert wären.

Es geht also nicht nur um dieses oder jenes politische Problem, das es zu lösen gilt, sondern auch um die Ordnung der Demokratie selbst. Das Demokratische der Demokratie besteht darin, Demokratie in demokratischen Prozessen immer wieder neu zu bilden. Zugrunde liegt damit ein Demokratiebegriff, der die Einschränkungen deliberativ angelegter Demokratietheorie überwindet, indem das Demokratische vom Dissoziativen her gedacht wird. Das Politische realisiert sich im Bruch mit der gegebenen Ordnung als Dissens, Konflikt, Widerspruch usw. und damit als Anspruch, daraus etwas Neues zu gewinnen. Lefebvre hat hier eine sozioanalytische Interventionsstrategie gefordert, welche „die mit einer falschen Evidenz vermischten Aspekte der Alltagssituation an einem Ort und in einer Zeit" (ebd.) dissoziiert, um überhaupt eine wirkliche Assoziation der „bis dahin äußeren Erfahrungen" (Lefebvre 1972, 256.) in Gestalt einer Bildung am Sozialen und Politischen in der von uns skizzierten Form zu ermöglichen.

Jenseits einer solchen Interventionsstrategie sind in diesem Zusammenhang sogenannte Jetzt-Momente politischer Bildung von besonderer Bedeutung, in denen „ganz akut das Gefühl auftaucht, dass das bestehende intersubjektive Feld bedroht ist, dass eine wichtige Veränderung […] in der Beziehung möglich ist und dass deren bisheriger Charakter zur Neuverhandlung auf dem Tisch liegt" (Stern 2005, 174). Als Jetzt-Momente werden diese deshalb bezeichnet, weil durch die damit einhergehende „starke affektive Aufladung […] die Beteiligten […] in den Gegenwartsmoment hineingezogen [werden], vor dem es kein Entrinnen gibt […]. Etwas anderes als Jetzt gibt es nicht" (ebd.). Parallelen lassen sich diesbezüglich zu dem ziehen, was Negt/Kluge (2001a, 986 ff.) als begrenzte Regelverletzung thematisieren, mit der die Chance einer Aufklärung einhergeht, „die die Beziehung selbst ergreift" (ebd., 988). Vor diesem Hintergrund wird auch die Bedeutung solcher Jetzt-Momente für eine Bildung sowohl am Sozialen wie am Politischen deutlich.

Wenn Negt und Kluge sich in diesem Kontext auch auf das beziehen, was in der Dialektik (hier nicht in der theoretischen, sondern der praktischen!) das Aufheben von Widersprüchen genannt wird, dann geht es bei einer Aufklärung in Beziehungsverhältnissen des Sozialen um ein Aufheben „in einem ganzen unmittelbaren Sinn. Es muss zunächst die Berührungsfläche für diese Arbeit gesucht werden: Sie liegt immer dort, wo im besonderen Gewaltverhältnis der Beziehung die darin wirkenden Kräfte einander aufheben“ (Negt/Kluge 2001a, 989 f.). In Jetzt-Momenten passiert genau dies, weshalb sie zugleich die Chance zu einer Demokratisierung der Bildung des Politischen öffnen. In Negt und Kluges Begriff einer die Beziehung selbst ergreifenden Aufklärung deutet sich im Hinblick auf das Verhältnis von Bildung und Demokratie in Jetzt-Momenten die sich darin eröffnende Chance zu einer dialektischen Vermittlung von Bildung als Moment der Demokratisierung mit einer Demokratisierung als Moment der Bildung an. Über die raum-zeitliche Eingrenzung hinaus weist dabei der Begriff von Moment, wie ihn Hegel und Marx verwenden, auf einen entsprechenden Erfahrungszusammenhang hin. Deutlich wird darin aber auch, dass all jene Perspektiven auf das Verhältnis von Bildung und Demokratie, die auf einer instrumentellen Indienstnahme des jeweils anderen beruhen oder das jeweils andere zur Voraussetzung des eigenen Gelingens machen, zu kurz greifen.

Resümierend kann eine Soziale Arbeit, die sich als dialektisch miteinander vermittelter Prozess einer Bildung des und am Politischen versteht, nicht erst am Diskurs innerhalb der gegebenen Ordnung ansetzen. Vielmehr muss sie den „mit einer falschen Evidenz vermischten“ (Lefebvre 1972, 265) Konsens über die gesellschaftlichen Verhältnisse dissoziieren, um die Frage selbst zum Gegenstand zu machen, wie ein Gemeinwesen organisiert werden kann und soll, in dem „die Individuen in und durch ihre Assoziation zugleich ihre Freiheit“ (Marx/Engels 1978, 74) erlangen. Vor diesem Hintergrund lassen sich Jetzt-Momente einer kritischen politischen Bildung in der Sozialen Arbeit weiter konkretisieren. In den Blick zu nehmen sind Momente der politischen Partizipation von Adressat*innen im Sinne einer transformatorischen Partizipation (Schäfer 2022). Die Partizipation ist dabei nicht ausschließlich auf die Partizipation an der gegebenen Ordnung von Demokratie und ihrer Repräsentation in den Institutionen Sozialer Arbeit zu begrenzen. Vielmehr entstehen Momente politischer Bildung immer dann, wenn die gegebene Ordnung in der Interaktion selbst zum Gegenstand des politischen Handelns wird. Es geht folglich nicht nur darum, die eigenen Interessen innerhalb des vorgegebenen Rahmens und der daraus entstehenden Freiräume vertreten zu lernen, sondern diesen Handlungshorizont selbst mitzugestalten. Für die Soziale Arbeit sind in diesem Kontext transversale Demokratisierungshandlungen von Adressat*innen relevant, die entlang der hegemonialen Vorstellungen von Normalität häufig als abweichend oder störend markiert werden.

Demgegenüber und im „Bruch mit der normalisierenden Subjektivierung" (Bünger 2013, 206) wäre bei kritischer politischer Bildung in der Sozialen Arbeit nicht von Demokratieerziehung, Demokratieförderung, Demokratiekompetenzen oder Demokratielernen zu sprechen, sondern von bildender Demokratisierung. Mit Blick auf solche Momente bildender Demokratisierung wäre das Arbeitsprinzip Partizipation (Kunstreich/May 2020) im Sinne einer solidarischen Professionalität (Kunstreich/May 1999, 49) zu stärken, die sich nur im permanenten Widerspruch zur eigenen Institution verwirklichen lässt. Erst dann, wenn die zu Klischees und Routinen geronnene Alltäglichkeit von Demokratie in den Institutionen durch die Adressat*innen immer wieder aufs Neue dissoziiert, also dem Dissens, Konflikt, Widerspruch usw. ausgesetzt wird, lassen sich auch auf neue Weise assoziierende Prozesse der Neubildung von Demokratie organisieren (vgl. ebd., 50). Damit wären Optionen zur Verwirklichung eines menschlichen Gemeinwesens angezeigt, das nicht länger „einzelne Bevölkerungsteile, einzelne Menschen, einzelne Realitätszusammenhänge, einzelne Rechtsansprüche" ausgrenzt, sondern seinen Reichtum darin entfaltet, „wie es Zusammenhänge herzustellen vermag" (Negt/Kluge 2001b, S. 695).

Literatur

BÜNGER, Carsten (2013): Die offene Frage der Mündigkeit. Studien zur Politizität der Bildung. Paderborn.

CRENSHAW, Kimberlé W. (1989): Demarginalizing the intersection of race and sex: a Black feminist critique of antidiscrimination doctrine, feminist theory and antiracist politics. Chicago, S. 139–167.

FRASER, Nancy (1994): Widerspenstige Praktiken: Macht, Diskurs, Geschlecht. Frankfurt/M.

FREIRE, Paulo (1975): Pädagogik der Unterdrückten: Bildung als Praxis der Freiheit, 2. Aufl. Reinbek.

KUNSTREICH, Timm (2000): Grundkurs Soziale Arbeit: Sieben Blicke auf Geschichte und Gegenwart Sozialer Arbeit. Band 1: Blicke auf die Jahre 1850, 1890, 1925 und 1935, 2. Aufl. Bielefeld.

KUNSTREICH, Timm/May, Michael (1999): Soziale Arbeit als Bildung des Sozialen und Bildung am Sozialen. In: Widersprüche, Heft 73, Hamburg, S. 35–52.

KUNSTREICH, Timm/May, Michael (2020): Partizipation als Arbeitsprinzip – zur Praxis gemeinsamer Aufgabenbewältigung. In: Widersprüche, Heft 155, Hamburg, S. 49–60.

LEFEBVRE, Henri (1972): Das Alltagsleben in der modernen Welt. Frankfurt/M.

MARCHART, Oliver (2010): Die politische Differenz. Zum Denken des Politischen bei Nancy, Lefort, Badiou, Laclau und Agamben. Berlin.

MARX, Karl/Engels, Friedrich (1978). Die Deutsche Ideologie. Kritik der neuesten deutschen Philosophie in ihren Repräsentanten Feuerbach, B. Bauer und Stirner und des deutschen Sozialismus in seinen verschiedenen Propheten. Berlin.

MAY, Michael (2017): Soziale Arbeit als Arbeit am Gemeinwesen: Ein theoretischer Begründungsrahmen. Leverkusen.

NATORP, Paul (1974): Sozialpädagogik: Eine Theorie der Willensbildung auf Grundlage der Gemeinschaft, 7. Aufl. Paderborn.

NEGT, Oskar/Kluge, Alexander (2001a): Geschichte und Eigensinn. In: Der unterschätzte Mensch: Gemeinsame Philosophie in zwei Bänden. Frankfurt/M.

NEGT, Oskar/Kluge, Alexander (2001b): Maßverhältnisse des Politischen: Vorschläge zum Unterscheidungsvermögen. In: Der unterschätzte Mensch: Gemeinsame Philosophie in zwei Bänden, Frankfurt/M, S. 693–1005.

SCHULZ-NIESWANDT, Frank (2019): Person – Selbsthilfe – Genossenschaft – Sozialversicherung – Neo-Korporatismus – Staat: Transformationen des freigemeinwirtschaftlichen Mutualismus zwischen Lebenswelt und System. Baden-Baden.

STERN, Daniel N. (2005): Der Gegenwartsmoment: Veränderungsprozesse in Psychoanalyse, Psychotherapie und Alltag. Frankfurt/M.

SÜNKER, Heinz (2012): Soziale Arbeit und Bildung. In: Thole, Werner (Hg.): Grundriss Soziale Arbeit, Wiesbaden, S. 249–266.

MARYAM MOHSENI, HANNA HOA ANH MAI

Empowerment und politische Bildung

Der Begriff Empowerment hat in den letzten Jahren zunehmend Eingang in die politische Bildung und die Soziale Arbeit in Deutschland gefunden. Dieser Beitrag befasst sich mit der Frage, welche Möglichkeiten Empowerment als Perspektive und Ansatz bietet, um machtkritische und marginalisierte Perspektiven (vgl. Auma 2020) in der non-formalen politischen Bildung zu stärken. Ebenso gehen wir auf die Schwierigkeiten der beliebigen Nutzung des Begriffs ein. Dabei verstehen wir Empowerment als eine Schnittstelle zwischen außerschulischer politischer Bildung, Sozialer Arbeit und Aktivismus.

1. Ursprünge von Empowerment

Die Idee von Empowerment geht zurück auf antikoloniale Befreiungsbewegungen und soziale Bewegungen (vgl. Meza Torres/Can 2013, 28). Als politisch-praktisches sowie theoretisches Konzept etablierte sich der Begriff durch die Schwarze Bürger:innenrechts- und die feministische Frauenbewegung der 1960er- und durch die Selbsthilfebewegung der 1970er-Jahre. Die Schwarze feministische Frauenbewegung hatte dabei von Beginn an ein intersektionales Verständnis von Diskriminierung und Empowerment (vgl. z.B. Combahee River Collective 1983). Die Forderung der antirassistischen Bewegungen lautete ‚empowerment of black communities' gegenüber der herrschenden rassistischen und segregierenden Politik in den USA. Diese Kämpfe fanden sowohl auf der politischen Ebene statt, z.B. gegen rassistische Gesetzgebungen, als auch auf individueller Ebene, auf der es um Consciousness-Raising ging. Empowerment in diesem Sinne ist ein individueller und kollektiver Prozess der (Wieder-)Erlangung und des Erwerbs von Wissen um die eigene Handlungsmacht und Selbstbestimmung mit dem Ziel der Umverteilung von Ressourcen und Entscheidungsmacht sowie der Bekämpfung sozialer Ungleichheit.

Im Bildungskontext wurde der Begriff Empowerment das erste Mal in der Sozialen Arbeit von Barbara B. Solomon (1976) in den USA etabliert. Die Schwarze Wissenschaftlerin schildert Beispiele für Empowerment-Arbeit in Schwarzen Communities und stellt die Soziale Arbeit in Bezug zum rassistischen System in den USA. Mit ihrer systematischen Arbeit kommt es zum ersten Mal zu einer Schnittstelle und Verbindung zwischen Sozialer Arbeit im Sinne der radikalen Gemeinwesenarbeit und den sozialen Bewegungen.

In Deutschland wurde der Begriff Empowerment Anfang der 1990er-Jahre im Bereich der psychosozialen Arbeit, im Gesundheitswesen, in der Sozialen Arbeit und der Heilpädagogik aufgegriffen (vgl. Meza Torres/Can 2013, 28). In der Sozialen Arbeit wird vor allem auf Norbert Herriger Bezug genommen. Er unterscheidet zwischen einem *reflexiven* und einem *transitiven* Verständnis von Empowerment. Ein reflexives Verständnis bedeutet, dass der Prozess des Empowerments von den Betroffenen selbst initiiert und bestimmt wird. Ein solches Verständnis findet sich z.B. in sozialen Bewegungen oder Selbsthilfegruppen. Ein transitives Verständnis hingegen sieht im Empowerment eine Anregung und Unterstützung durch Außenstehende. Dieses Verständnis ist vor allem im Kontext von Sozialer Arbeit von Bedeutung (vgl. Herriger 2006, 16–18). Eine Kritik an der Rezeption von Empowerment in der Sozialen Arbeit richtet sich darauf, dass Macht vor allem als Handlungsmacht von Einzelnen definiert werde, während strukturelle und gesellschaftliche Machtverhältnisse zu wenig in den Blick geraten. Der Diskurs um Empowerment unterstütze auf diese Weise neoliberal ausgerichtete sozialpolitische Aktivierungsprogrammatiken (vgl. Al-Radwany/Shah 2015).

2. Marginalisierte als Akteur:innen politischer Bildung

Empowerment als kritische Perspektive und Bildungsansatz wurde in Deutschland in das Feld der nonformalen politischen Bildung maßgeblich von Akteur:innen eingeführt, die in Deutschland Rassismuserfahrungen machen. Eine zentrale Rolle spielten dabei Empowerment-Workshops. Vorreiterin von Empowerment-Workshops in Deutschland ist die Schwarze feministische Bewegung (vgl. Aden 2004, 257). Ende der 1980er-Jahre entstanden Gruppen, die begleitet durch Race-Awareness-Trainer:innen aus den USA und den Niederlanden Antirassismus-Workshops konzipierten und durchführten. Aden beschreibt, wie hier eine Kritik laut wurde, dass *Weißen* zu viel Aufmerksamkeit geschenkt werde, anstatt Schwarze in ihrem Kampf zu stärken und zu fördern (vgl. ebd., 257). Im Zuge dieser Auseinandersetzung kam es zu einer Bewegung in Richtung Selbstorganisierung Schwarzer Frauen, die sich in Safer Spaces der eigenen Stärkung und der politischen Organisierung widmeten. Seit den 2000er-Jahren entwickelten sich innerhalb der außerschulischen Bildungsarbeit Initiativen des People-of-Color-Empowerments. Kleinere Netzwerke und Gruppen begannen auf die deutsche Lebensrealität übertragbare Workshop-Konzepte zu entwickeln (vgl. Meza Torres/Can 2013). Ausgangspunkt war der Unmut über die „Monoperspektive in der Antirassismusarbeit" (Yiğit/Can 2006, 162), in der die Rahmengebung vornehmlich von *weißen* Angehörigen konzipiert wird, während People of Color in einem „toten Winkel" (ebd., 167) gefangen sind. Bei dem Prozess, eine Sprache für die eigenen Erlebnisse zu finden, besteht ein wichtiger Faktor darin, mit wem People of Color ihre Erlebnisse teilen. Empowerment-Räume bieten dafür eine wesentlich geschütztere Möglichkeit, da alle Teilnehmer:innen an die Rassismuserfahrungen anknüpfen können: Der normale *rassistische* Alltag von People of Color, ihre Subjektivierungsprozesse und (Über-)Lebensstrategien bilden den Ausgangspunkt von Empowerment-Workshops. Dabei geht es um die Überwindung von Ohnmacht und Unterdrückung und um das (Wieder-)Entdecken von Kraftquellen, die Entwicklung von Empowerment- und Widerstandsstrategien über das Erinnern, Erzählen und Dokumentieren der ausgeblendeten, verdrängten und verschwiegenen Empowerment- und Widerstandsgeschichten (vgl. Meza Torres/Can 2013; Kechaja u.a. 2020).

Empowerment-Ansätze werden mittlerweile von unterschiedlichen communitybasierten Organisationen bzw. Selbstorganisationen diskriminierungserfahrener Menschen durchgeführt und in ihrer Bildungs- und Beratungsarbeit genutzt. Beispielsweise von jüdischen Organisationen, Organisationen von Romnja und Sintizze, Initiativen Queerer Menschen, von Menschen, die antimuslimischen Rassismus erleben (vgl. Chehata/Jagusch 2023). Dabei wird auch der Intersektionalität von Diskriminierungsformen Rechnung getragen, etwa in Initiativen, Angeboten und Räumen für Queer und Trans* of Color. Empowerment-Angebote dieser Art von und für Marginalisierte sind auf die Kritik und Überwindung gesellschaftlicher Differenz- und Machtverhältnisse ausgerichtet und verstehen Empowerment als „Steigern der politischen, sozialen, ökonomischen und spirituellen Stärke einer Community oder Person […], die durch soziale Konstrukte wie ‚Rasse', Religion, Gender, Sexualität, Klasse, Disability und Alter strukturell benachteiligt sind" (Brilling/Hamaz/Ergün-Hamaz 2013, 4).

3. Breite Rezeption des Empowerment-Begriffs in der nonformalen politischen Bildung

Zu Beginn stieß der Ansatz, Bildungsarbeit in Räumen durchzuführen, die ausschließlich für einen vorab definierten Adressat:innenkreis zugänglich sind, auf Skepsis und Ablehnung seitens Angehöriger der Dominanzgesellschaft sowie etablierter Träger und Förderer politischer Bildung (vgl. Kalpaka 2006). Vor allem durch den beharrlichen Einsatz und die oft ehrenamtliche Arbeit von Community-Initiativen wird die Bedeutung von Empowerment mittlerweile auch von Akteur:innen politischer Bildung der Dominanzgesellschaft gesehen. Der Begriff hat sich im deutschsprachigen Diskurs etabliert und auch die Inhalte finden zunehmend Akzeptanz. Beispielsweise werden im aktuellen Bundesprogramm ‚Demokratie leben!' im Handlungsfeld ‚Vielfaltgestaltung' explizit Ansätze gefördert, die „zur Stärkung/zum Empowerment der Betroffenen [beitragen]" (BMFSFJ 2020, 7).

Auch der Anspruch, dass Durchführende dieser Angebote über geteilte Diskriminierungserfahrungen mit dem Adressat:innenkreis verfügen sollten, wird immer weniger infrage gestellt.

Diese Anerkennung von Empowerment geht vermutlich auch darauf zurück, dass in der politischen (Jugend-)Bildung und Jugendarbeit Fragen von interkultureller Öffnung und Inklusion bereits länger diskutiert wurden. Es existiert ein Bewusstsein dafür, dass die eigenen Strukturen und Angebote für Personen, die aufgrund von Rassismus, Klassismus und/oder Migrationserfahrung marginalisiert werden, teils unzugänglich sind, sowie der Wunsch, jene Adressat:innen stärker einzubeziehen und interne Machtstrukturen zu reflektieren. Hieran konnten marginalisierte Akteur:innen und Initiativen mit Empowerment-Perspektiven anknüpfen. In diesem Zusammenhang werden auch Bestrebungen, die Professionalisierung von Selbstorganisationen zu stärken, als bedeutsame Voraussetzung für eine gleichberechtigtere Partizipation Marginalisierter verstanden. Organisationsentwicklung und Professionalisierungsprozesse dieser Gruppen und ihrer Organisationen werden mittlerweile oft mit dem Begriff Empowerment beschrieben, der in diesem Fall auch eine konkrete strukturelle Dimension umfasst (vgl. Tank u.a. 2020).

Gleichzeitig lässt sich beobachten, dass der Empowerment-Begriff mit wachsender Etablierung und der Aufnahme in Förderrichtlinien zunehmend breiter und damit auch unbestimmter verwendet wird. Im Feld der Demokratiebildung wird der Empowerment-Begriff z.B. genutzt, um allgemein den Erwerb von politischen Handlungskompetenzen, die Befähigung zur politischen Beteiligung, die Förderung von bürgerschaftlichem Engagement oder Selbstwirksamkeitserfahrungen von Adressat:innen zu beschreiben. Dabei besteht die Gefahr, dass jegliche Ziele politischer Bildung und jede Form der Ressourcenorientierung als Empowerment gefasst werden. Auch Qualifizierungsangebote z.B. von Eltern oder Multiplikator:innen oder die Aneignung von Kompetenzen z.B. im Umgang mit Hatespeech werden mit dem Begriff Empowerment überschrieben.

Besonders häufig wird der Begriff in der Arbeit mit Geflüchteten aufgegriffen, darunter fallen Angebote zur Demokratiebildung, rechtliche Beratung und selbst das Angebot staatlicher Integrationskurse wird mit dem Begriff versehen.

Eine solche Nutzung des Empowermentbegriffs ist auch darauf zurückzuführen, dass es im Bereich der nonformalen politischen Bildung darauf ankommt, die jeweils aktuellen Begriffe in der dominanten Projektförderlogik zu bedienen. Generell besteht die Gefahr, dass der Begriff zwar aufgegriffen wird, jedoch durch eine beliebige Verwendung seine machtkritische und politische Dimension verliert (vgl. Amadeu Antonio Stiftung 2016, 15). Zentrale Elemente der aus sozialen Bewegungen stammenden Idee, etwa das Selbstempowerment Diskriminierter, Safer Spaces, kollektives Empowerment und Communitybuilding sowie die Veränderung gesellschaftlicher Ungleichheitsverhältnisse als Ziel, finden sich bei Weitem nicht in allen Angeboten, die mit ‚Empowerment' überschrieben sind.

4. Perspektivwechsel auf den Ebenen Bildungspraxis, Strukturen und Diskurse

Bei allen Schwierigkeiten überwiegen unserer Ansicht nach die Chancen, die es mit sich bringt, dass Empowerment in der nonformalen politischen Bildung breit aufgegriffen wird. Die Einführung von Empowerment geht maßgeblich auf Marginalisierte zurück. Dies impliziert einen Perspektivwechsel von der ‚Einbeziehung der Marginalisierten' hin zu Selbstrepräsentation und -organisationen Marginalisierter als professionelle Bildner:innen und Adressat:innen politischer Bildung. Damit verbunden ist, dass Marginalisierte (Bildungs-)Themen setzen, Bedürfnisse und Sichtweisen artikulieren sowie Forderungen nach einer Akzeptanz von Selbstbezeichnungen und der Umverteilung symbolischer und materieller Ressourcen stellen.

Der Perspektivwechsel ist durch folgende Aspekte gekennzeichnet:

- Empowerment wird als Selbstempowerment eingeführt und die politische Bildungsarbeit in Safer Spaces für unterschiedlich vulnerable Adressat:innen – die zuvor vor allem im Kontext feministischer Mädchenarbeit üblich und anerkannt war – in Bildungssettings ermöglicht.
- Themen und Bedarfe diskriminierungserfahrener Adressat:innen geraten in den Blick und werden in Angeboten aufgegriffen.
- Die Präsenz von politischen Bildner:innen of Color, die aus einer positionierten professionellen Perspektive (vgl. Mai 2020) heraus arbeiten, wird als bedeutsam anerkannt.

- Die Besetzung von Stellen durch marginalisierte Bildner:innen führt zu veränderten Repräsentationsverhältnissen.
- Eine Stärkung von Communityorganisationen als Träger politischer Bildung führt zu einer Diversifizierung der politischen Bildungslandschaft.
- Die Auseinandersetzung mit Empowerment fordert alle Bildner:innen auf, die eigene Positioniertheit und Perspektive zu reflektieren.
- Die Rolle von privilegierten Akteur:innen und Organisationen wird in Empowerment-Konzepten von Beginn an berücksichtigt. Unter dem Begriff ‚Powersharing' wird ihre Rolle im Teilen und Abgeben von Macht und Ressourcen beschrieben (vgl. Yiğit/Can 2006). Madubuko unterscheidet zwischen Empowerment und Empowerment-Orientierung, wobei mit Letzterem eine diskriminierungskritische und Empowerment ermöglichende Haltung gemeint ist, die *weiße* Pädagog:innen einnehmen können (vgl. Madubuko 2021).

Die Verwendung des Begriffs ‚Empowerment' kann Anlass sein, aus marginalisierterer Perspektive Fragen an Bildungseinrichtungen, die ihn verwenden, zu stellen und auf seine historischen Bezüge hinzuweisen. Die aktuelle Popularität des Begriffs bietet die Möglichkeit, dass machtkritische Inhalte und marginale Perspektiven in Diskurse und Ansätze politischer Bildung Eingang finden. Konflikte sind dabei Teil der Entwicklung und Hinweise darauf, dass Machtverhältnisse tatsächlich in Bewegung geraten.

5. Empowerment als kritische politische Bildung

Einen auf die individuelle Ebene beschränkten Empowerment-Begriff betrachten wir als problematisch. Wenn diejenigen, denen ‚geholfen' wird, in ihrem marginalisierten sozialen Status verbleiben, stärken solche Ansätze, ob beabsichtigt oder nicht, in erster Linie die Helfenden, indem diese beispielsweise finanzielle Mittel für diese Hilfe erhalten. Kritisch betrachtet, kann dies auch als ‚paternalistisches Fürsorgehandeln' – als Kehrseite des organisierten Empowerments – beschrieben werden (vgl. Bröckling 2013; Chehata u.a. 2023). Ein Empowerment-Verständnis, das sich nur auf die Befähigung des Individuums konzentriert, läuft Gefahr, den Status quo zu verfestigen und Machtungleichheiten zu stabilisieren, etwa wenn implizit die Verantwortung für die Überwindung von Diskriminierung an die Diskriminierten delegiert wird. Zudem ist es auf problematische Weise anschlussfähig an neoliberale Logiken der Eigenverantwortung und Selbstoptimierung, nach der Menschen zu Expert:innen werden, um ihr eigenes Humankapital effektiv zu maximieren.

Mit Blick auf die Gefahr der Entpolitisierung und beliebigen Verwendung des Empowerment-Begriffs erscheint eine weitergehende theoretische Fundierung der bestehenden Empowerment-Praxis, die Empowerment als machtkritischen Ansatz versteht, wünschenswert. Bislang existieren im deutschen Kontext – mit wenigen Ausnahmen (z.B. Mohseni 2020; Jagusch/Chehata 2020; Madubuko 2021; Chehata u.a. 2023) – noch wenige theoretische Auseinandersetzungen und Herleitungen von Empowerment als politische Bildung. Der hier dargestellte Empowerment-Ansatz ist an viele Überlegungen zu einer kritischen politischen Bildung anschlussfähig. Kritische politische Bildung will „ermöglichen, dass die Subjekte die Macht- und Herrschaftsverhältnisse begreifen, in die sie eingebunden sind. Sie sollen Handlungsmöglichkeiten entwickeln können, diese Verhältnisse zu gestalten und zu verändern" (Lösch/Thimmel 2010, 8). Empowerment-Ansätze erscheinen vor diesem Hintergrund als praktisches Pendant zu diesen Überlegungen. Eine Empowerment-Perspektive bietet die Möglichkeit, Fragen von Differenz, Macht und Ungleichheit in bestehende Ansätze von Demokratiebildung einzubringen, die sowohl in der Demokratiepädagogik als auch der Politikdidaktik bisher zu wenig Berücksichtigung gefunden haben. Unterschiedliche soziale Positionierungen von Adressat:innen können in Angeboten politischer Bildung angemessener berücksichtigt werden, wenn Lern- und Entwicklungsräume den Bedürfnissen marginalisierter Menschen entsprechen, sie ihre Themen, Lebensfragen, Verletzbarkeiten und Interessen darin wiederfinden, sie Raum bekommen, diese zu bearbeiten, und sie selbstverständlich mit der Präsenz von politischen Bildner:innen rechnen können, die ihre Diskriminierungserfahrungen teilen.

Wenn wir hier für ein kritisches politisches, über die individuelle Ebene hinausgehendes Empowerment-Verständnis plädieren, verstehen wir dies als Anspruch und Aufforderung, gesellschaftliche Ungleichverhältnisse und machtungleiche Strukturen von Bildungsarbeit in die Konzeption von Empowerment-Ansätzen einzubeziehen. Zugleich sind wir uns der Grenzen bewusst, die der Bildungsarbeit gesetzt sind, wenn es um die Veränderung gesellschaftlicher Strukturen geht. Empowerment im Rahmen von Bildungsarbeit darf nicht mit unrealistischen Anforderungen überfrachtet werden, denn strukturelle Ungleichheiten müssen zum größten Teil auf politischer Ebene angegangen werden. Nicht zuletzt bietet die enge Anbindung von Empowerment-Ansätzen an aktivistische Kontexte und Communityorganisationen die Chance, an die politische und dekoloniale bewegungsgeschichtliche Herkunft des Begriffs anzuknüpfen. Dies würde bestenfalls ermöglichen, dass bei der praktischen und theoretischen Weiterentwicklung von Empowerment als kritische politische Bildung bisherige Grenzen zwischen Aktivismus/Aktion und politischer Bildung ebenso wie zwischen wissenschaftlichem Wissen und Community-Wissen als Grundlage für Bildungsprozesse in Bewegung geraten.

Literatur

ADEN, Marie-Theres (2004): Antirassismus-Training als Möglichkeit gesellschaftlicher Veränderung. In: AntiDiskriminierungsBüro (ADB) Köln von Öffentlichkeit gegen Gewalt e.V. und cyberNomads (cbN) (Hg.): TheBlackBook. Deutschlands Häutungen. Frankfurt/M., S. 257–266.

AL-RADWANY, Marwa/Shah, Ahmed (2015): Mehr als nur ästhetische Korrekturen. In: Rosa-Luxemburg-Stiftung (Hg.): Dossier Empowerment. Online: http://antifra.blog.rosalux.de/mehr-als-nur-aesthetische-korrekturen/ (Zugriff: 19.07.2023).

AMADEU Antonio Stiftung (2016): „Einen Gleichwertigkeitszauber wirken lassen …". Empowerment in der Offenen Kinder- und Jugendarbeit verstehen. Online: https://www.vielfalt-mediathek.de/wp-content/uploads/2020/12/amadeu_antonio_stiftung_einen_gleichwertigkeitsazuber_wirken_lassen_empowerment_in_der_offenen_kinder_und_jugendarbeit_vielfalt_mediathek.pdf (Zugriff: 19.07.2023).

AUMA, Maureen Maisha (2020): Für eine intersektionale Antidiskriminierungspolitik. In: Bpb (Hg.): Aus Politik und Zeitgeschichte 42–22. Online: https://www.bpb.de/shop/zeitschriften/apuz/antirassismus-2020/316764/fuer-eine-intersektionale-antidiskriminierungspolitik/#footnote-target-12 (Zugriff: 19.07.2023).

BMFSFJ (2020): Grundsätze der Förderung von Modellprojekten im Handlungsfeld Vielfaltgestaltung im Rahmen des Bundesprogramms „Demokratie leben!". Online: https://www.demokratie-leben.de/fileadmin/Demokratie-Leben/Downloads_Dokumente/Foerderung/200210_grundsaetze_der_foerderung_vielfaltgestaltung.pdf (Zugriff: 19.07.2023).

BRILLING, Julia/Hamaz, Sofia/Ergün-Hamaz, Mutlu (2013): Edorial. Dossier Empowerment. Hg. v. d. Heinrich-Böll-Stiftung. https://heimatkunde.boell.de/sites/default/files/dossier_empowerment.pdf (Zugriff: 19.07.2023).

BRÖCKLING, Ulrich (2013): Empowerment. In: Bröckling, Ulrich/Krasmann, Susanne/Lemke, Thomas (Hg.): Glossar der Gegenwart. Frankfurt/M., S. 55–62.

CHEHATA, Yasmine/Jagusch, Birgit (2023): Empowerment und Powersharing. Ankerpunkte – Positionierungen – Arenen. Weinheim. Erw. Neuaufl.

CHEHATA, Yasmine/Dib, Jinan/Harrach-Lasfaghi, Asmae/Himmen, Thivitha/Sinoplu, Ahmet/Wenzler, Nils (2023): Empowerment, Resilienz und Powersharing in der Migrationsgesellschaft. Theorie – Praktiken – Akteur*innen. Weinheim. Open access.

COMBAHEE River Collective (1983): A Black Feminist Statement. In: Moraga, Cherrie/Anzaldua, Gloria (Hg.): This Bridge called my Back. New York, S. 210–218.

HERRIGER, Norbert (2006): Empowerment in der Sozialen Arbeit. Eine Einführung. Stuttgart.

KALPAKA, Annita (2006): ‚Parallelgesellschaften' in der Bildungsarbeit – ein Fortbildungskonzept in der Reflexion. In: Elverich, Gabi/Kalpaka, Annita/Reindlmeier, Karin (Hg.): Spurensicherung – Reflexionen von Bildungsarbeit in der Einwanderungsgesellschaft. Münster, S. 95–166.

KECHAJA, Maria/Haug, Lean/Jackson, Josephine/Kashefipour, Marjam/Strähle, Borghild/Yupanqui-Werner, Elisabeth: (2020): Empowerment quer_gedacht. In: Jagusch, Birgit/Chehata, Yasmine (Hg.): Empowerment und Powersharing. Ankerpunkte – Positionierungen – Arenen. Weinheim, S. 276–288.

LÖSCH, Bettina/Thimmel, Andreas (2010): Einleitung. In: Lösch, Bettina/Thimmel, Andreas (Hg.): Kritische politische Bildung. Ein Handbuch. Reihe Politik und Bildung 54. Schwalbach/Ts., S. 7–10.

MADUBUKO, Nkechi (2021): Praxishandbuch Empowerment: Rassismuserfahrungen von Kindern und Jugendlichen begegnen. Weinheim.

MAI, Hanna Hoa Anh (2020): Pädagog*innen of Color. Professionalität im Kontext rassistischer Normalität. Weinheim.

MEZA TORRES, Andrea/Can, Halil (2013): Empowerment und Powersharing als Rassismuskritik und Dekolonialitätsstrategie aus der People of Color-Perspektive. In: Heinrich-Böll-Stiftung (Hg.): Empowerment. MID-Dossier, S. 26–41. Online: https://heimatkunde.boell.de/sites/default/files/dossier_empowerment.pdf (Zugriff: 19.07.2023).

MOHSENI, Maryam (2020): Empowerment-Workshops für Menschen mit Rassismuserfahrungen. Theoretische Überlegungen und biographisch-professionelles Wissen aus der Bildungspraxis. Wiesbaden.

SOLOMON, Barbara Bryant (1976): Black Empowerment. Social Work in oppressed Communities. New York.

TANK, Gün/El, Meral/Lehmann, Julia Mi-ri (2020): IN.POWERMENT – neue deutsche organisationen: ein inklusives Netzwerk. In: Jagusch, Birgit/Chehata, Yasmine (Hg.): Empowerment und Powersharing. Ankerpunkte – Positionierungen –Arenen. Weinheim, S. 117–122.

YIĞIT, Nuran/Can, Halil (2006): Politische Bildungs- und Empowerment-Arbeit gegen Rassismus in People of Color-Räumen. Das Beispiel der Projektinitiative HAKRA. In: In: Elverich, Gabi/Kalpaka, Annita/Reindlmeier, Karin (Hg.): Spurensicherung – Reflexionen von Bildungsarbeit in der Einwanderungsgesellschaft. Münster, S. 167–193.

CHRISTINE ZEUNER, LAURA SCHUDOMA

Politische Erwachsenenbildung

Entwicklungen, kritische Positionierungen und Bildungsformate

Ausgangspunkt politischer Erwachsenenbildung in der Demokratie ist die Erkenntnis, dass eine „*Demokratie die einzige politisch verfasste Gesellschaftsordnung* [ist], *die gelernt werden muss* – immer wieder, tagtäglich und bis ins hohe Alter hinein" (Negt 2010, S. 13, Hervorh. i. Orig.). Diese Feststellung des Sozialphilosophen Oskar Negts (*1934) begründet zugleich die Notwendigkeit und die Zielsetzung politischer Erwachsenenbildung: Ohne die kontinuierliche Auseinandersetzung über Werte, Normen und Beteiligungsperspektiven in einer Demokratie und die Weitergabe der Erfahrungen und Erkenntnisse von Generation zu Generation haben Demokratien – die wiederum die Voraussetzung sind für die Existenz politischer *Bildung* – keine Bestandsgarantie. Sie leben von der aktiven Gestaltung und der Unterstützung und Beteiligung ihrer Bevölkerung. Ohne Demokratie gäbe es keine politische Bildung, allenfalls politische Erziehung, die auf die Einordnung der Bevölkerung eines Landes in ein politisches System zielt, ohne dieses jedoch kritisch zu hinterfragen und im Konsens Veränderungen herbeizuführen. Konzeptionen und pluralistische Ziele der politischen Bildung sind gesellschaftlich-historisch bedingt und können auf demokratischem Wege immer wieder neu und anders gestaltet und, je nach Perspektive und Definition, unterschiedlich ausgefüllt werden.

Trotz der politischen Relevanz, die der politischen Erwachsenenbildung für die Existenz und den Fortbestand von Demokratien zugeschrieben wird, ist zu konstatieren, dass sie als Teilbereich der Erwachsenenbildung in der Bundesrepublik Deutschland, bezogen auf ihre institutionelle und organisatorische Verankerung sowie ihre Finanzierung und die Teilnahme der Bevölkerung an ihren Veranstaltungen, in der Praxis eher eine marginale Bedeutung hat.

Ziel des folgenden Beitrags ist es, sich mit den Implikationen und Konsequenzen einer *kritischen* politischen Erwachsenenbildung auseinanderzusetzen, in Abgrenzung von einer politischen Erwachsenenbildung, die ihre Aufgabe eher darin sieht, Wissen und Fähigkeiten zum Erhalt des demokratischen Status quo zu vermitteln und nur auf Vergesellschaftung zu zielen. Damit geht es uns um die Diskussion eines Ansatzes der politischen Erwachsenenbildung, die sich ihrer Begrifflichkeit nach aus drei Aspekten speist:

Erstens blickt politische Erwachsenenbildung historisch gesehen auf eine lange Tradition zurück, in der sich systemkonforme wie systemkritische Positionen ausmachen lassen, die unterschiedliche Zielsetzungen und Aufgaben verfolgten. Die von uns betrachtete kritische politische Erwachsenenbildung ist auf systemkritische Positionen zurückzuführen.

Zweitens orientieren wir uns an einem emanzipatorisch verorteten *Bildungsbegriff* im Sinne von Persönlichkeitsentwicklung, Gestaltungs- und Handlungsfähigkeit, der immer auch die Entwicklung von Kritik- und Urteilsfähigkeit beinhaltet und sich auf Mündigkeit und Emanzipation bezieht, in dem das *Politische* seinen Platz hat. Dieses setzt sich mit Schlüsselfragen der politischen Bildung wie Interesse, Macht, Herrschaft, Öffentlichkeit und Zugängen auseinander. Bestehende Konstellationen sollen kritisch hinterfragt werden.

Drittens fragen wir, auf welche Weise die Ansprüche an eine kritische politische Erwachsenenbildung in organisierten Bildungsangeboten umgesetzt werden. Diese sollen *Erwachsenen*, also mündigen Subjekten, Möglichkeiten eröffnen, sich vor dem Hintergrund ihrer Interessen und Erfahrungen mit bestimmten Themen oder Inhalten auseinanderzusetzen und Demokratie zu gestalten.

1. Politische Bildung: Ziele und Aufgaben

In Debatten um politische Bildung ist weitgehender Konsens, dass Menschen Kritik-, Urteils- und Partizipationsfähigkeit entwickeln sollen – als eine Voraussetzung für den Fortbestand demokratischer Gesellschaften. Fundament aller Ansätze der politischen Bildung ist die Demokratie als normative Idee.

Nach dem Zweiten Weltkrieg stand in der Bundesrepublik Deutschland, ausgehend von der Idee der *Reeducation* der westlichen Alliierten, die Entwicklung und politische Gestaltung der Demokratie und die Demokratisierung aller Lebensbereiche im Vordergrund (Hufer 2016, 30 f.). In dieser Zeit entfalteten sich vor dem Hintergrund sozialer und politischer Entwicklungen vielfältige Strömungen der politischen Erwachsenenbildung, die theoretisch differenziert begründet wurden. Akteure entwickelten je eigene Zielsetzungen und Schwerpunkte, die teilweise kontrovers diskutiert wurden.

Richtungen und Strömungen der politischen Bildung

Nach dem Zweiten Weltkrieg bis in die 1950er-Jahre

- National-konservative Konzeption harmonisierender Gesellschaftsauffassung
- Altliberale Konzeption unpolitischer humanistischer Bildungstradition einer harmonisierenden Gesellschaftsauffassung
- Reeducation im Sinne einer von John Dewey geprägten „Education for Democracy"
- Linksliberale Konzeption einer von der Konflikttheorie bestimmten Gesellschaftsauffassung

1960er- bis 1980er-Jahre

- Demokratisch-sozialistische Konzeption einer antagonistischen Gesellschaftsauffassung
- Christlich geprägte, evangelische wie katholische Richtungen der politischen Bildung

Seit den 1990er-Jahren

- Neoliberale Konzeption einer modernen, von Individualisierung geprägten Gesellschaftsauffassung
- Active Citizenship; Education for Citizenship (EU)

Seit der Jahrtausendwende

- Global Education/Social Development Goals (SDG) (UNESCO)
- Kosmopolitische politische Bildung
- Kritische politische Bildung
- Postmigrantische politische Bildung

(nach Wulf 1984, 449–456; Zeuner 2010, 305–314. Weitere Ergänzungen: Zeuner/Schudoma)

Zu unterscheiden ist zwischen Konzepten politischer Bildung, die auf Vergesellschaftung und Kontrolle zielen oder auf individuelle und gesellschaftliche Emanzipation.

2. Theoretische Verortung kritischer Positionen und der kritische Bildungsbegriff

Die aktuelle kritische politische Erwachsenenbildung orientiert sich, wie die politische Bildung der 1970er-Jahre, die als „demokratisch-sozialistische Konzeption einer antagonistischen Gesellschaftsauffassung" charakterisiert wurde, an Grundgedanken der Aufklärung. So wird regelmäßig Bezug genommen auf einen der Kernsätze der Aufklärung, den Immanuel Kant (1724–1804) 1784 veröffentlichte: „Aufklärung ist der Ausgang des Menschen aus seiner selbstverschuldeten Unmündigkeit. Unmündigkeit ist das Unvermögen, sich seines Verstandes ohne Leitung eines anderen zu bedienen." Unmündigkeit im Sinne Kants zu überwinden, erfordert die Entwicklung von Urteils- und Kritikfähigkeit, die nicht nur zur Mündigkeit und Emanzipation der Subjekte, sondern einer Gesellschaft als Ganzes führen soll. Zugleich wird in aktuelleren Diskursen über die Aufklärung unter Berücksichtigung des Wissens um die Dialektik der Aufklärung berücksichtigt, dass die Entwicklung von individueller Reflexivität, geistiger Durchdringung von Welt, Orientierung und Bewusstseinsbildung jeweils in historischen Kontexten verankert ist und eine kritische Diskussion über die Widersprüchlichkeit von Aufklärung zulassen muss (Schnädelbach 2004). Die Begründungen für kritische, an Ideen der Aufklärung orientierte bildungswissenschaftliche Ansätze, die in den 1970er-Jahren von Teilen der Erzichungswissenschaft und der (politischen) Erwachsenenbildung rezipiert und intensiv diskutiert wurden, fußten auf der Kritischen Theorie. Auf ihrer Grundlage wurde eine kritische Bildungstheorie entwickelt, deren Ziel im Sinn einer weitergedachten Aufklärung die Erziehung der Menschen zur Mündigkeit und Emanzipation ist (Faulstich 2003, 121 f.).

Zu Leitbegriffen der Kritischen Theorie avancierten Vernunft, Kritik, Praxis, Kritik- und Urteilsfähigkeit, Emanzipation und Mündigkeit. Damit wurden Begriffe der Aufklärung aufgenommen und unter Berücksichtigung der Marx'schen Ideologiekritik und der Psychoanalyse weiterentwickelt (Weiß 2010, 79). Die Kritische Theorie versteht moderne Gesellschaft als einen dynamischen Strukturzusammenhang, deren Verhältnisse geprägt sind von Widersprüchen. Kritische Theorie zielt als „kritische Tätigkeit" im Sinne von Marx darauf, „die aktuellen sozialen Konflikte und Auseinandersetzungen in der Gesellschaft" zu reflektieren (Winter 2007, 31). Aufgrund der historischen Erfahrungen wird aber berücksichtigt, dass diese Erwartungen nicht von allen Menschen ohne Weiteres erfüllt werden, da nicht jede*r bereit ist, sich selbst aufzuklären, zu emanzipieren und als mündige Bürger*innen zu handeln.

An diesem Punkt setzen neuere Konzepte der kritischen politischen Bildung an, die seit ca. 15 Jahren als eigenständige Richtung der politischen Bildung diskutiert wird. Kritische politische Bildung geht im Verständnis der Kritischen Theorie von verschiedenen Prämissen aus: Zum einen analysiert, reflektiert und klärt sie im Sinne des kritischen Erkenntnisinteresses von Wissenschaft (und Praxis) ihr eigenes Tun, indem sie es selbst zum Gegenstand der Analyse macht. Sie „erweitert die kritische Überprüfung und Reflexion auf zugrunde liegende Prämissen, Ideologien, Gesellschaftstheorien, materielle Grundlagen und schließlich die je eigene, historisch-konkret zu konstatierende Verstrickung in Herrschaft" (Bauer 2013, 26). Zum anderen wird in der kritischen politischen Bildung der Subjektbegriff hinterfragt und in seiner Differenziertheit reflektiert. Dabei geht es nicht nur um eine theoretische Dekonstruktion verschiedener Subjektbezüge und Erwartungen an das Subjekt (bezogen auf demokratische Rechte, Autonomieansprüche) oder um gesellschaftlich definierte Erwartungen wie Selbstverantwortung, Selbststeuerung und Selbstkontrolle (ebd., 28), sondern auch um die Frage, welche Rolle das Subjekt in der Praxis der politischen Bildung spielen soll.

„Kritische politische Bildung reflektiert das widersprüchliche Verständnis des Subjekts, hält einerseits am Ausgangspunkt und Ziel eines möglichst autonomen, freiheitlichen und emanzipierten Subjekts fest – und weiß gleichzeitig um dessen gesellschaftliche Gebundenheit und Bedingtheit." (ebd., 29)

Es stellt sich also die Frage, inwiefern die Subjekte wirklich autonom und frei handeln können oder ob und inwieweit sie als vergesellschaftete Subjekte in ihrem Handeln beschränkt werden.

3. Bildungsformate der politischen Erwachsenenbildung

Im Kontext der Diskussionen um politische Bildungsansätze, die auf kritisch-theoretischen Grundlagen beruhen, wurden schon früh Konzepte und Prinzipien zur Bestimmung und Auswahl relevanter Themenbereiche diskutiert. Für aktuelle Formate hat nach wie vor das Konzept des brasilianischen Pädagogen Paulo Freire (1921–1997) Bedeutung, in dessen Mittelpunkt die Entwicklung „generativer Themen" steht, die an alltags- und lebensweltliche Erfahrungen der Teilnehmenden anknüpfen (Freire 1977). Zurückgegriffen wird auch auf die kritisch-konstruktive Didaktik des deutschen Erziehungswissenschaftlers Wolfgang Klafki (1927–2016) und dessen Vorschlag zur exemplarischen Auswahl von Themengebieten. Sie werden nach Prinzipien wie Zugänglichkeit, Gegenwarts- und Zukunftsbedeutung, Verallgemeinerbarkeit und persönlicher Relevanz ausgewählt (Klafki 1996). In seinem Konzept zu den gesellschaftlichen Kompetenzen als einem Curriculum für die kritische politische Bildung knüpfte der Sozialphilosoph Oskar Negt an die gesellschaftlichen Erfahrungsräume der Subjekte an. Ziel ist die Schärfung der Kritik- und Urteilsfähigkeit und die Vermittlung von Orientierungswissen in einer immer komplizierter werdenden Umwelt, indem Lernende befähigt werden,

„Wesenszusammenhänge der heutigen Welt zu erkennen und die bestehende Wirklichkeit unter dem Gesichtspunkt ihrer notwendigen Umgestaltung der praktischen Kritik zu unterziehen." (Negt 1993, 662)

Ein solches Orientierungswissen ist durch Kompetenzen geprägt, „in denen sich individuelle Interessen mit dem Blick aufs Ganze der Gesellschaft, das Gemeinwesen, verbinden" (Negt 2010, 222).

Ausgangspunkt aller kritischen Bildungsprozesse sind die individuellen, ihrer Lebens- und Alltagswelt entstammenden Erfahrungen und Fragen der Teilnehmenden. Im Diskurs mit den anderen wird erarbeitet, dass die Subjekte und gesellschaftliche Wirklichkeit in gegenseitiger Abhängigkeit und teilweise Widersprüchlichkeit stehen. Die Teilnehmenden können erkennen, dass ihre Erfahrungen vergleichbare Strukturen aufweisen aufgrund der spezifischen gesellschaftlichen Bedingungen und Zusammenhänge, denen sie ausgesetzt sind. In Veranstaltungen kann diskutiert werden, wie die Bedingungen entstanden sind und wie sie zu verändern wären, um neue Erfahrungen zu machen.

Die Analyse exemplarischer Themen bedarf dabei immer der Übertragung auf allgemeinere Sachzusammenhänge und vollzieht sich anhand unterschiedlicher Perspektiven. Nicht immer ist das Ergebnis der reflektierten Durchdringung von Strukturen eine eindeutige Handlungsalternative oder spezifisches Veränderungspotenzial. Teil der gemeinsamen Analyse ist manchmal auch die Erkenntnis, dass Zusammenhänge zu komplex und widersprüchlich sind, als dass sie sich durch eine spezifische Handlung aufheben ließen.

„Ist aber ‚Zusammenhang' eigentümlicher Zweck des Lernens, dann ist dialektisches Denken, d. h. die lebendige Bewegung in Widersprüchen, die sich weder aufheben noch umgehen lassen, von äußerster Aktualität." (Negt 1993, 661)

Didaktisch eng verbunden mit der Kritik ist die Utopie bzw. „Entwurfsphantasie“ (Negt 2010). Geeignet sind besonders solche Methoden, die das Denken in alternativen Gesellschafts- und Handlungsentwürfen ermöglichen. Durch die Analyse und Kritik des gegenwärtigen Istzustands werden mögliche Zukünfte und Perspektiven erdacht, gegenübergestellt, Einflussfaktoren analysiert und verglichen sowie realistische Handlungsmöglichkeiten diskutiert, abgewogen und reflektiert, beispielsweise mithilfe von Szenario- und Zukunftswerkstätten.

Politische Erwachsenenbildner*innen schaffen die für kritische Bildungsprozesse notwendigen Entfaltungsräume, indem sie teilnehmerorientiert den Rückbezug individueller Ansichten und Erfahrungen an allgemeinere Zusammenhänge ermöglichen und gleichzeitig gegensteuernd verantwortlich im Lernprozess einen Ausgleich schaffen zwischen „Eilfertigkeit und Beharrungstendenz, Vereinfachung und Komplizierung, Verallgemeinerungen und Personalisierung“, zur „Einsicht in Mehrdeutigkeit“ und zu sachgerechter Problemlösung verhelfen (Tietgens 2003, 86). Dabei spielt auch das Hinterfragen von Denkstrukturen und Vorurteilen eine wichtige Rolle, die wiederum Ausdruck gesellschaftlicher Macht- und Herrschaftsstrukturen sind.

Kritik im Sinne der Kritischen Theorie und bezogen auf Bildungsformate bedeutet also, aus der Sicht der Subjekte, „Orientierungen, Einstellungen und Verhaltensweise zu problematisieren und [sich] in einem weiteren Schritt von Selbsttäuschungen, unnötigen Zwängen und Repressionen zu befreien und so Selbsterkenntnis zu vermitteln“ (Winter 2007, 33). Eine solchermaßen entwickelte Kritikfähigkeit kennzeichnet, dass Menschen lernen, sich bewusst im Spannungsverhältnis der normativen Grundideen von Demokratie und Menschenrechten, eigenen Interessen und einer sich stetig weiterentwickelnden, teilweise widersprüchlichen gesellschaftlichen Realität zu bewegen und diese zu reflektieren.

Die organisierte politische Erwachsenenbildung trägt zu diesem Ziel bei, indem sie in ihren Einrichtungen geeignete Rahmenbedingungen für kritische Bildungsprozesse schaffen kann. Als lernunterstützende Bedingungen wären zu nennen

- eine räumliche Veränderung und Abstand zum Alltag,
- ausreichend Zeit für Diskurs, Vertiefung und Reflexion,
- eine Auseinandersetzung, ausgehend von individuellen Interessen und Erfahrungen und einem weiten Politikverständnis,
- die Analyse potenziell gesellschaftlich bedeutsamer Themen für die Adressat*innen,

- ein Gegenüber in Form von anderen Teilnehmenden, das Perspektiven ermöglicht, aber auch einen gemeinsamen Rahmen schafft
- sowie professionell handelnde Erwachsenenbildner*innen, die die Bildungsprozesse begleiten und unterstützen.

Die Landschaft der politischen Bildungseinrichtungen ist entsprechend der Demokratie von Pluralität geprägt: Sie spiegelt die Vielfalt der politischen Meinungen ebenso wie die dahinterstehenden Interessen und Machtkonstellationen. Damit ist nicht ausgeschlossen, dass innerhalb sozialer Bewegungen, im Rahmen von Projektformaten oder selbstorgansiertem Lernen kritische Bildungsprozesse stattfinden können. Doch die organsierte politische Erwachsenenbildung ermöglicht eine vertiefte Auseinandersetzung und das Durchdringen komplexer Zusammenhänge in besonderem Maße.

Für professionell agierende Erwachsenenbildner*innen ergibt sich aus den Trägerinteressen eine weltanschauliche oder politische Positionierung und damit der Auftrag, das eigene Handeln im Sinne dieser Positionierung argumentativ und begründet zu vertreten. Auch die Einrichtungen haben daher die Aufgabe, die eigenen Interessen in Bezug auf gesellschaftliche Macht- und Interessenstrukturen zu reflektieren. Eine gesellschaftskritische politische Bildung denkt darüber nach und sagt, „was sie wie, warum und vor allem in welchem Interesse betreibt" (Ahlheim 2019, 39).

Korrespondierend zu den spezifischen gesellschaftlichen Interessen erstellen die Träger und Einrichtungen transparente Leitbilder, welche die pädagogische und andragogische Arbeit beeinflussen. Diese Identität der Einrichtungen ist charakterisiert durch die Möglichkeit und den Auftrag einer wertgebundenen Bildungsarbeit, die entsprechend diesen Werten aber gleichermaßen Grenzen setzt. Die Auswahl der Themen und Inhalte der Einrichtungen entspricht einem Zusammenspiel aus Anknüpfbarkeit an potenzielle Lebenserfahrungen und Alltagswelten der Adressat*innen und Zielgruppen sowie dem Wertekontext der Trägerschaft.

4. Welche Zukunft hat die kritische politische Erwachsenenbildung?

Kritisch zu beobachten sind fortschreitende bildungspolitische und ökonomische Trends, die für die organisierte politische Erwachsenenbildung sowie Teilnehmende bedeuten, dass schon die Konzipierung eingebettet ist in Interessen-, Macht- und Verteilungsfragen. Wer hat, bekommt oder kann sich Zeit für Bildung nehmen? Welche Einrichtungen sind aufgrund finanziellen Drucks oder schwindender Teilnehmer*innenzahlen angewiesen auf Formate, die von den eigentlichen Ansprüchen abweichen? Zu fragen ist auch, welche Konsequenzen sich aus der aktuellen Diskussion um die Verabschiedung eines Demokratiefördergesetzes für eine kritische politische Bildung ergeben können (Reichling 2022). Diese Entwicklungen können einerseits dazu führen, die bereits marginale Bedeutung politischer Erwachsenenbildung im Gesamtsystem weiter zu verstetigen. Angesichts bildungspolitischer Trends, die durch die „Ideologie der Module" (Negt 2010, 207) zu einer Fragmentierung des Wissens führen, das in seiner Unübersichtlichkeit zu einfachen Lösungen verleitet, wird andererseits die Relevanz kritischer politischer Bildung besonders einsichtig.

Literatur

AHLHEIM, Klaus (2019): Beutelsbacher Konsens? Politische Bildung in Zeiten von AfD und Co. Ulm.

BAUER, Christoph (2013): Das mündige Subjekt? Zur Aktualität und Notwendigkeit einer kritischen politischen Bildung. In: Widmaier, Benedikt/Overwien, Bernd (Hg.): Was heißt heute Kritische Politische Bildung? Schwalbach/Ts., S. 26–34.

FAULSTICH, Peter (2003): Weiterbildung. Begründungen Lebensentfaltender Bildung. München.

FREIRE, Paulo (1978): Pädagogik der Unterdrückten. 7. Aufl. Reinbek b. Hamburg.

HUFER, Klaus-Peter (2016): Politische Erwachsenenbildung. Plädoyer für eine vernachlässigte Disziplin. Bielefeld.

KANT, Immanuel (1784/2006). Beantwortung der Frage: Was ist Aufklärung? Berlinische Monatsschrift. Dezember 1784. In: Bahr, Erhard (Hg.). Kant, Hamann, Herder, Lessing, Mendelssohn, Riem, Schiller, Wieland. Was ist Aufklärung? Thesen und Definitionen. Stuttgart, S. 9–17.

KLAFKI, Wolfgang (1996): Zur Unterrichtsplanung im Sinne kritisch-konstruktiver Didaktik. In: Klafki, Wolfgang: Neue Studien zur Bildungstheorie und Didaktik. Zeitgemäße Allgemeinbildung und kritisch-konstruktive Didaktik. 6. Aufl. Weinheim, S. 251–284.

NEGT, Oskar (1993): Wir brauchen eine zweite, gesamtdeutsche Bildungsreform. In: Gewerkschaftliche Monatshefte 11, S. 657–668.

NEGT, Oskar (2010): Der politische Mensch. Demokratie als Lebensform. Göttingen.

REICHLING, Norbert (2022): Mehr Demokratie wagen oder mehr „QUANGOs" riskieren? Zwischenfragen zu Demokratieförderung, Zivilgesellschaft und politischer Bildung. In: vorgänge. Zeitschrift für Bürgerrechte und Gesellschaftspolitik Nr. 235, 60, 3, S. 105–116.

SCHNÄDELBACH, Herbert (2004): Die Zukunft der Aufklärung, in: Ders. (Hg.): Analytische und postanalytische Philosophie. Frankfurt/M.

TIETGENS, Hans (2003): Gegensteuerung. In: Hufer, Klaus-Peter (Hg.): Außerschulische Jugend- und Erwachsenenbildung. Bd. 2 Lexikon der politischen Bildung, hg. v. Georg Weißeno. 2. Aufl. Schwalbach/Ts., S. 86.

WEISS, Edgar (2010): Grundlagen Kritischer Theorie. In: Lösch, Bettina/Thimmel, Andreas (Hg.): Kritische politische Bildung. Ein Handbuch. Schwalbach/Ts., S. 77–88.

WINTER, Rainer (2007): Kritische Theorie jenseits der Frankfurter Schule? Zur aktuellen Diskussion und Bedeutung einer einflussreichen Denktradition. In: Ders./Zima, Peter V. (Hg.): Kritische Theorie heute. Bielefeld, S. 23–46.

WULF, Christoph (1984): Politische Bildung. In: Ders. (Hg.): Wörterbuch der Erziehung. München, S. 449–456.

ZEUNER, Christine (2010): Politische Erwachsenenbildung: Zielsetzungen, Aufgaben und Perspektiven. In: Hessische Blätter für Volksbildung 60, 4, S. 305–314.

DANIELA HOLZER

Das Politische der Erwachsenenbildung – kritische Einsprüche und eingreifendes Engagement

Politische Erwachsenenbildung ist ein spezifisches Handlungs- und Forschungsfeld der Erwachsenen- und Weiterbildung und obwohl sich vermutlich die meisten Akteur*innen der politischen Erwachsenenbildung in einem gewissen Sinn als kritisch verstehen, folgen keineswegs alle einem kritisch-theoretisch fundierten Verständnis einer radikalen Gesellschafts- und Herrschaftskritik. Eine abgrenzende Benennung als kritische politische Erwachsenenbildung – analog der einer kritischen politischen Bildung – ist im Fachdiskurs nicht eingeführt und nicht üblich. Hingegen versteht sich eine – sich auch ausdrücklich so benennende – *kritische* Erwachsenenbildung als zutiefst politisch und versammelt in ihrem Umfeld zahlreiche politische Erwachsenenbildner*innen. Wir treffen also bereits bei der Suche nach charakterisierenden Adjektiven auf unterschiedliche Begründungsfiguren: eine Benennung entlang von Handlungsräumen und Themen als „politische …" und eine Artikulation erkenntnistheoretischer Bezüge und gesellschaftspolitischer Positionierungen als „kritische …". Die in diesem Beitrag verfolgte Frage nach dem Politischen der Erwachsenenbildung erfordert daher, diese Unterscheidungen mit all ihren Übergängen und Differenzen auszuleuchten, aber auch deutlich darüber hinauszugehen, denn: Die Frage nach dem Politischen *der* Erwachsenenbildung – nicht *in* der Erwachsenenbildung – verweist auf die hier vertretene These, dass jede Erwachsenen- und Weiterbildung unausweichlich politisch ist, selbst wenn sie sich den Anstrich des Unpolitischen verpasst. Die kritischen Einsprüche, die ich vornehme, richten sich entsprechend sowohl gegen eine politische Erwachsenenbildung, deren Kritik nicht weit genug geht, als auch gegen die Maskierung von Teilen der Erwachsenen- und Weiterbildung als unpolitisch. Demgegenüber mache ich mich für eine kritische Erwachsenenbildung stark, die diese Problematiken herausarbeitet und in der eingreifendes Engagement unerlässlich ist, weil es ein grundlegendes, konstituierendes Merkmal kritischer Positionen ist. Einige Ansatzpunkte solcher kritischen politischen Einsätze werden am Ende des Beitrags erkundet.

1. Politisch = kritisch?

In diesem Handbuch entfalten bereits Christine Zeuner und Laura Schudoma Handlungskontexte und (kritische) Positionen politischer Erwachsenenbildung und zahlreiche Beiträge verhandeln die Frage der Kritik und das Spezifische kritischer politischer Bildung. Meine Überlegungen setzen ebenfalls an diesen Punkten ein und ich richte den Fokus zunächst auf Fragen nach dem Verhältnis eines *politischen, kritisch-politischen* oder *kritischen* Verständnisses von Erwachsenenbildung.

Politische Erwachsenenbildung ist ein Handlungs- und Forschungsfeld der Erwachsenen- und Weiterbildung mit spezifischen Theoriebezügen, Didaktiken, Akteur*innen und Formaten, die sich auf einige Gemeinsamkeiten beziehen, beispielsweise das Anliegen der Herausbildung einer reflektierten Urteilskraft, um gesellschaftliche Zusammenhänge und Systematiken zu verstehen und Handlungsmöglichkeiten auszuloten (vgl. z.B. Negt 2016, Faulstich 2016, Zeuner 2019). Einigkeit besteht auch darin, dass nicht Politik im engeren Sinn demokratischer Institutionen und Parteien im Mittelpunkt steht, sondern vielmehr politische Dimensionen gesellschaftlicher Verhältnisse, Fragen aktiver gesellschaftlicher Teilhabe oder der Gestaltbarkeit des sozialen Zusammenlebens (vgl. ebd.).

Dissens gibt es allerdings darüber, wie weitreichend und radikal die Infragestellung gesellschaftlicher Verhältnisse sein kann und soll. Materialistische und damit gesellschaftskritische und an kritischen Theorien anknüpfende Positionen sind jene, die sich als kritisch in einem engeren und radikalen Sinn verstehen (vgl. z.B. Bünger 2013, Lösch 2013). Solche Ansätze einer *kritischen politischen* (Erwachsenen-)Bildung begnügen sich nicht mit Beschreibungen von Denk- und Handlungsweisen, wie beispielsweise kritische Urteilskraft und das Verstehen von Zusammenhängen. Sie geben sich auch nicht mit normativen, aber dennoch in viele Richtungen offenen Bezugspunkten wie Emanzipation oder Demokratie zufrieden. Vielmehr werden diese Anliegen zwar aufgenommen, aber sie werden weitergetrieben und radikalisiert, indem grundlegende Normen und Systematiken der aktuellen gesellschaftlichen Verhältnisse auf- und angegriffen werden. Interessengegensätze, Herrschafts- und Machtverhältnisse stehen im Fokus (vgl. z.B. Lösch 2013, Holzer 2017). Der normative Anspruch der Beseitigung von Unterdrückung, Ungleichheit oder Unfreiheit wird nicht innerhalb der bestehenden gesellschaftlichen Strukturen eingefordert, es wird also nicht lediglich eine unzureichende Verwirklichung der Versprechen von Gerechtigkeit oder Freiheit beanstandet – eine Form von Kritik, die Rahel Jaeggi als „interne Kritik" beschreibt (vgl. Jaeggi 2009). Vielmehr stellt diese Kritik – an die Wurzel gehend, daher radikal – gesellschaftliche Grundsystematiken und gesellschaftliche Normen infrage – von Rahel Jaeggi als „immanente" Kritik benannt (vgl. ebd.).

Solche Kritik arbeitet heraus, dass eine Verwirklichung von Versprechen wie Gerechtigkeit oder Freiheit innerhalb der bestehenden Systematiken und Normen scheitern *muss,* weil jeder Ansatz stets neue Ungleichheiten und neue Unfreiheiten hervorbringt (vgl. Adorno 1966/2003, Holzer 2017). Bereits die Versprechen selbst sind eine Chimäre, denn die bürgerliche Gesellschaft und ihre kapitalistische Produktionsweise funktionieren nur unter den Imperativen von Konkurrenz, Wettbewerb und Leistungsorientierung und damit einhergehender Hervorbringung von Gewinner*innen und Verlierer*innen bei gleichzeitig globaler Ausbeutung von Mensch und Natur. Kritische Ansätze politischer (Erwachsenen-)Bildung dringen daher darauf, die kritische Urteilskraft und das Verstehen von Zusammenhängen auf alle Aspekte der Gesellschaft auszudehnen, um bürgerlich-kapitalistische Interessen und unsichtbar gemachte Steuerungen, die Herrschafts- und Machtverhältnisse festigen, zu durchschauen und radikale Veränderung anzustoßen. Kritiker*innen stehen dabei nicht außerhalb dieser Verhältnisse und tragen von dort aus ihre moralischen Forderungen vor. Vielmehr werden die Forderungen den Versprechen und Möglichkeiten der Gesellschaft selbst entnommen, wobei die Kritiker*innen selbst in die gesamte Systematik verstrickt und ebenfalls von den Verhältnissen kontaminiert sind. Selbstkritik ist daher zwangsläufig unumgänglich (vgl. z.B. Adorno 1966/2003, Pongratz 2010, Bünger 2013, Lösch 2013, Holzer 2017, 84 ff.).

Diese Grundbefunde und Positionen teilen sich nun alle in diesem engeren Sinn kritischen Wissenschaften und Praktiken und damit ebenso Wissenschaft und Praxis *kritischer* Erwachsenenbildung. Mit diesen gemeinsamen gesellschaftskritischen Grundprämissen verbinden sich *kritische politische* und *kritische* Erwachsenenbildung. Zugleich wird damit deutlich, dass weder Erwachsenenbildung noch politische Erwachsenenbildung per se in diesem Sinn kritisch sind (vgl. Boltanski/Chiapello 2003, Lösch 2013, Holzer 2017). Hingegen versteht sich kritische Erwachsenenbildung als per se politisch, weil sie Gesellschaft als politisches Verhältnis versteht und ihre Veränderung als möglich und notwendig erachtet, politische Eingriffe daher als unbedingter Bestandteil kritischer Bildungsarbeit verstanden werden (vgl. z.B. Holzer 2019, 2020).

2. Das Politische des Kritischen und das Politische des Unpolitischen

Das soeben formulierte Postulat, kritische Erwachsenenbildung sei per se politisch, ist begründungsbedürftig. Ich gehe im Folgenden aber noch darüber hinaus, indem ich nachvollziehbar machen möchte, inwiefern auch das, was unpolitisch erscheint und sich unpolitisch gibt, höchst politisch ist.

Zentraler Bezugspunkt ist hierbei die Frage, was „das Politische" umfasst, das weiter reicht als „Politik" und nicht lediglich bestimmte Ausprägungen in der Gesellschaft als politisch relevant versteht, sondern gesellschaftliche Verhältnisse mit all ihren Macht- und Herrschaftsverhältnissen, Interessengegensätzen und daran anknüpfenden Kämpfen und Konflikten als politische Sphäre betrachtet (vgl. z.B. Faulstich 2014, Bröckling/Feustel 2015). Wesentliche Beiträge zu diesem Verständnis des Politischen haben unter anderem philosophische Diskurse in Frankreich geleistet, beispielsweise durch die Arbeiten von Chantal Mouffe, Ernesto Laclau oder Jacques Ranciere. Bei aller Differenz ihrer Verständnisse beschreiben sie weitgehend übereinstimmend das Politische als weiten und potenziell alles Gesellschaftliche durchdringenden Raum (vgl. Bröckling/Feustel 2015). Diese Ansätze und ebenso meine Überlegungen teilen ein „Verständnis des Politischen, das auf die unhintergehbaren Momente des Dissenses und Widerstreits, des Ereignisses, der Unterbrechung und Instituierung abhebt" (ebd., 8). In diesem Sinne ist kritische Erwachsenenbildung unweigerlich politisch: Sie nimmt die gesellschaftlichen Verhältnisse radikal in die Kritik. Sie steht im Dissens zur bürgerlichen Herrschaft und reiht sich ein in die Kämpfe, die Ungerechtigkeit und Unfreiheit zu beseitigen suchen.

Der Bezug des Politischen zu Interessengegensätzen, zu sozialen Kämpfen und zu Dissens könnte nun womöglich den Eindruck erwecken, dass es auch kampflose, unwidersprochene Entwicklungen gibt, die dann aus der Sphäre des Politischen herausfallen, die vielleicht sogar als „entpolitisiert" (Bellmann 2015) erscheinen, weil das Politische darin auf den ersten Blick kaum sichtbar ist oder sogar explizit zurückgewiesen wird. Kritische Wissenschaft und Praxis hakt hier mit ihrem Verfahren der Ideologiekritik ein. Ideologiekritik ist aber nicht als moralisches Urteil zu verstehen, das feststellen soll, welche Ideologie – verstanden als widerstreitende Überzeugungen – die bessere sei, sondern vielmehr wird in kritischen Theorien dasjenige als Ideologie bezeichnet, das sich den Anstrich verpasst, frei von Positionen oder Interessen zu sein. Diesen Anstrich anzukratzen, ist Aufgabe von Ideologiekritik. Mit ihr können wir als kritische Wissenschaftler*innen demaskieren, dass mit der ständigen Betonung von angeblicher Objektivität, von gegebenen Sachzwängen und von unbeeinflussbaren Entwicklungen vor der gesellschaftlichen Wahrnehmung verborgen wird, dass dahinter spezifische Herrschaftsinteressen liegen (vgl. z.B. Steinert 2007, Jaeggi 2009, Holzer 2017).

Der Schein von Unveränderlichkeit und von „Natürlichkeit" entzieht die auf dieser Basis begründeten Anforderungen aber der Kontroverse, dem Streit und den Kämpfen. Politische Implikationen werden von sich gewiesen. All diese Elemente sind aber hochpolitisch, denn sie sind ein Eingriff in gesellschaftliche Verhältnisse und deren Kräfteverteilungen. Ich möchte diese politische Dimension an einem Beispiel veranschaulichen: Der inzwischen weitgehend akzeptierte Ruf nach ständigen Lernanstrengungen entspringt nicht der angeblich „natürlichen" Gegebenheit von Konkurrenz um individuelle oder unternehmerische Wettbewerbsvorteile und schon gar nicht subjektiven Bedürfnissen, sondern einem kapitalistischen Interesse an der Verwertung von Arbeitskraft für unternehmerische Profite. Diese gesellschaftliche Realität ist aber nicht „gegeben", sondern historisch und gesellschaftlich gemacht und damit veränderbar. Dies sichtbar zu machen und damit wieder dem politischen Konflikt und Kampf zuzuführen, ist nun auch Aufgabe kritischer Erwachsenenbildung, um so *kritisch* politisch zu werden, denn „politisch" allein ist in einem kritischen Verständnis nicht radikal genug, rührt zu wenig tief an grundlegende gesellschaftliche Strukturen und Normen.

3. Kritische politische Eingriffe

Stellt sich die kritische Erwachsenenbildungspraxis und -wissenschaft also den Anspruch, kritisch politisch eingreifend zu sein, so bleibt weiterhin die Begründung dafür offen, weshalb dies unumgänglich sei und wie das erfolgen kann. Zugleich ist das kritische Praktisch-Werden kein ganz so leichtes Unterfangen, denn die Strukturen sind umfassend – unter anderem durch den Deckmantel unveränderlicher Entwicklungslogiken – gegen Eingriffe abgesichert. Sowohl kritische Bildungspraxis als auch kritische Wissenschaft fußen allerdings auf einem Gesellschafts- und Kritikverständnis, das neben das Verstehen, Durchschauen und Erkennen von Problematiken auch direktes eingreifendes Engagement stellt. Auch Theorie und Wissenschaft sind dazu aufgefordert. Während Eingriffe in der Bildungspraxis außer Frage stehen, bedürfen sie in Theorie und Wissenschaft einer Begründung, die in der erkenntnistheoretischen Fundierung zu suchen ist (vgl. z.B. Adorno 1966/2003, Holzer 2020). Darin wird aufgezeigt, dass kritische Theorie und kritische Wissenschaft explizit normativ sind und dies auch ausweisen. Sie machen darüber hinaus sichtbar, dass auch angeblich neutrale, „objektive" Wissenschaft nicht nicht-normativ ist, dies – gleich dem oben genannten angeblich Unpolitischen – gar nicht sein kann, weil sie immer in gesellschaftliche Denksysteme und politische Entscheidungen eingebunden ist. Begründet wird aber auch, dass kritische Theorie und Wissenschaft allein durch ihre gesellschaftskritische Positionierung notwendigerweise in der Pflicht stehen, sich praktisch eingreifend zu engagieren. Insbesondere Theorie wird dabei nicht notwendigerweise direkt praktisch im Sinne einer einfachen Anwendbarkeit der Erkenntnisse, aber sie leistet unter anderem über radikale Analysen oder über die Versuche, beschränkende Denkräume zu überschreiten, Beiträge, die sich in das Verständnis und das Denken von gesellschaftlichen Verhältnissen und den Möglichkeiten, dies zu verändern und anders zu gestalten, mit einmischen (vgl. z.B. Pongratz 2010, Holzer 2017).

Ein erster möglicher politischer Eingriff ist also bereits, das scheinbar Unpolitische als Politisches sichtbar zu machen. Beispielsweise ist zu thematisieren, dass aktuell hegemoniale Diskurse in der Erwachsenenbildung, wie z.B. Kompetenzorientierung oder Qualitätsentwicklung, unter dem Mantel des Sachzwangs politische Eingriffe maskieren (vgl. z.B. Faulstich/Zeuner 2015). Ebenso sind Individualisierungs-, Selbststeuerungs- und Selbstoptimierungsimperativen oder die Bemessung des menschlichen „Werts" an der Arbeits- und Leistungsfähigkeit und -bereitschaft Teilaspekte politischer Einwirkung. Kritische Analysen arbeiten nun heraus, dass hinter diesen Ansprüchen politische Dimensionen verborgen gehalten werden: ökonomische Verwertung, globale Ausbeutung, Zementierung von Ungleichheit, Steuerung menschlichen Handelns etc. (vgl. z.B. Pongratz 2010, Foucault 1982/2005).

Ein zweiter möglicher politischer Eingriff ist, den herrschaftsnützlichen Formungen des eigenen Denkens auf die Spur zu kommen. Kritische Erwachsenenbildungspraxis und -wissenschaft ist darauf angewiesen, Verhältnisse zu durchschauen und dabei zu entdecken, dass sogar unser Denken, Fühlen und Wahrnehmen von den jeweiligen gesellschaftlichen Bedingungen geformt sind. Denken und Veränderung des Denkens werden zutiefst politisch, wenn kritische Erwachsenenbildung dazu herausfordert, den in das eigene Denken eingeschriebenen Herrschaftsinteressen nachzuspüren, kritische Haltung zu gesellschaftlichen Verhältnissen zu entwickeln und Reflexionen über Verstrickungen des eigenen Denkens in Herrschaftsstrukturen anzustellen (z.B. Holzer 2017). Erkenntnisgewinn dient dabei, so Heinz Steinert, einem „Naivitätsverlust" (Steinert 2007, 177) und erfordert, „auch gegen sich selbst [zu] denken" (Adorno 1966/2003, 358). Dieser Prozess ist durchaus schmerzhaft, denn es wird die eigene Mitschuldigkeit ebenso sichtbar wie die Grenzen, über das Vorhandene hinaus Gesellschaft und Mensch ganz anders zu denken. Aus dem aktuellen Raum heraus können wir das bessere Andere zwar noch nicht vollständig denken, weswegen sich kritische Ansätze gegen fixierte Zukunftsentwürfe verwehren. Vielmehr pochen sie darauf, im selbstkritischen und selbstreflexiven Prozess Entwicklungen immer wieder darauf zu prüfen, inwiefern diese wiederum negative Folgen nach sich ziehen und daher angepasst werden müssen (vgl. z.B. Bloch 1965–74/1980). Zugleich aber bedarf es utopischer Versuche und überschreitender, auch spekulativer Entwürfe. Denn um vom Träumen in Aktivität zu kommen, bedarf es laut Ernst Bloch sowohl Fernziele als auch Nahziele, denn „nichts glückt, wenn man keine Fernziele hat. Die Spannung fehlt, die Erregung fehlt, der Wille, die Begeisterung, die Leidenschaft fehlen, um sich für Nahziele einfachster, praktischer Art einzusetzen" (ebd., 80).

Auf zahlreiche weitere Möglichkeiten kritischer politischer Eingriffe – auch auf konkrete Praktiken – kann hier nur beispielhaft verwiesen werden. Im Vordergrund stehen aber nicht einzelne Handlungen, sondern vielmehr grundsätzliche Haltungen und Denkanstöße. Schließlich ist es selten eine spezifische Handlung, die explizit kritisch ist oder kritische politische Wirksamkeit entfaltet, sondern vielmehr erschließen sich politische Dimensionen oder kritische Bedeutungen von Handlungen erst im jeweiligen Kontext. Selbst radikal kritisch intendierte Praktiken werden für Herrschaftsinteressen vereinnahmt und damit ihrer kritischen Kraft beraubt (vgl. z.B. Boltanski/Chiapello 2003, Holzer 2017). Umso mehr gilt es, Handlungen stets reflexiv und selbstkritisch auf ihre mögliche Wirksamkeit zu befragen, was ein hohes Maß an kritischer Sensibilität und Aufmerksamkeit für nichtintendierte Fehlentwicklungen und für die eigene Mitwirkung – teilweise in vorauseilender Erfüllung – erfordert. Mein Herz schlägt dabei ganz besonders für jede Form des Widerstands gegen Weiterbildung, sei er auch noch so klein und auf den ersten Blick scheinbar unwirksam. Aber: Angesichts des Imperativs ständiger Weiterbildungsbereitschaft kann bereits eine einfache Unterlassung als widerständig verstanden werden. Angesichts breiter Akzeptanz ständiger Weiterqualifizierung kann bereits ein nachfragender Einwand ein kritischer Keim von Veränderung sein (vgl. Holzer 2017). Und nicht zuletzt bietet sich in jedem Kontext – in der Erwachsenen- und Weiterbildung und in jedem anderen Lebensbereich – die Rolle von ständig dagegenredenden Lästlingen an. Wirksamkeit ist zwar nicht per se gesichert (vgl. ebd.), aber dies schmälert nicht das darin liegende kritische politische Potenzial.

Literatur

ADORNO, Theodor W. (1966/2003): Negative Dialektik. Gesammelte Schriften, Bd. 6. Frankfurt/M.

BELLMANN, Johannes (2015): Symptome der gleichzeitigen Politisierung und Entpolitisierung der Erziehungswissenschaft im Kontext datengetriebener Steuerung. In: Erziehungswissenschaft 51, S. 45–54.

BLOCH, Ernst (1965-74/1980): Abschied von der Utopie? Vorträge. Frankfurt/M.

BOLTANSKI, Luc/Chiapello, Ève (2003): Der neue Geist des Kapitalismus. Konstanz.

BRÖCKLING, Ulrich/Feustel, Robert (2010): Einleitung: Das Politische denken. In: Bröckling, Ulrich/Feustel, Robert (Hg.): Das Politische denken. Zeitgenössische Positionen. Bielefeld, S. 7–18.

BÜNGER, Carsten (2013): Was heißt kritische politische Bildung heute? Zum Problem der Kritik. In: Widmaier, Benedikt/Overwien, Bernd (Hg.): Was heißt heute Kritische Politische Bildung? Schwalbach/Ts., S. 5–59.

FAULSTICH, Peter (2014): Anschwellender Lamentismus oder renitenter Widerstand. Konsequenzen des Zerfalls des Sozialkonsenses für die Bildungsarbeit in politischer Perspektive – eine Diskurswende? In: Erwachsenenbildung. Vierteljahresschrift für Theorie und Praxis 01, S. 29–33.

FAULSTICH, Peter (2016): Das Politische in der Bildung. In: Hufer, Klaus-Peter/Lange, Dirk (Hg.): Handbuch politische Erwachsenenbildung. Schwalbach/Ts., S. 52–61.

FAULSTICH, Peter/Zeuner, Christine (2015): Ökonomisierung und Politisierung des Feldes der Erwachsenenbildung. Die Rolle der Wissenschaft. Erziehungswissenschaft 1, S. 25–36.

FOUCAULT, Michel (1982/2005): Subjekt und Macht. In: Ders.: Analytik der Macht. Frankfurt/M., S. 240–263.

HOLZER, Daniela (2017): Weiterbildungswiderstand. Eine kritische Theorie der Verweigerung. Bielefeld.

HOLZER, Daniela (2019): Das Politische in der Erwachsenenbildung. In: Grotlüschen, Anke/Schmidt-Lauff, Sabine/Schreiber-Barsch, Sabine/Zeuner, Christine (Hg.): Das Politische in der Erwachsenenbildung. Schwalbach/Ts., S. 17–26.

HOLZER, Daniela (2020): Kritische Wissenschaften müssen engagiert sein. In: Debatte. Beiträge zur Erwachsenenbildung 2, S. 108–120.

JAEGGI, Rahel (2009): Was ist Ideologiekritik? In: Jaeggi, Rahel/Wesche, Tilo (Hg.): Was ist Kritik? Frankfurt/M., S. 266–295.

LÖSCH, Bettina (2013): Ist politische Bildung per se kritisch? In: Widmaier, Benedikt/Overwien, Bernd (Hg.): Was heißt heute Kritische Politische Bildung? Schwalbach/Ts., S.171–179.

NEGT, Oskar (2016): Versuch einer Ortsbestimmung der politischen Bildung. In: Hufer, Klaus-Peter/Lange, Dirk (Hg.): Handbuch politische Erwachsenenbildung. Schwalbach/Ts., S. 10–20.

PONGRATZ, Ludwig A. (2010): Kritische Erwachsenenbildung. Analysen und Anstöße. Wiesbaden.

STEINERT, Heinz (2007): Das Verhängnis der Gesellschaft und das Glück der Erkenntnis: Dialektik der Aufklärung als Forschungsprogramm. Münster.

ZEUNER, Christine (2019): Politische Bildung in unsicheren Zeiten. In: Grotlüschen, Anke/ Schmidt-Lauff, Sabine/Schreiber-Barsch, Silke/Zeuner, Christine (Hg.): Das Politische in der Erwachsenenbildung. Frankfurt/M., S. 94–99.

ANNA MARIA KRÄMER, ANDREAS THIMMEL

Kritische politische Jugendbildung

Der folgende Beitrag beschreibt erstens Grundprinzipien und strukturelle sowie konzeptionelle Rahmenbedingungen der politischen Jugendbildung in Deutschland als Teil non-formaler Bildung. Jugendbildung wird dabei in all ihrer Breite und Vielfalt als ein eigenständiges Lernfeld und Bildungsermöglichungsraum angesehen. Zweitens wird die wissenschaftliche und praxisorientierte Diskurslandschaft der politischen Jugendbildung dargestellt. Die Diskurse über Jugendbildung sind geprägt von der starken Verschränkung wissenschaftlicher und praxisorientierter Wissensgenerierung. Drittens versuchen wir die Spezifik einer explizit kritischen politischen Jugendbildung aufzuzeigen, die sich kritischen Bildungs- und Gesellschaftstheorien verbunden weiß. Ausgangspunkt für unsere Reflexion hier sind die Praxen und Diskurse des Forums kritische politische Bildung, das sich – inspiriert durch die Veröffentlichung des Handbuchs „Kritische politische Bildung" (Lösch/Thimmel 2010) – in der Folge als Netzwerk gründete und in dem sich Wissenschaftler*innen und politische Bildner*innen engagieren, um eine kritisch-emanzipatorische politische Bildung theoretisch zu denken, konzeptionell weiterzuentwickeln und praktisch umzusetzen (https://akg-online.org/arbeitskreise/fkpb-forum-kritische-politische-bildung.html). Der Diskurs um das Kritische in der Bildungsarbeit bleibt im Fluss, da sich politische Jugendbildung zum einen den politischen, ökonomischen und sozialen Wandlungsprozessen als auch den Interessen junger Menschen verpflichtet weiß und sich auch den eigenen Positionen und Ordnungen gegenüber ideologiekritisch und reflexiv verhält. Die Spezifizierung einer kritischen politischen Jugendbildung bedeutet also weder, dass anderen Varianten politischer Jugendbildung eine kritische Perspektive abgesprochen werden, noch, dass wir eine abschließende Definition kritischer politischer Jugendbildung vorlegen.

1. Strukturen und Prinzipien

Trägerstruktur

Politische Jugendbildung wird getragen von einem heterogenen und pluralistischen Trägerspektrum, das sich in der Bundesrepublik seit den 1950er-Jahren entwickelt hat. Man unterscheidet erstens freie Träger der Kinder- und Jugendhilfe, insbesondere Jugendbildungsstätten, Vereine, Jugendverbände sowie weitere Träger der Jugend- und Erwachsenenbildung (u.a. Kirchen, Gewerkschaften, Stiftungen, Bildungswerke, Akademien), zweitens bildungsorientierte Nichtregierungsorganisationen, lokale Lern- und Bildungsprojekte, soziale Bewegungen, postmigrantische Bildungsorganisationen sowie drittens öffentliche Träger, insbesondere Volkshochschulen, staatliche Jugendbildungsstätten und kommunale Jugendbildungswerke. In den Bundesländern, den Kommunen, Gemeinden, Städten und Landkreisen gibt es große Unterschiede in Bezug auf die Trägerstruktur der Kinder- und Jugendarbeit allgemein und der politischen Jugendbildung im Besonderen.

Die Finanzierungsregeln folgen dem subsidiär organisierten Förderungssystem in der Bundesrepublik Deutschland. Finanzierungsmöglichkeiten ergeben sich auf kommunaler, regionaler, länderspezifischer und bundespolitischer sowie auf EU-europäischer Ebene im Rahmen der EU-Jugendprogramme. Politische Jugendbildung ist als eigenständiges Arbeits-, Diskurs- und Forschungsfeld ein Teilbereich der Kinder- und Jugendarbeit nach § 11 SGB VIII und als solches wiederum Teil der Kinder- und Jugendhilfe. Andere Teilbereiche der Kinder- und Jugendarbeit sind kommunale Jugendarbeit, Jugendverbandsarbeit, offene Kinder- und Jugendarbeit (siehe Kusber/Wenzler in diesem Band), internationale Jugendarbeit und kulturelle Jugendbildung.

Kinder- und Jugendarbeit und damit auch politische Jugendbildung sind in erster Linie auf der kommunalen Ebene verankert und werden ergänzt durch Angebote auf den anderen Ebenen. Auf Länderebene regeln Ausführungsgesetze zum SGB VIII oder eigene Jugendbildungsgesetze Ziele, inhaltliche Schwerpunkte, Finanzierung und Struktur. Der Kinder- und Jugendplan des Bundes (KJP) ist bzw. war das zentrale Steuerungs- und Förderungsinstrument des Bundes. Im Bereich der politischen Jugendbildung wird über das Programm Politische Bildung ‚sanft' gesteuert. Der KJP als subsidiär und fachlich relativ unabhängiges Steuerungsinstrument war bis in die 1990er-Jahre das innovative und infrastrukturelle Rückgrat der politischen Jugendbildung des Bundes mit einem großen Einfluss auf alle anderen ‚unteren' Ebenen. Der KJP wurde allerdings in den letzten drei Jahrzehnten finanziell und strukturell zurückgefahren und diskursiv marginalisiert. Infolge der neoliberalen Bildungs- und Jugendpolitik in diesem Zeitraum verlor damit politische Jugendbildung schleichend an Bedeutung und in einigen Bundesländern hat sich deshalb keine eigenständige non-formale Bildungsinfrastruktur politischer Jugendbildung entwickelt.

Eine umfassende historische Aufarbeitung dieser Entwicklung ist bis heute überfällig. Benno Hafeneger beschrieb die zu erwartenden Einschränkungen schon 1998: „Vor dem Hintergrund der Haushaltskrisen und Sparpolitik ist die Jugendbildung in den 90er Jahren mit zwei weiteren Herausforderungen konfrontiert und unter Druck geraten: erstens einer Stagnation bzw. dem tendenziellen Abbau der Förderung des Lernfeldes und zweitens einer Debatte, die mit dem Stichwort ‚Modernisierung' ein dienstleistungsorientiertes Neudenken einfordert und mit betriebswirtschaftlichen Kategorien (Evaluation, Qualitätskontrolle, Produktbeschreibung) konfrontiert" (Hafeneger 1998, 126).

Trägerzusammenschlüsse

Im Arbeitskreis deutscher Bildungsstätten (AdB) sind unterschiedliche nonformale Bildungsinstitutionen zusammengeschlossen, die sich in Träger mit und ohne Übernachtungshaus unterscheiden, z.B. Bildungswerke, Bildungsstätten, Akademien, Heimvolkshochschulen, Europahäuser, internationale Begegnungsstätten und politische Stiftungen. Pluralität, unterschiedliche weltanschauliche und politische Positionen sowie Offenheit gegenüber neuen Organisationsformen und Zusammenschlüssen sind konstitutiv. Eine klare Grenzziehung gegenüber Positionen im Umfeld rechter Ideologien ist gesetzt (vgl. https://www.adb.de/selbstverstaendnis-des-arbeitskreises-deutscher-bildungsstaetten).

AdB und andere Verbände wie die Arbeitsgemeinschaft katholisch-sozialer Bildungswerke in der Bundesrepublik Deutschland e.V. (AKSB), der Bundesarbeitskreis ARBEIT UND LEBEN und der Deutsche Bundesjugendring haben sich in der „Gemeinsamen Initiative der Träger Politischer Jugendbildung" (GEMINI), einer Arbeitsgruppe im Bundesausschuss Politische Bildung e.V. (bap), zusammengeschlossen (https://www.bap-politischebildung.de/gemini/). Die GEMINI-Träger verstehen sich als fachpolitischer Zusammenschluss und als Netzwerk eigenständiger, unabhängiger und freier Träger der politischen Jugendbildung. Darüber hinaus gibt es eine weitere große Anzahl an lokal oder regional organisierten Bildungsstätten oder Vereinen, die nicht bundesweit organisiert sind. Versuche der Einfädelung postmigrantischer und antirassistischer Organisationen in die nonformalen Bildungsstrukturen sind bisher nur unzureichend gelungen, insbesondere weil es keine umfassende förderpolitische Unterstützung für neu das Handlungsfeld betretende Organisationen gibt. In diesem Bereich hat sich hingegen in den letzten Jahren das Netzwerk der neuen deutschen Organisationen (NDO) etabliert, in dem sich rund 160 postmigrantische Vereine zusammengeschlossen haben, um gegen Rassismus und für eine inklusive deutsche Gesellschaft anzutreten (vgl. https://neuedeutsche.org/).

Konzeptioneller Rahmen

Politische Jugendbildung hat sich seit mehr als 50 Jahren in der Bundesrepublik als eigenständige Praxis und als Diskurs- und Forschungsraum etabliert. Sie ist disziplinär der Jugendarbeitswissenschaft, der Sozialen Arbeit (Sozialarbeit/Sozialpädagogik) und der Erziehungswissenschaft zuzuordnen. Politische Jugendbildung adressiert Jugendliche und junge Erwachsene, in einigen Bereichen auch Kinder. Neben der Zugehörigkeit zur Kinder- und Jugendarbeit hat sie zudem konzeptionelle und methodische Schnittmengen zur politischen Erwachsenenbildung einerseits und zur schulischen politischen Bildung bzw. Politikdidaktik andererseits und orientiert sich disziplinär an politikwissenschaftlichen sowie sozial- und kulturwissenschaftlichen Wissensbeständen und Diskursen.

Bei der Betrachtung der konzeptionellen Beiträge zur politischen Jugendbildung kann in den letzten Jahrzehnten von einer breiten Übereinstimmung der relevanten fachlichen Positionen ausgegangen werden. Die Teilnahme an den Aktivitäten wird von Jugendlichen und jungen Erwachsenen frei gewählt. Freiwilligkeit, thematische Offenheit und Partizipation sind konstitutive Handlungsprinzipien des non-formalen Bildungsbereichs. Voraussetzung für die Möglichkeit der freien Wahl aus der Perspektive der Jugendlichen sind zum einen das Vorhandensein eines adäquaten Angebots, das Wissen um das Angebot, der freie Zugang sowie ein grundsätzliches Verständnis für die Relevanz politischer Bildung. Die individuellen Bildungsprozesse sind dabei eingebunden in Bildungsaktivitäten in und durch Gruppenprozesse. Die Grenzen zwischen den einzelnen institutionellen Bildungsräumen der Jugendlichen sind fließend. Das Spektrum reicht vom Unterricht in politischer Bildung, schulischen Aktivitäten im Kontext von Demokratiebildung und an außerschulischen Lernorten (wie beispielsweise Gedenkstätten oder Museen), politischen Bildungsaktivitäten im non-formalen Bildungsbereich und politischen Aktionen im öffentlichen Kontext hin zu Aktivitäten in der Offenen Jugendarbeit, mit den Peers, in Jugendverbänden und zum informellen Lernen in der medialen Welt und in der Freizeit.

Wissenschaftlicher Fachdiskurs

Im wissenschaftlichen Diskurs der politischen Jugendbildung beteiligen sich neben den wenigen Wissenschaftler*innen, die sich langfristig in diesem Bereich engagieren, auch viele wissenschaftlich ambitionierte Praktiker*innen an der Wissensproduktion. Insbesondere konzeptionelle Beiträge, Beschreibungen der Praxis, methodische Ausführungen sowie Texte zu den Rahmenbedingungen informieren über das Feld. Zudem werden politische, erziehungswissenschaftliche sowie historische Wissensbestände für die Adressat*innen zielgruppengerecht aufbereitet und zur Verfügung gestellt. Zu unterscheiden sind tagesaktuelles, medial vermitteltes, systematisches, zeitgeschichtliches und historisches Wissen. Die gegenseitige Bezugnahme von Praxis, empirischer Forschung und Theorie ist ein Qualitätsmerkmal dieses Feldes. Viele der Beiträge erscheinen in internen Publikationen der beteiligten Träger und die empirischen Arbeiten erscheinen an unterschiedlichen Orten, sodass es schwierig ist, den Gesamtdiskurs zu überblicken und angemessen zu rezipieren. Eine wichtige Orientierung bietet der Verein Transfer für Bildung e.V. in Essen mit dem Fachbereich ‚Transferstelle politische Bildung'.

Bildungsformate und Methoden

Politische Jugendbildung folgt zumeist der Einsicht, dass Bildungsprozesse nicht hauptsächlich durch Inputs von außen angeregt werden, sondern vielmehr über eigenes Handeln und Erproben (Balzter/Schröder 2011, 489). Dabei muss gerade bei Jugendlichen das Interesse für politisch relevante Bildungsprozesse immer wieder neu durch das Anknüpfen an individuelle Erfahrungen, aber auch an aktuelle Jugendkulturen geweckt werden, um für die freiwillige Teilnahme an Veranstaltungen der politischen Bildung zu motivieren.

Damit begründet sich auch die große Vielfalt an Formaten und Methoden, die immer wieder weiter- und neu entwickelt oder aber verworfen werden. Seminare und Workshops finden in kurzen Formaten oder in ein- bis hin zu mehrtägigen Veranstaltungen statt. Politische Bildung kann auch im Besuch von Gedenkstätten, Museen oder anderen Lernorten stattfinden. Um Zugangsbarrieren gerade für Jugendliche aus bildungsbenachteiligten und prekarisierten Familien niedrig zu halten, entwickeln politische Bildner:innen auch spielerische Methoden wie Rollen- und Planspiele, Rallyes und Escape-Room-Spiele. Eine andere Methode des handlungsorientierten Arbeitens stellt die produktorientierte Bildungsarbeit dar, bei der im Seminar mit Jugendlichen etwa Radiobeiträge, Podcasts, Theaterstücke oder Filme partizipativ erstellt werden.

Ein noch neues Feld ergibt sich durch die Prozesse der Digitalisierung. Tatsächlich schafft die Digitalisierung auf verschiedenen Ebenen attraktive Möglichkeiten für Formate und Methoden der politischen Bildung, die zwar durch die Coronapandemie einen Entwicklungsschub erlebt haben, aber nicht wirklich neu sind. Zunächst ist hier die Möglichkeit zu nennen, Seminare und Workshops online über Videokonferenztools durchzuführen. Gerade in der politischen Bildung benutzen Referent:innen hierzu vielfältige digitale Tools und haben in den Pandemiejahren zahlreiche Methoden entwickelt, um weiterhin und verstärkt interaktiv und partizipativ mit den Teilnehmenden arbeiten zu können (vgl. Krämer 2021). Digitale Bildungsangebote über Social Media sprechen zudem potenziell sehr viel mehr junge Menschen an, die sich auf den Social-Media-Plattformen tummeln. Im Chat wird dann die direkte Auseinandersetzung gesucht und breit genutzt.

Dennoch besteht die Gefahr, dass durch die Verlagerung ins Digitale viel von dem Moment und der Erfahrung der realen Begegnung verloren geht. Erfahrungen und Austausch bleiben mitunter oberflächlicher und sind vielleicht eher ein Einstieg ins Thema, der im besten Fall neue Zielgruppen an die politische Bildung heranführt. Die Problematiken von Misskommunikation, gezielter Provokation, Trolls und Hass-Kommentaren, die aus der digitalen Anonymität resultieren, sind zusätzliche Faktoren, die in Konzeption und Planung von digitalen Bildungsformaten mitreflektiert werden müssen. Eine kritische, also weder medienfeindlich noch optimistisch-unreflektiert eingestellte Beschäftigung mit den in jüngerer Zeit etablierten digitalen Formaten ist eine der aktuell größten Herausforderungen politischer Jugendbildung in Wissenschaft und Praxis.

2. Was heißt kritische politische Jugendbildung?

Das Handbuch ‚Kritische politische Bildung', herausgegeben von Bettina Lösch und Andreas Thimmel, belebte 2010 die Debatte um kritische Perspektiven politischer Bildung neu. Ein zentraler Aspekt, der das Kritikverständnis kennzeichnet, ist das Zusammendenken gesellschaftlicher Machtverhältnisse mit der Konstitution von Subjektivität. So stellt die Frankfurter Erklärung fest:

„In gesellschaftlichen Debatten und Kontroversen spielen Machtgefälle und ungleiche Ressourcen eine wichtige, oft nicht ausreichend wahrgenommene Rolle. Aufgabe einer kritisch-emanzipatorischen politischen Bildungsarbeit ist es, ausgeschlossene und benachteiligte Positionen sichtbar zu machen." (FfE 2015, 1)

Hier wird die liberale Vorstellung vom frei, selbstbestimmt und autonomen handelnden Subjekt infrage gestellt, welches sich eben nicht, oder zumindest nur selten, aus sich heraus von den gesellschaftlichen Beschränkungen emanzipieren kann. Vielmehr ist selbstbestimmtes Denken und Handeln von Abhängigkeiten und vielfach sich überlagernden sozialen Ungleichheiten beschränkt. Anders ausgedrückt sind die Handlungsmöglichkeiten von Subjekten durch vielfache, sich intersektional miteinander verschränkende Unterdrückungs- und Diskriminierungsformen mitgeprägt. Eine kritische politische Jugendbildung strebt demnach an, Macht- und Herrschaftsverhältnisse sichtbar zu machen und den Prozessen der Herstellung von Ausschlüssen und Grenzziehungen nachzugehen. Das Ringen um die Ausdehnung der Räume einer solchen Selbstbestimmung findet dabei ganz unmittelbar in den Angeboten politischer Bildung statt, wo die unterschiedlichsten Subjekte mit ihren jeweiligen Diskriminierungserfahrungen und/oder Privilegien zusammentreffen. Deshalb muss eine kritische politische Jugendbildung, egal welche Inhalte sie zu vermitteln sucht, diese Machtverhältnisse immer mitdenken und methodisch berücksichtigen.

Da das Bildungsarrangement durch gesellschaftliche Machtverhältnisse strukturiert ist, muss sich kritische politische Jugendbildung auch damit befassen, dass Wahrnehmungs-, Denk- und Handlungsweisen sowohl der Lernenden als auch der politischen Bildner*innen von politischen und sozialen Diskursen beeinflusst sind. Überwältigung geschieht so meist nicht durch gewollte „Indoktrination […], sondern viel stärker durch symbolische Herrschaftsformen, durch Normierungen und Disziplinierungen, durch eine Verbindung von Macht und Wissen" (Eis/Lösch 2018, 512). Die Einbindung in soziale Macht- und Herrschaftsstrukturen gilt es, in der Praxis einer kritischen politischen Bildung transparent zu machen, damit sie kritisierbar wird. Entgegen der Vorstellung, dass die politischen Bildner*innen sich in der Lehrsituation quasi über ihre soziale Position hinwegsetzen könnten, ist der Schutz vor Überwältigung nur dann gegeben, wenn Lehrende versuchen, ihre eigene Verwobenheit in die Diskurse offenzulegen. In der Praxis drückt sich dieser Aspekt auch in der Forderung nach einer höheren Repräsentanz von Menschen mit vielfältigen Positionierungen im Berufsfeld der politischen Bildung aus (vgl. etwa AdB 2020).

Angesichts der aktuellen multiplen Krisen – von Klimakrise über Kriege, Pandemie und immer ungerechter werdender Reichtumsverteilung etc. – bestärkt kritische politische Jugendbildung die Teilnehmenden darin, sich die politische Realität im Verhältnis zum eigenen Eingebundensein zu erschließen. Nachrichten werden von Jugendlichen vermehrt über soziale Medien konsumiert. Gerade hier muss eine kritische politische Jugendbildung ermöglichen, dass sich die Jugendlichen die sozioökonomische Bedingtheit gesellschaftlicher Strukturen und politischer Realitäten erschließen können, damit sie News und Populismus erkennen und gleichzeitig eine informierte politische Position für sich erarbeiten können. Dazu bedarf es allerdings auch einer professionellen politischen Informiertheit auf der Basis von politikwissenschaftlichem und journalistischem Wissen von Seiten der Bildungsreferent*innen. Um sich dieses Hintergrund- und Einordnungswissen zu erarbeiten, brauchen Bildungsreferent*innen zeitliche und infrastrukturelle Ressourcen. Gesellschaftliche Interessengegensätze und Streitfragen strukturieren dabei auch die Diskussionen. Kritische politische Bildung begreift das Austragen politischer Streitfragen als grundlegenden demokratischen Prozess und macht in diesem Sinne Kontroversität zum didaktischen Prinzip.

Zudem verbindet sich der Subjektbegriff in einer kritischen politischen Bildungspraxis mit den Prinzipien der Lebensweltnähe sowie des erfahrungs- und subjektorientierten Lernens. In diesem Sinne geht es darum, die Lernenden und die sich Bildenden dabei zu begleiten, sich mit ihren persönlichen biografischen Erfahrungen die Welt zu erschließen. Dazu helfen kreative Methoden und politische Informiertheit als Kern politischer Jugendbildung. Die partizipative Einbindung der Teilnehmenden sowie lebensweltorientierte Herangehensweisen und erfahrungsbasiertes Arbeiten ermöglichen im Gegensatz zur Erfahrung der verfestigten Bildungswege eine intensivere Teilhabe am Bildungsprozess.

3. Zukunft

Im Anschluss an die Formulierungen des 16. Kinder- und Jugendberichts des BMFSJ plädieren wir für eine optimistische Zukunftsperspektive. Politische Bildung im non-formalen Bereich hat es geschafft, aus der Position der Marginalisierung der letzten Jahrzehnte herauszukommen, und wird in der Kinder- und Jugendhilfe, insbesondere in der Kinder- und Jugendarbeit, der Jugendsozialarbeit und den Freiwilligendiensten wieder ernsthaft diskutiert und beachtet (vgl. BMFSFJ 2020). Die Stärkung der politischen Bildung in der Kinder- und Jugendhilfe basiert vor allem auf dem Anspruch in der Demokratie, dass Kinder, Jugendliche und junge Erwachsenen ein Recht auf eine angemessene non-formale, jugendpolitisch begründete Infrastruktur politischer Bildung haben. Eine zentrale Rolle spielt dabei die politische Jugendbildung als eigenständiges Arbeits-, Diskurs- und Forschungsfeld. Um dieses Ziel zu erreichen, bedarf es allerdings struktureller und förderpolitischer Veränderungen und des Auf- und Ausbaus von Strukturen. Projektbezogene Förderungen müssen durch eine kontinuierliche Infrastrukturförderung ersetzt werden, insbesondere die bessere finanzielle Ausstattung des Kinder- und Jugendplans des Bundes. Nur so kann es gelingen, Angebote politischer Jugendbildung in allen genannten Trägerbereichen nachhaltig abzusichern.

Die förderungspolitische und konzeptionelle Engführung der bundesdeutschen Theorie und Praxis infolge des methodologischen Nationalismus ist zudem in europäischer, internationaler und globaler Hinsicht aufzubrechen. Die strukturelle und konzeptionelle Verbindung zur EU-Jugendpolitik und zu

Europarats-Initiativen im Kontext von European Youth Work, der Youth Work Agenda und Active Citizenship sind hierfür in kritischer Perspektive weiterzuentwickeln. Politische Jugendbildung – wie sie hier als Infrastruktur konzipiert und gefordert wird – ist in ihrer ganzen Breite und Vielfalt eine (neben anderen) adäquate konzeptionelle und praktische Antwort auf das Problem der fehlenden Teilhabe spezifischer Zielgruppen am politischen Geschehen und dem fehlenden Zugang von Kindern, Jugendlichen und jungen Erwachsenen aus nichtprivilegierten Milieus zur Politik und zum Politischen.

Literatur

ADB (2020): Was WEISS ich? Rassismuskritisch denken lernen! Eine Kernaufgabe für Gesellschaft und Politische Bildung. Online: https://www.adb.de/stellungnahme/was-weiss-ich-rassismuskritisch-denken-lernen (Zugriff: 27.07.2023).

BALZTER, Nadine/Schröder, Achim (2011): Außerschulische politische Jugendbildung und ihr kritisches Potential. Erkenntnisse einer bundesweiten Evaluation. In: Lösch, Bettina/Thimmel, Andreas (Hg.): Kritische politische Bildung. Ein Handbuch. Schwalbach/Ts., S. 483–495.

BMFSFJ (2020): 16. Kinder- und Jugendbericht. Förderung demokratischer Bildung im Kindes- und Jugendalter. Online: https://www.bmfsfj.de/bmfsfj/service/publikationen/16-kinder-und-jugendbericht-162238 (Zugriff: 27.07.2023).

EIS, Andreas/Lösch, Bettina (2018): Politische Bildung. In: Bernhard, Armin/Rothermel, Lutz/Rühle, Manuel (Hg.): Handbuch Kritische Pädagogik. Eine Einführung in die Erziehungs- und Bildungswissenschaft. Weinheim, S. 502–517.

FFE (2015): Frankfurter Erklärung für eine kritisch-emanzipatorische Bildung. Online: https://akg-online.org/sites/default/files/frankfurter_erklaerung.pdf (Zugriff: 27.07.2023).

HAFENEGER, Benno (1999): Jugendbildung. In: Hufer, Klaus-Peter (Hg.): Außerschulische Jugend- und Erwachsenenbildung. Schwalbach/Ts., S. 123–126.

KRÄMER, Anna Maria (2021): Politische Bildung online: all inclusive? Ein- und Ausschlüsse in digitalen Formaten der außerschulischen politischen Bildung – eine Studie aus machtkritischer und intersektionaler Perspektive, unter Mitarbeit von Florian Bohn und wissenschaftlich begleitet durch Professorin Dr. Michaela Köttig im Auftrag des AdB e.V. Online: https://www.adb.de/download/publikationen/Politische_Bildung_online_Studie_Anna_Kraemer.pdf (Zugriff: 27.07.2023).

LÖSCH, Bettina/Thimmel, Andreas (2010): Kritische politische Bildung. Ein Handbuch. Schwalbach/Ts.

NILS WENZLER, MAURICE KUSBER

Politische Bildung in der Offenen Kinder- und Jugendarbeit

Die Offene Kinder- und Jugendarbeit (OKJA) ist ein vielfältiges und eigenständiges Praxis-, Arbeits- und Diskursfeld der Kinder- und Jugendhilfe in der Bundesrepublik Deutschland. Bei dem non-formalen Bereich der Offenen Kinder- und Jugendarbeit handelt es sich um ein spezifisches, gesellschaftlich institutionalisiertes und rechtlich geregeltes Setting. Die Angebote der Kinder- und Jugendarbeit sollen – wie es in § 11 des SGB VIII (KJHG) heißt – allen jungen Menschen zur Förderung ihrer Entwicklung zur Verfügung stehen, an ihren Interessen anknüpfen sowie von ihnen und durch sie mitgestaltet werden. Zur OKJA gehören unter anderem Jugendzentren, Jugendfreizeitstätten, Jugendclubs und Offene Türen, Bauspielplätze, soziokulturelle Zentren und Mobile Jugendarbeit. Grundlegende Prinzipien der pädagogischen Arbeit sollten die Partizipation der Kinder und Jugendlichen, die Freiwilligkeit sowie die Offenheit im Sinne des Zugangs für alle Kinder und Jugendlichen, aber auch einer thematischen Unbestimmtheit und eines Primats der Aushandlung sein.

Nicht zuletzt durch den 16. Kinder- und Jugendbericht der Bundesregierung (2021) wurde politische Bildung in der OKJA verstärkt zu einem Thema der fachpolitischen Vertretungen, Träger und Verbände sowie der wissenschaftlichen Auseinandersetzung. In der Vergangenheit wurde das Thema der politischen Bildung regelmäßig im Zusammenhang mit dem Förderprogramm ‚Demokratie leben' verhandelt, wodurch politische Bildung vor allem projektförmig und unter den Schlagworten Demokratieförderung und Extremismusprävention in der OKJA thematisiert wurde (vgl. kritisch dazu Widmaier 2022, 36). Problematisieren lässt sich diese projektförmige Programmierung der Jugendarbeit im Hinblick auf ihre Steuerungsfunktion, welche über die Kopplung von finanziellen Ressourcen an spezifische Ziele, Inhalte und Formate den Möglichkeitsrahmen politischer Bildung in der OKJA beeinflusst. Demgegenüber wird insbesondere die Alltagsorientierung und die sozialräumliche Ausrichtung der OKJA als produktive Voraussetzung politischer Bildung betrachtet, da sie ihren Ausgangspunkt an den lebensweltlichen Erfahrungen der Kinder und Jugendlichen nimmt. Damit wird insbesondere die organisationale Ausgestaltung der OKJA als non-formales Setting zur Entstehungsbedingung für Momente politischer Bildung angesehen.

1. Theoriekonzeptionelle Überlegungen zur OKJA

Unter non-formaler Bildung sind Formen organisierter Bildung, Freizeitgestaltung und Ermöglichung von Gelegenheitsstrukturen zu verstehen, die für die beteiligten jungen Menschen generell freiwilliger Natur sind. Damit lässt sich die Kinder- und Jugendarbeit als ein mehr oder weniger strukturierter Raum verstehen, welcher fachlich verantwortet, durch spezifische Rahmenbedingungen und Prinzipien ausgestaltet wird und sich im alltäglichen sozialen Miteinander realisiert. Dabei ist die Vorstellung leitend, dass sich insbesondere die Jugendarbeit als non-formaler Rahmen versteht, in dem informelle Lernprozesse und lebensweltliche Erfahrungen ihren Ort finden. Auch Alltagserfahrungen (Freude, Interessen, Krisen, Irritationen, Konflikte, Grenzerfahrungen) können zum zentralen Gegenstand des Miteinander-Sprechens und -Handelns werden.

Der gesetzliche Auftrag der Jugendarbeit zielt auf Selbstbestimmung, gesellschaftliche Mitverantwortung und gesellschaftliches Engagement. Dabei ist immer darauf zu verweisen, dass Frei(e)zeit und zweckfreie Kommunikation, Spaß, Geselligkeit und Chillen aus jugendpädagogischer Perspektive zu einem reflektierten Konzept non-formaler Bildung gehören. In der praktischen Arbeit nehmen die alltäglichen Erfahrungen aus dem Leben der jungen Menschen viel Raum ein. Dabei gehen Alltagsbezug, informelles Lernen, thematische Angebote, Erfahrungen mit der Gruppe der Gleichaltrigen, Erlebnisse und individuelle Herausforderungen in der Lebensbewältigung ein konstruktives Mischungsverhältnis ein. Zugleich werden gemeinsam mit den Jugendlichen unterschiedliche thematische Projekte initiiert sowie politisch relevante Angebote entwickelt, deren Qualität darin besteht, dass sie ihren Ausgangspunkt bei den Jugendlichen finden und für die Lebenswelt der Jugendlichen von Bedeutung sind. Der fachlich verantwortete Rahmen der OKJA zielt auf Ermöglichung und Unterstützung von selbsttätiger Bildung im sozialpädagogischen Sinne, das heißt, durch die aktive Unterstützung, durch Gelegenheiten, Anlässe und Aufgaben, durch Begleitung, Aufklärung und Reflexion. Dabei berücksichtigt die OKJA die lebensweltlichen Bedingungen und Erfordernisse des Aufwachsens in demokratischen und zugleich kapitalistisch entgrenzten und hoch selektiven Gesellschaften. Inwieweit die Praxis der Jugendarbeit diesem hohen konzeptionellen Anspruch genügen kann, ist abhängig von den Bedingungen, die hierfür den Rahmen bereitstellen.

2. Die Empirie der OKJA

Für die Praxis der OKJA lässt sich neben diesen theorie-konzeptionellen Bestimmungen feststellen, dass sie in gesellschaftliche Debatten und Diskursen eingebunden ist und nicht zuletzt aufgrund der kommunalen Finanzierungsstrukturen regelmäßig mit neuen sozialpolitischen Aufträgen konfrontiert ist und hierbei Begriffs- und Konzeptkonjunkturen unterworfen wird. Die Ausgestaltung der OKJA ist also heterogen. Seit den 2000er-Jahren verstärkte sich ein empirisches Interesse an der Praxis der Jugendarbeit. Die zumeist ethnografisch angelegten Studien beschreiben konstitutive Regeln und Praktiken und können hierüber darstellen, wie es den Fachkräften innerhalb dieses vordergründig zweckfreien und alltagsorientierten Settings gelingt, Bildungsgelegenheiten zu eröffnen oder tragfähige Arbeitsbeziehungen herzustellen (vgl. Müller u. a. 2005). Hierbei beschreiben „Selbstorganisation, Bildungsorientierung, Kontrolle sowie Hilfe" laut Schwerthelm (2021) vier Funktionsfelder, in denen die Fachkräfte agieren. In ihrer alltäglichen Arbeit stellen die Fachkräfte in Koproduktion mit den Kindern und Jugendlichen immer wieder gekonnt Übergänge zwischen diesen Funktionen her und wechseln damit zwischen der Ausrichtung ihrer Arbeit. Cloos et al. (2009) charakterisieren die OKJA als sozialpädagogische Arena, in der sich wiederkehrende und konstitutive Regeln ausmachen lassen. Das Handeln der Fachkräfte zeichnet sich durch die Praktiken des Mitmachens, der Sparsamkeit und der Sichtbarkeit aus, wobei diese gerade in diffusen, komplexen und widersprüchlichen Situationen zum Vorschein kommen. Hierbei besteht das übergeordnete Ziel der Fachkräfte darin, in einer gleichwertigen, wenn auch asymmetrischen Arbeitsbeziehung eine symmetrische Kommunikation zwischen allen Beteiligten herzustellen. Zugleich weisen Studien darauf hin, dass sich der theorie-konzeptionell begründete emanzipatorische Anspruch in der OKJA nicht per se realisiert. Beispielsweise dann nicht, wenn das Handeln der Fachkräfte auf die Durchsetzung und Vermittlung sozialer Normen und Werten gerichtet ist und hierbei auf gesellschaftliche Integration und Anpassung abzielt (vgl. Schmidt 2011). Oder wenn sich im Alltag soziale Differenzkategorien reproduzieren und soziale Ausschlüsse produziert werden oder die Möglichkeiten der Partizipation abhängig von der jeweiligen Fachkraft sowie dem Alter und der Besuchsdauer der Besucher*innen in den Einrichtungen ist. Das ansonsten als konstitutiv angesehene Merkmal der OKJA, die ‚Diskursivität' oder der ‚Primat der Aushandlung', welches als Voraussetzung, Rahmenbedingung und spezifisches Potenzial für politische Bildung in OKJA angesehen wird, realisiert sich unter diesen Umständen nicht und unterbindet möglicherweise Momente der politischen Bildung.

3. Zur Konzeptionierung kritischer politischer Bildung in der OKJA

Die in § 11 SGB VIII formulierten und bereits genannten Ziele verweisen auf einen unhintergehbaren politischen Bildungsanspruch der OKJA. Politische Bildung kann zu einer performativen, transformativen und kollektiven Praxis werden, in der die Erfahrung gemacht werden kann, „wie durch eigenes Handeln und eingreifendes Denken politische Angelegenheiten veränderbar sind oder wo sich Grenzen politischer Gestaltung eröffnen" (Lösch 2010, 124). Politische Bildung in der Jugendarbeit verweist also auf ein miteinander Sprechen und Handeln, welches sich bestimmen lässt als kollektive Aktivität, in der ein Interesse an der Ausgestaltung der gemeinsamen Welt zum Tragen kommt, wobei die allgemeinen Grundlagen, Bedingungen und gesellschaftlichen Verhältnisse des Zusammenlebens mitgedacht und bearbeitet werden. Politische Bildung in der OKJA arbeitet mit diesem kritischen Impetus, indem sie junge Menschen nicht lediglich in bestehende Ordnung einbindet, sondern diese dazu befähigt, auf eine Veränderbarkeit von Ordnungen hinzuwirken.

Eine Konzeptionierung politischer Bildung im Setting der non-formalen Bildung, welche auf die Hinterfragung von Macht- und Herrschaftsverhältnissen abzielt, rekurriert auf die Perspektive einer kritisch-politischen Theorie des Alltags und der Alltäglichkeit, welche den Alltag grundsätzlich als einen Aspekt des Politischen versteht (vgl. Bargetz 2016, 33). Hierbei wird der Alltag (trotz aller Ambivalenz bzw. aufgrund seiner Ambivalenz) als Ausgangspunkt sowie Fluchtpunkt einer Veränderung und Kritik von Gesellschaft verstanden. Momente und Prozesse politischer Bildung im Kontext der OKJA beziehen sich in unserem Verständnis grundlegend auf diese Ambivalenzen. Politische Bildung in der OKJA steht dadurch vor der Aufgabe, die alltäglichen, zum Teil auch durchaus widersprüchlichen Praxen von Kindern und Jugendlichen als politisierende, mitunter auch skandalisierende Momente wahrzunehmen. Dies ermöglicht, das Politische vom Alltag aus zu denken (vgl. ebd., 36) und dies auch als politische Bildungsprozesse abseits von formaler Politik sowie konsensualer Partizipations- und Demokratiebildungsprojekte zu verstehen.

Neben einem kritischen Alltagsbegriff gibt es eine weitere theoretisch-begriffliche Möglichkeit, sich von Konzepten der ‚Politikvermittlung' abzusetzen und die politische Bildung der OKJA zu profilieren. Die Beschäftigung mit dem Begriff der Politik verweist zwangsläufig auf den naheliegenden Begriff des Politischen. Hierzu werden zunehmend Anschlüsse an die politische Theorie gesucht, welche zwischen der Politik und dem Politischen zu unterscheiden weiß (vgl. Lindner 2021). Während Politik für die Prozesse und Institutionen steht, die Debatten beenden und durch Verbindlichkeiten und Gesetze die entsprechenden Ordnungen (re-)stabilisieren, Möglichkeitsräume regulieren und Optionen (Kontingenz) schließen, steht das Politische für die Prozesse, welche diese Ordnungen, Regulierungen und Schließungen infrage stellen. Damit steht der Begriff des Politischen für die Kritik an den gesellschaftlichen Verhältnissen und die konkreten Erfahrungen von Kämpfen um die Destabilisierung und Öffnung demokratischer Berechtigungsräume. Das Politische kann daher als eine Form kollektiven Handelns verstanden werden, welches sich von der Ausübung der (institutionellen) Politik unterscheidet. Im Anschluss an Hannah Arendt lässt sich das Politische ‚zwischen den Menschen' verorten, wobei es „[…] in der Interaktion und Auseinandersetzung, im Zwischen, im intermediären Raum zu suchen [ist]" (Schröder 2011, 175). Das Politische findet dort seinen Ausgangspunkt, wo Menschen trotz ihrer Verschiedenheit zusammen handeln, um ihre Welt zu gestalten. Hiermit einher geht die grundlegende Überzeugung, dass politisches, kollektives Handeln in der Lage ist, Neues und Unerwartetes in die Welt zu bringen, welches unter Umständen auch zu (radikalen) Veränderungen führen kann. Eine weitere Explikation dieser Überlegungen findet sich in den politiktheoretischen Ausführungen Jacques Rancières (u.a. 2002, 2008). Derart verstandene politische Tätigkeiten unterbrechen gegebene Ordnungen, indem sich Menschen von den ihnen zugewiesenen gesellschaftlichen Positionen entfernen. Diese Bewegung führt zu einer Sichtbarwerdung des zuvor nicht Gesehenen. Das, was vorher nur als „Lärm" (ebd.) vernommen wurde, wird nun als Rede und Teilhabeanspruch deutlich. Diejenigen, die zuvor als „anteilslos" eingeordnet worden sind, verweisen damit auf neue Orte innerhalb von Gesellschaften und werden nun „gehört" (ebd). Nach Chantal Mouffe (2016) ist es gerade der Dissens, der Streit, das Konflikthafte, welches für die Auseinandersetzung in und mit gesellschaftlichen Verhältnissen steht. Alltagstheoretisch gelesen wiederum weist das auf die Konflikthaftigkeit des Alltäglichen hin und das Politische markiert dann die Unterbrechungen, die unhintergehbaren Momente des Dissens, innerhalb der vertrauten Ordnungen und Routinen – eine Unterbrechung der Alltäglichkeit.

4. Zur Praxis der politischen Bildung in der OKJA

Eine politische Bildung in der OKJA, welche ihre Verwobenheit mit den gesellschaftlichen Verhältnissen anerkennt und alltagstheoretisch informiert ist, orientiert sich an den Alltagspraxen der jungen Menschen und deren Urteils-, Kritik- und Handlungsfähigkeit, die ihren Ausdruck in den jeweiligen kulturellen Ausdrucks- und Aneignungsweisen wiederfinden. Ist das Ziel der Offenen Jugendarbeit, hierzu zu befähigen, so muss der Ausgangspunkt die spezifische Lebenssituation der jeweils konkreten Gruppen der Jugendlichen sein, die die Angebote der Offenen Jugendarbeit nutzen (vgl. Hafeneger 2013). Denn der „Alltag gilt […] als gelebte Erfahrung, eingebettet in gesellschaftliche Verhältnisse, die in alltäglichen Entscheidungen und durch sie sichtbar werden“ (Bargetz 2016, 117).

Entgegen der Vorstellung, dass junge Menschen etwa politisiert werden müssten oder über Politik aufgeklärt werden sollten, hat die OKJA die strukturellen und konzeptionellen Voraussetzungen, junge Menschen bereits als aktive soziale Akteure zu begreifen. Ausgehend von einer solchen Perspektive sind sie nicht nur passive Rezipienten sozialer Interaktion, sondern unter den gegebenen Bedingungen an der Herstellung sozialer Prozesse und Situationen beteiligt. Somit geht es um die solidarische Begleitung von jungen Menschen, Möglichkeiten zu nutzen, um sich Räume, kulturelle Praktiken, Kategorien, Wissen sowie Handlungsbedingungen anzueignen, um diese dann aber auf der Grundlage ihrer eigenen lebensweltlichen Erfahrungen, ihrer eigenen Weltsichten und ihres Eigensinns als Individuum oder als Kollektiv zu verändern (vgl. Raithelhuber 2018, 535). Politische Bildung in der OKJA kann demnach Ressourcen, Informationen, Räume und kollektive Zusammenhänge bereitstellen oder organisieren, welche solcherlei Aneignungsprozesse begünstigen.

Hierbei bezieht sich die politische Bildung der OKJA auf das Besondere, welches in den jeweils konkreten Lebensumständen und lebensweltlichen Erfahrungen zum Ausdruck kommt, und vermittelt dieses Besondere mit dem Allgemeinen, indem die konkreten Lebensumstände und Erfahrungen im Hinblick auf ihre Bedingungen innerhalb der gesellschaftlichen Verhältnisse begreifbar gemacht werden. Somit lassen sich reale Grenzziehungen, welche durch gesellschaftliche Strukturen und Verhältnisse hervorgebracht werden und die mit Differenzerfahrungen, Erfahrungen von sozialem Ausschluss sowie Erfahrungen von alltäglichem Rassismus und Antisemitismus einhergehen und einer selbstbestimmt(eren) Lebenspraxis entgegenstehen, nicht nur markieren, sondern auch kritisch zur Diskussion stellen und, wenn möglich, zum Ausgangspunkt des gemeinsamen Handelns machen.

Dies kann einhergehen mit der Bewusstwerdung der gesellschaftlichen Strukturierung der eigenen Erfahrungen, der eigenen Positionierung und Handlungsoptionen. Nicht zuletzt zielt dies auf die Auseinandersetzung mit den eignen Selbst- und Weltverhältnissen. Im Kontext non-formaler Bildung versucht die OKJA heranwachsenden Menschen Möglichkeiten zu bieten, sich hierbei vor Ort zu erproben und sich als Gestalter*innen ihrer Verhältnisse zu erfahren, ohne die realen gesellschaftlichen Grenzziehungen zu verleugnen. Dabei unterstützen sich die Beteiligten darin, sich in die Gesellschaft einzubringen, sie zu kritisieren und an ihrer Veränderung mitzuwirken. Es geht damit um die Einmischung, Sichtbarwerdung und Sprechfähigkeit in öffentlichen Debatten im Stadtteil oder darüber hinaus, um die Entwicklung von Strategien und längerfristigen Möglichkeiten der politischen Mitgestaltung abseits eines Parlaments oder um subversive Verfahren der politischen Einmischung, welche sich beispielsweise jugendkultureller Kommunikationsformen bedienen. Eine solche politische Bildung der OKJA würde dem Selbstanspruch einer demokratischen Gesellschaft entsprechen und Möglichkeiten zur Verteidigung und Entwicklung demokratischer Räume eröffnen.

Eine politisch ausgerichtete non-formale Bildung zielt deshalb auf die Entwicklung von Urteilskraft, Kraft zur Reflexion und Handlungsfähigkeit in und gegen soziale Bezüge und gesellschaftliche Verhältnisse. Die Anerkennung der Verschiedenheit von Menschen und der Eigensinnigkeit von Heranwachsenden ist Bedingung, um Optionen, Spielräume und Handlungsfähigkeit junger Menschen in realen Lebenszusammenhängen zu erweitern. Die Ermöglichung von Erfahrungen der Selbstwirksamkeit und der sozialen Anerkennung ist eine Selbstverständlichkeit non-formaler Bildung, wenn sie sich als demokratisches und politisches Projekt versteht, das Heranwachsende darin begleitet, in die Gesellschaft einzutreten, sie zu kritisieren und an ihrer Gestaltung mitzuwirken.

5. Abschluss

Kritische politische Bildung in der OKJA zeichnet sich durch eine alltagstheoretische Perspektivierung und den Primat des Politischen aus. OKJA als Ort non-formaler Bildung positioniert sich dadurch als relevante Gelegenheitsstruktur für Prozesse informeller, alltagsorientierter politischer Bildung. Sie ist einerseits eingebunden und zugleich an der Hervorbringung der gesellschaftlichen Verhältnisse beteiligt und hat von daher zumindest theoretisch das Potenzial, die konflikthaften Bedingungen und Handlungsräume des Politischen sichtbar werden zu lassen und zugänglich zu machen. Damit Neues entstehen kann, sollte es die Aufgabe der OKJA sein, alltägliche Grenzziehungen zu bearbeiten, auch solche, an deren Herstellung sie womöglich selbst beteiligt ist. Es geht um die Anerkennung des ‚verborgenen Reichtums' und der unentdeckten Möglichkeiten im Alltag von Kindern und Jugendlichen im Hinblick auf die darin liegende zukünftige Wirklichkeit. Die politischen Momente der OKJA zielen also auf eine Kritik, auf Widersprüche und Protest an den bestehenden Verhältnissen, sie zielen aber auch auf konkrete Utopien, alternative Praxen und Visionen gesellschaftlicher Demokratisierung (vgl. Lösch 2019, 24).

Literatur

BARGETZ, Brigitte (2016): Ambivalenzen des Alltags. Neuorientierungen für eine Theorie des Politischen. Bielefeld.

CLOOS, Peter/Köngeter, Sefan/Müller, Burkhard/Thole, Werner (2007): Die Pädagogik der Kinder- und Jugendarbeit. Wiesbaden.

HAFENEGER, Benno (2013): Jugendliche und politische Bildung – politische Bildung und Jugend. In: deutsche jugend – Zeitschrift für die Jugendarbeit, 71. Jg., Heft 3, S. 105–111.

LINDNER, Werner (2021): Was ist „sozialpädagogische Bildung"? Anregungen und Konturierungen für die Kinder- und Jugendarbeit. In: deutsche jugend – Zeitschrift für die Jugendarbeit, 69. Jg., H. 12, S. 531–540.

LÖSCH, Bettina (2019): Grundlagen und Prinzipien politischer Bildung Qualitative Standards, aktuelle Rahmenbedingungen und Berührungspunkte zur Mobilen Beratung. In: Bundesverband Mobile Beratung e.V. (BMB) (Hg.): Auf zu neuen Ufern. Warum Mobile Beratung und Politische Bildung mehr sein müssen als Extremismusprävention, S. 16–24.

LÖSCH, Bettina/Thimmel, Andreas (Hg.) (2010): Kritische politische Bildung. Ein Handbuch. Schwalbach/Ts.

MOUFFE, Chantal (2016): Über das Politische. Wider die kosmopolitische Illusion. London, New York.

MÜLLER, Burkhard/Schmidt, Susanne/Schulz, Marc (2005): Wahrnehmen können. Jugendarbeit und informelle Bildung. Freiburg.

RAITHELHUBER, Eberhard (2008): Von Akteuren und agency – eine sozialtheoretische Einordnung der structure/agency-Debatte. In: Homfeldt, Hans Günther/Schröer, Wolfgang/Schweppe, Cornelia (Hg.): Vom Adressaten zum Akteur. Leverkusen, S. 17–46.

RANCIÈRE, Jacques (2002): Das Unvernehmen. Politik und Philosophie. Frankfurt/M.

RANCIÈRE, Jacques (2008): Die Aufteilung des Sinnlichen. Die Politik der Kunst und ihre Paradoxien. Berlin.

SCHMIDT, Holger (2011): Empirie der Offenen Kinder- und Jugendarbeit. Wiesbaden.

SCHRÖDER, Achim (2011): Politische Jugendbildung. In: Hafeneger, Benno (Hg.) (2011): Außerschulische Jugendbildung. Schwalbach/Ts., S. 173–186.

SCHWERTHELM, Moritz (2021): Offene Kinder- und Jugendarbeit als hybride Organisation – ein Modell zur Diskussion ihrer Funktionen. In: Deinet, Ulrich/Sturzenhecker, Benedikt/Schwanenflügel von, Larissa/Schwerthelm, Moritz (Hg.) (2021): Handbuch Offene Kinder- und Jugendarbeit. Wiesbaden, S. 883–908.

WIDMAIER, Benedikt (2022): Extremismuspräventive Demokratieförderung. Frankfurt/M.

STEFANIE BONUS, WIBKE RIEKMANN

Jugendverbandsarbeit in der postmigrantischen Gesellschaft

In diesem Beitrag wird die Jugendverbandsarbeit als Ort der politischen Bildung in den Blick genommen. Dabei wird dieses Handlungsfeld aus zwei Perspektiven betrachtet. Einerseits wird der Selbstanspruch der Jugendverbände als „Werkstätten der Demokratie" aufgegriffen (DBJR 2018). Jugendverbände beanspruchen mit dieser Metapher, demokratische Bildung in den Verbänden umzusetzen und als wichtiger Träger politischer Bildung und zivilgesellschaftlichen Engagements zu fungieren. Andererseits wird davon ausgegangen, dass sich das Jugendverbandssystem im Kontext der „postmigrantischen Gesellschaft" (Foroutan 2019) in einem Transformationsprozess befindet. Daraus resultieren Anforderungen, denen sich die Jugendverbände zu stellen haben. Die Formulierung postmigrantisch steht für eine gesellschaftskritische Analyseperspektive, die den Akt der Migration zwar zum Ausgangspunkt des Denkens macht, aber explizit darüber hinaus reicht und Bezugspunkte zu gesamtgesellschaftlichen Transformationen und Aushandlungen herstellt, die auf die Migration folgen.

Es geht in diesem Beitrag um die Frage, ob Jugendverbände in einer postmigrantischen Gesellschaft ihre Ansprüche auf Vertretung der jungen Generation aufrechterhalten (können) und wie sie auf die Anforderungen reagieren. Die Kämpfe um Berechtigung und Anerkennung postmigrantischer Jugendselbstorganisationen stehen dabei exemplarisch für die Frage nach dem, was ausgehandelt und verändert werden muss, damit Jugendverbandsarbeit ihren demokratischen Ansprüchen näherkommt.

1. Selbstorganisation junger Menschen und Jugendverbandsarbeit

Die Zivilgesellschaft gilt als ein wichtiger Akteur der Demokratie. Allgemein zeigt die Forschung zum Engagement junger Menschen das hohe Ausmaß zivilgesellschaftlicher Aktivitäten bei Jugendlichen. Auch wenn die einzelnen Studien zu leicht unterschiedlichen Ergebnissen des genauen Prozentsatzes kommen, wie viele Jugendliche sich engagieren, haben wir es bei den Jugendlichen mit einem vergleichbaren Anteil wie bei Erwachsenen und Senior*innen zu tun

(Simonson u.a. 2017). Damit sind die heutigen Jugendlichen eine der wichtigsten sozialen Gruppen zur Stärkung einer demokratischen und partizipativen Gesellschaft. Die Kinder- und Jugendarbeit bildet mit ihren Institutionen einen Teil der Zivilgesellschaft. Wie der 16. Kinder- und Jugendbericht noch einmal hervorgehoben hat, ist Kinder- und Jugendarbeit ein zentraler Ort, um Kindern und Jugendlichen Wege zur Beteiligung zu eröffnen und Mitbestimmung, Mitgestaltung und Verantwortungsübernahme zu ermöglichen (BMFSFJ 2020). Ihre Aufgaben sind in den §11 und §12 des KJHG verankert, betont werden im Gesetz die Mitbestimmung und Selbstorganisation.

Gemeinsam ist allen Jugendverbänden die Gleichzeitigkeit von Geselligkeit und Sachorientierung. Um einen Überblick über die Verbandsvielfalt zu bekommen, lassen sich die Verbände nach verschiedenen Sachorientierungen clustern. Zum einen gibt es sportorientierte Jugendverbände, helfende Jugendverbände, die Pfadfinder*innenverbände, ökologisch orientierte Jugendverbände, politische Jugendverbände, die Gewerkschaftsjugenden, die Landjugenden, die religiös orientierten Jugendverbände sowie weitere kleinere Jugendverbände, die sich eigenen Sachthemen widmen. Auf Bundesebene sind die Jugendverbände im Deutschen Bundesjugendring, auf Landesebene in Landesjugendringen und auf regionaler und kommunaler Ebene in Stadt- und Kreisjugendringen zusammengeschlossen. In den letzten Jahren vermehrt dazugekommen sind Verbände, die als postmigrantische Jugendselbstorganisationen bezeichnet werden können. Der 15. Kinder- und Jugendbericht aus dem Jahr 2017 kommt auf der Basis der Auswertungen verschiedener empirischer Einzeldaten zu dem Ergebnis, dass insgesamt 67% aller Zwölf- bis 25-Jährigen in Vereinen und Verbänden aktiv sind (BMFSFJ 2017, 386). Damit gehört die Zeit im Verein für die Mehrzahl der Kinder und Jugendlichen zum Alltagsleben dazu.

Betrachtet man die Jugendverbandsarbeit aus dem Blickwinkel der politischen Bildung, gelangen zunächst die Strukturen der Jugendverbände in den Fokus. Sie können als Strukturbedingungen einer gelebten Demokratie in den Jugendverbänden gelten, da sie die institutionellen Rahmenbedingungen für die Ermöglichung von Demokratie stellen (Riekmann 2011). Diese sogenannten Vereinsprinzipien umfassen nach Richter (2016):

- freiwillige Mitgliedschaft,
- ehrenamtliche Selbstverwaltung,
- lokale Organisationsstruktur,
- der Herstellung von Öffentlichkeit,
- egalitäre Interaktionsformen und
- Mehrheitsentscheidungen (Rechte, Gremien, Verfahren).

Die freiwillige Mitgliedschaft ermöglicht es, eine gleichberechtigte Gemeinschaft von Personen herzustellen, die auf Basis der persönlichen Betroffenheit Entscheidungen trifft und umsetzt. Das ehrenamtliche Engagement der Mitglieder unterstützt eine Selbstverwaltung, die auf diskursiven Verständigungsprozessen beruht. Die lokale Organisationsstruktur sichert ab, dass auf Basis von demokratischen Entscheidungsprozessen gleichzeitig eine sozialräumliche Integration stattfindet. Das bedeutet, dass über ein Wirken in die Öffentlichkeit Einfluss auf politische Prozesse im Stadtteil oder der Gemeinde genommen werden kann. Die egalitären Interaktionsformen sichern im Gespräch ab, was dann auf der Basis von Mehrheitsentscheidungen sich auch in den Rechten und Gremien und Verfahren niederschlägt: der Vorrang des besseren Arguments auf der Basis diskursiver Aushandlungsprozesse (vgl. Richter u.a. 2016).

Das Zusammenspiel der Prinzipien qualifiziert den Verein einerseits zu einem Bildungs- und Lebensort der Demokratie. Empirische Ergebnisse zur konkreten Umsetzung dieser demokratischen Potenziale zeigen andererseits, dass diese zu wenig genutzt werden und es einer stärkeren Selbstvergewisserung in den Verbänden über die eigenen Möglichkeiten bedarf (Riekmann 2011, Ahlrichs 2019, Ahlrichs/Fritz in diesem Band). Dazu kommen aus postmigrantischer Perspektive kritische Anfragen an die normativen Ansprüche, gesetzlichen und institutionellen Normierungen des Jugendverbandssystems.

2. Postmigrantische Gesellschaft und Demokratie

Das postmigrantische Paradigma ist im aktuellen Praxis-, Forschungs- und Diskursfeld der Jugendverbandsarbeit ein zentraler Bezugspunkt. Das Präfix ‚post' weist über die Migrationsfrage und die binäre Einteilung in Migrant:innen und ‚Einheimische' hinaus (Foroutan 2019). Im Fokus stehen die gesellschaftlichen Konfliktlinien und Aushandlungsprozesse, die hinter der Migrationsfrage stehen, wie etwa Fragen der sozialen Anerkennung, Sicherung der eigenen Privilegien, Verteilung von Ressourcen und Kämpfe um Berechtigungen. Verwiesen wird auf ein heterogenes Spektrum von Vereinen von jungen Menschen mit Migrationsgeschichte (VJM), deren Angebote und Maßnahmen zwar von hoher Relevanz sind, die aber weiterhin um ihre gleichberechtigte Anerkennung im jugendpolitischen Vertretungssystem kämpfen. Dabei repräsentieren postmigrantische Jugendselbstorganisationen einen Teil deutscher Jugendverbandsarbeit und sind wichtige Akteur:innen politischer Bildung in der postmigrantischen Gesellschaft (vgl. Chehata 2021; Jagusch 2021).

Die Bezeichnung „postmigrantische Jugendselbstorganisationen [verweist] einzig auf dieses geteilte Strukturmerkmal der Verwehrung von Teilhabe und ihren Kampf um Anerkennung" (Chehata 2021, 135). Die Kämpfe um Berechtigung und Anerkennung postmigrantischer Jugendselbstorganisationen stehen exemplarisch für die Frage nach dem, was ausgehandelt und verändert werden muss, damit Jugendverbandsarbeit ihren demokratischen Ansprüchen näherkommt. Dabei verbindet sich die Aushandlung der Migrationsfrage mit der Aushandlung der „Demokratienorm" (Foroutan 2019, 59). Diese Perspektive zeigt, dass Verbände zwar auf Grundlage der oben beschriebenen Prinzipien einen demokratischen Möglichkeitsraum eröffnen können, dass aber gleichzeitig Akteur:innen immer wieder gefordert sind, die bestehenden Normen und, was Demokratie und demokratisches Handeln in der konkreten Situation heißt, neu auszuhandeln.

Grundlegend ist hierfür eine Vorstellung von Demokratie als Regierungs- und als Lebensform, nach der sich Menschen nicht nur als Adressat*innen von Gesetzen und Entscheidungen, sondern auch als deren Urheber*innen begreifen können. Habermas formuliert in der deliberativen Demokratietheorie, dass Normen auf der Basis gleichberechtigter Diskurse immer wieder neu ausgehandelt werden müssen: „Gültig sind genau die Handlungsnormen, denen alle möglicherweise Betroffenen als Teilnehmer an rationalen Diskursen zustimmen können" (Habermas 1992, 138). Solche Diskurse können in einer kommunalen Öffentlichkeit stattfinden, in denen Menschen von den Entscheidungsprozessen auch selbst betroffen sind. Mit der deliberativen Demokratietheorie von Jürgen Habermas und der Kommunalpädagogik von Helmut Richter (2019) gelingt die Verbindung von Demokratie lernen und leben mit der konkreten Utopie einer demokratischen Kommune, die einerseits Lebensort und andererseits Bildungsort für die politische Identität ist (vgl. Ahlrichs/Fritz im vorliegenden Band).

Aus der Verbindung der deliberativen Demokratietheorie mit der Analyseperspektive der postmigrantischen Gesellschaft ergeben sich Themen- und Spannungsfelder, von denen zwei beleuchtet werden sollen.

3. Zwischen jugendpolitischem:r Akteur:in und jugendpädagogischem Handlungsfeld

Entsprechend den oben beschriebenen Prinzipien ist die Kinder- und Jugendarbeit ein zentraler Ort, um Kindern und Jugendlichen Wege zur Beteiligung zu eröffnen und Selbstorganisation zu ermöglichen. Dabei gilt es, pädagogische und politische Prozesse *innerhalb* der Jugendverbände in den Blick zu nehmen sowie den Übergang von den Jugendverbänden in die Beteiligungspraxis der kommunalen Öffentlichkeit zu beleuchten. Bevor sich Jugendverbände in die kommunale Öffentlichkeit begeben, müssen sie dafür einen Anlass sehen. Jugendverbände verstehen sich allerdings häufig nicht als politischer Akteur, sondern ziehen sich auf die pädagogische Arbeit zurück, indem sie Gemeinschaftsbildung fokussieren. Dieser Rückzug auf sich selbst kann als eine Tendenz zur Ent-Demokratisierung des Verbandswesens bezeichnet werden und verweist auf die sogenannte Familiarisierung, die nicht selten einhergeht mit einer Dienstleistungsorientierung/Verbetrieblichung bestimmter Angebote (Richter/Sturzenhecker 2011). Vereine entwickeln sich entweder zu ‚Ersatz-Familien' mit Tendenz zu einer homogenen Mitgliedschaft und zu Entscheidungsverfahren, die auf Verwandtschafts- oder Freundschaftsbeziehungen basieren; oder Vereine werden zum Betrieb, sie ersetzen das Ehrenamt durch bezahlte Arbeitskräfte und die Mitglieder werden zu Kunden, die lediglich Angebote abfragen. Beide Tendenzen sind bei den Akteur:innen der postmigrantischen Jugendverbandsarbeit nicht zu finden, es zeigen sich sogar gegenläufige Tendenzen und Spielräume für eine kritische politische Bildung. Postmigrantische Jugendselbstorganisationen positionieren sich selbstbewusst als jugendpolitische Akteur:innen. Empowerment und der Kampf um Repräsentation sind ein Ausdruck des Widerstands gegen Rassismus- und Diskriminierungserfahrungen (u.a. Kauka/Tümis 2020; Kechaja u.a. 2020). Wie Praktiken des politischen Empowerments und Powersharings auf den unterschiedlichen Ebenen von Jugendverbandsarbeit zu einer Veränderung bestehender Macht- und Herrschaftsverhältnisse beitragen können, wird vielfach beschrieben (Jagusch/Chehata 2020; Greschner 2021). Ein zentrales Element empowermentorientierter Bildungsarbeit sind sogenannte geschütztere Räume oder Safer Spaces. „Für Jugendliche sind diese geprägt von Austausch, dem (Weiter-)Entwickeln von Strategien im Umgang mit Rassismus, Selbstbemächtigung, Zusammenarbeit, Solidarität sowie Beziehungserfahrungen fernab kulturalistischer Zuschreibungen." (Haschemi u.a. 2020, 294) Im Unterschied zu den Homogenisierungs- und Familiarisierungstendenzen der traditionellen Jugendverbände zeigt sich eine starke Verbindung von jugendpädagogischem und jugendpolitischem Engagement junger Menschen im Kontext einer differenzierten Gemeinschaftsbildung. Jedoch besteht Forschungsbedarf hinsichtlich der Verständnisse und Formen politischer Bildung und politischen Handelns in postmigrantischen Jugendselbstorganisationen.

4. Zwischen Pluralisierung und institutioneller Regulierung

Ausgehend von Transformationsprozessen in der postmigrantischen Gesellschaft findet bereits seit Längerem eine Pluralisierung der Selbstorganisierung junger Menschen statt. Folge ist eine Veränderung und Differenzierung der Themen, Perspektiven, Angebote und der Akteur:innen politischer Bildung in der Jugendverbandsarbeit (BMFSFJ 2020, 358). Jugendverbandsarbeit bewegt sich in einem Spannungsfeld aus Pluralisierung und Stabilisierung bestehender institutioneller Regulierungen.

Aus rassismus- und diskriminierungskritischer Perspektive analysiert Chehata (2021) die Zugangsregularien auf Ebene der Jugendringe und zeigt, wie Formen institutionellen Rassismus bestehende Machtverhältnisse stabilisieren. Die Mitgliedschaft und das Vertretungsrecht in den Jugendringen sind an formale Bedingungen geknüpft (beispielsweise Anzahl von Mitgliedern, Ortsgruppen und Landesvertretungen), die sich an den Normalitätsvorstellungen der Mehrheitsstrukturen orientieren. Die Folge ist eine institutionelle und strukturelle Diskriminierung der Selbstorganisationen junger Menschen, die diesen Kriterien und Normalitäten nicht entsprechen, beispielsweise weil migrationsbedingte Faktoren für den Anteil und die Verteilung bestimmter Bevölkerungsgruppen systematisch ausgeblendet werden. Bonus u.a. (2021) zeigen auf, wie die (Un-)Möglichkeiten von Teilhabe im jugendpolitischen Vertretungssystem mit Prozessen der Legitimation verbunden sind. Dabei geht die Frage der Legitimation über die formalen Kriterien hinaus, denn es entstehen feldspezifische Orte der „(Halb-)Öffentlichkeit" (ebd., 330), wie Tagungen oder Ausschusssitzungen, an denen Traditionen und diskursive Praktiken über die (Un-)Möglichkeit von Teilhabe entscheiden. Diese Praxis verweist auf ein Demokratiedefizit, das thematisiert und neu verhandelt werden muss. Infrage steht der Anspruch, alle Jugendlichen durch die Jugendverbände und Jugendringe zu repräsentieren.

5. Schluss: Jugendverbandsarbeit zwischen Ent-Demokratisierung und Re-Demokratisierung

Die Jugendverbandsarbeit beansprucht für sich, Ort der demokratischen und politischen Bildung zu sein. Es ist deutlich geworden, dass Jugendverbände empirisch diesem Anspruch (noch nicht) gerecht werden. Aus der Theorie ergeben sich die Anforderungen, die eigene Institution stärker zu demokratisieren und Ent-Demokratisierungstendenzen entgegenzuarbeiten. Gleichzeitig bedarf es einer Re-Demokratisierung der Jugendverbandsarbeit, die ihre eigenen Ambivalenzen und Exklusionsmechanismen reflektiert. „Im Sinne einer Re-Demokratisierung der jugendpolitischen Strukturen sind neue Formen der Regulierung von Interessenvertretungen und Stimmrechten zu erarbeiten, die nicht den systematischen Ausschluss minorisierter junger Menschen und ihrer Organisationen produzieren“ (Chehata 2021, 149). Dies kann als Anpassungsleistung der etablierten *weißen* Strukturen an die Migrationsrealität verstanden werden. Ausgehend von sozialen Unterschieden sowie der ungleichen Verteilung von Ressourcen und Sprecher:innenpositionen ist Jugendverbandsarbeit gefordert, ihre Gleichheits- und Teilhabeversprechen zu hinterfragen. Politikwissenschaftliche Ansätze wie die Einführung alternativer Beteiligungs- und Entscheidungsverfahren werden bereits vorgeschlagen. Statt der Verfestigung bestehender Normierungen und Regulierungen erscheint eine Pluralität und Anerkennung alternativer Formen der Institutionalisierung sinnvoll. Die unterschiedlichen Formen verweisen auf eine demokratische Praxis der Selbstorganisation, in der, ausgehend von konkreten Situationen und den damit verbundenen Problemen, widerständige Strategien entwickelt werden. In der Auseinandersetzung um diese Strategien liegt die Ermöglichung einer kritischen politischen Bildung.

Abschließend soll nicht unerwähnt bleiben, dass Jugendverbände für den Re-Demokratisierungsprozess auch entsprechende Rahmenbedingungen brauchen. Das bedeutet u.a. ein grundsätzliches Überdenken der projektbedingten Förderungen zugunsten einer längerfristigen Strukturförderung sowie ein Überdenken der Adressierung der Jugendverbände als Orte der Prävention. Jugendverbände brauchen Freiräume, damit sie die anstehenden Aushandlungsprozesse und Re-Demokratisierungsprozesse selbstbestimmt führen und damit zukünftig allen jungen Menschen demokratische Partizipation an der Gesellschaft eröffnen können.

Literatur

AHLRICHS, Rolf (2019): Demokratiebildung im Jugendverband: Grundlagen – empirische Befunde – Entwicklungsperspektiven. Weinheim.

BONUS, Stefanie/Cano, Marcela/Wenzler, Nils (2021): Über den Prozess der Legitimierung. In: Sozial Extra 5/2021, S. 329–333. DOI: 10.1007/s12054-021-00424-5

BUNDESMINISTERIUM für Familie, Senioren, Frauen und Jugend (BMFSFJ) (2017): 15. Kinder- und Jugendbericht. Bericht über die Lebenssituation junger Menschen und die Leistungen der Kinder- und Jugendhilfe in Deutschland; Stellungnahme der Bundesregierung zum Bericht der Sachverständigenkommission; Bericht der Sachverständigenkommission. Berlin.

BUNDESMINISTERIUM für Familie, Senioren, Frauen und Jugend (BMFSFJ) (2020): 16. Kinder- und Jugendbericht. Bericht über die Lage junger Menschen und die Bestrebungen und Leistungen der Kinder- und Jugendhilfe; Förderung demokratischer Bildung im Kindes- und Jugendalter und Stellungnahme der Bundesregierung. Berlin.

CHEHATA, Yasmine (2021): Postmigrantische Jugendarbeit. Vom Abschied von der Interkulturellen Öffnung zur Re-Demokratisierung der verbandlich organisierten Jugendarbeit. In: Dubiski, Judith/Hermens, Claudia/Schäfer, Stefan/Thimmel. Andreas (Hg.): Praxisforschung in der non-formalen Bildung. Zum Zusammenhang von Bildung, Politik und Forschung. Frankfurt/M., S. 133–156.

DEUTSCHER BUNDESJUGENDRING (DBJR) (2018): Werkstätten der Demokratie – politische Bildung von Jugendverbänden und Jugendringen stärken und schützen. Online: https://www.dbjr.de/fileadmin/Positionen/2018/2018-DBJR-VV-POSITION-02-neutralitaet.pdf (Zugriff: 26.07.2023).

FOROUTAN, Naika (2019): Die postmigrantische Gesellschaft. Ein Versprechen der pluralen Demokratie. Bielefeld.

GRESCHNER, Deniz (2021): Muslimische Jugendverbände. Über ihre Diversität und die Bedeutung ihrer Schutzräume für die Jugendverbandsarbeit. In: Sozial Extra 5, S. 334–338. DOI: 10.1007/s12054-021-00419-2

HABERMAS, Jürgen (1992): Faktizität und Geltung. Beiträge zur Diskurstheorie des Rechts und des demokratischen Rechtsstaats. Frankfurt/M.

HASCHEMI, Golschan Ahmad/Meyer, Verena/Rotter, Pasquale Virginie (2020): „Slow Slow (Run Run)“. Empowerment, Sichtbarkeit und Teilhabe in der Offenen Jugendarbeit. In: Jagusch, Birgit/Chehata, Yasmine (Hg.) (2020): Empowerment und Powersharing: Ankerpunkte – Positionierungen – Arenen. Weinheim, S. 289–301.

JAGUSCH, Birgit (2021): Politische Jugendbildung in der postmigrantischen Gesellschaft. Eine explorative Analyse der Aktivitäten von Vereinen von jungen Menschen mit Migrationsgeschichte (VJM). In: Dubiski, Judith/Hermens, Claudia/Schäfer, Stefan/Thimmel, Andreas (Hg.): Praxisforschung in der non-formalen Bildung. Zum Zusammenhang von Bildung, Politik und Forschung. Frankfurt/M., S. 115–132.

JAGUSCH, Birgit/Chehata, Yasmine (2020): Empowerment und Powersharing. Ankerpunkte – Positionierungen – Arenen. Weinheim.

KAUKA, Jaqueline/Tümis, Vicotoria Yasemin (2020): Powersharing und Empowerment: Die Zusammenarbeit des Jugendmigrationsbeirat Berlin und des Landesjugendring Berlin. In: Jagusch, Birgit/Chehata, Yasmine (Hg.): Empowerment und Powersharing: Ankerpunkte – Positionierungen – Arenen. Weinheim, S. 123–135.

KECHAJA, Maria/Haug, Lean/Jackson, Josephine/Kashefipour, Marjam/Strähle, Borghild/Yupanqui-Werner, Elisabeth (2020): Empowerment quer_gedacht. In: Jagusch, Birgit/Chehata, Yasmine (Hg.): Empowerment und Powersharing: Ankerpunkte – Positionierungen – Arenen. Weinheim, S. 276–288.

RICHTER, Elisabeth/Richter, Helmut/Sturzenhecker, Benedikt/Lehmann, Theresa/Schwerthelm, Moritz (2016): Bildung zur Demokratie – Operationalisierung des Demokratiebegriffs für pädagogische Institutionen. In: Knauer, Raingard/Sturzenhecker, Benedikt (Hg.): Demokratische Partizipation von Kindern. Weinheim, S. 106–129.

RICHTER, Helmut (2016): Pädagogik des Sozialen: Bildungsbündnis in Demokratiebildung. In: Widersprüche. Zeitschrift für sozialistische Politik im Bildungs-, Gesundheits- und Sozialbereich 142, S. 47–59.

RICHTER, Helmut (2019): Sozialpädagogik – Pädagogik des Sozialen. Grundlegungen, Institutionen und Perspektiven der Jugendbildung. Wiesbaden.

RICHTER, Helmut/Sturzenhecker, Benedikt (2011): Demokratiebildung am Ende? Jugendverbände zwischen Familiarisierung und Verbetrieblichung. In: deutsche jugend 2, S. 61–67.

RIEKMANN, Wibke (2011): Demokratie und Verein: Potenziale demokratischer Bildung in der Jugendarbeit. Wiesbaden.

SIMONSON, Julia/Vogel, Claudia/Tesch-Römer, Clemens (2017): Freiwilliges Engagement in Deutschland: der Deutsche Freiwilligensurvey 2014, Wiesbaden.

ROLF AHLRICHS, FABIAN FRITZ

Politische Bildung und Demokratiebildung im Verein

Das kritische Potenzial einer unterschätzten (Jugend-)Bildungsinstitution

Das deutsche Vereinswesen hat einen ambivalenten Ruf. Auf der einen Seite stehen der immer wieder angeführte Vorwurf der Vereinsmeierei und der Verdacht, dass der Verein ein Auslaufmodell sei. Auf der anderen Seite repräsentieren die Vereine weiterhin die Breite und Vielfalt der Zivilgesellschaft (Delto/Zick 2021, 130). So waren in Deutschland im Jahr 2017 erstmals über 600.000 Vereine gemeldet, ein Drittel von ihnen mit steigenden Mitgliederzahlen (Priemer u.a. 2017, 5). Damit erreichen die Vereine nach Familie, Schule und Kita die meisten Kinder und Jugendlichen. So liegt schon aus quantitativen Gründen ein Argument vor, genauer auf diese weitverbreitete, meist lokale Organisationsform zu schauen – auch aus der Sicht kritischer politischer Bildung. Schließlich betont nicht zuletzt der 16. Kinder- und Jugendbericht der Bundesregierung das Potenzial der Vereine zur politischen Bildung *und* Demokratiebildung (Deutscher Bundestag 2020, 377 f.).

Der vorliegende Beitrag argumentiert, dass sich der Blick auf diese noch vielfach unterschätzte und zu wenig untersuchte Bildungsinstitution lohnt. Allerdings ist im Unterschied zu der begrifflichen Gleichsetzung im 16. Kinder- und Jugendbericht (Deutscher Bundestag 2020, 49) weiterhin eine analytische Unterscheidung von politischer Bildung und Demokratiebildung vorzunehmen, um strukturelle und inhaltliche Aspekte unterschiedlicher Sozialisationsorte differenzieren zu können. Für diese Differenzierung erscheinen die im Bericht genutzten Dimensionen von Demokratie als *Gegenstand*, als *Bildungsstruktur* und als *Erfahrung* jedoch hilfreich (Deutscher Bundestag 2020, 130). Wir argumentieren, dass sich im Verein als lokale Mitgliederorganisation potenziell alle drei Dimensionen demokratischer Bildung verwirklichen können. Im Folgenden werden dazu die Potenziale der Vereine für die kritische politische Bildung und sozialpädagogische Demokratiebildung herausgearbeitet, empirischen Herausforderungen gegenübergestellt und schließlich Gelingensbedingungen abgeleitet.

1. Potenziale von Vereinen für politische und Demokratiebildung

Wird nach dem Verhältnis von politischer Bildung und Verein gefragt, ist empirisch erst einmal zu konstatieren, dass zahlreiche Initiativen, Projekte und Anbieter*innen politischer Bildung als Vereine organisiert sind und sich mit Workshops, Seminaren und Coachings an ein externes Publikum richten, um Politik und Demokratie als *Gegenstand* zu vermitteln. Die Einordnung ihrer Potenziale zur politischen Bildung hängt dann davon ab, ob diese Vereine eine ausreichende Wissensvermittlung *über* Politik und/oder Demokratie gewährleisten, also, ob sie den Bildungs*gegenstand* angemessen vermitteln können. Es geht dabei um die Frage danach, wie gut sie zur kritischen Auseinandersetzung mit Macht-, Herrschafts- und Klassenverhältnissen anregen und damit zur Kritikfähigkeit beitragen. Vereine positionieren sich hier aufgrund ihrer weltanschaulichen Ausrichtung, was vor dem Hintergrund der aktuellen Debatten um die Gemeinnützigkeit keine unerhebliche Tatsache ist (vgl. den Beitrag von Widmaier in diesem Band). Jedoch vernachlässigt eine Perspektive auf die Vereine als Anbieter*innen politischer Bildung ein wesentliches, wenn nicht sogar *das* Charakteristikum der Vereine: Sie sind lokale und demokratische Mitgliederorganisationen mit mehr oder weniger aktivem Vereinsleben. Vereine – und damit sind auch jene gemeint, die nicht explizit Anbieter*innen politischer Bildung sind, wie beispielsweise Sport-, Musik-, Kunstvereine usw. – verfügen nämlich über das Potenzial, durch ihre *Strukturen* eine demokratische Bildung im Sinne eines *Erfahrungs*lernens für ihre Mitglieder zu bieten.

Eine solche, nicht nur auf die Inhalte, sondern vor allem auf die Struktur abzielende Lesart des Vereins bietet die sogenannte Hamburger Schule der Demokratiebildung (beispielsweise Richter 2019) mit einer dezidiert gesellschafts- und demokratietheoretischen Perspektive, der wir uns anschließen. Sie basiert erstens auf der Idee John Deweys (1916/2001), dass Demokratie mehr ist als eine Regierungsform, nämlich in erster Linie eine Lebensform, und zweitens auf der von Jürgen Habermas (1998) kommunikationsphilosophisch begründeten Definition von deliberativer Demokratie, die erst dann als realisiert gelten kann, wenn alle von einer Entscheidung betroffenen Menschen gleichberechtigt mitentscheiden bzw. mitwirken und somit zugleich Urheber*innen und Adressat*innen einer Entscheidung sein können. Ergänzen möchten wir drittens ein Verständnis von Politik, wie Hannah Arendt es vorschlägt: „Politisch zu sein, in einer Polis zu leben, das hieß, daß alle Angelegenheiten vermittels der Worte, die überzeugen können, geregelt werden und nicht durch Zwang oder Gewalt" (Arendt 1960/2005, 36 f.). Auf dieser Basis *können* Vereine als Orte hervortreten, an denen Demokratie in strukturell angelegten demokratischen Settings erfahren wird und gleichzeitig eingeübt und weiterentwickelt werden kann, indem im Verein die Angelegenheiten der Mitglieder, aber auch der den Verein umschließenden Kommune ausgehandelt werden. Es geht bei Demokratiebildung also in erster Linie um die Frage, ob Vereine als pädagogische Institutionen eine demokratische Struktur aufweisen, und erst in zweiter Linie um die Frage, welche Bildungsangebote sie machen. Demokratiebildung ist vor diesem Hintergrund nicht nur die Qualifizierung zur Teilnahme an bestehenden demokratischen Strukturen bzw. die Erziehung kompetenter Staatsbürger*innen, sondern ermöglicht Menschen, „sich selbst eine Vorstellung davon zu machen, in welcher Welt sie eigentlich leben und vor allem leben wollen“ (Lösch 2010, 120).

Voraussetzung für eine entsprechende demokratische Ausgestaltung von Vereinen ist, dass sie folgende Prinzipien erfüllen:

- Freiwillige, offene Mitgliedschaft
- transparente, nutzbare Rechte und Mehrheitsentscheidungen (Satzung, Gremien, Verfahren)
- ehrenamtliche Selbstverwaltung mit einem gemeinsamen Vereinsziel
- lokale Organisationsstruktur
- Herstellung von Öffentlichkeit
- egalitäre Interaktionsformen (Bühler u.a. 1978; Richter 2021)

Aufgrund der Freiwilligkeit der Mitgliedschaft müssen die Ziele und Inhalte immer wieder neu zwischen den Mitgliedern ausgehandelt werden, weil sie ansonsten in der Gefahr stehen, dass sich diese gegen eine Mitgliedschaft entscheiden. Da Mitglieder zudem, trotz empirisch feststellbarer Abweichungen (vgl. beispielsweise Chehata 2021), als grundsätzlich Gleiche satzungsmäßige Rechte haben, können sie auf die Gestaltung und Entwicklung der Vereine Einfluss nehmen, andersherum sind sie von solchen Entscheidungen auch immer selbst betroffen. Die Mitgliedschaft ist damit Basis dafür, dass die Urheber*innen von demokratischen Entscheidungen gleichzeitig deren Adressat*innen sind. Das Ehrenamt steht in demokratisch strukturierten Vereinen für die Möglichkeit, sich über gewählte Posten demokratisch legitimiert für andere zu engagieren bzw. Verantwortung zu übernehmen.

Über ihre Eingebundenheit in die kommunale Öffentlichkeit sind die Vereine immer auch Orte, in denen die politischen Entscheidungen des direkten Umfelds verhandelt werden, von der Frage nach der Ausgestaltung des Sportplatzes in der Nachbarschaft bis hin zur Frage, ob man sich als Verein an der örtlichen Demonstration beteiligen will – und damit sind sie eben auch Orte politischer Debatten, die alle Betroffenen einbeziehen müssen. Kurz gesagt kann im Verein potenziell jedes Mitglied, egal wie alt, mitdiskutieren. Bezogen auf die Definition einer kritischen politischen Bildung als „die Fähigkeit zur kritischen Analyse politischer, gesellschaftlicher und ökonomischer Konflikte, [als] das Erkennen der eigenen Interessen in Reflexion auf die eigene Eingebundenheit in politische, gesellschaftliche und ökonomische Strukturen, [als] die Fähigkeit zur Urteilsbildung [und als] die Fähigkeit zu politischer Partizipation" (Fritz/Wohnig 2021, 27) wird die *potenzielle* Verknüpfung von Demokratiebildung und kritischer politischer Bildung in *jedem* Verein deutlich. Denn die Eingebundenheit wird über den Verein hergestellt. Anders gesprochen gibt es „außer in Vereinen und Jugendverbänden [...] für Kinder und Jugendliche kaum eine institutionell gerahmte und unterstützte Möglichkeit, Demokratie konkret zu *praktizieren* [Hervorhebung RA/FF]: weder in der Schule noch in den Sphären des Konsums oder der Familie" (Sturzenhecker 2013, 333). Jedoch zeigen empirische Studien, dass Vereine weder ihre Potenziale zur politischen Bildung noch zur Demokratiebildung ausschöpfen.

2. Herausforderungen für die politische Bildung und Demokratiebildung im Verein

Wibke Riekmann (2011) untersuchte in ihrer Studie jene Bedingungen, die oben genannten Potenzialen der Vereine entgegenstehen. Dabei stellte sie vor allem die Familiarisierung und Verbetrieblichung heraus. Familiarisierung beschreibt den Umstand, dass Vereine oftmals in ihrer Mitgliederstruktur nicht die Heterogenität der Gesellschaft abbilden, sondern eher dazu tendieren, sich aus Familien oder anderen gleichgesinnten Gruppen zusammenzusetzen. Damit ist nicht nur das Risiko einer Homogenisierung der Mitglieder entlang von Differenzkategorien wie race, age, gender usw. verbunden, sondern auch die Tendenz, dass der (demokratische) Disput zum Erliegen kommt, weil kaum abweichende Meinungen geäußert werden. Sicherlich lässt sich dies damit begründen, dass Vereinsmitglieder grundsätzlich gemeinsame Interessen verfolgen, jedoch kann darin auch ein unbewusster oder bewusster Ausschlussmechanismus zum Ausdruck kommen (z.B. der Sportvereine Delto/Zick 2021, 130 ff.). Für politische Bildung und Demokratiebildung ist dieser Faktor problematisch, da homogene Gruppen weniger kontroverse Debatten führen und dazu neigen, in ihren Debatten nur Argumente Gleichgesinnter aufzunehmen. Unter Verbetrieblichung wird verstanden, dass sich Vereine vor allem als Dienstleister*innen verstehen. Riekmann führt beispielhaft einen Sportverein an, der sich mit dem Fitnessstudio messen muss und in Konkurrenz um Mitglieder tritt. Im Zuge der Professionalisierung werden immer mehr Hauptamtliche eingestellt, die nicht mehr (ab-)gewählt werden können. Damit entfällt der oben skizzierte demokratische Erfahrungsraum ehrenamtlicher Selbstverwaltung. Als Steigerung der Verbetrieblichung ist die Kommerzialisierung der Vereine zu beobachten. Wenn ein Verein nur als Unternehmen agiert, wird die demokratische Struktur aufgegeben, Mitglieder werden zu Kund*innen und politische Debatten werden unter dem Vorwand der Neutralität ausgeblendet, um das jeweilige Produkt besser verkaufen zu können. In diesem Zusammenhang ist auch die zunehmende finanzielle Anhängigkeit der (Bildungs-)Arbeit vieler Vereine von staatlichen und privaten Zuwendungen zu nennen, die zu inhaltlicher Einflussnahme führen kann (vgl. Hirsch in diesem Band).

Ahlrichs (2019) unterstreicht in seiner Studie die Ergebnisse Riekmanns und ergänzt den Faktor der Verschulung. Damit ist gemeint, dass sich Vereine in der Kooperation mit Schule, meist im Ganztag, eher an schulischen Zielsetzungen wie der Employability und Kompetenzvermittlung orientieren. Die Herausforderung für die politische Bildung und Demokratiebildung liegt darin, dass die Angebote zum einen nicht mehr freiwillig besucht werden und somit ein Kern der Vereine verloren geht, zum anderen werden Inhalte von der Schule vorgegeben und somit verlieren Vereine die oben aufgezeigten Potenziale, beispielsweise zum Diskurs lokalpolitischer Themen oder zur ehrenamtlichen Selbstverwaltung.

Diese Faktoren, so können die Studien von Ahlrichs und Riekmann nachweisen, gehen mit zweierlei Wechselwirkungen einher. Zum einen spielen in den untersuchten Vereinen – in diesen Studien Jugendvereine aus Hamburg und Baden-Württemberg – die Vereinsprinzipien kaum eine Rolle und zum anderen sehen viele Vereine es gar nicht als ihre Aufgabe an, Orte der politischen Bildung und Demokratiebildung zu sein, obwohl ebendies beispielsweise aus §11 SGB VIII abgeleitet werden kann. Darin wird für die Kinder- und Jugendarbeit ein Bildungsauftrag formuliert: Kinder und Jugendliche sollen durch die Mitbestimmung und Mitgestaltung der Angebote zu gesellschaftlicher Mitverantwortung und sozialen Engagement hingeführt werden. Nimmt man die eigenen Ansprüche der Vereine, „Schulen bzw. Werkstätten der Demokratie“ zu sein, ernst, gilt es, aus den Vereinsprinzipien, aber auch aus den negativen Faktoren Schlüsse zu ziehen, wie Vereine ihre Potenziale verwirklichen können. Dazu werden im Folgenden Gelingensbedingungen formuliert.

3. Gelingensbedingungen für politische Bildung und Demokratiebildung in Vereinen

Grundlage der folgenden Darstellung von Gelingensbedingungen ist zum einen die These, dass „Demokratiebildung […] politische Bildung [ist], politische Bildung jedoch nicht notwendigerweise Demokratiebildung" (Ahlrichs u.a. 2021, 426), da politische Bildung eben auch in nichtdemokratischen Staaten existiert, Demokratiebildung aber gerade demokratische Strukturen voraussetzt. Zum anderen werden die Gelingensbedingungen nun gerade darüber abgeleitet, dass die Bereitstellung von Strukturen noch keine Bildung ist und politische Bildung und Demokratiebildung daher in der praktischen Umsetzung zusammenzudenken sind (Fritz/Mielich 2020; Fritz/Wohnig 2021).

Binnendemokratisch verfasste Struktur der Vereine

Organisieren sich Vereine entlang der Vereinsprinzipien, bieten sie die Möglichkeit, ein demokratisch gewähltes Ehrenamt zu übernehmen und Fragen des gemeinsamen Lebens unter gleichberechtigten Mitgliedern aushandeln zu können. Insofern handelt es sich bei der konsequenten Orientierung an den Vereinsprinzipien um eine notwendige Bedingung der Demokratie als *Bildungsstruktur* und der Demokratie als *Erfahrung,* beispielsweise der Meinungsbildung in Gremien, des Abhaltens von Wahlen, des diskursiven Aushandelns von Kompromissen, aber eben auch der Kämpfe um Erweiterung der demokratischen Teilhabe. Solche demokratischen Strukturen müssen allerdings auch in einem dauerhaften Prozess reflektiert und weiterentwickelt werden, um die Partizipation aller Mitglieder zu ermöglichen (Ahlrichs 2019, 392).

Politische Bildung im Verein

Politische Bildung wiederum lässt sich nur dann realisieren, wenn sich Vereine politischen Themen gegenüber nicht verschließen. Auch wenn Sportvereine, Feuerwehren usw. oftmals davon sprechen, *unpolitisch* oder *politisch neutral* zu sein, und sich nur auf ihre demokratische Struktur verlassen, geht dies am Ende nicht auf. Denn wer sich zu lokalen oder auch globalen politischen Fragen „in einer Art Äquidistanz neutral positioniert, positioniert […] sich auch politisch" (Fritz/Ziegler 2022, 176). Verpasst werden dabei zum einen die Meinungsbildung zu und die Einmischung in politische(n) Themen. Zum anderen kann man sich politisch nur schwer neutral verhalten, wenn es um der Demokratie diametral gegenüberstehende politische Einstellungen geht. Demokratie ist eben nicht nur Struktur, sie ist auch ein Wert. Gesellschaftliche Ungleichheitsverhältnisse wie z.B. Rassismus, Antisemitismus, Sexismus usw., die auch in Vereinen wirken, könnten anhand des Ziels egalitärer Interaktionsformen in Vereinen kritisch reflektiert und ggf. bearbeitet werden. An dieser Stelle kommt auch das kritische Element der politischen Bildung ins Spiel, denn gerade ein Verein kann das Eingebundensein in gesellschaftliche Machtstrukturen sowie das Vorhandensein von Ausschlüssen und Diskriminierungen erfahrbar und diskutierbar machen, beispielsweise wenn Vereine gesellschaftliche Debatten über Ungleichheitsverhältnisse anstoßen oder aufnehmen. Hier fallen also potenziell Politik und Demokratie als *Gegenstand*, als *Bildungsstruktur* und als *Erfahrung* zusammen.

Demokratische Interaktion mit der kommunalen Öffentlichkeit

Damit politische Bildung und Demokratiebildung nicht nur auf die Binnengrenzen des Vereins beschränkt bleiben, sollten Vereine sich an übergeordneten Strukturen beteiligen. Dazu gehören Stadtteilparlamente, Jugendringe und andere lokale Gremien, aber auch die Interaktion mit anderen Vereinen, mit lokalen Initiativen oder der direkten Nachbarschaft. Aus den Vereinen heraus haben die Mitglieder „festen Boden unter den Füßen" (Richter 2019, 154), um mit ihrem direkten Umfeld zu interagieren. So tritt das Gemeinwesen als ein politischer und demokratischer Lernort hervor. Der Effekt dabei ist weitreichender, da sich Schnittstellen zwischen Demokratie als Regierungs- und Lebensform und zwischen Binnenstruktur des Vereins und kommunaler Öffentlichkeit ergeben und der Verein deliberativ-demokratische Erfahrungen in der Zivilgesellschaft eröffnet.

4. Fazit

Die aktuellen Debatten um Demokratiebildung und politische Bildung scheinen an Fahrt aufgenommen zu haben. Nicht nur werden die Konzepte (neu) bestimmt, es wird auch vermehrt empirisch nach ihrer Umsetzung gefragt. Dass dabei der Verein auf allen Ebenen, also sowohl theoretisch wie empirisch in der Wissenschaft als auch in der praktischen Förderung größtenteils ausgespart wird, hat zur Folge, dass Chancen verpasst und Potenziale nicht gesehen werden. Eine analytische Klärung dieser Potenziale entlang der Begriffe Demokratiebildung und politischer Bildung zeigt dagegen, dass Vereine als unterschätzter Bildungsort einen wesentlichen Beitrag leisten, damit Menschen demokratische Erfahrungen innerhalb demokratischer Strukturen machen können und sich dort in der Reflexion dieser Erfahrungen und ihrer gesellschaftlichen Ursachen eben auch politisch bilden können. Der Übergang von den Binnenstrukturen der Vereine in die kommunale Öffentlichkeit ermöglicht zudem die Mitgestaltung des politischen Gemeinwesens durch mündige Bürger*innen. Der Verein ist deshalb theoretisch ein idealer demokratischer Erfahrungsort, auch wenn dies empirisch bislang noch nicht immer eingelöst wird.

Literatur

AHLRICHS, Rolf (2019): Demokratiebildung im Jugendverband. Grundlagen – empirische Befunde – Entwicklungsperspektiven. Weinheim.

AHLRICHS, Rolf/Maykus, Stephan/Richter, Elisabeth/Richter, Helmut/Riekmann, Wibke/Sturzenhecker, Benedikt (2021): Demokratiebildung im 16. Kinder und Jugendbericht. Kritische Kommentare aus Sicht demokratischer Kinder- und Jugendarbeit. In: deutsche jugend 10, S. 426–440.

ARENDT, Hannah (1960/2005): Vita activa oder Vom tätigen Leben. München.

BÜHLER, Walter/Kanitz, Horst/Siewert, Hans-Jörg (1978): Lokale Freizeitvereine. Entwicklung – Aufgaben – Tendenzen. St. Augustin.

CHEHATA, Yasmine (2021): Postmigrantische Jugendarbeit. Vom Abschied von der Interkulturellen Öffnung zur Re-Demokratisierung der verbandlich organisierten Jugendarbeit. In: Dubiski, Judith/Hermens, Claudia/Schäfer, Stefan/Thimmel, Andreas (Hg.): Praxisforschung in der non-formalen Bildung. Zum Zusammenhang von Bildung, Politik und Forschung. Frankfurt/M., S. 133–156.

DELTO, Hannes/Zick, Andreas (2021): Vereinssport in rechtsextremer und menschenfeindlicher Gesellschaft. In: Zick, Andreas/Küpper, Beate (Hg.): Die geforderte Mitte. Rechtsextreme und demokratiegefährdende Einstellungen in Deutschland 2020/21. Bonn, S. 130–139.

DEUTSCHER BUNDESTAG (2020): 16. Kinder- und Jugendbericht. Förderung demokratischer Bildung im Kindes- und Jugendalter. Online: https://www.bmfsfj.de/blob/jump/162232/16-kinder-und-jugendbericht-bundestagsdrucksache-data.pdf (Zugriff: 11.07.2023).

DEWEY, John (1916/2001): Democracy and Education. An Introduction to the Philosophy of Education. State College, Pennsylvania.

FRITZ, Fabian/Mielich, Sinah (2020): Die Potentiale der Demokratiebildung in der Corona-Krise. In: FORUM für Kinder- und Jugendarbeit 3, S. 52–55.

FRITZ, Fabian/Wohnig, Alexander (2021): Sozialarbeitspolitik als Demokratisierung der Sozialen Arbeit. Demokratiebildung und politische Bildung in der Jugendsozialarbeit. In: Dreizehn. Zeitschrift für Jugendsozialarbeit 26, S. 15–18.

FRITZ, Fabian/Ziegler, Holger (2022): „Kein Fußball den Faschisten" – Zum Projekt „Bildung am Millerntor". Potentiale und Grenzen der politischen Jugendbildung und Demokratiebildung nach dem Lernort-Stadion-Modell beim Museum für den FC St. Pauli. In: Arnold, Patrick/

Kotthaus, Jochem (Hg.): Soziale Arbeit im Fußball. Theorie und Praxis sozialpädagogischer Fanprojekte. Weinheim und Basel, S. 174–187.

HABERMAS, Jürgen (1998): Faktizität und Geltung. Beiträge zur Diskurstheorie des Rechts und des demokratischen Rechtsstaats. Frankfurt/M.

LÖSCH, Bettina (2010): Ein kritisches Demokratieverständnis für die politische Bildung. In: Lösch, Bettina/Thimmel, Andreas (Hg.): Kritische politische Bildung. Ein Handbuch. Schwalbach/Ts., S. 115–128.

PRIEMER, Jana/Krimmer, Holger/Labigne, Anaël (2017): ZiviZ-Survey 2017. Vielfalt verstehen. Zusammenhalt stärken. Online: http://www.ziviz.info/download/file/fid/276 (Zugriff: 11.07.2023).

RICHTER, Elisabeth (2021): Demokratie(bildung) in Kindertageseinrichtungen – Sozialpädagogik für eine starke Zivilgesellschaft. In: Sehmer, Julian/Simon, Stephanie/Elsen, Jennifer Ten/Thiele, Felix (Hg.): recht extrem? Dynamiken in zivilgesellschaftlichen Räumen. Wiesbaden, S. 295–313.

RICHTER, Helmut (2019): Sozialpädagogik – Pädagogik des Sozialen. Grundlegungen, Institutionen und Perspektiven der Jugendbildung. Wiesbaden.

RIEKMANN, Wibke (2011): Demokratie und Verein. Potenziale demokratischer Bildung in der Jugendarbeit. Wiesbaden.

STURZENHECKER, Benedikt (2013): Demokratiebildung in der Offenen Kinder- und Jugendarbeit. In: Deinet, Ulrich/Sturzenhecker, Benedikt (Hg.): Handbuch Offene Kinder- und Jugendarbeit. Wiesbaden, S. 325–337.

JANA TRUMANN, NILS WENZLER

Aufsuchende politische Jugend- und Erwachsenenbildung

Der Beitrag diskutiert aufsuchende Ansätze in der politischen Jugend- und Erwachsenenbildung. Dazu werden im ersten Abschnitt zunächst allgemein Perspektiven und Besonderheiten aufsuchender politischer Bildung aufgezeigt, um dann im zweiten Abschnitt auf die Bedeutung und Entwicklung aufsuchender Ansätze in der politischen Jugend- und Erwachsenenbildung einzugehen. Zusammengeführt werden diese sodann im dritten Abschnitt mit der Skizze von gemeinsamen Eckpunkten einer kritischen aufsuchenden politischen Bildungsarbeit. Der Beitrag endet mit einem Ausblick auf Rahmenbedingungen und Erfordernisse, die zum Gelingen aufsuchender politischer Bildungsarbeit für politische Partizipation und gesellschaftliche Teilhabe möglichst vieler beitragen.

1. Bedeutung einer aufsuchenden Perspektive in der politischen Bildung

Aufsuchende Ansätze der politischen Bildung, sowohl im Bereich der Erwachsenenbildung als auch der Jugendarbeit, gründen auf dem Gleichheitsversprechen westlicher Demokratien. Sie schließen an der Einsicht an, dass von einer freiwilligen Vereinigung gleicher Individuen im Sinne einer Vertragsrechtkonzeption nicht zu sprechen ist, solange die Existenzbedingungen ganzer Gruppen der Bevölkerung aufgrund ihrer sozialen Lage, vorenthaltener Beteiligungsmöglichkeiten oder durch den Entzug von Berechtigung eine gleichberechtigte Mitgestaltung der Gesellschaftsordnung verunmöglichen. Aus der Perspektive einer aufsuchenden politischen Bildung geht es darum, relevante Themen und Problemgegenstände im Alltag von Menschen in den Blick zu nehmen und hiervon ausgehend gemeinsam Angebote und Strukturen aufzubauen mit dem Ziel, die (Wieder-)Aneignung von Berechtigungsräumen zu unterstützen und die Mitgestaltung der Gesellschaftsordnung zu ermöglichen. Aufsuchende politische Bildung lässt sich als eine kollektive Praxis begreifen, die erfahrbar machen kann, „wie durch eigenes Handeln und eingreifendes Denken politische Angelegenheiten veränderbar sind oder wo sich Grenzen politischer Gestaltung eröffnen“ (Lösch 2010, 124).

Das Spezifische aufsuchender Ansätze politischer Bildung ist es, dass sie sich an alle Menschen eines Sozialraums richten und hierüber den Kontakt zu verschiedenen Menschen mit deren jeweiligen Lebenskonstellationen organisieren. Aufsuchende politische Bildung verlagert ihre Tätigkeit in die lebens- und arbeitsweltlichen Räume der Menschen, beispielsweise Arbeitsstätten, Freizeitorte, Spielplätze, Wohnsiedlungen und Schulen. Orte, an denen sich die gesellschaftlichen Verhältnisse in ihren jeweiligen lokalen und regionalen Ausformungen sowie symbolischen und infrastrukturellen Ausgestaltungsweisen konkretisieren und materialisieren. Ausgehend von den alltäglichen und räumlichen Problemgegenständen vor Ort bezieht sich politische Bildung auf das *Besondere*, welches in den jeweils konkreten Lebensumständen und lebensweltlichen Erfahrungen zum Ausdruck kommt, und vermittelt dieses *Besondere* mit dem *Allgemeinen*. Es geht dann darum, dass die konkreten Lebensumstände und Erfahrungen im Hinblick auf ihre gesellschaftliche Bedingtheit reflektiert und als Teil der gesellschaftlichen Verhältnisse verstanden werden. Ein hieraus sich ergebendes ‚Exemplarisches Lernen', um mit Negt zu sprechen, bei dem von dem *Besonderen* ausgegangen wird, ermöglicht sodann auch, Fragen der Gerechtigkeit, politischer Teilhabe, Anerkennung, Solidarität usw. zum Thema des miteinander Sprechens und Handelns zu machen. Durch die Verknüpfung von gesellschaftlichen Spannungsfeldern und lebensweltlichen Interessen kann so „das gesellschaftliche Ganze im Besonderen erkennbar" (Negt 2016, 16) werden. Damit rücken diese Bedingungen und die daraus erwachsenen realen Grenzziehungen, welche durch gesellschaftliche Strukturen und Verhältnisse hervorgebracht werden und einer selbstbestimmt(eren) Lebenspraxis entgegenstehen, in das Blickfeld. Sie lassen sich nicht nur markieren, sondern auch kritisch zur Diskussion zu stellen und, wenn möglich, zum Ausgangspunkt des gemeinsamen Handelns machen. In diesem Sinne knüpft eine solche Konzeptionierung politischer Bildung auch an subjektorientierte Perspektivierungen an, welche plausibel machen können, dass die Handlungsfähigkeit des Subjekts aus der Unterwerfung unter die gesellschaftlichen Kräfteverhältnisse resultiert. Zugleich ist es aber auch nicht auszuschließen, dass sich die Handlungsfähigkeit kritisch gegen ebenjene gesellschaftlichen Verhältnisse richten kann, welche als ihre eigene Voraussetzung anzusehen sind. In dieser dargestellten Verknüpfung zwischen dem Zugang zur Lebenswelt, der Vermittlung zwischen dem Besonderen und Allgemeinen, dem Exemplarischen Lernen und dem dargelegten Subjektverständnis lässt sich der emanzipatorische und herrschaftskritische Zugang einer kritischen politischen Bildung aufsuchender Ansätze verorten.

Politische Bildung ist dann Teil einer lokalen und regionalen demokratischen Öffentlichkeit und politischen Kultur, welche „im Sinne einer aktionsorientierten Citizenship-Education […] die Interessen der Bevölkerung in einer Region, in Stadtteilen“ aufgreift, um „gemeinsame Interessen und Zielsetzungen zu formulieren und Handlungsmöglichkeiten zu entwickeln, die zu einer Durchsetzung dieser Interessen führen“ (Zeuner 2010, 184). Die aufsuchende politische Bildung wendet sich gegen eine ‚politische Arbeitsteilung‘, welche Erfahrungen, Wissen und Artikulationsformen der Menschen entwertet und ihnen die Kompetenzen abspricht, „die politische Diskussion zu führen und zu bestimmen, was als politisches Problem zu gelten hat“ (Bourdieu 1992, 13). Im Gegensatz hierzu geht es darum, Menschen zu einem Handeln zu befähigen und reale Verwirklichungsmöglichkeiten zu schaffen, um gestalterischen Einfluss auf die Welt zu nehmen und sie zu transformieren. Hierbei werden Möglichkeitsräume und Gelegenheitsstrukturen geschaffen, welche Lern- und Bildungsprozesse ermöglichen sollen und Erfahrungen für Individuen und Gruppen einen Platz bieten. Bildung meint hierbei nicht nur den Zuwachs an Wissen und Können, sondern die Transformation grundlegender Muster, Deutungen oder Figuren, welche die Beziehung oder das Verhältnis eines Menschen zu einer mit anderen Menschen geteilten Welt sowie zu sich selbst strukturieren und damit auch dem Handeln und Denken zugrunde liegen. Dabei erwachsen diese Transformationen nicht aus der Substanz des Menschen selbst, sondern sind verwiesen auf die Bewältigung gesellschaftlich strukturierter Lebenskonstellationen, deren Bearbeitung mit den bis dahin zur Verfügung stehenden Figuren von Selbst- und Weltverhältnissen nicht zu gelingen scheint (vgl. Koller 2018). Die Bewältigung gesellschaftlich strukturierter Lebenskonstellationen wiederum verweist auf die Dimension des Alltags und des Raums der Menschen, wo das Bewältigungshandeln zu verorten ist. Damit lässt sich eine idealtypische Bewegung aufsuchender politischer Bildung konstruieren. Sie findet ihren Ausgangspunkt im Alltag, den sich dort entzündenden Problemstellungen, Lebensinteressen und den Räumen der Menschen und führt über die Bewusstwerdung der Bedingtheit der eigenen Lebenskonstellationen zu kollektiven Aktivitäten, in denen die besonderen Erfahrungen verallgemeinert werden. Aufsuchende politische Jugend- und Erwachsenenbildung ermöglicht Erfahrungen politischer Handlungsfähigkeit, welche einhergehen können mit Transformationen von Selbst- und Weltverhältnissen und schließlich in einer Praxis der Kritik münden können, welche sich als Kunst bezeichnen lässt, „nicht dermaßen regiert zu werden“ (Foucault 1992, 12).

2. Aufsuchende Ansätze in der Jugend- und Erwachsenenbildung

Aufsuchende Perspektiven in der Jugendarbeit

Aufsuchende Jugendarbeit und deren politische Bildung zeichnet sich dadurch aus, dass sie zu den Orten hingeht, welche von jungen Menschen für ihre unterschiedlichen Aktivitäten genutzt werden. Hierbei richtet sie sich entweder an alle Jugendliche in öffentlichen Räumen oder adressiert bestimmte Gruppen von jungen Menschen, beispielsweise entlang jugendkultureller oder politischer Orientierungen. Hierbei zeichnen sich Ansätze aufsuchender politischer Jugendbildung dadurch aus, dass sie entlang eines grundlegenden methodischen Grundprinzips eine spezifische konzeptionelle Relationierung von Theoriebezügen, methodischen Prämissen, handlungsleitenden Prinzipien und sozialpädagogischen Zielen für sich beansprucht (vgl. Krafeld 2004). Bereits seit Anfang der 1990er-Jahre werden im Zusammenhang des 8. Kinder und Jugendberichts der Bundesregierung niedrigschwellige, alltagsorientierte, aufsuchende Ansätze von Jugendarbeit diskutiert und implementiert. Im Bereich der Jugendarbeit werden diese Entwicklungen fachtheoretisch in Konzepten mit ‚sozialräumlicher Perspektive' und der ‚Lebensweltorientierung' begründet. Bei der aufsuchenden Jugendarbeit handelt sich um ein dauerhaftes und verlässliches Angebot, welches nach dem SGB VIII §11 auf Selbstbestimmung abzielt sowie zu gesellschaftlichem Engagement und Verantwortung hinführen soll und hierbei den Zugang zu Teilhabeoptionen eröffnet, um eine Mitgestaltung der jeweiligen konkreten gesellschaftlichen Bedingungen zu ermöglichen (vgl. Deinet/Krisch 2021, 1152). Aufsuchende Jugendarbeit bewegt sich demnach als Gast in den Sozialräumen junger Menschen und besucht regelmäßig unterschiedliche Orte, die durch junge Menschen genutzt werden. Hierbei wird ein regelmäßiger Kontakt aufgebaut, aus dem sich Ideen für gemeinsame Aktivitäten ergeben können, aber nicht müssen. Hierbei kann es sich um Aktionen, Reisen, Ausflüge, Veranstaltungen, längerfristige Projekte oder den Aufbau eines selbstverwalteten Treffpunktes handeln, welche durch die Beteiligten zusammen geplant und durchgeführt werden. Im Sinne des aufsuchenden Zugangs sind diese Kontakte selbstverständlich freiwillig und die entstehenden Interaktionen maßgeblich durch die Themen und Interessen der jungen Menschen geprägt. Diese Arbeitsweise basiert auf dem Prinzip der Offenheit, wobei dies sowohl heißt, dass sie offen für alle Jugendlichen ist, die in ihr einen Nutzen finden wollen, dass die Ausgestaltung der Interaktion, die Themen und Prozesse nicht vorherbestimmt sind und dass die Arbeit unter dem Primat der Aushandlung erfolgt. Eine schwache

Formalisierung des Arbeitssettings ist hierfür eine Voraussetzung. Für die politische Dimension aufsuchender Arbeit sind insbesondere die Bezugnahmen auf gemeinwesenorientierte Ansätze relevant (vgl. Bringt 2021). Die aufsuchende Jugendarbeit stellt Möglichkeiten zur Verfügung, um sich die Welt anzueignen und in sie gestaltend einzugreifen. Der Einsatzpunkt für die Momente der politischen Bildung findet sich im Alltag der jungen Menschen, wo neben der Bewältigung von Lebenskonstellationen, den Prozessen der Selbstorganisation auch die produktive Aneignung von Räumen, kulturellen Praktiken, Kategorien und Wissen stattfindet.

Als Beispiel lässt sich die aufsuchende politische Bildung mit ‚menschenrechtsorientierten jungen Menschen' des Kulturbüros Sachsen nennen (vgl. Lorenz/Bringt 2022). Ausgangspunkt war der Kontakt zu einer marginalisierten Gruppe junger Menschen, welche sich gegen eine lokale ‚rechte jugendkulturelle Hegemonie' engagierte und sich einen eigenen Treffpunkt wünschte. Diese Gruppe wurde durch unterschiedliche Unterstützungsformate in ihren Prozessen begleitet, um sie als politische Akteur*in im Gemeinwesen zu stärken. Dies umfasste vor allem auch, Übergriffe und Neonazigewalt öffentlich zu skandalisieren, Angebote für junge Menschen zu schaffen und einen selbstorganisierten alternativen Treffpunkt zu organisieren sowie dessen Finanzierung und programmatische Ausgestaltung zu planen und zu betreiben.

Aufsuchende Perspektiven in der Erwachsenenbildung

Die Geschichte der Erwachsenenbildung ist eng verbunden mit der Emanzipation des Einzelnen und der Ermöglichung größerer gesellschaftlicher Teilhabe durch Bildung für einen breiten Personenkreis. Wenn man von Aspekten wie der Ökonomisierung von Bildung und der Selbstvermarktung im Zuge lebenslangen Lernens einmal absieht, steht im Zentrum die Entfaltung des Menschen und mit Bezug auf Klafki (1985) die Ermöglichung der Selbstbestimmungs-, Mitbestimmungs- und Solidaritätsfähigkeit. Eines der Grundprinzipien in Theorie und Praxis der Erwachsenenbildung ist hier anknüpfend der Gedanke der Teilnehmendenorientierung. Gemeint ist damit, dass sich Planung und Durchführung von Lernsettings an den Interessen, Wünschen und biografischen Hintergründen der Lernenden orientieren (u.a. Siebert 2010). Zentraler Kern erwachsenenpädagogischen Handelns ist demnach die Vermittlung oder Ermöglichung von Lernen, wobei davon ausgegangen wird, dass sich Lernen als Prozess der aktiven Aneignung von Welt durch die Lernenden selbst vollzieht und durch Lehrende begleitet wird (vgl. Faulstich/Zeuner 1999). Siebert (2010, 29) beschreibt aufsuchende Bildungsarbeit vor diesem Hintergrund als einen methodischen Ansatz, um die traditionelle „Komm-Struktur“ durch eine „Geh-Struktur“ zu ergänzen und so die Zugänge zu einer nach wie vor durch hohe soziale Selektivität gekennzeichneten Teilnahme an Bildungsangeboten zu verbessern. Mit Einnehmen dieser Perspektive wird die Vielfalt der Lernorte Erwachsener in die Konzeptionierung von Bildungsaktivitäten einbezogen. Lange waren hier eher institutionalisierte Lernorte im Blick. Spätestens in der Diskussion um lebenslanges Lernen wird die Sicht auf Lernformen und -orte aufgebrochen und auch informelle Lernprozesse und lebensweltliche Bezüge werden in den Blick genommen (Bremer/Trumann 2019). Lernorte außerhalb typischer institutioneller Strukturen und Settings waren und sind dann Gegenstand empirischer Studien etwa zum Lernen im bürgerschaftlichen Engagement, zum Lernort Stadt, Lernort Bürgerinitiative, Lernen im Betrieb u.v.m. „Der Bezug auf die Dimension ‚Raum‘ soll eine größere Alltagsnähe und ein anderes Fördern und Verstehen von Lern- und Bildungsprozessen ermöglichen. Darin wird eine tendenzielle Hinwendung zum Konzept ‚Sozialraum‘ im Sinne von Quartiersnähe deutlich“ (Bremer/Trumann 2019, 8). Fragen sind, welche Themen werden für die Menschen in ihren lebensweltlichen Zusammenhängen bedeutsam und welche Orte und Räume können Lernen unterstützen und welche verhindern Lernen eher? „Aufsuchende politische Bildung ist bestrebt, sozial-kulturelle wie physisch-räumliche Distanzen zu potenziellen Teilnehmenden durch aktives Zugehen zu überwinden, wobei ein starker Fokus auf die Entwicklung und Pflege tragfähiger Beziehungen und Netzwerke gelegt wird“ (Ludwig/Bremer 2019, 2).

Ein Beispiel für aufsuchende politische Erwachsenenbildung ist das Projekt „MoDem – Mobiles demokratisches Engagement im ländlichen Raum“ von Arbeit und Leben (Menke 2022). Es richtet den Blick insbesondere auf strukturschwache Regionen in Ostdeutschland, in welchen auch Bildungsträger immer weniger stark vertreten sind. Angebunden an die Wünsche, Problemstellungen und vorhandenen Aktivitäten (u.a. in lokalen Initiativen und Vereinen) der vor Ort lebenden Menschen wurden in einem partizipativen Prozess unterschiedliche Lernsettings entwickelt. Ein arbeitsweltliches Beispiel ist das Projekt „Demokratisch ist man nicht allein – Trägernetzwerk politische Bildung in der Arbeitswelt“ des DGB und DGB Bildungswerks Bund, welches Möglichkeiten und Rahmungen aufsuchender politischer Bildungsaktivitäten in Betrieben und Dienststellen in den Blick genommen hat (Trumann 2022).

3. Eckpunkte aufsuchender politischer Bildungsarbeit

Für die politische Jugend- wie Erwachsenenbildung lassen sich einige gemeinsame Eckpunkte für eine aufsuchende politische Bildungsarbeit benennen:

- Jugend- und Erwachsenenbildung versteht *politische Bildung als Handeln, gemeinsames Gestalten und eingreifendes Denken*, welches auf die jeweiligen sich konkretisierenden gesellschaftlichen Verhältnisse bezogen ist. Hierbei erfahren Menschen sich als ‚Subjekt ihrer Verhältnisse', individuelles Lernen wird ermöglicht, welches sich zu Bildungsprozessen verdichten kann.
- Aufsuchende politische Bildungsarbeit geht von einer *Kritik an hierarchisierenden Institutionalisierungsformen des Pädagogischen* aus und versucht, ein Verhältnis zwischen allen Beteiligten zu etablieren, welches auf wechselseitiger Anerkennung von Pluralität und Vorstellungen postkommunitärer Solidarität beruht. Die Rollen, Positionen und Aufgaben der beteiligten Menschen lassen sich im Prozess aushandeln und verändern, Themen und Formate werden partizipativ mit den Menschen vor Ort entwickelt, um miteinander zu lernen.
- Durch die Öffnung der organisationalen Muster der Jugend- und Erwachsenenbildung und das Aufbrechen *der traditionellen ‚Komm-Struktur' durch eine ‚Geh-Struktur'*, können niedrigschwellig erreichbare Angebote in den jeweiligen lebensweltlichen Zusammenhängen von Menschen gestaltet, die Teilnahme an politischen Bildungsaktivitäten und politische Partizipation eröffnet werden.
- Im Zentrum aufsuchender Bildungsarbeit steht der *Alltags- und Lebensweltbezug* in der Konzeption von Bildungsaktivitäten, um den für die Menschen jeweils bedeutsam werdenden Themen, Interessen, konkreten Lebenskonstellationen sowie deren je individuellen Lern- und Handlungspraxen Raum zu geben.
- Neben dem Einbezug der jeweiligen Subjektperspektive werden *Bezüge zum jeweiligen Sozialraum, Stadtteil etc.* hergestellt, um Aktivitäten an den für die Menschen bedeutsamen Orten zu verankern und durch lokale Orientierungen gesamtgesellschaftliche Perspektiven diskutierbar werden zu lassen. Hilfreich kann die *Vernetzung* mit den unterschiedlichen Akteur*innen vor Ort (Nachbarschaftsgruppen, Vereine, Initiativen, Stadtteileinrichtungen usw.) und das *Einbinden von Schlüsselpersonen sein.*

4. Ausblick

Aufsuchende Ansätze politischer Bildung verweisen auf ein eigenständiges Profil und können ohne Zweifel im Kontext der politischen Bildung eine eigene Geltung für sich beanspruchen. Die Stärke aufsuchender Ansätze politischer Bildung realisiert sich insbesondere unter bestimmten Rahmenbedingungen. Sie bedürfen einer grundsätzlichen Anerkennung als offenes Lern- und Bildungssetting und benötigen Gestaltungsspielräume, um verlässliche Zeithorizonte, Prozess- und Ergebnisoffenheit zu gewährleisten. Voraussetzung hierfür ist eine strukturelle Förderung, denn die Logiken aufsuchender Ansätze brechen mit projektorientierten Budgetierungen, Zeitregimen und bestehenden Abrechnungsmodalitäten. Zugleich muss vor der Vereinnahmung solcher Ansätze im Zusammenhang mit kleinräumigen Steuerungslogiken gewarnt werden, welche im Zuge neo-sozialer Transformationen die Potenziale niedrigschwelliger und aufsuchender Ansätze vor allem im Zugang zu schwer erreichbaren Adressat*innen, der Kolonialisierung von deren Lebenswelt und in deren Responsibilisierung sieht. Professionelles Handeln für eine solche aufsuchende politische Bildungsarbeit ist anspruchsvoll, da Aktivitäten jeweils situativ anknüpfend an die Interessen der Menschen und die lebensweltlichen Bedingungen entwickelt werden müssen. Hier gilt es, sich in wenig formalisierten Settings auf offene Prozesse und die Ungewissheit über deren Verlauf einzulassen, um so in einem partizipativen Prozess die gesellschaftliche Teilhabe möglichst vieler Menschen unterstützen zu können.

Literatur

BOURDIEU, Pierre (1992): Politik, Bildung und Sprache. In: Ders.: Die verborgenen Mechanismen der Macht. Hamburg, S. 13–30.

BREMER, Helmut/Trumann, Jana (2019): Das Unbehagen im Politischen und dessen Bedeutung für die politische Erwachsenenbildung. In: Bildung und Erziehung 72, 2, S. 277–292.

BRINGT, Friedemann (2021): Umkämpfte Zivilgesellschaft – Mit menschenrechtsorientierter Gemeinwesenarbeit gegen Ideologien der Ungleichwertigkeit. Opladen/Berlin/Toronto.

DEINET, Ulrich/Krisch, Richard (2021): Mobile, aufsuchende, Herausreichende Ansätze in der Offenen Jugendarbeit. In: Deinet, Ulrich et al. (Hg.): Handbuch Offene Kinder- und Jugendarbeit. Wiesbaden, S. 1149–1154.

FAULSTICH, Peter/Zeuner, Christine (1999): Erwachsenenbildung. Eine handlungsorientierte Einführung in Theorie, Didaktik und Adressaten. Weinheim.

FOUCAULT, Michel (1992): Was ist Kritik? Frankfurt/M.

KLAFKI, Wolfgang (1985): Neue Studien zur Bildungstheorie und Didaktik. Zeitgemäße Allgemeinbildung und kritisch-konstruktive Didaktik. Weinheim.

KOLLER, Hans-Christoph (2018): Bildung anders denken. Einführung in die Theorie transformatorischer Bildungsprozesse. Stuttgart.

KRAFELD, Franz Josef (2004): Grundlagen und Methoden aufsuchender Jugendarbeit. Eine Einführung. Wiesbaden.

LORENZ, Ina/Bringt, Friedemann (2022): Entwicklungen politischer Jugend- und Erwachsenenbildung in Ostdeutschland seit den 90ern. Eine Situationsbeschreibung aus sächsischer Perspektive. In: Journal für Politische Bildung, H. 1, S. 18–23.

LUDWIG, Felix/Helmut, Bremer (2019): Expertise Aufsuchende politische Bildung. Arbeit und Leben Sachsen e.V.

MENKE, Barbara (2022): Demokratische Landnahme: aufsuchende politische Bildung (im ländlichen Raum). In: Möller, Kurt/Neuscheler, Florian/Steinbrenner, Felix (Hg.): Demokratie gestalten! Herausforderungen und Ansätzen für Bildungs- und Sozialarbeit. Stuttgart, S. 191–200.

NEGT, Oskar, 2016: Versuch einer Ortsbestimmung der politischen Bildung. In: Hufer, Klaus-Peter/Lange, Dirk (Hg.): Politische Erwachsenenbildung. Schwalbach/Ts., S. 10–20.

SIEBERT, Horst (2010): Methoden für die Bildungsarbeit. Bielefeld.

TRUMANN, Jana (2022): Demokratisch ist man nicht allein – Trägernetzwerk politische Bildung in der Arbeitswelt. Ergebnisse einer qualitativen Untersuchung zu aufsuchenden Bildungsaktivitäten in der Arbeitswelt. Düsseldorf.

ZEUNER, Christine (2010): Aufgaben und Perspektiven der Erwachsenenbildung in einer demokratischen Gesellschaft. In: Aufenanger, Stefan/Hamburger, Fritz/Ludwig, Luise/Tippelt, Rudolf (Hg.): Bildung in der Demokratie. Opladen, S. 169–187.

MICHAEL GÖRTLER, VERA MIESEN

Politische Bildung in Gemeinwesen, Sozialraum und Lebenswelt

Gemeinwesen-, Sozialraum- und Lebensweltorientierung gelten in Disziplin und Profession der Sozialen Arbeit als Handlungskonzepte, die sowohl über eine politische als auch eine bildende Dimension verfügen. Infolge gesellschaftlicher und politischer Entwicklungen, die als Gefährdung für den sozialen Frieden und die Demokratie eingestuft werden – wie etwa die Verbreitung menschenfeindlicher und antidemokratischer Einstellungen in der Bevölkerung – wird in der Sozialen Arbeit über (kritische) politische Bildung diskutiert. Vor diesem Hintergrund wird in diesem Beitrag die These vertreten, dass Gemeinwesen, Sozialraum und Lebenswelt als Orte kritischer politischer Bildung in der Sozialen Arbeit gestaltet werden können, um Empowerment und Lebensbewältigung des Subjekts durch Förderung seiner Urteils- und Handlungsfähigkeit zu ermöglichen. Dafür werden in einem ersten Schritt die gemeinwesen-, sozialraum- und lebensweltorientierten Handlungskonzepte betrachtet, um sie in einem zweiten Schritt als Orte kritischer politischer Bildung zu entfalten. In einem dritten Schritt wird das informelle Engagement älterer Menschen im Sozialraum als exemplarischer Ort kritischer politischer Bildung skizziert. Im Fazit werden zentrale Überlegungen zu Gemeinwesen, Sozialraum und Lebenswelt als Orte einer kritischen politischen Bildung zusammengeführt.

1. Gemeinwesenarbeit – Sozialraumorientierung – Lebensweltorientierung

Aus der Geschichte und Gegenwart der Sozialen Arbeit lässt sich ein (Selbst-)Verständnis im Sinne eines politischen und bildenden Handelns herausarbeiten, das sich in der Gemeinwesenarbeit sowie in der Sozialraum- und Lebensweltorientierung widerspiegelt. Dieser Anspruch ist auch in der deutschsprachigen Definition des Fachbereichstags Soziale Arbeit (als Zusammenschluss der Fachbereiche/Fakultäten der Sozialen Arbeit in Deutschland) und des Deutschen Berufsverbands für Soziale Arbeit auf Basis der Definition der International Federation of Social Workers von 2014 formuliert. Demnach zielt Soziale Arbeit einerseits auf die Autonomie, Mündigkeit und Selbstbestimmung der Adressat*innen und andererseits auf die Gestaltung gesellschaftlicher und politischer Verhältnisse. Diese doppelte Fokussierung – zum einen auf das Individuum und zum anderen auf die Strukturen – bedingt Ambivalenzen und Widersprüche: So wird im Fachdiskurs beispielsweise Kritik daran geäußert, das Individuum und die Befähigung zur Selbsthilfe in den Vordergrund zu rücken, die Beleuchtung von Macht- und Herrschaftsverhältnissen dabei zu vernachlässigen oder die hier behandelten Handlungskonzepte für politische und ökonomische Zwecke zu instrumentalisieren. Diese Kontroversität wird in den folgenden Ausführungen an mehreren Stellen sichtbar.

Die *Gemeinwesenarbeit,* ursprünglich als dritte (klassische) Methode der Sozialen Arbeit neben der Einzelfallhilfe und der sozialen Gruppenarbeit entwickelt, etablierte sich auf handlungskonzeptioneller Ebene zunehmend als Arbeitsprinzip (vgl. Boulet et al. 1980). Die Ursprünge der Gemeinwesenarbeit sind eng mit den Aktivitäten der sogenannten Settlement-Bewegung verbunden, bei der im Mittelpunkt stand, die Lebensbedingungen von Menschen in schwierigen Lebenslagen zu verbessern (wie es beispielsweise Jane Addams praktizierte). Dabei lag der Fokus auf der Selbstorganisation und Eigenverantwortung der Individuen, die durch Hilfe zur Selbsthilfe unterstützt werden sollten. Im Rahmen der Professionalisierung der Sozialen Arbeit wurden Ansätze der Gemeinwesenarbeit vor allem aus dem anglo-amerikanischen Raum in den deutschsprachigen Diskurs übertragen und dort weitergedacht, jedoch auch unterschiedlich interpretiert, beispielsweise in einer konservativen oder kritischen Tradition. So bleibt festzuhalten, dass der kritische Anspruch, Macht- und Herrschaftsverhältnisse durch Beteiligung, Protest oder Widerstand zu verändern, immer wieder aus dem Fokus geraten ist (vgl. Bitzan/Klöck 1994).

Die *Sozialraumorientierung,* die sich aus dem Diskurs um die Gemeinwesenarbeit heraus entwickelte, aber auch als handlungskonzeptionelle Neuausrichtung von diesem Begriff abgrenzen wollte, ist in der Sozialen Arbeit ebenfalls tief verwurzelt. Sie wird sowohl als Paradigma als auch als Handlungskonzept verstanden. Dabei wird der Sozialraum in Bezugnahme auf soziologische Ansätze als durch soziales Handeln geschaffener Raum betrachtet und aus einer anderen Perspektive wahrgenommen als das Gemeinwesen. So finden sich unterschiedliche Blickwinkel auf die Gestaltung des Sozialraums: einerseits subjektiv und qualitativ sowie individuell geprägte Sichtweisen der Bürger*innen, andererseits objektiv, quantitativ und sozialstrukturell geprägte Sichtweisen der Stadt oder Gemeinde. Im Rahmen der noch andauernden Debatte um die Differenzierung von Gemeinwesenarbeit und Sozialraumorientierung entwickelten sich weitere Ansätze wie etwa das Quartiersmanagement oder die Stadtteilarbeit. Problematisiert wird in diesem Kontext, dass der kritische Anspruch einer administrativen Perspektive gewichen ist und die Sozialraumorientierung mehr der Beteiligung der Bürger*innen innerhalb des vorgegebenen Rahmens denn der Veränderung dieser Bedingungen dient (vgl. Kessl/Reutlinger 2019).

Die *Lebensweltorientierung* nimmt den Willen und die Interessen der Menschen in den Blick und greift damit ein Prinzip der Sozialraumorientierung auf, sodass auf diesem Wege eine Verknüpfung zwischen Sozialraum- und Lebensweltorientierung hergestellt werden kann. Das bedeutet, den Alltag der Menschen zum Ausgangspunkt zu machen, Demokratisierung und Partizipation zu fördern, aber auch eine kritische Sicht auf die Strukturen in Gesellschaft und Politik als Handlungsrahmen zu gewinnen (vgl. Thiersch et al. 2012). In diesem Kontext spielt die Orientierung am Subjekt eine entscheidende Rolle, die sich darin äußert, Menschen in ihrem Selbst- und Weltverständnis, ihren Bewältigungsversuchen sowie den Macht- und Herrschaftsverhältnissen, in denen sie eingebettet sind, zu begreifen und zu befähigen, sich von diesen Strukturen zu befreien. Über die Anerkennung und Wertschätzung der (gescheiterten) Bewältigungsversuche und das Aufdecken der Routinen, Zwänge, Widersprüche, (Selbst-)Täuschungen usw. soll die Handlungsfähigkeit der Betroffenen (wieder-)hergestellt werden. Empowerment im Sinne einer Lebensbewältigung, die als Lernprozess zur (Selbst-)Befähigung zum (politischen) Handeln führt (vgl. Böhnisch 2012), muss folglich die Lebensverhältnisse der Adressat*innen und Fragen von Macht und Herrschaft zugleich beleuchten. Wird die Einbindung dieser Perspektive ausgespart, verbleibt die Lebensweltorientierung bei einem einseitigen Appell der Selbsthilfe und Selbstbestimmung, ohne Ursachen und Mechanismen sozialer Ungleichheit zu reflektieren.

2. Gemeinwesen, Sozialraum und Lebenswelt als Orte politischer Bildung

In der Sozialen Arbeit finden sich verschiedene Lesarten des Begriffs der politischen Bildung, die Bezug auf Pädagogik, Soziologie und Politikwissenschaft sowie Didaktik der schulischen und außerschulischen politischen Bildung nehmen (vgl. May/Schäfer in diesem Sammelband; Thimmel/Schäfer 2020; Többe-Schukalla 2013). Dabei werden unterschiedliche Deutungen des Gegenstandsbereichs (z.B. weiter/enger Politikbegriff, das Politische, die Demokratie), aber auch der Ziele der politischen Bildung (z.B. politische Handlungsfähigkeit, Politisierung der Adressat*innen) deutlich. Die Analyse des Fachdiskurses zeigt, dass im Kontext der Sozialen Arbeit nicht formale, sondern non-formale und informelle Bildungsprozesse im Zentrum stehen (vgl. Dubiski et al. 2021). Anschlussfähig ist der Gedanke von Bildungsorten, die laut (kritischer) Bildungstheoretiker wie etwa Klaus Mollenhauer, Michael Winkler und Heinz Sünker von der Sozialen Arbeit geschaffen werden können. Dabei wird der Ort als abstrakter wie konkreter Begriff verstanden, da sich non-formale und informelle Bildungsprozesse – im Gegensatz zu formalen Bildungsprozessen – nicht (nur) in Bildungsinstitutionen vollziehen, sondern auch in anderen Kontexten ermöglicht werden können, beispielsweise in der Lebenswelt, im Sozialraum oder im Gemeinwesen.

Für die Soziale Arbeit stellt sich die Frage, wie sie solche Orte non-formaler und informeller kritischer politischer Bildung gestalten kann. Eine Variante sind non-formale Bildungsinstitutionen, wie sie in der außerschulischen politischen Jugendbildung und der Sozialen Arbeit mit Erwachsenen zu finden sind, eine andere sind Momente informeller Bildung. So kann eine kritische politische Bildung, die Gemeinwesen, Sozialraum und Lebenswelt als Orte non-formaler und informeller Bildung begreift, an den einzelnen und gemeinsamen Erfahrungen mit dem Politischen anknüpfen und diese zum Gegenstand der Reflexion machen. Dabei ist im Sinne eines soziologisch-historischen Lernens – wie es bei Oskar Negt zu finden ist – von Bedeutung, dass die Menschen einen Zusammenhang zwischen der Genese der Strukturen von Gesellschaft und Politik und den daraus resultierenden Lebensverhältnissen herstellen können, insbesondere mit Blick auf die Bedingungen, unter denen sich Bildungsprozesse vollziehen (vgl. Kunstreich/May 1999).

Der Sozialraum kann zwischen Lebenswelt und politischer Welt vermitteln, weil er an beide Ebenen anschlussfähig ist. Auf der intermediären Ebene des Sozialraums manifestiert sich nämlich das Politische im gemeinsam geteilten Alltag der Menschen, die von denselben Problemen betroffen sind. Das heißt beispielsweise, den Alltag der Menschen in den Dimensionen der erfahrenen Zeit, des erfahrenen Raums und der erfahrenen Beziehungen sowie die darin auftretenden Widersprüche (vgl. Thiersch et al. 2012), vor allem das erfolgreiche wie auch erfolglose politische Handeln, zu reflektieren. Dies impliziert, diejenigen Situationen in den Mittelpunkt zu rücken, in welchen der Transfer von der Lebenswelt zur politischen Welt nicht funktioniert und sich die Adressat*innen ohnmächtig, nicht verstanden, nicht gesehen oder gehört fühlen. In diesem Zusammenhang sind Macht- und Herrschaftsverhältnisse, die aus den Strukturen in Gesellschaft und Politik resultieren und sich im Alltag der Menschen manifestieren, sichtbar zu machen. Wird der Sozialraum auf diese Weise als Ort für politische Lernprozesse genutzt, werden Probleme der Adressat*innen nicht individualisiert, sondern als gesellschaftlich verursacht verstanden – und sind folglich nicht alleine, sondern gemeinsam zu lösen. Damit wird ermöglicht, dass die Bürger*innen nicht in ein „lokalpolitisches bzw. zivilgesellschaftliches Reservat" (Wagner 2012, 26) und damit „auf die Gefilde der ‚kleinen Politik vor Ort'" (ebd.) abgedrängt werden, sondern echten Zugang zu den Teilhabemöglichkeiten erhalten. So könnte die – auch empirisch erfasste – Trennung von Lebenswelt und Politik (vgl. Albert et al. 2019) ein Stück weit überwunden werden.

3. Das Engagement älterer Menschen im Sozialraum als exemplarischer Ort kritischer politischer Bildung

Im Folgenden wird der Blick aus zwei Gründen auf sozialraumorientiertes Engagement älterer Menschen gerichtet: Einerseits schlägt sich die wachsende Zahl älterer Menschen quantitativ im Sozialraum nieder, andererseits ist das Konzept der Sozialraumorientierung in der gerontologischen Forschung und Praxis von besonderer Bedeutung (vgl. van Rießen et al. 2015). Eine Ursache dafür ist die nachlassende Mobilität im höheren Alter, die dazu führt, dass der Sozialraum (z.B. Stadtteil, Quartier, Wohnviertel) als Ort der Lebensgestaltung an Bedeutung gewinnt.

Wie bereits erwähnt, findet kritische politische Bildung im Kontext der Sozialen Arbeit in der Regel an Orten non-formaler Bildung und informeller Bildung statt. Hierzu kann auch das im Sozialraum verortete Engagement älterer Menschen gezählt werden. Vor diesem Hintergrund wird dafür plädiert, in diesem Zusammenhang auch informelle Engagementkontexte, welche häufig der privaten Sphäre zugeordnet werden, sichtbar zu machen (siehe auch Munsch 2005). Bisher wird im Engagementdiskurs verstärkt das bürgerschaftliche Engagement beleuchtet, welches im öffentlichen Raum verortet ist (wie etwa das institutionelle Engagement in Vereinen). Dieses enge Begriffsverständnis blendet das informelle Engagement im Sozialraum (beispielsweise Hilfe- und Unterstützungsleistungen in der Familie oder der Nachbarschaft) systematisch aus. Diese Grenzziehung hat zur Folge, dass zum einen persönliche Beweggründe und zum anderen strukturelle Zugangsbarrieren im Kontext von Engagement (noch) nicht ausreichend erfasst werden. So sind die Ursachen für eine Nicht-Teilhabe am formellen Engagement durchaus vielfältig: Erstens ist das formelle Engagement im öffentlichen Raum nicht für alle älteren Menschen sinnstiftend, sondern eher das informelle Engagement in privaten Netzwerken; zweitens bringen sich Ältere aus unterprivilegierten Milieus häufig in die familiäre Pflege ein; drittens muss eine wachsende Zahl älterer Menschen aufgrund der zunehmenden Altersarmut auch im Ruhestand arbeiten, um ihre Existenz zu sichern. Dies hat zur Folge, dass insbesondere diejenigen Gruppen, die für die Soziale Arbeit relevant sind wie etwa sozial benachteiligte Menschen, bisher als „nicht engagiert" bezeichnet und damit im Engagementdiskurs vernachlässigt werden. Hier kann die Lebensweltorientierung dabei helfen, einerseits die individuellen und gesellschaftlichen Hindernisse des formellen Engagements (z.B. Altersarmut und dadurch notwendig gewordene Erwerbstätigkeit im Ruhestand) sowie andererseits die Erscheinungsformen des informellen Engagements (z.B. in der Familie) aufzuzeigen.

Des Weiteren stellt sich die Frage nach der Ermöglichung von Übergängen aus informellen Engagementkontexten oder „vorpolitischen" Sphären (Geiling et al. 2011, 19) in Strukturen des formellen Engagements. Zu diesem herausfordernden Übergang von einer „privaten Vergemeinschaftung" hin zu einer „öffentlichen Vergesellschaftung" (ebd.) hat die kritische politische Bildung Ansätze zu entwickeln, die eine Einbindung sozial benachteiligter Personengruppen fördert. Notwendig hierfür ist unter anderem eine Sensibilisierung der Fachkräfte, indem eine neue Sichtweise auf Engagement eingenommen wird, beispielsweise durch eine „entdeckende, ethnografische Perspektive auf Partizipationspraktiken" (Munsch/Müller 2021, 13). Hier gilt es zum einen, die vorgenommene Trennung von privatem und öffentlichem Raum als Reproduktion von Macht- und Herrschaftsverhältnissen wahrzunehmen, und zum anderen, das formelle und informelle Engagement nicht als jeweils besser oder schlechter zu bewerten und damit eine Inwertsetzung bzw. Außerwertsetzung vorzunehmen.

4. Fazit

Die bisherigen Ausführungen haben gezeigt, dass Gemeinwesen, Sozialraum und Lebenswelt als Orte kritischer politischer Bildung in der Sozialen Arbeit gestaltet werden können, um Empowerment und Lebensbewältigung des Subjekts durch Förderung seiner Urteils- und Handlungsfähigkeit zu ermöglichen. Dabei rückt die Ausrichtung auf Gemeinwesen, Sozialraum und Lebenswelt den Alltag der Menschen und ihre sozialen Interaktionen in den Fokus. Die dabei gemachten Erfahrungen können (auch) als politische Erfahrungen verstanden und mittels non-formaler und informeller Bildungssettings zum Gegenstand kritischer politischer Bildung in der Sozialen Arbeit gemacht werden. Ein Beispiel dafür wäre die Thematisierung der „gescheiterten" Versuche der Adressat*innen, von ihrer Lebenswelt aus die Brücke zur politischen Welt zu schlagen, ein anderes die Analyse von Strukturen sozialer Ungleichheit sowie Macht und Herrschaft im Sozialraum. Im Kontext des Engagements als non-formales und informelles Bildungssetting können auf diese Weise die unterschiedlichen sozialen Zugänge der Adressat*innen zu Teilhabeformaten, insbesondere zum informellen Engagement im Privaten, sichtbar gemacht werden.

Literatur

ALBERT, Mathias/Hurrelmann, Klaus/Quenzel, Gudrun (2019): 18. Shell Jugendstudie. Jugend 2019. Weinheim.

BITZAN, Maria/Klöck, Tilo (Hg.) (1994): Jahrbuch Gemeinwesenarbeit 5: Politikstrategien – Wendungen und Perspektiven. München.

BÖHNISCH, Lothar (2012): Lebensbewältigung. In: Thole, Werner (Hg.): Grundriss Soziale Arbeit. Ein einführendes Handbuch. 4. Aufl. Wiesbaden, S. 219–233.

BOULET, J. Jaak/Krauss, E. Jürgen/Oelschlägel, Dieter (1980): Gemeinwesenarbeit als Arbeitsprinzip: eine Grundlegung. Bielefeld.

DUBISKI, Judith/Hermens, Claudia/Schäfer, Stefan/Thimmel, Andreas (Hg.) (2021): Praxisforschung in der non-formalen Bildung. Zum Zusammenhang von Bildung, Politik und Forschung. Frankfurt/M.

GEILING, Heiko/Gardemin, Daniel/Meise, Stephan/König, Andrea (2011): Migration – Teilhabe – Milieus. Spätaussiedler und türkeistämmige Deutsche im sozialen Raum. Wiesbaden.

KESSL, Fabian/Reutlinger, Christian (2019): Handbuch Sozialraum. Grundlagen für den Bildungs- und Sozialbereich. Wiesbaden.

KUNSTREICH, Timm/May, Michael (1999): Soziale Arbeit als Bildung des Sozialen und Bildung am Sozialen. In: Widersprüche. Zeitschrift für sozialistische Politik im Bildungs-, Gesundheits- und Sozialbereich, H. 73, S. 35–52.

MUNSCH, Chantal (2005): Die Effektivitätsfalle. Gemeinwesenarbeit und bürgerschaftliches Engagement zwischen Ergebnisorientierung und Lebensbewältigung. Baltmannsweiler.

MUNSCH, Chantal/Müller, Falko (2021): Jenseits der Intention. Ambivalenzen, Störungen und Ungleichheit mit Partizipation zusammendenken. In: Müller, Falko/Munsch, Chantal (Hg.): Jenseits der Intention – ethnografische Einblicke in Praktiken der Partizipation. Weinheim, S. 10–36.

THIERSCH, Hans/Grunwald, Klaus/Köngeter, Stefan (2012): Lebensweltorientierte Soziale Arbeit. In: Thole, Werner (Hg.): Grundriss Soziale Arbeit. Ein einführendes Handbuch. 4. Aufl. Wiesbaden, S. 175–196.

THIMMEL, Andreas/Schäfer, Stefan (2020): Politische Bildung und Soziale Arbeit. 17. November 2020. https://profession-politischebildung.de/grundlagen/soziale-arbeit (Zugriff: 29.07.2023).

TÖBBE-SCHUKALLA, Monika (2013): Paradigmen der politischen Bildung und Erziehung in ihrer Bedeutung für die Soziale Arbeit. In: Benz, Benjamin/Rieger, Günter/Schönig, Werner/Többe-Schukalla, Monika (Hg.): Politik Sozialer Arbeit, Bd. 1: Grundlagen, theoretische Perspektiven und Diskurse. Weinheim, S. 166–181.

VAN RIESSEN, Anne/Bleck, Christian/Knopp, Reinhold (Hg.) (2015): Sozialer Raum und Alter(n). Zugänge, Verläufe und Übergänge sozialräumlicher Handlungsforschung. Wiesbaden.

WAGNER, Thomas (2012): „Und jetzt alle mitmachen!" Ein demokratie- und machttheoretischer Blick auf Widersprüche und Voraussetzungen (politischer) Partizipation. In: Widersprüche. Zeitschrift für sozialistische Politik im Bildungs-, Gesundheits- und Sozialbereich, Heft 123, S. 15–38.

TOM KEHRBAUM

Gewerkschaftliche Bildung als kritische Praxis gemeinschaftlichen Lebens – ein Modell für die politische Bildung?

Menschen beginnen seit Hunderttausenden von Jahren den Tag mit der Absicht, füreinander da zu sein und für sich und andere zu sorgen. Oder: Jeden Morgen werden weltweit Menschen aus ihrem Schlaf gerissen, wenn der Wecker den Arbeitstag einläutet. Sie starten den Tag, um ihre Rolle als Produzierende, Konsumierende und Konkurrierende in einer kapitalistisch organisierten Wirtschaft einzunehmen.

Die zweite Beschreibung menschlicher Gemeinschaftsaktivität war der Grund dafür, dass sich vor über 150 Jahren Gewerkschaften bildeten, um der damit verbunden Fremdbestimmung und Ausbeutung etwas entgegenzusetzen. Es war ein Experiment der Selbstermächtigung, in dem menschliche Kooperationsfähigkeit zur Solidarität weiterentwickelt wurde. So war die Gewerkschaftsbewegung im Anfang ein zwischenmenschlicher Lernprozess, der im Ergebnis weltweit die Arbeits- und Lebenssituationen vieler Menschen verbesserte. Individuelle Selbstbestimmung war das Ziel, kollektive Mitbestimmung das Mittel. Damit war zugleich ein Modell für politische Lernprozesse geschaffen, weshalb die Ziele, Formen und Inhalte der gewerkschaftlichen Bildung in freiheitlich-demokratischen Gesellschaften aktueller denn je sind.

In diesem Artikel steht nicht die aktuelle Theoriediskussion zur gewerkschaftlichen Bildung im Vordergrund (siehe dazu: Allespach/Meyer/Wentzel 2009, Bürgin 2013, Kehrbaum 2021). Wie diese Einleitung schon andeutete, werden aus anthropologischer und sozialphilosophischer Perspektive grundlegende Kategorien der gewerkschaftlichen Bildung beschrieben, die ihr Potenzial für die politische Bildung im Allgemeinen sichtbar machen.

1. Arbeit als soziale Kooperation

Anthropologisch betrachtet kann menschliche Arbeit als Ausgangspunkt von Bildung verstanden werden. Menschliche Handlungen zur gemeinsamen Daseinsfürsorge bilden bis heute den Bezugspunkt von individuellen und gemeinschaftlichen Bildungsprozessen und somit auch kultureller, gesellschaftlicher, wirtschaftlicher und wissenschaftlicher Entwicklung (vgl. Tomasello 2020). Der gewerkschaftliche Arbeitsbegriff ist deshalb weit gefasst und bezieht vor allem humane und politische Aspekte der Arbeit mit ein. Gewerkschaftliche Bildung ist heute ein wichtiges Mittel zur Gestaltung von Arbeitspolitik.

Technologische Großprojekte der entstehenden Großindustrie (Dampfmaschine, Stahlerzeugung, Eisenbahn etc.), die durch komplexe soziale Kooperationsfähigkeit ermöglicht wurden (vgl. Bude 2019, 57 ff.), waren somit auch ein Ausgangspunkt für politisch wirksame Solidarität und darauf ausgerichtete Bildungsprozesse. Die Menschen erkannten, dass die soziale Kooperation in der Arbeitsteilung auch für humane Ziele eingesetzt und koordiniert werden kann. So entstand aus dem Zusammenhang von wirtschaftlichem Erfolg einerseits und klassenbezogener Leiderfahrung andererseits die Arbeiter*innenbewegung als weltweite politische Kraft. Die Verständigung über diese neuen zwischenmenschlichen Verhältnisse in einer von der Industrie bestimmten Gesellschaft und die Frage, wie diese zu bewerten und zu verändern sind, war der Beginn der politischen Arbeiter*innenbildung. Die gemeinsame Interpretation der Leiderfahrungen und die darauf gerichtete Problemlösung waren bei der Entstehung einer praktisch wirksamen Bewegung zunächst wirksamer als theoretische Inspiration von außen.

Bis heute versucht die aus den Bildungsprozessen der Arbeiterbewegung hervorgegangenen Gewerkschaftsbewegung, diese Urerfahrung demokratischer Praxis auf die Institutionen der Industrie und Wirtschaft zu übertragen. Indem gemeinsame Prozesse politischen Interpretierens, Planens und Handelns organisiert werden, wird „soziale Freiheit" praktisch und umfassend erfahrbar und ermöglicht sowohl individuelle als auch gemeinschaftliche Emanzipationsprozesse.

Dieser politischen Bewegung ging es nie nur um ökonomische Motive, sondern auch um die Anwendung und Entfaltung intellektueller und moralischer Fähigkeiten, die die Arbeiterinnen und Arbeiter mit einbrachten. Jedoch haben die Vertreter des Kapitals „immer auch Strategien verfolgt […], genau diese Fähigkeiten der Arbeiterschaft zu hemmen (Dewey 1919, 204 f.).

Der Zusammenhang von Arbeit und Bildung ist deshalb ein fester Bestandteil der Arbeitspolitik von Gewerkschaften. Er gründet im zwischenmenschlichen, sozialen und kulturellen Leben und in der Kooperations- und Solidaritätsfähigkeit von Menschen. Menschen brauchen einander für Arbeit, Politik und Demokratie, sie brauchen einander auch beim Lernen.

2. Gewerkschaftliche Bildung ist Mit-, Von- und Füreinanderlernen

Bei der Entwicklung wirksamer politischer Handlungsfähigkeit spielt das Mit-, Von- und Füreinanderlernen in der gewerkschaftlichen Bildung eine entscheidende Rolle (Kehrbaum 2021). Diese Bildungsform kann deshalb als ein Modell für die Lern- und Lebensform einer sozialen Demokratie dienen (vgl. Negt 1971). Soll die Demokratie von einer Staats- und Regierungsform zu einer sozialen Lebensform weiterentwickelt werden, so sind auch die Lernformen und die Beziehungen der Lernenden partizipativ zu entwickeln.

Das heißt nicht, dass es dabei stets harmonisch zugeht. Denn Demokratie als eine Lebensform (siehe die erstmalige Verwendung dieses Begriffes bei Sidney Hook 1938) wird besonders bedeutsam, wenn Probleme und Konflikte des Zusammenlebens zu lösen sind. Demokratie bedeutet deshalb auch, die Bedingungen und Kompetenzen dafür zu schaffen, dass Konflikte und z.T. harte Auseinandersetzungen nicht gescheut, sondern kooperativ gelöst werden können. Mit Zwietracht umzugehen und sie produktiv statt destruktiv zu formen, ist deshalb ein Bildungsziel der Demokratie und ein Aspekt der Persönlichkeitsentwicklung durch Bildung. Im Vordergrund steht nicht der individuelle Bildungserfolg, sondern gemeinschaftsförderliche Kompetenzen jedes Einzelnen in einer Gesellschaft. So können Andersseiende fruchtbar zusammenleben und große Gemeinschaften bilden (vgl. Dewey 1996, 125 ff.).

Persönlichkeitsentwicklung und die Bildung demokratisch gesinnter politischer Kollektive ist ein interaktiver Prozess des Sich-Vergleichens und Sich-Messens, zu dem auch ein Sich-Streiten und Sich-Vertragen gehört (vgl. Marten 2018). Diese kommunikativen Verständigungskompetenzen, die im Füreinander-Öffnen und Aufeinander-Einlassen bestehen, können nur in zwischenmenschlicher Interaktion entwickelt werden.

Politische Bildung soll diese persönlichkeitsbildenden Prozesse anstoßen, z.B. indem Kontroversen und Konflikte um bestimmte Probleme zum Gegenstand von Reflexionsprozessen gemacht werden. Erkenntnisse werden so gleichzeitig in persönlichen und kollektiven Zusammenhängen betrachtet und mögliche Konsequenzen für das eigene oder kollektive Handeln antizipiert, beurteilt und geplant.

3. Praxis, Kritik und Reflexion

Ohne eine Idee der praktischen Bedeutung von Wissen ist Bildung bloß als ein Aufnehmen von Daten und Informationen zu verstehen. Vielen Lernenden fällt es deshalb schwer, sich beim bloßen Aufnehmen von Theorien zu orientieren, weil sie sich damit im Wortsinn nicht zu etwas positionieren können. Werden Lerninhalte hinsichtlich ihrer persönlichen und gesellschaftlichen Relevanz betrachtet, kann Kritik- und Reflexionsfähigkeit zusammen mit der Bereitschaft zur gesellschaftlicher Verantwortungsübernahme entwickelt werden. Münden Denkprozessen in Überzeugungen, Denk- und Handlungsgewohnheiten, erlangen sie gerade dadurch Bedeutung, indem sie von Menschen angenommen und im Rahmen von Problemlösungsprozessen angewendet werden.

In der gewerkschaftlichen Bildung ergibt sich dieser Praxisbezug per se aus dem Sinn und Zweck dieser besonderen Bildungsform: Der gemeinsame Lernprozess erhält durch geteilte Erfahrungen im Arbeitsleben seinen Lernanlass und bezieht das Miteinander-, Voneinander- und Füreinanderlernen systematisch auf gemeinsame Handlungsziele. Diese richten sich auf eine demokratische und meist konflikthafte Mitgestaltung bestimmter arbeitsweltlicher, wirtschaftlicher und gesellschaftlicher Prozesse und Beziehungen. So entstehen Lösungen für soziale Interessenkonflikte und daraus entstehenden Problemen (vgl. Kehrbaum 2021, 9).

Aus Sicht der Seminarpraxis wird Reflexion dabei auch als ein interaktiver sozialer Prozess verstanden, in dem bestimmte Situationen bewertet werden und dabei kritisches Denken wirksam wird. In diesem Prozess entstehen Erkenntnisse, indem ihre individuelle und kollektive Bedeutung sichtbar werden. Dieser Prozess ist sowohl eine Quelle von neuem Wissen als auch von ‚Gemeinsinn', der im Wortsinn auf den Prozess der Entwicklung geteilter sinnlicher Wahrnehmung verweist. Das geteilte Fühlen, Denken, Wollen und Handeln der Menschen wird ermöglicht, eingeübt und geschärft und kollektive politische Handlungsfähigkeit entwickelt.

Kritik ist dabei die Anwendung von Werten im Zuge sozialer Handlungsstrategien: Bei einer Problemlösung werden Ziele und Mittel nicht getrennt voneinander betrachtet und bestimmt. Erst die Bestimmung der Mittel, die eingesetzt werden, um Ziele zu erreichen, gibt darüber Aufschluss, ob das Ziel erstrebenswert ist und bestehen bleiben soll. Fakten sind dabei nicht getrennt von Werten zu betrachten. Eine „echte" Problemsituation enthält deshalb notwendigerweise sowohl Werte als auch Fakten. Werden keine Werte zur Beurteilung der Situation benötigt, dann handelt es sich nicht um ein Problem, bei dem es auch um allgemeine Normen geht. Braucht man keine Fakten, so besitzt das Problem keine Handlungsrelevanz (vgl. Festl 2018, 141 f.). Prinzipien und Werte ermöglichen die kritische Beurteilung der Situation und bilden im Zusammenhang mit Fakten politische Urteilskraft aus. Deshalb sind Werte und Prinzipien bei jeder Problemlösung relevant und müssen offengelegt und diskutiert werden. So kann sichtbar werden, welche Werte sich bewähren und welche neu betrachtet werden müssen. Jede Situation bleibt deshalb grundsätzlich offen für Kritik, weil immer eine noch bessere Praxis möglich sein kann. Kritik ist somit gleichzusetzen mit der ständigen Suche nach besseren Lösungen für soziale Probleme.

4. Persönlichkeitsentwicklung und gesellschaftliches Engagement

Jeder Bildungsprozess, der eine bestimmte ‚Menge' an Fachwissen und bestimmte Fertigkeiten und Fähigkeiten als Lernziel bestimmt, legt damit auch einen Abbruch des Entwicklungsprozesses fest. Dieses Wissen und Können *braucht* dann nicht bezüglich weitergehender wirtschaftlicher und gesellschaftlicher Prozesse oder anderer Probleme reflektiert werden. Persönlichkeitsentwicklung ereignet sich jedoch genau in dem Akt der individuellen Entscheidung darüber, mit welchen Fragen sich jemand intensiver beschäftigen will. Die Inhalte und Fragestellungen, die ein Mensch aus einer unendlichen Vielzahl von Möglichkeiten als eigenes ‚Erkenntnisinteresse' auswählt, *bildet die Person aus* (und gleichzeitig ab, indem man die Fragen und Interessen als Person verkörpert und in einen Dialog bringt). Deshalb ist für die gewerkschaftliche Bildung eine kontinuierliche gemeinsame kritisch-reflexive Verständigung darüber wichtig, was man weiß, welche Zwecke verfolgt werden, was man fühlt und wie man miteinander umgeht.

In der Begrenzung bzw. Erweiterung von Aus-Bildungsinhalten und -formen werden unterschiedliche Zielperspektiven von schulischen bzw. beruflichen und gewerkschaftlichen Bildungsprozessen sichtbar. Eine demokratieförderliche Bildung geht mit einer Begründung und Aushandlung von Reflexionsabbrüchen bzw. Erweiterungen einher (vgl. das Postulat der *Zielautonomie von Bildung* in: Pape/Kehrbaum 2019, 22 ff.).

Ein Beispiel: Auszubildende in der dualen Berufsausbildung lernen nicht nur die Inhalte des Ausbildungsplans. Reflexionsprozesse werden – oft ungeplant – durch den Zusammenhang von fachlichen Inhalten mit räumlichen, strukturellen und sozialen Beziehungssituationen in betrieblichen Bildungsprozessen angestoßen. Im zwischenmenschlich-interaktiven Austausch im sozialen Gebilde eines „Betriebs" wird so die soziale betriebliche Handlungskompetenz gelernt – sie ist eine wichtige Voraussetzung für gelingende Zusammenarbeit.

Jugend- und Auszubildendenvertreter*innen – die selbst noch Auszubildende sind – systematisieren Reflexionsprozesse in der gewerkschaftlichen Bildung auf besondere Weise. Sie erweitern die begrenzten Inhalte ihrer Ausbildung beispielsweise um juristische, pädagogische, ökonomische und gesellschaftspolitische Fragestellungen. Sie reflektieren diese erweiterten Bedeutungen der Arbeit hinsichtlich bestimmter Werte und Interessen und analysieren die darauf bezogenen politischen Auseinandersetzungen und Machtverhältnisse bzgl. der Interessen von Auszubildenden als Menschen und Personen. Dabei entwickeln sie umfassende Kompetenzen, die auch in bürgerschaftlichem und gesellschaftlichem Engagement wirksam werden. Sie werden von ihren Kolleg*innen als Interessensvertreter*innen gewählt. Das Vertrauen, das ihnen dabei entgegengebracht wird, fördert ein Verantwortungsgefühl, das oft zu einem fundamentalen Wandel der individuellen Bedeutsamkeit von Bildung führt und den Wunsch zum Weiterlernen weckt (IG Metall 2010, Pabst/Zeuner 2021).

Versteht man Wirtschaft auch als Raum demokratischer Auseinandersetzung und Mitbestimmung, so wird ein sozialer und demokratischer Lernort sichtbar, der kritisches Denken und sozial verantwortliches Handeln auf ein Gemeinwesen bezieht und entwickelt. Politische Bildung sollte angesichts aktueller Transformationsprozesse auch im Rahmen von Unternehmenskooperationen entwickelt werden. Aufsuchende Bildungsaktivitäten sind hier ein möglicher Ansatz (siehe Trumann und Wenzler in diesem Band). Technologische und ökonomische Prozesse können so hinsichtlich ihrer gemeinschaftlichen und gesellschaftlichen Relevanz betrachtet werden. Die Verbindung von fachlichem und politischem Lernen fördert das Verständnis für notwendige Veränderungen und die Bereitschaft zur gesellschaftlichen Verantwortungsübernahme (vgl. Klopsch/Sliwka 2020).

5. Demokratische Identität

Angesichts aktueller Debatten um Identitätspolitik einerseits und der Weiterentwicklung der Demokratie andererseits werden für Gewerkschaften neue Fragen aufgeworfen. Eine Politik und Ethik der Identität kann auf eine Anerkennung der Relevanz von Ethnie, Religion, Gender oder Nationalität für Gruppen der Bevölkerung und damit verbundene Lebensgestaltungsmöglichkeiten abzielen. Werden daraus politische Bildungskonzepte abgeleitet, so werden diese Identitätskonzepte nicht selten so verstanden und angewendet, dass sie andere Formen gemeinschaftlicher Beziehungen irrelevant erscheinen lassen. Das Selbstverständnis von Gemeinschaften, welches sich durch geteilte Erfahrung bildet, setzt dann im Bildungs- und Verstehensprozess nur auf die individuelle Erfahrung, Übereinstimmung und Resonanz mit anderen und beschränkt sich auf die so zu identifizierenden Inhalte. Sie lassen deshalb auch nur die Integration und gesellschaftliche Organisation von Subkulturen, Teilgemeinschaften oder partiellen Identitäten zu (vgl. Pape/Kehrbaum 2019, 12).

Kommt es aber auf eine nicht-identitäre Gemeinschaftsbildung an, wird keine partielle Identität mehr die Gemeinschaftsbildung begründen können. So benötigt jede plurale, nicht homogene, demokratische Gesellschaft eines Nationalstaats andere Verbindungsklammern, weil sie nicht einfach aus der Addition partieller Identitäten hervorgeht. Allein identitätsethisch sich verstehende Gemeinschaften sind deshalb demokratisch mangelhaft, weil es in ihnen nicht möglich ist, offene Gemeinschaft dadurch zu bilden, dass Interessen, Handlungen und Erfahrungen als allgemein geteilte verstanden werden. Versteht man Demokratie als eine umfassende Gemeinschaft geteilter Erfahrungen und Handlungen, dann muss der interaktive Austausch über den Zusammenhang von Interessen, Handlungen und Erfahrungen und den Vorstellungen und Meinungen dazu in den Mittelpunkt einer Strategie zur Weiterentwicklung der Demokratie als Lebensform gerückt werden (vgl. ebd.).

Gewerkschaftliche Bildung ist eine Form der nicht-identitären Politik, wenn sich die Menschen projekt-, problem- oder konfliktbezogen über Interessen, Erfahrungen und darauf bezogene Handlungen verständigen können. Daraus entwickeln sie ein umfassendes Verständnis der Bedingungen und Konsequenzen kollektiven menschlichen Handelns. Da dies ein partielle Identitäten übergreifender Prozess ist, wird die größere Gemeinschaft (Gewerkschaft) gerade dadurch gestärkt, indem die Menschen die Erfahrung machen, dass sie Verbesserungen füreinander durchsetzen können: Die zu lösenden Probleme stehen dabei im Vordergrund und nicht die (wechselhafte) Identitäten der Einzelnen.

In einem arbeitsbezogenen Erfahrungs- und Kommunikationsraum wird Praxis theoretisch bedeutsam und greifbar und durch gemeinsame Reflexion weiterentwickelt, indem die Konsequenzen für sich selbst und andere einbezogen werden. Die Beteiligten bilden so Urteilskraft, Überzeugung und Strategiekompetenzen aus, die auf politisches Handeln und eine veränderte soziale Praxis ausgerichtet sind. So wird Wirtschaft als Ort der gemeinsamen Daseinsfürsorge demokratisch entwickeln.

6. Ausblick: Demokratisierung der Wirtschaft

Der Grund für die hohe Beteiligung an gewerkschaftlicher Bildung (ca. 100.000 Teilnehmer*innen jährlich allein bei der IG Metall, vgl. Schulz 2019, 15) liegt auf der Hand: Sie macht die alltäglichen Arbeits- und Lebensbedingungen der Menschen zum Thema, erzeugt und kommuniziert Wissen und ist handlungsorientiert. Wissen, Können und Handeln stehen in gewerkschaftlichen Bildungsprozessen immer in einem Zusammenhang. Es geht um praktische Problemlösung durch gemeinsames Erkennen, Nachdenken und Handeln, welches dabei zugleich entsteht und wirksam wird. So entwickelt die gewerkschaftliche Problemlösungspraxis sowohl die Gewerkschaft selbst als auch Demokratie und damit Wirtschaft und Gesellschaft im Sinne einer humanen Transformation.

Ein Ziel gewerkschaftlicher Bildung ist das Verstehen von Beziehungen und ihren Konsequenzen für das Handeln und Zusammenleben von Menschen. Ein gemeinschaftsstärkendes Bildungsverständnis sieht Bildung nicht als individuellen Vervollkommnungsprozess, sondern als einen interaktiven Prozess des Verstehens der Bedingungen und Konsequenzen menschlichen Handelns. Demokratie kann deshalb als eine Erkenntnis- und Lebensform bezeichnet werden, weil alle staatlichen Strukturen und Institutionen von den Beziehungen, Selbstverständnissen und Handlungserfahrungen der Menschen miteinander getragen werden. Eine beziehungs- und erfahrungsbasierte Demokratiekonzeption sollte in Gesellschaften sowohl bildungstheoretisch als auch politisch berücksichtigt werden (vgl. Pape/Kehrbaum 2019, 12). Die gewerkschaftliche Bildung ist hierfür ein praktisches Beispiel.

Vor dem Hintergrund gesellschaftlicher Kriegs- und Krisenstimmungen, antidemokratischer und populistischer Tendenzen sowie der Infragestellungen demokratischer Grundprinzipien kann die gewerkschaftliche Bildung wichtige Impulse für gemeinschaftsstärkende politische Bildungsprozessen geben und zur Neubetrachtung bzw. Weiterentwicklung diesbezüglicher Theorie anregen. Sie ist ein Modell für eine demokratische Bildungsform, die den einzelnen Menschen in seiner Gemeinschaft ernst nehmen, respektieren, beteiligen und inspirieren.

Literatur

ALLESPACH, Martin/Meyer, Hilbert/Wentzel, Lothar (2009): Politische Erwachsenenbildung. Ein subjektwissenschaftlicher Zugang am Beispiel der Gewerkschaften. Marburg.

BUDE, Heinz (2019): Solidarität. Die Zukunft einer großen Idee. München.

BÜRGIN, Julika (2013): Gewerkschaftliche Bildung unter Bedingungen indirekter Arbeitssteuerung. Zweckbildung ohne Gewähr. Münster.

DEWEY, John (1996): Die Öffentlichkeit und ihre Probleme. Bodenheim.

DEWEY, John (2019): Sozialphilosophie. Vorlesungen in China 1919/20. Berlin.

FESTL, Michael G. (2018): Ethik. In: Ders. (Hg.): Handbuch Pragmatismus. Stuttgart.

HOOK, Sidney: Democracy as a Way of Life, Erstveröffentlichung 1938. In: Southern Review, Vol. 4, 1938, S. 45–57. und 1940. In: Sidney Hook: Reason, Social Myth and Democracy, Cosimo Classics, New York 2009/1940.

IG METALL (2010): Wirkt schnell – hält lang! Was uns die Jugendbildungsarbeit bringt. Hg.: IG Metall Vorstand, FB Gewerkschaftliche Bildungsarbeit. Frankfurt/M.

KEHRBAUM, Tom (2021): Zwischenmenschliche Bildung und politische Handlungsfähigkeit. Eine Theorie der Praxis gewerkschaftlicher Bildung. Frankfurt/M.

KLOPSCH, Britta/Sliwka, Anne (2020): Service Learning als Beitrag zur Demokratiebildung. In: Rosenkranz, Doris/Roderus, Silvia/Oberbeck, Niels (Hg.): Service Learning an Hochschulen. Weinheim, Basel, S. 57–60.

MARTEN, Rainer (2018): Menschliche Wahrheit und die konfliktive Verfassung des Lebens. In: Ders.: Nachdenken über uns. Philosophische Texte. Freiburg.

NEGT, Oskar (1971): Soziologische Phantasie und exemplarisches Lernen. Zur Theorie und Praxis der Arbeiterbildung. Frankfurt/M.

PABST, Antje/Zeuner, Christine (Hg.) (2021): „Fünf Tage sind einfach viel zu wenig." Bildungszeit und Bildungsfreistellung in der Diskussion. Frankfurt/M.

PAPE, Helmut/Kehrbaum, Tom (2019): John Dewey. Über Bildung, Gewerkschaften und die demokratische Lebensform. Hg.: Hans-Böckler-Stiftung. Reihe: Study Nr. 421. Düsseldorf 2019 (www.boeckler.de/pdf/p_study_hbs_421.pdf).

SCHULZ, Irene (Hg.) (2019): Industrie im Wandel – Bildungsarbeit in Bewegung. Praxishandbuch. Frankfurt/M.

TOMASELLO, Michael (2020): Mensch werden. Eine Theorie der Ontogenese. Berlin.

LISA TÖLLE

Politische Bildung in Zwangskontexten

Denken wir an (kritische) politische Bildungsprozesse, so geht damit in der Regel eine Fokussierung auf Emanzipation und Mündigwerdung einher. Diese Vorstellungen sind gemeinhin mit einem gewissen Maß an pädagogischer, didaktisch-methodischer und räumlicher Freiheit verbunden. Diese Bedingungen sind allerdings nicht gegeben, wenn politische Bildung an Orten realisiert wird, an denen Teilnehmende sich nur gezwungenermaßen aufhalten, an denen ihnen ihre Freiheit entzogen wird. Viele Bedingungen geschlossener Zwangskontexte laufen den Grundlagen einer kritischen politischen Bildung zuwider und es ist zu diskutieren, inwiefern (kritische) politische Bildung an diesen Orten überhaupt möglich sein kann, wo sie ihre Grenzen findet oder welche Möglichkeitsräume sich dennoch offenbaren können.

Der folgende Artikel gibt einen knappen Überblick über Zwangskontexte und totale Institutionen am Beispiel von Gefängnissen für junge Menschen (1) und beschreibt die Lebenssituation derer, die an diesen Orten eingesperrt werden (2). Daran anschließend wird der Zwangskontext des geschlossenen (Jugend-)Vollzugs neben aller widrigen Bedingungen rechtlich als Ort (politischer) Jugendbildung diskutiert (3). Es werden der Forschungsstand und bestehende Linien politischer Bildung im Gefängnis dargestellt (4). In einem abschließenden Fazit (5) werden Ansatzpunkte einer kritischen politischen Bildung in Gefangenschaft formuliert.

1. Totale Zwangskontexte

Als Zwangskontexte können jene Orte beschrieben werden, an denen Menschen sich nicht freiwillig aufhalten und an denen sie ihre Zeit und ihre Handlungen nicht frei gestalten können, sondern dazu gezwungen sind, sich auf eine bestimmte Art und Weise zu verhalten bzw. sich an bestimmte Abläufe anzupassen (vgl. Cornel 2020). Die ihnen in diesen Zwangskontexten zur Verfügung gestellten Angebote nehmen sie nur unfreiwillig wahr: Sie werden dazu angehalten, animiert und (in-)direkt dazu gezwungen – und zwar auch, wenn das pädagogisch Professionellen mitunter nicht so erscheinen wird. Damit können mit dem Terminus Zwangskontexte auf einem Spektrum zwischen offenen und geschlossenen Zwangskontexten ganz verschiedene Institutionen beschrieben werden, etwa (Förder-)Schulen, (geschlossene) Einrichtungen der Jugendhilfe, (geschlossene) Einrichtungen der Behindertenhilfe, (Jugend-) Psychiatrien und Jugendarrest- sowie (Jugend-)Vollzugsanstalten. Diese Einrichtungen können je nach Grad des Freiheitsentzugs, der Geschlossenheit und des herrschenden Zwangs als unterschiedlich *total* verstanden werden. So können (Förder-)Schulen und Einrichtungen der Jugendhilfe durchaus auch als Zwangskontexte verstanden werden, auch wenn junge Menschen sich den auf sie gerichteten Zwängen noch weitgehend entziehen können (etwa dadurch, dass sie die Schule oder den Unterricht nicht besuchen, und dadurch, dass die Schulzeit nur einige Stunden des Tages umfasst). In geschlossenen, freiheitsentziehenden Zwangskontexten wird der Zwang insofern total, als dass der Entzug davon kaum oder nur zu einem hohen Preis (Isolation o.Ä. als Strafe) möglich ist. Von allen Zwangskontexten stellen (Jugend-) Vollzugsanstalten die geschlossensten dar. Goffman (1973) und Foucault (1994) haben sie als totale Institutionen beschrieben. Diese Orte sind geprägt durch einen streng durchgeplanten Tagesablauf, vom zentral gesteuerten Wecken („der Lebendkontrolle") bis zum Einschluss am Abend. An diesen Orten wird mittels dieser Verregelungen *total* auf die darin untergebrachten Menschen, auf ihre Körper und ihr soziales Sein zugegriffen. Den Menschen in Haft wird damit der Status eines*einer Bürger*in genommen, indem sie zu einer Nummer und einem Objekt gemacht werden und ihnen dadurch (seelische und körperliche) Schmerzen zugefügt werden (vgl. Sykes 1969).

2. Menschen in Gefangenschaft

Kriminalität wird in einem langen sozialen Prozess gesellschaftlich hergestellt. Das beginnt bei der gesellschaftlichen Frage, was zu welchem Zeitpunkt in einer Gesellschaft als kriminell gelesen wird und was mit welcher Strafe belegt wird. Kriminalität kann also – ganz ähnlich wie auch Geschlecht/Gender – als gesellschaftlich oder diskursiv hergestellt beschrieben werden. Die kritische Kriminologie postuliert die Annahme, dass Kriminalität auf alle verschiedenen gesellschaftlichen Gruppen relativ gleichförmig verteilt ist, dass aber nicht alle Bevölkerungsgruppen gleichermaßen poliziert, also kontrolliert, verfolgt, bestraft und inhaftiert werden (vgl. Thompson 2018). Monetär privilegierte Menschen, (Bildungs-)Eliten, Politiker*innen und berühmte Persönlichkeiten sind mit Möglichkeiten ausgestattet, sich dem Blick der Strafverfolgungsbehörden zu entziehen und sich vor Freiheitsentzug zu schützen. Mit Blick in die

Gefängnisse kann dann entsprechend festgestellt werden, dass dort vor allem jene Menschen zwangsweise untergebracht sind, die zu den vulnerabelsten und marginalisiertesten Gruppen einer Gesellschaft gehören und von rassistischen, klassistischen, ableistischen und heteronormativen/sexistischen Herrschaftsverhältnissen betroffen sind (vgl. Schneider 2022). (Junge) Menschen in Haft haben in der Regel Biografien, die von verschiedenen (Ab-)Brüchen und Neuanfängen geprägt ist: So haben sie oftmals verschiedene Schulen besucht, weil sie zu Wechseln gezwungen oder verwiesen wurden oder weil sie die Schule (vorübergehend) nicht mehr besuchten. Sie haben Erfahrungen mit früher staatlicher Kontrolle ihrer familiären Situation (etwa durch Jugendämter oder Ausländerbehörden) gemacht. Wenn sie eine Migrationsgeschichte haben, haben sie häufig einen unsicheren Aufenthaltsstatus. Sie haben Erfahrungen mit Schulden, Wohnungslosigkeit, Drogengebrauch, chronischer psychischer wie physischer Krankheit, Erfahrungen mit Sexarbeit und Zwangsprostitution, sexualisierter Gewalt und Kriminalisierung ihrer Lebensstile. Während der Haft werden die bestehenden Situationen und das belastende Erleben innerhalb einer totalen Institution nicht nur fortgeführt, sondern weiter zugespitzt. Die Situation einer Haft wirkt auf die ohnehin belasteten Lebenslagen wie Brandbeschleuniger: Die inhaftierten Menschen verlieren bestehende Schul-, Ausbildungs- und Arbeitsverhältnisse, ihre vorhandenen Wohnverhältnisse ebenso wie den Zugang zu den bestehenden sozialen Netzwerken. Innerhalb der Haft müssen die (jungen) Menschen sich zu den Bedingungen totaler Institutionen verhalten, das heißt, sie sind den oben geschilderten Bedingungen totalen Zwangs ausgeliefert und müssen sich zu den herrschenden institutionellen Gegebenheiten verhalten – etwa indem sie selbst Gewalt gegen sich oder andere anwenden. Das Stigma der Inhaftierung wirkt noch weit über die (Dauer der) eigentliche(n) Haftstrafe hinaus, indem es sich über ihr gesamtes künftiges Leben legt (vgl. Goffman 1975).

3. Ein Recht auf politische Bildung

Diese oben skizzierten grundsätzlichen Wirkweisen und institutionellen Rahmenbedingungen von Gefängnissen können mit rechtlichen Gestaltungen nicht grundlegend verändert werden und bleiben auch dann bestehen, wenn die Rechte inhaftierter Menschen gesetzlich gestärkt werden. Ein „humanisiertes" oder „pädagogisiertes" Gefängnis kann es deshalb nicht geben. Gleichzeitig bleiben die inhaftierten Menschen Träger*innen von Rechten. Ganz basal stehen ihnen weiterhin die in den Menschen-, Kinder- und UN-Behindertenrechtskonventionen rechtlich verbrieften Rechte auf Bildung und Teilhabe zu (vgl. Schneider 2019). Ganz konkret gilt für Menschen unter 27 Jahren weiter das SGB VIII, das als Leistungsrecht regelt, welche (pädagogischen) Leistungen und Bildungsangebote allen jungen Menschen zustehen. Auch die (Jugend-)Strafvollzugsgesetze der Länder räumen ein grundsätzliches Recht auf Bildung und Information ein. Es ist wichtig, diesen Rechtszustand immer wieder zu betonen und einzufordern – gerade, weil die Realität weit dahinter zurückbleibt (vgl. Graebsch 2018).

4. Bestehende Projekte und Linien politischer Bildung im Gefängnis

Während das Gefängnis bis ca. 2015 kaum als Ort politischer Bildung wahrgenommen und bespielt wurde, ist spätestens seit dem verstärkten Sprechen über Prävention von (angenommenen) demokratiefeindlichen, extremistischen Einstellungen durch politische Bildung eine Trendwende zu vermerken. Der geschlossene (Jugend-)Vollzug ist als Feld politischer Bildung mittlerweile durchaus dynamisch: So gibt es verschiedene Förderlinien zur Realisierung politischer Bildung im Gefängnis, Träger, die politische Bildung dort realisieren, und (teilweise beendete) Forschungsprojekte, die die Rahmenbedingungen politischer Bildung beleuchten. So konnten Borchert, Beyer und Jütz (2019) in einem von der Bundeszentrale für politische Bildung (bpb) finanzierten Forschungsprojekt herausfinden, dass Angebote gefängnisexterner Träger das Feld dominieren. Dem ist hinzuzufügen, dass die meisten externen Träger über die Förderlinie Demokratie leben! im Gefängnis finanziert werden – nämlich mindestens ein Projekt pro Bundesland – und damit eine eindeutige Schwerpunktsetzung im Bereich Extremismus- und Radikalisierungsprävention zu erkennen ist (vgl. Schneider 2022). Neben wenigen emanzipativen politischen Bildungsangeboten (z.B. EXIT-EnterLife oder Anne-Frank-Ausstellung) spielen unter den Bedingungen der Geschlossenheit aktuelle Diskurse der kritischen politischen Bildung (Rassismuskritik, Geschlechterverhältnisse, das Verhältnis von Emotionen in der politischen Bildung und andere) eine eher untergeordnete Rolle. Vielmehr dominiert in den meisten Angeboten die Haltung, dass (junge) Menschen in Haft erst an Politik herangeführt werden müssten, dass vorpolitische Bildung nötig sei und dass erst das Verhalten – durch Antiaggressionstrainings oder Gewaltpräventionstrainings – ausreichend trainiert sein müsste, bevor eine Auseinandersetzung mit politischer Bildung möglich wäre. Diese Annahmen stützen sich (auch) auf rassistische, sexistische und klassistische Überzeugungen gegenüber Menschen im Gefängnis: Es geht darum, ihnen Fähigkeiten abzusprechen, sie als bildungsfern zu markieren, sie zu zähmen und den als politisch deklarierten Bildungsprojekten den emanzipativen Gehalt zu nehmen. Diese Lesart wird auch dadurch gestützt, dass von den inhaftierten Menschen selbst initiierte politische Projekte und Aktionen (die Aktivitäten der Gefangenengewerkschaft GG/BO, freie Gefangenenzeitungen ebenso wie subversive Praktiken) als subkulturell und schädlich delegitimiert und entsprechend verfolgt werden.

5. Statt eines Fazits: Gedankensplitter einer kritischen politischen Bildung in Gefangenschaft

Politische Bildung in institutionellen und gesellschaftlichen Widersprüchen

Politische Bildung an einem derart repressiven Ort wie dem (Jugend-)Vollzug ist von zahlreichen immanenten Widersprüchen geprägt. Es erscheint unmöglich, an diesem institutionell unfreien Ort überzeugend für Emanzipation und Ermächtigung einzutreten. Hinzu tritt die Gefahr, dass Bildung im Allgemeinen und politische Bildung im Speziellen in Zwangskontexten als Legitimationslegende für die Gefangenschaft an sich instrumentalisiert wird, weil davon ausgegangen wird, dass nun etwas Sinnvolles an diesen Orten passiert. Diese Widersprüche und Gefahren lassen sich nicht auflösen. Gleichzeitig ist die aktive (pädagogisch-bildnerische) Einbindung des Politischen in den Vollzugsalltag längst überfällig: Der (Jugend-)Vollzug ist ein politisch gestalteter Raum, an dem permanent politische (Selbst-)Bildung stattfindet. Solange es Gefängnisse für (junge) Menschen (noch) gibt – und es gibt durchaus Alternativen –, sind es Orte politischer Bildung. Ein kritisches Verständnis politischer Bildung, das Widersprüche und Eingebundenheiten immer mitdenkt, kann bei Überlegungen zur Ausgestaltung dieser Bildungsprozesse hilfreich sein. Denn gerade aus den Schmerzen des Freiheitsentzuges, gerade aus den Über- und Unterlebenserfahrungen (vgl. Goffman 1973) im (Jugend-)Vollzug, gerade aus der Unfreiheit und der Bevormundung ergeben sich politisierende Momente, die im pädagogisch-bildnerischen Handeln aufgegriffen werden können.

Anders als präventive Maßnahmen und soziale Trainings, in denen es häufig darum geht, mit behavioristisch-technokratischen Verfahren einzig an den (jungen) Menschen selbst anzusetzen, gegen ihre „schlechten" Verhaltensweisen und Orientierungen zu arbeiten und diese mit neuen, als „besser" erachteten Verhaltensformen zu überschreiben, kann eine kritische politische Bildung *für* etwas anderes stehen. Sie hat dann das Ziel, (junge) Menschen zu ermutigen und zu empowern, sich für demokratische Lebensbedingungen und ein gutes gemeinsames Leben einzusetzen und aktiv ihre Angelegenheiten zu gestalten. Dabei sind nicht nur die subjektiven Bedingungen, sondern auch die gesellschaftlichen und die institutionellen Verhältnisse sowie das historische Gewordensein beider im Blick.

Kritische politische Bildung setzt entsprechend subjektorientiert an der Lebenswelt der Menschen und ihren Erfahrungen an. Damit ist gemeint, dass Teilnehmende das Politische im eigenen Leben, das Gemeinsame in den Erfahrungen bearbeiten, ohne sich darin zu erschöpfen: Sie analysieren auch den politischen Gehalt der subjektiven Erfahrungen (etwa Rassismus-, Klassismus-, Sexismus-, Ableismus- und Kriminalisierungserfahrungen) und sprechen darüber, welche gesellschaftlichen Verhältnisse wessen Lebensbedingungen wie rahmen. Aus diesen Analysen ergibt sich das Ziel, Menschen in Haft zur Kritik an den bestehenden gesellschaftlichen und institutionellen Verhältnissen zu befähigen und zu ermutigen.

Kritische politische Bildung im Gefängnis arbeitet inklusiv, differenziert und fokussiert auf die zahlreichen Exklusionen, sodass eine Teilnahme und Teilhabe an politischen Bildungsformaten in Gefangenschaft auch für jene Menschen möglich wird, die bisher wenig Erfahrungen mit (formalen wie non-formalen) (politischen) Bildungsangeboten gemacht haben. In der konventionellen politischen Bildung (auch außerhalb des Gefängnisses) dominiert die Überzeugung, politische Zusammenhänge seien komplex und deshalb kaum mit Menschen in Haft (ebenso wenig wie mit Menschen mit Behinderung) zu besprechen, weil diesen Menschen Wissen, Bildung und Intelligenz fehle. Sie bräuchten erst „prä"-politische Bildung, um überhaupt verstehen zu können, worum es in politischer Bildung geht. Tatsächlich fehlt es Menschen in Haft mitunter an Informationen und Informationsquellen über verschiedene Sachverhalte, weil die medialen und technischen Zugänge im Gefängnis eingeschränkt werden. So können sie beispielsweise tagesaktuelle Meldungen nicht nachlesen oder vertiefen (vgl. Schneider 2019). Eine kritische politische Bildung kann hier ansetzen und (mediale) Information, Zugänge zu Bildung, Wissen, Texten und Büchern fordern und umsetzen. Ganz grundlegend hierfür ist die grundsätzliche Überzeugung von Bildner*innen, dass Menschen in Haft diese Bildung grundsätzlich zusteht und sie die Inhalte verstehen können. Im Sinne eines breiten, ganzheitlichen Bildungsverständnisses, das neben formal-kognitiven Angeboten gleichwertig non-formale und informelle Arrangements berücksichtigt, kann ein ganzheitlicher Zugang zu politischen Inhalten gewählt werden. So können sowohl die Interessen der Teilnehmenden als auch politische Bildungsinhalte im engeren Sinne (etwa „Wer wählt den Bundestag?" o.Ä.) handlungsleitend sein. Ebenso erscheint eine ausgewogene Abwechslung von körper- und bewegungsorientierten Angeboten, kreativ-schöpferischen Phasen mit alltagsnahen, emotionalen und kognitiv herausfordernden Phasen zielführend (vgl. ders. 2020). Gerade der emotionale Gehalt politischer Themen muss hier berücksichtigt werden, denn biografisch erlebte Ungerechtigkeit/soziale Ungleichheiten können Teilnehmende wütend und traurig machen.

Zur Haltung der politischen Bildner*innen: lernend, verstrickt, solidarisch

Teil kritischer politischer Bildungsprozesse sind die Reflexionen eigener biografischer Erfahrungen und der gesellschaftlichen Positioniertheit – auch auf seiten der Bilder*innen. Sie verstehen sich damit selbst als Lernende und den politischen Bildungsprozess als einen reziproken Austausch mit den Teilnehmenden. Politische Bildner*innen sind damit gerade in der Institution Gefängnis keine neutralen Außenstehenden, sondern verstrickt sowohl in die gesellschaftlichen Verhältnisse (als Teil der *weißen*, bürgerlichen Dominanzgesellschaft) als auch innerhalb der totalen Institution, etwa als Schlüsselberechtigte, die mit mannigfaltigen Machtmitteln ausgestattet sind, oder eben als Externe, die das Gefängnis wieder (relativ unbeschadet) verlassen können (vgl. Schneider 2020). Kritische politische Bildungsprozesse bedürfen dringend einer machtkritischen Analyse der im Gefängnis stattfinden Disziplinierungen. Zu fragen ist mindestens danach, welche im Gefängnis üblichen Machtmittel (visuelle/personelle/auditive Überwachung, Weitergabe von Informationen) während eines politischen Bildungsformats nötig sind, welche zumindest zeitweise nicht praktiziert werden können und inwiefern dadurch das Verhältnis aller am Bildungsformat Beteiligten gerahmt wird.

Mit einer machtkritischen Haltung geht die Anerkennung der eigenen Privilegien einher und es verändert den Blick auf Menschen in Gefangenschaft: Sie werden damit als Expert*innen aus Erfahrung anerkannt, die ein unschätzbares Wissen über ihre Lebenswelt haben, das Bildner*innen mit ihrem (häufig *weißen*) bürgerlichen Habitus der Dominanzgesellschaft nicht haben. Am Anfang eines politischen Bildungsprozesses im Gefängnis können damit (Ver-)Lernprozesse auf beiden Seiten stehen: Auf der Seite der Menschen in Haft steht jener Lernprozess, dass Bildner*innen nicht immer schon wissen, was das Beste für sie ist, und zahlreiche Lösungen parat haben. Sie können lernen, dass Politik spannend ist und etwas mit ihrer Lebenswelt zu tun hat, dass sie Politik verstehen können. Aufseiten der Bilder*innen steht das Verlernen von stereotypen

Vorurteilen gegenüber traditional als kriminell markierten Menschen und allen ihnen anhaftenden Stigmata. Auf beiden Seiten steht das Verlernen hegemonialer Narrative über die Notwendigkeit von Strafen und institutionellen Einsperrens- und Verwahrungspraxen. Auf Grundlage dieser Haltung kann dann über (politische) Themen gestritten, Dissens ausgehalten, Kritik an den bestehenden Verhältnissen geübt und über Alternativen und Utopien nachgedacht werden. Eine (kritische) pädagogische Haltung, die die Gefangenschaft von Menschen als ungenügenden Status quo begreift und gleichzeitig davon ausgeht, dass es lohnenswert ist, sich für die Verbesserung der Lebensverhältnisse einzusetzen, kann für Menschen in Haft ein ermutigendes Beziehungsangebot darstellen.

Kritische politische Bildung als Teil einer abolitionistischen Demokratie

Eine kritische politische Bildung im Gefängnis und über das Gefängnis muss die gesellschaftlichen Bedingungen des Strafens und Einsperrens und die hegemonialen Narrative über Kriminalität und Gefängnis analysieren und kritisieren. Sie kann damit zu einem veränderten Nachdenken und Sprechen über gängige Strafpraxen und vermeintliche Selbstverständlichkeiten beitragen. Damit werden Züge einer abolitionistischen Demokratie (vgl. Thompson/Erdmann 2018) denkbar, die zum Abbau von (undemokratischer) Herrschaft und (staatlicher) Gewalt und zum Aufbau von Institutionen, die für Gerechtigkeit sorgen, beitragen will.

Literatur

BORCHERT, Jens/Beyer, Diana/Jütz, Maren (2019): Politische Bildung im Jugendstrafvollzug: Angebote, Bedarfe und Leerstellen. Zentrale Ergebnisse und Handlungsempfehlungen. Bonn.

CORNEL, Heinz (2020): Erziehung und Soziale Arbeit in strafrechtlichen Zwangskontexten. In: Kaplan Anne/Roos, Stephanie (Hg.): Delinquenz bei jungen Menschen. Wiesbaden, S. 45–63.

FOUCAULT, Michele (1994): Überwachen und Strafen: Die Geburt des Gefängnisses. Berlin.

GOFFMAN, Ervin (1975): Stigma: Über Techniken der Bewältigung beschädigter Identität. Berlin.

GOFFMAN, Ervin (2016): Asyle: Über die soziale Situation psychiatrischer Patienten und anderer Insassen. Berlin.

GRAEBSCH, Christine (2018): Recht und Rechtswirklichkeit im Jugendstrafvollzug. In: Dollinger, Bernd/Schmidt-Semisch, Holger (Hg.): Handbuch Jugendkriminalität. Wiesbaden, S. 689–709.

SCHNEIDER, Lisa (2019): Zwangskontexte als Handlungsfeld für eine kritische politische Bildung: Erste Ergebnisse einer explorativen Studie – Politik, Essen und Sexualität. In: Kriminologie – Das Online-Journal (KrimOJ) (2), S. 180–194. https://www.kriminologie.de/index.php/krimoj/article/view/21/24 (letzter Abruf am: 18.08.2023).

SCHNEIDER, Lisa (2020): Politische Bildung in Zwangskontexten – (didaktische) Überlegungen zu einer Kritischen politischen Bildung im Kontext des Jugend- und Jugendarrestvollzugs. In: Kaplan, Anne/Roos, Stephanie (Hg): Delinquenz bei jungen Menschen. Wiesbaden, S. 689–709.

SCHNEIDER, Lisa (2022): Zwangskontexte als Handlungsfelder für eine kritische politische Bildung. Dissertationsschrift an der Universität zu Köln.

THOMPSON, Vanessa Eileen (2018): There is no justice, there is just us! Ansätze zu einer postkolonial-feministischen Kritik der Polizei am Beispiel von Racial Profiling. In: Loick, Daniel (Hg.): Kritik der Polizei. Frankfurt/M., S. 197–219.

THOMPSON, Vanessa Eileen/Ermann, Janette (2018): Abolitionistische Demokratie. Intersektionale Konzepte und Praktiken der Gefängniskritik. In: Malzahn, Rehzi (Hg.): Strafe und Gefängnis. Theorie, Kritik, Alternativen. Eine Einführung. Stuttgart, S. 161–181.

CHRISTOPH GILLE, BENJAMIN HAAS

Internationale Freiwilligendienste: Zwischen emanzipatorischer Bildung und kolonialen Kontinuitäten

Internationale Freiwilligendienste bieten einen besonderen Rahmen als nonformale Lern- und Bildungsorte. Sie heben die globale Dimension politischer Bildung hervor und machen globale Machtverhältnisse und die Verstrickungen des eigenen Lebens und des Lebens anderer in ihnen erfahrbar. Der Beitrag beleuchtet die (post-)kolonialen Kontinuitäten sowie emanzipatorischen Möglichkeiten von internationalen Freiwilligendiensten als Räume (kritischer) politischer Bildung. Dabei zeigt sich, dass sich auch die nationalen Freiwilligendienste von diesen Auseinandersetzungen inspirieren lassen sollten und dass die Zeit von Internationalen Freiwilligendiensten, die sich im Entwicklungsdiskurs verorten, vorbei ist.

1. Internationale Freiwilligendienste in Deutschland

Mit dem Freiwilligen Sozialen Jahr (FSJ) im Ausland und später dem Europäischen Freiwilligendienst (EFD) (ab 2018 als Europäischer Solidaritätskorps weitergeführt) setzte eine Internationalisierung der traditionsreichen Freiwilligendienste ein. Diese nahm 2008 mit der Einführung des Weltwärts-Programms durch das Bundesministerium für wirtschaftliche Zusammenarbeit und Entwicklung (BMZ) deutlich Fahrt auf. Auf Weltwärts folgten die Einführung von Kulturweit (Auswärtiges Amt) und des Internationalen Jugendfreiwilligendienstes (IJFD, Bundesministerium für Familie, Senioren, Frauen und Jugend).

Konzeptionell teilen die Freiwilligendienste mit allen anderen Formen zivilgesellschaftlichen Engagements den Anspruch, freiwillig ausgeübt zu werden, im öffentlichen Raum stattzufinden sowie gemeinschaftsbezogen zu sein. Sie sollen zum Allgemeinwohl beitragen und nicht auf materiellen Gewinn ausgerichtet sein (vgl. Bundesregierung 2019, 42 f.). Im Unterschied zu anderen Engagementformen sind Freiwilligendienste in Form und Umfang stärker festgelegt, u.a. durch Gesetze (z.B. Bundesfreiwilligendienst BFD) oder staatliche Richtlinien (z.B. Weltwärts). Freiwilligendienste zeichnen sich zudem durch die

Ermöglichung von Lern- und Bildungsprozessen aus, in den gesetzlich geregelten Freiwilligendiensten ist der Bildungsauftrag sogar festgelegt. Definierte Seminartage, bei den Inlandsdiensten auch explizit zur politischen Bildung, sowie geforderte pädagogische Begleitkonzepte sind dabei institutionalisierter Ausdruck des gesetzlichen Anspruchs.

Bei internationalen Diensten stehen im Vergleich zu den Inlandsfreiwilligendiensten die Kriterien der Gemeinwohlorientierung und des öffentlichen Raums in einem globalen Zusammenhang. Im EFD wurde dies explizit benannt: Er ging von einer europäischen Gesellschaft aus, für die sich die Freiwilligen einsetzen sollen. Im aktuellen Europäischen Solidaritätskorps wird dies noch verstärkt.

Als einer besonderen Form des zivilgesellschaftlichen Engagements ist den Freiwilligendiensten immer auch die Idee von gesellschaftlicher Mitgestaltung eingeschrieben. Die Dienste werden damit zu einem Sinn- und Erfahrungsraum, „in dem politischen Ideen und Identitäten gebildet werden können" (Bundesregierung 2019, 43). Welche Qualität eine solche Ausbildung politischer Ideen und Identitäten aber aufweist, ist damit nicht gesagt. Wenn in Freiwilligendiensten lediglich Wissen über bestehende gesellschaftliche Strukturen vermittelt und etablierte Formen des Denkens und Handelns reproduziert werden, setzen sie die Ungleichheiten und Ausschlüsse der Welt fort. Erst wenn Freiwilligendienste zu einem Ort werden, an dem die Überwindung des Gegebenen denk- und erfahrbar wird, werden sie dem Anspruch einer kritischen politischen Bildung gerecht. Die Internationalen Freiwilligendienste, tief verstrickt in eine von (Neo-)Kolonialismus und Imperialismus durchzogene Welt, geben dafür besondere Anlässe.

2. Internationale Freiwilligendienste in einer postkolonialen Welt

Das Konzept des Postkolonialismus geht davon aus, dass die durch über 200 Jahre europäischer Kolonialismus entstandenen Strukturen und Diskurse bis heute fortwirken. Postkolonial bezieht sich daher sowohl auf die Zeit nach der Kolonialherrschaft als auch auf anhaltende (neo-)koloniale Abhängigkeiten und Dominanz. Edward Saids Werk „Orientalism" (1979) gilt als eine der Initialzündungen dieser Denkschule. Seine darin dargelegte These beschreibt, wie dominante Kulturen andere Kulturen repräsentieren und damit erst erschaffen. Der Orientalismus, so Said, konstruierte die Menschen im ‚Orient' als das Gegenbild der Europäer:innen, als ihre ‚Anderen', und legitimiert(e) so imperiale Kontrolle. Solche kolonialen Zuschreibungen wurden auch auf die anderen Weltregionen übertragen und hatten einen über Jahrhunderte entstandenen Dualismus des Westens und seiner ‚Anderen' zum Ergebnis. Dieser Dualismus prägt unser heutiges Bild der Länder im Globalen Süden und bestimmt Handlungsfelder wie die Entwicklungspolitik maßgeblich. Postkolonialismus hinterfragt unter anderem (weißes) ‚westliches' und vermeintlich universelles Denken und Wissensproduktion. Dazu gehört auch der Entwicklungsdiskurs als Fortsetzung des rassistischen Zivilisationsdiskurses der Kolonialzeit (vgl. Ziai 2012).

Aus postkolonialer Perspektive werden internationale Freiwilligendienste als Ausdruck und als Akteure einer Welt verstanden, die durch globale Ungleichheiten und Machtverhältnisse geprägt ist. Das gilt insbesondere für Programme wie Weltwärts, die sich als *entwicklungspolitischer* Lern- und Bildungsdienst verstehen und damit einen problematischen Diskurs reproduzieren. Zum einen, weil im Entwicklungskonzept postkoloniale Denkweisen und Praktiken unauflösbar eingewoben sind: In ihnen kommt die Vorstellung zum Ausdruck, nicht-westliche Gesellschaften seien ‚weniger entwickelt' und die Positionen der Gewinner:innen einer spezifischen ökonomischen und kulturellen Ordnung seien das zu erreichende Ziel. Zum anderen, weil die Idee einer Entwicklung in die Kritik geraten ist, die das ökonomische Wachstumsprinzip in den Mittelpunkt stellt. Im Angesicht der aktuellen ökologischen und sozialen Krisen wird klar: Die „imperiale Lebensweise" (Brand/Wissen 2017) taugt nicht als Maßstab einer nachhaltigen und kohäsiven Weltgesellschaft, die Folgen der Externalisierung sozialer und ökologischer Kosten sind verheerend. Mit der Bezeichnung ‚Entwicklung' werden diese Zusammenhänge entpolitisiert: Der Begriff stellt bestimmte Gesellschaftsformationen als etwas scheinbar Natürliches dar, der Globale Norden scheint nur auf die Sprünge helfen zu wollen. Fragen nach den Folgen von Kolonialismus und Imperialismus werden dagegen ebenso verschleiert wie der eminent politische Charakter der Entwicklungsziele (vgl. Ziai 2012).

Diese Kritik hat auch das Weltwärts-Programm erreicht und die Aushandlungen darüber sind zu einem selbstverständlichen Teil des Programms geworden. Auch international wird die Debatte um eine Dekolonisierung von internationalen Freiwilligendiensten lebhaft geführt. Der globale Dachverband International Forum for Volunteering in Development (Forum) stellte 2021 das Thema in den Mittelpunkt seiner jährlichen Tagung. Dabei wurden u.a. strukturelle Veränderungen, die Wertschätzung lokaler Freiwilligenkulturen und die Frage nach Alternativen zur ‚Entwicklung' als Bezugsrahmen für Engagement diskutiert.

3. Politische Bildung in Internationalen Freiwilligendiensten im postkolonialen Kontext

Politische Bildung in den Internationalen Freiwilligendiensten schafft Räume, in denen die mit ihnen verbundenen Ungleichheiten und Ausschlüsse zum Gegenstand bewusster Reflexion und zum Anlass für die Erprobung von konkretem Handeln werden. Dabei spielt der Doppelcharakter von pädagogischen Prozessen eine konstitutive Rolle. In ihnen werden auf der einen Seite bestehende Kenntnisse, Fähigkeiten und Normen vermittelt. In diesem Vermittlungsprozess – dem Lernen – ist die Kontinuität gesellschaftlicher Prozesse eingeschrieben. Auf der anderen Seite stehen der Vermittlung von Inhalten Aneignungsprozesse gegenüber, die von den Lernenden selbst vollzogen werden. Mit diesen Aneignungsprozessen – dem ‚sich Bilden' – ist die Möglichkeit verbunden, Wandlungsprozesse zu vollziehen. Die Wandlungsprozesse können sich sowohl auf die Einzelnen beziehen als auch auf die Welt, die sie umgibt und die gemeinsam gestaltet wird. Koller (2018, 16) bezeichnet solche transformatorischen Bildungsprozesse als grundlegende Veränderung des Verhältnisses von Selbst und Welt. Sie ermöglichen einen neuen Modus des Wahrnehmens und Deutens und im Anschluss einen angemesseneren Umgang mit Problemen. Konventionelle Denkfiguren und Handlungsformen können verworfen und neue entwickelt werden.

Für die politische Bildung bedeutet das, dass die soziale Welt wieder in ihrer Kontingenz erlebbar wird – also in ihrem Gewordensein, ihrer Unbestimmtheit und damit auch Veränderbarkeit. Internationale Freiwilligendienste als Raum politischer Bildung öffnen in diesem Sinn erstens die Möglichkeit, die Selbstverständlichkeiten (post-)kolonialer Kontinuitäten und die Idee einer Entwicklung, die eng mit der imperialen Lebensweise verbunden ist, infrage zu stellen und Alternativen zu entwerfen. Sie gehen zwangsläufig einher mit Auseinandersetzungen und Konflikten darüber, wie das Zusammenleben in der Einen Welt gestaltet werden soll. Solche Konflikte zur Geltung zu bringen und demokratisch gezähmt auszutragen, kann als Kennzeichen gelingender politischer Bildung im Kontext Internationaler Freiwilligendienste verstanden werden (vgl. Gille/Bonus 2020).

Zweitens ermöglicht politische Bildung die Erfahrung, wie durch „eigenes Handeln und eingreifendes Denken politische Angelegenheiten veränderbar sind und wo sich Grenzen politischer Gestaltung eröffnen" (Lösch 2010, 124). Es geht also auch darum, dass anders denken in konkreten Praktiken erprobt werden kann. Die Erfahrungen von Freiwilligen in den Einsatzstellen, aber auch in den Bildungsprogrammen, den Gruppenkontexten oder den institutionellen Einbindungen in den verschiedenen Organisationen geben zahlreiche Möglichkeiten, ein anderes Handeln konkret zu erproben (vgl. Bonus/Vogt 2018). Internationale Freiwilligendienste werden also vor allem dann zu einem Ort kritischer politischer Bildung, wenn sie Räume öffnen, in denen neue Erkenntnisse gewonnen und aktiv im Handeln ausprobiert werden können. Als eine notwendige Folge politischer Bildung müssen somit auch die Ideen und Strukturen der Internationalen Freiwilligendienste und ihre postkolonialen Verwebungen selbst in den Blick geraten.

4. Transformation in der Praxis

Im Folgenden werden wir einige Beispiele aufzeigen, in denen solche Veränderungen in den letzten Jahren im Weltwärts-Programm sowie in zwei Programmen anderer Länder erfolgt sind. Gleichzeitig gehen wir davon aus, dass der Abbau postkolonialer und imperialistischer Denk- und Handlungsweisen weiteren Wandel hervorbringen wird. Solche Veränderung zu ermöglichen und zu fördern kann als Kennzeichen dafür gelten, dass die Internationalen Freiwilligendienste Räume kritischer politischer Bildung sind und sein können.

‚Gemeinschaftswerk' Weltwärts

Mit dem ‚Gemeinschaftswerk' Weltwärts ist eine Organisationsform geschaffen worden, in der mehrere Akteure ihre Vorstellungen zur Steuerung und Weiterentwicklung des Programms einbringen und miteinander verhandeln: Vertreter:innen von BMZ und Engagement Global (staatliche Seite) diskutieren und entscheiden gemeinsam mit Vertreter:innen der Trägerorganisationen und der ehemaligen Freiwilligen (zivilgesellschaftliche Seite). In dieser Auseinandersetzung sind sowohl konzeptionelle Veränderungen beschlossen worden, z.B. die Abkehr vom ‚Hilfsdienst' und eine Neubestimmung als ‚entwicklungspolitischer Lern- und Bildungsdienst', als auch institutionelle Veränderungen wie die Förderung unterrepräsentierter junger Menschen. In der Vertretung und Aushandlung der unterschiedlichen Interessen wird Weltwärts als politische Arena erfahr- und erlebbar. Dieses Konstrukt ist sowohl im Vergleich mit anderen Inlandsdiensten als auch international einmalig und ein passender Rahmen für das Anliegen des Programms, politische Bildung zu ermöglichen. Gleichwohl sind die postkolonialen Strukturen auch hier noch unübersehbar: So sind die Aufnahmeorganisationen im Süden im ‚Gemeinschaftswerk' nur mittelbar über ihre Partner:innen in Deutschland vertreten, was Vertreter:innen der Organisationen im Globalen Süden seit Jahren kritisieren.

Bildungsseminare

Viele Trägerorganisationen machen in ihren Bildungsseminaren postkoloniale Strukturen explizit zum Thema. Einen Ausgangspunkt stellen z.B. die Thematisierung von rassifizierenden Grenzziehungen oder exotisierenden Erzählungen von Freiwilligen dar (siehe z.B. die Broschüre „Mit kolonialen Grüßen …" von glokal e.V.). Einen anderen Anlass bieten die Konsequenzen einer transnationalen imperialen Lebensweise, deren Auswirkungen Freiwillige vor Ort erleben – seien es Soja-Monokulturen in Südamerika oder ausbeuterische Arbeitsbedingungen in Westafrika. Die Fragen, die in solchen Kontexten immer wieder neu und anders gestellt werden können, lauten: Wie werden soziale Exklusionen und ökologische Verwerfungen durch eine globalisierte Welt mitverursacht? Wie hängt das Leben in Deutschland mit den Ausschlüssen vor Ort zusammen? In den Qualitätskriterien der begleitenden Bildungsarbeit sind diese Themen allerdings noch nicht explizit verankert, was dazu führt, dass ihnen nicht von allen Trägerorganisationen dieselbe Bedeutung beigemessen wird.

Süd-Nord-Komponente

Ein gutes Beispiel für Wandlungsprozesse, die durch die Lernenden vorangetrieben wurden, ist drittens die Einführung einer Süd-Nord-Komponente, mit der auch Freiwillige aus dem Globalen Süden in Deutschland einen Dienst leisten können. Bereits im Jahr 2009 forderten Weltwärts-Partnerorganisationen auf einer Konferenz, Freiwillige nach Deutschland entsenden zu dürfen: „Otherwise, Southern organizations would just be perceived as ‚service delivery organizations' receiving money from the North, and voluntary service would be conceived as a development aid and not as a partnership" (Jöcker 2009). Mit der Zahl der zurückgekehrten Nord-Freiwilligen stieg die Zahl der Kritiker:innen an der Einbahnstraße. Es entstand eine partnerorientierte Lobbyarbeit gegenüber dem BMZ, die schließlich zur Einführung der Süd-Nord-Komponente im Jahr 2013 führte. Zugvögel e.V., ein von ehemaligen Freiwilligen gegründeter Verein, wurde zum Vorreiter in der Aufnahme von Freiwilligen in Deutschland und einer damit verbundenen emanzipatorischen Bildungsarbeit.

Auf Seminaren ist seither gemeinsames Lernen, Diskutieren und Reflektieren möglich. Globale Interdependenzen können aus unterschiedlichen Perspektiven diskutiert werden, Menschen aus dem Globalen Süden können für sich selbst sprechen, mitdiskutieren und etwas entgegenhalten. Auch die Ungleichheiten und Ausschlüsse in Deutschland sowie der Beitrag des Landes zur Produktion globaler Ungleichheiten geraten in den Blick – Deutschland wird damit selber zum ‚Entwicklungsland'. Diese Art von Begegnungsräumen der beiden Freiwilligengruppen sind jedoch nicht strukturell im Programm verankert. Sie basieren auf dem Gestaltungswillen der Trägerorganisationen. Gleichzeitig kann ein Süd-Nord-Freiwilligendienst postkoloniale Ungerechtigkeiten nicht auflösen. Süd-Freiwillige treffen auf eine rassistische deutsche Gesellschaft und leben meist nicht in relativem Wohlstand, um nur einige Beispiele zu nennen.

Norwegian Agency for Exchange Cooperation (Norec)

Während Weltwärts als reines Entsendeprogramm an den Start ging, gab es in Europa längst Programme, die auf Austausch und multilaterale Formate setzten, von denen das BMZ hätte lernen können. Das wohl berühmteste Beispiel ist die Norwegian Agency for Exchange Cooperation (Norec). Norec fördert nicht nur Austausch zwischen Ländern des Globalen Südens und Norwegen, sondern auch Süd-Süd-Freiwilligendienste. Zudem werden die Organisationen bei der Antragstellung explizit aufgefordert, ‚out of the box' zu denken und neue, innovative Austauschformate im Sinne der Gegenseitigkeit zu entwerfen. Auch wenn damit der Entwicklungsgedanke nicht überwunden wird, eröffnet Norec Räume für gemeinsames Lernen und Bildung, die emanzipatorisches Potenzial haben.

Indigenous Pathways-Programm

Ein ganz anders gelagertes Beispiel ist das australische Freiwilligenprogramm AVP. Dieses setzt das sogenannte Indigenous-Pathways-Programm um als Teil der eigenen Auseinandersetzung mit der australischen Kolonialgeschichte sowie der Unterdrückung der indigenen Aboriginal und Torres Strait Islander. Das Programm wird von indigenen Australier:innen geführt. Dabei geht es auf die Bedarfe und (Rassismus-)Erfahrungen der Freiwilligen aus der indigenen Community ein und bringt sie mit Partnerorganisationen zusammen, die ihr Wissen wertschätzen. Zum Beispiel arbeiten australische indigene Ranger mit indigenen Rangern auf den Salomoninseln zusammen. Der Fall von Australien zeigt, wie sich Kolonialität global und lokal überschneidet. Die Diversifizierung von Freiwilligenprogrammen, wie sie AVP praktiziert, kann Teil des gemeinsamen Kampfes gegen lokale und globale Ausschlüsse sein.

5. Kritische politische Bildung in Internationalen Freiwilligendiensten und darüber hinaus

Kritische politische Bildung in Internationalen Freiwilligendiensten dekonstruiert postkoloniale und imperiale Logiken und Handlungsmuster, wie sie gleichzeitig von ihnen selbst mit hervorgebracht werden. Sie stellt die Selbstverständlichkeit globaler Ungleichheiten infrage und ermöglicht die Erprobung von konkretem Handeln gegen Ausbeutungen und Ausschlüsse. In der globalisierten Welt ist ein solcher Bildungsraum wertvoll, sie benötigt Anlässe für globale Bildung. Auch die Inlandsdienste können von diesem Verständnis politischer Bildung lernen, denn globale Ungleichheiten schlagen sich ebenso in den lokalen Kontexten in Deutschland nieder. Kritische politische Bildung bedeutet auch hier, die Fähigkeit zu fördern, scheinbare Selbstverständlichkeiten infrage zu stellen und an konkreter Veränderung mitzuarbeiten. Dem steht ein funktionalistischer Ansatz von politischer Bildung als reine Wissensvermittlung über politische Institutionen, Programme und Verfahren gegenüber, wie er im BFD durch die Bildungszentren des Bundes umgesetzt wird. An die Erfahrungen und die Diskussion in den Internationalen Freiwilligendiensten kann auch hierzulande angeknüpft werden.

Für das gemeinsame Arbeiten an einer gerechteren Welt braucht es weitere Veränderungen. Auf der institutionellen Ebene gehören dazu neue Formen der Mitbestimmung, eine Verknüpfung weltweiter Austauschformate, die Zusammenarbeit von lokalen und internationalen Freiwilligen und nicht zuletzt von Institutionen, die die eigene Transformation als Teil ihres Selbstverständnisses begreifen. Auf der diskursiven Ebene geht es nach Jahren der Kritik um die Überwindung des Entwicklungsparadigmas. Längst gibt es Vorschläge für alternative Prinzipien, dazu gehören: Reziprozität, globale Solidarität oder transformative Gerechtigkeit (vgl. Haas/Moinina 2021, 14). Indigene Konzepte wie Lumbung oder Ubuntu können den relationalen Aspekt von Freiwilligendiensten hervorheben und erkunden, „of how we define well-being and how we live together on this planet“ (Moyo 2021, 1). Sie bieten eine Perspektive, die einem Entwicklungskonzept entgegensteht, das auf neoliberalem Kapitalismus, Extraktivismus und ungleicher Globalisierung basiert. Sich mit diesen Perspektiven auseinanderzusetzen, bedeutet auch, die Macht der Narrative auf diejenigen zu übertragen, die bisher ignoriert wurden.

Literatur

BONUS, Stefanie/Vogt, Stefanie (2018): Nonformale Bildung in Freiwilligendiensten. Baden-Baden.

BRAND, Ulrich/Wissen, Markus (2017): Imperiale Lebensweise. Zur Ausbeutung von Mensch und Natur im globalen Kapitalismus. München.

BUNDESREGIERUNG (2019): Dritter Engagementbericht. Drucksache 19/19320. Berlin. Online: https://www.bmfsfj.de/resource/blob/156652/164912b832c17bb6895a31d5b574ae1d/dritter-engagementbericht-bundestagsdrucksache-data.pdf (Zugriff 02.08.2023).

GILLE, Christoph/Bonus, Stefanie (2020): Überschreitung, Widerspruch und Transformation – Weltwärts als politische Bildung, in: Entwicklungspolitische Freiwilligendienste im Fokus der Forschung. Voluntaris Sonderband. Baden-Baden.

HAAS, Benjamin (2020): Ambivalenz der Gegenseitigkeit – Reziprozität und Postkolonialismus in entwicklungspolitischen Freiwilligendiensten. 2., vollst. überarb. Aufl., Baden-Baden.

HAAS, Benjamin/Moinina, Victor (2021): Inclusive Volunteering for Global Equality – Linking Decolonisation and Diversity, IVCO 2021 Framing Paper.

JÖCKER, Christoph (2009): Global learning, weltwärts and beyond. Global perspectives on education for sustainable development. Conference report and collection of essays. Hg. v. VENRO, Bonn.

KOLLER, Hans-Christoph (2018): Bildung anders denken. Einführung in die Theorie transformatorischer Bildungsprozesse. 2., aktual. Aufl., Stuttgart.

LÖSCH, Bettina (2010): Ein kritisches Demokratieverständnis für die politische Bildung. In: Lösch, Bettina/Thimmel, Andreas (Hg.): Kritische politische Bildung. Ein Handbuch. Schwalbach/Ts., S. 115–128.

MOYO, Otrude Nontobeko (2021): Africanity and Ubuntu as Decolonizing Discourse. Basel.

SAID, Edward (1979): Orientalism. New York.

ZIAI, Aram (2012). Postcolonial Perspectives on ‚Development'. ZEF Working Paper Series 103, Bonn.

GEORG PIRKER, ANDREAS THIMMEL

Critical Youth Work in Europa

Im folgenden Beitrag wird Youth Work als europäisches Basiskonzept vorgestellt und dessen Potenzial für Education for Democratic Citizenship ausgelotet. Dabei orientieren wir uns in der Übersetzung des deutschen Begriffs ‚politische Bildung' an der Begrifflichkeit des Europarates, der von Education for Democratic Citizenship spricht. Der ländervergleichende und europäische Diskurs über Youth Work sowie die national unterschiedlichen Bildungspraxen sind bisher in der deutschen Forschung und Bildungspraxis unzureichend rezipiert worden. Der geografische und politische Rahmen für unsere Überlegungen bilden die Europäische Union, einschließlich der einzelnen Staaten der EU sowie der Europarat und die Mitgliedsstaaten des Europarates.

Vorbemerkung

Eine kritische historisch und politikwissenschaftlich aufgeklärte Auseinandersetzung mit der Politik der Europäischen Union und den Widersprüchen zwischen dem Narrativ der europäischen Werte, insbesondere der Orientierung an Demokratie, Menschenrechten, sozialer Gerechtigkeit einerseits und der Realpolitik andererseits, sind nicht Thema dieses Aufsatzes. Die Autoren stehen dem politischen Projekt der Europäischen Integration grundsätzlich positiv gegenüber und haben zugleich eine Vielzahl an kritischen Einwänden zur europäischen Programmatik und zur Realpolitik, z.B. in Bezug auf europäische Migrationspolitik, auf eine fehlende Politik globaler Gerechtigkeit und auf die Dominanz neoliberaler Wirtschaftspolitik (vgl. Eis/Moulin-Doos 2018).

Die europapolitische Bildung im formalen und non-formalen Bildungsbereich weist eine Vielzahl von unterschiedlichen Konzepten auf, deren Spannbreite sich zwischen affirmativen Konzepten eines ‚Europa vermitteln', einer unkritischen Übernahme der Sichtweise der europäischen Institutionen bis hin zur internationalen Begegnungsarbeit und kritischen Bildungsarbeit bewegen (vgl. Frech/Geyer/Oberle 2021). Europapolitische Bildungsarbeit im non-formalen Bildungsbereich trifft oft auf fehlende europapolitische Kenntnisse bei den Teilnehmenden. Basiskenntnisse zur Systematik und Politik der Europäischen Union und den Auswirkungen europäischer Politik auf die Bürger*innen sind jedoch wichtige Voraussetzungen dafür, um eine kritische Analyse und Reflexion von Herrschafts- und Machtfragen im Kontext der Politik der EU und der Mitgliedstaaten im Bildungssetting zu bearbeiten. Non-formale Bildungsarbeit hat diese grundlegende Wissensdimension nicht primär im Fokus, ist aber dennoch darauf angewiesen. Europäische und internationale Bildungsarbeit erhält seine Bildungswirkung eher über die persönliche Begegnung und den internationalen Austausch von Personen aus unterschiedlichen Ländern im Rahmen internationaler Jugendarbeit und Mobilität. Dem daraus folgenden Dilemma für einen Ansatz machtkritischer Analyse soll an dieser Stelle nicht weiter nachgegangen werden.

1. Youth Work

Youth Work ist der Oberbegriff für ein sehr breit angelegtes Bildungskonzept im non-formalen Bildungs- und Freizeitbereich, das in den Mitgliedsstaaten der Europäischen Union und des Europarates in den letzten Jahren ausformuliert und entwickelt wurde. Der konzeptionelle Gehalt von Youth Work wurde in transnational relevanten Dokumenten und Instrumenten auf der Ebene der EU und des Europarates formuliert (vgl. Hofmann-van de Poll u.a. 2020; Schild u.a. 2017). Die Diskurse über Youth Work auf der lokalen, regionalen und nationalen Ebene sind geprägt von den jeweils unterschiedlichen nationalstaatlichen Rahmenbedingungen, der Infrastruktur non-formaler Bildung, den konzeptionell-theoretischen Diskursen, nationalen Bildungstraditionen und dem Grad an Professionalität der in diesem Feld ehrenamtlich oder hauptamtlich Beschäftigten. Youth Work als nunmehr transnationales Konzept schafft trotz dieser Heterogenität eine gemeinsame konzeptionelle und methodisch-praktische Basis für und zwischen den involvierten Personen aus unterschiedlichen Ländern und Bildungskontexten. Youth Work ist somit erstens eine Grundlage für die Überwindung der in den Nationalstaaten vorherrschenden, vom methodischen Nationalismus geprägten Positionierungen und Perspektiven des professionellen Wissens und zweitens eine Basis für länderübergreifende Begegnungen und internationalen Austausch.

Ausgangspunkt der Überlegungen zu Youth Work ist aus deutscher Perspektive – bei aller begründeten Kritik an der Reduzierung der Youth Work tragenden öffentlichen Infrastruktur in den letzten drei Jahrzehnten in Deutschland (siehe Krämer/Thimmel in diesem Band) – die im Vergleich zu anderen Ländern immer noch gut ausgebaute Infrastruktur sowie die Existenz von Forschung und wissenschaftlichem Diskurs. Diese Ausgangssituation bedingt aber auch, dass die europäische Entwicklung in Bezug auf Youth Work bisher nur marginal im deutschen Fachdiskurs zur Kenntnis genommen wurde. Es besteht ein erheblicher Bedarf, sich stärker in die europäischen Debatten einzubringen bzw. europäische Diskurse und methodisch gelungene Praxisbeispiele zu rezipieren. Die europabezogenen Diskussionsbeiträge der Arbeitsgemeinschaft für Kinder- und Jugendhilfe (z.B. AGJ 2020) weisen in diese Richtung, ebenso die europaweit geführten Debatten um die Zusammenhänge von Demokratiebildung und Civic Education oder der Entwicklung von entsprechenden Kompetenzmodellen im europäischen Kontext, denen vorschnell eine affirmative Grundposition unterstellt wird.

Youth Work lässt sich mit Blick auf die Strukturierung in Deutschland unterscheiden in Jugendsozialarbeit und in Kinder- und Jugendarbeit, die sich wiederum ausdifferenziert in kommunale Jugendarbeit, offene Kinder- und Jugendarbeit, Jugendverbandsarbeit und Jugendbildungsarbeit. Darüber hinaus wird u.a. zwischen politischer und kultureller Jugendbildung sowie internationaler Jugendarbeit unterschieden. Diese Aufteilung in Handlungsfelder folgt dem Sozialgesetzbuch VIII und den entsprechenden Regelungen in den §§ 11 bis 13 und der daraus folgenden finanziellen Förderungsstruktur. Viele Jugendgruppen und Jugendorganisationen, insbesondere postmigrantisch gelesene Gruppen sowie soziale Bewegungen (z.B. Fridays for Future) sind hier bisher unzureichend erfasst. Es wird deshalb vorgeschlagen, auch in deutschsprachigen Texten die Formulierung Youth Work zu übernehmen, weil dieser Begriff die gesamte Vielfalt der Praxis einfängt und über die Kinder- und Jugendarbeit im deutschen Verständnis hinausweist.

Konzeption und Praxis von Youth Work werden in vielen europäischen Ländern stark beeinflusst von Dokumenten, Aktivitäten und Finanzen der Europäischen Union und des Europarates. Vor dem Hintergrund einer dreifachen Nichtzuständigkeit der Europäischen Union, bezogen auf die Themen Jugend, Bildung und politische Bildung, und die eher marginale Position des Europarates ist es erstaunlich, wie dicht und wirkmächtig sich die transnationalen Debatten entwickeln konnten. Einen großen Anteil daran haben die EU-Programme, die EU-Jugendstrategie, die gute Zusammenarbeit zwischen den Fachabteilungen der EU-Kommission und des Europarates, einzelne engagierte Personen auf der Policy-Ebene sowie eine politische Kultur, die der europäischen Zivilgesellschaft und der Community of Practice eine wichtige Rolle bei der Gestaltung des jugendpolitischen Feldes zugesteht bzw. weiß, dass dieses Feld nur mithilfe der Beteiligten als europäisches Politikfeld aufzubauen ist.

Youth Work geht von den Interessen der Jugendlichen aus und ist den Leitideen von Emanzipation und Mündigkeit verpflichtet. Jugendliche werden als Einzelne und in Gruppen angesprochen und Bildungsräume dienen der Selbstbildung und personalen Entfaltung in historisch, sozial, kulturell, politisch und ökonomisch strukturierten Gesellschaftsordnungen. Youth Work ist aber immer in Gefahr, durch Vertreter:innen des politisch-administrativen Systems, der Medien und der Ökonomie z.B. in schulischer, arbeitsmarktpolitischer, integrativ-migrationspolitischer, nationalpädagogischer oder präventionspolitischer Absicht instrumentalisiert zu werden. Damit war und ist der Bereich permanent konfrontiert. Der folgende Befund von 2016 behält auch 2023 seine Gültigkeit:

„Die Ermöglichung von Partizipation, Teilhabe und demokratischer Mitwirkung sowie der ungeteilte Zugang zu Grundrechten werden in vielen Mitgliedsstaaten innerhalb Europas missachtet. Zwänge der Haushaltskonsolidierung tun ihr Übriges, um Jugendarbeit, wo sie überhaupt besteht, zu erschweren" (Pirker 2016, 31).

Sowohl die Fragestellungen, zu denen politische Jugendbildung in Deutschland arbeitet, als auch viele Akteur:innen politischer Bildung mit Jugendlichen sind in anderen Ländern oft nicht primär im Feld von Youth Work und Jugendpolitik verankert, sondern in anderen (Politik-) Bereichen und Themenfeldern. Das trifft z.B. auf Themen wie Antidiskriminierung, Medienbildung, Bildung zu Vielfalt, Beteiligung, Demokratie und Menschenrechten zu. Die thematischen, programmlogischen Zuordnungen in den einzelnen Staaten sind oftmals innenpolitisch, bildungspolitisch, gesundheitspolitisch begründet oder im Bereich des Justizwesens verortet, nicht aber in der Jugendpolitik. Die Akteur:innen sind vielfach NGOs und Jugendorganisationen. Je nach Fokus bewegen sich die Gestaltungsräume der Trägerorganisationen in den Feldern von ‚*Awareness Raising*', Sozialkompetenzentwicklung und eben auch im Bereich non-formaler Bildung.

Youth Work besitzt konzeptionell eine große Offenheit und Vielfalt, die als Differenz im Vergleich zur Schule und zum Ausbildungssystem zu markieren ist. Die beschriebene Offenheit und Vielfalt von Youth Work kann als wichtige zivilgesellschaftliche und gesellschaftspolitische Ressource oder als Gefahr für die politisch und staatlich verordnete Homogenität einer Gesellschaft angesehen werden. Youth Work kann aus Sicht der Dominanzgesellschaft auch als kluge Strategie der Einhegung von potenziell kritischen Personen bzw. der jungen Generation gesehen werden. Youth Work kann aber – zumindest nicht ohne die Gefahr der konzeptionellen Entleerung des Begriffs – nicht ihrer wertgebundenen Perspektive und Substanz völlig entledigt und z. B. für nationale oder patriotische Erziehung missbraucht werden.

2. Akteure und Netzwerke in Europa

Jugend gehört in der EU-Systematik zu einem der Politikbereiche, in denen die Kompetenz eindeutig bei den Mitgliedsstaaten bzw. auf regionaler Ebene verortet ist. Demnach kann die EU nur Maßnahmen zur Koordinierung, Ergänzung oder Unterstützung der Aktivitäten der Mitgliedsstaaten im Jugendbereich durchführen. In den letzten 20 Jahren hat sich dennoch eine europäische Jugendpolitik als Ressortpolitik entwickelt. Die dazu notwendigen politisch-administrativen Aktivitäten auf EU-Ebene stehen im konstruktiv-kritischen Zusammenhang zu zivilgesellschaftlichen Netzwerken auf europäischer Ebene und wurden von fachlich-administrativen Einheiten vorangebracht. Aus unserer Beobachtung kann für die letzten 20 Jahre von einer Verschränkung von Top-down und Bottom-up-Politik im Bereich Youth Policy gesprochen werden, aber diese historische und zugleich fachlich relevante Entwicklung ist bisher nicht systematisch erforscht.

Europäische Netzwerke, der Prozess der European Youth Work Convention seit 2010, die Umsetzung der beiden EU-Jugendstrategien, die EU-Jugendprogramme sowie die gute Partnerschaft zwischen der Jugendabteilung der EU und des Europarates sind verantwortlich für den sich seit circa zehn Jahren abzeichnenden Transformationsprozess. Die Loslösung von einer früher rein arbeitsmarktbezogenen, bildungspolitisch inspirierten Jugendpolitik und affirmativen Europavermittlung führte zu einer eigenständigen Positionierung als Jugendpolitik mit einer zentralen Bedeutung der Qualität von Youth Work (EU-Kommission 2015). Belege dafür finden sich zum einen in den Dokumenten und den Kernbegriffen und zum anderen in der Unterstützung dieses Prozesses durch transnationale Netzwerke. Im Zusammenspiel von Tagungen, Expertengruppen, Studien und Dokumenten sowie methodischen und thematischen Materialien kann diese Veränderung zumindest partiell nachgewiesen werden. Hilfreich für die non-formale politisch orientierte Bildungsarbeit ist es, dass es in den Bereichen Education for Democratic Citizenship (EDC) und Human Rights Education (HRE) europäische Rahmenpolitiken, Standardwerke des Europarates sowie eine Reihe nationaler und internationaler Qualifizierungsprogramme gibt. SALTO als Weiterbildungs- und Trainingseinheit sowie strategische Partnerschaften in Erasmus+ führen zu einer verstärkten Auseinandersetzung mit strukturellen Fragen von European Youth Work und Youth Policy. Die European Youth Work Conventions und die European Youth Work Agenda haben dabei eine zentrale Bedeutung (Hofmann-van de Poll u.a. 2020, Münderlein/Autor 2022).

Dennoch sollte man sich, was das Verständnis, die Interpretation, die politische Intention sowie die Reichweite und tatsächliche strukturelle, systemische Ausgestaltung in den Mitgliedsstaaten betrifft, wenig Illusionen machen. Bildungspolitisch sprechen wir in den meisten europäischen Ländern über eine Anreicherung formalen Lernens über non-formales Lernen und Akteure aus dem non-formalen Bildungsbereich; jugendpolitisch sprechen wir über ein oftmals vages Feld von Aufgabenzuschreibungen und Selbstbeauftragungen, die je nach Land stark differieren. Allen gemeinsam ist jedoch der Fokus von Youth Work auf Bildung und Freizeit von, durch und mit jungen Menschen, und zwar unabhängig davon, ob die Beteiligten Teil der Youth Work-Strukturen oder weitergehender Strukturen non-formaler Bildung oder formaler Strukturen sind.

3. Entwicklungen und Bedingungen von Critical Youth Work

Rechte als Rahmen

Kritische politische Bildung agiert in Europa im Rahmen internationaler rechtlicher Vereinbarungen, die zugleich als Bezugspunkte europäischer Bürger:innenschaft bzw. globaler Citizenship anzusehen sind. Dies sind u.a. die Allgemeine Erklärung der Menschenrechte, die Sustainable Development Goals, die Konventionen über die Rechte der Frauen, der Menschen mit Behinderung und die Kinderrechtskonvention. Diese Dokumente weisen im Kontext liberaler Demokratien in den einzelnen Staaten vielfach über den Status quo hinaus, beispielsweise hinsichtlich Diskriminierungserfahrung, Rassismus und Inklusion. Sie bieten Orientierung für die Aushandlung sozialer und globaler Gerechtigkeitsfragen und sind selbst Gegenstand eines Diskussionsprozesses um Dominanz und Macht.

Im europäischen Kontext gibt es darüber hinaus spezifische Vereinbarungen und Instrumente mit rechtlichem Charakter, die Leitlinien für nationale Politiken definieren und zugleich als Ausdruck einer gemeinsamen europäischen Wertebasis Geltung beanspruchen. Dazu gehören die Grundrechtecharta der EU, verbunden mit einem umfassenden und ausdefinierten Verständnis von Diskriminierung, die Europäische Menschenrechtskonvention, die revidierte Europäische Charta der Beteiligung der Jugend am Leben der Gemeinde und der Region, die Europarats-Charta für politische Bildung und Menschenrechtsbildung, die Europäische Jugendstrategie und schließlich die Europäische Agenda für Youth Work.

Unabhängig von nationalen Politiken und Programmen bilden sie Bezugspunkte und einen Rahmen, in dem non-formale politische Bildungsarbeit in ihrem jeweiligen nationalen Kontext handelt. Diese Rahmen sind zugleich Fundament für die Forderung nach Strukturen, Finanzen und Angeboten non-formaler Bildung in den einzelnen Ländern. Sie sind also als Instrumente der Politik zugleich Instrumente der Öffnung und der Kritik. Die wichtige Funktion des europäischen und internationalen Bezugsrahmens für die non-formale Bildungsarbeit in einer Vielzahl von Staaten wird im deutschen Diskurs nur unzureichend rezipiert und ist auch als Thema in non-formaler politischer Bildung und Begegnungsarbeit unterrepräsentiert.

Fehlende jugendpolitische Infrastruktur und unklare Zuständigkeit zu ‚civics' in vielen Staaten

Kritische politische Bildung im non-formalen Bildungs- und Jugendbereich findet sich in Europa vor dem Hintergrund vielfach nicht vorhandener jugendpolitischer Infrastruktur in den einzelnen Staaten. In Ermangelung eigenständiger, ausdifferenzierter oder erst in Entwicklung befindlicher nationaler Youth Policy ist Youth Work in vielen Ländern der EU und des Europarates auf die europäischen Initiativen, politischen Rahmensetzungen und Förderprogramme angewiesen. In der Evaluation der EU-Jugendprogramme tritt zudem zutage, dass gerade im Jugendbereich eben genau jenes von kritischer politischer Bildung eingeforderte emanzipatorische, an Konsistenz orientierte Bildungsverständnis non-formaler Bildung umgesetzt werden kann.

Im Kontext der europäischen Bildungs- und Jugendarbeitslandschaften herrschen trotz relativ klarer Definitionen gerade in Bezug auf Education for Democratic Citizenship in den meisten Ländern schwimmende Grenzen zwischen non-formaler und formaler Bildung. Konzeptionell hilft den fachlichen Diskussionen diesbezüglich eine Orientierung an europäischen Rahmensetzungen wie z.B. am Reference Frameworks on Competences for Democratic Culture des Europarats, dem EU-LifeComp-Kompetenzrahmen oder den OECD Transformative Competences.

Shrinking Civic Spaces und zivilgesellschaftliche Einschränkungen

Die Alltagserfahrung von Politik korreliert in Europa mit weltweiten Trends: Korruption öffentlicher Institutionen, Abbau rechtsstaatlicher Standards und

Shrinking Spaces. Dabei geht es neben staatlicher Beschränkung vor allem um die Anfeindung und Infragestellung des demokratischen Handlungs- und Gestaltungsraums von zivilgesellschaftlichen Akteuren (vgl. CIVICUS 2022). Vor dem Hintergrund eines unter Druck stehenden Medienmarktes und ethischer Standards im Journalismus sowie bewusst propagierter gesellschaftlicher Polarisation bei Themen wie z.B. Migration, Vielfalt und Gender stehen Organisationen und Akteur:innen, die für Demokratie und Menschenrechte arbeiten, unvermittelt im Fokus der Kritik und ihre Handlungs- und Gestaltungsräume werden eingeschränkt.

4. Konzepte kritischer politischer Jugendbildung aus internationaler Perspektive

Unter dem Eindruck der Einengungen von Handlungsräumen forciert sich auch europäisch eine Politisierung des Arbeitsfelds Youth Work, die parallel zur Entwicklung des Konzepts kritischer politischer Bildung in Deutschland verläuft. Dabei wird auf einen breiten, im internationalen Kontext verankerten Diskurs zu grundsätzlichen Positionen der demokratischen Ausrichtungen von Education and Learning zurückgegriffen. Zu nennen sind John Deweys Ansatz zur *Demokratisierung sämtlicher Lebensbereiche*, Paolo Freires Konzept einer *Pädagogik der Unterdrückten* sowie Miles Hortons Gedanken des *bootlegging education* als Wechselverhältnis zwischen affirmativer und kritischer Bildung (Bell 1990), aber auch der Ansatz *kritischen Pädagogik von* Henry Giroux (Giroux/Bosio 2021).

Die Antworten, die sich analog zur deutschen Idee kritischer politischer Bildung im europäischen Diskurs und darüber hinaus entwickeln, konstatieren die Notwendigkeit eines wie vom US-amerikanischen Politikwissenschaftler Peter Levine formulierten *civic renewal* (vgl. Levine 2013) und sind als Bestandteile eines erst am Anfang stehenden transnationalen Diskurses über Youth Work und Critical Citizenship anzusehen.

Yael Ohana liefert mit dem europäischen Konzept von Critical Youth Citizenship (Ohana 2021) einen ersten Entwurf. Sie steht für eine Weiterentwicklung der „intercultural political education“ (Otten/Ohana 2012), die eine Re-Politisierung bzw. konsequent an gesellschaftlicher Machtanalyse ausgerichtete interkulturelle Bildung forderte. Ausgehend von einer Bestandsaufnahme europäischer Programme in der Dimension der Democratic Citizenship Education kritisiert Ohana dabei u.a. auch die korporatistischen Eigenlogiken von Akteuren im Feld der Youth Work.

Der portugiesische Soziologe Sergio Xavier greift die im Kontext europäischer Youth Work angestoßenen Debatten auf und entwirft das Konzept einer ‚Radical Education' (Xavier 2022). Dieses verbindet konzeptionell die Schnittmengen der Diskurse im nonformalen Bildungsbereich und im Jugendbereich und verknüpft sie mit der Kritik eines Verständnisses liberaler Demokratie als nicht zu hinterfragenden Endpunkt einer Entwicklung im Sinne von Francis Fukuyamas Ende der Geschichte. Xaviers Synthese der Radical Education steht damit einer kritischen politischen Bildung in der offenen Kinder- und Jugendarbeit nahe, nach der „politisches, kollektives Handeln in der Lage ist, Neues und Unerwartetes in die Welt zu bringen, welches unter Umständen auch zu (radikalen) Veränderungen führen kann" (siehe Wenzel/Kusber in diesem Band).

5. Fazit

Die konzeptionellen transnationalen Diskurse über Critical Youth Work stehen erst am Anfang. Notwendig ist es erstens, die deutsche Diskussion in die europäischen Debatten einzuspeisen und zweitens, die eigenen Überlegungen im europäischen Kontext zu reflektieren, sie zu globalisieren und dabei insbesondere in Verbindung zu setzen mit Ansätzen globaler sozialer Gerechtigkeit, Antirassismus-Diskursen, postkolonialer Pädagogik und Empowerment. Dabei sollten die europäischen Diskurse, Institutionen, die Dokumente und die Programme nicht affirmativer Bezugspunkt sein, sondern müssen als solche Gegenstand und Bezug der kritischen Analyse und Reflexion überhaupt erst werden.

Literatur

ARBEITSGEMEINSCHAFT der Kinder- und Jugendhilfe (AGJ) (2020): Die European Youth Work Agenda für qualitativ hochwertige Youth Work – in Europa und in Deutschland. Positionspapier. Online: https://www.agj.de/fileadmin/files/positionen/2020/European_Youth_Work_Agenda.pdf (Zugang: 19.02.2023).

BELL, Brenda/Gaventa, John/Peters John (Hg.) (1990): Miles Horton and Paolo Freire: We make the Road by Walking; Conversations on Education and Social Change. Philadelphia.

CIVICUS Monitor (2022): National Civic Space Ratings. Online unter: https://findings2021.monitor.civicus.org. (Zugang: 19.02.2023).

COOPER, Susan (2017): Participatory Evaluation in Youth and Community Work. Theory and Practice. London.

EIS, Andreas/Moulin-Doos, Claire (Hg.) (2018): Kritische politische Europabildung. Die Vielfachkrise Europas als kollektive Lerngelegenheit. Immenhausen bei Kassel.

EUROPEAN Commission (2015): Quality Youth Work. A Common framework for the further development of youth work. Report from the Expert Group on Youth Work. Quality Systems in the EU Member States. Online: https://ec.europa.eu/youth (Zugang: 19.02.2023).

EUROPEAN Commission (2021): Study on Youth Work in the EU – Final report – Executive Summary. Online: https://op.europa.eu/en/publication-detail (Zugang: 19.02.2023).

FRECH, Siegfried/Geyer, Robby/Oberle, Monika (2021): Europa in der politischen Bildung. Frankfurt/M.

GIROUX, Henry A./Bosio, Emiliano (2021): Critical pedagogy and global citizenship education. In: Bosio, Emiliano (Hg.): Conversations on global citizenship education: Perspectives on research, teaching, and learning in higher education. New York, S. 1–10.

HOFMANN van de Poll, Frederike/Pelzer, Marit/Riedle, Stephanie/Rottach, Andreas (2020): The European Discussion on Youth Work 2015–2020. Deutsches Jugendinstitut. Centre for European Youth Policy. München. Online: https://www.bonn-process.net/downloads/publications (Zugang: 19.02.2023).

LEVINE, Peter (2013): We Are the Ones We Have Been Waiting For – The Promis of Civic Renewal in America. New York.

MÜNDERLEIN, Regina/Autor, Jana (2022): Youth Work in Europa. Europäische Jugendarbeit kurz erklärt. Opladen, Berlin, Toronto.

OHANA, Yael (2020): What's politics got to do with it? European youth work programmes and the development of critical youth citizenship. Bonn

OHANA, Yael/Otten, Hendrick (2012): London's Burning. In: Ohana, Yael/Otten, Hendrick: Where Do You Stand? Intercultural learning and Political Education in Contemporary Europe. Wiesbaden, S. 243–246.

PIRKER, Georg (2016): Democratic Citizenship Education als europäische Aufgabe: Politische Bildung und europäische Wirkung. In: Arbeitskreis deutscher Bildungsstätten AdB 4, S. 31–36.

SCHILD, Hanjo/Connolly, Nuala/Labadie, Francine/Vanhee, Jan/Williamson, Howard (Hg.) (2017): Thinking seriously about youth work. And how to prepare people to do it. Strasbourg.

XAVIER, Sergio (2022): Radical Education. A pathway for new utopias and reimagining European democracies, https://pjp-eu.coe.int/documents/42128013/47262637/Radical_education_a_pathway_for_new_utopias_and_reimagining_european_democracies_sergio_xavier.pdf/a4d87fe1-3685-0b14-67ff-ac77ef024c40 (Zugang: 19.02.2023).

Der folgende Text ist ein Nachdruck eines Artikels von Achim Schröder aus dem Jahr 2013 im Handbuch Außerschulische Jugendbildung. Grundlagen – Handlungsfelder – Akteure; hg. v. Benno Hafeneger, 2. erg. und überarb. Aufl. 2013, Schwalbach/Ts., Wochenschau Verlag, S. 173–186.

Die Herausgeber:innen widmen diesen Wiederabdruck dem 2017 verstorbenen Kollegen und Freund Achim Schröder, der Emotionalität, Beziehungshaftigkeit, Leiblichkeit von politischer Bildung immer mitdachte und in seiner Vorstellung „bezogener Urteilskraft" im Anschluss an Hannah Arendt zum Ausdruck brachte und viele von uns akademisch und menschlich ‚berührt' hat.

ACHIM SCHRÖDER

Politische Jugendbildung

In der Aufzählung der Handlungsfelder außerschulischer Jugendbildung steht die politische Bildung nicht zufällig zumeist auf dem ersten Rang. Sie wird im Kinder- und Jugendplan des Bundes ebenso an erster Stelle dargestellt wie in der Spezifizierung im Kinder- und Jugendhilfegesetz (KJHG) in § 11, in dessen drittem Abschnitt es heißt: „Zu den Schwerpunkten der Jugendarbeit gehören: 1. Außerschulische Jugendbildung mit allgemeiner, politischer, sozialer, gesundheitlicher, kultureller, naturkundlicher und technischer Bildung." Auch wenn diese Auflistung sicherlich der Überarbeitung bedarf, so ist die besondere Stellung der politischen Bildung in Deutschland in der wissenschaftlichen, praktischen und politischen Diskussion weitgehend unumstritten. Phasenweise nahm sie die Position einer Leitdisziplin unter den Feldern der außerschulischen Bildung ein. Das gilt keineswegs in gleicher Weise für andere Länder Europas. Die deutsche staatliche Förderung von Fachorganisationen, die politische Jugendbildung außerhalb der Schule in eigener Verantwortung durchführen, gilt als einzigartig. Diese Besonderheit geht in erster Linie auf die durch den Faschismus verführte Jugend und die nach dem Zweiten Weltkrieg forcierte Politik der Reeducation zurück. Das vor allem durch Deutsche in den USA entwickelte Programm legte Grundsteine, die bis heute die außerschulische Bildung bestimmen (Hafeneger 1997, 2004).

Doch die Stellung der politischen Jugendbildung ist keineswegs unangefochten, hat vielmehr ein Auf und Ab in ihrer inhaltlichen und finanziellen Förderung in Abhängigkeit von gesellschaftlichen Kräfteverhältnissen erfahren. Die finanzielle Förderung über den Bundesjugendplan in der Startphase mit 18 Mio. D-Mark im Jahre 1950 kann als für damalige Verhältnisse vergleichsweise großzügig gelten. Auf der anderen Seite wurden die Inhalte und Personen im Laufe jener ersten Jahre einer teilweise restriktiven staatlichen Kontrolle unterworfen und Förderungen eingestellt, wenn nur der Anschein erweckt wurde, dem sowjetischen System gegenüber „verständigungsbereit" zu sein.[1] Die jugendlichen Protestbewegungen mit ihrer Kritik an überkommenen Lernmethoden und Rollenverständnissen sowie ihrem starken Bildungsoptimismus brachten in den 1970er-Jahren Gesetze zur Förderung der politischen Jugendbildung und Gesetze zur Freistellung in einem Großteil der damaligen Bundesländer hervor. Die Bildungsbewegung in jener Zeit führte zur Gründung von neuen Bildungswerken, selbstorganisierten Bildungsinitiativen, Tagungshäusern und Jugendbildungsstätten. Es war die Zeit der konzeptionellen Debatten und experimentellen Erprobungen. Die Vorstellungen über politisches Lernen verschoben sich deutlich von der reinen Wissensvermittlung und dem Frontalunterricht hin zu selbsttätigem Lernen, Projektlernen und Handlungsorientierung. Dafür steht die Devise, dass Lernen an den Erfahrungen ansetzen und die Erfahrungen aufgreifen muss. Gesellschaftliche Erfahrungen wurden zudem in sozialen und politischen Bewegungen gesammelt, die wieder in die Bildungsarbeit einmündeten und sich mit ihr verbanden. Die Handlungsorientierung hat das Selbstverständnis von politischer Bildung bis in die 1980er-Jahre hinein verändert, man spricht im Nachhinein von einem „stillen Siegeszug" (Behrens u.a. 2003, 296).

Nach dieser Aufbruchszeit stagnierte die Förderung der politischen Jugendbildung weitgehend; die stabilen Grundausstattungen wurden teilweise durch Projektförderungen ersetzt und die jeweiligen Programme zu einem Spielball staatlichen Handelns.[2] Die wachsende Distanz zwischen Jugendlichen und der Politik blieb nicht ohne Wirkungen auf die politische Jugendbildung, die mit explizit politischen Themen eine abnehmende Zahl an Jugendlichen zu einer freiwilligen Teilnahme gewinnen konnte. Die Praktikerinnen und Praktiker der Jugendarbeit beschäftigten sich mehr mit Alltagsfragen der Jugendlichen und

---

1 Vgl. ein Beispiel aus der „Stätte der Begegnung" in Vlotho: Schröder/Balzter 2010, 483 f.

2 Siehe zum aktuellen Stand der förderpolitischen Entwicklung auf Bundesebene am Beispiel des AdB: Brokmeier 2010.

fanden oft nicht mehr den Bogen zum Politischen – die politische Jugendbildung als Leitdisziplin im Selbstverständnis der Profis trat in den Hintergrund. Allerdings hat sich in dieser Zeit auch ein neues Aufgabenfeld angesichts von ausländerfeindlichen, rechtsextremen und gewalttätigen Erscheinungen entwickelt. Die politische Jugendbildung konnte sich wiederum mit einer teilweise starken gesellschaftlichen Bewegung gegen rechts verbünden, ihre konzeptionelle Arbeit erweitern und ihre institutionelle Absicherung trotz der zeitlich befristeten Projektförderungen behaupten.

1. Das Politische und der Dreischritt politischer Jugendbildung

Eine wesentliche Veränderung im Selbstverständnis von politischer Bildung liegt in der Erweiterung dessen, was unter dem Politischen zu verstehen ist. In deutlicher Abgrenzung zu einer Institutionenkunde und somit einer Wissensanhäufung über die institutionellen Rahmenbedingungen von Politik hat sich ein erfahrungs- und damit subjektbezogener Politikbegriff entwickelt und in der Jugendbildung weitgehend durchgesetzt; es werden die konkreten und für die Teilnehmenden unmittelbar nachvollziehbaren Berührungspunkte zwischen Subjekt und politischen Entscheidungen in den Veranstaltungen angestrebt. Durch diese weite Perspektive konzentriert sich die politische Jugendbildung nicht mehr nur und zentral auf die Inhalte, sondern beschäftigt sich damit, wie die Individuen erreichbar sind.[3]

Das Politische ist dort, wo es die Menschen erfahren. Es ist keineswegs nur da, wo es sich „Politik" nennt. Unter Politik versteht man staatsbezogenes Handeln, während das Politische die Art und Weise meint, wie wir gesellschaftlich miteinander verbunden sind – im Gemeinwesen. Der gesellschaftliche Regelungsbedarf entsteht – in den Worten von Hannah Arendt – nicht im einzelnen Menschen, sondern im „*Zwischen-den*-Menschen, ... und etabliert sich als Bezug" (1950, 11). Diese Vorstellung des Politischen scheint mir hilfreich, um das Verhältnis von privat und politisch einordnen zu können. Die Sphären sind nicht getrennt, aber eben auch nicht identisch. Im Privaten, in der Intimität, schlagen sich gesellschaftliche Machtverhältnisse nieder, im Privaten werden Konflikte virulent, die anderswo ihren Ursprung haben und dennoch von kon-

3 Manche in der Profession sehen darin eine Sozialpädagogisierung der politischen Bildung, die ihre Inhalte und Ziele zu verlieren drohe (vgl. Fachtagung zur Evaluation der Erwachsenenbildung in Berlin, auf die sich Schillo (2005, 205) bezieht, sowie die Debatte in der Zeitschrift Praxis Politische Bildung, Heft 1 und 2, 2008).

kreten Personen in ihren jeweiligen Eigenschaften ausgetragen werden. Konflikte sind politisch überformt. Das Politische entsteht nicht im einzelnen Menschen – im Sinne von „der eine ist politisch und der andere nicht" –, sondern es entsteht zwischen den Menschen im intermediären Raum.

Für die politische Bildung bedeutet das, die Chancen für Entwicklungsprozesse genau in der Interaktion und Auseinandersetzung, im Zwischen, im intermediären Raum zu suchen. Wenn die politische Bildung die Menschen erreichen will, muss sie sie in ihren Erfahrungen ansprechen und die Projekte und Veranstaltungen so konzipieren, dass Zusammenhänge zwischen den Einzelerfahrungen und dem Ganzen herstellbar werden. Das Lernziel „Zusammenhang herstellen" ist für Oskar Negt das leitende (2004). Und dieses wird wichtiger in einer Zeit, in der viele Einzelkompetenzen voneinander separiert und als formalisierte Techniken angeboten werden. Politische Bildung ist somit eine Arbeit an der Verknüpfung, und es nutzt wenig, wenn sie vorrangig als Wissensvermittlung konzipiert wird und die Verknüpfung und Handlungsorientierung den Subjekten selbst überlassen bleibt.

Es ergibt sich die folgende Definition:

Politische Jugendbildung ist die Unterstützung und Förderung von selbsttätigem Denken und Handeln durch pädagogisch reflektierte Angebote mit dem Ziel, sich mit den Angelegenheiten des demokratischen Gemeinwesens zu beschäftigen, sich selbst im Politischen zu verorten und auf diese Weise Zusammenhänge herzustellen.

Das Politische ist überall. Wir können es mit den Jugendlichen dort aufspüren, wo diese sich bewegen: in der Schule, im städtischen Sozialraum, in Jugendeinrichtungen und in ihren neuen virtuellen Gemeinschaften. Ein lebensweltbezogener Politikbegriff deutet all jene sozialen Phänomene als politisch, „die sich auf gesellschaftliche Herrschafts- und Machtverhältnisse sowie auf die Herstellung kollektiv verbindlicher Entscheidungen beziehen, durch die sich sozusagen soziale Interessen bündeln" (Pfaff 2006, 10).

Das bedeutet zugleich eine große Herausforderung, weil es nicht ausreicht, in eine punktuelle Berührung damit zu geraten und die Regelungen und Herrschaftsverhältnisse „auch einmal" zu thematisieren. Vielmehr müssen in der politischen Bildung die jeweiligen Ansatzpunkte in den Erfahrungen und Betroffenheiten der Adressaten genutzt werden, um den sich ergebenden Fragen nachzugehen, Neugier zu wecken, diesbezügliche Kompetenzen zu erwerben und entsprechende Lösungswege zu suchen. Die besondere Chance des Heraustretens aus dem Alltag und die Möglichkeit einer systematischen Durchdringung von Fragestellungen im Hinblick auf die Herstellung von Zusammenhängen gilt es, in Seminaren und Projekten politischer Jugendbildung – und darüber hinaus in einer sich politisch verstehenden Jugendpädagogik – zu nutzen.

Im Kinder- und Jugendplan (KJP) des Bundes sind die Ziele für die politische Bildung gut auf den Punkt gebracht. Dort heißt es: „Politische Bildung soll jungen Menschen Kenntnisse über Gesellschaft und Staat, europäische und internationale Politik einschließlich der politisch und sozial bedeutsamen Entwicklungen in Kultur, Wirtschaft, Technik und Wissenschaft vermitteln. Sie soll die Urteilsbildung über gesellschaftliche und politische Vorgänge und Konflikte ermöglichen, zur Wahrnehmung eigener Rechte und Interessen ebenso wie der Pflichten und Verantwortlichkeiten gegenüber Mitmenschen, Gesellschaft und Umwelt befähigen sowie zur Mitwirkung an der Gestaltung einer freiheitlich-demokratischen Gesellschafts- und Staatsordnung anregen" (BMFSFJ 2009, 786).[4] In dieser Definition sind drei Teilziele enthalten, die ich als *Dreischritt der politischen Bildung* bezeichne: Wissen vermitteln, Urteilsbildung ermöglichen und zur Mitwirkung anregen. Politische Bildung entfaltet erst dann ihre volle Wirkung, wenn sich – mithilfe des neu erworbenen Wissens und auf der Basis bereits vorhandener Kompetenzen – Meinungen und Urteile herauskristallisieren bzw. weiterentwickeln und verändern. Eine Positionierung zu ausgewählten Fragen des Politischen kann in einem dritten Schritt dazu führen, in die Handlung einzutreten und sich im politischen, also öffentlichen Raum einzumischen.

Damit sind keinesfalls nur politische Gremien oder Foren gemeint, sondern öffentliche Meinungsäußerungen in den unterschiedlichsten Formen. Besonders die neuen Medien in Verknüpfung mit einer handlungsorientierten Medienpädagogik haben den Spielraum von Jugendlichen und jungen Erwachsenen für ihre Meinungsäußerungen neuerdings erweitert.

Selbstverständlich gibt es keinen Königsweg zum Politischen; auf ganz unterschiedlichen Wegen können sich Heranwachsende einem politischen Interesse zuwenden. Aber man kann förderliche Bedingungen formulieren und in Teilen zur Verfügung stellen, Hemmnisse ausfindig machen und die verschiedenen „Sozialisationsmitgifte" berücksichtigen. „Als politische Sozialisation lassen sich alle bewussten und unbewußten Prozesse der Wechselwirkung zwischen Personen und ihrer direkt politischen oder zumindest politisch relevanten sozialen, kulturellen, ökonomischen und zivilisatorischen Umgebung bezeichnen"

4 Diese Formulierung findet sich bereits wortgleich in den KJP-Richtlinien seit 1993, hat also verschiedene Bundesregierungen und Neufassungen der Richtlinien überstanden (Schröder u.a. 2004, 159 ff.).

(Claußen/Geißler 1996, 9). Ein Modell der politischen Sozialisation mit einer pädagogischen Perspektive für verschiedene Lebensalter im Hinblick auf eine Entwicklung zum mündigen Bürger haben Böhnisch und Schröer in ihrer Publikation „Politische Pädagogik" vorgelegt (2007).

2. Politische Entscheidungen und die Welt der Gefühle

In der *politischen Theorie kommt den Gefühlen* bislang immer noch ein sehr begrenzter Stellenwert zu. „Die Demokratie vertraut auf die Verstandeskraft der politischen Akteure" (Dustdar 2008, 32). Obwohl uns die Geschichte vielfach lehrt, wie sich mit der Mobilisierung von Gefühlen – und hier vor allem den Ängsten – richtungsweisende und oftmals fatale Entscheidungen beeinflussen lassen, und obwohl die Medien die Affekte der Menschen geradezu täglich auch im Hinblick auf die politischen Haltungen nutzen, basiert das Menschenbild der politischen Wissenschaft weitgehend auf Rational-Choice-Theorien. Die Entscheidung pur nach Rationalitätskriterien ist jedoch eher eine Seltenheit und zeigt sich allenfalls als Momentaufnahme. So hatte Sigmund Freud geschrieben: „die Stimme des Intellekts ist leise", und er fügte hoffnungsvoll hinzu: „aber sie ruht nicht, ehe sie sich Gehör geschafft hat" (1927, 186). Die Erkenntnisse der jüngeren Hirnforschung haben die Rolle von Gefühlen und Emotionen beim Fällen von Entscheidungen derart eindringlich belegt, dass offenbar auch in der politischen Theorie ein Umdenken einsetzt, wie der Aufsatz der Politikwissenschaftlerin Farah Dustdar in der Beilage zum Parlament aus dem Jahre 2008 belegt. Neu sei vor allem die Erkenntnis, dass Gefühl und Vernunft nicht nebeneinander existieren, die rationalen Entscheidungen vielmehr in Gefühle eingebunden sind. Die im Gehirn gespeicherten Gefühle basieren auf Erfahrungen und Lernprozessen, die der Mensch in seinem Leben gemacht und eingelagert hat. Diese Gefühle lenken die Aufmerksamkeit auf jene negativen Folgen, die eine Entscheidung für das Subjekt haben könnte. Bevor ein Mensch rational abwägen kann, welche Entscheidung einleuchtend wäre, sind die emotionalen Impulse bereits wirksam. „Diese Gefühle nehmen uns nicht das Denken ab, sondern helfen dem Denkprozess, indem sie die negativen Wahlmöglichkeiten sofort ins rechte Licht rücken und diese aus allen weiteren Überlegungen ausklammern. … Die Gefühle sind in rationale Entscheidungen eingebunden und als Antrieb für diese unerlässlich" (Dustdar 2008, 34). Die Gefühle nehmen somit eine schützende Funktion ein, sie wirken als Warnsignal.

In erster Linie ist das *Gefühl der Angst* zu nennen. Angst ist zunächst eine psychosomatische Reaktion auf eine reale Gefährdung. Die Angst gehört zu unserem Dasein; sie ist ein Signal und erfüllt eine elementare Schutzfunktion. Mit jedem Entwicklungsschritt des heranwachsenden Menschen sind Ängste verbunden, weil er in Neues und Unbekanntes führt – in fremdes Terrain. „Alles Neue, Unbekannte, Erstmals-zu-Tuende oder Zu-Erlebende enthält, neben dem Reiz des Neuen, der Lust am Abenteuer und der Freude am Risiko, auch Angst“ (Riemann 1961, 22). Die damit verknüpften inneren und äußeren Konfliktsituationen gilt es zu bewältigen. Die Residuen aus den frühkindlichen, kindlichen und adoleszenten Erfahrungen im Umgang mit Ängsten und wie sie bewältigt oder abgewehrt wurden, prägen die spätere, individuell äußerst verschiedene Art im Umgang mit Grenzsituationen. So kann es sein: Eine reale Gefährdung wird geleugnet oder die Ängste verschieben sich auf Ersatzobjekte oder sie tauchen urplötzlich aus der Versenkung auf und werden übermächtig.

Die individuelle Entwicklungsgeschichte ist von Anbeginn mit den sozialen Erfahrungen verbunden, denen die Familie im näheren und weiteren Umfeld ausgesetzt ist. Ängste, die sich über Arbeitslosigkeit, ungesicherte Energieversorgung, knappes Wasser und über weltweite Diskrepanzen zwischen Arm und Reich und den damit verbundenen Migrationen entwickeln, sind sozialisationsbedingt verschieden relevant. Die Risiken der Modernisierung sind extrem ungleich verteilt und ein großer Teil der Bevölkerung ist von einer Mitgestaltung der Gesellschaft weitgehend ausgeschlossen. Die Subjekte sind „auf sich selbst zurückgeworfen und dem Gefühl der Ohnmacht ausgesetzt“ (Naumann 2010, 65). Ein Rückzug auf das Private macht subjektiv insoweit einen Sinn, als sich das Individuum auf diese Weise vor solchen Kränkungen zu schützen sucht, die angesichts von fehlenden Möglichkeiten der Einflussnahme und erneuten Ohnmachtserfahrungen weiterhin zu erwarten sind.

3. Blockaden wahrnehmen und verstehen, Personen erreichen

In der Bildungsarbeit kann es nur bedingt darum gehen, die Beschädigungen und Kränkungen des Subjekts in der Sozialisation zum Thema zu machen, aber den damit verknüpften Gefühlen, Abwehrmechanismen und Widerständen einen Raum zu geben, einen potenziellen Raum, einen Möglichkeitsraum. Dazu zählt in erster Linie das „*Wahrnehmenkönnen*“ (Müller u.a. 2005). Es macht von Anbeginn der Bildungsprozesse einen großen Unterschied, ob sich die Bildnerinnen und Bildner nur auf das Ziel und den Prozess konzentrieren oder auch auf die Subjekte und ihre Möglichkeiten und Hindernisse, sich auf den Prozess einzulassen.

Der folgende Auszug aus einem Einzelinterview mit einem Jugendbildungsreferenten im Rahmen einer Evaluation (Schröder u.a. 2004) verdeutlicht, wie sich der Referent an die Subjekte in der Bildungsarbeit herantastet, um sie aktiv am Lernprozess zu beteiligen. Im vorliegenden Beispiel geht es um bildungsferne Jugendliche, die gemäß dem Konzept der Einrichtung an eine geschlechtsspezifische Auseinandersetzung herangeführt werden:

„Was wir dann machen, ist, zu gucken, welche Idee es von einer Gruppe gibt, wie man anknüpft. Wir arbeiten hier sehr stark mit einem prozessorientierten Ansatz, es gibt in der Regel kein festes Programm vorher, sondern es wird versucht, etwas mit der Gruppe zu entwickeln. Häufig gibt es im Seminar so Kipppunkte. Besonders bei den Jungen erleben wir häufig so eine Entwicklung, dass sie es nicht glauben können, dass sie wirklich mit ihren Themen gefragt sind und nicht mit erwarteten Pädagogenthemen oder irgendwelchen heimlichen Lehrplänen, sondern dass es wirklich darum geht, für sie sozusagen diese Woche nutzbar zu machen, und der Kipppunkt ist dann, wenn sie es wirklich erkennen und es ausprobieren und wenn sie es austesten, ob sie mit ihren Themen wirklich ankommen. Wenn sie selbst sozusagen einen Fahrplan schreiben können und wenn sie dabei unterstützt werden und dabei Spaß kriegen, das ist so der Kipppunkt. Wenn das passiert, entwickelt sich das vom Seminarverlauf einfach noch mal anders. Das ist auch eine Form der Partizipation, die wir wirklich versuchen im Sinne von: Wir schreiben unser eigenes Drehbuch."

In diesem Interview kommt die Skepsis zum Ausdruck, die Jugendliche in die politische Bildung miteinbringen – sofern sie es thematisieren dürfen –, ob es wirklich, wirklich um sie geht. Das Wort „wirklich" taucht in diesem kleinen Auszug und darüber hinaus in dem Interview mehrfach auf. Offenbar gibt es einen sehr entscheidenden Unterschied zwischen dem Gesagten und dem Wirklichen. Partizipation wird nicht einfach geglaubt, sie muss real – wirklich – werden.

Gelingen kann die Förderung von selbsttätigem Denken und Handeln nur, wenn die Blockaden, die bei vielen Jugendlichen dem entgegenstehen, angemessen wahrgenommen und verstanden werden und wenn über interessante Settings und vor allem personale Bezüge die Person des Jugendlichen in seiner Neugier und in seinen Potenzialen erreicht wird.

4. Teilnehmende und Zielgruppen der politischen Jugendbildung

Die über den KJP des Bundes geförderte politische Jugendbildung wurde in den Jahren von 2001 bis 2003 systematisch evaluiert (Schröder u.a. 2004). Damit ist nur ein begrenzter Ausschnitt der geförderten politischen Jugendbildung in Deutschland erfasst, denn Jugendarbeit und damit auch Jugendbildung ist kommunale Aufgabe und wird – unter Einbeziehung von Landesförderungen und nichtstaatlichen Mitteln – in erster Linie vor Ort angeboten. Zunächst sollen die explizit auf die politische Jugendbildung bezogenen Teilnahmedaten der KJPEvaluation vorgestellt werden, um diese dann um die Gesamtzahl der statistisch erfassten Teilnehmenden an der außerschulischen Jugendbildung zu erweitern. Die für die KJP-Evaluation durchgeführte Fragebogenerhebung richtete sich an die durchführenden Einrichtungen und deren hauptamtlichen Jugendbildungsreferentinnen und -referenten. Von den auf diese Weise erfassten 108 000 Teilnehmenden im Bezugsjahr 2001 waren knapp 45 Prozent im Alter von 14 bis 18 Jahren. Es ist naheiegend, dass Jugendliche als originäre Zielgruppe der politischen Jugendbildung die größte Teilgruppe bildeten. Die nächste Altersstufe, die Gruppe der jungen Erwachsenen zwischen 19 und 27 Jahren, machten 34 Prozent von allen aus und schließlich waren 21 Prozent von allen über 27 Jahre. Im Hinblick auf das Geschlecht waren die Unterschiede geringfügig; es haben etwas mehr Mädchen und Frauen als Jungen und Männer an den Veranstaltungen teilgenommen.

Offensichtlich ist der politischen Bildung eine verstärkte Einbeziehung von „sozial benachteiligten", eher bildungsfernen Jugendlichen gelungen; das zeigen die vergleichsweise hohen Anteile an Schülerinnen und Schülern aus Hauptschulen und Realschulen mit zusammen 35 Prozent. Auch Auszubildende (14 Prozent), Berufstätige (15 Prozent) und Arbeitslose (4 Prozent) sind nur wenig unterrepräsentiert, sodass die Gymnasiasten mit 24 Prozent und die Studenten mit 8 Prozent die Veranstaltungen nicht zu dominieren scheinen (Schröder u.a. 2004, 108 ff.). Einen Zugang zu den Veranstaltungen fanden gut 22 Prozent der Teilnehmenden im Klassenverband, was zum einen auf die verbreitete Kooperation mit Schulen und zum anderen auf eine Einschränkung des Kriteriums „Freiwilligkeit" verweist.

Greift man auf die vom Statistischen Bundesamt veröffentlichten Daten über die Maßnahmen der Jugendarbeit zurück, so lassen sich die Maßnahmen und Teilnehmenden für die „außerschulische Jugendbildung" insgesamt ablichten. Im Jahre 2004 lag die Anzahl der Teilnehmenden bei knapp 1,4 Millionen (Lange 2010, 38). „Durchschnittlich haben bundesweit von 100 Jugendlichen

6,46 an außerschulischen Bildungsmaßnahmen teilgenommen" (ebd., 40). Nach meiner Einschätzung der Handlungsfelder kann angenommen werden, dass etwa die Hälfte der außerschulischen Bildungsmaßnahmen einer politischen Jugendbildung zuzurechnen sind. Unter dieser Annahme können wir von ca. 700 000 (die Hälfte von 1,4 Mio.) als den vom Statistischen Bundesamt insgesamt registrierten Teilnehmenden der politischen Jugendbildung ausgehen. Die Evaluation hat mit den ca. 100 000 Probanden einen vergleichsweise großen Kreis, nämlich ein Siebtel der Teilnehmenden, erfasst. Zugleich verweisen diese Daten auf die begrenzte quantitative Reichweite der außerschulischen Jugendbildung im Vergleich zur schulischen Bildung. Diese Diskrepanz fällt noch drastischer aus, wenn man die Pro-Kopf-Ausgaben für „Maßnahmen der außerschulischen Jugendbildung" – also hier der Gesamtheit der Maßnahmen und nicht nur die der politischen Jugendbildung – in Höhe von 3,24 Euro pro Person (ebd., 43) mit denen der Schule pro Schüler/-in vergleichen würde; ein solcher Vergleich erscheint jedoch angesichts der unterschiedlichen Aufgaben und Funktionen von Jugendbildung und Schule in dieser Weise nicht zulässig.

5. Themen, Methoden und Arbeitsformen

Die Angebote der politischen Jugendbildung sind an kein Curriculum gebunden; sie müssen sich vielmehr am Zuspruch der Teilnehmenden messen lassen. Zuspruch bzw. Ablehnung können somit als die wichtigsten Einflussfaktoren auf die angebotenen Themen gelten. Als weitere Einflussfaktoren sind zu nennen: die Träger und Zentralstellen mit ihren jeweiligen Ausrichtungen;[5] das Personal mit seinen Kenntnissen und Vorlieben; aktuelle gesellschaftliche und jugendkulturelle Trends und die durch das Ministerium ausgegebenen Schwerpunkte für eine Förderperiode. Die Pluralität der Angebote ist ein Markenzeichen außerschulischer Bildung. Die folgende Tabelle zeigt zum einen die Themenbereiche, in denen Veranstaltungen angeboten werden, und sie zeigt, wie die Trends für das Erhebungsjahr 2001 von den Veranstaltern eingeschätzt wurden.

---

5 Die folgenden sechs Institutionen werden vom Ministerium (BMFSFJ) als Zentralstellen für die politische Bildung anerkannt und als solche gefördert: Arbeitskreis deutscher Bildungsstätten (AdB), Arbeitsgemeinschaft katholisch-sozialer Bildungswerke in der Bundesrepublik Deutschland (AKSB), Arbeit und Leben (AL), Deutscher Volkshochschulverband (DVV), Evangelische Trägergruppe für gesellschaftspolitische Jugendbildung (ET), Verband der Bildungszentren im ländlichen Raum (VBLR).

Thema	Bedeutungsgewinn n = 121	Bedeutungsverlust n = 106
Extremismus und Fremdenfeindlichkeit	11 %	1 %
Persönlichkeitsentwicklung und soziales Lernen	10 %	0 %
Konfliktbearbeitung und Gewaltprävention	10 %	1 %
Interkultureller Dialog	10 %	1 %
Arbeitslosigkeit, Zukunft der Arbeit	8 %	3 %
Medien, Informations- und Kommunikationstechnologie	7 %	2 %
Europa, Osteuropa	7 %	3 %
Partizipation und Lebenswelt	5 %	0 %
Geschlechterbezogene Jugendbildung	4 %	3 %
Internationale Entwicklung, Entwicklungspolitik, Globalisierung	4 %	5 %
Andere	4 %	1 %
Betrieb und Arbeitswelt	3 %	5 %
Einüben in demokratische Prozesse, Parlamentarismus	3 %	0 %
Ethische Fragen	3 %	2 %
Geschichte, Gedenkstättenarbeit	2 %	7 %
Ökologie, Umweltbildung, Agenda 21	2 %	19 %
Bundes-, Landes-, Kommunalpolitik	2 %	11 %
Kulturbezogene Bildungsarbeit (z. B. Theater, Film, Musik)	1 %	2 %
Frau und Gesellschaft	1 %	7 %
Schulbezogene politische Bildung, z. B. SV-Arbeit	1 %	2 %
Liebe und Sexualität	1 %	5 %
Öffentlichkeitsarbeit, Rhetorik etc.	1 %	2 %
Krieg und Frieden	0 %	6 %
Regionale Entwicklungen und Regionalpolitik	0 %	5 %
Einüben in demokratische Prozesse, Parlamentarismus	0 %	6 %

Tab. 1: Themenbereiche mit Bedeutungsgewinn und Bedeutungsverlust (eigene Darstellung)

In der außerschulischen politischen Jugendbildung haben sich vor allem die handlungsorientierten Methoden etabliert, die das tätige Mitwirken der Jugendlichen initiieren. Ziel ist es, die Jugendlichen zu selbstständigem Lernen anzuregen, denn was sie selbst herausfinden, können sie in der Regel auch besser behalten. Ebenso entwickeln sie die Kompetenz, sich Informationen und Erkenntnisse selbstständig zu erarbeiten. Im Hinblick auf Partizipation als zentrale Zielsetzung von politischer Bildung hat diese Arbeitsweise eine grundlegende Bedeutung. Zu den vornehmlich handlungsorientierten Methoden gehören Rollen- und Planspiele, Theater, Projektarbeit, Zukunftswerkstatt, Open Space und andere. Viele Lernarrangements erfordern auch eine Kombination handlungsorientierter und informationsvermittelnder Methoden.

In der politischen Jugendbildung ist eine Tendenz zur Innovation der Methoden und ihrer laufenden Anpassung und Veränderung angelegt. Die Entwicklung neuer Methoden geht mit der Notwendigkeit einher, Jugendliche unter den Bedingungen von Freiwilligkeit zu gewinnen und ihr Interesse an politischen Themen zu wecken. Die außerschulische politische Bildung nimmt somit eine Vorreiterrolle in der Entwicklung neuer Lernformen und Methoden ein, sie birgt innovatives Potenzial. Die von der Schule und anderen pädagogischen Bereichen teilweise übernommenen partizipativen und projektorientierten Methoden sind in der außerschulischen Bildungsarbeit zuvor erprobt, ausgewertet und publiziert worden. Die außerschulische politische Bildung ist laufend von dem Bemühen getragen, die Teilnehmenden zu einem eigenaktiven Lernen anzuregen, sie muss Methoden einsetzen, die Neugier erzeugen und Motivation entfachen. Die Erkundung, die Recherche oder die Arbeit an einer medialen Produktion kann als Selbstläufer wirken. Das ist wichtig für Jugendbildung, weil sie nur dann ihr Ziel erreicht, wenn sie von den Teilnehmenden umgesetzt wird. Diese nehmen nicht nur an einer Veranstaltung teil, sie übernehmen phasenweise selbst die Regie.

Die Bildungsstätte als Lernort spielt eine besondere Rolle im Bildungsprozess. Sie stellt einen Schutz- und Experimentierraum zur Verfügung, in dem sich der Mut zur eigenen Meinung ohne Noten- und Bewertungsdruck herausbilden kann. Die besonderen Bedingungen dieses Lernorts, fern vom Alltag, in gemeinsamer Unterbringung und mit gruppendynamischen Effekten, fördern innovative Impulse und Lernprozesse.

6. Lernen am Anderen und praktische Urteilskraft

Die in der praktischen Arbeit Tätigen betonen immer wieder, dass die Wirkungen von Jugendarbeit und Jugendbildung entscheidend davon abhängen, ob ein persönlicher Kontakt zu den Jugendlichen entsteht, eine „Beziehungsarbeit" in Gang kommt und Meinungsunterschiede direkt von Person zu Person ausgetragen werden. Inhaltliche Lernprozesse sind untrennbar mit intersubjektiven Prozessen verbunden. Und in der politischen Jugendbildung zielen Lernprozesse vor allem darauf ab, die Urteilskraft der Subjekte zu fördern. Deshalb habe ich zur Kennzeichnung dieser Verknüpfung den Begriff *bezogene Urteilsbildung* vorgeschlagen (Schröder 2005). Mit bezogener Urteilsbildung ist gemeint, dass sich Vorstellungen und Werturteile vorrangig in der Beziehung und Auseinandersetzung mit Anderen herausbilden. Dabei haben wir es – vor allem in der Jugendphase – eher mit einer Reibung an Positionen des Anderen zu tun als mit einer einfachen Übernahme von solchen. Einen erheblichen Wandel in dieser Hinsicht konnten wir in den letzten Jahren im Verhältnis der Jugendlichen zu ihren Eltern beobachten, die deren Wertvorstellungen weder einfach nur übernehmen noch sich pur davon abgrenzen. Das moderne Subjekt steht vor der Aufgabe, Meinungen und Urteile nicht zu adaptieren, sondern in der Interaktion mit Anderen herauszukristallisieren. Eine differenzierte Auseinandersetzung mit den in der Familie erfahrenen Vorstellungen setzt vor allem dann ein, wenn eine außerfamiliäre Unterstützung gefunden wird. Für Heranwachsende sind jene „anderen" Erwachsenen wichtig für die Entwicklung eigener Urteilskraft, sofern diese über Selbstsicherheit und Kompetenz verfügen, zugleich aber empfindsam bleiben gegenüber den jugendlichen Ambivalenzen und Widersprüchen. Die praktische Urteilskraft, die gerade in sozialen und politischen Fragen heute so umfassend gebraucht wird – auch um sein eigenes Leben einigermaßen gelingend organisieren zu können –, lässt sich in der Interaktion und Beziehung mit bedeutsamen Anderen stärken und weiterentwickeln. Deshalb sollte die politische Jugendbildung ihrer intersubjektiven Praxis mehr Aufmerksamkeit schenken, dieser Praxis mehr Raum bieten und sie auch in die Auswertungen und Evaluationen einbeziehen. Ein solches Plädoyer ist unmittelbar kompatibel mit den Vorstellungen einer Pädagogik der Anerkennung, weil die intersubjektive Praxis zwischen Teilnehmenden und Teamer/-innen genau diese Anerkennung des Anderen erfordert, die dann, wenn sie als stärkendes und entwickelndes Moment erfahren wurde, auch gegenüber weiteren Personen außerhalb der Veranstaltungen und Projekte eingesetzt und genutzt werden kann. Wenn die Jugendlichen sich als Teilhabende an der Urteilsbildung erfahren, werden sie

Mut schöpfen, ihre gewonnene Urteilskraft auch in ihre sozialen Beziehungen im Alltag einzubringen.

Die Wirkungen von politischer Jugendbildung aus der Sicht der betroffenen Subjekte sind bislang weitgehend unerforscht. Diesbezügliche Einschätzungen basieren auf den Wahrnehmungen der Mitarbeiter/-innen und auf jenen Kurzevaluationen, die gegen Ende von Veranstaltungen vorgenommen werden. Derzeit bietet eine von der Hans-Böckler-Stiftung von 2010 bis 2012 geförderte Wirkungsstudie „Biographische Nachhaltigkeit Politischer Jugendbildung“ die Chance, diese Lücke zu füllen. Es werden junge Erwachsene, die vor ca. fünf Jahren an Veranstaltungen teilgenommen haben, in Interviews und Gruppendiskussionen danach befragt, an welche thematischen Anregungen und emotionalen Impulse sie sich erinnern und inwieweit sie diese später aufgreifen und verwenden konnten. Es wird somit untersucht, welche Rolle die Teilnahme an Seminaren und Projekten im Verlauf ihrer Bildungsgeschichte und ihrer politischen Sozialisation gespielt haben mag.[6]

Literatur

ARENDT, Hannah (1950, 2003): Was ist Politik? Fragmente aus dem Nachlaß. München.

BEHRENS, Heidi/Ciupke, Paul/Reichling, Norbert (2003): Lernkonzepte der 70er und 80er Jahre. Zur Kontinuität und Transformation politischer und pädagogischer Impulse in der Erwachsenenbildung. In: QUEM-report. Schriften zur beruflichen Weiterbildung. Berlin. Heft 81, S. 269–344.

BMFSFJ (Bundesministerium für Familie, Senioren, Frauen und Jugend) (Hg.) (2009): Richtlinien über die Gewährung von Zuschüssen und Leistungen zur Förderung der Kinder- und Jugendhilfe durch den Kinder- und Jugendplan des Bundes (KJP) vom 28.8.2009, abrufbar unter: www.bmfsfj.de/RedaktionBMFSFJ/Abteilung5/Pdf-Anlagen/kjp-richtlinien-2009, property=pdf,bereich=bmfsfj,sprache=de,rwb=true.pdf (10.05.2010).

BÖHNISCH, Lothar/Schröer, Wolfgang (2007): Politische Pädagogik. Eine problemorientierte Einführung. Weinheim und München.

BROKMEIER, Boris (2010): Öfter mal was Neues. Zum Programm Politische Jugendbildung im Arbeitskreis deutscher Bildungsstätten. In: Außerschulische Bildung, Heft 4, S. 339–343.

CLAUSSEN, Bernhard/Geißler, Rainer (Hg.) (1996): Die Politisierung des Menschen. Opladen

DUSTDAR, Farah (2008): Demokratie und die Macht der Gefühle. In: APuZ (Aus Politik und Zeitgeschichte, Beilage zum Parlament), S. 44–45, S. 32–38.

6 Weitere Informationen unter www.isasp.h-da.de/forschungsprojekte/achim-schroeder/#c39860.

FREUD, Sigmund (1927): Die Zukunft einer Illusion. Studienausgabe, Bd. IX. Frankfurt 1974, S. 135–189.

HAFENEGER, Benno (1997): Geschichte der außerschulischen politischen Jugendbildung. In: Ders. (Hg.): Handbuch politische Jugendbildung. Schwalbach/Ts., S. 21–36.

HAFENEGER, Benno (2004): Politische Jugend- und Erwachsenenbildung. In: deutsche jugend, Heft 1, S. 27–35.

LANGE, Dirk (2010): Monitor politische Bildung. Daten zur Lage der politischen Bildung in der Bundesrepublik Deutschland. Schwalbach/Ts.

MÜLLER, Burkhard/Schmidt, Susanne/Schulz, Marc (2005): Wahrnehmen können. Jugendarbeit und informelle Bildung. Freiburg/Br.

NAUMANN, Thilo (2010): Beziehung und Bildung in der kindlichen Entwicklung. Psychoanalytische Pädagogik als kritische Elementarpädagogik. Gießen.

NEGT, Oskar (2004): „Politische Bildung ist die Befreiung des Menschen". In: Hufer, Klaus-Peter/Pohl, Kerstin/Scheurich, Imke (Hg.): Positionen der politischen Bildung 2. Ein Interviewbuch zur außerschulischen Jugend- und Erwachsenenbildung. Schwalbach/Ts., S. 194–213.

PFAFF, Nicole (2006): Jugendkultur und Politisierung. Eine multimethodische Studie zur Entwicklung politischer Orientierungen im Jugendalter. Wiesbaden.

RIEMANN, Fritz (1961): Grundformen der Angst. München, Sonderausgabe 1999.

SCHILLO, Johannes (2005): Kleine Nachlese zur Evaluation. In: Praxis Politische Bildung, Heft 3, S. 203–209.

SCHRÖDER, Achim (2005): Sich bilden am anderen. Professionelle Beziehungen in der Jugendarbeit. In: Hörster, Reinhard/Küster, Ernst-Uwe/Wolff, Stephan (Hg.): Orte der Verständigung. Beiträge zum sozialpädagogischen Argumentieren. Freiburg/Br., S. 231–243.

SCHRÖDER, Achim/Balzter, Nadine/Schroedter, Thomas (2004): Politische Jugendbildung auf dem Prüfstand. Weinheim, München.

SCHRÖDER, Achim/Balzter, Nadine (2010): Außerschulische politische Jugendbildung und ihr kritisches Potential. In: Lösch, Bettina/Thimmel, Andreas (Hg.): Kritische politische Bildung. Ein Handbuch. Schwalbach/Ts., S. 483–495.

5. Soziale Bewegungen und Selbstorganisation in der politischen Bildung

WIEBKE DIERKES

Soziale Bewegungen als Bildungsraum

Disziplinen wie die Soziologie oder Politikwissenschaft fassen Soziale Bewegungen als kollektive Akteure der Moderne, die kulturellen Wandel initiieren, erklärte Programmatiken verfolgen und damit politische Transformationsprozesse einfordern, beginnen und begleiten. Bisher weniger breit rezipierte Forschungen, insbesondere aus Sozialer Arbeit und (historischer) Bildungswissenschaft, richten ihr Erkenntnisinteresse darauf, wie sich gleichsam auch die Menschen verändern, die in den Bewegungen aktiv sind. Soziale Bewegungen geraten so als sozialisatorische Kontexte in den Blick, in denen transformatorische (Selbst-)Bildungsprozesse reflexiver Subjekte im dynamischen Gefüge der Bewegungen vollzogen werden können.

Ingrid Miethe und Silke Roth (2016, 20) stellen fest, dass die „Aktivität in und von sozialen Bewegungen untrennbar mit Bildungsprozessen verbunden ist". Dabei machen sie sich einen Bildungsbegriff zu eigen, der das „Augenmerk vor allem auf den Prozess der eigenen (inneren) Weiterentwicklung und Selbstdeutung" legt und dabei dennoch die „informellen und non-formalen Lernprozesse in sozialen Bewegungen, die auch eine stark identitäts- und persönlichkeitsbildende Wirkung haben" (vgl. ebd., 21), dezidiert einbezieht. Soziale Bewegungen sind in diesem Verständnis spezifische Ermöglichungsbedingungen ‚des Pädagogischen in der alltäglichen Gemengelage', die Re-Konzeptionalisierungen von Selbst- und Weltverhältnissen evozieren können. In ihrem Versuch der Systematisierung des Verhältnisses von Bildung und Sozialer Bewegung differenzieren Miethe/Roth vier Dimensionen, nach denen es (a) individuelle wie (b) kollektive Bildungsprozesse in und ausgehend von Sozialen Bewegungen gebe, wie auch (c) Bildung selbst Gegenstand Sozialer Bewegungen sei. Darüber hinaus sind (d) Bewegungen und die von ihnen hervorgebrachten Institutionen als lernende Organisationen analysierbar (vgl. ebd., 22 ff.).

Dieser Ordnungsversuch bildet eine grundlegende Orientierung für die folgenden Überlegungen.

1. Kritische politische Bildung als Gegenstand Sozialer Bewegungen

Beginnend mit einer Perspektive, die Bildung als Gegenstand und Aktionsfeld Sozialer Bewegungen (historisch) rekonstruiert, gerät aus europäischer Perspektive insbesondere die Geschichte der Arbeiter- und Frauenbewegungen des ausgehenden 19. und frühen 20. Jahrhunderts in den Blick, in denen Fragen der Bildung zentral mit politischen Kämpfen um individuelle wie kollektive Ermächtigung, politische Teilhabe und Gerechtigkeit verbunden waren. Kämpfe um die Demokratisierung von Bildungsinstitutionen, aber auch die antiautoritäre Abkehr von ‚traditionellen' Erziehungsweisen und kritische Perspektiven auf Erziehung und Bildung wurden in den Neuen Sozialen Bewegungen um 1968 erneut zum zentralen Gegenstand. In den 2000er-Jahren, insbesondere im Kontext von Bildungsstreiks an Schulen und Universitäten, erfuhren diese Kämpfe eine Aktualisierung. Diese wandten sich unter dem Slogan „Bildung ist keine Ware" mit Straßenaktionen, Seminarstreiks und Universitätsbesetzungen gegen Studiengebühren und neoliberale Transformations- und Ökonomisierungsprozesse der Hochschullandschaft vor dem Hintergrund zunehmend hegemonial werdender neosozialer Vergemeinschaftungsrhetoriken. Die traditionellen Bildungsinstitutionen Universität und Schule waren somit einerseits Ausgangspunkt, räumlicher Kontext und Kulminationsort der Entfaltung von Kritikperspektiven sowie gleichzeitig deren Adressaten. Immer waren in diesem Zusammenhang Fragen der (Aus-)Bildung auch für das ‚Innere' der Bewegungen wichtig – etwa, um Räume für politische Debatten und die Diskussion von Kritikperspektiven zu schaffen und zu verstetigen. Auch hier hilft ein Blick in die Geschichte, denn Bildung als Aktionsfeld erfuhr auch historisch breite institutionelle Verankerungen in den Organisationen der jeweiligen Bewegungen. In diesem Zusammenhang sind z.B. die Arbeiterbildungsvereine des 19. Jahrhunderts zu nennen wie auch Aktivitäten der (bürgerlichen) Frauenbewegung, die die Eroberung von Bildungsräumen zum zentralen Gegenstand der Auseinandersetzungen erhob: Sie erkämpfte – wenn auch nicht für alle Frauen gleichermaßen – den Zugang zu Bildungseinrichtungen ebenso, wie aus der Bewegung heraus eigene Bildungsinstitutionen der (beruflichen) Aus- und Weiterbildung etabliert wurden (vgl. Miethe/Roth 2016, 22).

Im Umfeld der Neuen Sozialen Bewegungen entwickelten sich seit den 1960er-Jahren Bildungsorganisationen wie „kritische Universitäten, Kinderläden, selbstorganisierte Tagungshäuser, Selbsthilfegruppen arbeitsloser Jugendlicher" mit dem Ziel, „Bildungs- und Lernprozesse für die soziale Emanzipation auszuweiten und Alternativen zu bestehenden, aber als nicht ausreichend oder herrschaftsstabilisierend angesehenen Angeboten zu schaffen" (Dudek 2009, 171) und somit auch von den Bewegungen ausgehend in die Gesellschaft hineinzuwirken.

In Bewegungen und ihren Institutionen finden sehr unterschiedliche Lern- und Bildungsprozesse statt. So werden selbstverständlich auch Fähigkeiten angeeignet, die als Kompetenzen (z.B. Medien- oder Organisationskompetenz) häufig nicht nur der Anwendung in spezifisch emanzipatorischen Bewegungen vorbehalten sind. Auch deswegen fragen neuere Debattenbeiträge nach der ambivalenten Rolle von Bewegungen als „Optimierungsagenturen"[1]. Gleichwohl betont Bernd Overwien mit Bezug auf Trumann die Bedeutung von Sozialen Bewegungen als Orte „informeller Lernprozesse" und Ermöglichungskontext einer kritischen „Analyse des Gegebenen, der Strukturen, die dahinterstecken, und zur Formulierung von Alternativen. Ohne Zweifel finden hier also intensive Lernprozesse statt und es wird politische Urteilsfähigkeit genauso erweitert und erworben wie politische Handlungsfähigkeit" (Overwien 2013, 252). Jana Trumann unterstreicht die für Soziale Bewegungen häufig charakteristische „Förderung expansiven Lernens", die an den „subjektiv bedeutsamen Lernthemen und Lebensinteressen des Einzelnen an[setzt]" und daher als „Chance der selbsttätigen Erweiterung der eigenen Handlungsmöglichkeiten betrachtet werden" kann (Trumann 2017, 21; siehe auch Trumann in diesem Band). Mit Aziz Choudry kann diese Perspektive um die Bedeutung von Sozialen Bewegungen als eigenständige Räume der Wissensproduktion ergänzt werden. Choudry verwirft den häufig vorausgesetzten Dualismus von Aktivismus und Forschung zugunsten eines dialektischen Verständnisses von Lernen, Organisierung, Aktivismus und Wissensproduktion. Choudry betont, dass für die Generierung von Wissen im Kontext von Bewegungen gerade das Heben und Nutzen historischen Wissens hilfreich für aktuelle Auseinandersetzungen sein könne: „Activists are engaging with historical materials, debates and ideas from earlier periods of struggle. […] Such knowledge from below often includes contested versions of history that challenge dominant or authoritive accounts […]" (Choudry 2020, 647). Choudry argumentiert, dass auf diese Weise die Etablierung gegenhegemonialer Narrative möglich werden könne: „Implicit within this work is an understanding

---

1 Vgl. hierzu z.B. die Beiträge der Arbeitsgruppe „Veränderung – Optimierung – Normativität. Oder: was man diesbezüglich von und in sozialen Bewegungen lernen könnte?" auf dem Kongress der Deutschen Gesellschaft für Erziehungswissenschaft im Jahr 2020 in Köln.

of the importance of building counterpower against domination of capital and states“ (ebd., 646).

Häufig sind es gerade Räume der Bewegungs- und Bildungsorganisationen, in denen durch aktiv betriebene selbstkritisch-historiografische Perspektiven die (vielleicht) geronnenen Erfahrungswelten und Wissensbestände wieder dynamisiert werden können. Dies kann aktuell z.B. an den Aktivitäten rund um das feministische Bildungshaus ‚lila_bunt‘ in Zülpich (Regierungsbezirk Köln) nachvollzogen werden. Dieser Ort feministischer Bildung, Praxis und Utopie war als vormaliges Frauenbildungshaus bereits „40 Jahre ein Ort feministischer Bildung. Entgegen patriarchaler Zurichtung ging es um andere Zugänge zu Körper, Wissen, Macht und Begehren. Hier wurden neue Formen von Lernen und Beziehungen miteinander gedacht und erprobt“ (lila_bunt o. J.). Das Kollektiv, das den Ort seit 2019 unter dem Dach des Mietshäusersyndikats betreibt, knüpft bewusst an diese „Idee emanzipatorischer Bildung und empowernder Praxis“ an: „Wir haben den Ort übernommen mit dem Anspruch, feministische Bewegungsgeschichten zu würdigen, sie kritisch und solidarisch zu betrachten und zu vervielfältigen. […] Wir erkennen dabei nicht nur unterschiedliche Identitäten, sondern auch unterschiedliche gesellschaftliche Kämpfe, Geschichten und Feminismen an. Diese Verbindung ist nicht immer konfliktfrei. Wir wollen die unterschiedlichen Schwerpunkte, Bezugnahmen, Auseinandersetzungen, Diskurse und Kritiken innerhalb feministischer Bewegungen sichtbar und zugänglich machen“ (ebd.). An diesem Beispiel zeigt sich, wie auch die Bewegungs-Bildungsorganisationen selbst als ‚Lernende‘ analysiert werden (können), die den Raum für kollektive Denk-, Aktions- und Reflexionsprozesse im Sinne kritischer politischer Bildung halten und immer wieder neu eröffnen.

2. Differenz und Transversalität als Modi der Sozialitäten in den (Binnen-)Räumen Sozialer Bewegungen im Verhältnis zu (kritischer) Sozialer Arbeit

Die Arbeiten von Susanne Maurer zum Thema fokussieren weniger die institutionalisierten Organisationen, sondern vielmehr die Differenzen und konflikthaften Momente in den Binnen-Räumen der als fluide analysierten Bewegungen, deren (produktive) Bearbeitung als Anlässe für Bildungsprozesse verstanden werden können. Sie schlägt drei dynamisch miteinander verwobene Dimensionen zur Charakterisierung von Bildungsprozessen in Sozialen Bewegungen vor: „Dies ist zum einen der Blick auf einzelne Lebensgeschichten und individuell-subjekte Erfahrungen, die sich mit Sozialen Bewegungen verbinden, zum anderen der Blick auf die Binnen-Dynamiken Sozialer Bewegungen, die zur kollektiven Erfahrungs-Bildung beitragen, und zum dritten der Blick auf Erkenntnis- und Theoriebildungsprozesse, die von Sozialen Bewegungen inspiriert sind bzw. in deren Kontext stattfinden." (Maurer 2016, 97) Sie konturiert kritische politische Bildung in Sozialen Bewegungen als Ermöglichungskontext der Vergegenwärtigung, Bearbeitung, Verschiebung oder Überschreitung von Grenzen in Bezug auf die „eigenen Möglichkeiten […]; die erfahrenen Grenzen in sozialen Beziehungen […]; die strukturellen Grenzen der gesellschaftlichen Verhältnisse sowie der Denkverhältnisse und Denkmöglichkeiten […]" (ebd., 91). Mit Blick auf die ‚Neue Frauenbewegung' der 1960er-Jahre erinnert Maurer daran, dass das „häufig autodidaktisch vorgenommene – gemeinsame Sich-Erschließen von Wirklichkeiten und Welt über die kritische Auseinandersetzung mit Theorie(n) bzw. über die theoretisierende Reflexion von Erfahrungen […] eine zentrale Rolle" einnahm (ebd.). Auch heute greifen feministische Kunst- und Performance-Kollektive diese Verwobenheit von individueller und kollektiver Transformation durch in leibliche Ausdrucksweisen übersetzte Bildungsprozesse auf. Die Aktivistinnen des chilenischen Kollektivs LASTESIS, die mit ihrer Performance „El violador en tu camino" („Ein Vergewaltiger auf deinem Weg") weltweit Proteste von Frauen* mobilisierten, reflektieren in ihrem Manifest „Verbrennt eure Angst" über diesen Zusammenhang und schreiben: „Hätten wir nicht irgendwann den Wunsch verspürt, uns mit feministischen Schriften zu beschäftigen, und wäre daraus nicht die Idee der Zusammenarbeit mit anderen erwachsen, dann würden wir all die Ungerechtigkeiten noch heute hinnehmen. […] Die Kunst als Ausdrucksform befreit das Denken. Durch sie können wir uns als Individuen mit einzigartigen, nicht wiederholbaren und machtvollen Eigenschaften begreifen und, indem wir unsere Fähigkeiten als Kollektiv ausschöpfen, den uns historisch zugedachten Möglichkeiten eine neue Richtung geben. Wir werden zu aktiv Handelnden in der Transformation, die wir anstreben." (LASTESIS 2021, 104 f.)

Soziale Bewegungen in ihrer Bildungsdimension zu betrachten, eröffnet auch die Möglichkeit, ihr Verhältnis zu einer kritischen Sozialen Arbeit, die sich selbst als politische Bildung versteht, weiterzudenken (vgl. Dierkes 2020). Neuere Diskussionsbeiträge bemühen sich um die Reaktualisierung und stärkere Konturierung beider Sphären als Räume der kritischen politischen Bildung sowie als Ermöglichungskontexte einer ‚Bildung des Politischen'. So argumentiert Stefan Schäfer, „neben gemeinsamen Themen und Fragen, wie etwa Geschlechtergerechtigkeit, Positionierung in gesellschaftlichen Konflikten, Verteidigung Sozialer Rechte, Interessenvertretung und Verhinderung sozialer

Ausschließung" könne „die Gemeinsamkeit der Perspektiven auch darin gesehen werde, dass politische Bildung dazu dienen soll, gesellschaftliche Konflikte und Widersprüche nicht zu neutralisieren, sondern besprechbar zu machen." (Schäfer 2020, 14 f.) Skeptischere Stimmen hingegen erinnern an die an sozialstaatliche Mandate gebundene Normalisierungs- und Disziplinierungsfunktion Sozialer Arbeit (vgl. Diebäcker/Hofer 2021), die – im Gegensatz zu Sozialen Bewegungen – nie nur ihren Adressat*innen verpflichtet ist. Wieder andere Zugänge knüpfen an Timm Kunstreichs Konzept einer proaktiven Sozialen Arbeit an, die sich dem in transversalen Sozialitäten hervorgebrachten Dreiklang Aktivierung, Solidarisierung und Selbstregulierung verpflichtet sieht und Soziale Arbeit vor allem als ‚Arbeit am Sozialen' denkt. „Transversalität" als strukturierende Blickrichtung impliziert eine spezifische Konzeptionsweise von Subjekten, Gruppen und Sozialitäten und bedeutet nach Guattari, die „Sackgassen" der „reinen Vertikalität und die der einfachen Horizontalität" zu überwinden (vgl. Guattari 1976, 48), indem „maximale Kommunikation zwischen den verschiedenen Ebenen und vor allem in verschiedene Richtungen vor sich geht" (ebd., 49). Anders gesagt geht es um die „Dechiffrierung" und das „Abtragen" von in Gruppen oder Zusammenhängen „ausgebildeten Symptomen" wie „der Ausbildung von hierarchischen Strukturen, eines Über-Ichs oder der verdummenden Mythologie eines Wir" (ebd., 53).

„Aktivierungen gelingen über existenziell wichtige Themen, seien es Fragen des Überlebens, seien es Themen des politischen Kampfes oder seien es Interessen, die bislang nicht realisiert werden konnten" (Kunstreich 2000, 111). So wird aus Problemen, die gewöhnlich „mit individuellen Überlebens- oder Handlungsstrategien bearbeitet werden, eine kollektive (nicht homogenisierte (!) Erfahrung, welche im Prozess der Solidarisierung zwischen den Akteur_innen zu einem ‚gemeinsamen Dritten', einem geteilten Interesse transformiert wird" (Dierkes 2020, 11). Solche Prozesse können als kritische politische Bildungsprozesse interpretiert werden, setzen sie doch ein soziales Gefüge der Differenz voraus, in dem Perspektiven und Positionen in einem diskursiven und auch leiblichen Prozess der tätigen Kooperation in Solidarisierungsprozessen realisiert werden. Ermöglicht werden diese im Modus transversaler Sozialitäten, einem „[d]auerhafte(n) Verbundensein" und einer Alltagspraxis, der ‚Pädagogik des Sozialen', in der Bildungsprozesse im Vordergrund stehen, „die ohne Vermittler auskommen und sich direkt im Handgemenge des Alltags realisieren" (Kunstreich 2016, 37). Diesem Verständnis folgend bleiben die sich in Bewegungen vollziehenden Bildungsprozesse zwar auf ein Ziel gerichtet, sind dabei aber immer auch fluide und unbestimmt. So werden Bildungsprozesse in der bewegungsalltäglichen, situativ-besonderen, manchmal sicher auch chaotischen Gemengelage als solche erkennbar. Insbesondere Erfahrungen des Neuen und Überraschenden, so z.B. von Konflikten, die durch ein „Nein" oder das Verschieben bzw. Überschreiten desselben erst sicht- und spürbar werden, können als Anlässe für Prozesse transformativer Bildung interpretiert werden. Keinesfalls ist Bildung im Zusammenhang mit Sozialen Bewegungen also auf Fragen des Kompetenzerwerbs zu reduzieren. Vielmehr geht es auch um die (Aus-) Bildung von spezifischen Sozialbeziehungen, in deren Geflecht Möglichkeiten zur Neupositionierung in sozialen Gefügen entstehen und die Zurückweisung oder (Rück-)Aneignung von Zuschreibungen oder (kollektiv hervorgebrachten) Selbst- und Weltkonzepten möglich wird, aus denen ‚Neues' entstehen kann (vgl. Dierkes 2021, 294 ff.).

3. Bildungsprozesse in Sozialen Bewegungen: Vom Anfangen(-können)

Auch Trumann argumentiert ausgehend von ihrer empirischen Studien, dass Bewegungen „dem Einzelnen einen solchen Raum [bieten], ‚Anfangen-zu-Können', das Feld politischer Partizipationsformen zu öffnen, Alternativen zum Bisherigen zu denken und dabei die Wirksamkeit eigenen Handelns zu erleben". (Trumann 2013, 271)

So ist es gerade der Raum des Übens, des Sich-ausprobieren-Könnens, des Experimentierens mit ‚Unfertigem' und ‚Fragmentarischem', der als zentrale Qualität von Räumen der Bildung in Sozialen Bewegungen zu kennzeichnen ist und sie als „Arenen einer Transformation" (von Redecker 2018, 33) ausweisen. Mit der Sozialphilosophin Eva von Redecker können Soziale Bewegungen als Bildungsräume mit einer eigenen, unabgeschlossenen Geschichte beschrieben werden, in denen sich (teils leibliche) Bildungsprozesse zu einem kollektiven Erfahrungsschatz anreichern: „Die Erkenntnis, die gesellschaftlichen Verhältnisse gestalten zu können, ist keine einmalige Einsicht, es ist eher eine Erfahrung, die sich im Zuge des Aufbegehrens und der Selbstregierung einstellt und rückblickend verfestigt" (ebd. 2020, 131). Hierin liegt auch das Potenzial eines neuen Ausgangspunktes. Erfahrungsgesättigte Erkenntnisse und das Wissen um eigene Geschichte, die es erlauben, Ankerpunkte zu identifizieren, hinter die (mindestens ideengeschichtlich) nicht mehr zurückgegangen werden kann: „Freiheit als die Erfahrung, sich gemeinsam einigen und regieren zu können, vergisst sich nicht. Es ist ein einmaliges, köstliches Gefühl, aber auch ein Wissen, hinter das es kein Zurück mehr gibt" (ebd.). „Anfangen hieße also, allerorts revolutionäre Praktiken zu entziffern, fortzusetzen und für die Möglichkeit zu kämpfen, sie auszuweiten. Es hieße im gleichen Zuge anzuerkennen, nicht der Anfang zu sein […]" (ebd. 2018, 275). Es bedarf spezifischer Praktiken, die überhaupt erst erlauben, gesellschaftliche Strukturen im Modus der unhaltbaren Zuspitzung zu betrachten. So kann Bildung in sozialen Bewegungen als Versuch begriffen werden, revolutionäre Praktiken zu erinnern, zu erkennen, sie fortzusetzen und auszuweiten.

In dieser paradoxen Zeitlichkeit gleichzeitig Gedächtnisspeicher, alltägliche Gemengelage und Anfangspunkt zu sein, können kollektive Bildungsprozesse in Sozialen Bewegungen epistemische Kreativität freisetzen, die ihrerseits ‚Widerspruchswahrnehmungsplattformen' (von Redecker) manifestieren oder anreichern kann, von denen ausgehend Kritikperspektiven im Bestehenden artikuliert werden können.

Literatur

#LILA_BUNT (o.J.): Geschichte. Online: https://www.lila-bunt-zuelpich.de/geschichte.html (Zugriff: 17.07.2023).

CHOUDRY, Aziz (2020): Activist learning and knowledge production. In: Van Ackeren et al. (Hg.): Bewegungen. Beträge zum 26. Kongress der Deutschen Gesellschaft für Erziehungswissenschaft. Opladen, S. 641–652.

DIEBÄCKER, Marc/Hofer, Manuela (2021): Social Justice Bewegungen und Soziale Arbeit – eine schwierige Beziehung. In: Widersprüche. Zeitschrift für sozialistische Politik im Bildungs-, Gesundheits- und Sozialbereich 03, S.25–40.

DIERKES, Wiebke (2020): Politische Bildung nicht brauchen, sondern sein. Soziale Arbeit und Soziale Bewegungen in einem Zusammenhang denken. In: Sozial Extra 01, S. 7–12.

DIERKES, Wiebke (2021): Solidarisierungsprozesse in der Sozialen Arbeit. Ermöglichungs- und Verhinderungsbedingungen. Eine Grounded Theory der Stimmigen Verbundenheit. Opladen.

DUDEK, Anne (2009): Stärken entdecken, Widersprüche erkennen und Handlungsmöglichkeiten leben. Selbstorganisierte Bildungsarbeit. In: Wagner, Leonie (Hg.): Soziale Arbeit und Soziale Bewegungen. Wiesbaden, S. 171–180.

GUATTARI, Félix (1976): Psychotherapie, Politik und die Aufgaben der institutionellen Analyse. Frankfurt/M.

KUNSTREICH, Timm (2000): Grundkurs Soziale Arbeit. Sieben Blicke auf Geschichte und Gegenwart Sozialer Arbeit. Bielefeld.

KUNSTREICH, Timm (2016): Pädagogik des Sozialen als transversale Selbstregulierung. Ein Versuch, lebendige Arbeit und Transversalität zusammenzudenken. In: Widersprüche. Zeitschrift für sozialistische Politik im Bildungs-, Gesundheits- und Sozialbereich 04, S. 35–44.

LASTESIS (2021): Verbrennt eure Angst! Ein feministisches Manifest. Frankfurt/M.

MAURER, Susanne (2016): Bildung im Dissens. Individualität, Kollektivität und Erkenntnis im Kontext der Neuen Frauenbewegung. In: Forschungsjournal Soziale Bewegungen 04, S. 86–95.

MIETHE, Ingrid/Roth, Silke (2016): Bildung und soziale Bewegungen – eine konzeptionelle Einführung. In: Forschungsjournal Soziale Bewegungen 04, S. 86–95.

OVERWIEN, Bernd (2013): Informelles Lernen in politischer Aktion und sozialen Bewegungen. In: Außerschulische Bildung 03, S. 247–254.

SCHÄFER, Stefan (2019): Re-Politisierung und politische Bildung. Zugänge zur politischen Bildung in der Sozialen Arbeit. In: Sozial Extra 01/2020, S. 13–15.

TRUMANN, Jana (2013): Lernen in Bewegung(en). Politische Partizipation und Bildung in Bürgerinitiativen. Bielefeld.

TRUMANN, Jana (2017): Erwachsenenbildung und Soziale Bewegungen. In: DIE Magazin 02, S. 20–21.

VON REDECKER, Eva (2018): Praxis und Revolution. Eine Sozialtheorie sozialen Wandels. Frankfurt/M.

VON REDECKER, Eva (2020): Revolution für das Leben. Philosophie der neuen Protestformen. Frankfurt/M.

ISIDORA RANDJELOVIĆ

Transgenerationale Erinnerung als rassismuskritische politische Bildung

„Wir sind an der Reihe, liebe Menschen, dieser Welt eine neue eigene Erzählung hinzuzufügen." (Papusza)

Die Künstlerin und Autorin Ceija Stojka (1933–2013) überlebte als Kind mit ihrer Mutter die Konzentrationslager Auschwitz-Birkenau, Ravensbrück und zuletzt Bergen-Belsen. Im Alter von 55 Jahren publizierte sie ihr erstes Buch: *„Wir leben im Verborgenen"* (1988), in dem sie offen und detailreich ihre (Überlebens-)Geschichte schilderte. Sie gilt als eine der ersten österreichischen Romnja, die ihre Erfahrungen der Verfolgung durch das NS-Regime in Buchform dokumentierten. Stojka engagierte sich auch transnational in diversen romani-Selbstorganisationen. Gemeinsam mit der Filmemacherin Melanie Spitta und der legendären Sängerin Esma Redžepova nahm sie an der ersten größeren bislang bekannten Romnja-Konferenz in Deutschland (Köln 1996) teil, auf der akute politische Themen im Schnittpunkt von Nationalismus, Rassismus und Sexismus bearbeitet wurden.

In diesem Beitrag folge ich ihrer epistemologischen Tradition, indem ich Perspektiven und Wissensbestände von Rom:nja in Zusammenhang mit einer sowohl geschichtsfundierten als auch gegenwartsorientierten historisch-politischen Bildungsarbeit stelle (vgl. Lange 2009, 5 ff.).

1. Biografische Erzählung als Handlungsmacht und Überleben als epistemische Ressource

Als Motivation, ihre Geschichte niederzuschreiben, benennt Stojka den heilenden Prozess der Traumaverarbeitung durch das Festhalten ihrer schmerzhaften Erfahrungen auf Papier und später auch auf der Leinwand. Ein weiterer Beweggrund ist die Weitergabe der Geschichte und Erzählformen an ihre Kinder bzw. an die nachkommende Generation:

„Es ist so viel passiert und die Roma haben so viel gelitten. […] Und wer soll unsere Kultur weitertragen? Ich bin bereit, ich mache es. Obwohl ich ein bisschen Hemmungen habe. […] Aber ich will eine Aussage machen, solange ich es darf und kann, auch wenn sie noch so klein ist. Weil es ja für die Nachkommen, für unsere Kindeskinder und für die Roma in Österreich und auch für die in anderen Ländern eine gute Aussage ist.“ (Stojka 2013, 242)

Vor ihrer ersten Publikation schrieb Stojka jahrelang ihre Erfahrungen, wenn sie von der Arbeit zur Ruhe kam, auf kleinen Zetteln auf und sammelte diese, bis sie zu einem Buch heranwuchsen. Das Schreiben war ein anhaltender Prozess und integrativer Teil ihres Lebens nach 1945, also Erinnerung, Reflexion, Heilmittel und Vermächtnis. Dieser Prozess ging nach der Veröffentlichung der ersten Biografie weiter. In verschiedenen Texten (2009; 1995) betont sie die Dringlichkeit der Vermittlung ihrer Erfahrungen für kritische Perspektiven und solidarisches Handeln in der Gegenwart.

In „*Wir leben im Verborgenen*“ führt Stojka erstmals ihren „Lebensspender“ (Stojka 2013, 56) ein, einen Baum, den sie in lyrischen, malerischen und Prosaarbeiten immer wieder aufgreift. Das Lager Bergen-Belsen, die letzte Station ihrer NS-Verfolgung, beschreibt sie als einen Ort, an dem die Menschen zum Sterben sich selbst überlassen waren, als einen Ort, wo Menschen durch Hunger, Kälte und Seuchen vernichtet wurden. Vor dem nagenden Hunger rettete sie der Harz eines Baumes auf dem Gelände:

„Unseren schönen Baum nannte ich ‚Lebensspender‘. Ich sagte zu meiner Mama: ‚Aus unserem Lebensspender ist eine weiche Masse ausgetreten, ganz oben auf der Baumrinde‘. Sie lachte und holte gleich diese dicke, gelbliche, weiche Masse. … Mama sagte: ‚Nimm und iss, es ist sehr gut, Du wirst sehen. Nun wirst Du so stark wie Dein Lebensspender.‘“ (ebd.)

In dieser Aussage steckt einerseits das individuelle botanische Wissen ihrer Mutter, die vor der NS-Verfolgung viel gereist war und sich Naturwissen angeeignet hatte. Andererseits wirkt hier auch das kollektive Wissen der Menschen, die über Jahrhunderte hinweg bei Pogromen und während der Verfolgung im Wald Schutz suchen und überleben mussten. Stojka ernährte sich in Bergen-Belsen vom Harz, das Wissen ihrer Mutter sicherte ihr Überleben. Später schreibt sie ihren Zeichnungen und Bildern das Überleben ein, indem sie in ihre persönliche Signatur den Ast des Baumes einbaut. Die in Bildern dokumentierten Chroniken der Gewalt vergegenwärtigen in der Signatur Ceija Stojkas das

Wissen ihrer Mutter und ihr eigenes Überleben und machen es zu einem Bestandteil der Erinnerungskultur an die NS-Herrschaft. Sie setzt den kleinen Ast wie einen Stempel über die Gemälde und ermöglicht damit den nachfolgenden Generationen, beim Anblick ihrer Bilder, die Schrecken, Scham, Gewalt und Tod thematisieren, auch über Überleben und Widerstand nachzudenken.

2. Transgenerationale Momente der Wissensgenerierung

Mit der Publikation ihrer Geschichte in verschiedenen Formaten, aber auch mit ihrem Engagement in der Vereinsarbeit bringt Stojka eine kollektive Erinnerung hervor und gibt diese an jüngere Generationen weiter. Auf einer individuellen Ebene verarbeitet sie damit traumatische Erfahrungen, sie betritt einen heilenden Raum, den bell hooks in *teaching to transgress* als redemptive space beschreibt (hooks 1994, 51). Der reflexive Raum ermöglicht die Heilung vom Trauma und die emotionale Aushandlung des eigenen Überlebens. Unterstützung erfährt Stojka durch die Anerkennung ihrer Erzählung und die Wertschätzung der Zuhörer:innen, die Interesse an ihrer Geschichte zeigen, sie nicht anzweifeln, mit ihr in einen Dialog gehen und einen wahren Bezug zu dem Gesagten herstellen können. Auf der kollektiven Ebene tritt sie mit dem Öffentlichwerden ihrer Werke gegen die strukturelle und epistemische Gewalt an, die nach 1945 in der Leugnung des Völkermords und in den Kontinuitäten des Rassismus gegen Rom:nja und Sinti:zze fortbestand. In Deutschland wurde der Genozid erst durch die jahrzehntelangen Kämpfe der Bürger:innenrechtsbewegung Anfang der 1980er-Jahre politisch anerkannt. In Österreich fordern noch heute Rom:nja- und Sinti:zze-Organisationen ein zentrales Denkmal. In beiden Ländern kamen nahezu alle Täter:innen nicht nur ungestraft davon, sondern machten Karriere in ihren Berufen und diskriminierten Rom:nja und Sinti:zze weiter, unter anderem als medizinische Gutachter:innen, die Entschädigungsanträge ablehnten; als Polizist:innen, die anlasslose Razzien durchführten; als Lehrer:innen, die sie erneut aussonderten; als Sozialarbeiter:innen, die sie kontrollierten, und nicht zuletzt als Wissenschaftler:innen, die sie beforschten (Rose 1987; Jonuz/Weiß 2020, 47–70).

In der hegemonialen Erzählung wurde der Samudaripen bzw. Manuschengro Marepen, der Genozid an den Rom:nja und Sinti:zze, bestenfalls ignoriert. In der Regel werden die Opfer kriminalisiert und ihre Verfolgung wird ihnen selbst angelastet (BMI 2021, 64–92). Aus diesen Gründen war die Weitergabe der Verfolgungsgeschichte – mit wenigen Ausnahmen – nur innerhalb von

Familien und Communitys möglich, die zum *„Ort der Wahrheit, zum Ort der Geschichte“* (Randjelović u.a. 2022, 266) wurden.

3. Politische Organisierung und kollektive Wissensproduktion

Die Nachkommen lernten nach 1945 im Geschichtsunterricht wenig über den Genozid und damit auch nichts über die Verfolgungsgeschichten ihrer Familien, deren Folgen sie direkt betrafen. Ebenso wenig lernen sie heute über Rassismus als gelebte Realität vieler Kinder, nicht nur Rom:nja. Dank des jahrelangen Engagements von Selbstorganisationen ist mittlerweile die Vermittlung der Verfolgungsgeschichte obligatorischer Teil des Curriculums in mehreren Bundesländern. In der Praxis erweist sich dieses Thema trotzdem regelmäßig als marginal, insbesondere in Bezug auf die Kontinuitäten in der Verfolgung nach 1945 (Rath/Spielhaus 2021, 62–63). Durch die fehlende gründliche Auseinandersetzung mit Diskriminierung in den Schulbüchern besteht ferner die Gefahr, ein Bild von Sinti*zze und Rom*nja als „wehrlose Opfer“ (ebd., 63) ohne Handlungsmöglichkeiten zu vermitteln“ (ebd.). Auch in den Workshops der außerschulischen historisch-politischen Bildungsarbeit, die auf eine rassismuskritische Vertiefung und Erweiterung des Themas sowie dessen Übertragbarkeit auf gegenwärtigen Rassismus zielen, werden regelmäßig sowohl in den Texten als auch in der Bildsprache Rassismen reproduziert (Barz 2020, 5). In den vergangenen Jahren sind eine Reihe neuer Bildungsmaterialien und Workshop-Formate entstanden, die nicht Teil der Auswertung von Barz waren und die zum Teil von Selbstorganisationen produziert und über Förderungen ermöglicht wurden. Allerdings führt die vermehrte Produktion von Materialien und der Einbezug von Selbstorganisationen nicht zwangsläufig zu rassismuskritischem Material, obwohl dies ein erster Schritt sein kann. Eigensinnige, widerständige Interventionen, das Überleben, die Deutungen und die komplexen Wissensbestände, die in der und aus der Marginalität entstanden sind, werden kaum thematisiert. Diese Auslassungen folgen der Logik, dass es keiner Rom:nja und Sinti:zze bedarf, um Antiziganismus zu verstehen, da dieser von der Dominanzgesellschaft ausgeht (Ende 2011; BMI 2021, 36-45). Transgenerationale romani-Wissensbestände, die Deutungen und Analysen rassistischer Verhältnisse durch Sinti:zze und Rom:nja, gelten als private Lebenserfahrungen und werden im Kontrast zu akademisch generierten Erkenntnissen herabgesetzt. Die multiperspektivische Analyse der Komplexität von Rassismus und seinen realen Folgen wird auf diese Weise verhindert. Die Erzeugung und Zirkulation von Wissen bleibt weiterhin weitgehend eine kollektive Arbeit von Rom:nja und Sinti:zze. Die Archivarbeit, das Recherchieren und Anzeigen der Täter:innen, die Skandalisierung des Völkermords und der anhaltenden Diskriminierung, die Dokumentation und der Widerstand gegen die weitere polizeiliche Erfassung, die Dokumentation der Berichte von Überlebenden, die Forderungen und Durchsetzung von Gedenktafeln und des zentralen Mahnmals in Berlin stellen einige Beispiele dafür dar.

Die kollektive Wissenserzeugung ist Teil politischer Aktionen und zielt auf strukturelle Veränderungen. Überlebende und ihre Nachkommen organisierten Hungerstreiks und Demonstrationen, bauten Gedenkorte, publizierten Bücher, erstellten Ausstellungen, produzierten politische Lieder und gingen in öffentliche Räume, so auch an Schulen und außerschulische Institutionen, so sie Zugang bekamen, um ihre Geschichte(n) zu erzählen – und dies mit wenigen Ressourcen und der Last der alltäglichen Diskriminierung. Seit dem Erwachen der Bürger:innenrechtsbewegung und der ab den späten 1980er-Jahren erstarkten Bleiberechtsbewegungen sind sie tragende und gleichzeitig strukturell marginalisierte Akteur:innen einer (intervenierenden) historisch-politischen Bildungsarbeit.

4. Epistemische Ungerechtigkeit und transgenerationale Wissensarchive

Die jahrzehntelange Verleugnung des Völkermords führte zu konkreten materiellen Folgen für das Leben der Familien, die nach dem Krieg vielfach ergebnislos um eine Entschädigung bzw. Rente kämpften und sich in allen Lebensbereichen mit dem noch allgegenwärtigen Rassismus auseinandersetzen mussten. Diese Umstände führten jedoch auch zu einem Unrecht, das Sinti:zze und Rom:nja in ihrer Eigenschaft als Wissende verletzte: Ihre Wahrheiten wurden nicht anerkannt, ihnen wurde kein gesellschaftlicher Deutungsrahmen und keine Möglichkeit zur Artikulation des Unrechts zuteil. Diese epistemische Ungerechtigkeit wirkt auf zwei Ebenen. Einerseits als Zeugnisungerechtigkeit (testimonial injustice), indem Menschen, die Zeugnis ablegen, nicht geglaubt wird, weil sie als rassifizierte Personen an sich in der Dominanzgesellschaft als weniger glaubwürdig gelten (Fricker 2007, 9–43). Andererseits wirkt eine tiefergehende hermeneutische Ungerechtigkeit, indem bestimmten gesellschaftlichen Gruppen die Versprachlichung ihrer sozialen Erfahrungen nicht möglich ist, weil entsprechendes gesellschaftliches Wissen nicht vorhanden ist und somit Begriffe und Konzepte zum Verstehen fehlen (ebd., 147–169). Obwohl Fricker auf wichtige Dimensionen epistemischer Ungerechtigkeit hinweist, möchte ich zu bedenken geben, dass durchaus Begriffe und Konzepte wie z.B. ‚zweite Verfolgung' für die Zeit nach 1945 oder Samudaripen/Manuschengro Marepen/Pharrajmos für den Völkermord, existieren, diese jedoch innerhalb der hegemonialen Diskurse keinen Platz finden konnten. Die epistemische Ungerechtigkeit ragt in die Gegenwart hinein, indem eine vertiefte, komplexe Erkenntnistheorie zum Samudaripen und den strukturellen Kontinuitäten und Folgen des Rassismus keinen Raum zur Entwicklung findet. Die transgenerationalen Folgen des Völkermords und seine Auswirkungen auf die gegenwärtige Lebenssituation der Überlebenden und ihrer Nachkommen, die strukturellen und historischen Kontinuitäten von Rassismus im Bildungs- und Gesundheitswesen, in Bezug auf das Staatsangehörigkeits- und Bleiberecht sowie im polizeilichen und Behördenhandeln, im Alltag und im öffentlichen Raum sind bislang nur punktuell thematisiert, wenig wahrgenommen und unzureichend vertieft worden.

Andererseits kann das in den Communitys geteilte Wissen auch als epistemischer Vorteil (Mills 1997, 110–113) gedeutet werden im Verhältnis zu einer Dominanzgesellschaft, die sich durch Nichtwissen(-wollen) des Genozids und seiner Folgen und Effekte auszeichnet. Diese Ignoranz führt zu einer erheblichen Lücke in der Theoretisierung von Rassismus und dessen grundlegendem Einfluss auf die Konstitution der Gesellschaft und der strukturell produzierten Ungleichheiten.

In diesem Sinn bezeichnet ‚*Im Verborgenen leben*' nicht nur einen Ort, ein Selbst, ein Kollektiv, sondern bietet auch einen Ausgangspunkt für Erkenntnisprozesse über Herrschafts- und Dominanzstrukturen sowie ein historisch gewachsenes, transgenerationales Wissensarchiv. Es schöpft aus gelebten Erfahrungen, die *im Verborgenen* besprochen, in Bürger*innenrechtskämpfen erlernt und in politischen Liedern besungen wurden. Aus diesen Erkenntnissen und Setzungen kann eine transformierende, rassismuskritische Bildungspraxis erwachsen. In einem entsprechenden Lernprozess müssen wir zunächst die strukturellen Lücken in der hegemonialen Wissensvermittlung über den Rassismus gegen Rom:nja und Sinti:zze als solche wahrnehmen. Über die kontinuierliche Erweiterung unserer kollektiven Wissensarchive hinaus sollten wir Erkenntnistheorie, Wissensproduktion, Wissensvermittlung und zivilgesellschaftliches Engagement in den gegenwärtigen Konzepten historisch-politischer Bildung zusammenführen, wo sie getrennt sind. Das unterscheidet im Kern die politische Bildungsarbeit aus den Wissensarchiven der Selbstorganisationen von den hegemonialen Ansätzen politischer Bildung (vgl. Attia u.a. 2022).

5. Transgenerationales Erinnern als rassismuskritische politische Bildung

Um die historisch-politische Bildungsarbeit zu Rassismus gegen Rom:nja und Sinti:zze – aber auch darüber hinaus – weiterzubringen, bedarf es nicht unbedingt neuer Konzepte. Der Pädagoge Paolo Freire erarbeitete bereits in den 1960er-Jahren Lernmethoden, deren theoretische Grundlegung er in seinem weltweit rezipierten Buch *Pädagogik der Unterdrückten* veröffentlichte (1970). Einige Elemente seiner Theorie und Praxis sind weiterhin relevant, unter anderem, weil sie an die Theoreme der epistemischen Un-/Gerechtigkeit anschlussfähig sind. Freires Pädagogik zielt auf Bewusstseinsbildungsprozesse, die am Begreifen der historischen Entwicklung und der gesellschaftlichen Widersprüche ansetzen. Die eigene Lebenssituation wird vor diesem Hintergrund reflektiert. Sie zielt auf die Entzauberung herrschender Mythen, die die Unterdrückten in ihrer unterlegenen Position halten, und ist konsequent mit Aktion verbunden, die zur Befreiung führt (ebd., 105–110). Wesentliche Grundlagen seiner Arbeit sind der Glaube an die Möglichkeit der Veränderung von Gesellschaft und die Setzung, dass Unterdrückte Wissende sind.

Ceija Stojka und Paolo Freire eröffnen mit unterschiedlichen Gewichtungen und Ausgangspositionen einen Raum, in dem die gelebte Erfahrung als Wissensarchiv begriffen wird, die Unterdrückten als Wissende gesetzt sind, der Lernprozess dialogisch/kollektivierend und im widerständigen Handeln verankert ist.

Mit der Thematisierung von Rassismus, Überleben, Widerstand und mit konkreten kollektiven Interventionen durchbrechen einzelne Autor:innen sowie Akteur:innen politischer Bewegungen objektivierende Abbildungen und erkämpfen den verwehrten Subjektstatus durch den Fokus auf eigene Handlungsmacht. Aktivist:innen ringen in ihren Selbstorganisationen täglich damit, Veränderungen von Diskursen, Strukturen und Wissensbeständen zu erwirken, sie recherchieren, dokumentieren und machen politische Bildung. Dadurch setzen sie kollektive Lernprozesse in Gang, die von etablierten Bildungsinstitutionen im Nachhinein bestenfalls als Modul zu Bürger:innenrechtsbewegung gelehrt werden. Eine „Inklusion" dieser Kämpfe und einzelner Akteur:innen als *safe outsider* (Collins 2000, 254–256) in die Themen und den Apparat der politischen Bildung führt allerdings nicht zwangsläufig zur epistemischen Gerechtigkeit, sondern kann im Gegenteil die dominanten Strukturen legitimieren und verstärken. Für einen grundlegenden Wandel von Perspektiven und Verhältnissen müssen darüber hinaus aktuelle Konzepte der historisch-politischen

Bildung überprüft und in Richtung eines transformierenden Bildungshandelns überarbeitet werden. Ansätze rassismuskritischer historisch-politischer Bildung können aus den Perspektiven von romani-Wissensbeständen und -praxen transgenerationalen Erinnerns und Lernens hinterfragt, erweitert und vertieft werden. Die vielfältigen Formen mündlicher, schriftlicher, künstlerischer und medialer Weitergabe der Verfolgungs-, Widerstands- und Überlebensgeschichte von Rom:nja und Sinti:zze durch Rom:nja und Sinti:zze sind gleichermaßen pädagogisch und didaktisch relevant. Als situierte Erzählungen sind diese Formen des Wissens für das Verständnis und die Analyse komplexer gesellschaftlicher Verhältnisse sowie für (bildungs-)politische Interventionen unentbehrlich. Der Einbezug von bislang marginalisiertem, theoretischem und künstlerischem Wissen sowie Erfahrungswissen von Rom:nja und Sinti:zze in allgemeine Konzepte der historisch-politischen Bildungsarbeit wirkt sich nicht nur auf die Lernenden aus. Auch für die Lehrenden sowie für das Feld der politischen Bildungsarbeit geht es hierbei um einen grundlegenden Beitrag zur epistemischen Gerechtigkeit.

Literatur

ATTIA, Iman/Gerstenberger, Olga/Izabiliza, Diane/Keskinkiliç, Ozan Zakariya/Rajanayagam, Iris/Randjelović, Isidora (2022): Verwobene Geschichten – Geteilte Erinnerungen. In: APuZ bpb. https://www.bpb.de/shop/zeitschriften/apuz/geschichte-und-erinnerung-2021/341139/verwobene-geschichten-geteilte-erinnerungen/ (Zugriff: 11.08.2023).

BARZ, Hajdi (2020): Gut gemeint ist nicht gut gemacht. Kriterien zur Reflexion und Vermeidung von Rassismus gegen Rom:nja und Sinti:zze in didaktischem Material und der Unterrichtsplanung. http://www.romnja-power.de/wp-content/uploads/2021/03/201007_Kriterienraster_Online.pdf (Zugriff: 11.08.2023).

BMI (Hg.) (2021): Perspektivwechsel. Nachholende Gerechtigkeit. Partizipation. Bericht der Unabhängigen Kommission Antiziganismus. Frankfurt/M. https://www.institut-fuer-menschenrechte.de/fileadmin/Redaktion/PDF/UKA/Bericht_UKA_Perspektivwechsel_Nachholende_Gerechtigkeit_Partizipation.pdf (Zugriff: 11.08.2023).

COLLINS, Patricia Hill (2000): Black Feminist Thought. Konowledge, Consciousness, and the Politics of Empowerment. New York, London.

END, Markus (2011): Bilder und Sinnstruktur des Antiziganismus. In: APUZ bpb. https://www.bpb.de/shop/zeitschriften/apuz/33277/bilder-und-sinnstruktur-des-antiziganismus/?p=all (Zugriff: 11.08.2023).

FINGS, Karola/Jonuz, Elizabeta (1995): „Ich atme es ein und aus" – ein Interview mit Ceija Stojka. In: Jekh Čhip, Materialien zur Situation der Roma in der BRD: Das Vergangene ist nicht vergangen. Roma- und Sinti-Frauen. Verfolgung – Widerstand – Überlebensstrategien, Nr. 4.

FREIRE, Paulo (1970): Pädagogik der Unterdrückten. Bildung als Praxis der Freiheit. Reinbek.

FRICKER, Miranda (2007): Epistemic Injustice. Power and the Ethics of Knowing. Oxford.

HOOKS, bell (1994): Teaching to Transgress. Education as the Practice of Freedom. New York, London.

JONUZ, Elizabeta/Weiß, Jane (2020): (Un-)Sichtbare Erfolge. Bildungswege von Romnja und Sintize in Deutschland. Wiesbaden.

LANGE, Dirk (2009): Historisch-politische Didaktik. Zur Begründung historisch-politischen Lernens. Schwalbach/Ts.

MILLS, Charles W. (1997): The Racial Contract. Ithaca, London.

RANDJELOVIĆ, Isidora/Gerstenberger, Olga/Fernandez, José/Kostić, Svetlana/Attia, Iman (2022): Unter Verdacht – Rassismuserfahrungen von Rom:nja und Sinti:zze in Deutschland. Wiesbaden.

RATH, Imke/Spielhaus, Riem (2021): Schulbücher und Antiziganismus: Zur Darstellung von Sinti und Roma in aktuellen deutschen Lehrplänen und Schulbüchern. Eckert. Dossiers 3. https://www.bmi.bund.de/SharedDocs/downloads/DE/veroeffentlichungen/themen/heimat-integration/antiziganismus/gei-schulbuecher.pdf?__blob=publicationFile&v=4 (Zugriff: 11.08.2023).

ROSE, Romani (1987): Bürgerrechte für Sinti und Roma. Das Buch zum Rassismus in Deutschland. Heidelberg.

STOJKA, Ceija (2009): Auschwitz ist mein Mantel: Bilder und Texte. Wien.

STOJKA, Ceija (2013): Wir leben im Verborgenen. Aufzeichnungen einer Romni zwischen den Welten. Wien.

SALOUA MOHAMMED OULAD M'HAND,
ISMAHAN WAYAH

Muslimische Adressat*innen und Akteur*innen in der politischen Bildung

Politische Bildung in der postmigrantischen Gesellschaft ist vor dem Hintergrund intersektionaler Verwobenheiten zu reflektieren. Hierzu gehört auch die religiöse bzw. weltanschauliche Positionierung der Adressat*innen. Es lässt sich eine deutliche Diversifizierung der religiösen Zugehörigkeiten in der deutschen Gesellschaft beobachten, hierunter auch Menschen muslimischen Glaubens, die mit ca. 6,5% einen nicht unerheblichen Teil der deutschen Bevölkerung darstellen. Sie leben ihre Religiosität mit unterschiedlicher Intensität aus und haben vielfältige soziokulturelle und religiöse Praxen und Rituale (vgl. Pfündel u.a. 2021, 9). Darunter sind nicht wenige Lebensrealitäten vor allem von BPoC (*Black and People of Color**) und Menschen mit Migrationsgeschichte von Rassismus, Diskriminierungen und rechtsextremer Gewalt betroffen. Vor diesem Hintergrund ist die politische Bildung aufgefordert, die eigene „Verstrickung in soziale Macht- und Herrschaftsverhältnisse gesellschaftstheoretisch […] [zu] analysieren", „existierende Herrschaftsverhältnisse im Sinne eines emanzipatorischen Erkenntnisinteresses" sowie die Reproduktion von Stereotypen und Vorurteilen kritisch zu reflektieren (Herbst 2020, 335 f.). Eine kritische politische Bildung ist daher in einem empowernden, intersektionalen, rassismus-, macht- und herrschaftskritischen Sinne zu verstehen, mit dem Ziel, Individuen dahingehend zu befähigen, politische Entwicklungen und die damit verwobenen Ungleichwertigkeits-, Macht- und Herrschaftsdynamiken kritisch zu analysieren und schlussendlich politisch zu partizipieren (vgl. Scherr 2010, 303 ff.). So ist die politische Bildung nicht erst auf den Plan zu rufen, wenn es sich um akute gesellschaftliche ‚Brandherde' handelt, wie es bei Phänomenen des Rechtsextremismus, Rassismus oder Islamismus der Fall ist (vgl. Naddaf/Thimmel 2020). In den vergangenen Jahren lässt sich jedoch insbesondere bei dem Phänomen des Islamismus beobachten, dass die politische Bildung vor allem aus der Politik als ‚Problemlöserin' adressiert und zum Handeln aufgerufen wird. Hierdurch lässt sich eine immer stärker werdende inhaltliche Verengung der politischen Bildung hin zu einer extremismuspräventiven Demokratieförderungslogik beobachten (siehe Sindyan Qasem in diesem Band), sodass der bildungspolitische Fokus immer mehr von einem sicherheitspolitischen verdrängt wird (siehe Julika Bürgin in diesem Band). Eine ausschließliche Wahrnehmung von Religion im Kontext einer Radikalisierungsprävention würde nicht nur eine starke Verkürzung darstellen, sondern vor allem eine Stigmatisierung der Betroffenen. Welche Relevanz eine Sichtbarkeit von muslimischen Adressat*innen und Akteur*innen in der politischen Bildungsarbeit darstellt, ist Gegenstand dieses Artikels.

1. Muslimisches Leben und politische Bildungsarbeit

Politische Bildung findet in formalen, non-formalen sowie informellen Lern- und Erfahrungsräumen statt und hat zum Ziel, die Verwobenheit des Politischen mit den verschiedenen gesellschaftlichen Teilsystemen für das Subjekt transparenter und nachvollziehbarer zu gestalten. Ziel ist hierdurch die Erlangung einer subjektiven mündigen Handlungsfähigkeit (vgl. Hafeneger 2001; Bozay/Hentges 2020). So stellt „[d]ie Leitidee der politischen Mündigkeit des Einzelnen […] in der politischen Bildung das Pendant zu den verfassungsmäßig garantierten Freiheitsrechten für alle Bürgerinnen und Bürger in einer Demokratie" (Sander 2022, 25) dar, ausgehend von einem emanzipierten und selbstbestimmten Subjekt. Aus einer kritischen politischen Bildung heraus ist nicht nur eine macht- und herrschaftskritische Reflexion gesellschaftlicher Verhältnisse, sondern auch die darin eigene professionelle Verwobenheit vor einer diversitätsbewussten, rassismuskritischen und intersektionalen Perspektive maßgeblich (vgl. Lösch/Thimmel 2010). Vor dem Hintergrund einer deutschen Migrationsgesellschaft stellt zwar die religiöse Vielfalt eine gesellschaftliche Realität dar, jedoch gestaltet sich diese auch ambivalent. So ist der Islam in Deutschland nicht erst seit 2001 oder der Migrations- und Fluchtbewegung nach Europa in 2015 verstärkt negativ in den gesellschaftspolitischen und medialen Fokus geraten. Die Berichterstattungen über islamistische Attentate im Aus- und Inland, die Gründung eines Islamistischen Staates in Syrien und Irak und nicht zuletzt die Anwerbung von Jugendlichen und jungen Erwachsenen muslimischen Glaubens aus Europa in diese Kriegsgebiete haben zu einer angst- und vorurteilsbehafteten Besetzung der Auseinandersetzung mit dem Islam und muslimisch gelesenen bzw. positionierten Menschen geführt. Seit Jahrzehnten wird in den gesellschaftspolitischen Debatten nicht nur über die Rolle des Islams gestritten, sondern darüber, inwiefern Menschen muslimischen Glaubens überhaupt zu Deutschland gehören. Geprägt sind diese Debatten von dem Narrativ eines unüberbrückbaren Gegensatzes zwischen ‚westlicher' und ‚islamischer Kultur'. Dieses Narrativ ist nicht gänzlich neu und hat eine lange Tradition, die sich in den Ausgängen des 15. Jahrhunderts verorten lässt und bis heute wirkmächtig ist (vgl. Attia 2011). Vor allem im Kontext von Flucht, Migration und Gender lassen sich neorassistische Denkfolien (wieder-)erkennen, durch die muslimisch markierte Menschen homogenisiert und essenzialisiert werden. Die lebensweltliche Heterogenität und religiös-praktische Diversität werden hierbei außer Acht gelassen. Verfestigt wird diese stigmatisierende Komplexitätsreduktion durch die imaginäre Trennung zwischen einem ‚Wir' und den ‚Anderen' – hier der Dominanzgesellschaft und den als muslimisch markierten Personen. Am Beispiel des antimuslimischen Rassismus werden Kultur, Religion, Ethnizität, Geschlecht und Klasse durch machtvolle Abwertungs- und Exklusionsmechanismen verwoben (vgl. Shoomann 2014, 14 f.). Zudem bleibt eine genderspezifische Betrachtung des rassifizierenden antimuslimischen Diskurses nicht aus. So speist sich dieser aus der Konstruktion ‚der muslimischen Frau', die letzten Endes eine Projektionsfläche für Vorurteile, Stereotype und Rassismus bietet. Am Beispiel der sogenannten ‚Kopftuchdebatte' wird deutlich, wie die Diskussionen um Zugehörigkeit, Selbstbestimmung und Entfaltung über ‚die muslimische Frau' geführt und diese als eine Projektionsfläche für mediale und gesellschaftspolitische Debatten genutzt wird; bei gleichzeitiger Überschattung und Auslagerung eigentlicher machtvoller struktureller Probleme. Der Körper der muslimischen Frau wird zum Austragungsort von Fantasien, Deutungen, Zuschreibungen und gleichsam zum Antagonisten des Westens (vgl. Mecheril in diesem Band). Die erwähnten Diskurse wirken sich unterschiedlich auf die Lebenswelten muslimisch markierter Personen aus und können mit Rassismus- und Gewalterfahrungen im Alltag einhergehen. Da politische Bildungsarbeit nicht von gesellschaftlichen und politischen Diskursen zu trennen ist, stellen diese bei der Konzeption politischer Bildungsangebote einen signifikanten Reflexionsgegenstand dar. Hierbei ist eine lebensweltorientierte, intersektionale und rassismuskritische Betrachtung der diversen Lebensrealitäten der Adressat*innen politischer Bildung maßgeblich.

2. Spannungsverhältnis zwischen Religion und politischer Bildung

In Anbetracht der angeführten Diskurse stellt sich die Frage, inwiefern muslimische Akteur*innen in politischer Bildungsarbeit wahrgenommen werden. Zunächst ist festzuhalten, dass muslimisch positionierte Menschen sowohl als Adressat*innen als auch Akteur*innen in formellen und informellen Strukturen der politischen Bildungsarbeit präsent sind. Da eine religiöse Verortung in der Lebenswelt muslimisch positionierter Adressat*innen und Akteur*innen eine wichtige Rolle einnehmen kann, stellt sich unmittelbar die Frage nach dem Verhältnis der politischen Bildung zu Religion. Eine pauschale Dethematisierung von Religion in der politischen Bildungsarbeit aus einer Haltung heraus, diese sei ausschließlich säkular zu verstehen und müsse deshalb das Thema Religion per se ausblenden, würde weder den gesellschaftlichen Entwicklungen noch den Lebensrealitäten religiös verorteter Menschen Rechnung tragen. Die Thematisierung von Religion stellt expressis verbis einen Gegenstand für die politische Bildungsarbeit dar, nicht zuletzt aufgrund der Tatsache, dass Religion längst von politischer Bedeutung ist (vgl. Schulte 2018, 52 ff.). Das bedeutet, aus dem Verständnis einer kritischen politischen Bildung heraus dahingehend zu wirken, dass gerade vor dem Hintergrund einer diversen Gesellschaft ein mündiger Umgang mit religiösen bzw. weltanschaulichen Ansichten durch kritisch-reflexive Auseinandersetzungsprozesse gefördert wird. Letztere ist vor allem in der Begegnung mit anderen religiösen und weltanschaulichen Positionierungen und Ansichten erst möglich. Der politischen Bildungsarbeit kommt in diesem Zusammenhang eine relevante Rolle bei der Unterstützung von multiperspektivischen Meinungsbildungsprozessen und solidarischen Aushandlungen zu. Politische Bildung kann aber auch in einem Spannungsverhältnis zu Religionen und Weltanschauung stehen. So kann dies z.B. der Fall sein, wenn politische Bildner*innen sich mit menschenverachtenden religiösen bzw. weltanschaulichen Fragmenten wie z.B. im Islamismus konfrontiert sehen. Bei menschenverachtenden Äußerungen jedweder Art stehen politische Bildner*innen in der *Pflicht,* sich aus einer menschenrechtsbasierten Position heraus deutlich *gegen* ideologisierte, rassistische und diskriminierende Äußerungen oder Andeutungen zu positionieren. Nicht selten stellt sich in der Praxis die Frage danach, inwiefern eine eigene Positionierung vielleicht sogar Adressat*innen im Sinne des Beutelsbacher Konsens überwältigen würde. Es besteht die Annahme, dass die Wahrung der Neutralität bedeuten würde, sich kaum bis gar nicht politisch zu positionieren. So ist an dieser Stelle anzumerken, dass „Bildung und insbesondere politische Bildung […] nicht in dem Sinne neutral [ist], dass sie wertneutral wäre. Eine Kontroverse […] darf daher niemals so enden, dass sie den Schutz der Menschenwürde und den damit einhergehenden Grundsatz der Gleichheit der Menschen in Frage stellt" (Cremer 2019, 21 f.). Das Spannungsverhältnis zwischen religiösen bzw. weltanschaulichen Positionierungen und der politischen Bildung ist kein unüberbrückbares, denn durch die universellen Menschenrechte und die Unverhandelbarkeit der Menschenwürde ist hierdurch eine solide

Grundlage des Miteinanders gelegt, die einen wertschätzenden und transparenten Dialog ermöglicht. Meinungsverschiedenheiten sowie unterschiedliche Sichtweisen gehören zu Aushandlung- und Meinungsbildungsprozessen dazu. Politische Bildner*innen stehen als Framer*innen solcher Austauschs- und Aushandlungsräume aber auch vor der Herausforderung, nicht nur die hierfür benötigten (Sprech-)Räume bereitzustellen, sondern diese intersektional, rassismus- und machtkritisch zu gestalten. Zudem können solche Sprech- und Reflexionsräume dazu dienen, dass über individuelle identitäts- und sinnstiftende Bereiche wie z.B. die religiöse/weltanschauliche Verortung im Zusammenhang mit Gesellschaft und Politik diskutiert werden kann. Muslimisch gelesene Menschen sind aber nicht per se im Zusammenhang mit religiöser Verortung zu sehen und es wäre fatal, bei der Entwicklung von politischen Bildungsangeboten kulturalistische und defizitären Annahmen als Grundlage zu nehmen (vgl. Franz 2018, 310). Die ausschließliche Ansprache muslimisch gelesener Menschen über das Konstrukt Religion birgt die Gefahr, lediglich hierüber definiert zu werden, und blendet die mehrschichtigen Interessen und Lebensrealitäten aus, in denen Religion durchaus auch *(k)eine* Relevanz einnehmen kann und muss. Andererseits sind zielgruppenspezifische Angebote wichtig und nicht von der Hand zu weisen, nicht zuletzt aus einem empowernden Verständnis heraus. Vor allem aber sind *Safer Spaces* relevant, um sich unter Peers über Erlebnisse und Erfahrungen auszutauschen und sich gegenseitig zu stärken.

3. Muslimische Akteur*innen in der politischen Bildungsarbeit

Muslimisch verortete Menschen sind sowohl Adressat*innen als auch Akteur*innen in der politischen Bildungsarbeit. Bildungspolitische Angebote finden z.B. in etablierten sozialen Träger- und Vereinsstrukturen, postmigrantischen Organisationen oder in Moscheen statt. Vor allem gehen seit Jahrzehnten vielzählige politische Bildungsangebote von jungen muslimisch positionierten Akteur*innen und muslimischen (Jugend-)Selbstorganisationen aus, die sich entweder gezielt an muslimisch positionierte junge Menschen richten oder religions- und themenunabhängig aktiv sind. Hierbei sind Schwerpunkte, Formate und Inhalte divers gestaltet. Aber auch bildungspolitische Projekte, die in muslimischer Trägerschaft sind, stehen vor der Frage, inwiefern ihre Angebote die Diversität und Heterogenität muslimischen Lebens widerspiegeln. Hier bedarf es einer stetigen Wachsamkeit und kontinuierlichen Evaluierungen der Prozesse und Wirkungen bildungspolitischer Projekte. Neben bundesweit organisierten islamischen Organisationen, (Moschee-)Vereinen, Dachverbänden und Jugendgruppen/

-vereinen sind auch bildungspolitische Angebote durch regionale und lokale unabhängige muslimische Vereine und Initiativen vertreten. Junge muslimische Selbstorganisationen tragen zur Diversifizierung der bildungspolitischen Landschaft bei und verstehen sich als Teil der deutschen Zivilgesellschaft. Ihre Angebote in der Jugendarbeit sind mannigfaltig und umfassen z.B. Seelsorge, Bildung, Umwelt, Sport und Unterhaltung. Im bildungspolitischen Kontext werden diese als ‚Vereine junger Menschen mit Migrationshintergrund' oder Migrant*innenjugendselbstorganisationen klassifiziert. Kritisch zu betrachten ist weiterhin ihre Unterrepräsentanz in Jugendringstrukturen der Länder oder des Bundes (vgl. Greschner 2021, 338). Dabei sind diese Akteur*innen wichtig, da sie niedrigschwellige und empowernder Räume schaffen, in denen sie sich engagiert mit bildungspolitischen, sozial-ökonomischen, religiösen sowie flucht- und migrationsspezifischen Themen kritisch auseinandersetzen. Zudem werden auch diskriminierende und rassistische Ausgrenzungserfahrungen thematisiert und reflektiert (vgl. Beklen 2020). In Bezug auf die Förderlogik zeigt sich, dass der größte Teil der finanziellen Förderung muslimischer bildungspolitischer Akteur*innen aus Demokratieförder- sowie Präventionsprogrammen des Bundes und der Länder (u.a. BAMF-Programme zur interkulturellen Öffnung) bezogen wird. Vor allem die Verengung der Förderung auf einen sicherheitspolitischen Diskurs hält ein risikobehaftetes und konfliktträchtiges Bild von muslimischen Jugendlichen aufrecht (vgl. Greschner 2021, 336). Hierdurch werden eher die Annahmen *über* die Adressat*innen und weniger die lebensweltlichen Perspektiven und Lebensrealitäten hervorgehoben. Die Anerkennung und Vertretung muslimischer Akteur*innen in der politischen Bildungslandschaft und den jugendpolitischen Vertretungsstrukturen würde somit bedeuten, dass auf finanzielle Ressourcen, die sich in den Regelstrukturen und nicht in Präventionsprogrammen vorfinden, zurückgegriffen werden kann, wenngleich auch die etablierten Strukturen systematisch Ausschlüsse und Risikomarkierungen produzieren (vgl. Chehata 2021).

4. Fazit

Politische Bildung in der Migrationsgesellschaft bedeutet selbstredend, verschiedene Lebensrealitäten der Adressat*innen zu berücksichtigen und hierin Themen und Bedarfe zu erkennen. Dies ermöglicht nicht nur eine breitere Ansprache von Adressat*innen, sondern auch, neue Perspektiven und Bedarfe zu ermitteln. Politische Bildung in der Migrationsgesellschaft bedeutet jedoch vor allem, die Aktivitäten muslimischer Menschen und ihrer Organisationen als Akteur*innen der politischen Bildung zu sehen und anzuerkennen. Zentral ist hierbei nicht nur die Sichtbarkeit der Akteur*innen, sondern vor allem die Gewährleistung einer nachhaltigen und beständigen Förderung der Strukturen fernab von präventiven und sicherheitspolitischen Förderlogiken.

Literatur

ATTIA, Iman (2011): Diskurse des Orientalismus und antimuslimischen Rassismus in Deutschland. In: Melter, Claus/Mecheril, Paul (Hg.): Rassismuskritik. Band 1. Schwalbach/Ts., S. 146–162.

BEKLEN, Taner (2020): Jugendpolitisches und jugendverbandliches Empowerment: Das Muslimische Jugendwerk. In: Jagusch, Birgit/Chehata, Yasmine (Hg.): Empowerment und Powersharing. Ankerpunkte – Positionierungen – Arenen. Weinheim, S. 177–186.

BOZAY, Kemal/Hentges, Gudrun (2020): Grenzen der Profession!? Politische Bildung im Verhältnis zu angrenzenden Disziplinen. In: Hößl, Stefan/Jamal, Lubna/Schellenberg, Frank (Hg.): Politische Bildung im Kontext von Islam und Islamismus. Bundeszentrale für politische Bildung. Bonn, S. 204–223.

CHEHATA, Yasmine (2021): Postmigrantische Jugendarbeit. Vom Abschied von der Interkulturellen Öffnung zur Re-Demokratisierung der verbandlich organisierten Jugendarbeit. In: Dubiski, Judith/Hermens, Claudia/Schäfer, Stefan/Thimmel, Andreas (Hg.): Praxisforschung in der non-formalen Bildung. Zum Zusammenhang von Bildung, Politik und Forschung. Frankfurt/M., S. 133–156.

CREMER, Hendrik (2019): Das Neutralitätsgebot in der Bildung. Neutral gegenüber rassistischen und rechtsextremen Positionen von Parteien. Institut für Menschenrechte. Online: www.institut-fuer-menschenrechte.de/publikationen/detail/das-neutralitaetsgebot-in-der-bildung (Zugriff: 09.05.2022).

FRANZ, Julia (2018): Verfremdungen: Muslim_innen als pädagogische Zielgruppe. In: Amir-Moazami, Schirin (Hg.): Der inspizierte Muslim. Zur Politisierung der Islamforschung in Europa. Bielefeld, S. 309–334.

GRESCHNER, Deniz (2021): Muslimische Jugendverbände. Über ihre Diversität und die Bedeutung ihrer Schutzräume für die Jugendverbandsarbeit. In: Sozial Extra 5, S. 334–338.

HAFENEGER, Benno (2001): Politische Bildung als Beitrag zur Auseinandersetzung mit gesellschaftlichen Problemen und Gefahren für die Demokratie. In: Butterwegge, Christoph/Lohmann, Georg (Hg.): Jugend, Rechtsextremismus und Gewalt. Analysen und Argumente. Opladen, S. 269–277.

HERBST, Jan-Hendrik (2020): Trivialisierung von Kritik? Kritische Pädagogik und kritische politische Bildung im Blickfeld. In: Gärtner, Claudia/Herbst, Jan-Hendrik (Hg.): Kritisch-emanzipatorische Religionspädagogik. Diskurse zwischen Theologie, Pädagogik und Politischer Bildung. Wiesbaden, S. 333–340.

LÖSCH, Bettina/Thimmel, Andreas (Hg.) (2010): Kritische politische Bildung. Ein Handbuch. Schwalbach/Ts.

NADDAF, Zijad/Thimmel, Andreas (2020): Zum Verhältnis von Jugendsozialarbeit, politischer Bildung und Prävention in der Migrationsgesellschaft. In: Lorenz, Andreas/Keller, Andrea/ Pingel, Andrea/Weber, Karl (Hg.): Politische Bildung und Jugendsozialarbeit gemeinsam für Demokratie. Neue Wege der Primärprävention. Frankfurt/M., S. 38–46.

PFÜNDEL, Katrin/Stichs, Anja/Tanis, Kerstin (2021): Muslimisches Leben in Deutschland 2020. Online: www.bamf.de/SharedDocs/Anlagen/DE/Forschung/Forschungsberichte/fb38-muslimisches-leben.html?nn=283560 (Zugriff: 03.04.2022).

SANDER, Wolfgang (2022): Geschichte der politischen Bildung. In: Pohl, Kerstin/Sander, Wolfgang (Hg.): Handbuch politischer Bildung. Frankfurt/M., S. 13–28.

SCHERR, Albert (2010): Subjektivität als Schlüsselbegriff kritischer politischer Bildung. In: Lösch, Bettina/Thimmel, Andreas (Hg.): Kritische politische Bildung. Ein Handbuch. Schwalbach/ Ts., S. 303–314.

SCHULTE, Axel (2018): Religion in der Einwanderungsgesellschaft im Kontext von Menschenrechten, Machtstrukturen und Integrationsprozessen. In: Calero, Mercedes Martínez/Lange, Dirk/ Rohloff, Sigurður (Hg.): Soziale Arbeit und Politische Bildung in der Migrationsgesellschaft. Wiesbaden, S. 51–72.

SHOOMAN, Yasemin (2014): Weil ihre Kultur so ist. Narrative des antimuslimischen Rassismus. Bielefeld.

OLIVER EMDE, NADINE KAUFMANN

(Wie) packen wir's an?! Selbstorganisierte Lern-/ Handlungsräume im Umfeld der Klimagerechtigkeitsbewegung

Die Herausforderungen gesellschaftlicher Krisenerscheinungen – insbesondere die der Klimakatastrophe – und die damit einhergehenden mittel- und langfristigen Auswirkungen sind im Problembewusstsein von in Deutschland aufwachsenden Jugendlichen angekommen (Calmbach u.a. 2020, 405). Junge Menschen betrachten die „Welt und ihre Probleme ernsthaft und realistisch", sind aber auch verunsichert, „sehr besorgt und mitunter sogar ängstlich" (ebd., 566). Weite Teile dieser Generation nehmen sich zudem als politisch Ausgeschlossene wahr – ihre Stimmen würden zu wenig gehört, nicht ernst genommen und hätten keinen Einfluss auf Politik (ebd., 444 ff.). Unter anderem sind es diese (begründeten) Ohnmachtserfahrungen, die Jugendliche – trotz politischen Interesses – von politischem Engagement fernhalten. Gleichzeitig schaffen (junge) Menschen selbstorganisierte, bestärkende Artikulations- und Aktionsräume, mit denen sie Politik adressieren und unter Druck setzen und eigene Handlungsmöglichkeiten diskutieren und erproben. Beispiele aus der Klimagerechtigkeitsbewegung im deutschsprachigen Raum sind hierfür *Fridays-for-Future*-Demonstrationen, Formen zivilen Ungehorsams (z.B. von *Ende Gelände* oder *Extinction Rebellion*), Klimacamps und das zivilgesellschaftliche Engagement in lokalen Nischenprojekten rund um Nachhaltigkeit und Klimagerechtigkeit.

Mit gesellschaftlichem Engagement und politischem Aktivismus gehen viele informelle Lernprozesse einher, die von Engagierten auch oft als solche wahrgenommen, reflektiert und wertgeschätzt werden. Aus aktivistischen Kontexten entstehen zudem didaktisch arrangierte Lernangebote, z.B. Sommerschulen, Stadtrundgänge oder Lernreisen, die sich an die eigene Bewegung und darüber hinausgehende Zielgruppen richten. Welche Bedeutung diese nonformalen Lern-Handlungsräume im Kontext einer kritisch-emanzipatorischen politischen Bildung haben, beschreiben und reflektieren wir im Folgenden am Beispiel der Klimagerechtigkeitsbewegung in Deutschland, angereichert durch eigene Erfahrungen in dem Feld. Als Autor:innen sprechen wir nicht *im Namen* einer Klimagerechtigkeitsbewegung. Inhaltlich und institutionell positionieren wir uns durch unsere politisch-bildenden und forschenden Perspektiven als *bewegungsnah* und schreiben auf Grundlage unserer Erfahrungen, Beobachtungen und Forschungen über ein soziales Phänomen, in das wir gesellschaftlich eingebunden sind.

1. Unser Selbstverständnis kritischer politischer Bildung

Wenn wir von *kritisch-emanzipatorischer* politischer Bildung sprechen, geht es uns um ein machtkritisches Selbstverständnis dieses Handlungsfeldes. Dazu gehört u.a. die Reflexion, dass Bildung immer in gesellschaftliche (Macht- und Herrschafts-)Verhältnisse eingebunden und damit nie politisch neutral ist. Welche Fragen in Lernarrangements gestellt werden und welche nicht; auf wessen Wissen sich bezogen wird und auf wessen nicht; welche Grundannahmen unhinterfragt bleiben und welche Perspektiven unsichtbar gemacht oder infrage gestellt werden – das sind im Ergebnis politische Abwägungen, unabhängig davon, ob sie bewusst oder unbewusst getroffen werden (hooks 1994).

Kritisch-emanzipatorische politische Bildung macht auf diese Verstricktheiten aufmerksam. Sie benennt gesellschaftliche Machtverhältnisse sowie Formen struktureller Gewalt und eröffnet damit Möglichkeiten, diese zu kritisieren und Gegenentwürfe zu entwickeln. Damit kann Bildung zu einer breiteren Repolitisierung des vermeintlich Unpolitischen beitragen (Frankfurter Erklärung 2015; Orgakreis der Konferenz „Bildung Macht Zukunft" 2020).

Für Bildungskonzepte und -praxen im Kontext Klimagerechtigkeit (z.B. im Globalen Lernen oder einer Bildung für nachhaltige Entwicklung) ist diese Perspektive besonders relevant, weil normalisierte und wirkmächtige Denk- und Handlungsweisen – v.a. aus dem Globalen Norden – die Klimagerechtigkeitskrise verschärfen und tiefgreifende Lösungen verhindern (Eicker/Inkermann 2021). Beispiele dafür sind ein auf Wachstum angelegtes Wirtschaftssystem, ein oft strukturell und im persönlichen Denken und Fühlen verankerter (Alltags-) Rassismus und eine Fokussierung auf technologische Lösungen für gesellschaftliche Herausforderungen wie die Klimakrise (Göpel 2016).

Selbstorganisierte Bildungs- und Lernformate von bewegungsnahen Akteuren bieten Möglichkeitsräume, ein kritisch-emanzipatives Bildungsverständnis praktisch umzusetzen.

2. Selbstorganisierte, bewegungsnahe Akteure und ihre Zugänge zu politischer Bildung

Als bewegungsnahe Akteure bezeichnen wir solche, die sich mit den Zielen einer sozialen Bewegung identifizieren und deren Handlungsstrategien in unterschiedlicher Weise (hier vor allem: politisch-bildend) unterstützen. Die Organisationsvielfalt reicht von kleinen lokalen Aktionsgruppen über etablierte Träger der non-formalen politischen Bildung bis zu großen (inter-)nationalen NGOs mit verschiedenen politischen Selbstverständnissen, Positionen und Forderungen. Charakteristisch für das Akteursfeld sind auch unterschiedliche strukturelle Rahmenbedingungen, finanzielle Ausstattungen und Bildungszugänge.

Die zielgerichteten und strukturierten Lernarrangements dieser Akteure adressieren einerseits als *reflexive* Lern-/Handlungsräume (Trumann 2013, 196 ff.) Menschen, die in der Bewegung selbst aktiv sind. Diese Lernarrangements variieren zwischen solidarischem Erfahrungsaustausch, inhaltlicher Weiterbildung und aktionsorientierter Strategieplanung. (Historische) Beispiele hierfür sind Veranstaltungen der VHS Whyler Wald im Zuge der Anti-AKW-Bewegung Mitte der 1970er-Jahre, die Konferenz der BIPoC-Klimagerechtigkeitsbewegung 2020 in Leipzig oder die Widerstands- und Aktionstrainings im Hambacher Forst 2018. Zum anderen entstehen *aktionale* Lern-/Handlungsräume (ebd.), die sich primär an Menschen außerhalb der Bewegung richten. Ziel kann dabei u.a. sein, nicht verbreitete Informationen in die Öffentlichkeit zu tragen, bewegungsnahen Perspektiven im öffentlichen Diskurs mehr Sichtbarkeit zu verschaffen und einen Beitrag zur kritischen Urteilsbildung zu leisten. Beispiele dafür sind konsumkritische oder postkoloniale Stadtrundgänge, Workshops an Schulen und mit Freiwilligendiensten oder Public Climate Schools im Rahmen der *Fridays-for-Future*-Bewegung.

Häufig liegt diesen – hier idealtypisch differenzierten – Lern-/Handlungsräumen ein „emanzipatorisches Kritikverständnis" zugrunde, das „auf eine aktive Befähigung der Subjekte [...] abzielt und damit Möglichkeiten gegenhegemonialer Strategien eröffnet, die zum Abbau von Ausbeutung, Ungleichheit und Herrschaft beitragen" (Eis/Moulin-Doos 2018, 12). Wichtig sind dafür u.a. die Reflexion unhinterfragter Machtverhältnisse (und der eigenen Eingebundenheit darin) sowie das Entwickeln, Ausprobieren und Weitertragen individueller und struktureller Alternativen (I.L.A. Kollektiv 2019). Das Besondere an *selbstorganisierten* Lern- und Bildungsangeboten ist, dass im praktischen Handeln Konturen dessen sichtbar werden, was die Gruppe gesamtgesellschaftlich für wichtig hält. In der Klimagerechtigkeitsbewegung sind das z.B. eine basisdemokratische Entscheidungskultur, eine Aufwertung von Care-Tätigkeiten oder eine Orientierung an Suffizienz.

3. Beispiele selbstorganisierter bewegungsnaher Lernräume

Im Folgenden möchten wir mit zwei Beispielen exemplarisch darstellen, welche Merkmale *selbstorganisierte* und *bewegungsnahe* Formate auszeichnen können und wie diese mit kritisch-emanzipatorischen Lernpotenzialen verknüpft sind. Angelehnt an die oben getroffene idealtypische Unterscheidung beziehen wir uns dabei auf Klimacamps als *eher* reflexiv ausgerichtete und auf politische Stadtrundgänge als *eher* aktionale Lern- und Handlungsräume.

Klimacamps

Klimacamps als Lern- und Aktionsräume, wie sie im deutschsprachigen Raum stattfinden, haben ihren Ursprung in England ab Anfang der 2000er-Jahre im Zuge von Protesten gegen Kohlekraft und Flugverkehr. Schon länger werden im Globalen Süden Austausch-, Lern- und Protestformate im Kontext von Klima- und Umweltgerechtigkeit von direkt betroffenen Gruppen selbst organisiert.

Klimacamps basieren in der Regel auf vier Säulen, durch die Theorie und Praxis verknüpft werden: Bildung, Vernetzung, direkte Aktion und gelebte Alternativen in Form eines machtkritisch und ökologisch orientierten Zusammenlebens (Lingenfelder 2021). Als mehrwöchige Zeltcamps meist in unmittelbarer Nähe zu Orten der Klimazerstörung wird dort die Notwendigkeit politischen Handelns sicht- und erfahrbar.

Wir verstehen Klimacamps als selbstorganisierte und bewegungsnahe Lernorte, da sie meist von Klimaaktivist:innen ohne weisungsbefugte Organisation im Hintergrund umgesetzt werden und sich primär an Aktive aus sozialen Bewegungen richten. Sie thematisieren und stärken Bewegungen als Akteure gesellschaftlicher Transformation und als Räume politischen Handelns. Die Vorbereitung findet meist in basisdemokratischen Organisationskreisen statt. Die Beteiligung daran stellt für Menschen oft eine intensive Lern- und Selbstwirksamkeitserfahrung dar. Darüber hinaus sind die Teilnehmer:innen vor Ort in das Campleben eingebunden: in die Zubereitung der Mahlzeiten oder die Stromversorgung mit Windkraft- und Solaranlagen. Sie nehmen an den Camp-Plena teil, auf denen für so unterschiedliche Anliegen wie die Ausgestaltung der Nachtruhe oder für den Umgang mit Rassismus auf dem Camp Lösungen gesucht werden. In Auswertungsfragebögen der Veranstalter:innen werden diese

Aushandlungsprozesse von Teilnehmer:innen als „Training für echte Demokratie“ wertgeschätzt.

Neben diesen informellen Lernprozessen finden auf Klimacamps auch explizite Bildungsangebote statt. Diese richten sich teils an die eigene Bewegung, teils an die interessierte Öffentlichkeit mit dem Ziel, die Perspektive der Klimagerechtigkeitsbewegung nach außen zu tragen. Ein konkretes Beispiel dafür sind die „Degrowth-Sommerschulen“, die 2015 bis 2019 auf Klimacamps zu Gast waren. Deren Anliegen war es, den Blick für strukturelle Zusammenhänge zwischen Klimakrise und wachstumsorientierter Wirtschaft im Globalen Norden zu stärken. Teilnehmer:innen der Sommerschulen betonten, dass sie sich durch diese inhaltliche Auseinandersetzung in ihrem politischen Engagement gestärkt fühlen.

Ein Mitorganisator von Klimacamps beschreibt: „Es wird unglaublich viel an Wissen weitergegeben und Kompetenzen angeeignet, die dann wieder angewandt werden können – im besten Fall an verschiedenen Orten, in anderen Thematiken. […] Indem Menschen etwas ausprobieren, lernen sie dazu und erweitern die eigenen Handlungsmöglichkeiten“ (ebasa 2019).

Trotz machtkritischer Grundhaltung sind auch Klimacamps weiterhin Orte, an denen Ausschlüsse stattfinden: Ein Camp ist herausfordernd für Menschen mit körperlichen Einschränkungen. Klimacamps sind nach wie vor überwiegend weiße Räume und People of Colour haben auch deutlich gemacht, dass sie diese als ausschließend empfinden. In den Strukturen der Klimacamps wird dies reflektiert und angegangen. Eine Auseinandersetzung mit Privilegien und Ausschlüssen kann dabei nicht als abgeschlossen verstanden werden.

Mit einer lernoffenen Haltung angesichts dieser Herausforderungen können Klimacamps zusammengefasst Lernorte im Sinne eines „emanzipatorischen Kritikverständnisses“ (Eis/Moulin-Doos 2018, 12) sein.

Stadtrundgänge

Mit sogenannten ‚kritischen‘, ‚politischen‘ oder ‚alternativen‘ Stadtrundgängen hat sich aus Bewegungskontexten ein Format entwickelt, das im Spannungsfeld von politischer Artikulation, öffentlicher Aktion und politischer Bildungsveranstaltung zu verorten ist. In den vergangenen 20 Jahren verzeichnen politische Stadtrundgänge in der außerschulischen politischen Jugendbildung, aber auch als Kooperationsangebot für Schulen einen enormen Bedeutungszuwachs.

Viele politische Stadtrundgänge ähneln sich in ihrer didaktischen Gesamtszenografie: Umgesetzt wird ein temporär begrenztes Bildungsangebot im öffentlichen Raum zu einem vorher festgelegten Inhaltsfeld (beispielsweise

Konsumkritik, Antirassismus, Stadtentwicklung). An mehreren, häufig methodisch interaktiv gestalteten Stationen werden inhaltliche Auseinandersetzungen zu Teilaspekten angeboten. Zwischen den besuchten Orten und den dort behandelten Schwerpunkten wird von den Initiator:innen ein diskursiver Zusammenhang hergestellt.

Von bewegungsnahen Initiativen werden flanierende Angebote seit den 1970er-Jahren – z.B. im Rahmen antifaschistischer oder feministischer Spaziergänge – als Gegen- oder Alternativöffentlichkeiten genutzt: Die Ziele variieren zwischen einem reflexiven Erfahrungsaustausch, der Verbreitung zu wenig beachteter Informationen und Wissensbestände aus sozialen Bewegungen, der politischen Agitation oder der Aufklärung eines erweiterten Adressat:innenkreises.

Eine verbreitete Rundgangsvariante sind sogenannte „konsumkritische Stadtrundgänge", die mittlerweile in über 70 Städten existierten. Seit 2006 engagieren sich hier vor allem junge Menschen in selbstorganisierten ‚weltbewusst'-Ortsgruppen. Es entstehen informelle, reflexive Lern-Handlungsräume der politischen Subjektwerdung, der Selbstwirksamkeit und -ermächtigung. Im Rahmen der Peer-to-Peer-Stadtrundgänge erleben Jugendliche einen Erstkontakt mit politischem Engagement und bringen sich politisch (bildend) in gesellschaftliche Diskurse ein.

Teils angeregt durch den weltbewusst-Impuls, teils in direkter Bezugnahme auf den aktivistischen Entstehungskontext kritischer Stadtrundgänge greifen verschiedenen Initiativen und Organisationen das Format auf, entwickeln es weiter und übertragen es auf ihre Inhaltsfelder: Es existieren postkoloniale Stadtführungen aus der diasporischen Community, rassismuskritische Spaziergänge aus dem Kontext lokaler antirassistischer Aktionsgruppen oder gentrifizierungskritische Rundgänge von Recht-auf-Stadt-Aktivist:innen. Auch Bildungsinitiativen, etablierte Akteure der non-formalen Bildung oder international agierende NGOs bedienen sich der Idee des spazierenden Bildungsformats (Emde 2022).

Die emanzipatorischen (Lern-)Potenziale für Stadtrundgangsteilnehmer:innen ergeben sich u.a. durch kreative methodisch-didaktische Zugänge, die repolitisierten Lernorte und die besonderen Sprecher:innen-Rollen der Initiator:innen. Stadtrundgänge brechen mit der monodirektionalen Vermittlungsform der Führung und bieten – unterstützt durch das Stationsprinzip – vielfältige Zugänge zu unterschiedlichen Orten: Teilnehmende beobachten, erkunden und beforschen den öffentlichen Raum, erschließen sich mit kategorialen Schlüsselfragen (Macht, Interesse, Ideologie, Solidarität etc.) konkrete Konflikte vor Ort und können exemplarisch herausarbeiten, dass Prozesse der

Vergesellschaftung immer durch Interessengegensätze geprägt und von Machtverhältnissen durchzogen sind.

Der städtische öffentliche Raum eignet sich für diesen Zugang einer macht- und herrschaftskritische Bildungsarbeit, weil hier soziale Widersprüche und Ungerechtigkeiten einer imperialen Lebens- und Produktionsweise eindrucksvoll offengelegt werden können. Auch können vergangene oder entfernte (globale) politische Prozesse und Ereignisse vor Ort eingefangen und mit der eigenen Lebenswelt verknüpft werden.

Dazu tragen auch engagierte, politisch positionierte Sprecher:innen bei, denn viele von ihnen begeben sich als ganze Person und überzeugte Aktivist:innen in das Lernarrangement. Sie thematisieren ihre Involviertheit, stellen eigene politische Standpunkte transparent dar, begründen diese und fordern zur Auseinandersetzung damit auf (siehe Nguyễn, Nguyễn und Ehrich in diesem Band). Für das didaktische Setting nehmen sie damit die Rolle von positionsprovozierenden Vis-à-vis ein und ermöglichen eine bezogene Urteilsbildung, die als *Lernen am Anderen* verstanden werden kann: „Damit ist ein Lernen ‚an' der Person gemeint, also an dem, was die vermittelnde Person inhaltlich präsentiert und was sie durch ihre Persönlichkeit verkörpert." (Schröder/Balzter 2010, 491)

4. Schlussbetrachtung

Die Verwobenheit von politischem Aktivismus und politischer Bildung wird in den skizzierten Lernräumen in besonderer Weise sichtbar. Eine generelle, oftmals von außen herangetragene Trennung zwischen Bildungspraxis und politischer Praxis widerspricht in der Regel dem Selbstverständnis der Initiativen, weil politische Bildung selbst als Teil des Politischen verstanden wird.

Die exemplarisch ausgewählten Lernräume orientieren sich sowohl an gesellschafts- als auch an subjektbezogenen Zielsetzungen: Sie möchten marginalisierte Kritik- und Handlungsformen sowie Zukunftsvorstellungen sozialer Bewegungen in öffentlichen Debatten stärken. Durch Positionen, die sich an gesellschaftlicher Veränderung orientieren, wird in diesen Lernarrangements oft das *Gewordene* – wie ist Gesellschaft jetzt? – aus der Perspektive des *Möglichen* – wie könnte es auch anders sein? – erschlossen. Dabei werden Menschen darin bestärkt, vermeintlich unpolitische Aspekte des Alltäglichen zu hinterfragen, sich diese mit einer herrschaftskritischen Perspektive zu erschließen und als veränderbar wahrzunehmen. Emanzipation, politische Mündigkeit und Selbstermächtigung sind die politisch-pädagogischen Maßstäbe, die dabei für die politische Bearbeitung gesellschaftlicher Gegenwarts- und Zukunftsfragen auf subjektbezogener Zielebene angelegt werden.

Wer sich in diesen selbstorganisierten Räumen bewegt, ist oft Lernende:r und Multiplikator:in und Gestalter:in von Lernprozessen. Weil „Lernende und Politische Bildner/innen […] in soziale und politische Diskurse eingebunden [sind], die ihre Wahrnehmungs-, Denk und Handlungsweisen beeinflussen" (Eis et al. 2015, 95), werden diese Rollen individuell unterschiedlich ausgestaltet und reflektiert – im Spannungsfeld von *Perspektiven bereitstellen* und *überzeugen wollen.* In beiden Fällen stellen sich aber Menschen mit ihren eigenen politischen Haltungen und ihrem Aktivismus zur Verfügung und bieten so die Möglichkeit – für sich selbst und andere –, sich damit auseinanderzusetzen. Ein Lernen *an der Person,* an konkreten Erfahrungen, ist in vielen selbstorganisierten Lernformaten dadurch möglich. Dieser direkte Kontakt mit (anderen) politisch aktiven Menschen hat oft eine stärkende und zu politischem Engagement motivierende Wirkung.

Viele Lernformate von selbstorganisierten Initiativen finden als *Bildung von unten* in strukturellen Ambivalenzverhältnissen statt. Das betrifft z.B. ihre (finanzielle) (Un-)Abhängigkeit, ihre organisationale Stabilität und die Arbeitsbedingungen zwischen Selbstausbeutung und Engagement. Gerade (staatliche) finanzielle Förderungen oder die Anbindung an große NGOs können Kapazitäten schaffen und langfristigere Sicherheit bieten, sind aber oft mit Einflussnahme durch diese Institutionen verbunden. Im breiten Spektrum bewegungsnaher, politisch-bildender Akteure werden verschiedene Wege eingeschlagen – mit allen Vor- und Nachteilen, Risiken und Nebenwirkungen. Im Sinne einer kritischen politischen Bildung können diese Lernräume – so oder so – emanzipatorisch sein, solange sie

„Lernprozesse der Selbst- und Weltaneignung in der Auseinandersetzung mit anderen [ermöglichen], um Wege zu finden, das Bestehende nicht nur mitzugestalten und zu reproduzieren, sondern individuell und kollektiv handelnd zu verändern" (Frankfurter Erklärung 2015, 95).

Literatur

CALMBACH, Marc u.a. (2020): Wie ticken Jugendliche? 2020: Lebenswelten von Jugendlichen im Alter von 14 bis 17 Jahren in Deutschland. Bonn.

EBASA (2019): Podcastreihe Transformation und Bildung, Folge 6: Bildung und Klimawandel: Von und in sozialen Bewegungen lernen. Online: https://www.ebasa.org/2020/03/06/podcast6 (Zugriff: 25.07.2023).

EICKER, Jannis/Inkermann, Nilda (2021): Die Hegemonie der imperialen Lebensweise als Herausforderung für die politische Bildung. In: Journal für politische Bildung 4, S. 32–37.

EIS, Andreas u.a. (2015): Frankfurter Erklärung. Für eine kritisch-emanzipatorische Politische Bildung. In: Journal für politische Bildung 4, S. 94–96.

EIS, Andreas/Moulin-Doos, Claire (2018): Europäische (Des)Integration als kollektive Lerngelegenheit? Aufgaben kritischer politischer Europabildung. In: Eis, Andreas/Moulin-Doos, Claire (Hg.): Kritische politische Europabildung: die Vielfachkrise Europas als kollektive Lerngelegenheit? Immenhausen bei Kassel, S. 7–23.

EMDE, Oliver (2022): Politische Stadtrundgänge. Außerschulische Lernarrangements zwischen Schule und sozialen Bewegungen. Frankfurt/M.

GÖPEL, Maja (2016): The Great Mindshift: How a New Economic Paradigm and Sustainability Transformations Go Hand in Hand. Basel.

HOOKS, bell (1994): Teaching To Transgress. Education as the Practice of Freedom. New York.

I.L.A.KOLLEKTIV (Hg.) (2019): Das Gute Leben für Alle. Wege in eine solidarische Lebensweise. München.

LINGENFELDER, Julia (2021): Politische Bildung in der Klimabewegung. In: Journal für politische Bildung 4, S. 38–43.

ORGAKREIS der Konferenz „Bildung Macht Zukunft" (2020): Bildung Macht Zukunft. Positionen zu einer zukunftsorientierten kritisch-emanzipatorischen Bildung. In: Eicker, Jannis u.a. (Hg.): Lernen für die sozial-ökologische Transformation? Frankfurt/M., S. 16–21.

SCHRÖDER, Achim/Balzter, Nadine (2010): Außerschulische politische Jugendbildung und ihr kritisches Potential – Erkenntnisse einer bundesweiten Evaluation. In: Lösch, Bettina/Thimmel, Andreas (Hg.): Kritische Politische Bildung. Ein Handbuch. Schwalbach/Ts., S. 483–496.

TRUMANN, Jana (2013): Lernen in Bewegung(en): Politische Partizipation und Bildung in Bürgerinitiativen. Bielefeld.

HOLGER OPPENHÄUSER

Kapitalismuskritische Bildungsarbeit von NGOs. Das Beispiel Attac

„Der Kapitalismus, der alte Schlawiner" (Licht 2006), hat sich wieder auf die Tagesordnung geschlichen. Im Zuge der Diskussionen um die ökonomischen, sozialen und ökologischen Krisenprozesse der vergangenen Jahre hat die Kapitalismuskritik eine Renaissance erlebt, die sich auch im Feld der Bildungsarbeit zunehmend bemerkbar macht, wie neuere Publikationen zeigen (vgl. Politikum 3/2021, Bieling/Coburger/Klösel 2021, Suhr/Kurth/Kühnhausen in diesem Band, Rodrian-Pfennig u.a. 2023, Oppenhäuser 2024). Im Folgenden wird kurz der Stand der aktuellen Diskussion zum Thema kapitalismuskritische Bildungsarbeit skizziert (1), ein Überblick über dazu passende Bildungsmaterialien für unterschiedliche Kontexte gegeben (2) und schließlich das Verhältnis von Bildung und politischer Praxis am Beispiel von Attac kurz beleuchtet (3).

1. Was heißt kapitalismuskritische Bildungsarbeit?

Kapitalismuskritische Haltungen in der Gesellschaft speisen sich heute wie seit jeher aus vielfältigen Quellen, mal dominieren religiöse, mal sozialwissenschaftliche, mal ökologische und mal politisch-ideologische Motive (vgl. Politikum 3/2021). Zudem wird der Begriff Kapitalismus auch in den Sozialwissenschaften keineswegs einheitlich gebraucht (vgl. Bieling/Coburger/Klösel 2021). In der politischen Bildung schließlich steht die Diskussion an einem Neuanfang, denn bis vor einigen Jahren gab es so gut wie keine aktuellen Publikationen oder Materialien zum Thema Kapitalismus(-kritik). Bei diesem Neuanfang geht es nicht nur darum, die aktuellen gesellschaftlichen und wissenschaftlichen Debatten für die praktische Bildungsarbeit aufzubereiten, sondern auch darum, das didaktische oder bildungstheoretische Wissen nach (verschütteten) Anknüpfungspunkten zu durchsuchen. Dabei gilt es, grundsätzlich die Offenheit für vielfältige Perspektiven zu bewahren. Das Ziel einer kapitalismuskritischen Bildungsarbeit auf der Höhe der Zeit kann sicher kein in Stein gemeißeltes Curriculum sein. Dennoch wird eine kritische Auseinandersetzung mit dem Kapitalismus auch im Feld der Bildungsarbeit nicht zuletzt an die von Marx begründete Tradition der Kritik der politischen Ökonomie als elaboriertem sozialwissenschaftlichem Ansatz anschließen müssen (vgl. Suhr/Kurth/Kühnhausen in diesem Band, Oppenhäuser 2024). Deren zentrale Punkte lauten knapp zusammengefasst:

- Der Erhalt des menschlichen Lebens beziehungsweise der materielle gesellschaftliche Reproduktionsprozess ist eingebettet in natürliche Zyklen (etwa des Wachstums von Getreide und anderen Lebensmitteln), die durch die kapitalistische Produktionsweise bedroht sind (Klimakatastrophe, Artensterben u.a.).
- Der Kapitalismus ist ein umfassendes, zur globalen Ausdehnung tendierendes System, dem sich die Einzelnen nicht entziehen können und in dem das wesentliche Ziel des von privaten Unternehmen organisierten Wirtschaftens die Erzielung von Profit ist.
- Grundlage dieses Systems ist das Privateigentum an Produktionsmitteln auf der einen Seite und der Zwang zur Lohnarbeit auf der anderen, woraus sich ein unpersönliches Herrschaftsverhältnis und eine entsprechende permanente Konfliktkonstellation zwischen sozialen Klassen ergeben.
- Diese Konfliktkonstellation wird durch den Staat gewährleistet, der das Eigentum garantiert und das Zusammenspiel unterschiedlicher Herrschaftsverhältnisse (race, class und gender) sowie die internationale Arbeitsteilung reguliert.
- Ziel der Kritik ist die praktische Überwindung des Kapitalismus zugunsten einer demokratisch organisierten und bedürfnisorientierten Produktion von Gütern, welche die natürlichen Bedingungen menschlichen Lebens respektiert und erhält.

Im allgemeinen Sinne könnte kapitalismuskritische Bildungsarbeit als Raum definiert werden, in dem diese systemischen Aspekte und die damit verbundenen politischen Konflikte reflektiert werden, wobei zugleich solidarische Alternativen sowie entsprechende Handlungsansätze entwickelt werden. Damit ergeben sich einige Bezüge zur kritischen politischen Bildung, der es um die Offenlegung von Konflikt und Dissens, um die Kritik von machtvollen Ausschlüssen, um den Streit um Alternativen und nicht zuletzt um „Protest gegenüber den bestehenden sozialen Herrschaftsverhältnissen“ (Frankfurter Erklärung 2017) geht. Neben diesen inhaltlichen Punkten finden sich zumindest implizit auch Übereinstimmungen mit Blick auf die entsprechende Bildungspraxis. Zum einen, wenn von Bildner*innen Selbstreflexivität hinsichtlich der eigenen Eingebundenheit in Machtverhältnisse – mithin auch Klassenverhältnisse – gefordert wird. Zum anderen, wenn das „Recht auf Eigensinn und Selbstbestimmung“ der Lernenden betont wird und sie an der „Planung und Reflexion des Lernens“ beteiligt werden sollen, und zwar mit dem Ziel, durch solche Bildungsprozesse zu einer „[p]raktizierte[n] Mündigkeit" beizutragen, die in der Fähigkeit besteht, „das Bestehende nicht nur mitzugestalten und zu reproduzieren, sondern individuell und kollektiv handelnd zu verändern" (ebd.).

2. Kontexte, Formate und Materialien

Was diese recht abstrakten theoretischen Überlegungen für die konkrete Bildungspraxis bedeuten, hängt stark vom jeweiligen Kontext ab. Eine Tagesveranstaltung im autonomen Jugendzentrum hat andere Rahmenbedingungen als eine Unterrichtsreihe, ein studentischer Lesekreis andere als ein Bildungsurlaub, ein Seminar auf der Attac-Sommerakademie andere als die Gruppenstunde in einem Jugendverband oder in der Stadtteilarbeit und eine Fortbildung für Multiplikator*innen andere als die Arbeit mit deren Zielgruppen. In der Schule gilt es, an Curricula anzuknüpfen, und es gelten andere fachdidaktische Standards als in der außerschulischen Jugend- und Erwachsenenbildung, in der sich die Teilnehmenden in der Regel freiwillig und intrinsisch motiviert an Angeboten mit einer bestimmten inhaltlichen Ausrichtung beteiligen. Zudem braucht es in den unterschiedlichen Kontexten differenzierte Angebote, je nach Vorkenntnissen, sprachlichen Barrieren oder speziellen Lernbedarfen, wenn Menschen nicht per se von Bildungsangeboten zu vermeintlich ‚schwierigen Themen' wie Kapitalismus ausgeschlossen werden sollen. Ein solcher Ausschluss würde letztlich implizieren, diese Menschen auch von der ‚schwierigen' demokratischen Gestaltung der gesellschaftlichen Verhältnisse auszuschließen. Was die Entwicklung von differenzierten Angeboten angeht, ist sicher vieles denkbar, aber in den vergangenen Jahren haben unterschiedliche Bildungsakteur*innen bereits einige Materialien für verschiedene Bildungsformate entwickelt, mit denen die oben genannten Kernpunkte einer kapitalismuskritischen Bildungsarbeit thematisiert werden können.

Die Rosa-Luxemburg-Stiftung (RLS) hat verschiedene Materialien herausgegeben, mit denen Einführungen in die Kritik der politischen Ökonomie unterstützt werden können. Das zweiteilige Material *PolyluxMarx* besteht aus Foliensätzen, die begleitend zur Lektüre von Auszügen aus „Das Kapital" eingesetzt werden können. Weniger auf Lektüre ausgerichtet ist das Bildungsmaterial *Marx für Alle!*, das ebenfalls von der RLS herausgegeben wurde. Es beinhaltet ein Konzept für einen Tages- oder Halbtags-Workshop, in dem anhand einer Reihe von Flipcharts, gemischt mit kurzen Leseeinheiten und Gruppenarbeitsphasen, die Grundzüge der Marxschen Kritik der politischen Ökonomie mit

Interessierten erarbeitet werden können. Noch handlungsorientierter ist das Material *Kapitalismus für Einsteiger*innen*, in dessen Zentrum ein Planspiel steht, das grundlegende Dynamiken des Kapitalismus sichtbar macht. In einer vertiefenden Variante kann insbesondere der Zusammenhang von Kapitalismus und Naturzerstörung behandelt werden und in einer zweiten Variante die Bedeutung von Care-Arbeit im Kapitalismus.

An (angehende) Lehrer*innen und politische Bildner*innen richtet sich hingegen die Broschüre *What about class?* des Arbeitskreises politische Bildung an der Humanwissenschaftlichen Fakultät der Universität Köln. Die Sammlung von einführenden Texten und Bildungsmethoden zu Kapitalismus, Klassen, Klassismus und weiteren damit verbundenen Aspekten soll Anregungen für eine klassenbewusste politische Bildung geben und enthält unter anderem eine Checkliste mit Kriterien zum Hinterfragen von Bildungsmaterialien sowie der eigenen Bildungspraxis.

Der sozialistische Jugendverband Die Falken hat einen *Methoden-Ordner Antikapitalistische Pädagogik* entwickelt, der von einem theoretischen Verständnis des Kapitalismus ausgeht, aber nicht auf die didaktische Aufbereitung von entsprechendem Wissen zielt. Vielmehr setzen die interaktiven Methoden an konkreten Erfahrungen von Kindern und Jugendlichen an und zielen dabei auf die Reflexion von Leistungsdruck, Konkurrenz, Arbeitsverhältnissen, verschiedenen Formen der Diskriminierung sowie weiteren Aspekten. Dabei geht es nicht zuletzt darum, negative lebensweltliche Erfahrungen durch kollektive solidarische Praxen abzuschwächen.

Das Attac-Bildungsmaterial *Kapitalismus – oder was? Über Marktwirtschaft und Alternativen* schließlich wurde für den Einsatz in der Schule und in der außerschulischen Bildung entwickelt. Es schließt an Lehrplanthemen wie soziale Marktwirtschaft oder Marktformen an, behandelt aber zugleich grundsätzliche Fragen zur Funktionsweise des Kapitalismus und legt den Fokus auf die politische Gestaltbarkeit der Wirtschaftsordnung.

Neben diesen Materialien, die explizit für die kritische Auseinandersetzung mit dem Kapitalismus entwickelt wurden, gibt es zahlreiche weitere, die aus einer kritischen Perspektive (auch) die ökonomischen Aspekte von Themen wie Klimagerechtigkeit, Wachstumszwang oder (Neo-)Kolonialismus beleuchten und sich insofern ebenfalls für eine kapitalismuskritische Bildungsarbeit im weiteren Sinne eignen. Exemplarisch können hier die Materialien *Endlich Wachstum* des Konzeptwerks Neue Ökonomie, die Reihe *Fokuscafé Lateinamerika* des Informationsbüro Nicaragua oder das Heft *The winner takes it all?* von AWO International, Brot für die Welt und EPIZ genannt werden. Eine gute

Übersicht über diese und weitere Materialien bietet eine ständig aktualisierte Linksammlung auf der Seite des Forums kritische politische Bildung (t1p.de/fkpb-material).

Erwähnenswert sind in diesem Zusammenhang außerdem die folgenden Materialien, die sich aufgrund ihrer kurzen Texte und anschaulichen Diagrammen gut für den Einsatz in der Bildungsarbeit eignen. Das I.L.A. Kollektiv beschäftigt sich ausgehend vom Konzept der Imperialen Lebensweise (Brandt/Wissen 2017) in den Broschüren *Auf Kosten anderer* und *Das Gute Leben für Alle* mit Fragen der globalen Gerechtigkeit und Wegen zu einer solidarischen Gesellschaft. Der von der Bewegungsakademie e.V. erstellte Reader *Plurale Ökonomik. Eine Einführung in 8 Perspektiven* bietet eine vergleichende Übersicht über verschiedene ökonomische Ansätze, unter anderem keynesianische, feministische, ökologische und marxistische.

3. Bildung und politische Praxis am Beispiel Attac

Abschließend soll am Beispiel von Attac der Frage nachgegangen werden, in welchem Verhältnis die Entwicklung solcher Bildungsmaterialien durch NGOs zu ihrer politischen Praxis steht. Das Attac-Netzwerk entstand um die Jahrtausendwende als Teil der globalisierungskritischen Bewegung. Neben dem erwähnten Kapitalismus-Material hat Attac noch weitere Materialien für die Schule und die außerschulische Bildung erarbeitet, unter anderem zu den Themen Klimagerechtigkeit, globale Arbeitsverhältnisse und Finanzmärkte. In Kooperation mit dem Konzeptwerk Neue Ökonomie und der Rosa-Luxemburg-Stiftung erschien außerdem ein Sonderheft zum Thema digitalisierter Kapitalismus.

Das eigentliche Kerngeschäft von Attac und anderen Bewegungsorganisationen ist aber die Entwicklung von gesellschaftlichen Alternativen und entsprechenden Handlungsoptionen. Bei sozialen Bewegungen handelt es sich um ‚Lern-Handlungsräume' (vgl. Trumann 2013, Eis/Frauenlob 2020), in denen die Bildungsarbeit fließend in die politische Praxis übergeht, die ihrerseits neue Lernanlässe schafft. Die Analyse gesellschaftlicher Verhältnisse mündet in die Entwicklung alternativer politischer Positionen, die mittels geeigneter Handlungsformen (öffentliche Veranstaltungen, Informationsmaterial, Protestmobilisierung etc.) verbreitet und letztlich durchgesetzt werden sollen, was immer wieder Anlass zur Selbstreflexion hinsichtlich der Analysen, der politischen Ziele und der eingesetzten Mittel gibt. Das Bildungsrepertoire von Attac reicht in diesem Zusammenhang von der kontinuierlichen Arbeit in lokalen

Gruppen und bundesweiten Kampagnen über die Aneignung von Inhalten und Skills auf Sommer- und Aktionsakademien bis hin zur einjährigen ‚Ausbildung als Aktivist*in' in der Attacademie (vgl. Schreiber/Leidig 2010). Letztlich sind solche Berührungspunkte von Theorie und Praxis in sozialen Bewegungen das eigentliche Feld kapitalismuskritischer Bildungsarbeit, der es schließlich um die Veränderung der gesellschaftlichen Verhältnisse geht.

Dass Attac zugleich Ressourcen für die Erarbeitung und Veröffentlichung von (Unterrichts-)Materialien zur Verfügung stellt, ist Teil der politischen Praxis des Netzwerkes. Ein Anlass, sich mit der Entwicklung von Bildungsmaterialien zu beschäftigen, war neben entsprechenden Nachfragen von Lehrer*innen nicht zuletzt die Masse an kostenlosem Material, mit denen Konzerne und ihre Lobbyorganisationen die Schulen seit Jahren fluten (vgl. Engartner 2019). Das Attac-Material ist – ebenso wie das vonseiten der Industrielobby, der Kirchen, der Gewerkschaften, der Umweltverbände oder zahlreicher anderer NGOs – Teil der Auseinandersetzungen um gesellschaftliche Hegemonie im Sinne Antonio Gramscis (vgl. Becker u.a. 2013), da es bestimmte Deutungen der gesellschaftlichen Verhältnisse zur Diskussion stellt und Gestaltungsvorschläge einbringt.

Dabei können die Materialien von NGOs wichtige Lücken füllen, die seitens engagierter Lehrender, aber auch seitens der Fachwissenschaft gesehen werden. So hat Attac kürzlich eine aktualisierte Auswahl seiner Materialien in Buchform veröffentlicht (Oppenhäuser/Autor*innengruppe Bildungsmaterial 2023) und diese um didaktische Hilfestellungen und Differenzierungsangebote ergänzt, um Menschen mit unterschiedlichen Lernvoraussetzungen darin zu bestärken, politisch-ökonomische Prozesse zu verstehen und sich an ihrer demokratischen Gestaltung zu beteiligen. Zudem ist die Themenauswahl des Buches an einer bundesländer- und schulformübergreifenden Curriculumanalyse der Fächer der sozialwissenschaftlichen Bildung (Hippe/Hedtke/Hellmich 2020) orientiert. Damit soll gewährleistet werden, dass die Materialien gut im Unterricht eingesetzt werden können. Zugleich sollen sie aber auch Leerstellen füllen, die in der Curriculumanalyse zutage getreten sind. So stellen die Autor*innen zum einen fest, dass die Mitbestimmung von Arbeitnehmer*innen in den Curricula wenig präsent ist und „in der gymnasialen Sek. II praktisch komplett ignoriert" wird (ebd., 64), und zum anderen, dass „die ‚großen Fragen' […], v.a. jene zum Verhältnis/Vereinbarkeit von Kapitalismus und Demokratie" (ebd. 65), zu kurz kommen. Genau diese und ähnliche Lücken in den Curricula versuchen die Attac-Materialien zu schließen.

Das heißt aber nicht, dass die Materialien deswegen Standards der schulischen Politikdidaktik wie das Überwältigungsverbot oder das Kontroversitätsgebot verletzten (vgl. Reheis 2019, Herlold 2021). Die Lernenden sollen keineswegs ‚überwältigt' werden, sondern das Material trägt bewusst zur ‚Kontroversität' bei, indem es hegemoniale Deutungen mit Alternativen konfrontiert und diese Agenda offenlegt. Dennoch berichten Lehrer*innen, dass sie in der Schule zum Teil auf Vorbehalte stoßen, wenn sie das Attac-Material einsetzen, obwohl auch sie bestätigen, dass es fachlich einwandfrei ist. Offenbar steht es eher unter Ideologieverdacht, im Einklang mit dem Grundgesetz, die demokratische Gestaltbarkeit der ökonomischen Verhältnisse zu betonen und die Verwobenheit von ökonomischem Wissen und gesellschaftlicher Praxis zu analysieren, als zu suggerieren, wir lebten in der besten aller möglichen Welten und die neoklassische Theorie des Marktes sei der Weisheit letzter Schluss. Auch das sagt etwas über gesellschaftliche Hegemonie aus und kann für Attac nur ein weiterer Ansporn sein, den real existierenden Kapitalismus zu kritisieren und Alternativen zur Diskussion zu stellen. Bis es irgendwann heißt: „Jetzt isser endlich vorbei" (Licht 2006).

Literatur

BECKER, Florian/Candeias, Mario/Niggemann, Janek/Steckner, Anne (Hg.) (2013): Gramsci lesen – Einstiege in die Gefängnishefte. Hamburg.

BIELING, Hans-Jürgen/Coburger, Carla/Klösel, Patrick (2021): Kapitalismusanalysen. Klassische und neue Konzeptionen der Politischen Ökonomie. Frankfurt/M.

BRAND, Ulrich/Wissen, Markus (2017): Imperiale Lebensweise. Zur Ausbeutung von Mensch und Natur im globalen Kapitalismus. München.

EIS, Andreas/Frauenlob, Max (2020): Lernen in Bewegung. Zur Bildung kollektiver Handlungsfähigkeit in sozial-ökologischen (Bildungs-)bewegungen. In: Eicker, Jannis u.a.: Bildung Macht Zukunft. Lernen für die sozial-ökologische Transformation? Frankfurt/M., S. 229–238.

ENGARTNER, Tim (2019): Wie DAX-Unternehmen Schule machen. Lehr- und Lernmaterial als Türöffner für Lobbyismus. Studie für die Otto Brenner Stiftung. Frankfurt/M.

FRANKFURTER ERKLÄRUNG (2017): Frankfurter Erklärung – Für eine kritisch-emanzipatorische Politische Bildung. https://sozarb.h-da.de/politische-jugendbildung/frankfurter-erklaerung (Zugriff: 26.07.2023).

HERLOLD, Till (2021): Bücher für den Politikunterricht. In: Politikum 3, S. 78.

HIPPE, Thorsten/Hedtke, Reinhold/Hellmich, Niklas (2020): Politische Bildung und Demokratie-Lernen in der Sekundarstufe. Curriculumanalyse für den Bereich Demokratiebildung für Kinder und Jugendliche in den Fächern der sozialwissenschaftlichen Bildung. Eine Expertise für das Deutsche Jugendinstitut. München.

LICHT, Peter (2006): Lieder vom Ende des Kapitalismus. Berlin, Motor Musik.

OPPENHÄUSER, Holger (2024, i. E.): Den Kapitalismus verstehen. Wie können wir Wirtschaft und Gesellschaft bildnerisch vermitteln? In: Hawel, Marcus/Kalmring, Stefan (Hg.): (Ohn-) Macht überwinden! Politische Bildung in einer zerrissenen Gesellschaft. Berlin.

REHEIS, Fritz (2019): Gemeinnützige Aufklärungsarbeit konkret. In: Polis 2, S. 32 f.

RODRIAN-PFENNIG, Margit/Oppenhäuser, Holger/Gläser, Georg/Dannemann, Udo (Hg.) (2023, i. E.): Dirty Capitalism. Politische Ökonomie in der politischen Bildung. Münster.

SCHREIBER, Johanna/Leidig, Sabine (2010): Globalisierungskritische und emanzipatorische Bildungsarbeit am Beispiel Attac: Praxis, Probleme, Perspektiven. In: Lösch, Bettina/Thimmel, Andreas (Hg.): Kritische politische Bildung. Ein Handbuch. Schwalbach/Ts., S. 529–538.

Bildungsmaterial

ARBEITSKREIS politische Bildung an der Humanwissenschaftlichen Fakultät der Universität Köln (o. J): What about class? Materialien und Methoden für eine klassenbewusste politische Bildung. Köln.

ATTAC (2017): Kapitalismus – oder was? Über Marktwirtschaft und Alternativen. Frankfurt/M.

AWO International, Brot für die Welt, EPIZ (2019): The winner takes it all? Methoden für die politische Bildung zu sozialer Ungleichheit. Berlin.

BEWEGUNGSAKADEMIE (o. J.): Reader Plurale Ökonomik. Eine Einführung in 8 Perspektiven. o. O.

I.L.A. KOLLEKTIV (2017): Auf Kosten anderer? Wie die imperiale Lebensweise ein gutes Leben für alle verhindert. München

I.L.A. KOLLEKTIV (2019): Das Gute Leben für Alle. Wege in die solidarische Lebensweise. München.

INFORMATIONSBÜRO Nicaragua (2015 ff.): Fokuscafé Lateinamerika. Wuppertal.

KONZEPTWERK Neue Ökonomie/Fairbindung e.V. (2015): Endlich Wachstum! Wirtschaftswachstum, Grenzen, Alternativen. Leipzig, Berlin.

KONZEPTWERK Neue Ökonomie/Fairbindung e.V. (2017): Endlich Wachstum 2. Ergänzungsheft zu Kapitalismus, Wachstumskultur, Alternativen. Leipzig, Berlin.

KONZEPTWERK Neue Ökonomie/Attac/Rosa-Luxemburg-Stiftung (2021): Wirtschaft demokratisch gestalten lernen: Digitalisierter Kapitalismus. Leipzig, Frankfurt, Berlin.

OPPENHÄUSER, Holger/Autor*innengruppe Bildungsmaterial (2023): Wirtschaft demokratisch gestalten lernen. Kritische Materialien für den Unterricht und die außerschulische Bildung. Frankfurt/M.

ROSA-LUXEMBURG-STIFTUNG (2013): PolyluxMarx. Bildungsmaterial zur Kapital-Lektüre erster Band. Berlin.

ROSA-LUXEMBURG-STIFTUNG (2015): PolyluxMarx. Bildungsmaterial für Einführungen ins Kapital zweiter Band. Berlin (www.polyluxmarx.de).

ROSA-LUXEMBURG-STIFTUNG (2018): Marx für Alle! Marx' Kapitalismuskritik für Einsteiger_innen – Ein Workshopkonzept. Berlin.

ROSA-LUXEMBURG-STIFTUNG (2023): Kapitalismus für Einsteiger*innen. Methoden und Workshops für die kritische ökonomische Bildung. Berlin.

SOZIALISTISCHE Jugend Deutschlands – Die Falken (2019): Methoden-Ordner Antikapitalistische Pädagogik. Berlin.

FRIEDEMANN AFFOLDERBACH

Potenziale kritisch-politischer Bildung im Kontext selbstorganisierter Initiativen in Auseinandersetzung mit dem Rechtsextremismus

Allgemein lässt sich festhalten, dass eine selbstorganisierte Bildungsarbeit im Kontext Rechtsextremismus mit den Impulsen des CIVITAS-Aktionsprogramms aus dem Jahre 2001 besondere Aufmerksamkeit und Anregungen bekommen hat. Waren bis dahin die Auseinandersetzungen zur Thematik in den Institutionen und Veranstaltungen politischer Bildung situiert oder im Kontext Sozialer Arbeit (z.B. akzeptierende Jugendarbeit) Gegenstand der Bearbeitung, eröffnete sich etwa mit dem CIVITAS-Aktionsprogramm ein Perspektivwechsel. Letzterer bestand darin, bürgerschaftliches Engagement zu unterstützen und so zur Stärkung einer demokratischen Kultur beizutragen. Grundannahme war, dass ein Erstarken des Rechtsextremismus (damals mit Fokus auf den Osten Deutschlands) eng mit einer schwachen Demokratie und einem mangelnden bürgerschaftlichen Engagement verbunden sei (vgl. Lynen v. Berg/Palloks/Steil 2007). In diesem Zusammenhang traten die Bedeutung sozialarbeiterischer Interventionen oder formal ausgerichtete Bildungsarbeit in den Hintergrund und es entwickelte sich eine Arbeit (Mobiler Beratungsteams) zur Unterstützung öffentlicher Verständigungsprozesse von Akteur*innen im Lokalen. Diese Herangehensweise setzte auf die Entwicklung der Mündigkeit der Bürger*innen und deren Selbstorganisationspotenziale (vgl. ebd.). Anknüpfend hieran richtete sich die Aufmerksamkeit auf kleine lokale Initiativen als öffentliche Knotenpunkte des Austauschs und der Verständigung (Affolderbach 2020). Die Erfahrungshorizonte aus diesen Zusammenhängen bilden die Bezugspunkte der folgenden Überlegungen.

1. Beispielhafte Vertiefung

Ein erster Punkt: Für viele Initiativen (die sich kritisch gegen rechtsextreme Entwicklungen positionieren) ist es bedeutend, einen gemeinsamen Erfahrungsraum zu schaffen, der zur wechselseitigen Vergewisserung dient sowie gleichzeitig im Austausch der Erfahrungen der Einzelnen verbindende Elemente und perspektivisch Formen gemeinsamer Handlungsfähigkeiten erzeugt (vgl. beispielhaft Kulturbüro Sachsen e.V. 2013). In exemplarischen Erfahrungsberichten wird von Situationen erzählt, dass sich Subjekte auf der Suche nach sicheren Treffpunkten z.B. in einem Garten mit Gartenlaube verabreden und dort am Lagerfeuer in einen Austausch über ihre Erlebnisse und Erfahrungen kommen (vgl. Affolderbach 2020). Der symbolische Gehalt des Lagerfeuers verweist auf konkrete Praktiken: wechselseitiger Austausch und Vergewisserung, begründet einen Ort aufkommender Fragen und Möglichkeiten, die Vorstellungskraft, Fantasie der Beteiligten herauszufordern und anzuregen. In diesem Sinne hat der Ort der Gartenlaube und des Lagerfeuers etwas Verbindendes. Es öffnet sich ein Raum gemeinsamer Auseinandersetzungen mit wichtigen Fragen, mit unterschiedlichen Standpunkten, ein Spannungsfeld lokaler Erfahrungen des Alltäglichen und globaler Bezugspunkte. Die Beteiligten schaffen einen „Erfahrungsraum" mit den Möglichkeiten, ein Bewusstsein füreinander und für diejenigen Dinge zu entwickeln, die im Lokalen und darüber hinaus passieren. Das Besondere hierbei ist: Die Form des Austauschs schafft einen Ort. In der Auseinandersetzung entsteht der Ort. Die Gegenstände der Auseinandersetzungen bestimmen sie selbst. Es ist ein Ort, über den sie selbst verfügen. Im Plural unterschiedlicher Sichtweisen auf die Welt können sich die Möglichkeiten für das Gemeinsame, die geteilten Grundlagen gemeinsamen Handelns entwickeln. Die Perspektive ist nicht beliebig. In der Tendenz orientiert sich das an dieser Stelle gemeinte Gemeinsame am Inklusiven und unterscheidet sich so vom exklusiven Charakter eines „Wirs" rechter Orientierungen. Das Stichwort des Ortes markiert hierbei entsprechend eine inklusive soziale Praxis des Handelns „emanzipatorischer Solidarität" (vgl. Scherr 2019), bei der sich die persönliche Einzigartigkeit der Einzelnen in Kooperation mit anderen vergewissert und in der sie gewahrt bleibt. Letzteres ist Voraussetzung von Bildungsprozessen der Subjekte zur Vertiefung menschlicher Beziehungen und einer Praxis, deren „Zukunft […] von den Subjekten selbst bestimmt werden kann" (vgl. Winkler 1988, 278). Dieser Punkt ist für eine kritisch-politische Bildung mit sich selbstorganisierenden Initiativen entscheidend.

Ein zweiter Punkt: Eine Stabilisierung öffentlicher Ausdrucksfähigkeit von Initiativen in der Auseinandersetzung mit Rechtsextremismus und ihren gewonnenen Einsichten sowie gesellschaftlichen Perspektiven bedarf der Herausbildung fester Anlaufpunkte. Für etliche Gruppierungen verknüpft sich dies mit der Auseinandersetzung um die Formgebung ihrer Aktivitäten etwa durch

Gründung eines Vereins. Hiermit sind Möglichkeiten, aber auch Widersprüchliches verbunden.

Die in Prozessen hervorgebrachten Verbindungen zwischen den Einzelnen und die daraus folgende Formung von Ansprüchen eines emanzipatorischen kulturellen und politischen Handelns „von unten" ist ein kollektiver Akt, bei dem sie den Zusammenhang einer gruppenspezifischen Assoziation organischer Intellektueller ausbilden (formuliert in Orientierung an Gramsci). Diese gruppenspezifische Assoziation bezeichnet eine Form der Erfahrung von Gleichheit, bei der die Einzelnen in der Tendenz ihre individuellen Erfahrungen und Perspektiven auf gemeinsame Fragen einbringen, ohne in einer hierarchischen Ordnung des Bescheidwissens aufgetrennt zu werden. Die gemeinte gruppenspezifische Assoziation verweist damit auf eine Praxis emanzipatorischer Vergesellschaftung. In diesem Zusammenhang tritt die Führung durch Einzelne, die eine Gruppe nach außen vertreten und einen Zusammenhalt, das Selbstverständnis nach innen, organisieren, in den Hintergrund. In den Vordergrund rückt die gemeinsame, solidarisch-kooperative Vertretung: „Wer hat denn hier den Hut auf? […] Ja, eigentlich alle" (vgl. Affolderbach 2020, 218 ff.).

Die Organisierung der Initiativen durch die beteiligten Subjekte bringt auch Widersprüchliches und Konflikthaftes mit sich. Beispielsweise verknüpfen sich mit zunehmendem Grad der Organisation von Initiativen (etwa in Form eines Vereins) auch die Arbeitsteiligkeit von anfallenden Aufgaben und eine damit einhergehende Hierarchisierung von Verantwortlichkeiten. In diesem Zusam menhang entwickeln sich z.B. die (eher zwanghaften) Funktionen einer Vertretung als Vorsitzende oder als Vorstandsmitglied der Initiative nach außen bei gleichzeitiger Vertretung damit verknüpfter Konsequenzen nach „innen". Hiervon kann die Form einer freiwilligen Verantwortlichkeit für das Ganze (informelle Knotenpunkte in der Organisation der Initiative) unterschieden werden. Im Grunde verkörpert eine Initiative einen vielschichtigen sozialen Zusammenhang, bei dem mit fortschreitender Arbeitsteilung verschiedene Ebenen in eine hierarchische Ordnung geraten. An diesem Punkt entsteht dann konflikthaftes Potenzial, wenn die verschiedenen Ebenen keine wirksamen Mittel finden, sich anders als von oben herab zu organisieren. In der konkreten Situation nämlich sind diese Überschneidungen nicht unmittelbar zu begreifen; vielmehr stehen sich dort unterschiedliche Interessenlagen als scheinbar unterschiedliche Anliegen fremd gegenüber. Ihr Bezug zum Gesamtzusammenhang ist aufgrund der arbeitsteiligen Organisation nicht unmittelbar nachvollziehbar und nur analytisch als jeweilige Anteile von Herrschaft und Solidarität in gemeinsamer Reflexion trennbar.

Reduziert sich die Arbeit und Organisation von Initiativen nicht auf deren Effizienz und Funktionstüchtigkeit, stellt sich die Frage, wie und in welcher Art und Weise eine Initiative „reflexive" Organisationsformen hervorbringen kann. Frei mit Jürgen Ritsert formuliert: Eine sich selbst organisierende Initiative kann dann als reflexiv gelten, wenn sie den „freien Willen der Einzelnen, seine Empathie sowie anerkennende Interaktionen mit ihrerseits selbstständigen Anderen unterstützt und nicht untergräbt" (Ritsert 2007). Die praktische Arbeit an der Realisierung dieser Perspektive müsste gemeinsame Aufgabe von Initiativen und kritisch-politischer Bildung sein.

Ein dritter Punkt: Ein weiteres wichtiges Moment für öffentliche Handlungsfähigkeit von Initiativen in der Auseinandersetzung mit Rechtsextremismus ist die Erfahrung der Sinnhaftigkeit des eigenen Handelns. Ein fiktives Zitat soll den Gedanken unterstreichen – Susann: „Wir wollen anders leben. Wir diskutieren und überlegen uns gemeinsam, was uns wichtig ist und was wir machen. Daraus entwickeln wir dann Projekte und Aktionen mit unserer Gruppe und den Leuten im Ort. Und, wir sind antifaschistisch. Wir wollen versuchen, so zu leben, als wäre eine befreite Gesellschaft schon da. Deswegen sind uns wechselseitige Anerkennung und gemeinsame Problemlösungen wichtig. Das ist unserer Vorstellung, unsere Kultur. Das muss gelebt sein." (Die Fiktion ist eine Summe aus Erfahrungen qualitativer Interviews – Affolderbach 2020.) Kurze Gedanken sind hieran anzuschließen. Bildungsprozesse bedürfen der gemeinsamen Gestaltung, eine prozesshafte Entwicklung zur Freisetzung von Fantasie, die das Kognitive überschreitet und es mit dem Körperlichen und den freigesetzten Erfahrungen der anderen am Prozess Beteiligten verbindet. Letzteres betont die tätige Seite. Die Bildungsprozesse müssen praktisch sein und für die Einzelnen „zur Bewältigung der aktuellen gesellschaftlichen Herausforderungen" beitragen (vgl. Hirschfeld/Affolderbach 2015). Sie müssen außerdem soziale Verbindungen hervorbringen, welche mindestens auf dem Niveau bisheriger Beziehungen liegen, dennoch gleichzeitig eine neue Qualität alternativer Lebensweisen entwickeln.

2. Zum Verhältnis von Urteilskraft und Alltagsverstand

Im Diskurs um die Frage, in welchen Elementen die Mündigkeit der Bürger*innen zum Ausdruck finden könne(n), sind in den letzten Jahren verschiedene Blickwinkel diskutiert worden. Ausgelotet wurden etwa Verständnisse von Hegemonie und Zivilgesellschaft (kritisch dazu Uwe Hirschfeld in diesem

Band) sowie das spannungsreiche Verhältnis von Kapitalismus und Demokratie (z.B. Negt 2010).

Für letzteren Zusammenhang haben Oskar Negt und Fritz Reheis auf unterschiedliche Art und Weise darauf aufmerksam gemacht, dass es zur „Parteiergreifung für die Demokratie" (Reheis 2016a, 3) einer entsprechenden Grundlegung bedürfe. Reheis plädiert für die Entwicklung einer demokratischen Widerständigkeit durch politische Bildung. Die Herausbildung dafür notwendiger Kompetenzen müsse im Mittelpunkt politischer Bildungsarbeit der Gegenwart stehen (vgl. Reheis 2016b).

Einen Begründungsrahmen für die Argumentation von Reheis hat Oskar Negt in seinem Buch „Der politische Mensch" vorgelegt. Negt macht sich für Demokratie als Lebensform stark und hat dabei der Herausbildung von Urteilskraft einen zentralen Stellenwert eingeräumt. Dabei sei Urteilskraft vor allem eine „erweiterte [...] Denkungsart" des einzelnen Individuums, die auf Grundlage der Möglichkeit zur „Selbstreflexion des eigenen Urteilens" herausgebildet werden könne (Negt 2010, 395). Mit Negt sei Urteilskraft ein vom Individuum an der Gesellschaft „gebildetes und praktiziertes Vermögen", welches „die Dimensionen des Gemeinwesens [...] in den Reflexionsprozess", also die Perspektiven und Konflikte der Anderen, einbeziehe (ebd., 395). Grundsätzlich verweisen Negt als auch Reheis auf die Notwendigkeit einer Demokratisierung aller Lebensbereiche menschlichen Lebens und eine Ausweitung von Demokratie auf alle gesellschaftlichen Zusammenhänge, auch auf die Ökonomie.

Die skizzierten Argumentationen bergen Schwierigkeiten in sich. Urteilskraft und Widerständigkeit erscheinen als dinghafte Fertigkeiten, mit denen sich die Einzelnen in die Lage versetzen sollen, Zusammenhänge zwischen verschiedenen gesellschaftlichen Konfliktdimensionen zu erkennen, zu beurteilen und Handlungskonsequenzen zu ziehen. Außerdem erscheinen Urteilskraft und Widerständigkeit primär als eine geistige Tätigkeit und fortgeschrittene Art und Weise des Denkens. Werden in diesem Sinne Urteilskraft und Widerständigkeit als individuelle Kompetenzen verstanden, verschiebt sich gesellschaftliche Verantwortung auf das einzelne Individuum, nachdem zuvor der Neoliberalismus kollektiv-solidarische Handlungsformen zerstört hat. In den Hintergrund tritt auch, dass Widerständigkeiten im alltäglichen Leben als in sich widersprüchliche Praktiken gelebt werden, welche sich herrschaftlichen Verfügungen entziehen, aber auch gleichzeitig reproduzieren und so befreiende Effekte beschränken oder gar ins Gegenteil kippen können (vgl. Willis 1982).

Ein etwas anderer Blickwinkel lässt sich anknüpfend an Überlegungen zum „Rohstoff des Politischen“ (Negt/Kluge 1993) und dem Alltagsverstand als analytischem Begriff bei Antonio Gramsci (Hirschfeld 2015) entwickeln.

Oskar Negt und Alexander Kluge sprechen vom „Rohstoff des Politischen“ (Negt/Kluge 1993). Was ist damit gemeint? Den Rohstoff des Politischen bilden Wünsche, Träume, Ängste, Hoffnungen, Wut, Proteste, Lust, kurz, alle Zustände, die uns Menschen im alltäglichen Leben beschäftigen und durch die Ströme der gesellschaftlichen Produktion, Sozialisation und des Freizeitkonsums eben nicht oder nur zu einem geringen Teil von Politik geprägt sind. Eine Besonderheit des Begriffs von Negt und Kluge ist, dass die Rohstoffe sich quasi quer zu den gesellschaftlichen Herrschaftszusammenhängen entwickeln, aber auf widersprüchliche Weise mit Herrschaft verstrickt bleiben. Die „Rohstoffe“ sind also nicht verallgemeinerbar von sich aus (quasi organisch) als positive Quelle menschlicher Emanzipation zu verstehen. Sie bilden vielmehr ein Reservoir alltäglicher Zustände, die im Spiel gesellschaftlicher Kräfteverhältnisse sehr unterschiedliche Ausprägungen (emanzipatorisch bis reaktionär) erlangen können, je nachdem, wie sie bearbeitet werden.

Der Alltagsverstand bei Gramsci ist ein aus verschiedenen widersprüchlichen Elementen zusammengesetzter unstrukturierter Zusammenhang; es finden sich: „Elemente des Höhlenmenschen und Prinzipien der modernsten und fortgeschrittensten Wissenschaft, Vorurteile aller vergangenen, lokal bornierten geschichtlichen Phasen und Institutionen einer künftigen Philosophie“ (GH 6, 1376). Die Bedeutung des Alltagsverstandes als einer Gedankenwelt erweitert Gramsci mit dem Begriff der „Weltauffassung“, bei der die „Weltauffassung einer Gedankenwelt“ in die „Weltauffassung einer Tätigkeitswelt“ übergeht und so die soziale Funktion, die soziale Zugehörigkeit der einzelnen Subjekte zu verschiedenen Lebenszusammenhängen hervorhebt (vgl. Hirschfeld 2015). Das Konzept des Alltagsverstandes ist also keine Psychologie, sondern entwickelt ein politisches Verständnis materieller Lebensweisen.

Anders ausgedrückt: Die Besonderheiten dieser Überlegung bestehen zum einen darin, dass „die Weltauffassungen einer Tätigkeitswelt“ eigensinnige Handlungszusammenhänge abbilden. Gemeint sind die Lebensweisen der Menschen, mit denen sie auf eigensinnige Weise einverstanden sind und in denen sie eine Sinnhaftigkeit für ihr Leben erkennen. Gleichzeitig bleiben sie auf widersprüchliche Weise mit den zwanghaften Zuständen des alltäglichen Lebens verknotet. Die Anteile der Eigensinnigkeit bestimmen sich im Verhältnis zu den zwanghaften Momenten von Ein- oder Unterordnung im alltäglichen Gefüge der Gesellschaft (vgl. Haug 1993 zum Verhältnis aus Ideologischem und Kulturellem). Zum anderen können die Subjekte gleichzeitig vielfältige Beziehungen in verschiedensten Zusammenhängen unterhalten, d.h. sie können Mitglied in Freundeskreisen, Familie, der Schule, im Verein usw. sein. Verändern sich z.B. Räume, Zeiten oder Interessen, verändern sich damit auch die in diesen Zusammenhängen gewonnenen Verbindungen zu anderen Menschen sowie damit verknüpfte Überzeugungen, Weltsichten und Handlungsweisen. Damit verweist der Begriff des Alltagsverstandes auf die gelebte Praxis und diejenigen sozialen Zusammenhänge, in denen die „Rohstoffe des Politischen" als alltägliche Ausdrucksweisen und Orientierungen unvermittelt und widersprüchlich nebeneinanderstehen.

Eine selbstorganisierte Bildungsarbeit findet in den „Rohstoffen" des Alltagsverstandes ihre Impulse des Handelns. Es geht darum, den Alltagsverstand kritisch zu machen. Im Unterschied zur Idee, die zu erarbeitenden Zusammenhänge vereinheitlicht vorzugeben, öffnet sich der Blick mit Gramsci: Das Einheitliche ist nicht das genormte, sondern das Geeinte, auch das Allgemeine, zumindest das Verallgemeinerbare (vgl. Hirschfeld 2015 und 2021). Selbstorganisierte Bildungsarbeit ist entsprechend als eine Kohärenzarbeit und gemeinschaftliche Herstellung von Zusammenhängen zu verstehen. Ein bestimmendes Moment hierfür ist die Erfahrung von Gleichheit, nicht im Sinne des „Genormten", was „die (individuellen) Unterschiede verwischt, sondern das gleich machende, so auch Verbindende des gemeinsamen Denkens und Handelns" (vgl. ebd.). In diesem Kontext können Möglichkeiten entstehen, die Gewohnheiten des Alltags infrage zu stellen sowie an praktischen Alternativen zur Veränderung des Alltäglichen zu arbeiten.

3. Zwei Schlussgedanken

Unter Berücksichtigung der skizzierten Gedanken zum Konzept des Alltagsverstandes sollen zwei Schlussgedanken andeuten, was die skizzierten Überlegungen für eine kritisch-politische Bildung im Kontext selbstorganisierter Initiativen bedeuten können.

Erstens. Die Akteure von Initiativen lernen anders, „nicht auf die gleiche Weise wie die Berufsintellektuellen" (Niggemann 2016, 62). Im Unterschied zu hierarchisierenden Lernformen bestehen die Lernprozesse von Initiativen „im Aushandeln der Gemeinsamkeiten und Unterschiede [ihrer eigenen] Interessen, Begehren und Perspektiven (ebd., 62). Gemeinsames Handeln entwickelt sich aus der Herstellung von Zusammenhängen, aus den Auseinandersetzungen um die Dinge, denen sie (als Akteure einer Initiative) eine Bedeutung beimessen.

Zweitens. Vor allem Widersprüche erweisen sich als wichtige Konfliktfelder, die sich verallgemeinernd als Lernfelder verstehen lassen. Die unterschiedlichen Positionen beteiligter Akteure zeichnen aufeinander bezogen ein dynamisches Feld, innerhalb dessen sie sich als Teile einer gemeinsamen Initiative bewegen. Sie sind gezwungen, dieses Feld zu erschließen, kennenzulernen, um sich zum einen überhaupt in diesem Feld bewegen sowie zum anderen das Feld als Werkzeug ihrer Anliegen über sich selbst hinaus nutzen zu können.

Damit zeigt sich ein zentrales Moment einer Bildungs-Notwendigkeit, die sich aus der Perspektive „von unten" ergibt (und an dem sich [kritische] politische Bildung zu messen hat). Entscheidend ist hierbei, dass der Konflikt nur als praktisch dialektischer Zusammenhang konstruktiv zu handhaben ist, indem die beteiligten Akteure lernen, Widersprüche zu verstehen, lernen, in Widersprüchen zu handeln. Dieser Gedanke ist m. E. als ein bestimmendes Moment kritisch politischer Bildung aufzunehmen. Hier kann der Bildungsprozess kein isolierter sein, in Didaktik oder Lehrpläne eingeschlossen werden, sondern kann nur als gemeinsames Projekt (von Bildungsarbeiter*innen und Subalternen-Akteuren der Initiativen) vom Standpunkt der Subalternen formuliert und dann von dort aus vor allem gemeinsam praktiziert werden.

Literatur

AFFOLDERBACH, Friedemann (2020): Öffentlichkeit von Unten. Demokratie, Öffentlichkeit und politische Bildung. Wiesbaden.

AFFOLDERBACH, Friedemann/Hirschfeld, Uwe (2015): Zwischen Legitimation und Emanzipation? Geschichtspolitik in der kritischen Bildungsarbeit. In: AutorInnenkollektiv Loukanikos (Hg.): History is unwritten. Linke Geschichtspolitik und kritische Wissenschaft. Münster, S. 202–217.

GRAMSCI, Antonio ([1994] 2012) (zit. als GH 6): Gefängnishefte. Kritische Gesamtausgabe. Bd. 6. Hg. v. Haug, Wolfgang Fritz. Hamburg.

HAUG, Wolfgang Fritz (1993): Elemente einer Theorie des Ideologischen. Hamburg.

HIRSCHFELD, Uwe (2015): Notizen zu Alltagsverstand, politischer Bildung und Utopie. Hamburg.

HIRSCHFELD, Uwe (2021): Die tägliche Frage nach dem demokratischen Sozialismus. In: Widersprüche, 41. Jg., Heft 162, S. 111–120.

KULTURBÜRO Sachsen e.V. 2013 (Hg.): (Dia)Logbuch Sachsen. Prozessorientierte Beratung im ländlichen Raum. Wiesbaden.

LYNEN V. BERG, Heinz/Palloks, Kerstin/Steil, Armin (2007): Interventionsfeld Gemeinwesen – Evaluation zivilgesellschaftlicher Strategien gegen Rechtsextremismus. Weinheim, München.

NEGT, Oskar (2010): Der politische Mensch. Demokratie als Lebensform. Göttingen.

NEGT, Oskar/Kluge, Alexander (1993): Maßverhältnisse des Politischen. 15 Vorschläge zum Unterscheidungsvermögen. Frankfurt/M.

NIGGEMANN, Janek (2016): Wozu brauchen die das? Bildung als gelebte Philosophie der Praxis. In: Greuenich, Stephan/Krenz-Dewe, Daniel/Niggemann, Janek/Pfützner, Robert/Witek, Kathrin (Hg.): Wozu brauchen die das? Bildungsphilosophie und pädagogische Praxis. Münster, S. 58–71.

REHEIS, Fritz (2016a): Politische Bildung. Eine kritische Einführung. Wiesbaden.

REHEIS, Fritz (2016b): Kompetenz zum Widerstand. Eine Aufgabe für die politische Bildung. Schwalbach/Ts.

RITSERT, Jürgen (2007): „Anerkennung" und „konkrete Freiheit". Über die Grundlegung eines Prinzips der Gesellschaftskritik durch Kant, Fichte und Hegel. Frankfurt/M.

SCHERR, Albert (2019): Solidarität: Eine veraltete Formel oder ein immer noch aktuelles Grundprinzip emanzipatorischer Praxis? In: Widersprüche, Heft 151, 39. Jg., S. 9–17.

WILLIS, Paul (1982): Spaß am Widerstand. Gegenkultur in der Arbeiterschule. Frankfurt/M.

WINKLER, Michael (1988): Eine Theorie der Sozialpädagogik. Stuttgart.

6. Kritischer Blick auf Strukturen und Förder-programmatiken

BENEDIKT WIDMAIER

Strukturen, Träger und Förderpolitik in der non-formalen politischen Bildung

Nach dem „Memorandum über Lebenslanges Lernen" der EU aus dem Jahr 2000 hat sich die Unterscheidung von formaler und non-formaler Bildung sowie des informellen Lernens sukzessive als grundlegende Terminologie auch für die Beschreibung von Feldern der politischen Bildung durchgesetzt. Non-formale politische Bildung in Deutschland, also die außerschulische politische Jugendbildung und die politische Erwachsenenbildung, unterscheidet sich in ihrer Tradition, ihrer (bisher) stringenten inhaltlichen Ausrichtung, ihrer institutionellen Struktur und ihrer staatlichen Förderung prägnant von anderen Ländern in Europa. Sie ist deshalb in einer der (leider wenigen) wissenschaftlichen Evaluationen, in diesem Fall der politischen Jugendbildung, als „besondere Errungenschaft [und] als ‚Exportmodell' für andere Länder Europas" beschrieben worden (Schröder u.a. 2004, 190).

Im Vergleich zur formalen politischen Bildung, also zur schulischen Politikdidaktik, lässt sich dennoch auch für Deutschland weder wissenschaftstheoretisch noch berufspolitisch von einer Profession der non-formalen politischen Bildung sprechen (Scheidig 2016). Die jüngsten Entwicklungen in der bundesdeutschen Förderpolitik haben eher dazu beigetragen, dass sich das Feld zunehmend disparat entwickelt und sich durch bildungs- und jugendpolitische Steuerung und staatliche Förderprogramme ein Paradigmenwechsel und ein einschneidender dauerhafter institutioneller Strukturwandel anbahnen (Widmaier 2022b, 287 ff.). Die langfristigen Wirkungen dieses Paradigmenwechsels und dieses Strukturwandels auf die non-formale politische Bildung sind noch nicht absehbar.

1. Entwicklung nach 1945

Nach der nationalsozialistischen Diktatur und den von ihr ausgelösten Katastrophen des Holocaust an den europäischen Juden und des Zweiten Weltkriegs bestand in der Bundesrepublik Deutschland Konsens darüber, dass Bildung und vor allem auch politische Bildung dazu beitragen müssen, in Gesellschaft und Politik eine stabile demokratische politische Kultur zu schaffen. Angestoßen durch die „Reeducation-Politik" der Amerikaner sind deshalb schnell eigene deutsche Konzepte einer staatsbürgerlichen und politischen Bildung entwickelt und diskutiert worden. In den 1950er-Jahren wurde dann der Grundstein für eine breit angelegte, von allen großen gesellschaftlichen Gruppen mitgetragene institutionelle Infrastruktur von Einrichtungen der non-formalen politischen Jugend- und Erwachsenenbildung gelegt.

Schnell ließ sich auch der Staat in die Pflicht nehmen, die Arbeit der freien (nicht-staatlichen) Träger durch eine öffentliche Förderung zu unterstützen, etwa durch den erstmals 1950 aufgelegten Kinder- und Jugendplan des Bundes (KJP). Zur selben Zeit kam es zur Gründung von Bundes- und Landeszentralen für politische Bildung (siehe auch den Beitrag von Gill in diesem Band), die als Teil der öffentlichen, staatlichen politischen Bildung eng mit den freien, zivilgesellschaftlichen Trägern zusammenarbeiten.

2. Demokratische Organisationsprinzipien

Als grundlegende Organisationsprinzipien können, wie für viele andere Bereiche der demokratischen Selbstorganisation der Gesellschaft, auch für die non-formale politische Bildung der Korporatismus und das Subsidiaritätsprinzip genannt werden. Mit etwas despektierlichem Unterton werden beide heute einem vermeintlich mangelhaften „älteren deutschen Zivilgesellschaftsdiskurs" (Strachwitz u.a. 2020, 87 ff.) zugeordnet, womit schon markiert ist, dass heute die „Zivilgesellschaft" auch theoretisch als der Dreh- und Angelpunkt gesellschaftlicher Organisation gilt. Das korrespondiert mit der Popularität entsprechender zivilgesellschaftlicher Demokratietheorien wie etwa der „embedded democracy", in der eine demokratische Zivilgesellschaft die Demokratie einbettend umschließt und sie überhaupt erst „ermöglicht und stabilisiert" (Merkel 2004, 9).

Korporatismus beschreibt das Prinzip der Zusammenarbeit und des Zusammenspiels zwischen Staat und (zivil-)gesellschaftlichen (Interessen-)Gruppen. In der „Konzertierten Aktion Weiterbildung" bekam das neokorporatistische Modell in der zweiten Hälfte der 1990er-Jahre auch Bedeutung für die non-formale politische Bildung (vgl. Länge 2000).

Subsidiarität ist ein der katholischen Soziallehre entlehntes Prinzip. Der Staat soll in der Folge dieses Subsidiaritätsprinzips keine gemeinschaftlichen Aufgaben an sich ziehen, die von anderen gesellschaftlichen Ebenen und Institutionen erfüllt werden können. Gleichwohl soll der Staat diese subsidiären Aufgaben unterstützen und fördern, sodass sie von gesellschaftlichen Gruppen in Eigenregie und im Dienste des Gemeinwohls erfüllt werden können.

Das Subsidiaritätsprinzip ist für die zivilgesellschaftliche Organisation in Deutschland von herausragender Bedeutung. In der Sozialen Arbeit gilt dies insbesondere in Bezug auf die Stellung der Wohlfahrtsverbände. In der zentralen gesetzlichen Grundlage für die Kinder- und Jugendhilfe, dem Achten Sozialgesetzbuch (SGB VIII), heißt es ganz im Duktus der eben beschriebenen Grundsätze, dass die öffentliche staatliche Jugendhilfe im Sinne des Subsidiaritätsprinzips von eigenen Maßnahmen absehen soll, wenn von *freien* gesellschaftlichen Trägern entsprechend geeignete Maßnahmen der Jugendhilfe angeboten werden können (SGB VIII § 4 Abs. 2).

3. Duale Struktur der Träger

Für die politische Jugendbildung, die nach § 11 SGB VIII ein wichtiger Teil der Kinder- und Jugendhilfe ist, ist der Begriff des „freien Trägers" konstitutiv. In § 3 SGB VIII wird beschrieben, dass diese in einer dualen Struktur von „Trägern der öffentlichen und freien Jugendhilfe erbracht" wird. Dem Pluralitätsgebot folgend ist die Kinder- und Jugendhilfe auf der Seite der freien Träger „gekennzeichnet durch die Vielfalt von Trägern unterschiedlicher Wertorientierungen und die Vielfalt von Inhalten, Methoden und Arbeitsformen" (§ 3). Weiterhin regelt das SGB VIII, dass „die öffentliche Jugendhilfe […] mit der freien Jugendhilfe […] partnerschaftlich zusammenarbeiten" soll (§ 4). Wenn von freien Trägern geeignete Maßnahmen der Kinder- und Jugendhilfe angeboten werden können, soll die staatliche öffentliche Jugendhilfe im Sinne des Subsidiaritätsprinzips von eigenen Maßnahmen absehen (SGB VIII § 4).

Das Achte Sozialgesetzbuch spricht in § 75 ausdrücklich davon, dass Institutionen, die als Träger der Kinder- und Jugendhilfe anerkannt werden wollen, „gemeinnützige Ziele verfolgen" und „die Gewähr für eine den Zielen des Grundgesetzes förderliche Arbeit bieten" müssen. Diese gesetzlichen Anforderungen des SGB VIII spiegeln sich mehr oder weniger eins zu eins auch in den einschlägigen Förderrichtlinien der politischen Jugendbildung. Der Kinder- und Jugendplan des Bundes (KJP) stellt bereits im ersten Satz eine Verbindung zu § 83 SGB VIII her und macht deutlich, dass mit dem KJP „Kinder- und Jugendhilfe auf der Bundesebene gefördert werden" soll (BMFSFJ 2016, 803).

Im Vergleich zur außerschulischen Jugendbildung ist eine analoge Beschreibung von Trägern der politischen Erwachsenenbildung erheblich schwieriger:

Eigentlich ist der Begriff des Trägers der politischen Erwachsenenbildung nur bekannt und auch definiert über die Förderrichtlinien der Bundeszentrale für politische Bildung (bpb). Die bpb ist in Deutschland für die bundeszentrale Förderung der politischen Erwachsenenbildung zuständig. Nach ihren Förderrichtlinien (BMI 2012) ist die Anerkennung als Träger durch die bpb eine unumgängliche Voraussetzung, um im Rahmen der Regelförderung eine Zuwendung zu erhalten. Nur in Modellprojekten können auch Projekte von nicht anerkannten Trägern gefördert werden. Andere Fördergeber, etwa Stiftungen oder Landesprogramme, können hier selbstverständlich eigene Kriterien anlegen. Da die bpb aber in der politischen bundeszentralen Erwachsenenbildung der zentrale Fördermittelgeber ist, hat ihr Anerkennungsverfahren (bisher) eine durchaus strukturbildende Wirkung auf die bundesweite Trägerarchitektur gehabt.

Die in den Richtlinien definierten Anforderungen an die Einrichtungen, insbesondere an ihre Erfahrungen und Kompetenzen in der politischen Bildung, sind sehr konkret (BMI 2012, 810 f.): So müssen Träger im Anerkennungsverfahren nachweisen, wie sie bisher in der politischen Bildung tätig waren, welche Didaktik und welche Methoden der Qualitätssicherung sie praktizieren. Sie müssen den Anteil der politischen Bildung an ihrer gesamten Arbeit darlegen und eine Übersicht ihrer aktuellen Angebote vorlegen. Außerdem behält sich die bpb vor, zwei Veranstaltungen zu begutachten. Dazu kommen weitere Kriterien wie Gemeinnützigkeit, Wirtschaftlichkeit, Auszüge aus Vereins- und Handelsregister, die Benennung von Vorständen, Aufsicht und Geschäftsführung. Die anerkannten Träger der politischen Erwachsenenbildung sind in einer Datenbank von Trägern der politischen Bildung auf der Homepage der Bundeszentrale aufgelistet.

4. Bundeszentrale Infrastruktur und Netzwerke

Die Träger der non-formalen politischen Bildung sind in Deutschland im Bundesausschuss politische Bildung (bap), die der Jugendbildung auch in der Gemeinsamen Initiative der Träger der politischen Jugendbildung (GEMINI) im bap organisiert. Die GEMINI ist damit Teil der im Leitbild des KJP beschriebenen „bundeszentralen Infrastruktur", in diesem Fall der non-formalen politischen (Jugend-)Bildung. Dazu gehören sogenannte Zentralstellen, die aus dem KJP gefördert werden und die bundesweit Information, Arbeitshilfen und Beratung bereitstellen, Fort- und Weiterbildung organisieren, Evaluation und Qualitätssicherung begleiten sowie Kooperation und Vernetzung und die politische Interessenvertretung sichern. Diese Zentralstellen organisieren die partnerschaftliche Zusammenarbeit mit dem öffentlichen Träger – in diesem Fall dem BMFSFJ – und entwickeln diese weiter. Der KJP sieht dafür längerfristige Rahmenvereinbarungen vor, in denen die Art und Weise und die Schwerpunkte der Zusammenarbeit gemeinsam festgelegt werden (BMFSFJ 2016, 805).

Für das Handlungsfeld der politischen Jugendbildung werden im Leitbild des KJP als Ziele die Vermittlung von Kenntnissen über politische Zusammenhänge, das Aufzeigen von Möglichkeiten der Partizipation und die „Weiterentwicklung der demokratischen Kultur" benannt. Die Pluralität und Vielfalt dieser Aufgaben komme durch „ein breites Spektrum von Organisationen und Einrichtungen zum Ausdruck" (ebd., 813).

In der bundeszentralen politischen Erwachsenenbildung ist eine analoge strukturelle Klarheit und Absicherung weitaus schwächer, weil die gesetzliche bzw. verwaltungsrechtliche Verankerung fehlt. Die bpb ist seit ihrer Gründung 1952 (nur) auf der Basis eines Erlasses und ohne weitere gesetzliche Absicherung (wie SGB VIII in der Jugendbildung) eine nachgeordnete Behörde des Bundesinnenministeriums. Auch die partnerschaftliche Zusammenarbeit zwischen der bpb und den anerkannten Trägern der Erwachsenenbildung ist nicht in gleicher Weise verbindlich geregelt wie in der Jugendbildung. Seit Beginn der 2000er-Jahre gibt es einen sogenannten „Runden Tisch", an dem zwischen Trägern und der bpb ein informeller (Fach-)Austausch stattfindet. Dort stehen, so wird es auf der Homepage der bpb beschrieben, Förder- und Haushaltsfragen, die Weiterentwicklung der Profession, der Umgang mit dem Qualitätsmanagement und die Festlegung von jährlichen (Förder-)Schwerpunktthemen auf der Agenda.

5. Fluide Unübersichtlichkeit, vielfältige Räume und staatliche Steuerung

Nach den bisherigen Ausführungen kann der Eindruck entstehen, non-formale politische Bildung sei ein wohlgeordnetes und gut bestelltes Feld. Es wäre aber erstaunlich, wenn die gesellschaftlichen Transformationsprozesse und Krisen, die wir insbesondere seit 1989 erleben, spurlos an der politischen Bildung vorübergegangen wären. Kritische Angriffe, insbesondere von Konkurrenten um öffentliche Mittel, sind in den letzten Jahren nicht selten. In einer Jahresbilanz 2017 des Deutschen Kulturrats heißt es etwa exemplarisch und sehr ungeschminkt, die kulturelle Bildung müsse „die politische Bildung aus ihrem Dornröschenschlaf wecken" (zit. n. Widmaier 2022b, 296).

Seit Anfang der 2000er-Jahre haben sukzessive neue Begriffe Einzug in die theoretischen Debatten gehalten und neue pädagogische Felder haben sich entwickelt. Semantisch zumeist als Demokratiekomposita zusammengesetzt, wie etwa Demokratiepädagogik, Demokratiedidaktik, Demokratieförderung, Demokratiebildung, ist damit in den theoretischen Diskursen eine fluide Unübersichtlichkeit entstanden (Widmaier 2018a), deren systematische Aufarbeitung im Dienste der politischen Bildung nicht einmal im Ansatz zu spüren ist. Im aktuellen 16. Kinder- und Jugendbericht macht die interdisziplinär besetzte Berichtskommission deutlich, „dass sie eine scharfe Abgrenzung der Begriffe Demokratiebildung und politische Bildung für nicht zielführend hält." (BMFSFJ 2020a, 128) Damit wurde die Chance einer begrifflichen Präzisierung vertan.

Der Jugendbericht arbeitet in seiner Systematik mit dem Raumkonzept (ebd., 133 f.) und beschreibt nicht Felder, sondern Räume der politischen Bildung. Der Bericht benennt annähernd 20 Räume, von der Schule über die Bundeswehr und Freiwilligendienste, soziale Bewegungen und parteinahe Stiftungen bis hin zum Strafvollzug oder zu integrativen Einrichtungen der Sozialen Arbeit.

Zwei wichtige Zäsuren haben die Geschichte der non-formalen politischen Bildung in den letzten 30 Jahren wesentlich geprägt: die deutsche Wiedervereinigung und die Morde des NSU. Beide sind in gewisser Weise aufeinander bezogen, denn wir wissen heute, dass das NSU-Trio sich in einem Jugendzentrum in Jena kennengelernt hat, das im Rahmen des ersten großen Programms zur Prävention von Gewalt und Rechtsextremismus in den neuen Bundesländern gefördert wurde. Mit diesem „Aktionsprogramm gegen Aggression und Gewalt" (AgAG), von Rechtsextremismus oder Prävention wurde zunächst nicht gesprochen, begann ab 1992 eine Ära in der Geschichte der politischen Bildung, in der sich durch eine zunehmend starke staatliche Steuerung sowohl die Inhalte als auch die Trägerstruktur einschneidend verändert haben (vgl. Bürgin 2021, Widmaier 2022a). Wegen der fehlenden Infrastruktur in der Jugendarbeit und der non-formalen Bildung in den neuen Bundesländern – die entsprechenden alten staatlichen Strukturen der DDR waren aus politischen Gründen zusammengebrochen – deutete sich bereits im AgAG-Programm der kompensierende Rückgriff auf (neue) Initiativen an. Die Tendenz verstärkte sich ab dem Jahr 2000, als der damalige Bundeskanzler Gerhard Schröder mit dem sogenannten „Aufstand der Anständigen" die Mobilisierung der Zivilgesellschaft gegen extremistische Entwicklungen propagierte. Ab 2015 setzte sich, und damit ist die zweite Zäsur markiert, mit den Empfehlungen von NSU-Untersuchungsausschüssen die

„Strategie der Extremismusprävention und Demokratieförderung" der Bundesregierung endgültig durch (siehe dazu auch den Beitrag von Bürgin in diesem Band). Das dann aufgelegte Bundesprogramm „Demokratie leben! Aktiv gegen Rechtsextremismus, Gewalt und Menschenfeindlichkeit" (BMFSFJ 2020b) ist heute mit seinen Zielen einer extremismuspräventiven Demokratieförderung (vgl. Widmaier 2022a) und mit seiner gigantischen Ausstattung von 200 Millionen Euro sowohl inhaltlich als auch ökonomisch der Marktführer im Feld der Demokratiebildung. Die politische Top-down-Steuerung ist aber symbolpolitisch aufgeladen und stärker sicherheitspolitisch und engagementpolitisch als bildungs- und jugendpolitisch motiviert (vgl. Widmaier 2022c).

6. Vielfalt an Themen und Trägern?

Im Vergleich zu der korporatistisch gut aufgestellten Trägerstruktur von bap und GEMINI hat sich im Rahmen des Aktionsprogramms „Demokratie leben!" bisher keine annähernd vergleichbare bundeszentrale Infrastruktur entwickelt. Das federführende BMFSFJ hat immer wieder modellierend in die Bildung von Strukturen eingegriffen und zunächst in der Programmlaufzeit 2015 bis 2019 mit sogenannten „bundeszentralen Trägern im Aufbau" experimentiert (vgl. Heinze u.a. 2020), dann aber seit 2020 nach eigenen Vorstellungen neue sogenannte Kompetenzzentren und Kompetenznetzwerke modelliert.

Mit dem Bundesprogramm „Demokratie leben!" hat sich „Extremismusprä vention" zum politisch gewünschten dominanten Paradigma für ein erweitertes Feld non-formaler politischer Bildung entwickelt. In gewisser Weise kann hier von einer Renaissance des in den 1950er-Jahren entwickelten Konzepts eines „erzieherischen Verfassungsschutzes" gesprochen werden, mit dem damals in der jungen, noch instabilen Nachkriegsdemokratie der Aufbau einer Bundeszentrale für Heimatdienst (später für politische Bildung) politisch begründet wurde (vgl. Widmaier 2018c).

So stellt sich die Entwicklung von Trägern und Förderprogrammen aktuell als disparat und ambivalent dar. Einerseits bieten neue Förderprogramme die Chance, dass die Trägervielfalt in der politischen Bildung der wachsenden Pluralisierung der Gesellschaft gerecht wird und so eine institutionelle Öffnung der politischen Bildung stattfinden kann. Auf der anderen Seite kann die mit großem finanziellem Aufwand betriebene staatliche Steuerung der Themen auch das genaue Gegenteil, nämlich eine inhaltliche Schließung bzw. Engführung für politische Bildung, mit sich bringen.

Auch wenn inzwischen gern der Anschein erweckt wird, die Modellprojekte hätten sich in ihrer pädagogischen Praxis aus der engen Zielorientierung an Extremismusprävention gelöst, bleibt die Extremismusprävention das zentrale politische Ziel dieser Modellprojekte (Bürgin 2021, 60). Die seit 2021 regierende Ampelkoalition will das Bundesprogramms „Demokratie leben!" aus der Modellförderung lösen und in ein auf Dauer angelegtes „Demokratiefördergesetz" überführen (Widmaier 2022b). Das bietet möglicherweise Chancen, aus solchen Ambivalenzen herauszufinden, was für eine neue, vielfältige Struktur von freien Trägern der politischen Jugend- und Erwachsenenbildung gute Perspektiven mit sich bringen könnte.

Literatur

BÜRGIN, Julika (2021): Extremismusprävention als polizeiliche Ordnung. Zur Politik der Demokratiebildung, Weinheim, Basel.

BUNDESMINISTERIUM für Familie, Senioren, Frauen und Jugend (BMFSFJ) (2016): KJP-Richtlinien. In: Gemeinsames Ministerialblatt, Nr. 41, S. 803–822.

BUNDESMINISTERIUM für Familie, Senioren, Frauen und Jugend (BMFSFJ) (2020a): 16. Kinder- und Jugendbericht. Förderung demokratischer Bildung im Kindes- und Jugendalter. Berlin.

BUNDESMINISTERIUM für Familie, Senioren, Frauen und Jugend (BMFSFJ) (2020b): Abschlussbericht Bundesprogramm „Demokratie leben!", Erste Förderperiode (2015 bis 2019). Berlin.

BUNDESMINISTERIUM des Innern (BMI) (2012): Richtlinien zur Anerkennung und Förderung von Veranstaltungen der politischen Bildung durch die Bundeszentrale für politische Bildung. I: Gemeinsames Ministerialblatt Nr. 44 vom 12.10.2012, S. 810–814.

HEINZE, Franziska u.a. (2020): Wissenschaftliche Begleitung des Programmbereichs „Förderung der Strukturentwicklung zum bundeszentralen Träger". Halle.

LÄNGE, Theo W. (2000): Institutionalisierte Heterogenität: zur Arbeit der Konzertierten Aktion Weiterbildung. In: Außerschulische Bildung, H. 1, S. 30–34.

MERKEL, Wolfgang (2004): Die „eingebettete" Demokratie. Ein analytisches Konzept. In: WZB-Mitteilungen, H. 106, S. 7–10.

SCHEIDIG, Falk (2016): Professionalität politischer Erwachsenenbildung zwischen Theorie und Praxis. Eine empirische Studie zu wissenschaftsbasierter Lehrtätigkeit. Bad Heilbrunn.

SCHRÖDER, Achim u.a. (2004): Politische Jugendbildung auf dem Prüfstand. Ergebnisse einer bundesweiten Evaluation. Weinheim, München.

STRACHWITZ, Rupert Graf u.a. (2020): Handbuch Zivilgesellschaft. Berlin, Boston.

WIDMAIER, Benedikt (2018a): Demokratiebildung, Demokratieförderung, Demokratiepädagogik, Demokratieerziehung, Demokratiedidaktik, Demokratielernen, Demokratieentwicklung …

wie jetzt? Die neue Unübersichtlichkeit in der politischen Bildung. In: Hessische Blätter für Volksbildung – Zeitschrift für Erwachsenenbildung in Deutschland, H. 3, S. 258–266.

WIDMAIER, Benedikt (2018b): Erzieherischer Verfassungsschutz und politische Bildung. In: Demokratie gegen Menschenfeindlichkeit, Heft 2, S. 114–124.

WIDMAIER, Benedikt (2022a): Extremismuspräventive Demokratieförderung. Eine kritische Intervention. Frankfurt/M.

WIDMAIER, Benedikt (2022b): Zwischen staatlicher Steuerung und zivilgesellschaftlicher Freiheit. Was sind Träger der politischen Bildung? In: Wohnig, Alexander/Zorn, Peter (Hg.): Neutralität ist keine Lösung. Politik, Bildung – politische Bildung. Bonn, S. 279–296.

WIDMAIER, Benedikt (2022c): Das Trilemma der Demokratieförderung. Anmerkungen zum Koalitionsvertrag aus der Perspektive von Politischer Bildung, Extremismusprävention und Engagementpolitik. In: BBE-Newsletter 3/2022 vom 10.02.2022.

JULIKA BÜRGIN

Warum politische Bildungsarbeit nicht ‚mehr als (Extremismus-) Prävention' ist

„Dabei ist unstrittig, dass erfolgreiche politische Bildung sich auch gegen jegliche Form des Extremismus wendet." (BMFSFJ 2020a, 30) Dieser Satz reiht sich ein in eine Vielzahl von Postulaten, die politische Bildungsarbeit in den Kontext von Prävention im Allgemeinen und Extremismusprävention im Besonderen stellen. Allerdings spricht hier kein Akteur unter vielen, sondern das Bundesministerium für Familie, Senioren, Frauen und Jugend. Das Ministerium bezieht sich auf den 16. Kinder- und Jugendbericht „Förderung demokratischer Bildung im Kindes- und Jugendalter" (BMFSFJ 2020), erstellt von einer 14-köpfigen Sachverständigenkommission. Diese hatte nach eingehender Befassung betont, dass „politische Bildung von politischen Entscheidungsträgerinnen und -trägern nicht instrumentalisiert und auf Grundlage des umstrittenen Extremismusbegriffs für politische Ziele funktionalisiert werden" dürfe (ebd., 527). Die Position des Ministeriums wird durch den Bericht nicht gestützt und sie ist auch nicht unstrittig, sondern im Gegenteil hochumstritten. Eindeutig ist nur die Ankündigung: Will politische Bildung als ‚erfolgreich' anerkannt (und gefördert) werden, muss sie sich auch präventiv verstehen und gegen jeglichen ‚Extremismus' wenden. Mit der Behauptung der Unstrittigkeit werden diejenigen ins argumentative Abseits gestellt, die widersprechen.

Der Kinder- und Jugendbericht wurde durch ein sozialdemokratisch geführtes Ministerium verantwortet und politisch kommentiert. In der Großen Koalition von 2017 bis 2021 hatte ein CSU-geführtes Innenministerium repressive und sicherheitspolitische Konzepte auch in Zuständigkeitsbereichen der SPD verankert. Dies sollte weitreichende Auswirkungen auf die politische Bildungspraxis und auch auf wissenschaftliche Diskurse haben. Im Mittelpunkt stehen die politischen Konzepte des ‚Extremismus' und der ‚wehrhaften Demokratie'. Die Ampelkoalition knüpfte ab 2021 daran nahtlos an. Eine bündnisgrüne Familienministerin und eine sozialdemokratische Innenministerin traten im Jahr 2022 an, mit einem Demokratiefördergesetz ‚jede Form von Extremismus' zu bekämpfen, und behaupteten, die Bundesrepublik Deutschland sei eine ‚wehrhafte Demokratie' (BMFSFJ/BMI o.J. [2022]). Auch die FDP bedient den Extremismusdiskurs.

Eine sehr große Koalition hat sich zusammengefunden, um mit dem politischen Konzept des ,Extremismus' Probleme der Demokratie zu beschreiben und daraus Anforderungen auch an politische Bildungsarbeit abzuleiten. Gab es im Jahr 2011 noch heftige Proteste gegen die von einer CDU-Bundesfamilienministerin verhängte ,Extremismusklausel' (siehe Beitrag von Feldmann und Regier in diesem Band), hat sich der Raum der Kritik gegen den Auftrag zur Extremismusprävention seither deutlich verkleinert. Ob sich hier die Verschiebung des politischen Diskurses auswirkt oder vor allem die staatliche Einflussnahme über Förderpolitik, ist nicht ermittelt – wie es überhaupt an unabhängiger und grundlegender Forschung über die bildungsrelevanten demokratiepolitischen Konzepte und ihre Implementierung fehlt.

Der zentrale Hebel zur staatlichen Steuerung des großen und unscharf konturierten Feldes der Demokratiebildung waren und sind die Demokratieförderprogramme des Bundes und vieler Bundesländer, bald ergänzt durch ein ,Demokratiefördergesetz'. Das Bundesfamilienministerium berichtet über diese als ,Bundesprogramme zur Extremismusprävention' (BMFSFJ 2017; BMFSFJ 2021) und integriert die Zivilgesellschaft auf diese Weise in seine Agenda. Während die institutionelle Förderung, die den freien Trägern auf gesetzlicher Grundlage fachliche Autonomie garantiert, auf niedrigem Niveau stagniert oder sogar sinkt, expandieren die Programme, mit denen sich Ministerien die inhaltliche Einflussnahme auf die Bildungsarbeit sichern. Bestimmte Fördermittel erhalten freie Träger politischer Bildung nur noch, wenn sie sich als Akteure der (extremismuspräventiven) Demokratiebildung neu erfinden oder zumindest ausweisen. Nicht nur die Bildungspraxis, sondern auch die begleitende und evaluierende Wissenschaft wird durch die Mittelflüsse gesteuert. Die Maßnahmen, die Demokratie stärken sollen, bewegen sich selbst hart an der Grenze oder sogar jenseits geltender demokratischer Gesetze, denn das im Sozialgesetzbuch VIII kodifizierte Prinzip der Subsidiarität sieht keine inhaltliche Kontrolle freier Träger vor. Da hier auch steuerrechtliche Fragen tangiert sind, wandten Steuerberater bereits ein, dass die Ministerien mit ihren Programmen wohl eher Aufträge vergeben als fachlich autonomes Handeln fördern.

1. Extremismusprävention als Bestandteil der Sicherheitsarchitektur

Prävention soll soziales Verhalten kontrollieren, das von (selektiven) Normen der Gesellschaft abweicht. Mit der Extremismusprävention wurde das Präventionsparadigma erst in jüngerer Zeit prominent auf politisches Verhalten gerichtet. Dies ist offenkundig brisant, denn es widerspricht der Demokratie, wenn politische Institutionen das – nicht gegen Gesetze verstoßende – politische Handeln der (heranwachsenden) Bürger*innen normativ kontrollieren. In der liberalen Diskussion gelten solche Versuche der Einflussnahme als Kennzeichen autoritärer Staaten.

Im Geschäftsbereich des Bundesinnenministeriums, dem auch die Bundeszentrale für politische Bildung untersteht, wird die Extremismusprävention der Kriminal- und Terrorismusprävention zur Seite gestellt (Bürgin 2021, 82 f.). Der Leiter der Bundeszentrale für politische Bildung, Thomas Krüger, beklagt die Instrumentalisierung von Prävention für eine Versicherheitlichung politischer Bildung (in Becker u.a. 2020), bestimmt aber die „Prävention von Extremismus" dennoch als „Kernaufgabe politischer Bildung" (Krüger 2015). Politische Bildung reihe „sich neben der Prävention durch Jugendhilfe und Sozialarbeit, Beratungsstellen, Ausstiegshilfen und den Anstrengungen der Sicherheitsbehörden als Baustein in eine umfassende, noch weiter auszuführende Präventionsstrategie ein" (ebd.). Politikdidaktiker*innen wirken an der Einbettung politischer Bildungsarbeit in Strategien des Antiextremismus mit. So gibt Monika Oberle unumwunden zu, dass auch wissenschaftliche Begleitaktivitäten den Finanzströmen gegen ‚Extremismus' folgen: „Jedoch müssen wir anerkennen, dass der Begriff existiert und mit Fördergeldern verknüpft ist" (in Becker u.a. 2020). Oberle selbst verwaltete als Leiterin des ‚Kompetenzzentrums Linksextremismus' umfangreiche Fördergelder aus dem Bundesprogramm ‚Demokratie leben!' (vgl. Bürgin 2021, 83).

Die ‚Forschungsstelle Terrorismus/Extremismus' des Kriminalistischen Instituts des Bundeskriminalamtes betreibt ein ‚Infoportal Extremismusprävention', ergänzt durch ein ‚Handbuch Extremismusprävention' und einen ‚Extremismuspräventionsatlas', um die „Prävention von Extremismus sowie politisch und/oder religiös motivierter Gewalt […] als eine gesamtgesellschaftliche Aufgabe zu begreifen und unter Bündelung aller gesellschaftlichen – insbesondere auch der zivilgesellschaftlichen – Kräfte zu gestalten" (Ben Slama/Kemmesies 2020, 756). In ihrem Vorwort zum Handbuch bezeichnete die damalige sozialdemokratische Bundesfamilienministerin Franziska Giffey Sicherheit und Prävention als „beide Seiten der Medaille" und begrüßte, dass „sich diese Maxime derzeit durchsetzt" (in ebd., 12). „Ich freue mich, dass es mit diesem Handbuch gelungen ist, die präventiv-pädagogische Arbeit mit dem sicherheitsbehördlichen Ansatz zusammenzubringen" (in ebd., 13).

Die Prinzipien politischer Bildung müssen gebeugt werden, damit diese als Extremismusprävention steuerbar ist. Aber handelt es sich dann noch um politische Bildungsarbeit?

Unbestritten sind Extremismusprävention und politische Bildungsarbeit nicht dasselbe. Räumliche Metaphern unterstellen Nähe: Politische Bildung wird dann ‚innerhalb' der Extremismusprävention, an deren ‚Grenze' oder ‚Schnittstelle' verortet. Dominant ist die Formel, dass politische Bildung ‚mehr' sei als Extremismusprävention (vgl. kritisch Bürgin 2021, 85). Für radikale und rechtspositivistische Demokrat*innen ist Extremismusprävention allerdings kein Bezugspunkt für politische Bildungsarbeit. Sie weisen das ‚Extremismus'-Konzept grundsätzlich zurück, weil es jenseits gesetzlicher Normen eine Sphäre der ‚Legitimität' und der ‚Illegitimität" schafft. ‚Extremisten' (ähnlich ‚Radikale') werden nicht nur in ihren Grundrechten beschnitten, sondern sie werden individuell und kollektiv an der gleichberechtigten politischen Willensbildung und Einflussnahme auf das politische Geschehen gehindert. Der in Institutionen des Staates verankerte Antiextremismus verstößt damit gegen das Demokratieprinzip und greift, wenn es um (nicht verbotene) Parteien geht, unzulässig in deren Wettbewerb ein (zur Kritik des E-Konzepts siehe Feldmann/Regier und Qasem in diesem Band sowie ausführlich Bürgin 2021 und Feldmann 2022).

Aber hat politische Bildungsarbeit überhaupt präventive Aufgaben? Kritische Stimmen kommen aus der Fachdiskussion zur Jugendarbeit. Werner Lindner spitzt zu, dass sich Prävention und Bildung „wechselseitig kategorisch ausschließen, weil Prävention das genaue Gegenteil von Bildung markiert" (2013, 360). Bildung könne die Probleme angehen, an denen die Prävention regelmäßig scheitert, da sie Ungewissheit ins Produktive und Offensive wende. Weder eine „präventive Neu-Etikettierung" von Bildung noch „Prävention durch Bildung", sondern „Bildung statt Prävention" ist Lindners Konsequenz (ebd.). Aber die Entwicklung wird nicht durch fachliche Argumente bestimmt. Die Rede, dass politische Bildung *mehr* sei als Prävention, macht sie anschlussfähig an die Präventionslandschaft und an den Fluss entsprechender Fördermittel. Darauf zu bestehen, dass politische Bildungsarbeit etwas *anderes* ist als (Extremismus-)Prävention, schneidet Praxis und (begleitende) Wissenschaft von Aufmerksamkeit, Anerkennung und Finanzierungsquellen ab.

2. Wer kann etwas gegen Prävention haben?

Prävention verspricht eine frühzeitige Lösung unterschiedlichster sozialer Probleme, bevor diese überhaupt auftreten können. Eingriffe in Geschehensabläufe sollen bestimmte Entwicklungen verhindern, die bestimmten – nicht unbedingt gesetzlichen – Normen widersprechen. Der kritische Kriminologe Dirk Lampe bilanziert, dass präventive Arbeitsweisen, Programme sowie Handlungs- und Denkansätze in der jüngeren Vergangenheit massiv ausgeweitet und auf der Verwaltungsebene zahlreiche kriminalpräventive Institutionen, Gremien und Netzwerke geschaffen wurden (2018, 560 ff.). Die Metapher der „Präventionslandschaft“ veranschaulicht die „räumliche, zeitliche und institutionelle Ausweitung der Präventionsaktivitäten“, so die Erziehungswissenschaftlerin Helga Cremer-Schäfer (2016, 19).

Prävention ist Teil einer Sicherheitsordnung. Konzepte kommunaler Kriminalprävention binden die Bürger*innen in die Sicherheitsvorsorge ein. Der kritische Kriminologe Detlev Frehsee weist darauf hin, dass sich das Strafrecht im Sinne des Präventionsgedankens nicht damit begnügt, „erst Handlungen zu verbieten, durch die unmittelbar Schädigungen ausgelöst werden, sondern schon solche Handlungen, die gefährlich sind oder womöglich gefährlich sein könnten“ (2011, 352). Die Kriminalprävention ist die Taktgeberin des Präventionsdiskurses. Sie diszipliniert durch Strafandrohung. Repression gehört zum Repertoire der Prävention. Die unspezifische Überwachung und sich ausweitende Kontrolle in der Hand derer, die über Definitionsmacht verfügen, befördert zudem eine „Tendenz totaler Kontrolle“ (Cremer-Schäfer 2016, 13).

Das Präventionsparadigma wirkt auf Menschen nicht nur als soziale, sondern auch als politische Subjekte ein. Propagiert wird die „‚verkehrte‘ Bereitschaft, als Person durch Selbstkontrolle zuerst in Systeme und das Große und Ganze zu investieren“ (Cremer-Schäfer 2016, 15). Diskreditiert wird, eigene Interessen zu identifizieren und „gegensätzliche Interessen im Kampf und Konflikt auszutragen“ (ebd., 15). In ihrem Vorwort zum genannten Handbuch des Bundeskriminalamtes ersetzte die Bundesjugend- und Familienministerin Giffey das zentrale Ziel von Jugendarbeit und politischer Bildung, eigene Interessen zu bestimmen und zu vertreten, kurzerhand durch das Ziel, „eigene Interessen zurückzustellen“ (in Ben Slama/Kemmesies 2020, 12).

Prävention wird als pädagogischer Auftrag etabliert und die Kooperation mit Sicherheitsbehörden gefördert und gefordert. Die Aufträge verwischen. Polizei und auch der Verfassungsschutz engagieren sich dabei nicht nur in der ‚sekundären Prävention‘, die auf abzuwehrende Störungen oder Gefahren zielt, sondern auch in der ‚Primärprävention‘, also im Bereich von Erziehung und Sozialisation. Schulische und außerschulische Bildungsarbeit stehen den sicherheitspolitischen Präventionsstrategien weitgehend unvorbereitet gegenüber. Nun werden auch sie mit der Erwartung konfrontiert, einen ‚präventiven Blick‘

auf ihre Adressat*innen zu richten. Dies wirft nicht nur praktische Fragen etwa des Datenschutzes auf, sondern trifft das Selbstverständnis jeglicher Bildungsarbeit im Kern.

3. Prävention oder politische Bildung

Dieser Text ist im Jahr 2022, also im 50. Jahr des Radikalenerlasses geschrieben. Mit der Androhung und Vollstreckung von Berufsverboten sollte damals in Westdeutschland verhindert werden, dass Gesellschaft in Schulen und Hochschulen kritisiert werden kann, um sie grundsätzlich zu verändern. Pünktlich zu diesem Jubiläum kündigten SPD, Grüne und FDP in ihrem Koalitionsvertrag an, dafür zu sorgen, „dass Verfassungsfeinde schneller als bisher aus dem Dienst entfernt werden können" (SPD/Die Grünen/FDP 2021, 8). Mehrere Bundesländer tun dies bereits, mit modernisierten Instrumenten: Gegenüber verschwenderischen Regelanfragen setzen sich zunehmend gezielte bzw. ‚anlassbezogene' Überprüfungen durch den Verfassungsschutz durch – auf Basis massenhaft erhobener und gespeicherter Daten. All dies betrifft nun auch freie Träger. Schon die erstmalige Beantragung von Mitteln aus dem Landesprogramm ‚Hessen – aktiv für Demokratie und gegen Extremismus' ist in diesem Bundesland seit 2018 hinreichender ‚Anlass', um Mitarbeiter*innen freier Träger durch den Verfassungsschutz überprüfen zu lassen. Staatliche Apparate werden gegen das demokratische Recht eingesetzt, auch radikale Veränderungen von Gesellschaft in die politische Diskussion einzubringen. Wer als ‚Feind der Verfassung' rechtlich diskriminiert und politisch diskreditiert wird, entscheiden maßgeblich die Ämter für Verfassungsschutz. Dies wurde durch die Bundesinnenministerkonferenz im Jahr 2012 nochmals bestätigt, als die Verwicklung des Verfassungsschutzes in den NSU-Skandal bereits bekannt war.

Die freien Träger und ihre Mitarbeiter*innen sind heute komplexer in das Geschehen involviert als zur Zeit des Radikalenbeschlusses. Noch immer richtet sich der Staat *gegen* radikale Linke (und andere). Heute wird die sogenannte Zivilgesellschaft aber zusätzlich *für* den Antiextremismus mobilisiert, auch Pädagogik und Bildungsarbeit. Die Zuverlässigen sollen zu Subjekten werden, die Radikale und Extremisten identifizieren und aus dem ‚legitimen' Diskurs ausschließen. Mit Zuckerbrot (Förderung, Anerkennung) und Peitsche (Sanktionen, Ausschluss) wird die Zivilgesellschaft in Sicherheitsarchitekturen und Präventionslandschaften eingebettet.

Der Erziehungswissenschaftler Freerk Huisken wies vielfach darauf hin, wie das Bildungssystem gegen eine Kritik der Gesellschaft in Stellung gebracht wird. Er hielt auch die Reaktionen auf die Extremismusklausel für „treuherzig", indem sie sich „auf die demokratischen Prinzipien [berufen], in deren Namen sie sich gerade den Extremismusverdacht eingefangen haben" (2012, 69). „Sie erklären die Feindschaftserklärung der herrschenden Demokratie an ihre Adresse glatt zu einer Art *Irrtum.*" (ebd.) Die Linksextremismuskampagne der Regierung und die Extremismusklausel würden mit dieser Kritik verharmlost. „Es ist den Verfassungshütern nämlich bitter *ernst* mit der Feindschaftserklärung an die ins Visier genommenen Linken, auch wenn die zunächst nur als Agitationskampagne daherkommt" (ebd., 70).

Das erste Handbuch kritische politische Bildung von 2010 erschien zwei Jahre nach der weltweiten Wirtschafts- und Finanzkrise, die in einer sozial polarisierenden Restauration des kapitalistischen Wirtschafts- und Gesellschaftssystems mündete. Das zweite Handbuch erscheint im Angesicht einer eskalierten ökologischen Krise und neuer imperialer Kriege um Ressourcen und Einflusssphären. Die vorherrschende Politik bearbeitet die Konflikte nicht mit dem Ziel globaler sozialer Gerechtigkeit, sondern versucht zu beherrschen, was auch ihr eigenes Wirtschaftswachstumsdogma anrichtet. ‚Wehrhaftigkeit' wird der politischen Bildung ebenso aufgetragen wie einer Gesellschaft im Krieg. In dieser pessimistischen Weltsicht ist nicht mehr vorgesehen, dass eine andere, bessere Welt möglich wäre. Sicherheitsarchitekturen in Präventionslandschaften sind Vorgriffe der Dystopie, die radikale Alternativen undenkbar machen sollen und tatsächlich den Raum der Möglichkeiten verkleinern. Das ist ihr antidemokratischer Kern und ihre politische Gefahr.

Präventionskonzepte können sich im Sektor der Erziehung entfalten, die immer konservativ sein muss – diese Auffassung vertraten sowohl der marxistische Psychoanalytiker und Pädagoge Siegfried Bernfeld (1892–1953) als auch die politische Theoretikerin Hannah Arendt (1906–1975). „Wer erwachsene Menschen erziehen will, will sie in Wahrheit bevormunden und daran hindern, politisch zu handeln", so Arendt (1994, 258). Politische Bildungsarbeit erzieht Menschen nicht, sondern unterstützt sie, politisch zu denken und zu handeln, Bestehendes zu verstehen und Neues zu schaffen. Dies gilt ebenso für junge Menschen als künftige Akteur*innen der Volkssouveränität, denen politische Bildungsarbeit „Wege in die politischen Selbstverständigungsdiskurse der Gesellschaft und ihre Entscheidungsprozeduren" öffnet, so der Politikdidaktiker Gerd Steffens (2010, 28). Dass es hierfür Ressourcen und gesetzliche Grundlagen innerhalb und außerhalb von Schulen gibt, ist eine demokratische Errungenschaft, die gefährdet ist. Politische Bildung droht zur Worthülse zu werden, wenn sie durch Präventionsanforderungen überwältigt und der Unterschied zwischen beiden eingeebnet wird. Das Ziel der Selbstermächtigung zur Politik (Steffens 2010, 27) ist unverträglich mit jeglichen Präventionsansätzen, die immer schon wissen, was sein soll und nicht sein darf. Politische Bildungsarbeit hätte vielmehr über die präventive Macht aufzuklären und das Bewusstsein zu befördern, über Gegenmacht zu verfügen.

Literatur

ARENDT, Hannah (1994): Die Krise in der Erziehung. In: dies: Zwischen Vergangenheit und Zukunft. Übungen im politischen Denken 1. München, Zürich, S. 255–276.

BECKER, Helle/Fereidooni, Karim/Krüger, Thomas/Nordbruch, Götz/Oberle, Monika (2020): Politische Bildung und Primärprävention. Fachdebatte. In: Bundeszentrale für politische Bildung. Online: https://www.bpb.de/themen/infodienst/325195/politische-bildung-und-primaer-praevention/ (Zugriff: 07.02.2023).

BEN SLAMA, Brahim/Kemmesies, Uwe (2020): Handbuch Extremismusprävention – Gesamtgesellschaftlich. Phänomenübergreifend. Bundeskriminalamt. Wiesbaden. Online: https://www.bka.de/SharedDocs/Downloads/DE/Publikationen/Publikationsreihen/PolizeiUndForschung/1_54_HandbuchExtremismuspraevention.html (Zugriff: 07.02.2023).

BMFSFJ (2017). Bericht der Bundesregierung über Arbeit und Wirksamkeit der Bundesprogramme zur Extremismusprävention. Berlin. Online: https://www.bmfsfj.de/resource/blob/117610/354cf0b045adc89e2a07968851334c8d/bericht-der-bundesregierung-zur-exemismuspraevention-data.pdf (Zugriff: 07.02.2023).

BMFSFJ (2020): 16. Kinder- und Jugendbericht. Förderung demokratischer Bildung im Kindes- und Jugendalter. Berlin. Online: https://www.bmfsfj.de/resource/blob/162232/27ac76c3f5ca10b0e914700ee54060b2/16-kinder-und-jugendbericht-bundestagsdrucksache-data.pdf (Zugriff: 07.02.2023).

BMFSFJ (2020a): Förderung demokratischer Bildung im Kindes- und Jugendalter. Zentrale Erkenntnisse und Empfehlungen des 16. Kinder- und Jugendberichts. Berlin. Online: https://www.bmfsfj.de/resource/blob/162236/a38c2a71e008f46347e095a053e8b9ef/16-kinder-und-jugendbericht-kurzbroschuere-data.pdf (Zugriff: 07.02.2023).

BMFSFJ (2021): Zweiter Bericht der Bundesregierung über Arbeit und Wirksamkeit der Bundesprogramme zur Extremismusprävention. Berlin. Online: https://www.bmfsfj.de/resource/blob/184630/72eb76404ffe34b0e0a302e3d3a147ee/zweiter-bericht-der-br-ueber-arbeit-und-wirkusamkeit-extremismuspraevention-data.pdf (Zugriff: 07.02.2023).

BMFSFJ/BMI (o.J. [2022]): Diskussionspapier von BMFSFJ und BMI für ein Demokratiefördergesetz. o.O.

BÜRGIN, Julika (2021): Extremismusprävention als polizeiliche Ordnung. Zur Politik der Demokratiebildung. Weinheim.

CREMER-SCHÄFER, Helga (2016): Über die Produktivität der „frühen Kritik" von Prävention als Denkweise und Politik. In: Widersprüche. Zeitschrift für sozialistische Politik im Bildungs-, Gesundheits- und Sozialbereich 139, S. 11–23.

FELDMANN, Dominik (2022): Demokratie trotz(t) Antiextremismus? Zur Bedeutung von Extremismusprävention für (Ent-)Demokratisierung und politische Bildung. Dissertation. Köln. Unveröffentlicht.

FREHSEE, Detlev (2011): Korrumpierung der Jugendarbeit durch Kriminalprävention? In: Dollinger, Bernd/Schmidt-Semisch, Henning (Hg.): Handbuch Jugendkriminalität. Kriminologie und Sozialpädagogik im Dialog. Wiesbaden, S. 351–364.

HUISKEN, Freerk (2012): Mobilisierung gegen Linksextremismus in deutschen Schulen: Eigentlich überflüssig? In: Feustel, Susanne/Stange, Jennifer/Strohschneider, Tom (Hg.): Verfassungsfeinde? Wie die Hüter von Denk- und Gewaltmonopolen mit dem ‚Linksextremismus' umgehen. Hamburg, S. 57–70.

KRÜGER, Thomas (2015): Was kann politische Bildung islamistischer Propaganda entgegensetzen? – Ein Zwischenruf auf der BKA Herbsttagung am 18. November 2015 im Kurfürstlichen Schloss in Mainz. In: Bundeszentrale für politische Bildung. Online: https://www.bpb.de/die-bpb/presse/215929/was-kann-politische-bildung-islamistischer-propaganda-entgegen-setzen-ein-zwischenruf-auf-der-bka-herbsttagung-am-18-november-2015-im-kurfuerstlichen-schloss-in-mainz/ (Zugriff: 07.02.2023).

LAMPE, Dirk (2018): „Prävention für alle und von Anfang an". Eine diskurstheoretische Betrachtung aktueller Präventionsdebatten im Rahmen allgemeiner gesellschaftspolitischer Entwicklungen. In: Dollinger, Bernd/Schmidt-Semisch, Henning (Hg.): Handbuch Jugendkriminalität. Interdisziplinäre Perspektiven. Wiesbaden, S. 559–587.

LINDNER, Werner (2013): Prävention und andere „Irrwege" der Offenen Kinder- und Jugendarbeit. Fortsetzung absehbar. In: Deinet, Ulrich/Sturzenhecker, Benedikt (Hg.): Handbuch Offene Kinder- und Jugendarbeit. Wiesbaden, S. 359–371.

SPD/DIE GRÜNEN/FDP (2021): Mehr Fortschritt wagen. Bündnis für Freiheit, Gerechtigkeit und Nachhaltigkeit. Koalitionsvertrag 2021 – 2025. Online: https://www.spd.de/fileadmin/Dokumente/Koalitionsvertrag/Koalitionsvertrag_2021-2025.pdf (Zugriff: 07.02.2023).

STEFFENS, Gerd (2010): Braucht kritisch-emanzipatorische Bildung heute eine Neubegründung? Politische Bildung zwischen Selbstgenügsamkeit und Globalisierungskrise. In: Lösch, Bettina/Thimmel, Andreas (Hg.): Kritische politische Bildung. Ein Handbuch. Schwalbach/Ts., S. 25–36.

SINDYAN QASEM

Islamismusprävention: (k)ein Thema für die kritische politische Bildung?

In dem seit einigen Jahren stark ausgebauten Feld der Islamismusprävention in Deutschland betätigen sich verschiedene Akteur*innen, oft unter dem Vorzeichen der politischen Bildung oder Demokratieförderung. Nach den Anschlägen vom 11. September 2001 und der Identifizierung des Islamismus als größte Bedrohung für die Sicherheit der Bundesrepublik Deutschland manifestierten sich präventive Ansätze zunächst beinahe ausschließlich in der Erweiterung des Strafrechts und in sicherheitsbehördlichen Befugnissen im Vorfeld von schweren Straftaten. In der Folgezeit entstanden, angesiedelt beim Bundesamt für Migration und Flüchtlinge sowie beim Bundesamt für Verfassungsschutz, erste Beratungsstellen gegen islamistische Radikalisierung. Erst ab 2014 entwickelte sich unter der massiven Bereitstellung staatlicher Fördergelder ein ausdifferenziertes islamismuspräventives Maßnahmenensemble unter Einbezug zahlreicher zivilgesellschaftlicher Träger mit politisch-bildnerischen, sozialpädagogischen und migrationspädagogischen Ansätzen (vgl. Figlestahler/Schau 2022, 15 ff.).

1. Gesamtgesellschaftliche Islamismusprävention

Diese ursprünglich von den Sicherheitsbehörden ausgehende Initiative, zivilgesellschaftliche Träger in Beratungsangebote und Aufklärungsprogramme gegen Islamismus einzuspannen, führte im Laufe der Jahre dazu, dass zivilgesellschaftlich getragene Islamismusprävention mittlerweile auch von Ministerien auf Bund- und Länderebene im Kontext des Sozialen vorangetrieben wird (vgl. Said/Fouad 2018, 10). Die von Bund und Ländern im Zuge dessen ausgeschütteten Fördermittel sind die Arbeitsgrundlage für meist lokal aktive zivilgesellschaftliche Träger aus den Feldern Sozialer Arbeit, einschließlich Jugendarbeit sowie schulischer und außerschulischer Bildungsarbeit.

Nicht selten wird Islamismusprävention seit 2014 als gesamtgesellschaftliche Herausforderung bezeichnet, die ein Zusammenspiel von unterschiedlichsten Akteur*innen benötige. So gelten für die Bundesregierung politische

Bildung, interkulturelles Lernen und Demokratiearbeit, zivilgesellschaftliches Engagement sowie Beratung, Monitoring und Intervention, Medien und Internet, Forschung und internationale Zusammenarbeit allesamt als Schwerpunkte der Extremismusprävention (vgl. BpB 2020, 11). Während zivilgesellschaftlich getragene Maßnahmen der Islamismusprävention zum Teil als diskriminierungssensibleres Gegenstück zu präventiven und repressiven Maßnahmen des Staates gegen Islamismus dargestellt werden, spricht die hohe Verschränkung von sicherheitsbehördlichen Institutionen und freien Trägern im Feld gegen eine solche Trennschärfe. Im vom Koalitionsausschuss der CDU/CSU/SPD-Bundesregierung 2017 beschlossenen und für das ganze Feld wegweisenden Nationalen Präventionsprogramm gegen islamistischen Extremismus heißt es dazu eindeutig, dass „Prävention und Repression Hand in Hand gehen“ (vgl. BMI 2017).

Nicht zuletzt aufgrund des hohen Grades an Verantwortungsaufteilung unter verschiedene Ressorts und interministerielle Arbeitsgruppen auf Bundes- und Länderebene, aber auch aufgrund unterschiedlicher, zum Teil intransparenter Vernetzungsgrade von lokalen zivilgesellschaftlichen Akteur*innen mit Sicherheitsbehörden besteht kein genauer Überblick darüber, inwieweit das Feld der zivilgesellschaftlich getragenen Islamismusprävention auch selbst von sicherheitsbehördlicher Autorität geprägt ist. Es lassen sich aber deutlich Folgen des großen Einflusses der Sicherheitsbehörden erkennen. Eine Studie des Europäischen Netzwerks gegen Rassismus dokumentiert beispielsweise die unhinterfragte und unkritische Übernahme von durch den Verfassungsschutz getroffenen Kategorisierungen muslimischer Akteur*innen durch zivilgesellschaftliche Institutionen, Medien und Regierungsministerien (European Network against Racism 2020, 6). In der Studie sind neben diesem Einsickern von „Sicherheitswissen“ (Schiffauer 2015) in den *Mainstream* auch zahlreiche Fälle von Diskriminierungen muslimischer Akteur*innen aufgrund einer sogenannten Kontaktschuld aufgeführt (European Network against Racism 2020, 6 f.). Grundsätzlich kann derzeit eine Ausdehnung von vormals ausschließlich sicherheitsbehördlichen Logiken auf verschiedenste gesellschaftliche Teilbereiche in Gestalt eines universalisierten, nach Gefahrenprävention strebenden Umgangs mit Muslim*innen, nicht zuletzt in schulischen Kontexten, beobachtet werden.

In diesem Zusammenhang ist weiterhin auffällig, wie Logiken der Islamismusprävention auch in andere hegemoniale Politiken übernommen werden, um diesen Nachdruck zu verleihen. So wurden beispielsweise die massiven Eingriffe in die Versammlungsfreiheiten durch die präventiven Verbote von pro-palästinensischen Demonstrationen durch die Berliner Behörden im Frühjahr 2022 unter anderem mit einem Verweis auf die unterstellten islamistischen Umtriebe der Demonstrationsanmelder*innen begründet. Auch das rigide präventive Vorgehen deutscher Behörden gegen die pro-palästinensische BDS-Bewegung wird nicht selten mit einer unterstellten Nähe der Bewegung zu islamistischen Organisationen legitimiert. Durchaus gerechtfertigt erscheint auch die Annahme, dass Maßnahmen im Bereich der Islamismusprävention zunächst als Testballon ausprobiert werden, um später z.B. auch gegen sogenannte linksextremistische und kurdische Gruppen ins Feld geführt zu werden.

Trotz deutlicher Anzeichen für die diskriminierenden Auswirkungen der Ausweitung islamismuspräventiver Logiken in verschiedenste Bereiche gesellschaftlichen Handelns – nicht zuletzt dem Bildungsbereich – wird in Deutschland nur zaghafte Kritik an dieser größtenteils unwidersprochenen Entwicklung laut. Zwar wird in der Fachliteratur gelegentlich auf das Risiko von Stigmatisierung und Kriminalisierung durch falsche Präventionsverständnisse hingewiesen. Tiefergehende Einblicke in die diskriminierenden und rechtsverletzenden Praktiken wie z.B. die rechtliche Analyse der Wahrung der Persönlichkeitsrechte von Kindern und Jugendlichen bei Radikalisierungsverdacht (vgl. Deller/Welke 2019) bilden jedoch die Ausnahme.

Verhindert wird eine systematische kritische Analyse von Maßnahmen der Islamismusprävention nicht zuletzt durch Widerstand aus dem Feld selbst. Sowohl unter Praktiker*innen als auch unter den das Feld wohlwollend begleitenden, nicht zuletzt selbst oft von staatlichen Stellen geförderten Forscher*innen herrscht die Ansicht vor, dass die Uneinheitlichkeit und Verschiedenartigkeit des Feldes eine zu vehement von außen vorgetragene Kritik verbiete und sich das Feld vielmehr auf Selbstreflexionen verlassen sollte. Zum Teil geraten gar ganze Forschungsdisziplinen wie die Rassismusforschung oder postkoloniale Studien in den Verdacht, Islamist*innen zu unterstützen, sobald Forscher*innen sich zu kritisch gegenüber staatlichen Islamismuspolitiken äußern.

2. Ideologische Konfiguration der Islamismusprävention: Der Verdacht

Der Verdacht gegenüber Muslim*innen und als muslimisch gelesenen Praktiken ist das ideologische Kernelement der Islamismusprävention, welcher eine „Haltung des Argwohns, der Spekulation, des Ahnens, der Befürchtungen oder Bezichtigungen“ zugrunde liegt (Logvinov 2017, 127). Diese Haltung strukturiert letztendlich den Horizont des zukünftig Möglichen und Erwartbaren, „indem sie die Offenheit des Möglichen auf präventiv relevante Risikoperspektiven reduziert – und dergestalt einer Logik sich selbst erfüllender Prophezeiungen folgt" (ebd.). Noch deutlicher formuliert Ulrich Bröckling in seiner Analyse der handlungsleitenden Prinzipien des *war on terror*, dass sich nicht eine präventive Risikoabwehr, sondern vielmehr eine „hyperpräventive Risikoerfindung" beobachten lässt (Bröckling 2012, 101). Prävention, so Bröckling weiter, habe so vor allem das Ziel, alle möglichen Bedrohungen zu imaginieren (ebd., 100). In der Islamismusprävention werden dementsprechend weit im Vorfeld von etwaigen schweren Straftaten Anzeichen und Signale festgelegt, welche als Momente der Hinwendung zum Islamismus gelten. In diesem Zusammenhang muss Islamismusprävention und der so institutionalisierte Verdacht auch als politische Regulierungstechnik verstanden werden, welche mittels bestimmter Markierungen („islamistisch") Minderheiten ‚verandert' im Sinne von Othering.

Die Kultivierung des Verdachts sowie die gleichzeitige Sanktionierung von unerwünschtem Verhalten greift dabei auf tradierte und eingeschliffene Deutungsmuster zurück. Die sich in der Islamismusprävention herauskristallisierende Vorstellung einer von Muslim*innen ausgehenden Gefahr ist über Jahrhunderte immer wieder reproduziert worden und findet sich sowohl in vormodernen als auch modernen Formen des Rassismus. Etienne Balibar prognostizierte in seinen Überlegungen zur Beschaffenheit des Neorassismus ein sich entwickelndes Zusammenspiel von Rassifizierung, Kulturalisierung und Kriminalisierung als Technik, mit der „Dispositionen zu einem normalen, gesellschaftlichen Leben […] oder umgekehrt zu Kriminalität und Abweichung" bewertet werden (Balibar 1992, 35 f.). Mit der Institutionalisierung und Ausweitung des Verdachts gegenüber muslimischen Minderheiten im Rahmen islamismuspräventiver Maßnahmen, nicht zuletzt in Gestalt zahlreicher ausschließlich auf ideologische Komponenten abzielenden Bildungsmaßnahmen, scheint sich diese Ahnung zu bestätigen.

Eine besondere Rolle spielt dabei die Einhegung und Kontrolle von Muslim*innen als religiöse Minderheit. Schirin Amir-Moazami stellt in Bezug auf die säkular-liberale Regulierung muslimischen religiösen Lebens in Deutschland fest, dass die „in liberale Freiheitsprinzipien eingefassten Ausschlussmechanismen […] strukturell" sind und „nur bedingt etwas mit Muslime[n] als spezifische äußere oder innere Feinde oder Freunde zu tun [haben], sondern sehr viel grundlegender mit Wirkungsweisen moderner Nationalstaaten" (Amir-Moazami 2016, 27). Im Kontext der Islamismusprävention lässt sich daran anschließend feststellen, dass der immer wieder aufs Neue konfigurierte und letztendlich vage bleibende Verdacht gegen Muslim*innen es laufend ermöglicht, eine unmarkierte säkular-liberale Norm zu produzieren und nationalstaatliche Souveränität zu suggerieren (vgl. ebd., 25 ff.).

Islamismuspräventive Maßnahmen sind so Teil eines ständigen Wechselspiels aus Sanktionierung und Anerkennung, Ausschluss und Teilhabe, dem Darstellen von Diversität und der zur Schau gestellten Härte gegen alles, was nicht dazugehören soll. Dementsprechend müssen diese Maßnahmen als Teil der Integrationspolitiken verstanden werden. In Bezug auf diese Integrationspolitiken hatte Maria do Mar Castro Varela bereits 2013 festgestellt, dass die beobachtbare Verquickung von Sicherheits- und Integrationsdiskursen eine Kontrolllogik forciert (vgl. do Mar Castro Varela 2013, 41 f.). Über die Unmittelbarkeit der Maßnahmen hinausgedacht muss Islamismusprävention schließlich als Ausdruck neuer Grenzziehungen der liberalen Demokratie verstanden werden. Achille Mbembe stellt in seinem Essay „Politik der Feindschaft" dahingehend fest, dass sich liberale Demokratien gegenwärtig in einem „gewaltigen Inversionsprozess" befinden und wir eine „Zeit der Trennung, der Hassbewegungen, der Feindseligkeit und vor allem des Kampfes gegen den Feind" erleben (Mbembe 2017, 82). Mbembe sieht die Ursache dafür darin, dass liberale Demokratien Verdrängungskünstlerinnen seien und auf einem „Mythos" gegründet sind, wonach es einen „unüberwindlichen Kontrast" zwischen ihnen und ihrem Anderen gebe (ebd., 55). Islamismusprävention kann so als Teil einer liberalen Strategie gelesen werden, mit der andere Formen der Gewalt und Ausbeutung, konkret die von den liberalen Demokratien geschützten kapitalistischen Produktionsverhältnisse und die immanente Gewalt einer kleinen herrschenden Klasse gegen die untergeordneten Klassen, verschleiert und aus dem Bewusstsein getilgt werden.

3. Herausforderungen für eine kritische politische Bildung im Umgang mit dem Themenfeld der Islamismusprävention

Akteur*innen der konventionellen politischen Bildung sind in hohem Maße involviert in verschiedene Programme und Projekte der Islamismusprävention. Allein die Bundeszentrale für politische Bildung tut sich sowohl als Projektförderin als auch als Kompetenzzentrum in Bezug auf Ansätze und Hintergrundwissen hervor und betreibt beispielsweise das Online-Portal ‚Infodienst Radikalisierungsprävention – Herausforderung Islamismus'. Und auch unter zivilgesellschaftlichen Trägern gilt Bildung als Schlüssel, gerade weil viele Expert*innen Islamismus heute zuvorderst als ideologische Herausforderung ‚unserer' demokratischen Werte analysieren.

Diese Rolle von Akteur*innen der politischen Bildung wird durchaus kontrovers diskutiert. Es lassen sich zwei wesentliche, in der Praxis oft auch inköhärent und miteinander verwoben auftauchende Diskussionsstränge unterscheiden. Zum einen gibt es Widerstand gegen einen Präventionismus in der politischen Bildung (vgl. Achour/Gill 2019). In diesem Zusammenhang werden Akteur*innen der politischen Bildung dazu aufgefordert, sich grundsätzlich stärker von Angeboten der Extremismusprävention abzugrenzen, um nicht selbst autoritär und fundamentalistisch zu sein (siehe auch den Beitrag von Bürgin in diesem Band).

Andererseits wird in der Praxis sowohl vonseiten der Fördernden als auch der Geförderten betont, dass mehr Träger der politischen Bildung im Bereich der Islamismusprävention aktiv werden sollten und müssten. Hier steht die Annahme im Vordergrund, dass Akteur*innen der politischen Bildung durch ihren speziellen Zugang zu Zielgruppen diskriminierungssensibler vorgehen könnten als beispielsweise sicherheitsbehördliche Institutionen. Es liegt in diesem Kontext häufig eine verhängnisvolle Fehleinschätzung der Wirkungsweise von Versicherheitlichung vor – Träger der politischen Bildung scheinen dann gar ‚*qua natura*' als gefeit vor diskriminierendem, kriminalisierendem Agieren.

Weder die Abgrenzung einer idealisierten politischen Bildungslandschaft von der Extremismusprävention noch der Versuch, Islamismusprävention durch das vermehrte Eingreifen von Akteur*innen der politischen Bildung verbessern zu wollen, stellen befriedigende Ansätze für die Praxis einer tatsächlich kritischen politischen Bildung dar. Vielversprechender sind dagegen die Ideen von Philippe André Marquardt, der für eine pädagogische Thematisierung von Radikalisierungen das Verstehen und Nachvollziehen von Gründen und Motiven voraussetzt (vgl. Marquardt 2020, 147). Es lässt sich daraus als Aufgabe für die kritische politische Bildung ableiten, die grundsätzliche Einschätzung von politischen Gewalttaten als verrückt, irrational und ausschließlich auf individuelle psychologische Dispositionen zurückführbare Taten zu überwinden und stattdessen wieder politische, soziale, konflikttheoretische Erklärungen in den Mittelpunkt zu rücken (vgl. ebd., 146 f.).

Daran anschließend muss sich kritische politische Bildung vornehmen, weniger die Bedrohung durch Islamismus, sondern vermehrt die Maßnahmen der Islamismusprävention selbst in den Blick zu nehmen und diese konsequent als Projekt zur Verteidigung der liberalen Ordnung zu thematisieren. Gerade ausgehend von dokumentierten Fällen von falschem Verdacht, Stigmatisierung, Diskriminierung, Kriminalisierung und offener staatlicher Gewalt, z.B. bei Präventivhaft oder Abschiebungen, kann kontrovers die sich abbildende Diskrepanz zwischen liberalem Selbst-Ideal und tatsächlicher politischer Praxis diskutiert werden. Die Allgegenwärtigkeit des Bedrohungsszenarios Islamismus bietet schließlich auch die Möglichkeit, ganz im Sinne von Mbembes Analyse moderner Nationalstaaten die Frage zu stellen, warum die liberale Demokratie dieses Feindbild so dringend benötigt – und von welchen inneren Widersprüchen mit der Aufrechterhaltung dieses Feindbilds eigentlich abgelenkt wird. Hier sollte auch die politische Zusammenarbeit der Bundesrepublik Deutschland mit internationalen islamistischen Akteur*innen deutlich thematisiert werden.

Ein eindrückliches Beispiel für den grundsätzlichen Gegensatz von konventionellen Ansätzen politischer Bildung einerseits und kritischen Herangehensweisen andererseits stellt der Umgang mit Rassismen, vor allem antimuslimischem Rassismus, im Themenfeld der Islamismusprävention dar. So muss für den weitverbreiteten konventionellen Umgang konstatiert werden, dass die Behandlung und Adressierung von Rassismuserfahrungen im Rahmen der pädagogischen Islamismusprävention selten mehr sind als der Versuch, Unmut und Wut von Jugendlichen zu managen und einzuhegen. Es gilt in diesem Kontext vor allem sicherzustellen, dass aus erlebten Rassismuserfahrungen keine Gefahr für die bestehende Ordnung entsteht. Die Verantwortung für den Umgang mit Rassismus wird so aus Sicherheitsgründen auf die als pauschal radikalisierungsverdächtig geltenden Jugendlichen abgewälzt. Das unterscheidet diese Ansätze von einer kritischen Herangehensweise, die wiederum zum Ziel haben muss, Rassismus deutlich als gesellschaftliches Verhältnis in unserer liberalen Demokratie zu benennen. Mehr noch müsste offengelegt werden, dass es einer Veränderung unseres gesamten politischen Systems – und der durch dieses System geschützten Produktionsweise – bedarf, um Rassismus tatsächlich überwinden zu können. Während konventionelle Ansätze also den Status quo aufrechterhalten und Widerspruch verhindern wollen, muss kritische politische Bildung sich das Gegenteil vornehmen und in Richtung radikalerer Haltungen politisieren. Es versteht sich von selbst, dass derartige Ansätze wenig Aussichten auf staatliche Förderungen haben, unabhängig davon, ob es sich um Islamismuspräventionstöpfe oder andere Förderungsinstrumente handelt.

Literatur

ACHOUR, Sabine/Gill, Thomas (2019): Liebe Teilnehmende, liebe Gefährderinnen und Gefährder: Extremismusprävention als politische Bildung. In: Journal für politische Bildung 9/2, S. 32–37.

AMIR-MOAZAMI, Schirin (2016): Dämonsierung und Einverleibung: Die ‚muslimische Frage‘ in Europa. In: do Mar Castro Varela, Maria/Mecheril, Paul (Hg.): Die Dämonisierung der Anderen. Bielefeld, S. 21–40.

BALIBAR, Etienne (1992): Gibt es einen Neo-Rassismus? In: Balibar, Etienne/Wallerstein, Immanuel: Rasse, Klasse, Nation. Ambivalente Identitäten. 2. Aufl. Hamburg, S. 23–38.

BRÖCKLING, Ulrich (2012): Dispositive der Vorbeugung: Gefahrenabwehr, Resilienz, Precaution. In: Christopher Daase/Philipp Offermann/Valentin Rauer (Hg.): Sicherheitskultur. Soziale und politische Praktiken der Gefahrenabwehr. Frankfurt/M., S. 93–108.

BUNDESMINISTERIUM des Innern und für Heimat (2017): Nationales Präventionsprogramm gegen islamistischen Extremismus. Online: https://www.bmi.bund.de/SharedDocs/downloads/DE/veroeffentlichungen/themen/sicherheit/praeventionsprogramm-islamismus.pdf;jsessionid=E273E5249370477559FC2A4741C069F4.2_cid364?__blob=publicationFile&v=2 (Zugriff: 18.07.2023).

BUNDESZENTRALE für politische Bildung (2020): Islamismusprävention in Deutschland. Akteure und Strukturen in Bund und Ländern. Online: https://www.bpb.de/system/files/dokument_pdf/9658_bpb_Islamismuspraevention_in_D.pdf (Zugriff: 18.07.2023).

DELLER, Kaja/Welker, Konstantin (2019): Der Schutz der Privatsphäre von Kindern bei Radikalisierungsverdacht. Eine rechtliche Analyse im schulischen Raum. Working Paper #21. Humboldt Law Clinic Grund- und Menschenrechte. Online: http://hlcmr.de/wp-content/uploads/2019/12/WP-21-Der-Schutz-der-Privatsph%C3%A4re-von-Kindern-bei-Radikalisierungsverdacht.pdf (Zugriff: 18.07.2023).

DO MAR CASTRO VARELA, Maria (2013): Ist Integration nötig? Eine Streitschrift. Soziale Arbeit kontrovers (SAk). Berlin.

EUROPEAN Network Against Racism (2020): Germany. Suspicion, discrimination and surveillance: the impact of counter-terrorism law and policy on racialised groups at risk of racism in Europe. National Executive Summary. Online: https://www.enar-eu.org/wp-content/uploads/suspicion_discrimination_surveillance_factsheet-germany.pdf (Zugriff: 18.07.2023).

FIGLESTAHLER, Carmen/Schau, Katja (2022): Prävention und Sicherheit. Ein (Rück-)Blick auf die Präventions- und Distanzierungslandschaft in Deutschland. In: Zur Sicherheit: Prävention? Sicherheit im Kontext der Präventionsarbeit gegen religiös begründeten Extremismus. Bundesarbeitsgemeinschaft religiös begründeter Extremismus, S. 13–22. Online: https://www.bag-relex.de/wp-content/uploads/2022/01/220120-Ligante4-BPDF.pdf (Zugriff: 25.05.2022).

LOGVINOV, Michael (2017): Salafismus, Radikalisierung und terroristische Gewalt: Erklärungsansätze, Befunde, Kritik. Wiesbaden.

MARQUARDT, Philippe André (2020): Junge MuslimInnen als fragile Subjekte mit Hang zum Terrorismus? Kritik der dominierenden Erzählung und pädagogischen Prävention von Radikalisierung. In: Jahrbuch für Islamophobieforschung 11, S. 131–151.

MBEMBE, Achille (2017): Politik der Feindschaft. Berlin.

SAID, Behnam T./Fouad, Hazim (2018): Countering Islamist Radicalisation in Germany. A Guide to Germany's Growing Prevention Infrastructure. Policy Brief. International Centre for Counter-Terrorism. Online: https://icct.nl/app/uploads/2018/09/ICCT-Said-Fouad-Countering-Islamist-Radicalization-in-Germany-Sept2018.pdf (Zugriff: 25.05.2022).

SCHIFFAUER, Werner (2015): Sicherheitswissen und Deradikalisierung. In: Molthagen, Dietmar (Hg.): Handlungsempfehlungen zur Auseinandersetzung mit islamistischem Extremismus und Islamfeindlichkeit. Berlin: Friedrich-Ebert-Stiftung, S. 217–244.

GEORG GLÄSER, GUDRUN HENTGES

Politische Strategien der extremen Rechten im Feld der (politischen) Bildung

In einer Stellungnahme, die auf Themen wie „Neue Rechte, Rassismus, Diskursverschiebungen und Gewalt als Herausforderungen für die politische Bildung“ reagiert, wird politische Bildung als „Austragungsort der Angriffe auf den demokratischen und menschenrechtlichen Konsens“ betrachtet (Stellungnahme der Zentralen für politische Bildung 2020, 3). Die Zentralen für politische Bildung leiten daraus neue Ansätze der politischen Bildung ab.

Auch Thomas Gill stellt fest: „Es mag nicht den Standards und dem Selbstverständnis der etablierten politischen Bildung entsprechen und es wird erwartungsgemäß weder den Anschluss an sie noch die Auseinandersetzung mit deren Grundlagen suchen, aber es existiert: ein politisches Bildungsangebot im autoritären, anti-demokratischen, völkisch-nationalistischen, faschistischen Spektrum.“ (Gill 2021, 67). Dieses politische Bildungsangebot wollen wir in dem folgenden Beitrag als Teil der politischen Strategie der Neuen Rechten genauer analysieren.

1. Bildung als eine Strategie der extremen Rechten

Im Zuge des globalen Aufstiegs rechtspopulistischer und rechtsextremer Parteien ist auch die politische Bildung mit dem Ausbau rechter Strukturen konfrontiert. Diese unternehmen zunehmend den Versuch, Wirkmächtigkeit im Feld zu entfalten. Es scheint problematisch, die Aktivitäten von Instituten, Thinktanks, Verlagen, Initiativen und Gruppen, die der extremen Rechten nahestehen oder genuiner Teil dieser Milieus sind, als politische Bildung zu adeln. Für eine Analyse der Akteur:innen und ihrer mannigfaltigen Aktionsformen und Strategien ist es jedoch unabdingbar, die Bedeutung von (politischer) Bildung, Erziehung und Pädagogik für das rechte Spektrum zu erfassen und nicht zu unterschätzen. Wir fokussieren in diesem Beitrag auf die Felder der non-formalen und informellen Bildung.

Trennt man sich von einem bürgerlichen Bildungsbegriff und betrachtet Bildung theoretisch als einen Prozess der Verortung in modernen gesellschaftlichen Verhältnissen (Auernheimer/Hentges 2024, 5 ff.), leuchtet ein, dass die extreme Rechte und ihre im Übergang zur Moderne entstandene Ideologie durch ihre Angebote Attraktivität entfalten und Subjekte prägen kann. Bildung als Eingriff in Prozesse der geistigen, körperlichen und affektiven Aneignung von Inhalten, Fähigkeiten und Fertigkeiten sowie der Selbstverortung kann somit ein zentrales strategisches Element der extremen Rechten werden. Dies bleibt in der Literatur doch eher unterbelichtet. Im Handbuch Rechtsextremismus etwa wird einerseits von Theoriebildung als nach innen gerichtete Aktionsform im Sinne von Kadertraining (Klare/Sturm 2016, 196–199) gesprochen, andererseits wird (politische) Willensbildung als öffentlichkeitsorientierte Strategie (Jaschke 2016, 117–123; 129 f.) verwendet.

Bildung in der extremen Rechten lässt sich in zwei Feldern verorten. Erstens sind Akteur:innen der extremen Rechten sehr darum bemüht, Strukturen der non-formalen Bildung aufzubauen. Schon die NPD erkannte in ihrem „Vier-Säulen-Konzept" den Stellenwert des „Kampfes um die Köpfe" (Schulze 2016, 85–89). Während Social Media neue Möglichkeiten zur Verbreitung der eigenen Inhalte eröffnet, ist die Bildungsfrage seit jeher eng mit der Frage nach Räumen verknüpft. Zwar wird das Anmieten von Veranstaltungsorten aufgrund von zivilgesellschaftlichen Protesten teilweise erheblich erschwert, doch verfügt die extreme Rechte über ein verzweigtes Netzwerk über Immobilien. Dazu zählen beispielsweise Privaträume, Wahlkampfbüros, Szenekneipen und Verbindungshäuser. Die Bundesregierung zählte zuletzt 210 Immobilien als uneingeschränkt nutzbar (Deutscher Bundestag 2023, 2). Hinzu kommen neben einer breiten Sympathisant:innenszene auch öffentliche Räume, die aufgrund der parlamentarischen Verankerung auch auf kommunaler Ebene zur Verfügung stehen.

Ein weiterer wichtiger Bestandteil dieser rechten ‚Bildungslandschaft' sind Studienzentren, Bildungswerke, Thinktanks und Stiftungen, die bestrebt sind, sich als Brückenkopf jenseits rechtsextremer Milieus zu etablieren, und versuchen, sich mit bürgerlichen oder rechtskonservativen Kräften zu vernetzen, rechte Diskurse breiter zu prägen und zu vermitteln. Zu nennen sind hier – mit jeweils unterschiedlicher Ausrichtung – etwa das Bildungswerk für Heimat und nationale Identität e.V. der NPD oder das Studienzentrum Weikersheim, zuletzt das Mathias Corvinus Collegium in Budapest, welches die transeuropäische bzw. globale Dimension rechter Vernetzung veranschaulicht. Perfektioniert hat diese Strategie die ‚Neue Rechte', auf die wir in Kapitel 3 nochmal gesondert eingehen. Sogar im Kontext der tendenziell wissenschaftsfeindlichen

Coronaleugner:innen und Impfgegner:innen wurde zuletzt durch die Gründung eines Bildungsprojekts, das zynischerweise unter dem Namen „Hannah-Arendt-Akademie" firmierte, versucht, sich ein seriöses Image zuzulegen. Hier versammelten sich Personen (mit und ohne akademische Titel), die sich unter Bedingungen der Coronakrise der Jahre 2020/21 im Umfeld der Querdenker:innen positioniert haben.

Diese Beispiele können in ihrer Bildungsfunktion klar ausgemacht werden. Es handelt sich dabei um zentrale Räume rechter Wissens- und Kulturproduktion, der Vernetzung und des Ressourcenaustauschs. Wichtiger erscheint jedoch – und das ist eine These dieses Artikels – eine ‚informelle Bildung in der extremen Rechten', die als Erziehung, Sozialisation und Pädagogik im Sinne einer völkischen Ideologie auf das Gemeinschaftserlebnis abzielt.

2. Informelle Bildung in der extremen Rechten?

„Gemeinschaft und Gesellschaft" (Tönnies [1887] 2019), verbunden mit einer Positionierung zugunsten der Gemeinschaft im Sinne einer Volksgemeinschaft, liegt dem völkischen Denken und der Ideologie der lebensweltorientierten extremen Rechten zugrunde. Deutlich wird dies vor allem am Beispiel der seit 1994 verbotenen Wiking-Jugend, der größten neonazistischen Kinder- und Jugendorganisation ihrer Zeit und ihrer Nachfolgeorganisation der Heimattreuen Deutschen Jugend (HDJ), die 2009 ebenfalls verboten wurde. Zentrale Praxen waren für diese einflussreichen Kaderschmieden Zeltlager, Großfahrten, Märsche, Sport- und Bildungsveranstaltungen und Heldengedenkfeiern. Die Organisation dieser Formate wurde straff an einem autoritären Führerprinzip und an der Idee einer Volksgemeinschaft ausgerichtet. In den letzten Jahren knüpfte hier auch die Identitäre Bewegung (IB) an. Wanderungen in Verbindung mit Kampfsport, Wehrhaftigkeit, Abhärtung, Fackelmärschen und einem Besuch von NS-Stätten wurden medial in Szene gesetzt, um ihre Naturverbundenheit ästhetisch zu inszenieren (Röpke 2018, 142 ff.).

Maßgeblicher Faktor für diese ‚informelle Bildung' bzw. Erziehung sind Familienstrukturen. Die Familie wird im Rahmen von Blut-und-Boden-Ideologie als die Keimzelle der Volksgemeinschaft betrachtet. Kinder sind demnach Familieneigentum und zu Gehorsam verpflichtet. Geschlechterrollen sind klar definiert. Ein daran angelehntes Bildungsverständnis ist darauf ausgerichtet, dieses völkische Familienbild und die naturalisierten Rollen inhaltlich zu vermitteln und körperlich zu verfestigen. Dies sichert die Fortdauer der Szenenetzwerke und wird als Gegenentwurf zu einer als Feindbild stilisierten (post-)modernen

Gesellschaft gelebt. Familismus als fester ideologischer Bestandteil der extremen Rechten wird derzeit vor allem anhand rechter Siedlungsprojekte wie der Anastasia-Bewegung deutlich.

Hier ergeben sich selbsterklärend starke Überschneidungen mit Diskursen um rechte Erziehung (s. dazu Simon/Thole 2021). Es gilt jedoch zu betonen, dass diese Erziehung nicht im Privaten stattfindet, sondern eingebettet ist in ein Repertoire rechter Praxen, Räume und Formate einer Bildung als Strategie der extremen Rechten.

3. Die ‚Neue Rechte' als Bildungsprojekt?

Die sogenannte ‚Neue Rechte' (NR) umfasst ein weitläufiges Netzwerk rechter Zeitschriften, Periodika, Verlage, Thinktanks, Vereine und Gruppen. Schlüsselpositionen nehmen hier das Institut für Staatspolitik (IfS), der Antaios-Verlag, die Zeitschrift *Sezession*, die Wochenzeitung *Junge Freiheit*, der Verein Ein Prozent und die Identitäre Bewegung ein. Auch die AfD wurde (und wird weiterhin) in einem hohen Maße durch die NR beeinflusst. Ausgehend von der Nouvelle Droite, die Ende der 1960er-Jahre in Frankreich entstand, hat die global vernetzte Strömung eigene Strategien der Camouflage und linken Aneignung hervorgebracht, um rechte Inhalte salonfähiger zu machen. Zudem kann der sogenannte Ethnopluralismus als genuine Theorie der NR gelten. Diese postuliert zwar, dass jedes ‚Volk' gleichwertig sei, jedoch in seinem eigenen ‚Kulturkreis' verwurzelt bleiben müsse und sich nicht mit anderen vermischen dürfe. Diese kulturrassistische Argumentation richtet sich vor allem gegen Migration und resoniert mit biologistischen Rassismen anderer extrem rechter Spektren (Weiß 2017, 15 ff.).

Die ‚Neue Rechte' hat Bildung als zentrale Strategie erkannt. Sie zielt hauptsächlich auf rechte Wissens- und Kulturproduktion in Anschluss an rechte Denker der Zwischenkriegszeit und wähnt sich in einem ‚Kulturkampf von rechts'. Erlebnisorientierung und Gewalt finden sich – zumindest vordergründig und in der Selbstdarstellung – weniger im Repertoire der Akteur:innen. Diese Strategie, die sich im Unterschied zur traditionellen extremen Rechten nicht maßgeblich auf die Straße und Parlamente konzentriert, bezeichnet die NR als Metapolitik. Gerade über das Feld der Wissenschaft und durch die damit verbundene Lehre arbeitet die Neue Rechte durch Bildung an einem rechten Hegemonieprojekt (Haker/Otterspeer 2021, 254). Hinzu kommen eigene Formate wie etwa die Winter- und Sommerakademien des Instituts für Staatspolitik oder die sogannte ‚Gegenuni', eine Nachfolgestruktur der Identitären Bewegung.

4. „Politische Bildung" von rechts?

Begreift man diese verschiedenen Konfigurationen rechter Bildung als politische Praxis und Strategie und wendet die Prämissen eines weiten handlungsorientierten Begriffs politischer Bildung an, so lassen sich die folgenden Varianten einer „politischen Bildung" von rechts unterscheiden:

Die *erste* Variante zeichnet sich dadurch aus, dass die Familie, die Gemeinschaft, die Ethnie, das Volk oder aber die blutsmäßige Abstammung als zentrale Referenzen fungieren. Insofern fokussiert eine „politische Bildung" von rechts im Sinne von Erziehung bzw. informeller Bildung eine Liebe zum Volk, zur Nation und zum Vaterland. In diesem Kontext spielen völkische Jugendorganisationen oder die Identitäre Bewegung eine wichtige Rolle für die Sozialisation von Kindern und Jugendlichen im völkisch-nationalistischen Sinne.

In der *zweiten* Variante fokussiert die politische Bildung stärker eine staatsbürgerliche Bildung. Diese erfolgt in Bildungsstätten wie z.B. dem Studienzentrum Weikersheim, in den Winter- und Sommerakademien und Publikationen des IfS oder in Verbindungshäusern.

In einer *dritten* Variante umfasst die politische auch die historische Bildung. Im Sinne einer holocaustleugnenden Propaganda fanden z.B. am Collegium Humanum, eine Tagungsstätte in Ostwestfalen, die 2008 vom BMI verboten wurde, „Geschichtswerkstätten" zur Holocaustleugnung statt, die sich an 16- bis 25-jährige Jugendliche und junge Erwachsene richteten. Als Referenten waren Holocaustleugner eingeladen (Deutscher Bundestag 2007, 4).

5. Die Desiderius-Erasmus-Stiftung als historische Gelegenheit rechter Strukturfinanzierung

Mit Gründung der AfD im Frühjahr 2013 entstand bald schon die Idee, eine parteinahe politische Stiftung zu etablieren und damit dezidiert das Feld politischer Bildung zu bespielen. Auf dem Bundesparteitag der AfD am 30. Juni 2018 in Augsburg wurde die Desiderius-Erasmus-Stiftung (DES) als parteinahe Stiftung anerkannt; eine geplante Umbenennung in Gustav-Stresemann-Stiftung wurde juristisch durch die Nachkommen Stresemanns unterbunden. Die früheren Mitglieder des Kuratoriums der DES finden sich als Autor:innen in dem Band „Nachdenken für Deutschland" wieder. Mit dem Band wurde 2018 die Schriftenreihe der DES im Manuscriptum-Verlag eröffnet (Steinbach/Otte 2018).

In den insgesamt fünf Kapiteln des Buchs „Nachdenken für Deutschland“, das programmatisch angelegt ist, widmet sich weder ein Kapitel noch ein Beitrag der politischen Bildungsarbeit. Lediglich in den Statements der Autor:innen, die sich im Anhang finden, wird an der einen oder anderen Stelle auf politische Bildungsarbeit Bezug genommen. Deutlich wird anhand dieser Zusammenstellung von Äußerungen über politische Bildung, dass kein in sich geschlossenes, konsistentes Konzept der politischen Bildung vorliegt und dass die politische Bildung seitens der DES im Sinne einer „vor- und metapolitische[n] Arbeit“ genutzt wird, um einen „gesellschaftlichen und kulturellen Stimmungsumschwung herbeizuführen“, wie Marc Jongen es formuliert (Steinbach/Otte 2018, 344).

Sollte es der DES gelingen, eine öffentliche Finanzierung zu erlangen, wird sie ein Projekt verwirklichen, das bereits lange in Planung war: eine völkisch-nationalistische Stiftung, die in den Bereichen Kultur, Bildung und Wissensproduktion eine Vorreiterfunktion einnehmen soll. Als Stiftung, die bereits jetzt eng mit Akteur:innen der Neuen und extremen Rechten verwoben ist, wird sie nicht nur Auslandsbüros errichten; sie wird auch internationale Tagungen und Kongresse durchführen und Gutachten und Expertisen in Auftrag geben können und ein transnationales rechtes Projekt vorantreiben. Nicht zuletzt wird sie mittels der Studien- und Promotionsförderung Student:innen und Doktorand:innen für sich gewinnen können. Mit Sicherheit wird sie auch für Postdocs und andere Wissenschaftler:innen attraktiv sein, die vor dem Hintergrund der Drittmittelorientierung an den Universitäten darauf angewiesen sind, mit parteinahen oder privaten Stiftungen zu kooperieren, um eine Förderung zu erhalten.

6. Kritische Intervention aus dem Feld der politischen Bildung: Das „Manifest für die Zivilgesellschaft und die politische Bildung"

Unter dem Titel „Keine Minute warten im Kampf gegen Rechts“ veröffentlichte im Juni 2021 ein breites Bündnis ein „Manifest für die Zivilgesellschaft und die politische Bildung“ (Bildungsstätte Anne Frank u.a. 2021). Damit wollen die Initiator*innen erreichen, dass der DES keine Steuermittel zur Verfügung gestellt werden. Die Initiator*innen des Manifests argumentieren wie folgt: Politische Bildung, die sich dem Beutelsbacher Konsens verpflichtet fühlt, respektiere kontroverse Positionen. Eine so verstandene politische Bildung wolle ihren Adressat:innen Wissen und Kompetenzen für eine politische Urteilsbildung vermitteln. Zugleich sei politische Bildung keineswegs wertneutral. Sie bekenne sich zu rechtsstaatlichen Prinzipien, zur Menschenwürde und zu einer aktiven demokratischen Auseinandersetzung. Demnach könne eine so verstandene politische Bildung weder völkische, geschichtsrevisionistische, menschenfeindliche noch demokratiezersetzende Positionen dulden. Politische Bildung in diesem Sinne trete ein für eine gerechtere Welt und lasse sich leiten von Prinzipien der Solidarität und der Stärkung der Menschenrechte. Das breite Bündnis aus der Zivilgesellschaft fühlt sich den „Prinzipien einer wehrhaften Demokratie verpflichtet".

Das „Manifest für die Zivilgesellschaft und die politische Bildung" ruft zudem nach einer gesetzlichen Regelung der Demokratieförderung und tritt ein für eine nachhaltige Finanzierung der parteinahen Stiftungen. Dies ist zu begrüßen, da Förderprogramme wie *Demokratie leben!* bisher lediglich projektförmig organisiert sind und es somit wenige Regelstrukturen im Feld der Demokratiepädagogik oder politischen Bildung gegen Rechtsextremismus, Rassismus, Antisemitismus und weitere Facetten gruppenbezogener Menschenfeindlichkeit gibt.

Aus Perspektive einer kritischen politischen Bildung bleibt die Forderung nach einem Gesetz für die Regulierung der zivilgesellschaftlichen Akteure unter den Vorzeichen wehrhafter Demokratie jedoch auch kritisch zu begleiten (Bürgin u.a. 2022). Erfahrungen mit der Extremismusklausel und die begonnene Aufarbeitung des Radikalenerlasses zeigen, dass diese geheimdienstlichen Instrumente, wenn sie etabliert sind, nicht nur gegen die extreme Rechte, sondern gerade auch gegen (vermeintlich) Linke oder Liberale eingesetzt werden (können). Es steht also zu befürchten, dass ein wehrhaftes Demokratiegesetz sich je nach Staatsräson auch gegen antifaschistische Akteur*innen im Feld der politischen Bildung selbst richten könnte – man bedenke etwa den möglichen Fall einer stabilen rechten Hegemonie in Parlament und den Sicherheitsapparaten. Dennoch besteht – wie oben erläutert – Handlungsbedarf. Wie viel Einfluss die Initiative hatte, bleibt unklar. Festzuhalten ist, dass die Bundesregierung für das Haushaltsjahr 2022 keine Mittel für die DES veranschlagt hat. Am 22.02.2023 entschied das Bundesverfassungsgericht zu Gunsten der AfD, dass die staatliche Förderung der Parteistiftungen durch ein bisher nicht existierendes Gesetz geregelt werden muss.

7. Fazit

Es gilt, der extremen und ‚Neuen' Rechten das Terrain der formalen, nonformalen und informellen Bildung streitig zu machen. Gerade die versuchten

Eingriffe oder gar eine Etablierung im Feld der politischen Bildung bedürfen Beobachtung, Abgrenzung und Intervention. Richtschnur dafür kann nicht nur eine Erziehung zur Mündigkeit (Adorno 1971), sondern auch eine kritische politische Bildung im Sinne der Frankfurter Erklärung sein, die davon ausgeht, dass Herrschafts-, Macht- und soziale Ungleichheitsverhältnisse und mit ihnen auch die Bedingungen der politischen Sozialisation veränderbar sind und die sich an einer Demokratisierung gesellschaftlicher Verhältnisse orientiert.

Literatur

ADORNO, Theodor W. (1971): Erziehung nach Auschwitz. In: Ders.: Erziehung zur Mündigkeit. Frankfurt/M.

AUERNHEIMER, Georg/Hentges, Gudrun (2024): Bildungspolitik – ein Politikfeld mit vielen Akteuren. Eine Einführung. Opladen. i.E.

BILDUNGSSTÄTTE Anne Frank u.a. (2021): Keine Minute warten im Kampf gegen Rechts – Manifest für die Zivilgesellschaft und die politische Bildung. Online: https://www.amadeu-antonio-stiftung.de/keine-minute-warten-im-kampf-gegen-rechts-manifest-fuer-die-zivilgesellschaft-und-die-politische-bildung-71481/ (Zugriff: 31.07.2023).

BÜRGIN, Julika u.a. (2022): Klarstellung jetzt: GEW gegen „wehrhafte Demokratie" und „Extremismusklauseln" aller Art. Darmstadt.

DEUTSCHER Bundestag (2007): Antwort der Bundesregierung. Das Collegium Humanum – Ein Zentrum der Holocaustleugner. Drucksache 16/4919. Online: https://dserver.bundestag.de/btd/16/049/1604919.pdf (Zugriff: 31.07.2023).

DEUTSCHER Bundestag (2023): Antwort der Bundesregierung. Immobilien der extremen Rechten und der Reichsbürgerszene in Deutschland. Drucksache 20/7217. Online: https://dserver.bundestag.de/btd/20/072/2007217.pdf (Zugriff: 26.07.2023).

GILL, Thomas (2021): „Politische Bildung" von rechts. Das Institut für Staatspolitik. In: Politikum, 04, S. 62–67.

HAKER, Christoph/Otterspeer, Lukas (2021): Die epistemische Dimension der Neuen Rechten: Von einer Kritik des Wissenschafts- und Bildungsverständnisses der Neuen Rechten zu einer Selbstkritik. In: Sehmer, Julian u.a. (Hg.): recht extrem? Dynamiken in zivilgesellschaftlichen Räumen. Wiesbaden, S. 249–274.

JASCHKE, Hans-Gerd (2016): Strategien der extremen Rechten in Deutschland nach 1945. In: Virchow, Fabian u.a. (Hg.): Handbuch Rechtsextremismus. Wiesbaden, S. 115–134.

KLARE, Heiko/Sturm, Michael (2016): Aktionsformen und Handlungsangebote der extremen Rechten. In: Virchow, Fabian u.a. (Hg.): Handbuch Rechtsextremismus. Wiesbaden, S. 182–203.

RÖPKE, Andrea (2018): Alte Netzwerke für junge Kader. Die Verbindungen völkischer Familien zur Identitären Bewegung. In: Speit, Andreas (Hg.): Das Netzwerk der Identitären. Ideologie und Aktionen der Neuen Rechten. Berlin, S. 142–159.

SCHULZE, Christoph (2016): Das Viersäulenkonzept der NPD. In: Braun, Stephan u.a. (Hg.): Strategien der extremen Rechten. Hintergründe – Analysen – Antworten. 2. Aufl. Wiesbaden, S. 92–108.

SIMON, Stephanie/Thole, Werner (2021): Die braune Melange „konservativ-revolutionärer" Erziehung. Zum naturgegebenen Programm einer christlich-fundamentalistischen, national-autoritären Erweckungsphilosophie. In: Sehmer, Julian u.a. (Hg.): recht extrem? Dynamiken in zivilgesellschaftlichen Räumen. Wiesbaden, S. 227–248.

STEINBACH, Erika/Otte, Max (Hg.) (2018): Nachdenken für Deutschland. Wie wir die Zukunft unseres Landes sichern können. Lüdinghausen.

STELLUNGNAHME der Zentralen für politische Bildung (2020): Neue Rechte, Rassismus, Diskursverschiebungen und Gewalt als Herausforderungen für die politische Bildung. Online: http://www.politische-bildung.de/fileadmin/pdfs/Rechtsextremismus_und_politische_Bildung_Stellungnahme_der_Zentralen.pdf (Zugriff: 31.07.2023).

TÖNNIES, Ferdinand (2019): Gemeinschaft und Gesellschaft. 1880-1935. In: Clausen, Bettina/Haselbach, Dieter (Hg.): Ferdinand Tönnies Gesamtausgabe. Bd. 2. Berlin.

WEISS, Volker (2017): Die autoritäre Revolte. Die Neue Rechte und der Untergang des Abendlandes. Stuttgart.

STEFAN KALMRING, SILKE VETH

Mit politischer Bildung die Welt verändern

Über eine Bildungsarbeit im Rahmen von politischen Stiftungen, die die versteinerten Verhältnisse zum Tanzen bringen will

„Ändere die Welt, sie braucht es."
(Bertolt Brecht)

Eine politische Bildung, die sich der Aufgabe verschrieben hat, die Welt von Grund auf zu verändern? Eine Bildungsarbeit, die sich dabei der Tradition eines demokratischen Sozialismus verpflichtet fühlt? Und die sich darüber hinaus auch noch in dem Sinne ‚radikal' wähnt, als dass sie Herrschaft, soziale Ungleichheit und kapitalistische Naturzerstörung ganz im Sinne des jungen Karl Marx „an der Wurzel fassen" (MEW 1, 385) will? Möglicherweise klingt dies für so manche Leser:in, als hätten wir uns einem Projekt verschrieben, das aus der Zeit gefallen ist. Schließlich leben wir in einer Ära, die geradezu grundlegend mit Vorstellungen aller Art fremdelt, dass diese Welt noch eine andere sein könnte, als sie es gerade ist. „Kapitalistischen Realismus" (Fisher 2013) hat dies Marc Fisher vor ein paar Jahren genannt. Diesem kapitalistischen Realismus zum Trotz halten wir ein politisches Projekt, das auf eine substanzielle soziale Gleichheit, auf radikale Demokratie und auf ein stabiles ökologisches Gleichgewicht jenseits des Verwertungszwangs abzielt, weiterhin für dringend geboten. Und wir sind der festen Überzeugung, dass politische Bildung eine zentrale Rolle in einem solchen Projekt spielen muss.

Wir werden auf den folgenden Seiten von einer politischen Bildungsarbeit sprechen, die im Umfeld politischer Stiftungen stattfindet. Wir hoffen aber, dass unsere Erörterungen auch für Bildner:innen und Wissenschaftler:innen von Interesse sind, die sich in anderen Kontexten engagieren. Die Aufgabe, auch mittels politischer Bildung, die „versteinerten Verhältnisse […] zum Tanzen" (MEW 1, 381) zu bringen, ist schließlich nur arbeitsteilig zu bewältigen. Um dieses Projekt voranzubringen, sollten wir, im besten Sinne politischer Bildung, voneinander lernen, wo immer dies möglich ist.

1. Politische Bildungsarbeit im Rahmen der Rosa-Luxemburg-Stiftung

Die Rosa-Luxemburg-Stiftung (RLS) ist die Organisation, für die wir arbeiten. Sie ist eine der großen parteinahen Stiftungen in der Bundesrepublik Deutschland. Parteinah heißt, dass sie zwar der Partei DIE LINKE nahesteht und öffentliche Gelder in Abhängigkeit von deren durchschnittlichen Wahlergebnissen erhält, dass sie aber Bildungsangebote für mehr als nur für die Mitglieder einer besonderen Partei macht. Als Stiftung steht sie den Akteurinnen und Akteuren der gesamten demokratisch-sozialistischen Grundströmung als Ansprechpartnerin zur Verfügung. Sie organisiert übergreifende Angebote nicht nur für Parteiaktive, sondern auch solche Aktivitäten, die sich an Gewerkschaftler:innen, Betriebsrät:innen, Mitglieder von NGOs, Menschen aus sozialen Bewegungen und an jene richten, die sich in den verschiedenen Experimenten einer solidarischen oder genossenschaftlichen Ökonomie versuchen. Als Thinktank erstellt sie aktuelle Analysen, beschäftigt sich mit linker Theorie, mit sozialistischer, feministischer und (post-)migrantischer Geschichte, vergibt Stipendien und ist in den einzelnen Bundesländern und in verschiedenen Weltregionen tätig. Ihr Hauptgeschäft ist jedoch die politische Bildung. Im Sinne dieses zentralen Aufgabenbereichs organisiert sie Kurse der politischen Grundlagenbildung, Vernetzungswerkstätten für politisch Aktive, Austauschräume für politische Bildner:innen sowie Abendveranstaltungen, Online-Angebote, virtuelle Lernumgebungen und Tagungen zu verschiedenen Themen, die für die politische Linke im Generellen interessant sind.

Die Stiftung mischt sich ebenfalls in aktuelle bildungspolitische und -theoretische Debatten ein – etwa zu den Themen Bildungsgerechtigkeit oder Inklusion (vgl. Hawel/Kalmring 2014 und 2016). Über Gesprächskreise (wie den Gesprächskreis *Kritische Pädagogik* oder den Gesprächskreis *Bildungspolitik*), Tagungen und Veranstaltungsreihen (wie den *Salon Bildung*) oder Publikationen über alternative Lehr- und Lernformen will sie den Blick dafür schärfen, wie eng Fragen der Bildung mit den verschiedenen Formen der sozialen Ungleichheit verknüpft sind (vgl. LuXemburg 2015). Da ihr Bildungsauftrag ein politischer ist, ist es für die Stiftung ein Anliegen, auf den engen Zusammenhang von Bildungs- und politischen Organisierungsprozessen hinzuweisen (vgl. Veth 2021). So wie Fragen von Bildung immer auch politische Fragen sind, sind gewöhnlich Eingriffe ins politische Geschehen nur dann erfolgreich und auf Dauer gestellt, wenn sie politischer Bildung eine hohe Bedeutung beimessen.

2. Politisch von und mit Rosa Luxemburg lernen

Das Werk Rosa Luxemburgs ist für das Selbstverständnis der RLS als politische Bildungsträgerin von besonderer Bedeutung. Sie hat herausgearbeitet, dass der demokratische Sozialismus nur als eine genuine Bildungsbewegung zukunfts- und handlungsfähig ist. Politik ist nach ihr ohne das ständige Lernen und Verlernen der unterschiedlichen Akteure in den konflikthaften Auseinandersetzungen auf dem ökonomischen und politischen Feld gar nicht denkbar. Über die Erfahrungen, die sie im Konflikt machen, bilden sie überhaupt erst ihre eigenen Interessen aus, solidarisieren sich untereinander, gewinnen eine miteinander geteilte Identität und verschaffen sich das notwendige Handwerkszeug, um Politik und Gesellschaft erfolgversprechend gestalten zu können.

Rosa Luxemburg spricht sich für Organisationsweisen, eine proletarische Kultur und für eine Art der politischen Führung aus, die das Lernen der proletarischen Massen befördert – statt dieses zu behindern (vgl. Hawel/Kalmring 2019). Sowohl beim Kampf gegen den Kapitalismus als auch beim Aufbau eines demokratischen Sozialismus innerhalb der Arbeiter:innenbewegung braucht es eine breite und lebendige Öffentlichkeit. „Nur Erfahrung ist imstande, zu korrigieren und neue Wege zu eröffnen" (LW 4, 360).

In ihrem Verständnis der Arbeiter:innenbewegung als einer Bildungsbewegung ist Luxemburg durchaus radikal. Ob ein Streik oder ein Wahlkampf, nach Luxemburg muss jede politische Maßnahme insbesondere danach bewertet werden, ob sie die lernenden Arbeitenden in eine verbesserte Position zu ihrer Selbstbefreiung versetzen wird. Sie will eine Politikform, für die sie den Begriff einer „revolutionäre[n] Realpolitik" (LW 1.2, 373) prägt, in der tagespolitische Reformen und die Revolution miteinander verbunden werden. Warum? Weil gelernt werden sollte und weil sich politische und ökonomische Kompetenzen angeeignet werden müssen. Die Transformation der Gesellschaft sei nicht weniger als ein Langstreckenlauf. Man müsse sich auf dem Weg Fertigkeiten und Wissen erwerben, sich immer wieder neue Erfolge organisieren, die motivieren können, Machtbasen auf- und ausbauen und immer mehr Menschen für den Kampf um soziale Befreiung mobilisieren.

Der politischen Bildung kommt in diesem Prozess in Luxemburgs Augen durchaus eine Aufgabe von hohem Gewicht zu. Denn Bildungsarbeit kann Dinge zur Verfügung stellen, die im Alltagskampf nicht erworben werden können. So kann politische Bildung wissenschaftliche Kategorien zum Verständnis der kapitalistischen Gesellschaft bereitstellen, historisches Wissen vermitteln oder auch Menschen aus der Arbeiter:innenbewegung miteinander in Verbindung bringen, die sonst nebeneinanderher agieren würden. Die praktische Bildungsarbeit ist dementsprechend für Luxemburgs eigene politische Praxis in der frühen Sozialdemokratie wichtig gewesen – auch als Quelle des Broterwerbs neben dem Journalismus. Luxemburg lehrte seit dem Herbst 1907 hauptamtlich für mehrere Jahre an der Parteischule der SPD in der Berliner Lindenstraße die Fächer Nationalökonomie und Wirtschaftsgeschichte.

Das Bildungsverständnis, das sie in ihrer Tätigkeit als Lehrerin in der Arbeiter:innenbewegung entwickelt hat, ist überraschend progressiv und schulkritisch (vgl. Clasen/Meyer 2014). Luxemburg wollte vor allem Kritikfähigkeit bei ihren Schüler:innen anregen, viel Raum für Gespräche auf Augenhöhe geben und Zeit zum Selbststudium lassen. Einer Belehrung vom Katheder herab stand sie kritisch gegenüber. Sie glaubte, dass Lehrende zuvörderst selbst Lernende sein sollten. Und sie war sich sicher, dass der Eigenbeitrag der Lernenden in Bildungssituationen von entscheidendem Wert für den seminaristischen Erfolg sei. Dieser Erkenntnis lagen nicht nur grundsätzliche Erwägungen zugrunde. Sie resultierte auch daraus, dass die Bildung an den Arbeiter:innenschulen der SPD eine politische war, die unter Genoss:innen und Weggefährt:innen erfolgte: Zum einen seien diejenigen, die mit einer Lehraufgabe betraut würden, „keine Pädagogen vom Fach“ (LW 2, 552). Zum anderen seien die Kursteilnehmenden „Mitkämpfer“ (ebd.), die ein eigenes Wissen, eine eigene politische Praxis und einen eigenen Erfahrungsschatz mitbrächten, der in dem jeweiligen Lehr-Lern-Kontext gehoben werden müsse.

So anregend diese Positionen von Rosa Luxemburg auch sind, wir sollten nicht bei ihnen stehen bleiben. Sie sind lediglich ein guter Ausgangspunkt für heutige Überlegungen zur Bedeutung einer politischen Bildung im Stiftungsumfeld. Denn auch sie weisen – wie jede Theorie – einen, wie Max Horkheimer und Theodor W. Adorno sagen würden, geschichtlichen ‚Zeitkern‘ auf, der einer Aktualisierung bedarf. Zu einer solchen Aktualisierung wollen wir im Folgenden ein paar Federstriche beitragen, indem wir zunächst Kernprinzipien einer emanzipatorischen und organisierenden Bildung umreißen. Anschließend beschreiben wir einige zentrale Aufgaben einer politischen Bildung im Stiftungsumfeld, die sich aus den Herausforderungen ergeben, denen sich das Projekt einer linken politischen Grundströmung in der Bundesrepublik gegenübersieht.

3. Grundsätze einer emanzipatorischen Bildung

Konzeptionell wie bildungspraktisch spielen in der Rosa-Luxemburg-Stiftung schulkritisch eingestellte Bildungsansätze eine große Rolle. Insbesondere bei

Kurssystemen und größeren Bildungsvorhaben helfen uns Konzepte wie etwa die von Klaus Holzkamp, Paulo Freire, Ivan Illich oder Oskar Negt, Bildungsformate zu entwickeln, die jenseits einer autoritären Belehrungspädagogik stattfinden und nicht von oben herab oder vom Whiteboard aus stattfinden (vgl. Veth 2021). Emanzipatorische Bildung sollte einem Lernen in einem egalitär gestalteten Rahmen verpflichtet sein. Sie bringt verschiedene Menschen zusammen, vernetzt sie, stellt Austauschräume bereit und nimmt die Interessen und die Alltagserfahrungen der Lernenden als ihren Ausgangspunkt.

Wichtig ist uns, dass den konkreten politischen Praxisproblemen der Teilnehmenden, wo möglich, ein Platz von hoher Relevanz eingeräumt wird. Die politisch Lernenden sollen in den Bildungsprogrammen der RLS ihre eigenen politischen Vorhaben – etwa politische Kampagnen, Medienstrategien oder die Schwierigkeiten ihrer besonderen Organisierung – ins Lerngeschehen einbringen können, um diese unter Anleitung zu einem Objekt des Lernens für alle machen zu können. Sie sollen sich kollegial beraten und gemeinsam nach handlungspraktischen Lösungen suchen können. Sie arbeiten eigenständig heraus, was über den gerade diskutierten Einzelfall hinaus in exemplarischer Weise verallgemeinerungsfähig ist. Auf diesem Weg kann das Gelernte im Anschluss an das Seminar in das politische Handeln der Teilnehmenden einfließen, damit es dort einer Probe aufs Exempel unterzogen werden kann. Anschließend kann und soll das mit der Erfahrung abgeglichene Beispiel von Neuem in den Lernkontext einbezogen und bildungsseitig bearbeitet werden, wo immer dies möglich ist (G., im Erscheinen).

Die neue Unübersichtlichkeit im linken politischen Feld, die sich in einer Vielzahl von Organisationen, einer großen Zahl an Interpretationsmustern der sozialen und politischen Welt und in einer Arbeit an verschiedenen Widersprüchen und Ungleichheitsformen der Gesellschaft ausdrückt, sollte ebenfalls in den Bildungsprozess einbezogen werden. Wie gehen wir beispielsweise damit um, dass marxistische, postkeynesianische, feministische oder postkoloniale Gruppen kaum noch eine gemeinsame Sprache sprechen? Wie können wir eine innerlinke Kultur ausbilden, die Kontroversen und Vielfalt als einen wichtigen Wert und nicht als ein Problem ansieht? Wie damit umgehen, dass Gewerkschafts- oder Parteilinke untereinander als auch mit Aktivist:innen aus sozialen Bewegungen oder einer solidarischen Ökonomie allenfalls noch punktuell und nicht systematisch zusammenarbeiten? Und schließlich: Was machen wir damit, dass wir nicht nur die unterschiedlichen Herrschafts- und Ungleichheitsformen bürgerlicher Gesellschaften kritisieren und überwinden wollen, sondern auch selbst in sie verwickelt sind? Wie lassen sich einerseits Differenzen zwischen uns und in der Gesellschaft thematisieren und wie können wir andererseits dennoch perspektivisch ein gemeinsames solidarisches Projekt ausbilden? Denn ohne ein solch verbindendes Vorhaben wird dem neoliberalen Kapitalismus zweifellos nicht beizukommen sein (vgl. Hawel/Kalmring 2016).

4. Linke politische Bildung und die Dialektik des Anders- und Besserwerdens

Emanzipatorisch-politische Bildung im Stiftungsumfeld sollte nach unserer Auffassung auf wenigstens drei verschiedenen Ebenen angesiedelt sein: Sie sollte erstens politisch Aktiven das notwendige Wissen über die Gesellschaft und ihre Geschichte vermitteln, die sie verändern wollen. Sie sollte ihnen zweitens die praktischen Fertigkeiten mit an die Hand geben, damit sie ihre Politik wirksam gestalten können. Wie die Reihe der gerade gestellten Fragen belegt, sollte kritische Bildung aber drittens auch immer eine kulturelle Funktion haben. Sie sollte sich mit politischen Haltungsfragen beschäftigen, zur Selbst- und Metareflexion einladen und neue und bessere Arten und die Formen des gegenseitigen Umgangs untereinander auszubilden helfen.

Dieter Schlönvoigt, ein ehemaliger Mitarbeiter der RLS, hat die zentrale Herausforderung einer gesellschaftskritischen politischen Bildung auf die prägnante Formel *Dialektik des Andersseins und des Besserwerdens* gebracht. Was will er uns damit sagen? Für den Seminarkontext bedeutet es, dass eine linke politische Bildung sich darum bemühen sollte, eine andere, eine emanzipative Form aufzuweisen. Dabei darf sie aber nicht auf den Anspruch einer besseren Qualität im Sinne ihrer eigenen Wirksamkeit verzichten. Diese Wirksamkeit bezieht sich wiederum ganz im Sinne Rosa Luxemburgs darauf, dass kritische politische Bildung bestrebt sein sollte, politisch Aktive aus ganz unterschiedlichen Zusammenhängen wie linken Parteien, Gewerkschaften, NGOs oder sozialen Bewegungen bei ihren konkreten gesellschaftsverändernden Vorhaben zu fördern. Dies geschieht, wenn sie ihnen das dafür notwendige Wissen und die geeigneten Reflexionsräume bereitstellt und ihnen die erforderlichen politischen Kompetenzen zu vermitteln vermag. Dabei soll sie ihnen helfen, ihre Politik nicht nur besser zu machen, sondern anders zu machen in dem Sinne, die Weltveränderung, die man anstrebt, wo möglich auch heute schon zu leben.

5. Aktuelle Aufgaben einer gesellschaftskritischen politischen Bildung

George Lakey hat in seinem *Manifest für eine gewaltfreie Revolution* mehrere Kompetenzen benannt, die linke politische Akteur:innen ausbilden sollten, um das versteinerte soziale Zusammenleben zum Tanzen zu bringen (vgl. Lakey 1988). Zum Abschluss unseres Beitrags wollen wir die von ihm aufgestellte Liste etwas modifizieren und erweitern, um deutlich zu machen, auf welchen Gebieten eine weltverändernde Bildung im Sinne einer Dialektik des Andersseins und Besserwerdens tätig werden sollte. Politische Bildung in einem Stiftungsumfeld übt eine Dienstleistungsfunktion für unterschiedliche linke Gruppen und Organisierungen aus. Sie muss sich im Sinne dieser Berufung auf die praktischen Herausforderungen ihrer politisch aktiven Zielgruppen einstellen und darauf abgestimmte Angebote entwickeln.

Wir sehen wenigstens *fünf verschiedene Felder*, wo sie tätig werden sollten:

Emanzipatorische Bildung sollte nach unserer Meinung *erstens* die Ausbildung der Fähigkeit, Kritik an der bestehenden Gesellschaft üben zu können, befördern. Gesellschaftskritiker:innen müssen genau wissen, was sie eigentlich ablehnen und warum. Sie müssen ihre Unzufriedenheit zu artikulieren und die Ansatzpunkte ihrer Hebel zur Gesellschaftsveränderung zu bestimmen gelernt haben. Linke politische Bildung kann dabei ein breites Wissen über die Gesellschaft in kritischer Absicht bereitstellen, aber auch theoretische Kategorien vermitteln, die zu ihrer Analyse hilfreich sind. Im Sinne des Prinzips der Kontroversität sollten dabei verschiedene begriffliche Angebote gemacht werden, die von den Teilnehmenden gegeneinander abgewogen und auch auf ihre eigene politische Praxis bezogen werden können.

Die Spannung zwischen dem gesellschaftlich Bestehenden und dem sozial und politisch Möglichen sollte *zweitens* durch eine linke politische Bildung erfahrbar und diskutierbar gemacht werden. Will linke Politik Menschen begeistern, dann muss sie ein konstruktives Programm zur Verfügung haben, d.h. nicht nur sagen können, was sie nicht will, sondern auch angeben können, wohin ihrer Meinung nach die Reise gehen soll. Dies ist in einer Zeit, in der es Menschen zunehmend schwerfällt, überhaupt noch Alternativen zu denken, umso wichtiger. Politische Bildung kann auf einer objektiven Ebene alternative Vergesellschaftungskonzepte aus der Vergangenheit und aus der Gegenwart zur Diskussion stellen. Und sie kann auf der subjektiven Ebene bei den einzelnen Teilnehmenden „soziologische Phantasie“ anregen, um einen populär anschaulichen Begriff von Oskar Negt zu verwenden (Negt 1968).

Eine politische Bildungsveranstaltung sollte *drittens* ein Ort der kritischen Selbstreflexion der Irrtümer linker Politik sein. Die Geschichte der Linke im 19. und 20. Jahrhundert weist nicht nur Beispiele umfassender Befreiungs- und Emanzipationsbestrebungen auf, sondern auch Legitimationsversuche von Herrschaft und Unterdrückung. Verschiedene Befreiungsversuche sind – in der Regel ungewollt – erneut in Herrschaft umgeschlagen oder haben zur Integration in eine Gesellschaft geführt, die zunächst abgelehnt wurde. Eine politische Linke auf der Höhe der Zeit sollte nicht nur wissen, was sie will, sondern auch, was sie nicht will. Und sie sollte eine tragfähige Vorstellung davon entwickelt haben, wie sie sicherstellen kann, dass sie nicht unbeabsichtigt erneut etwas hervorbringt, was sie ursprünglich nicht wollte. Eine emanzipatorische Bildung sollte entsprechende Ängste ernst nehmen und zusammen mit den Teilnehmenden auf die Spuren nach den Mechanismen einer solchen Dialektik gehen und entsprechende Beispiele aus der Geschichte erörtern.

Politisch Aktive brauchen *viertens* strategische Kompetenz, die Zuversicht in das eigene Tun vermittelt und ihnen eine Richtschnur für das tagtägliche politische Handeln an die Hand gibt. Nur mit einem flexibel ausgestaltbaren Plan im Kopf, wie sie von einem ihrer Meinung nach kritikwürdigen Zustand zu einem als besser empfundenen Gesellschaftszustand kommen, können sie den notwendigen langen Atem aufbringen und lernen, zu agieren statt zu reagieren. Bildung sollte sie dabei unterstützen, eigene strategische Vorstellungen zu entwickeln und in die Debatte einzuspeisen, damit diese Obliegenheit nicht in autoritärer Weise besonderen Eliten überlassen werden muss. Darüber hinaus bedarf es verschiedener handlungspraktischer Tools, die in konkreten Situationen angewendet werden können. Auch hier können wir einen wichtigen Beitrag leisten. Wie organisiert man erfolgreiche Kampagnen, wie baut man Organisationen auf, die Lust zum Mitmachen erzeugen, wie setzt man Themen und erreicht man seine Zielgruppen?

Zu guter Letzt sollte politische Bildung *fünftens* helfen, Verbindungen zwischen einer breit in verschiedene Organisationen und Störungen fragmentierten Linken aufzubauen. Soll dem neoliberalen Kapitalismus perspektivisch etwas Wirksames entgegengesetzt werden, dann bedarf es einerseits eines unbedingten Respekts für die verschiedenen Ansätze, Sprachen, Organisationskulturen, Milieuanbindungen und Themen innerhalb der plural aufgestellten Linken, andererseits sollte eine gemeinsame Handlungsfähigkeit aufgebaut werden. Indem Bildung sowohl Begegnungsräume schafft als auch die notwendige Übersetzungsarbeit leistet, kann sie einen Beitrag für eine größere Bündnisfähigkeit einzelner Akteure schaffen.

Die von uns formulierten Ansprüche sind also groß. Aber sollte es uns gelingen, eine politische Bildung aufzubauen, die sowohl schulkritisch als auch der Maxime des Andersseins und Besserwerdens verpflichtet ist, darüber hinaus aber auch verbindende, gesellschaftskritische, selbstreflexive, strategiefördernde wie konkret utopische Eigenschaften aufweist, dann könnten wir auf einem guten Wege sein, um Howard Zinns eingangs erwähntem Wunsch zu entsprechen: Eine Bildungsarbeit wäre greifbar, die in dem Sinne gefährlich wäre, als dass sie eine subversive Politik effektiv unterstützen würde, die die bestehende Gesellschaft zu einem Veränderungstanz einlädt.

Literatur

CLASEN, Anke/Meyer, Malte (2014): Lernen und Verlernen. Rosa Luxemburgs Beitrag zur Arbeiter:innenbildung und Schulkritik. In: Hawel, Marcus/Kalmring, Stefan (Hg.): Bildung mit links. Gesellschaftskritik und emanzipatorische Lernprozesse im flexibilisierten Kapitalismus. Hamburg, S. 34–46.

FISHER, Marc (2013): Kapitalistischer Realismus ohne Alternative? Eine Flugschrift. Hamburg.

G. (i. E.): Ulex and the Ecology of Social Movements. In: Hawel, Marcus/Kalmring, Stefan (Hg.): Die (Ohn-)Macht überwinden! Gesellschaftskritische Bildung in Zeiten einer gesellschaftlichen Polarisierung. Berlin.

HAWEL, Marcus/Kalmring, Stefan (Hg.) (2014): Bildung mit links. Gesellschaftskritik und emanzipatorische Lernprozesse im flexibilisierten Kapitalismus. Hamburg.

HAWEL, Marcus/Kalmring, Stefan (Hg.) (2016): Wie lernt das linke Mosaik? Die plurale Linke in Bewegung. Hamburg.

HAWEL, Marcus/Kalmring, Stefan (2019): Autorität, Führung und Zentralismus in linken Theorien. Positionen und Kritiken. In: Hawel, Marcus u.a. (Hg.): Work in Progress. Doktorandenjahrbuch der Rosa-Luxemburg-Stiftung 2019. Beiträge kritischer Wissenschaft. Hamburg, S. 268–280.

MARX, Karl/Engels, Friedrich: Werke, Berlin (Ost), 1956 ff. (zit. als MEW).

LAKEY, George (1988): Manifest für eine gewaltfreie Revolution. In: Ders./Randle, Michael: Gewaltfreie Revolution, hg. v. Wolfram Beyer und mit einem Vorwort von Ossip K. Flechtheim. Berlin, S. 19–68.

LUXEMBURG, Rosa: Gesammelte Werke, Berlin (Ost), 1970 ff. (zit. als LW).

NEGT, Oskar (1968): Soziologische Phantasie und exemplarisches Lernen. Zur Theorie der Arbeiterbildung. Frankfurt/M.

VETH, Silke (2021): Das große Ziel ist, dazu beizutragen, Gesellschaft zu verändern. In: Hufer, Klaus-Peter/Oeftering, Tonio/Oppermann, Julia (Hg.): Positionen der politischen Bildung 3. Interviews zur außerschulischen Jugend- und zur Erwachsenenbildung. Schwalbach/Ts., S. 112–116.

ZEITSCHRIFT LuXemburg (2015): Das bisschen Bildung …, Heft 2/15. Berlin.

ZINN, Howard (2011): The Zinn Reader: Writings on Disobedience and Democracy. New York.

ANJA HIRSCH

Unternehmensnahe Stiftungen als Bildungsakteure auf dem Feld der politischen Bildung

„Toll, dass es so was gibt“ (Besand u.a. 2013, 188), so reagieren Jugendliche auf innovative politische Bildungsprogramme, die „da statt[finden], wo die Jugend sich aufhält“: online und in sozialen Netzwerken, in Jugendeinrichtungen, auf „Festivals […] und in der Schule“ (DU HAST DIE MACHT 2013; Hirsch 2019, 14). Umgesetzt werden sie von der Robert Bosch Stiftung (RBS) mit unterschiedlichen Partnern. Einige dieser Modellprojekte wenden sich dezidiert an marginalisierte Jugendliche, für die der außerschulischen politischen Bildung „enorme Schwierigkeiten“ (Ottersbach 2011, 347) bescheinigt werden, diese zu erreichen. Allgemein ist für unternehmensnahe Stiftungen, wie die Vodafone Stiftung oder Bertelsmann Stiftung, zu beobachten, dass sie sich „für traditionell linke Themen ein[setzen], wie […] bessere Integration von Migranten, und Inklusion“ (Laak/Schulz 2015). Auch in der außerschulischen politischen Bildung, die zunehmend auf die Finanzierung durch Projektmittel angewiesen ist, haben private Stiftungen in den letzten Jahren als Drittmittelgeber an Bedeutung gewonnen.

Unternehmensnahe Stiftungen verorten sich selbst häufig als unabhängige Akteure – die RBS z.B. versteht sich in ihrer Arbeit in der politischen Bildung (pB) als „weltanschaulich neutrale Stiftung“ (Besand u.a. 2013, 175). Diese Situation verweist auf ein interessantes Paradoxon: Unternehmen sind als Akteure zu verstehen, „deren Hauptziel der Unternehmenserfolg auf dem Markt ist“ (Speth 2008, 282) und in einer kapitalistischen Wirtschaftsordnung dient der Gewinn von Unternehmen nicht in erster Linie der Bedarfsdeckung, sondern der Kapitalverwertung, mithin der Reinvestition der Gewinne (vgl. Heinrich 2005, 14). Insofern sind Unternehmen systemlogisch treibende Kraft eines Wirtschaftssystems, das ungleiche gesellschaftliche Verhältnisse hervorbringt. Aber die mit ihnen verbundenen Stiftungen präsentieren sich als ‚politisch neutrale‘ Institutionen, die die Mündigkeit von ‚sozial benachteiligten Jugendlichen‘ fördern und einen Beitrag zum Abbau sozialer Ungleichheit und zur Demokratisierung leisten möchten.

Während die Einflussnahme von Unternehmen und Arbeitgeberverbänden auf das Schulfach Politik-Wirtschaft (vgl. u.a. Engartner 2019) in den letzten Jahren kontrovers diskutiert wurde, werden unternehmensnahe Stiftungen als Akteure und die von ihnen geförderten *außer*schulischen politischen Bildungsprogramme dagegen seltener näher betrachtet.

Genau darauf zielte eine Studie zum Wirken unternehmensnaher Stiftungen in der politischen Jugendbildung (vgl. Hirsch 2019), bei der anhand von Fachliteratur, Stiftungsmaterialien und Expert*innen-Interviews analysiert wurde, wie unternehmensnahe Stiftungen mit Unternehmen verflochten sind und ob und inwiefern sie ihre politischen Bildungsprogramme an Unternehmensinteressen ausrichten.

1. Unabhängig und neutral? Unternehmensnahe Stiftungen in der politischen Bildung herrschaftskritisch befragen

In der US-amerikanischen Forschung zu progressiven Vorhaben liberaler ‚corporate foundations' werden Antonio Gramscis Überlegungen zur Zivilgesellschaft fruchtbar gemacht (vgl. Roelofs 2003, 1), da sich unternehmensnahe Stiftungen als ‚zivilgesellschaftliche Akteure' verstehen. Gramsci bestimmt „die Zivilgesellschaft als einen Teil des Staates selbst" (Opratko 2014, 37) und versteht gerade eben auch die „privaten Initiativen der Zivilgesellschaft" als Teil des Staates (ebd., 41). Damit will er auf eine wichtige Dimension „der Machtausübung im modernen Kapitalismus" (ebd.) aufmerksam machen. Mit Gramscis Staatsverständnis werden „alle politischen Kräfte kritisiert, die den Anschein von Neutralität, Ausgleich und staatlich vermittelter Versöhnung der Klasseninteressen erwecken wollen" (Demirović 2007, 23).

Unternehmensnahe Stiftungen sind (als zivilgesellschaftliche Akteure) in die Aufrechterhaltung und Infragestellung von Herrschaftsverhältnissen involviert und insofern herrschaftstheoretisch als Akteure mit partikularen Interessen zu denken (statt als neutrale Akteure). Die Bildungsprogramme unternehmensnaher Stiftungen können m. E. deshalb herrschaftskritisch daraufhin befragt werden, inwiefern sie beitragen zu einer

> *„stetig produzierten und reproduzierten Zustimmung der Beherrschten (…) zu einem System von Werten, Zeichen, Institutionen, Theorien und Alltagspraxen, die den Interessen der herrschenden Klasse(n) entsprechen bzw. diese stützen"* (Opratko 2014, 13).

Die neuere kritische politische Bildungstheorie stellt zudem immer wieder heraus, dass politische Bildung stets in die Reproduktion sozialer Ungleichheitsverhältnisse ‚verstrickt' ist – auch dann, wenn sie politische Mündigkeit fördern will (vgl. u.a. Bremer 2011). So ist davon auszugehen, dass Subjekte selbst (meist unintendiert) an der Aufrechterhaltung von Herrschaft (bzw. ihrer Beherrschung) mitwirken: z.B. durch die Verinnerlichung vorherrschender Subjektfiguren (vgl. Bünger 2011), sozialer Teilungen und symbolischer Herrschaft (vgl. Bremer 2011) und der vermeintlichen Notwendigkeit, Bildungsprozesse analog zu den Erfordernissen der jeweils vorherrschenden Produktionsweisen zu gestalten (vgl. Merkens 2011).

2. Verflechtungen zwischen Stiftungen, Unternehmen und Unternehmensinteressen

Trotz einer wachsenden Stiftungsforschung in Deutschland (vgl. Anheier u.a. 2017) gibt es nur vereinzelt Analysen zu unternehmensnahen Stiftungen (z.B. zur Bertelsmann Stiftung, vgl. Schuler 2010), sodass der Zusammenhang von Stiftungen und Unternehmen „empirisch kaum untersucht" (Eulerich/Welge 2011, 9) ist. Auf Basis eigener Analysen komme ich zu dem Ergebnis, dass es relevant ist, zwischen zwei unternehmensnahen Stiftungstypen zu unterscheiden:

Unternehmensstiftungen

Bei dem ersten Stiftungstyp, der Unternehmensstiftung, kann strukturell wie inhaltlich eine enge Verquickung von Unternehmen und Stiftung vorhanden sein. Diese Stiftungen werden von Unternehmen gegründet und finanziell von diesen ausgestattet. Sie sind eine Form der sogenannten Corporate Social Responsibility (CSR), mit der Unternehmen ‚gesellschaftliche Verantwortung' zeigen wollen. Mit CSR-Strategien wird darauf abgezielt, ein

„gesundes gesellschaftliches Umfeld für die eigene (erwerbs-)wirtschaftliche Geschäftstätigkeit zu schaffen sowie innerhalb der Zielgruppe das Ansehen des Unternehmens zu steigern und den Umsatz […] zu optimieren." (Mecking 2010, 371–372)

Dass Führungskräfte aus den Unternehmen auch in den Stiftungsgremien zu finden sind und eine Koordination der Stiftungsarbeit im Unternehmensinteresse erfolgt, kann bei diesen Stiftungen nicht nur vorkommen, sondern ist z.T. dezidiert erwünscht. Unternehmensstiftungen mit Aktivitäten auf dem Feld der politischen Bildung sind beispielsweise die Deutsche Bahn Stiftung, die

TUI Stiftung, die BMW Stiftung Herbert Quandt, die innogy Stiftung (mittlerweile in E.ON Stiftung umbenannt) sowie die DFL Stiftung (vgl. Hirsch 2019, 124). Letztgenannte ist die CSR-Stiftung der Deutschen Fußball Liga GmbH und soll zum Ansehen der Bundesliga beitragen, die wiederum durch die DFL vermarktet wird. Die DFL Stiftung kooperiert u.a. mit der Robert Bosch Stiftung bei dem Programm „Lernort Stadion", das mit seinem Angebot der „Politische[n] Bildung mit Fußballbezug" (Robert Bosch Stiftung 2017; Hirsch 2019, 193) auch einen Bezug zum Geschäftsfeld der DFL aufweist: Mit dem Programm können potenzielle Zuschauer*innen ins Stadion geführt werden, was zur Imageaufbesserung von Stadien beiträgt. Eine Analyse der DFL Stiftung zeigt, dass die Stiftung mit der Deutschen Fußball Liga GmbH (DFL) personell eng verflochten ist (vgl. Hirsch 2019, 192).

Auch das in einer anonymisierten Einzelfallstudie (vgl. ebd., 197–284) untersuchte (und mittlerweile eingestellte) Engagement-Programm „Micro Projects" wurde durch eine CSR-Stiftung finanziert: die T. C. Foundation. Bei dem Programm konnten Jugendliche eine gemeinnützige Projektidee mit eigenen Projektmitteln umsetzen. Das Programm wurde in mehreren europäischen Ländern angeboten, seine Umsetzung und Ausrichtung in Deutschland analysiert, wo es bundesweit stattfand. Die Untersuchung zeigt, dass das Unternehmen T. C. offiziell nur Sponsor, tatsächlich aber maßgeblich an der Ausrichtung des Programms beteiligt war. Das Unternehmen T. C. wollte in einem bestimmten digitalen Segment Marktführer werden, weshalb auch die Unternehmensstiftung das CSR-Programm „Micro Projects" einer Neuausrichtung für Digitalisierung unterzog: Während die Jugendlichen anfangs eine gemeinnützige Projektidee frei wählen konnten, wurden sie im Rahmen dieser Neuausrichtung dazu angehalten, digitale Bezüge in ihren Projekten herzustellen. Zudem sollten in dem Programm zunehmend die ‚digitalen Kompetenzen' der Jugendlichen (z.B. über Workshops) gefördert und (durch Kompetenztests) überprüft werden (vgl. ebd., 240–246, 252–259).

Unternehmensverbundene Stiftungen

Ein zweiter Typ der unternehmensnahen Stiftung ist die unternehmensverbundene Stiftung: Dazu gehören die auf dem Feld der politischen Bildung aktive Robert Bosch Stiftung, die Bertelsmann Stiftung, die Körber Stiftung und die Freudenberg Stiftung. Die Stiftungen halten Anteile an Unternehmen und fungieren als Eigentümer von Unternehmen; sie finanzieren sich in der Regel über die Dividenden, die sie als Anteilseigner erhalten. Personalunionen zwischen höchsten Stiftungs- und Unternehmensgremien wurden am Beispiel der Bertelsmann Stiftung kritisch diskutiert (vgl. Schuler 2010), aber auch z.B. in der RBS sind solche Personalunionen zu finden (vgl. Hirsch 2019, 156). Allerdings sind diese personellen Überschneidungen für Außenstehende nicht leicht erkennbar, da unternehmensverbundene Stiftungen oftmals Teil einer verschachtelten Stiftungskonstruktion (dem sogenannten ‚Doppelstiftungsmodell') sind (vgl. ebd., 151–156).

Die RBS hebt – trotz vorhandener Personalunionen zwischen Stiftung und Unternehmen – eher die Trennung von philanthropischem und unternehmerischem Wirken hervor. Nichtsdestotrotz wirbt die Robert Bosch GmbH mit der Stiftung als Teil des ‚gesellschaftlichen Engagements' des Unternehmens. Für drei analysierte politische Jugendbildungsprogramme konnte keine unmittelbare inhaltliche Überschneidung zu den Geschäftsfeldern des Bosch-Konzerns festgestellt werden (vgl. ebd., 164–195). Jedoch wäre weiter zu erforschen, ob die Programme im Rahmen mittelbarer Unternehmensinteressen gedeutet werden können. So ergab die Analyse von Materialien und Evaluationen von Programmen, die sich an ‚benachteiligte Jugendliche' richten, dass eine inhaltliche Auseinandersetzung mit sozioökonomischen Ungleichheitsstrukturen nicht im Mittelpunkt steht (vgl. Hirsch 2019, 159–195).

Stiftungen mit ungeklärter Unternehmensnähe

Problematisch ist, dass viele Stiftungen, die von Unternehmer*innen und Unternehmensfamilien gegründet werden, ihre Vermögensstrukturen nicht offenlegen. Somit ist oftmals nicht bekannt, ob Stiftungen Anteile an Unternehmen halten. Hinzu kommt, dass es keine juristisch eindeutige Definition gibt, wie viele Anteile eine Stiftung halten muss, um als ‚unternehmensverbunden' zu gelten. Dies hat m. E. zur Folge, dass viele (vermeintlich unternehmensnahe) Stiftungen schlichtweg als ‚private Stiftungen' gelten und gar nicht die Frage aufgeworfen wird, ob ihre Arbeit im Unternehmensinteresse genutzt wird oder eine Nähe z.B. zu bestimmten weltanschaulichen (etwa wirtschaftsliberalen) Positionen vorhanden ist.

Weitere Beispiele für Stiftungen, bei denen Unternehmensvertreter*innen in Gremien sitzen und/oder deren Projektmittel in hohem Maße von Unternehmen und wirtschaftsnahen Akteuren (wie z.B. unternehmensnahen Stiftungen) finanziert werden, sind: die Gemeinnützige Hertie-Stiftung, die Heinz Nixdorf Stiftung, die Herbert Quandt Stiftung, die Joachim Herz Stiftung, die Roland Berger Stiftung, die Stiftung Mercator, die Zeit-Stiftung, die Deutsche Kinder- und Jugendstiftung, die Landesstiftung Baden-Württemberg, die Schwarzkopf-Stiftung Junges Europa (vgl. Hirsch 2019, 126–130).

Fehlende Transparenz

Um die vielfältigen Verbindungen von Stiftungen zu Unternehmen zu analysieren, bedarf es der Einsicht in ihre Satzungen, Vermögensstrukturen und Herkünfte der Projektmittel. Gemeinnützige Stiftungen sind gesetzlich in Deutschland jedoch nicht zu einer solchen Transparenz verpflichtet, obwohl sie indirekt steuerlich subventioniert werden und öffentliche Belange beeinflussen. Vorhandene freiwillige Transparenzstandards, wie die der Initiative Transparente Zivilgesellschaft (ITZ), stoßen auf wenig Resonanz: Auch von den hier genannten unternehmensnahen Stiftungen hält nur eine die freiwilligen Transparenzstandards der ITZ ein (die Körber Stiftung) (Stand 2017). Auch gilt das Informationsfreiheitsgesetz *nicht* für Stiftungen, weshalb Bürger*innen *keinen* Anspruch auf Akteneinsicht bei Stiftungen haben. Die innere Organisation von Stiftungen entspricht oftmals eher „vordemokratisch-dynastischen Entscheidungsstrukturen" (Höhne 2012, 249), was wiederum der Umsetzung partikularer Interessen (auch in der politischen Bildung) Vorschub leisten kann. Eine stärkere demokratische Kontrolle und eine gesetzliche Verpflichtung zu Transparenz von Stiftungen wären insofern wünschenswert.

Breites Spektrum an Aktivitäten

Insbesondere vor dem Hintergrund des breiten Spektrums an geförderten Formaten, Zielgruppen und inhaltlichen Schwerpunkten in der schulischen und außerschulischen politischen Bildung in Deutschland wäre eine solche gesetzliche Verpflichtung zu Transparenz angebracht. Meine Analyse (vgl. Hirsch 2019, 134–151) ergab, dass die genannten Stiftungen, die entweder eng mit Unternehmen verflochten sind (Unternehmensstiftungen und unternehmensverbundene Stiftungen) oder bei denen die Unternehmensnähe (aus den dargelegten Gründen) als ungeklärt gelten muss, ganz unterschiedliche Formate fördern: Diese reichen von Vorträgen, Seminaren und Tagungen über Modellprojekte z.B. zur Erprobung von Ansätzen zur Bürger*innenbeteiligung bis hin zur Förderung von Institutionen. Inhaltlich legen einige Stiftungen den Schwerpunkt z.B. auf Extremismusprävention, europapolitische Bildung, historische oder ökonomisch-politische Bildung. Unternehmen haben über Stiftungen eine gute Möglichkeit, Intellektuelle zu erreichen, die die öffentliche Debatte prägen: in Stiftungsprogrammen zur politischen Bildung werden Journalist*innen, Wissenschaftler*innen, Politiker*innen, Pädagog*innen angesprochen. Während einige Stiftungen ausschließlich Elitenförderung betreiben, z.B. die BMW Stiftung Herbert Quandt, fokussieren andere auch marginalisierte Gruppen.

Reproduktion sozialer Ungleichheit in der politischen Bildung mit ‚sozial benachteiligten Jugendlichen'

Deshalb lohnt sich auch der Blick auf die Frage, wie die Verstrickung politischer Bildung in die Reproduktion sozialer Ungleichheit reflektiert werden kann. Mit subjektkritischen Überlegungen kann an den Befunden zu dem untersuchten Engagement-Programm „Micro Projects" argumentiert werden, dass die Jugendlichen als Subjekte auf eine Weise geführt werden, in der die gesellschaftlichen Strukturen, die sie als Subjekte bedingen, aus dem Blick geraten: Soziale Ungleichheit wird auch in diesem Programm nicht thematisiert. Die Jugendlichen sollen sich bei der Umsetzung eigener Projektideen u.a. digitale Kompetenzen aneignen; ihre Bildungsprozesse werden somit analog zu den Erfordernissen des Arbeitsmarktes gestaltet. Symbolische Herrschaftsmuster werden in dem Programm „Micro Projects" nicht infrage gestellt, sondern über dessen Förderstruktur stabilisiert: Es gibt mehrere Förderstufen und in der Stufe mit der höchsten Fördersumme nehmen in der Regel keine ‚benachteiligten' Jugendliche mehr teil, da sie dafür als nicht ausreichend ‚kompetent' erachtet werden (vgl. ebd., 233–235).

3. Das progressive Antlitz unternehmensnaher Stiftungen hinterfragen

Mit dem Umbau des Sozialstaats und dem parallel stattfindenden Stiftungsboom deuten sich hierzulande ähnliche Entwicklungen wie in den philanthropie-freundlichen USA an. An der US-Fachliteratur lässt sich ablesen, wohin die Reise gehen könnte. So untersuchte Tim Bartly, wie Stiftungen ganze Organisationsfelder aufbauen und restrukturieren und dadurch die z.T. radikalen Ziele von sozialen Bewegungen hin zu moderaten Zielen kanalisieren (vgl. Bartly 2007, 229). Solche Thesen könnten auch für die politische Bildung in Deutschland (und Europa) geprüft werden, denkt man z.B. an demokratiepädagogische Initiativen, die auch von Stiftungen vorangetrieben werden (vgl. Gerber 2006, 210). Demokratiepädagogik zielt dabei auf demokratisches Verhalten und Handeln, weniger auf eine kritische Analyse von Demokratie.

Angesichts wachsender autoritärer politischer Bewegungen müssen in der politischen Bildung aber gerade verstärkt soziale Ungleichheitsverhältnisse als eine Ursache von ‚Demokratieunzufriedenheit' in den Blick genommen werden. Eine Herausforderung, die auch unternehmensnahe Stiftungen als mittlerweile etablierte Financiers der politischen Bildung adressiert: Denn sie beeinflussen mit wissenschaftlichen Studien, Modellprojekten und Fortbildungen die außerschulische (wie auch schulische) politische Bildung. Doch sind sie die geeigneten Förderer für die kritische Auseinandersetzung mit sozialen Ungleichheitsverhältnissen? Sie selbst sind Profiteure ungleicher Vermögensverteilung, befinden sich in direkter finanzieller Abhängigkeit von Unternehmen oder fungieren gar gleich als deren Eigentümer, haben oftmals Konzernvertreter*innen in ihren Gremien, unterliegen keiner Transparenzpflicht und kommen freiwilligen Standards nur in Ausnahmen nach. In den exemplarisch untersuchten Programmen, die sich an ‚benachteiligte Jugendliche' richten, steht eine Auseinandersetzung mit Herrschafts- und Ungleichheitsverhältnissen nicht im Mittelpunkt der Programmkonzeptionen (vgl. Hirsch 2019, 159–284). Kooperationspartner aus dem Feld der politischen Bildung sollten nicht einfach das ‚Gemeinnützigkeits- und Neutralitätsversprechen' unternehmensnaher Stiftungen abnicken. Sie sollten stattdessen diese Stiftungen als Fördergeber hinterfragen: ihre fehlende Transparenz, ihre institutionellen Verflechtungen mit Unternehmen und die mögliche Ausrichtung ihrer (politischen) Bildungsvorhaben an Wirtschafts- und Unternehmensinteressen.

Literatur

ANHEIER, Helmut K. u. a. (2017): Stiftungen in Deutschland. Band 1–3. Wiesbaden.

BARTLY, Tim (2007): How Foundations shape social movements: The construction of an organizational field and the rise of forest certification. In: Social Problems 03, S. 229–255.

BESAND, Anja/Birkenhauer, Peter/Lange, Peter (2013): Politische Bildung in digitalen Umgebungen. Eine Fallstudie zum Projekt DU HAST DIE MACHT. Online: https://www.bosch-stiftung.de/de/publikation/politische-bildung-digitalen-umgebungen (Zugriff: 14.08.2023).

BREMER, Helmut (2011): Symbolische Macht und politisches Feld. Der Beitrag der Theorie Pierre Bourdieus für die politische Bildung. In: Lösch, Bettina/Thimmel, Andreas (Hg.): Kritische Politische Bildung. Ein Handbuch. Schwalbach/Ts., S. 181–192.

BÜNGER, Carsten (2011): Politische Bildung nach dem ‚Tod des Subjekts'. In: Lösch, Bettina/Thimmel, Andreas (Hg.): Kritische Politische Bildung. Ein Handbuch. Schwalbach/Ts., S. 315–325.

ENGARTNER, Tim (2019): Wie DAX-Unternehmen Schule machen. Lehr- und Lernmittel als Türöffner für Lobbyismus. Frankfurt/M.

EULERICH, Marc/Welge, Martin K. (2011): Die Einflussnahme von Stiftungen auf die unternehmerische Tätigkeit deutscher Großunternehmen. Düsseldorf.

GERBER, Pia (2006): Der lange Weg der sozialen Innovation – Wie Stiftungen zum sozialen Wandel im Feld der Bildungs- und Sozialpolitik beitragen können. Eine Fallstudie zur Innovationskraft der Freudenberg Stiftung. Weinheim.

HEINRICH, Michael (2005): Kritik der politischen Ökonomie. Eine Einführung. Stuttgart.

HIRSCH, Anja (2019): Gemeinwohlorientiert und innovativ? Die Förderung politischer Jugendbildung durch unternehmensnahe Stiftungen. Bielefeld.

HÖHNE, Thomas (2012): Stiftungen als Akteure eines neuen Bildungsregimes. In: DDS – Die Deutsche Schule, Heft 3, S. 242–255.

LAAK, Claudia van/Schulz, Benedikt (2015): Bertelsmann, Vodafone & Co. – Wie Stiftungen die Bildungspolitik beeinflussen. In: Deutschlandfunk. Online: www.deutschlandfunk.de/bertelsmann-vodafone-co-wie-stiftungen-die-bildungspolitik.724.de.html?dram:article_id=324443 (Zugriff: 14.08.2023).

MECKING, Christoph (2010): Corporate Giving: Unternehmensspende, Sponsoring und insbesondere Unternehmensstiftung. In: Backhaus-Maul, Holger u.a. (Hg.): Corporate Citizenship in Deutschland. Gesellschaftliches Engagement von Unternehmen. Bilanz und Perspektiven. Wiesbaden, S. 371–387.

MERKENS, Andreas (2011): Hegemonie, Staat und Zivilgesellschaft als pädagogisches Verhältnis. Antonio Gramscis Politische Pädagogik. In: Lösch, Bettina/Thimmel, Andreas (Hg.): Kritische Politische Bildung. Ein Handbuch. Schwalbach/Ts., S. 193–204.

OPRATKO, Benjamin (2014): Hegemonie. Münster.

OTTERSBACH, Markus (2011): ‚Bildungsferne' oder marginalisierte Jugendliche: ein Tabu für die politische Bildung? In: Lösch, Bettina/Thimmel, Andreas (Hg.): Kritische Politische Bildung. Ein Handbuch. Schwalbach/Ts., S. 339–350.

ROELOFS, Joan (2003): The Mask of Pluralism. Foundations and Public Policy. New York.

SCHULER, Thomas (2010): Die Bertelsmannrepublik Deutschland. Eine Stiftung macht Politik. Frankfurt/M.

SPETH, Rudolf (2008): Corporate Citizenship als strategische Partnerschaften, Lobbying, Regierungsbeziehungen. In: Backhaus-Maul, Holger u.a. (Hg.): Corporate Citizenship in Deutschland. Gesellschaftliches Engagement von Unternehmen. Bilanz und Perspektiven. Wiesbaden, S. 277–290.

THOMAS GILL

Widersprüche staatlicher politischer Bildung

Was ist staatliche politische Bildung? Bei staatlicher politischer Bildung kommen als Erstes die Bundes- und Landeszentralen der politischen Bildung in den Blick, die als nachgeordnete staatliche Behörden insofern eine Sonderstellung einnehmen, als sie selbst operativ tätig werden und in eigener Verantwortung Angebote der politischen Bildung durchführen. Im Rahmen des Bildungsföderalismus unterscheiden sich die einzelnen Zentralen in ihren Aufgabengebieten zum Teil erheblich. Dementsprechend lassen sich zentrale Handlungsfelder immer nur für die Mehrzahl der Zentralen benennen, nie aber für alle. Sie führen Veranstaltungen zu aktuellen Themen ebenso wie Tagungen und Fortbildungen für pädagogisch Tätige durch. Sie stellen Publikationen zur Verfügung, die sie entweder von Verlagen erwerben und meist gegen eine Bereitstellungspauschale abgeben oder als Eigenpublikationen meist in Form von Broschüren selbst herausgeben. Sie fördern zivilgesellschaftliche Akteure und verbreiten digitale Angebote. Daneben befinden sich im Geschäftsbereich der Zentralen auch Gedenkorte, werden Fortbildungen und didaktisches Material für Lehrkräfte zur Verfügung gestellt und diverse Projekte wie z.B. ‚Schule ohne Rassismus' oder ‚Landesdemokratiezentren' im Rahmen des Bundesprogramms ‚Demokratie leben' verantwortet. Relativ neu hat sich das Arbeitsfeld einer ‚aufsuchenden politischen Bildung' entwickelt, welches die Kluft zwischen dem formellen politischen Feld, zu dem auch die politische Bildung gerechnet werden muss, und Teilen der Bevölkerung überwinden will (Wallentin/Wöss 2021).

Der zweite große Bereich staatlich verantworteter politischer Bildung findet im Rahmen der Jugendhilfe, insbesondere der Jugendarbeit in Jugendverbänden, Jugendbildungsstätten und Angeboten der offenen Tür statt. Daneben bestehen auch in anderen Bereichen der Jugendhilfe Ansätze der politischen Bildung. Allerdings beschreibt der 16. Kinder- und Jugendbericht der Bundesregierung diese als „unterschätzte Räume" der politischen Bildung (BMFSFJ 2020, 477 f.). Auch im Bereich der Jugendhilfe sind staatliche Akteure selbst unmittelbar aktiv, z.B. als kommunale Träger von Jugendhäusern oder von Landesjugendbildungsstätten. Wobei deren Zahl in den 1990er- und 2000er-Jahren durch fiskalisch motivierte Schließungen erheblich reduziert wurde.

Zugleich hat förmlich eine Entgrenzung der staatlich verantworteten politischen Bildung stattgefunden. In zahlreichen Politikfeldern, verantwortet von unterschiedlichen staatlichen Vewaltungseinheiten auf Bundes-, Landes- und kommunaler Ebene, werden Angebote der politischen Bildung vorgehalten oder gefördert: Im Rahmen des Bundesprogramms ‚Demokratie leben' mit all seinen verschiedenen Instrumenten wie z.B. auch die ‚Landesdemokratiezentren' und kommunalen ‚Partnerschaften für Demokratie', im Rahmen der Antidiskriminierungsarbeit und der Migrationspolitik, in der Erwachsenenbildung, z.B. auf kommunaler Ebene durch die Volkshochschulen, im Bereich der Stadtentwicklung bei Angeboten des Quartiersmanagements, in der Engagementpolitik, durch Fortbildungsstätten z.B. in der Sozialen Arbeit oder für Mitarbeitende der Verwaltungen, der Polizei, der Bundeswehr etc., im Rahmen des globalen Lernens bzw. der Entwicklungspolitik, aber auch in staatlichen Gedenkstätten, Erinnerungsorten und Museen. Die Vielfalt, die in den vergangenen zwei Jahrzehnten erheblich zugenommen hat, bedarf der Erklärung.

Um zu verstehen, was staatliche politische Bildung ist, reicht es nicht aus, lediglich auf die Orte, Anlässe und Aktivitäten zu schauen. Zugleich ist das Verhältnis von staatlichen Ebenen und Strukturen zu zivilgesellschaftlichen Akteuren, den sogenannten freien Trägern, zu betrachten. Insbesondere die Auseinandersetzungen um die Frage eines vermeintlichen Neutralitätsgebots der politischen Bildung hat dies virulent werden lassen (vgl. Cremer 2019). Einerseits sind demokratisch verfasste zivilgesellschaftliche Akteure selbst Träger von Grundrechten und das sogenannte Subsidiaritätsprinzip verlangt von staatlichen Akteuren, zu prüfen, ob Aufgaben nicht auch von unteren Einheiten oder zivilgesellschaftlichen Akteuren wahrgenommen werden können. Auf der anderen Seite verwehrt es die herrschende Rechtsauffassung dem Staat, sich Dritter zu bedienen, um in die Chancengleichheit der Parteien einzugreifen. Dies bedeutet, dass zumindest im engeren Bereich politischer Bildung, bezogen auf Parteien, Wahlen, Parlamente und kommunale Vertretungen, zivilgesellschaftliche Akteure nicht völlig frei von staatlichen Neutralitätsverpflichtungen sind. Ebenso legt die internationale Menschenrechtsentwicklung es nahe, dass sich die staatlichen Verpflichtungen der Achtung, des Schutzes und der Gewährleistung auch auf die Zivilgesellschaft übertragen, die staatlicherseits gefördert wird. Mit dem Bedeutungsverlust von Großorganisationen wie Kirchen und Gewerkschaften dürfte sich kaum noch eine politische Bildung finden lassen, die ohne staatliche Förderung auskommt. Dementsprechend strukturieren Förderrichtlinien und Förderprogramme auch das Feld der zivilgesellschaftlich organisierten politischen Bildung in einem erheblichen Maße.

1. Historische Entwicklungen staatlicher politischer Bildung

Die Entwicklung der staatlichen politischen Bildung in Deutschland lässt sich insbesondere anhand von drei Faktoren beschreiben. Zum einen ist ein wichtiger Bezugspunkt die Auseinandersetzung mit der nationalsozialistischen Vergangenheit und dem erstarkenden Rechtsextremismus. Die Frankfurter Ausschwitzprozesse, der Eichmann-Prozess in Jerusalem und die sogenannte Hakenkreuzschmierwelle insbesondere in Nordrhein-Westfalen und Berlin zum Jahreswechsel 1959/60 waren ganz wesentliche Impulse für die Entwicklung einer sozialwissenschaftlich orientierten politischen Bildung in den 1960er-Jahren und den Ausbau der Angebote und Strukturen. Ebenso lässt sich der Umfang des staatlichen Sonderprogramms ‚Demokratie leben' nur im Lichte des ‚NSU-Komplexes' nachvollziehen.

Ein weiterer Schub für die politische Bildung wurde durch die Proteste von Studierenden, Schüler*innen und Auszubildenden Ende der 1960er-, Anfang der 1970er-Jahre ausgelöst. So wurden Bildungsfreistellungsgesetze verabschiedet und die Zahl der staatlich geförderten Jugendbildungsstätten nahm zu. Ausgehend von den neuen sozialen Bewegungen der 1980er-Jahre führten die Bewegungen und Proteste dazu, dass Angebote der politischen Bildung in immer neuen Politikfeldern Einzug halten: Stadtentwicklung, Entwicklungs-, Umwelt- und Frauenpolitik, Migration, Antidiskriminierung etc.

Am wirkmächtigsten für die staatliche politische Bildung ist die Veränderung, die staatliche Politik als Ganzes erfahrt. Seit Anfang der 1980er-Jahre lässt sich auch für Deutschland eine Politik des ‚neoliberalen' Staatsumbaus beschreiben, die sich den Abbau sozialstaatlicher Strukturen, den Rückbau der staatlichen Daseinsvorsorge u.a. durch die Privatisierung kommunaler Unternehmen und Staatsunternehmen sowie ganz generell die Zurücknahme staatlicher Regulierung auf die Fahnen geschrieben hat. Dies korrespondiert mit einer Gesellschaftspolitik, die zur Auflösung traditioneller Strukturen und Bindungen wie z.B. durch Kirchen und Gewerkschaften und unter dem Stichwort der Individualisierung häufig zu Endsolidarisierung und Vereinzelung führt. Seit Anfang der 1990er-Jahre gesellt sich dazu eine Politik des „progressiven Neoliberalismus" (Nancy Fraser), der unter anderem eine stärkere Anerkennung von bisher diskriminierten Gruppen intendiert. Letztendlich geht es um die Aktivierung der Individuen mit dem Ziel der optimalen Verwertung ihrer selbst. Deutlich wird dies, wenn die Rede ist von Begabungsreserven oder Humankapital.

Im Zuge des neoliberalen Staatsumbaus kommt es auch zu Veränderungen der Integrationsmechanismen.

„Mit dem Abbau sozialstaatlicher Sicherungssysteme und der damit einhergehenden Privatisierung zentraler Bereiche des öffentlichen Lebens kommt es zu einer Änderung in der Funktionsweise von gesamtgesellschaftlicher und ideologischer Integration. […] Der auf Konsens ausgerichtete Klassenkompromiss wird abgelöst durch Mechanismen der Klassenspaltung, durch die gesellschaftliche Exklusionsstrategien implementiert werden. Es ist beispielsweise die Tendenz zu beobachten, dass sich die Klassenspaltung ‚verräumlicht', indem das staatliche Management gesellschaftlicher Spaltung mit räumlicher Segregation einhergeht." (Amlinger 2014, 168)

Es kommt zu einer Umkehrung der Legitimationsstrategien staatlichen Handelns. „Musste der herrschende Block die sozial-destruktiven Konsequenzen seiner ökonomischen Handlungsstrategien in der Vergangenheit rechtfertigen, so stehen heute die Beherrschten selbst unter Rechtsfertigungszwang" (ebd., 169). Was folgt, lässt sich als Politik der Subjektivierung beschreiben. „Es treten nun Techniken der Disziplinierung in den Vordergrund, die an die Autonomie und Selbstverantwortlichkeit des Individuums appellieren" (ebd., 170). Die Veränderungen in der staatlich verantworteten politischen Bildung folgen dieser Logik. Nicht mehr die Einbindung in dominante Narrative einerseits und kollektive Interessenvertretung andererseits steht im Mittelpunkt, sondern die individuelle Einstellungsveränderung und die „Community"-spezifische Anerkennung.

Für die staatliche politische Bildung bedeutete diese Politik des Neoliberalismus vor allem einen deutlichen Rückbau von Regelstrukturen. So wurden im Zuge der staatlichen Austeritätspolitik der 1990er- und 2000er-Jahre Einrichtungen wie (Jugend-)Bildungsstätten geschlossen, Fördermittel zurückgefahren oder eingestellt und sogar die niedersächsische Landeszentrale für politische Bildung im Jahr 2004 abgeschafft. Gleichzeitig wurden im Sinne des progressiven Neoliberalismus neue Fördermöglichkeiten aufgebaut, die als kurzfristige Interventionen im Sinne einer Projektförderung mit klaren Zielvorgaben als Prävention oder als Einbeziehung von bisher ausgegrenzten ‚Minderheiten' konzipiert sind. Nicht mehr die Stärkung der politischen Teilhabe aller im Sinne einer Demokratisierung von Gesellschaft, sondern die Abwehr von befürchteten politischen Fehlentwicklungen im Sinne von Prävention (vgl. Achour/Gill 2019) bildet zunehmend den Schwerpunkt staatlicher politischer Bildung. Marginalisierte Gruppen werden zugleich unter einer identitätspolitischen Perspektive in einen Sonderbereich politischer Bildung integriert.

2. Herausforderungen staatlicher politischer Bildung

Die aktuellen Mehrfachkrisen (Finanzen, Wirtschaft, Klima, Corona, Krieg in Europa) scheinen wieder stärker eine staatliche Politik der Regulierung, der Entprivatisierung und des sozialen Ausgleichs nahezulegen. Die Wiedergründung der niedersächsischen Landeszentrale 2016 ist Ausdruck davon. Gleichzeitig gibt es kein Zurück zum fordistischen „Modell Deutschland“ (Joachim Hirsch), da sich einerseits seine strukturellen Grundlagen der gesellschaftlichen Produktion und Reproduktion gewandelt haben und andererseits auch die mit ihm verbundenen gesellschaftlichen Normsetzungen weder wünschenswert noch wieder durchsetzbar sind.

Der demokratische Staat ist auf die grundsätzliche Gleichheit der politischen Teilhabe angewiesen. Seit den 1990er-Jahren zeigt sich eine Tendenz der abnehmenden Wahlbeteiligung. Dass diese sozial höchst ungleich verteilt ist, zeigt sich seit einigen Jahren in immer neuen Studien. Auch andere Formen der politischen Partizipation zeigen diese Tendenz – in aller Regel in noch stärkerem Maße (Schäfer/Schoen 2013). Soziale Abkopplungsprozesse führen zunehmend zu politischen Abkopplungsprozessen. Als relativ neue Entwicklung versucht die staatliche politische Bildung mit Konzepten einer ‚aufsuchenden politischen Bildung‘ darauf zu reagieren. „Aufsuchende politische Bildung ist bestrebt, sozial-kulturelle wie physisch-räumliche Distanzen zu potenziellen Teilnehmenden durch aktives Zugehen zu überwinden, wobei ein starker Fokus auf die Entwicklung und Pflege tragfähiger Beziehungen und Netzwerke gelegt wird.“ (Bremer/Ludwig o.J., 2) Solche Ansätze benötigen Zeit und eine langfristige Absicherung und müssen sich mit einer Sozialpolitik verbinden, die den Abkopplungsprozessen eine Politik der Teilhabe entgegensetzt.

Das demokratische System selbst ist umkämpft. Auf der einen Seite ist ein Erstarken der Demokratiefeinde zu konstatieren, die weniger die Demokratie abschaffen als vielmehr okkupieren und umdeuten wollen. Die Folge ist ein politischer Kulturkampf, bei dem die politische Bildung – die zivilgesellschaftliche und die staatliche – als Feind adressiert und angegriffen wird. Auf der anderen Seite entstehen immer neue Formen der Bürgerbeteiligung wie z.B. Konsultationsprozesse, Beiräte und Bürgerfonds (vgl. Roth 2023), wobei vieles (noch) projekthaft ist, die Reichweite der Mitgestaltungsbefugnisse unklar bleibt und oft die notwendigen Ressourcen für die politische Wirksamkeit fehlen. Angebote insbesondere der staatlichen politischen Bildung richten sich in diesem Kontext sowohl an jene, die zur Teilhabe ‚eingeladen‘ werden, wie auch an jene, die Macht abgeben ‚sollen‘, also Politik und Verwaltung. Ungeklärt bleibt die strukturelle Einbindung jener, die bisher von politischer Teilhabe ausgeschlossen sind, weil sie nicht über die deutsche oder eine andere EU-Staatsbürgerschaft verfügen.

In den letzten zwei Jahrzehnten hat sich (auch in der politischen Bildung) die Schwerpunktsetzung weg von Fragen der Gleichheit hin zu Fragen der Anerkennung von Unterschiedlichkeit und damit von Differenz verschobenen, verschiedene Formen von Identitätspolitik sind die Konsequenz. Wie die Kritik von Ungleichheit und Diskriminierung sich miteinander verbinden lässt, ist umstritten. Jeder Versuch der eindeutigen Antwort, die jeweils auf einen Teilaspekt fokussiert, führt zu vielfältigen Ausblendungen. Die politische Aufgabe scheint es zu sein, das notwendige Maß an sozialer Gleichheit, auf das eine Demokratie angewiesen ist, mit einer Politik der Anerkennung von Unterschiedlichkeit bzw. Differenz zu verbinden. Adorno schreibt dazu: Eine solche „emanzipierte Gesellschaft […] wäre […] die Verwirklichung des Allgemeinen in der Versöhnung der Differenzen" (Adorno 2003, 116). Eine politische Bildung, die dieser Herausforderung gerecht werden will, muss eine Perspektive der Solidarität einnehmen und kollektive Prozesse des Handelns und des Lernens miteinander verbinden (vgl. Gill 2023).

Die Ausdifferenzierung der politischen Landschaft mit zum Teil fünf bis sieben Parteien in den Landesparlamenten (trotz Fünf-Prozent-Hürde) hat die Handlungsmöglichkeiten und Freiräume für die staatliche politische Bildung eher erhöht. Die Zeiten der eindeutigen politischen Lager scheinen mit dem Ende des Fordismus Geschichte zu sein. Gleichzeitig haben die Angriffe von Rechtsaußen auch auf die staatliche politische Bildung erheblich zugenommen und führen mit zu einer Politisierung der politischen Bildung. Die aktuelle Situation stellt sich entsprechend ambivalent dar.

3. Staatliche politische Bildung als soziale Infrastruktur

Im Rahmen seines Gutachtens für ein sogenanntes Demokratiefördergesetz hat der Rechtswissenschaftler Christoph Möllers argumentiert, dass die Angebote, die auf diese Weise gefördert werden sollen, „wesentliche Strukturmerkmale klassischer Programme der öffentlichen Fürsorge" (Möllers 2020, 7) teilen. Er bezieht sich dabei auf ein Urteil des Bundesverfassungsgerichts aus dem Jahr 1967, wonach der Begriff „öffentliche Fürsorge" aus Artikel 74 (7) GG umfassend zu verstehen ist. Er umfasst auch „Veranstaltungen zur politischen Bildung, die der Jugend im besonderen klarmachen sollen, daß der Einzelne sich in der Demokratie nicht von der Gesellschaft absondern kann, sondern sie und ihre politische Form aktiv mitgestallten muss." (zit. n. Möllers 2020, 13). Möllers argumentiert, bezogen auf ein Demokratiefördergesetz, weiter, dass dieses als sozialstaatliches Projekt zu begreifen ist:

„Zum Ersten bewegt sich das Gesetz im Bereich der Leistungsverwaltung, es kennt keinen Einsatz spezifischer hoheitlicher Mittel. Zum Zweiten reagiert es auf eine besondere Form sozialer Bedürftigkeit. Dass diese Bedürftigkeit nicht in einem Mangel an finanziellen Mitteln besteht, ist für sozialstaatliche Maßnahmen in keiner Weise untypisch. Maßnahmen der persönlichen Förderung und Fortbildung sind in diesem Bereich üblich. Zum Dritten reagiert das Gesetz gleichzeitig auf eine individuelle Befindlichkeit und auf ein systemisches Problem. Auch dies ist für sozialstaatliche Maßnahmen typisch, bei denen individuelle Förderformen der Lösung eines übergreifenden gesellschaftlichen Problems dienen." (Möllers 2020, 24)

Diese Argumentation lässt sich verbinden mit den Diskussionen des Redaktionskreises von Links.net, der nach 2003 eine Debatte über Sozialpolitik als Bereitstellung einer sozialen Infrastruktur geführt hat. In dem Papier von 2012 heißt es:

„Statt einer selektiven und gruppenspezifischen Sozialpolitik wäre die Entwicklung einer gesellschaftlichen Infrastruktur voranzutreiben, die ein vernünftiges gesellschaftliches Leben für alle möglich macht. Wir verstehen unter sozialer Infrastruktur die in der Regel kostenlose oder gegen geringes Entgelt dargebotene Bereitstellung öffentlicher, für alle gleichermaßen zugänglicher Güter und Dienstleistungen, die die Grundvoraussetzung dafür sind." (AG links-netz 2012)

Der demokratische Staat ist angesichts der Dynamik gesellschaftlicher Entwicklung, der Mehrfachkrisen und der sozialen und politischen Entkoppelungsprozesse auf die Entwicklung kritischen Bewusstseins für seinen Fortbestand angewiesen. Diese kann Schule als zentrale Bildungsinstitution nicht (mehr) alleine leisten, sondern es bedarf in zunehmendem Maße der außerschulischen politischen Jugend- und Erwachsenenbildung (siehe Krämer/Thimmel in diesem Band). Diese dauerhaft abzusichern muss als Teil der staatlichen „Daseinsfürsorge" verstanden werden, die einem Verständnis sozialer Infrastruktur folgt und damit sowohl die fordistische Bevormundung wie die neoliberale Vereinzelung hinter sich lässt. Dies löst nicht die Widersprüchlichkeit staatlicher politischer Bildung auf, schafft aber neue, verbesserte Grundlagen für eine politische Bildung, die sich der Unterstützung der Entwicklung eines kritischen Bewusstseins und der Fähigkeit, Widersprüche auszuhalten und dem „Mitmachen“ zu widerstehen, verschrieben hat.

Bei allen Freiräumen und Handlungsoptionen im Einzelnen bleibt aber staatliche politische Bildung und mit ihr die zivilgesellschaftliche Trägerszene, die staatlich finanziert wird, von den Veränderungsprozessen staatlicher Politik insgesamt abhängig. Gleichwohl ist die kritische Bewusstseinsbildung, die politische Bildung ermöglicht, nicht folgenlos. Eine staatliche politische Bildung, die auf eine Stärkung der politischen Teilhabe aller, auf Anerkennung von Vielfalt, auf Selbstbestimmung und Mündigkeit, auf sozialen Ausgleich und Veränderung unserer gesamten Lebensweise als kollektiven Prozess zielt und die in unser Alltagsleben eingeschriebene Herrschaft, Autoritarismen und Bevormundungen, Nicht-Beteiligung und die Verweigerung von Potenzialen der Demokratisierung, Selbstbestimmung und Selbstorganisation zurückweist, ist aber nicht ohne Widersprüche zu haben. Notwendig ist sie allemal.

Literatur

ACHOUR, Sabine/Gill, Thomas (2019): „Liebe Teilnehmende, liebe Gefährderinnen und Gefährder!“ Extremismusprävention als politische Bildung? In: Journal für politische Bildung 2, S. 32–36.

ADORNO, Theodor W. (2003): Minima Moralia. Reflexionen aus dem beschädigten Leben, Gesammelte Schriften Bd. 4, Frankfurt/M.

AG LINKS-NETZ (2012): Sozialpolitik als Bereitstellung einer sozialen Infrastruktur. http://wp.links-netz.de/?p=23 (Zugriff: 07.05.2022).

AMLINGER, Carolin (2014): Die verkehrte Welt. Zum Verhältnis von Ideologie und Wahrheit bei Marx/Engels, Lukacs, Adorno/Horkheier, Althusser und Zizek. Hamburg.

BFSFJ (2020): 16. Kinder- und Jugendbericht. Förderung demokratischer Bildung im Kindes- und Jugendalter. https://www.bmfsfj.de/resource/blob/162232/27ac76c3f5ca10b0e914700ee54060b2/16-kinder-und-jugendbericht-bundestagsdrucksache-data.pdf (Zugriff: 15.04.2022).

BREMER, Helmut/Ludwig, Felix: Aufsuchende politische Bildung. https://aufsuchende-bildungsarbeit.arbeitundleben.de/images/download/2019_Expertise_aufsuchende_politische_Bildung_FL-HB.pdf (Zugriff: 29.08.2023).

CREMER, Hendrik (2019): Das Neutralitätsgebot in der Bildung. Neutral gegenüber rassistischen und rechtsextremen Positionen von Parteien? https://www.institut-fuer-menschenrechte.de/fileadmin/user_upload/Publikationen/ANALYSE/Analyse_Das_Neutralitaetsgebot_in_der_Bildung.pdf (Zugriff: 08.04.2022).

GILL, Thomas (2023): Solidarität in Zeiten der Differenz – Perspektiven der politischen Bildung. In: Achour, Sabine/Gill, Thomas (Hg.): Vom Klassenrat bis zum zivilen Ungehorsam. Partizipation in der Demokratie und der Auftrag der politischen Bildung, Frankfurt/M., S. 253–263.

MÖLLERS, Christoph (2020): Demokratie dauerhaft fördern. Kompetenzrechtliche Vorgaben für ein Demokratiefördergesetz des Bundes. https://www.progressives-zentrum.org/wp-content/uploads/2020/10/DPZ_Rechtsgutachten_Moellers_Demokratie_dauerhaft_foerdern.pdf, (Zugriff: 07.05.2022).

ROTH, Roland (2023): Partizipation in der repräsentativen Demokratie – revisited. In: Achour, Sabine/Gill, Thomas (Hg.): Vom Klassenrat bis zum zivilen Ungehorsam. Partizipation in der Demokratie und der Auftrag der politischen Bildung, Frankfurt/M., S. 15–25.

SCHÄFER, Armin/Schoen, Harald (2013): Mehr Demokratie, aber nur für wenige? Der Zielkonflikt zwischen mehr Beteiligung und politischer Gleichheit. In: Leviathan 41 (1), Berlin, S. 94–120.

WALLENTIN, Annette/Wöss, Sebastian (2021): Aufsuchende politische Bildung. Eine Bestandserhebung in Deutschland 2021. Berlin, Berliner Landeszentrale für politische Bildung.

DOMINIK FELDMANN, SASCHA REGIER

Das Extremismusmodell in der politischen Bildung – Motor von Demokratieabbau?

Junge Menschen wachsen gegenwärtig in einer Zeit tiefgreifender gesellschaftlicher Transformationen und vielfältiger Krisen auf. Diese fordern auch die Funktionsfähigkeit der westlichen Demokratien heraus. Sozialwissenschaftliche Analysen sehen die Demokratie in Deutschland gegenwärtig durch vielfältige Phänomene bedroht. Hierzu zählen u.a. die Zunahme der sozialen Ungleichheit und die damit einhergehende politische Repräsentationskrise sowie der Ausschluss der politischen Beteiligung unterer Einkommensschichten, eine sich manifestierende extreme Rechte, der demokratisch nicht legitimierte Einfluss von Unternehmen auf die Gesetzgebung sowie neoliberale Politiken der Privatisierung, die kollektive Güter und Infrastruktur der Öffentlichkeit entziehen, was die Aushebelung demokratischer Prinzipien zur Folge hat (vgl. Heitmeyer 2018, 197 ff.). Seltener thematisiert werden bzgl. der Demokratiegefährdung hingegen der generelle strukturelle Widerspruch zwischen Demokratie und Kapitalismus – (weitgehende) politische Gleichheit trifft auf soziale Ungleichheit (vgl. Wood 2010, 215) – sowie die Entwicklung autoritärer Staatlichkeit durch Politiken der Versicherheitlichung, die demokratische und liberale Freiheitsrechte grundlegend einschränken (vgl. Fisahn 2022).

Diese Aspekte wären Anschlusspunkte, die für die Ziele, Konzeptionen und Praxis politischer Bildung mit dem Leitziel der Demokratie von Relevanz sein sollten. Allerdings ist in den letzten Jahren vielmehr ein Trend erkennbar, schulische und außerschulische politische Bildungsarbeit als Prävention vor verschiedenen „Extremismen" in der Gesellschaft zu denken. Deutlich zeigen zwar autoritäre Einstellungen der Bürger*innen sowie rechte Strukturen und Parteien, dass demokratische Errungenschaften und Prozesse durch Teile der Bevölkerung bedroht werden. Dass die Demokratie jedoch auch und vor allem durch das Handeln bestimmter Staatsapparate – und damit staatlicher Herrschaft – gefährdet ist, bleibt in der politischen Bildung oft ein blinder Fleck.

1. Ein verkürztes Demokratieverständnis in der (schulischen) politischen Bildung

Diese Leerstelle reproduziert sich auch in der (schulischen) politischen Bildung, sowohl in den dominierenden Positionen der Politikdidaktik wie auch in den Schulbüchern und Lehrplänen. Das Demokratieverständnis der schulischen politischen Bildung basiert vielfach auf einem staatszentrierten Demokratiebegriff, der weitergehende Prozesse der gesellschaftlichen Demokratisierung im Sinne von Emanzipation nicht umfasst oder gar von vornherein ausschließt. Stattdessen wird Demokratie mit den staatlichen Institutionen, wie sie in der Bundesrepublik etabliert sind, identifiziert.

Die dominierenden Ansätze der schulischen politischen Bildung begreifen und vermitteln Demokratie lediglich als durch parlamentarische Repräsentation, Parteien und Wahlen sowie politische Freiheitsrechte und Rechtsstaatlichkeit geprägt (vgl. Detjen 2007, 213 ff.). Bei Politikdidaktikern wie Joachim Detjen zeigt sich beispielsweise deutlich ein verkürztes, staatszentriertes Demokratieverständnis. So sei „Demokratie […] nicht einfach Selbstregierung des Volkes, sondern eine auf die Leistungsfähigkeit von Institutionen angewiesene Herrschaftsordnung" (ebd., 282). Auch für Peter Massing geht es bei der Vermittlung von Demokratie lediglich um die systematische Aneignung der „institutionelle[n] Ordnung des politischen Systems […] sowie d[er] *vorhandenen* Einflussmöglichkeiten und Partizipationschancen" (Massing 2013, 202; Hervorh. D. F./S. R.). Diesen Ansätzen nach habe politische Bildung explizit auf die „Stabilisierung der jeweiligen Herrschaftsordnung" (Detjen 2007, 5) abzuzielen. Damit soll politische Bildung nicht auf die Demokratisierung weiterer Gesellschaftsbereiche – also Emanzipation aus gesellschaftlichen Herrschafts- und Machtverhältnissen – ausgerichtet sein, sondern im instrumentellen Sinne darauf, die „Lernenden zu *funktionierenden Mitgliedern* des Gemeinwesens [zu qualifizieren]" (ebd.; Hervorh. i. O.).

Eine andere und zugleich ähnliche Stoßrichtung zeigt sich in Beiträgen, die der Demokratiepädagogik nahestehen. Neben staatlichen Institutionen wird hier hervorgehoben, dass Demokratie auch und insbesondere eine Lebensform sei. Daher müsse Demokratie v. a. durch soziales Lernen vermittelt werden (vgl. kritisch Wohnig 2017, 27). Bleiben bei solchen Konzepten kritische Perspektiven auf politische Strukturen aus, stehen vornehmlich Individuen im Mittelpunkt, die sich bestenfalls innerhalb bestehender Verhältnisse engagieren. Insofern erweitern demokratiepädagogische Ansätze zwar staatlich-institutionell fokussierte Verständnisse von Demokratie, zielen aber dennoch auf die Affirmation der liberalen Demokratie.

Große Teile der politischen Bildung verengen damit die Diskussionen um Demokratie. Schließlich gibt es diverse Konzeptionen von Demokratie (siehe den Beitrag von Salomon/Schneider in diesem Band). Demokratie ist damit ein politischer und umkämpfter Begriff. Im Rahmen solcher Auseinandersetzungen wandelt sich Demokratie. Diese Kämpfe werden jedoch unterbunden, indem einerseits lediglich die derzeit bestehenden Strukturen von Demokratie und Staat besprochen und andererseits Diskussionen über alternative Konzepte missbilligt werden. Dies geschieht in der politischen Bildung und in der gesamten politischen Arena der Bundesrepublik u.a. dadurch, dass Prinzipien des demokratischen Verfassungsstaates und der freiheitlich-demokratischen Grundordnung (fdGO) als Minimalkonsens vorausgesetzt werden, der nicht angetastet werden dürfe. So sind beispielsweise nach den Extremismusforschern Uwe Backes und Eckhard Jesse (1993, 40) alle Gesinnungen und Bestrebungen als „extremistisch" zu klassifizieren, „die sich in der Ablehnung des demokratischen Verfassungsstaates" einig wüssten. Sowohl die fdGO als auch der demokratische Verfassungsstaat stünden für einen „kleinste[n] gemeinsame[n] Nenner" (ebd., 463) von Strukturelementen, die „für die Existenz einer freiheitlichen Demokratie [...] unerlässlich" (ebd.) seien.

Die fdGO wird zwar mehrfach im Grundgesetz genannt, definiert wird sie dort jedoch nicht. Stattdessen beziehen sich zahlreiche Akteur*innen, auch der politischen Bildung, u.a. auf das Verbotsurteil des Bundesverfassungsgerichts gegen die neonazistische SRP (Sozialistische Reichspartei) aus dem Jahr 1952. Aufgezählt werden darin vornehmlich „Organisationsprinzipien des bürgerlichen Staates", wie Sarah Schulz (2019, 211) feststellt, weniger jedoch Rechte zur demokratischen Teilhabe und keine sozialen Rechte. Die Funktionsfähigkeit staatlicher Apparate wird damit über die politischen Gestaltungs- und Zugriffsmöglichkeiten der Bürger*innen gestellt. Ein – wie auch immer gearteter – Kern staatlich-demokratischer Ordnung soll nicht geändert, teils nicht einmal diskutiert werden dürfen. Wer dies dennoch unternimmt, begibt sich in Gefahr, als „Extremist*in" bezeichnet zu werden. Legales, aber als illegitim bewertetes politisches Denken und Handeln kann in der Folge durch präventive Maßnahmen der antiextremistischen wehrhaften Demokratie bekämpft werden. Die Diskursteilnahme der als „extremistisch" klassifizierten Akteur*innen wird dadurch erschwert oder sogar verunmöglicht, der politische Streit eingeschränkt und letztlich Demokratieabbau zum vermeintlichen Demokratieschutz vollzogen. Staatliche Apparate entscheiden also über die diskursive Vielfalt des demokratischen Souveräns. Demokratie wird im Sinne der Wehrhaftigkeit insbesondere als Top-down-Prozess gedacht. Hier zeigt sich mindestens ein demokratietheoretischer Konflikt.

Diese antiextremistische Praxis von Sicherheitsbehörden schlägt sich auch in der politischen Bildung nieder, der nach Armin Scherb (2008, 21) „als Präventivkonzept zur Sicherung der Demokratie" eine „besondere Bedeutung" zukommt.

2. Extremismusprävention in der (schulischen) politischen Bildung

Das pädagogische Äquivalent der antiextremistischen Arbeitsweise der Sicherheitsdienste ist die Extremismusprävention. Sowohl der Antiextremismus als auch die Extremismusprävention stehen in enger Verwandtschaft mit der vergleichenden Extremismusforschung – strukturell, personell und inhaltlich (vgl. Fuhrmann/Schulz 2021, 75 ff.). Gefahren für die Demokratie werden ausschließlich an den politischen Rändern des souveränen Volkes gesucht. Neben „Links"- und „Rechtsextremismus" soll durch Extremismusprävention auch weiteren Formen des „Extremismus", beispielsweise dem „Islamismus" (siehe den Beitrag von Quasem in diesem Band), entgegengetreten werden.

Der Antiextremismus berührt die politische Bildung auf mehreren Ebenen: Er ist infrastrukturell wirkmächtig und bestimmt inzwischen wesentlich die Ausrichtung von staatlich geförderten Bildungsprogrammen (siehe die Beiträge von Bürgin und Widmaier in diesem Band). Auch finden sich extremismustheoretische Logiken bei der Auswahl der geförderten Projekte, die sich seit 2011 mit einer „Extremismusklausel" zur fdGO bekennen mussten. Abgeschafft wurde die Klausel im Übrigen nie, sondern lediglich in nachfolgende Regelungen überführt. Der „Radikalenerlass" von 1972, die nachfolgende Berufsverbotspraxis, fdGO-Bekenntnisse, Fragebögen zur Verfassungstreue sowie neuere Diskussionen um Regelanfragen bei den Verfassungsschutzämtern (vgl. Feldmann 2023) zeigen, dass auch die schulische Bildung von antiextremistischer Infrastruktur geprägt war und ist.

Ferner ist die Extremismusprävention inzwischen fester Bestandteil der Inhalte an Schulen. Dies zeigt sich in den Lehrplänen fast aller Bundesländer (vgl. ebd.) und in staatlich anerkannten Schulbüchern. Beispielsweise werden in Schulbüchern linke und rechte politische Akteur*innen gleichermaßen als „Verfassungsfeinde" – der Begriff „Verfassungsfeindlichkeit" wird oft synonym zum „Extremismus" verwendet – einer vermeintlich demokratischen „Mitte" gegenübergestellt. Durch Bebilderung und entsprechende Texte werden linke und rechte Orientierungen ohne Differenzierung mit Gewalt und Demokratiegefährdung in Verbindung gebracht. Hier reproduziert sich eine wesentliche Unzulänglichkeit der vergleichenden Extremismustheorie: der undifferenzierte Vergleich verschiedener politischer Phänomene, der oftmals in ein Gleichsetzen von rechts und links oder gar von Faschismus und Antifaschismus mündet. Außerdem suggerieren staatliche Materialien und Lehrpläne, Demokratie werde vornehmlich durch „extremistische" Bestrebungen in der Bevölkerung gefährdet. Der normative Fluchtpunkt des Extremismuskonzepts setzt sich daher nicht ausschließlich aus der fdGO oder dem demokratischen Verfassungsstaat, sondern ebenso aus der politischen Mitte sowie staatlichen Apparaten zusammen. Sie werden von jeglicher Verdächtigung ausgenommen, demokratiegefährdend zu agieren, und damit letztlich legitimiert.

3. Mitte und Staat: Hort der Demokratie?

Die politische (und auch soziale) Mitte ist entgegen extremismustheoretischer Logiken jedoch nicht frei von „autoritäre[n] Dynamiken" (Decker et al. 2020) und gruppenbezogener Menschenfeindlichkeit, wie Einstellungsstudien immer wieder belegen. Die Vorstellung eines politischen Raumes, eingeteilt in „extremistische" Ränder und demokratische Mitte innerhalb der Bevölkerung wird daher der komplexen Wirklichkeit nicht gerecht. Doch auch die affirmative Sichtweise gegenüber Staatlichkeit ist bei einer realen Betrachtung nicht aufrechtzuerhalten.

Seit einigen Jahren wird durch sozialwissenschaftliche Untersuchungen eine „Demokratieentleerung" (Heitmeyer 2018, 23) im Sinne des liberal-repräsentativen Typs konstatiert, die durch Praktiken und Ziele bestimmter Staatsapparate selbst bedingt ist und auf einen neuen staatlichen Autoritarismus hinausläuft. So konstatieren die *Grundrechtereporte* regelmäßig, dass neben antidemokratischen rechten gesellschaftlichen Bestrebungen die gravierendsten Gefährdungen der Demokratie, der Grundrechte und des Rechtsstaats „im Wesentlichen von staatlichen Institutionen aus[gehen]" (Grundrechtereport 2016, 13). Dies zeigt sich u.a. anhand folgender Entwicklungen der letzten Jahre, die für eine demokratieorientierte, kritische politische Bildung im Fokus stehen sollten:

Es ist ein Machtzuwachs bestimmter exekutiver Staatsapparate gegenüber ihrer parlamentarischen Kontrolle und den demokratischen politischen Gestaltungsmöglichkeiten zu konstatieren. Dies hat einen verstärkten Ausschluss der Bevölkerung aus den Zentren der Gesetzgebungskompetenzen zur Folge. Staatlichkeit wird zunehmend autoritärer. So zeigt sich beispielsweise seit der EU-

Schuldenkrise 2010 eine Dominanz des Wirtschafts- und Finanzministeriums, die als gestärkte und verselbstständigte Exekutivorgane entgegen demokratisch legitimierten Entscheidungen eine Austeritätspolitik autoritär durchgesetzt haben. Bereits die Etablierung der Schuldenbremse im Grundgesetz im Jahr 2009 hat die Finanzierungsautonomie der Kommunen sowie die Budgethoheit des Parlaments rechtlich beschnitten, wirtschaftspolitische Debatten und damit demokratische Prinzipien ausgehebelt (vgl. Fisahn 2022, 392 f.). Der Machtzuwachs der Exekutive manifestiert sich auch in der Etablierung eines *Sicherheitsstaates* (Singelnstein/Stolle 2012). Sicherheit wird hierbei jedoch nicht als Sicherheit vor staatlichen Eingriffen oder als soziale Absicherung verstanden, sondern als Sicherheit vor Bedrohungen wie Kriminalität, Terrorismus oder „Extremismus". Neben der Aufrüstung und Kompetenzausweitung der Polizei im Zuge verschärfter Polizeigesetze ab 2017 baut der Staat dafür seine Überwachungs- und Kontrollapparate aus und dringt durch neue Sicherheitsgesetze in die Privatsphäre der Individuen vor. Hierzu zählen u.a. das heimliche Abhören, Überwachen und Speichern der Telefon- und Internetdaten der Bürger*innen durch den Einsatz von Staatstrojanern, die Einführung der Videoüberwachung im öffentlichen Raum (mit automatischer Gesichtserkennung), der Zugriff auf private Bankkonten sowie die Einführung biometrischer Personalausweise (vgl. Fisahn 2022, 199 ff.). Dieser Ausbau findet unabhängig davon statt, ob die konstatierten Bedrohungen auch empirisch zunehmen. Dabei verstoßen viele Gesetze und Gesetzesentwürfe immer wieder gegen die im Grundgesetz zugesicherten demokratischen Grund- und Freiheitsrechte sowie das Prinzip des freiheitlichen Rechtsstaats, was das Bundesverfassungsgericht regelmäßig anmahnt (vgl. Grundrechtereport 2016). Exekutive Staatsapparate, Sicherheitsbehörden und Geheimdienste wie der Verfassungsschutz drohen sich durch die Missachtung rechtsstaatlicher Prinzipien gegenüber ihren normativen Grundlagen zu verselbstständigen.

4. Entdemokratisierung durch Extremismusprävention

Mit dem Extremismuskonzept sind diese Problemstellungen für eine demokratische Gesellschaft weder zu erfassen noch zu analysieren. Mehr noch: Ein Denken in „Extremismen" verunmöglicht einen kritischen Blick auf Staat und Gesellschaft, der notwendig ist, um Konflikte und Probleme der Gegenwart zu begreifen und zu überwinden. Der Antiextremismus kann daher keinen Beitrag für eine Demokratisierung leisten, sondern ist selbst eine Gefahr für Demokratie. Schließlich wird nicht nur eine Kritik bestehender Verhältnisse ausgelassen.

Sofern politische Bildung als Werkzeug der antiextremistischen wehrhaften Demokratie verstanden wird, diskreditiert sie Positionen, die den mutmaßlichen Minimalkonsens der bundesdeutschen Demokratie, die fdGO, infrage stellen, und betreibt Herrschaftslegitimation. Doch gerade im Kontext eingangs skizzierter Krisensymptome der westlichen Gesellschaften sind vom Status quo abweichende und im Diskurs oftmals nicht gehörte Positionen für emanzipatorische Perspektiven in der Bildungsarbeit fruchtbar, um kritisches Denken zu befördern und den vorliegenden Strukturen Emanzipationsperspektiven sowie Handlungsoptionen gegenüberzustellen.

Inwiefern solche Positionen im Unterricht besprochen werden, wird im Rahmen der Extremismusprävention jedoch vornehmlich nicht durch Lehrkräfte festgelegt, um diese den Schüler*innen für eine kritische Urteilsbildung bereitzustellen, sondern durch Sicherheitsbehörden. Schließlich verfügen insbesondere die Verfassungsschutzämter mit ihren Berichten Diskursmacht darüber, wer legitimer Teil des politischen Spektrums sein soll und wer nicht. Übernehmen Lehrpläne, Bildungsmaterialien sowie Politiklehrkräfte nun unkritisch den Extremismusbegriff, regiert der Inlandgeheimdienst unmittelbar in das Klassenzimmer hinein. Die politische Bildung verliert damit ihre fachliche Autonomie.

An Autonomie verlieren dabei ebenso die Schüler*innen. Sie sind in der extremismuspräventiven Logik keine Subjekte, sondern Objekte einer versicherheitlichten Strategie (siehe den Beitrag von Bürgin in diesem Band). Sie sind nicht Kritiker*innen der Gegenwart und Gestalter*innen der Zukunft, sondern potenzielle „Extremist*innen". Dieses defizitäre Subjektbild bringt nicht nur pädagogische, sondern auch demokratietheoretische Probleme mit sich. Nicht die Schüler*innen entscheiden, welche Urteile sie nach kritischer Prüfung fällen. Zwischen welchen Positionen die Lernenden zu alternieren haben, ist in der Extremismusprävention autoritär vorentschieden. Auch aus diesem Grund leistet sie keinen Beitrag zur Demokratie, sondern zur Entdemokratisierung.

Für eine an Demokratie interessierte politische Bildung kann Extremismusprävention folglich kein tragfähiges Konzept darstellen. Dies gilt umso mehr für eine politische Bildung, die eine kritische Auseinandersetzung mit bestehenden Verhältnissen und Demokratisierung sowie Emanzipation anstrebt. Politische Bildungsarbeit muss dazu auf andere Modelle zurückgreifen als auf das Extremismusmodell. Grundlagen könnten hier beispielsweise der Ansatz der gruppenbezogenen Menschenfeindlichkeit oder sozialwissenschaftliche Rechtsextremismusforschung sein, die nicht einer vermeintlichen Mitte „extremistische" Ränder gegenüberstellt und staatliche Strukturen sowie das Handeln staatlicher

Apparate aus einer kritischen Betrachtung ausklammert. Stattdessen ist gerade die gesamtgesellschaftliche Dimension rechter Umtriebe und Autoritarismus in staatlichen Strukturen sowie anderer Problemlagen hervorzuheben. Entscheidend ist für politische Bildungsarbeit außerdem, dass entsprechende Analysen nicht lediglich Einstellungsmuster in der Bevölkerung zur Grundlage nehmen, sondern auch zu Herrschafts- und Machtstrukturen vordringen, diese sichtbar machen und problematisieren (vgl. Regier 2023). Eine dieser Machtstrukturen besteht aus einem Zusammenspiel von Sicherheitsbehörden, die antiextremistischen Grundsätzen folgen, der vergleichenden Extremismusforschung sowie der extremismuspräventiven Bildungsarbeit. Anstatt das Extremismuskonzept zu adaptieren, wäre es Aufgabe politischer Bildung, dieses zu kritisieren und seine demokratiegefährdenden Schlagseiten zu verdeutlichen.

Literatur

BACKES, Uwe/Jesse, Eckhard (1993): Politischer Extremismus in der Bundesrepublik Deutschland. 3. Aufl., Bonn.

DECKER, Oliver/Brähler, Elmar (2020): Autoritäre Dynamiken. Neue Radikalität – alte Ressentiments. Gießen.

DETJEN, Joachim (2007): Politische Bildung. Geschichte und Gegenwart in Deutschland. München.

FELDMANN, Dominik (2023): Demokratie trotz(t) Antiextremismus? Zur Bedeutung von Extremismusprävention für (Ent-)Demokratisierung und politische Bildung. Frankfurt/M.

FISAHN, Andreas (2022): Repressive Toleranz und marktkonforme Demokratie. Zur Entwicklung von Rechtsstaat und Demokratie in der Bundesrepublik. Köln.

FUHRMANN, Maximilian/Schulz, Sarah (2021): Strammstehen vor der Demokratie. Extremismuskonzept und Staatsschutz in der Bundesrepublik. Stuttgart.

GRUNDRECHTEREPORT 2016. Zur Lage der Bürger- und Menschenrechte in Deutschland. Frankfurt/M.

HEITMEYER, Wilhelm (2018): Autoritäre Versuchungen. Signaturen der Bedrohung I. Berlin.

MASSING, Peter (2013): Politik/politisch – Die Inhalte politischer Bildung unter dem Aspekt kritischer politischer Bildung. In: Widmaier, Benedikt/Overwien, Bernd (Hg.): Was heißt heute Kritische politische Bildung? Schwalbach/Ts., S. 197–205.

REGIER, Sascha (2023): Den Staat aus der Gesellschaft denken. Ein kritischer Ansatz der Politischen Bildung. Bielefeld.

SCHERB, Armin (2008): Der Bürger in der Streitbaren Demokratie. Über die normativen Grundlagen Politischer Bildung (= Bürgerbewusstsein. Schriften zur Politik Kultur und Politischen Bildung, Bd. 3). Wiesbaden.

SCHULZ, Sarah (2019): Die freiheitliche demokratische Grundordnung. Ergebnis und Folgen eines historisch-politischen Prozesses. Weilerswist.

SINGELNSTEIN, Tobias/Stolle, Peter (2012): Die Sicherheitsgesellschaft. Soziale Kontrolle im 21. Jahrhundert. Baden-Baden.

WOHNIG, Alexander (2017): Zum Verhältnis von sozialem und politischem Lernen. Eine Analyse von Praxisbeispielen politischer Bildung. Wiesbaden.

WOOD, Ellen (2010): Demokratie contra Kapitalismus. Beiträge zur Erneuerung des historischen Kapitalismus. Köln, Karlsruhe.

Verzeichnis der Autor*innen

FRIEDEMANN AFFOLDERBACH ist Professor für Theorien und Methoden der Sozialen Arbeit an der HTWK Leipzig. Seine Arbeitsschwerpunkte sind politische und kulturelle Bildung, Demokratie und soziale Bewegungen als auch Gemeinwesenarbeit.

ROLF AHLRICHS ist Professor für Theorie und Praxis der Sozialen Arbeit und Diakonie an der EH Ludwigsburg. Seine Arbeitsschwerpunkte sind die Demokratiebildung sowie die politische Jugend- und Erwachsenenbildung.

GESINE BADE ist wissenschaftliche Mitarbeiterin und Lehrkraft im Fachgebiet Didaktik der politischen Bildung an der Universität Kassel und dort insbesondere mit Fragen politischer Bildung im Sachunterricht betraut.

FRAUKE BANSE ist Dozentin am Fachbereich Entwicklungspolitik und Postkoloniale Studien an der Universität Kassel. Ihre Lehr- und Forschungsschwerpunkte sind Internationale Politische Ökonomie der Entwicklungszusammenarbeit (EU/Deutschland – Afrika).

CHRISTOPH BAUER ist Lehrer an einem Frankfurter Oberstufengymnasium und Ausbildungsbeauftragter am Studienseminar für Gymnasien in Frankfurt am Main.

RALPH BLASCHE ist Studienrat für die Fächer Politik & Wirtschaft, Ethik, Philosophie und Deutsch an einem Oberstufengymnasium in Frankfurt am Main. Gegenwärtige Arbeitsschwerpunkte sind sozialwissenschaftliche Gesellschaftsdiagnosen und politische Bildung, Mündigkeitskonzepte im Kontext politischer Bildung und politikdidaktische Konzeptionen.

MAI-ANH BOGER ist von Haus aus (Behinderten-)Pädagogin. Ihre Forschungsschwerpunkte sind Philosophien der Differenz und Alterität sowie Inklusion und Psychoanalyse der (internalisierten) Unterdrückung.

STEFANIE BONUS ist wissenschaftliche Mitarbeiterin am Forschungsschwerpunkt Non-formale Bildung der TH Köln. Ihre Schwerpunkte sind (politische) Bildung, Solidarität, Jugend(verbands)arbeit, Freiwilligendienste und empirische Sozialforschung.

ULRICH BRAND ist Professor für internationale Politik am Institut für Politikwissenschaft der Universität Wien und forscht zu internationaler Rohstoff- und Umweltpolitik mit einem regionalen Schwerpunkt auf Lateinamerika.

HELMUT BREMER ist Professor für Erwachsenenbildung mit dem Schwerpunkt politische Bildung an der Fakultät für Bildungswissenschaften der Universität Duisburg-Essen.

CARSTEN BÜNGER ist Professor für Allgemeine Erziehungswissenschaft mit dem Schwerpunkt Bildung und Gesellschaft an der Pädagogischen Hochschule Schwäbisch Gmünd. Zu seinen Lehr- und Forschungsschwerpunkten zählen kritische Bildungstheorien sowie ethische und politische Aspekte des Pädagogischen.

JULIKA BÜRGIN ist Professorin für Bildung der Lebensalter und politische Bildung am Fachbereich Soziale Arbeit der Hochschule Darmstadt. Sie ist aktiv im Forum kritische politische Bildung.

HANNA BUTTERER ist wissenschaftliche Mitarbeiterin am Seminar für Sozialwissenschaften (Didaktik der Sozialwissenschaften) der Universität Siegen. Ihre Arbeitsschwerpunkte sind die kritische politische Bildung, nachhaltigkeitsbezogene Bildung und Kooperationen zwischen schulischer und außerschulischer Bildung.

YASMINE CHEHATA lehrt und forscht an der Fakultät für Angewandte Sozialwissenschaften der TH Köln. Sie beschäftigt sich schwerpunktmäßig mit den Themen Soziale Arbeit, Rassismus, Empowerment und Powersharing, politische Bildung, Jugendpolitik und Jugend(sozial)arbeit, Solidarität und Machtkritik. Darüber hinaus gibt sie Workshops zu rassismus- und diskriminierungskritischer Organisationsentwicklung.

WIEBKE DIERKES ist Professorin für Theorien und Geschichte Sozialer Arbeit an der Hochschule RheinMain. Ihre Forschungsschwerpunkte sind soziale Bewegungen, Solidarisierungsprozesse und kritische Soziale Arbeit, sozialpädagogische Nutzer:innenforschung sowie Rechtsextremismus/Antisemitismus.

JANNIS EICKER ist Mitglied im ILA-Kollektiv und promoviert an der Universität Kassel zur extremen Rechten.

ANDREAS EIS ist Professor für Didaktik der politischen Bildung an der Universität Kassel. Seine Forschungsschwerpunkte sind europapolitische Bildung, politische Subjektivierung in transnationalen Räumen, Lernen in sozialen Bewegungen und qualitative politische Bildungsforschung.

OLIVER EMDE ist Studienleiter für Politische Jugendbildung und Pädagogik an der Evangelischen Akademie Hofgeismar.

DOMINIK FELDMANN, Dr., ist Lehrkraft für besondere Aufgaben für die Didaktik der Sozialwissenschaften an der Justus-Liebig-Universität Gießen. Seine Arbeitsschwerpunkte sind politische Bildung, ästhetische Bildung sowie Staats- und Demokratietheorie.

KARIM FEREIDOONI ist Juniorprofessor für Didaktik der sozialwissenschaftlichen Bildung an der Ruhr-Universität Bochum. Seine Arbeitsschwerpunkte sind Rassismuskritik, Diversitätssensibilität und politische Bildung in der Migrationsgesellschaft.

FABIAN FRITZ ist wissenschaftlicher Mitarbeiter im Forschungsprojekt „Erzieherische Hilfen als Arbeit am Gemeinwohl" an der Universität Siegen und pädagogische Leitung des Museums für den FC St. Pauli.

THOMAS GILL ist Leiter der Berliner Landeszentrale für politische Bildung. Zuvor war er über viele Jahre in der außerschulischen politischen Jugendbildung unter anderem als Leiter der Jugendbildungsstätte Kurt Löwenstein tätig. Er studierte Politikwissenschaften, Pädagogik, Soziologie und Philosophie in Darmstadt und Frankfurt am Main.

CHRISTOPH GILLE ist Professor für Soziale Arbeit in Kontexten von Armut und Ausgrenzung an der Hochschule Düsseldorf. Er forscht zum Verhältnis von Sozialer Arbeit und Sozialpolitik, zu Erwerbs- und Wohnungslosigkeit, zu inter- und transnationalen Aspekten Sozialer Arbeit und zu zivilgesellschaftlichem Engagement.

GEORG GLÄSER lehrt und promoviert an der Universität zu Köln zu Arbeitsverhältnissen in der politischen Bildung und arbeitet in der außerschulischen politischen Bildung im Feld Antisemitismus-/Rassismuskritik sowie Extreme Rechte. Davor Studium der Sozialwissenschaften und Geschichte für das Lehramt in Köln und Soziologie in Berkeley.

MICHAEL GÖRTLER ist Professor für Theorien und Geschichte der Sozialen Arbeit an der Fakultät Angewandte Sozial- und Gesundheitswissenschaften der OTH Regensburg. Er forscht unter anderem zu politischer Jugend- und Erwachsenenbildung im Kontext der Sozialen Arbeit.

BENJAMIN HAAS war von 2016 bis 2022 wissenschaftlicher Mitarbeiter an der Professur für Sozialpolitik und Methoden der qualitativen Sozialforschung der Universität zu Köln. Seit Mai 2023 ist er Wissenschaftlicher Mitarbeiter in der Geschäftsstelle der Sachverständigenkommission des Vierten Engagementberichts der Bundesregierung an der Universität Siegen. Außerdem ist er freiberuflich als Moderator, Forscher und Berater tätig.

JULIANE HAMMERMEISTER arbeitet an den Ernst-Reuter-Schulen in Frankfurt am Main, einer der ersten integrierten Modell-Gesamtschulen in Hessen mit gymnasialer Oberstufe. Sie hat zu politischen Lernprozessen promoviert.

GUDRUN HENTGES ist Professorin für Politikwissenschaft, Bildungspolitik und politische Bildung an der Universität zu Köln und leitet den Lehr- und Forschungsbereich Politikwissenschaft. Sie beschäftigt sich u.a. mit den Themenfeldern populistische und extreme Rechte, Rassismusanalyse, Antisemitismusforschung sowie (Flucht-)Migration.

JAN-HENDRIK HERBST ist wissenschaftlicher Mitarbeiter am Institut für Katholische Theologie, am Lehrstuhl für Praktische Theologie und Religionspädagogik an der TU-Dortmund. Er ist ausgebildeter Lehrer für Mathematik und katholische Religionslehre.

ANJA HIRSCH, Dr.in, promovierte in Sozialwissenschaft und ist Studienrätin an der integrierten Gesamtschule List in Hannover mit den Fächern Politik und Deutsch. Arbeitsschwerpunkte: politische Bildung und soziale Ungleichheit, Strukturen und Aktivitäten unternehmensnaher Stiftungen auf dem Feld der politischen Bildung.

UWE HIRSCHFELD hat von 1992 bis 2020 als Professor für Politikwissenschaft an der Evangelischen Hochschule Dresden mit dem Schwerpunkt politische Theorie und Bildung gearbeitet; Veröffentlichungen zu Alltagsverstand, Soziale Arbeit, Erinnerungspolitik.

DANIELA HOLZER ist Assoziierte Professorin am Institut für Erziehungs- und Bildungswissenschaft der Universität Graz. Ihre Arbeitsschwerpunkte liegen in der kritischen Bildungstheorie, kritischen Erwachsenenbildung und im Weiterbildungswiderstand.

NILDA INKERMANN hat zu Globalem Lernen und sozial-ökologischer Transformation promoviert und ist wissenschaftliche Mitarbeiterin am Fachbereich Didaktik der politischen Bildung an der Universität Kassel. Sie ist zudem Teil des ILA-Kollektivs für globale Gerechtigkeit (www.ilakollektiv.org).

KATHARINA KALCSICS leitet das Fachdidaktikzentrum Natur, Mensch, Gesellschaft (NMG) und Nachhaltige Entwicklung (NE) an der PH Bern. Sie ist Dozentin für den Sachunterricht der Primarstufe und hat ihren Schwerpunkt im historischen und politischen Lernen.

NINA KALLWEIT ist Juniorprofessorin im Arbeitsbereich Sachunterricht an der Martin-Luther-Universität Halle-Wittenberg. Ihre Arbeitsschwerpunkte liegen u.a. in der politischen Bildung im Sachunterricht, in Schüler:innenvorstellungen und der phänomenografische Lehr-Lernforschung.

KAROLIN KALMBACH ist wissenschaftliche Mitarbeiterin im Zentrum für Gender Studies der Universität zu Köln und Mitglied im Forum kritische politische Bildung. Ihre Schwerpunkte sind (queer-)feministische Ideen- und Bewegungsgeschichte sowie Erinnerungspolitiken.

STEFAN KALMRING ist Referent für organisierende Bildung der Rosa-Luxemburg-Stiftung.

NADINE KAUFMANN ist Politikwissenschaftlerin und Bildungsreferentin zum Schwerpunkt transformative Bildung im Konzeptwerk neue Ökonomie.

TOM KEHRBAUM ist für die Aus- und Weiterbildung der hauptamtlichen Beschäftigten der IG Metall zuständig.

STEVE KENNER ist Tenure-Track-Professor für Politikwissenschaft und ihre Didaktik an der Pädagogischen Hochschule Weingarten. Er ist Mitglied des Bundesvorstandes der DVPB.

NATASCHA KHAKPOUR ist promovierte Erziehungswissenschaftlerin und hat ihren Schwerpunkt u.a. in der erziehungswissenschaftlichen Migrationsforschung. Sie ist seit 2023 Koordinatorin der BMBF-Nachwuchsgruppe „Gelingensbedingungen rassismussensibler Lehrer:innenbildung" an der Universität Bielefeld.

LARA KIEROT ist Politikwissenschaftlerin im Bereich Didaktik der politischen Bildung an der Universität Wien.

ANNA MARIA KRÄMER ist promovierte Politikwissenschaftlerin. Seit 2017 bringt sie ihre Perspektive auf postkoloniale und intersektionale Theorie in die Jugendbildungspraxis bei basa e.V. ein.

TILL KÜHNHAUSEN ist Lehrkraft im Bereich Sozialwissenschaften/ökonomische Bildung an der Universität zu Köln.

STEFANIE KURTH ist wissenschaftliche Mitarbeiterin am Institut für Sonderpädagogik der Leibniz Universität Hannover. Ihre Arbeitsschwerpunkte sind Bildungsungleichheit, Übergänge in Arbeit und Beruf im Jugend- und jungen Erwachsenenalter sowie kritische Bildungstheorien.

MAURICE KUSBER ist wissenschaftlicher Mitarbeiter am Forschungsschwerpunkt Nonformale Bildung an der TH Köln. Seine Arbeitsschwerpunkte sind offene Kinder- und Jugendarbeit und (internationale) Jugendarbeit.

JULIA LINGENFELDER ist wissenschaftliche Mitarbeiterin am Lehr- und Forschungsbereich Politikwissenschaft, Bildungspolitik und politische Bildung an der Humanwissenschaftlichen Fakultät der Universität zu Köln. Ihre Arbeitsschwerpunkte sind kritische politische Bildung in sozial-ökologischer

Transformation, politische Bildung in sozialen Bewegungen und transformative Bildung.

BETTINA LÖSCH ist Professorin und akademische Rätin am Lehrbereich Politikwissenschaft, Bildungspolitik und politische Bildung an der Humanwissenschaftlichen Fakultät der Universität zu Köln. Sie ist im Forum für kritische politische Bildung aktiv.

HANNA HOA ANH MAI, Dr., ist Dipl.-Pädagogin und Erziehungswissenschaftlerin. Ihre Schwerpunkte sind Rassismuskritik und Bildung sowie die wissenschaftliche Begleitung von Projekten im Bereich Antidiskriminierung und Demokratiebildung.

MICHAEL MAY ist Professor für Theorie und Methoden Sozialer Arbeit unter besonderer Berücksichtigung der Gemeinwesenarbeit an der Hochschule RheinMain als auch Leiter und Sprecher des Hessischen Promotionszentrums Soziale Arbeit.

PAUL MECHERIL ist Professor für Erziehungswissenschaft mit dem Schwerpunkt Migration an der Fakultät für Erziehungswissenschaft (AG10 Migrationspädagogik und Rassismuskritik) der Universität Bielefeld.

ASTRID MESSERSCHMIDT ist Erziehungswissenschaftlerin und Erwachsenenbildnerin an der Bergischen Universität Wuppertal. Ihre Schwerpunkte sind Bildung im Kontext der Migrationsgesellschaft sowie Rassismus und Antisemitismuskritik in den Nachwirkungen des Nationalsozialismus.

FREDERIK METJE ist assoziiertes Mitglied am Fachgebiet Didaktik der politischen Bildung an der Universität Kassel.

SALOUA MOHAMMED OULAD M'HAND ist Sozialarbeiterin und wissenschaftliche Mitarbeiterin im Institut für Migration und Diversität (MIDI) der TH Köln. Sie promoviert zu Ideologien der Ungleichwertigkeit und Sozialer Arbeit.

VERA MIESEN arbeitet als Fachreferentin für das Thema „Alter und Gesundheit" beim Paritätischen in Düsseldorf. Ihre Arbeitsschwerpunkte sind Gemeinwesen- und Sozialraumorientierung, Engagement und Teilhabe im Alter, Habitus und soziale Ungleichheit.

MARYAM MOHSENI arbeitete in der außerschulischen politischen Bildung im Bereich Rassismuskritik und Empowerment und verfasste ihre Doktorarbeit zu „Empowerment-Workshops für Menschen mit Rassismuserfahrungen. Theoretische Überlegungen und biographisch-professionelles Wissen von Empowerment-Trainer*innen of Color in der Bildungsarbeit". Sie arbeitet aktuell als Lehrerin an einer Berliner Schule in Neukölln.

CLAIRE MOULIN-DOOS vertritt seit 2022 die Professur Didaktik Gemeinschaftskunde an der Universität Leipzig. Sie war von 2015 an Postdoktorandin an der Professur für Didaktik der politischen Bildung an der Universität Kassel und vertrat von 2018 bis 2021 die Professur für politische Bildung an der Universität Passau.

FRANZISKA MÜLLER ist Juniorprofessorin für Globale Klimapolitik an der Universität Hamburg. Ihre Forschungsschwerpunkte sind globale Energiegovernance, Kima- und Energiegerechtigkeit sowie postkoloniale Studien.

JAN NIGGEMANN ist Erziehungswissenschaftler und politischer Bildner mit den Schwerpunkten Bildungstheorie, Autorität, pädagogische Autorität und Autorisierung sowie Transformation von Bildung im Kontext sozialer Ungleichheit.

FRANK NONNENMACHER war bis zur Emeritierung 2009 Professor für die Didaktik der Sozialwissenschaften an der Goethe-Universität Frankfurt. Seitdem beschäftigt er sich mit erinnerungskulturellen Aktivitäten im Themenbereich „Verleugnete NS-Opfer".

HOLGER OPPENHÄUSER ist Politologe und arbeitet im Attac-Bundesbüro.

BERND OVERWIEN war bis 2019 Hochschullehrer der politischen Bildung an der Universität Kassel und ist jetzt Seniorprofessor in der Sachunterrichtsdidaktik an der Humboldt-Universität zu Berlin.

STEFFEN PELZEL ist wissenschaftlicher Mitarbeiter am Seminar für Sozialwissenschaften (Didaktik der Sozialwissenschaften) der Universität Siegen. Arbeitsschwerpunkte: kritische Bildungstheorien, politische Ökologie, wissenschaftstheoretische Grundlagen politischer Bildung.

GEORG PIRKER ist Referent für internationale politische Bildungsarbeit im Arbeitskreis deutscher Bildungsstätten (AdB). Er studierte neuere Geschichte und Politikwissenschaft und ist Vorsitzender der europäischen NGO Democracy and Human Rights Education in Europe (DARE network).

ALENA PLIETKER forscht in ihrer politikdidaktischen Dissertation zu politischer Handlungsbefähigung aus exklusionskritischer Perspektive. Ihre Arbeitsschwerpunkte sind inklusive politische Bildung, interdisziplinäres Lernen im Fach Gesellschaftslehre sowie fachliches Lernen an außerschulischen Lernorten.

ANNA PREISER ist (prae-doc) Universitätsassistentin am Institut für Politikwissenschaft der Universität Wien und forscht zu internationaler Rohstoff- und Umweltpolitik mit einem regionalen Schwerpunkt auf Lateinamerika.

SINDYAN QASEM ist Sprachwissenschaftler. Seit 2014 arbeitet und forscht er zu den Maßnahmen der sogenannten Islamismus- und Radikalisierungsprävention in Deutschland.

ISIDORA RANDJELOVIĆ ist Sozialpädagogin und Sozialarbeiterin und Mitinitiatorin des feministischen Romnja-Archivs RomaniPhen.

SASCHA REGIER, Dr., ist Soziologe und Lehrer für Sozialwissenschaften, Philosophie, Geschichte und Pädagogik sowie Mitglied im Forum kritische politische Bildung der Assoziation für kritische Gesellschaftsforschung (AkG).

JÖRG REITZIG ist Professor für Gesellschaftswissenschaften am Fachbereich Sozial- und Gesundheitswesen an der Hochschule für Wirtschaft und Gesellschaft Ludwigshafen. Seine Arbeitsschwerpunkte sind Sozialpolitik, Hegemonie und Gerechtigkeit, Soziale Arbeit und Bildung sowie sozialökonomische Grundlagen Sozialer Arbeit.

KATHARINA RHEIN, Dr.in, ist Erziehungswissenschaftlerin und Soziologin. Derzeit arbeitet sie als wissenschaftliche Mitarbeiterin für den Hessischen Landesverband Deutscher Sinti und Roma. Zuvor war sie Co-Leiterin der Forschungsstelle NS-Pädagogik an der Goethe-Universität und als Bildungsreferentin tätig. Ihre Arbeitsthemen sind u.a. NS-Geschichte, Nationalismus, Rassismus, Antisemitismus, Antiziganismus und diskriminierungskritische Bildungsansätze.

WIBKE RIEKMANN ist Professorin für Theorie und Praxis in der Sozialpädagogik an der Medical School Hamburg.

MARGIT RODRIAN-PFENNIG ist nach 20 Jahren Lehre am Fachbereich Gesellschaftswissenschaften an der Goethe-Universität Frankfurt am Main inzwischen pensionierte Politikwissenschaftlerin. Sie ist außerdem Mitglied in der AKG (https://akg-online.org).

SVEN RÖSSLER ist akademischer Fachdidaktiker der politischen Bildung mit dem Arbeitsschwerpunkt Krise, Kritik und Didaktik der Moderne an der Carl von Ossietzky Universität Oldenburg.

DAVID SALOMON ist Co-Leiter des von der Gerda-Henkel-Stiftung geförderten Projekts „Der Blick nach unten. Soziale Konflikte in der Ideengeschichte der Demokratie“ an der TU Darmstadt.

STEFAN SCHÄFER ist Lehrkraft für besondere Aufgaben mit dem Lehrgebiet Theorien, Konzepte und Methoden und dem Schwerpunkt Kinder- und Jugendarbeit an der Katholischen Hochschule NRW, Abteilung Köln. Seine Arbeitsschwerpunkte sind Geschichte und Theorien Sozialer Arbeit, politische Theorie und Bildungsphilosophie sowie die Praxis politischer Bildung und internationaler Jugendarbeit.

SOPHIE SCHMITT arbeitet als Professorin für Didaktik der Sozialwissenschaften an der Justus-Liebig-Universität Gießen. Sie arbeitet in Auseinandersetzung mit autoritären Tendenzen theoretisch-konzeptionell wie auch mit qualitativen Forschungsmethoden zu den Themen einer arbeitsorientierten, geschlechtersensiblen und die Naturverhältnisse einschließenden politischen Bildung.

SAM SCHNEIDER arbeitet in der Schulsozialarbeit und promoviert zu radikaldemokratischer Epistemologie und kritischer politischer Bildung.

ACHIM SCHRÖDER, Dr. phil., war bis zu seinem Tod 2017 Professor für Kulturpädagogik und Jugendarbeit im Fachbereich Gesellschaftswissenschaften und Soziale Arbeit der Hochschule Darmstadt. Er war aktiv im Forum kritische politische Bildung und Mitinitiator der Frankfurter Erklärung.

LAURA SCHUDOMA ist wissenschaftliche Mitarbeiterin an der Professur für Erwachsenenbildung an der Helmut-Schmidt-Universität/Universität der Bundeswehr Hamburg. Ihr Arbeits- und Forschungsschwerpunkt sind die politische Erwachsenenbildung und historisch-politisches Lernen.

MALTE SUHR ist Doktorand an der Professur Didaktik der politischen Bildung der Universität Kassel. Seine Arbeitsschwerpunkte sind kritische ökonomische Bildung, Kritik der politischen Ökonomie und transformative Bildung.

ANDREAS THIMMEL ist Professor für Wissenschaft der Sozialen Arbeit an der Fakultät für Angewandte Sozialwissenschaften an der TH Köln. Er ist Gründer und Leiter des Forschungsschwerpunktes nonformale Bildung. Seine Arbeitsschwerpunkte sind nonformale politische Bildung sowie internationale und europäische Jugendarbeit.

LISA TÖLLE ist Sonderpädagogin und Kriminologin und forscht zu abweichendem Verhalten junger Menschen und institutionellen Umgangsweisen, die u.a. gesellschaftliche Ausschlüsse produzieren.

JANA TRUMANN, Dr. phil., ist Professorin für Erziehungswissenschaft/Erwachsenenbildung an der Fakultät für Erziehungs- und Gesellschaftswissenschaften an der PH Ludwigsburg.

MIRIAM FRIZ TRZECIAK ist Post-Doctoral Researcher am Lehrstuhl Interkulturalität an der BTU Cottbus-Senftenberg. Seine*ihre Forschungsinteressen liegen im Bereich der Gender und Queer Studies, der post- und dekolonialen Studien, der postsozialistischen Studien, der kritischen Migrationsforschung sowie in der queeren Subkulturforschung. Er*Sie ist aktiv in der Gruppe „Cottbus Postkolonial und Postsozialistisch".

SILKE VETH ist Direktorin der Akademie für politische Bildung der Rosa-Luxemburg-Stiftung.

ISMAHAN WAYAH ist Kuratorin für Diversität und Migration am Historischen Museum Frankfurt am Main und promovierte in der anglophonen Literatur- und Kulturwissenschaft an der Universität Münster.

NILS WENZLER, Dr., ist Sozialpädagoge und arbeitet in der Lehre und Forschung Sozialer Arbeit.

BENEDIKT WIDMAIER war von 1998 bis 2022 Direktor der Akademie für politische und soziale Bildung Haus am Maiberg. Er ist Mitglied im Bundesvorstand der DVPB, Redakteur beim Journal für politische Bildung sowie Mitherausgeber der Reihe „Non-formale Politische Bildung".

JOHANNES WILHELM ist Lehrer an einer Gesamtschule in Frankfurt am Main.

ALEXANDER WOHNIG ist Juniorprofessor für Didaktik der Sozialwissenschaften an der Philosophischen Fakultät der Universität Siegen.

CHRISTINE ZEUNER ist Professorin für Erwachsenenbildung an der Helmut-Schmidt-Universität/Universität der Bundeswehr Hamburg und hat ihre Arbeitsschwerpunkte u. a. in der Theorie und Geschichte der Erwachsenenbildung, politischen Bildung und der International vergleichenden Erwachsenenbildung.

CHRISTIAN ZIMMERMANN, Dr. phil., ist Studienrat im Hochschuldienst am Seminar für Sozialwissenschaften der Universität Siegen und Professurvertreter (Politische Bildung, Didaktik der Sozialwissenschaften).

TIM ZOSEL ist wissenschaftlicher Mitarbeiter an der Universität Duisburg-Essen im Fachgebiet Erwachsenenbildung/politische Bildung. Seine Arbeitsschwerpunkte sind Politikbilder und Habitus, politische Erwachsenen- und Weiterbildung.

BETTINA ZURSTRASSEN ist Professorin für Didaktik der Sozialwissenschaften an der Fakultät für Soziologie der Universität Bielefeld.

WOCHEN SCHAU VERLAG
... ein Begriff für politische Bildung

Non-formale politische Bildung

Ines Pohlkamp, Lea Carstens, Björn Nagel (Hg.)

Klassismus und politische Bildung

Intersektionale Perspektiven und Reflexionen aus der Praxis

Die Autor*innen dieses neuen Bands befassen sich aus klassismuskritischer Perspektive u. a. mit sexueller Bildung, queerer Jugendbildung, Geschlechterbildung, Antisemitismus und Heteronormativität. Sie gewähren Einblicke in Empowerment-Projekte, veranschaulichen verschiedene emanzipatorische Herangehensweisen und werfen konstruktive Fragen für die Weiterentwicklung der außerschulischen politischen Bildung auf.

ISBN 978-3-7344-1540-1, 216 S., € 25,00
PDF ISBN 978-3-7566-1540-7, € 24,99

Die Reihe
NON-FORMALE POLITISCHE BILDUNG
wird herausgegeben von Ina Bielenberg, Benno Hafeneger, Barbara Menke, Wibke Riekmann und Benedikt Widmaier.

Alle Titel sind auch als E-Book erhältlich.

www.wochenschau-verlag.de @Wochenschau_Ver @wochenschau.verlag @wochenschau.verlag

WOCHEN SCHAU VERLAG

... ein Begriff für politische Bildung

Einführungen

Michael May, Marc Partetzke
Einführung in die Politikdidaktik
ISBN 978-3-8252-6045-3,
224 S., € 19,90

Bernd Ladwig
Moderne politische Theorie
ISBN 978-3-8252-5831-3,
288 S., € 15,90

Sabine Achour u. a. (Hg.)
Kursbuch Politikwissenschaft I
ISBN 978-3-8252-5828-3,
208 S., € 14,90

H.-J. Bieling, C. Coburger, P. Klösel
Kapitalismusanalysen
ISBN 978-3-8252-5719-4,
352 S., € 24,90

www.wochenschau-verlag.de @Wochenschau_Ver @wochenschau.verlag @wochenschau.verlag

WOCHEN SCHAU VERLAG

... ein Begriff für politische Bildung

Standardwerk

Dieses Handbuch bietet eine umfassende politikwissenschaftliche Einordnung des Begriffs „Demokratie“. Die Autorinnen und Autoren gehen der Frage nach, was die Demokratie als politisches System auszeichnet. Dazu werden theoretische Grundlagen ebenso berücksichtigt wie aktuelle Herausforderungen. Was macht das Demokratiemodell der Bundesrepublik Deutschland im Vergleich zu anderen Typen moderner Demokratien aus? Und wie kann Demokratie aussehen – in Vergangenheit, Gegenwart und Zukunft?

- Nachschlagewerk für Multiplikator*innen der politischen Bildung
- Grundlagenwissen für Studium und Lehre
- Fundierung von Entscheidungen in Politik und Verwaltung

Herausgegeben von
Andreas Kost, Peter Massing
und Marion Reiser

ISBN 978-3-7344-0951-6, 368 S., € 39,90
PDF ISBN 978-3-7344-0952-3, € 35,99
EPUB ISBN 978-3-7344-1075-8, € 35,99

Mit Beiträgen von

Frank Decker, Ray Hebestreit, Christoph Held, Everhard Holtmann, Dirk Jörke, Uwe Jun, Ulrike Klinger, Sascha Kneip, Karl-Rudolf Korte, Andreas Kost, Bernd Ladwig, Franziska Martinsen, Peter Massing, Wolfgang Merkel, Sybille Münch, Marion Reiser, Emanuel Richter, Helmar Schöne, Marcel Solar

www.wochenschau-verlag.de @Wochenschau_Ver @wochenschau.verlag @wochenschau_verlag